Studien zur Geschichte der Mittelalterforschung — Band 3

MONUMENTA GERMANIAE HISTORICA

GRUNDLAGEN
FORSCHUNG
MITTELALTER

Studien zur Geschichte der Mittelalterforschung

Herausgebergremium:
Prof. Dr. Magnus Brechtken (IfZ München)
Prof. Dr. Enno Bünz (Universität Leipzig)
Dr. Heike B. Görtemaker (Kleinmachnow)
Prof. Dr. Dr. h. c. Martina Hartmann (MGH München)
Prof. Dr. Arno Mentzel-Reuters (MGH München)
Prof. Dr. Stefan Rebenich (Universität Bern)

Band 3

Wiesbaden 2024
Harrassowitz Verlag

Menschen und Strukturen –
Annäherungen an eine MGH-Geschichte 1919 bis 1959

Beiträge der Tagung im Oktober 2023
in der Akademie für Politische Bildung Tutzing

Herausgegeben von
Martina Hartmann, Annette Marquard-Mois und Maximilian Becker

Wiesbaden 2024
Harrassowitz Verlag

Abbildungen auf dem Umschlag:

oben v. l.: Die MGH in der Preußischen Staatsbibliothek Berlin 1934, ein Jahr vor der Umorganisation in ein NS-Reichsinstitut (aus gestellter Fotoserie Hans Franz/Weltrundschau; v. l.): Karl Jordan, Marcel Beck, Heinrich Büttner, Otto Meyer, Lotte Hüttebräuker, Carl Erdmann

Orangerie von Schloß Weißenstein, Pommersfelden bei Bamberg, wohin 1944 die MGH-Bibliothek und einige Mitarbeiterinnen evakuiert wurden

Briefe von und an Ernst Kantorowicz aus der Sammlung Robert E. Lerners, 1923 den MGH für die digitale Briefausgabe zur Verfügung gestellt

Geheimes Staatsarchiv Berlin-Dahlem, erbaut 1915–1923

unten v. l.: Telegramm von Carl Erdmann an Theodor Mayer am 4.9.1943 mit der Nachricht seiner Einberufung zum Kriegsdienst

Erste Bleibe der MGH in München ab 1949 im ehemaligen ‚Führerbau', heute Katharina-von-Bora-Str. 10 (v. l.): Kurt Reindel, Karl Eberhard Henke, Fritz Weigle

Postkarte (um 1930) des Salz-Bergwerks Staßfurt, in das 1944 ein Teil des Archivs der MGH ausgelagert wurde

Empfang der Teilnehmerinnen und Teilnehmer des Historikertages 1949 durch die Stadt München in Schloss Nymphenburg; in der ersten Reihe (v. r.): Gerhard Ritter, Nils Ahnlund, Hedwig und Walter Goetz

Bibliographische Information der Deutschen Nationalbibliothek
Die Deutsche Nationalbibliothek verzeichnet diese Publikation
in der Deutschen Nationalbibliografie; detaillierte bibliografische Daten
sind im Internet über https://dnb.de abrufbar.

Bibliographic information published by the Deutsche Nationalbibliothek
The Deutsche Nationalbibliothek lists this publication
in the Deutsche Nationalbibliografie; detailed bibliographic data
are available in the Internet at https://dnb.de.

© 2024 Monumenta Germaniae Historica, München
Alle Rechte vorbehalten
Gedruckt auf alterungsbeständigem Papier
Satz: Dr. Anton Thanner, Weihungszell
Druck und Verarbeitung: Memminger MedienCentrum AG
Printed in Germany
ISBN 978-3-447-12288-7   eISBN 978-3-447-39631-8
ISSN 2701-8989   eISSN 2747-707X

MONUMENTA GERMANIAE HISTORICA
GRUNDLAGEN
FORSCHUNG
MITTELALTER

VORWORT

Vom 27. bis zum 29. Oktober 2023 veranstalteten die Monumenta Germaniae Historica eine Tagung im schönen Ambiente der Akademie für Politische Bildung in Tutzing. Das Thema lautete „Zwischen Personengeschichte und Institutsgeschichte. Die MGH von 1919 bis 1959".

Neben fast allen wissenschaftlichen Mitarbeiterinnen und Mitarbeitern des Instituts nahmen auch zahlreiche Hilfskräfte teil, die in verschiedene digitale Projekte zur Aufarbeitung der Geschichte des Reichsinstituts für ältere deutsche Geschichtskunde eingebunden waren. Thematisch sollte es um Probleme gehen, die die Etablierung von Datenbanken und digitalen Briefausgaben mit sich bringen, da derartige Projekte bei den MGH relativ neu sind und verwandte Einrichtungen vor ähnlichen Problemen stehen. Außerdem sollte in diesem Rahmen darüber diskutiert werden, welche Themen für die weitere Erforschung der Geschichte des Reichsinstituts für ältere deutsche Geschichtskunde relevant sind.

Die Tagung begann am Freitagnachmittag, dem 27. Oktober 2023, zunächst mit Vorträgen zur digitalen Briefausgabe „Korrespondierende Wissenschaft. Ein Jahrzehnt ‚Reichsinstitut für ältere deutsche Geschichtskunde (Monumenta Germaniae historica)' 1935-1945: Eine Episode deutscher Wissenschaftsgeschichte" sowie zur Datenbank der Mitarbeiter und Mitarbeiterinnen der MGH von Benedikt MARXREITER und last but not least zur digitalen Briefausgabe Ernst Kantorowicz von Andreas ÖFFNER (beide MGH München) (vgl. mgh.de/de/mgh-digital/datenbanken_institutsgeschichte). Die Beiträge werden hier nicht publiziert, weil Vieles bereits jetzt schon überholt ist oder sich nicht für eine Publikation eignet. Die Briefausgabe Ernst Kantorowicz ist inzwischen als ‚work in progress' online.

Den Abendvortrag hielt Prof. Hans-Christof KRAUS (Passau) über „Historikerkorrespondenzen in der Zeit des Nationalsozialismus am Beispiel der Briefe von Fritz Hartung, Gerhard Ritter, Heinrich von Srbik und Carl Erdmann". Dieser Beitrag wird hier nicht publiziert genauso wenig wie die Vorträge von Dr. Letha BÖHRINGER (Köln) über „Zugänge zur Vita Herbert Grundmanns – Erfahrungen im Archiv und offene Fragen" und Prof. Stefan REBENICH (Bern): „Es ist ein Jammer, dass politische Dummheit so die Zukunft Europas verspielt hat. Alfred Heuß' Korrespondenz mit Willy Theiler vor und nach 1945". Auch die Präsentation des zweiten Bandes dieser Schriftenreihe über die jüdischen Mitarbeiter und Mitarbeiterinnen der MGH, der kurz zuvor erschienen war, bereicherte die Tagung, ohne dass sie hier gedruckt erscheint: Annette MARQUARD-MOIS veranschaulichte am Beispiel des Schicksals von Erika Sinauer die umfangreichen Recherchen, die diesem Band vorausgegangen waren.

Den Auftakt des nun vorgelegten Bandes bilden zwei Beiträge zur Institutionengeschichtsschreibung von PD Dr. Werner Tschacher (Historische Kommission BAdW München) über „Universitätsgeschichte als Personengeschichte. Aspekte eines biographischen Forschungsprojekts an der RWTH Aachen" und von Sven Kriese (Landesarchiv Berlin) über „Neue Wege in der Archivgeschichtsschreibung", die beide den Fokus auf die Nachkriegsgeschichte legen.

Für die Universität Aachen konnte gezeigt werden, dass die während des sog. Dritten Reiches etablierten Strukturen und Personennetzwerke auch nach dem Krieg noch großen Einfluss hatten. Die Verantwortlichen suchten ihre Verstrickung und ihre Schuld zu verheimlichen, was lange Zeit gelang. Erst die medienwirksame ‚Enttarnung' des renommierten emeritierten Professors für neuere deutsche Literaturgeschichte und Rektor der RWTH Aachen, Hans Schwerte, der als SS-Hauptsturmführer beim Einsatz des SS-Ahnenerbes in den Niederlanden aktiv gewesen war und damals noch Hans Ernst Schneider (1909–1999) hieß, war im Jahr 1995 ein Fanal, das zur Aufarbeitung der NS- und Nachkriegskarrieren von Hochschullehrern in Aachen führte, denn fast bis Ende der 1990er Jahre hatten die meisten von ihnen ihre Verstrickung in das NS-Regime geleugnet, ohne freilich ihre Identität wechseln zu müssen, wie Hans Ernst Schneider dies offenbar für nötig gehalten hatte. Sie waren mit dieser Lebenslüge mit Hilfe von ‚Deutungskartellen', die eine kritische Auseinandersetzung mit der Verstrickung ins sog. Dritte Reich konsequent verhinderten, erfolgreich gewesen. Dieser Beitrag zeigt eindrucksvoll, wie effizient Datenbanken die Rekonstruktion von Netzwerken ermöglichen, die für Entlastung in den Spruchkammerverfahren genutzt wurden. So kann die einschlägige Belastung von Personen auch statistisch erfasst werden.

Nicht viel anders sah es im Archivwesen der beiden deutschen Staaten aus, wie Sven Kriese auch am Beispiel von Georg Winter (1895–1961) zeigen kann, dem Gründungsdirektor des Bundesarchivs, der im Juni 1945 aufgrund seines Kriegseinsatzes im Reichskommissariat Ukraine als kommissarischer Leiter des Geheimen Staatsarchivs zwar entlassen worden war, 1949 aber aufgrund seiner guten Verbindungen ins Amt kam, während man den Generaldirektor der Preußischen Staatsarchive und Reichsarchivdirektor Ernst Zipfel (1891–1966) zum Hauptschuldigen machte, kaum aber seinen in der berüchtigten Ostforschung engagierten Vorgänger Albert Brackmann (1871–1952). Dass die personellen Konstellationen während und nach der NS-Diktatur auch inhaltliche Auswirkungen auf die Archivarbeit hatten, wird von Kriese überzeugend dargelegt.

Mit diesen Beiträgen wird der Rahmen abgesteckt für die primär personengeschichtlich ausgerichteten Beiträge im zweiten Teil dieses Bandes.

*

Den Auftakt macht Prof. Herbert Zielinski (Gießen) mit seinem Beitrag über die von ihm im Geheimen Preußischen Staatsarchiv in Dahlem entdeckte Korrespondenz zwischen Harry Bresslau (1848–1926) und Paul Fridolin Kehr (1860–1944). Er beleuchtet das Verhältnis der beiden sehr unterschiedlichen Gelehrten nach Übernahme der Institutsleitung durch Kehr 1919 und ihr von gegenseitigem Respekt getragenes Zusammenwirken im Interesse der MGH. – Im Zusammenhang mit der Vorstellung der in Arbeit befindlichen digitalen Briefausgabe des Mediävisten Ernst Kantorowicz (1895–1963), der dem Kreis um den Dichter Stefan George nahestand, ist der Beitrag von Dr. Eckhart Grünewald (Frankfurt am Main) zu sehen über „Ernst Kantorowicz und die Monumenta Germaniae Historica in den 1930er Jahren". Für diesen ‚Blick' auf die MGH nutzt Grünewald vor allem die mehr als 600 bislang unedierten Briefe von Kantorowicz an seine langjährige Freundin Lucy von Wangenheim (1892–1976) und kann so lebendige Momentaufnahmen von Paul Kehr, Theodor Ernst Mommsen, Gerhart Ladner, Carl Erdmann und anderen bieten. In den Briefen wird aber auch der zunehmende Antisemitismus in Deutschland spürbar, der 1938 die Emigration des ‚Erfolgsautors' Kantorowicz erzwang, dessen Ergänzungsband zu seiner vom George-Kreis inspirierten Biographie über Friedrich II. weitgehend in den Räumen der MGH entstanden und Paul Kehr gewidmet war. – Mit einem Freund von Kantorowicz befasst sich der erste von zwei Beiträgen, die Prof. Arno MENTZEL-REUTERS (MGH München) für diesen Band beigesteuert hat. Er zeigt mit bisher wenig beachteten Aspekten in „Friedrich Baethgen in nationalkonservativen Netzwerken (1917–1948)", wie das Netzwerk, das dieser bereits als Zweiter Sekretär des Preußischen Instituts in Rom in den 1920er Jahren knüpfte, seine Karriere im NS-Staat und vor allem in der Nachkriegszeit beförderte. Dieses Netzwerk war der entscheidende Faktor dafür, dass Baethgen seinen zwischenzeitlich von den Amerikanern internierten Vorgänger Theodor Mayer, der seit 1942 Präsident des Reichsinstituts gewesen war, ausstach und an die Spitze der MGH gelangte. Zu Baethgens Unterstützern gehörten Personen wie Friedrich Glum (1891–1974), Generaldirektor der Kaiser-Wilhelm-Gesellschaft von 1922 bis 1937, sowie der im Zusammenhang mit dem Attentat vom 20. Juli 1944 hingerichtete frühere Botschafter in Rom, Ulrich von Hassell (1881–1944), und die Mitglieder der Dante-Gesellschaft, allen voran Walter Goetz (1867–1958). Daneben kommt Mentzel-Reuters in seinem Beitrag zu einer überzeugenden Neubewertung des von Carl Erdmann herausgegebenen Bandes „Karl der Große oder Charlemagne?" von 1935, der im NS-nahen Mittler-Verlag erschien und dessen Beiträge auch von Adolf Hitler zur Kenntnis genommen wurden. Baethgen prägte mit seiner Instrumentalisierung Erdmanns als einem entschiedenen Regimegegner in der Nachkriegszeit dessen Bild bis hin zur 2022 erschienen Biographie Carl Erdmanns von Folker Reichert, obwohl bereits Joseph Lemberg in seinem 2015 publizierten Werk über Baethgen Argumente gegen dieses Narrativ zusammengetragen hatte. – In dem Beitrag von Prof. Martina HARTMANN (MGH München, Selbstanzeige) über „Theodor Mayer und Percy Ernst Schramm im Dienst des Regimes" wird gezeigt, wie in den Archiven der MGH und des Münchner Instituts für Zeitgeschichte verwahrte Gutachten, mit denen sowohl Mayer als auch Schramm als Historiker beauftragt wurden, die oft wiederholte Entlastungserzählung entkräften, sie hätten sich in den fraglichen Jahren nur mit dem Mittelalter beschäftigt und daher kaum Berührung mit dem Regime gehabt. Besonders aufschlussreich ist Schramms Gutachten über die Nachfolge Adolf Hitlers als Staatsoberhaupt, das er im Sommer 1943, als das Ende der Diktatur bereits absehbar war, im Auftrag des Chefs der Reichskanzlei Hans-Heinrich Lammers anfertigte. In einem Exkurs werden die Briefe und Schriften von Schramms Mitarbeiter beim Kriegstagebuch, Felix Hartlaub (1913–1945), analysiert, die zeigen, dass Schramms Arbeit als Kriegstagebuchführer bei seinen Vorgesetzten keineswegs so geschätzt wurde, wie er selbst nach Kriegsende immer betont hatte. Schramm schrieb schon während des Krieges Bücher, um seine Nachkriegskarriere vorzubereiten, in der er einem breiten Publikum allerdings eher als Experte für das sog. Dritte Reich und den Zweiten Weltkrieg bekannt wurde und weniger als Mediävist. – Der zweite Beitrag von Prof. Arno MENTZEL-REUTERS (MGH München), „Der Untergang des Reichsinstituts für ältere deutsche Geschichtskunde", widmet sich den Jahren 1943 bis 1945 und zeichnet ein eindrucksvolles Bild von den katastrophalen Lebens- und Arbeitsbedingungen in der Reichshauptstadt, für die das MGH-Archiv reiche Zeugnisse bietet. Das

Zusammenwirken zwischen den Arbeitsstellen in Berlin und Pommersfelden wird in den erhaltenen Dokumenten greifbar und insbesondere das Schicksal der in Berlin verbliebenen Mitarbeiterin Ursula Brumm (1919–2015), einer Schülerin von Friedrich Baethgen, von der zahlreiche Briefe an Theodor Mayer vorliegen, da sie nach der Abkommandierung von Carl Erdmann an die Front die ‚Stellvertreterin' des Präsidenten in Berlin war. Mayers Rolle bei der Sicherung der Bibliothek und seine Vernachlässigung des Archivs der MGH gegen Ende des Krieges sowie sein Umgang mit den Mitarbeiterinnen und Mitarbeitern nach Kriegsende in Pommersfelden werden kritisch beleuchtet. – Einen dezidierten Blick auf die Nachkriegszeit richtet Matthias BERG (Historische Kommission BAdW München) mit seinem Aufsatz „Vom Historiker zum Zeitzeugen. Karl Alexander von Müller in der Geschichtswissenschaft der frühen Bundesrepublik". Er kann zeigen, wie von Müller (1882–1964), einer der führenden NS-Historiker, der nach Kriegsende nicht zuletzt durch seinen Ausschluss aus der Akademie einen tiefen Fall erlebte, sich selbst als Erfolgsautor und ‚Zeitzeuge' neu erfand und wie seine nicht wenigen Schüler für eine teilweise Rehabilitierung sorgten. Dass von Müller selbst nach dem Krieg seine Rolle im NS-Staat nicht reflektierte, zeigt die von Berg geschilderte Episode, wie er sich 1948 um die Unterstützung der Witwe des im Zusammenhang mit dem Widerstand der Weißen Rose hingerichteten Professors Kurt Huber (1893–1943) bemühte, indem er ihr eine Halblederausgabe von Adolf Hitlers ‚Mein Kampf' zum Kauf anbot.

*

Ein großer Dank gilt allen Archiven und Bibliotheken, ohne deren Unterstützung dieser Band nicht zustande gekommen wäre.

Die Organisation der Tutzinger Tagung sowie die redaktionellen Tätigkeiten für den Band einschließlich der zeitaufwändigen Beschaffung der Abbildungen übernahm wieder Annette Marquard-Mois M.A. (MGH München). Die zeithistorische Expertise bracht Dr. Maximilian Becker (IfZ München) ein und Wilfried Hartmann las den gesamten Band Korrektur. Allen danke ich herzlich für ihr Engagement, ohne das der Band nicht in der vorliegenden Form hätte publiziert werden können.

Zu danken ist außerdem allen Beteiligten an der Tutzinger Tagung 2023, auch denjenigen, die durch ihre hier nicht publizierten Vorträge und durch Diskussionsbeiträge zum Gelingen beitrugen. Die große Resonanz hat uns darin bestärkt, 2025 die Beschäftigung mit der Geschichte der MGH im 20. Jahrhundert in der Tutzinger Akademie für Politische Bildung unter dem Titel „Wissenschaftlicher Nachwuchs und graue Eminenzen – Abhängigkeiten, Kontinuitäten und Brüche im Wissenschaftsbetrieb während NS-Diktatur und Nachkriegszeit." fortzusetzen.

München, im Herbst 2024   Martina Hartmann

Inhaltsverzeichnis

Abkürzungsverzeichnis	XI

Universitätsgeschichte als Personengeschichte. Aspekte eines biographischen Forschungsprojekts an der RWTH Aachen
Werner Tschacher — 1

Neue Wege in der deutschen Archivgeschichtsschreibung
Sven Kriese — 17

Zum Verhältnis von Harry Bresslau und Paul Kehr nach der Ernennung Kehrs zum Vorsitzenden der MGH 1919
Herbert Zielinski — 33

Ernst Kantorowicz und die Monumenta Germaniae Historica in den 1930er Jahren
Eckhart Grünewald — 95

Friedrich Baethgen in nationalkonservativen Netzwerken (1917–1948)
Arno Mentzel-Reuters — 113

Theodor Mayer und Percy Ernst Schramm im Dienst des Regimes
Martina Hartmann — 161

Der Untergang des Reichsinstituts für ältere deutsche Geschichtskunde
Arno Mentzel-Reuters — 191

Vom Historiker zum Zeitzeugen. Karl Alexander von Müller in der Geschichtswissenschaft der frühen Bundesrepublik
Matthias Berg — 247

Personenregister	271
Abbildungsnachweis	280
Kurzbiographien der Autorinnen und Autoren	281

Abkürzungsverzeichnis

Abh. Göttingen	Abhandlungen Akademie der Wissenschaften zu Göttingen, philologisch-historische Klasse
ADB	Allgemeine Deutsche Biographie
AfD	Archiv für Diplomatik
AfS	Archiv für Sozialgeschichte
AHK	Archiv der Historischen Kommission 1868–1961 (München)
Anm.	Anmerkung
AZ	Archivalische Zeitschrift
AUF	Archiv für Urkundenforschung
BAdW	Bayerische Akademie der Wissenschaften
BArch	Bundesarchiv Berlin
BayHStA	Bayerisches Hauptstaatsarchiv München
BBKL	Biographisch-bibliographisches Kirchenlexikon
Bd., Bde.	Band, Bände
BDC	Berlin Document Center
BdM	Bund deutscher Mädel (Zweig der Hitlerjugend)
BdS	Befehlshaber der Sicherheitspolizei
Bl.	Blatt
DA	Deutsches Archiv für Geschichte/Erforschung des Mittelalters
DDP	Deutsche Demokratische Partei (linksliberale Partei in der Weimarer Republik)
DFG	Deutsche Forschungsgemeinschaft
DHI	Deutsches Historisches Institut
Diss.	Dissertation
DNVP	Deutschnationale Volkspartei (nationalkonservative Partei in der Weimarer Republik)
DVjs	Deutsche Vierteljahrsschrift für Literaturwissenschaft und Geistesgeschichte
DVP	Deutsche Volkspartei (nationalliberale Partei in der Weimarer Republik)
ed.	ediert
FBPG	Forschungen zur Brandenburgischen und Preußischen Geschichte

fol.	folio
Fonti	Fonti per la storia d'Italia
Gestapo	Geheime Staatspolizei
GLA	Generallandesarchiv Karlsruhe
GStA PK	Geheimes Staatsarchiv Preußischer Kulturbesitz Berlin
HA	Hochschularchiv
Hess. Jb. f. LG	Hessisches Jahrbuch für Landesgeschichte
Hg., Hgg., hg.	Herausgeber/-in, Herausgeber/-innen, herausgegeben
HiKo	Historische Kommission bei der Bayerischen Akademie der Wissenschaften
HiKo-OWP	Historische Kommission für ost- und westpreußische Landesforschung
HJb	Historisches Jahrbuch der Görres-Gesellschaft
Hs., Hss.	Handschrift, Handschriften
HZ	Historische Zeitschrift
IfA	Institut für Archivwissenschaft und geschichtswissenschaftliche Fortbildung
IfZ	Institut für Zeitgeschichte
I.G. Farben	Interessengemeinschaft Farbenindustrie AG
Jb., Jbb.	Jahrbuch, Jahrbücher
KM	Staatsministerium für Unterricht und Kultus
KTB	Kriegstagebuch des Oberkommandos der Wehrmacht
kv	kriegsverwendungsfähig (Kriegsdienst)
LASH	Landesarchiv Schleswig-Holstein
LAV NRW	Landesarchiv Nordrhein-Westfalen
LMU	Ludwig-Maximilians-Universität München
MG, MGH, Mon. Germ.	Monumenta Germaniae Historica
MGH Conc.	MGH Concilia
MGH Const.	MGH Constitutiones
MGH DD	MGH Diplomata (Rudolf. = burgundische Rudolfinger, , H VI. = Heinrich VI.)
MGH Epist. sel.	MGH Epistolae selectae
MGH Epp.	MGH Epistolae (in Quart)
MGH LL nat. Germ.	MGH Leges nationum Germanicarum
MGH Poetae	MGH Poetae Latini medii aevi
MGH SS	MGH Scriptores (in Folio)

MGH SS rer. Germ.	MGH Scriptores rerum Germanicarum in usum scholarum separatim editi
MGH SS rer. Germ. N. S.	MGH Scriptores rerum Germanicarum, Nova series
MGH SS rer. Merov.	MGH Scriptores rerum Merovingicarum
MIÖG	Mitteilungen des Instituts für Österreichische Geschichtsforschung
NA	Neues Archiv der Gesellschaft für ältere deutsche Geschichtskunde
ND	Nachdruck
NDB	Neue Deutsche Biographie
NDPD	National-Demokratische Partei Deutschlands (Partei in der DDR)
N. F., N. S.	Neue Folge, Nova Series
Nl	Nachlass
NLA	Niedersächsisches Landesarchiv
NOFG	Nord- und Ostdeutsche Forschungsgemeinschaft
NPL	Neue Politische Literatur (Rezensionszeitschrift)
NS	Nationalsozialistisch
NSDAP	Nationalsozialistische Deutsche Arbeiterpartei
ÖAW	Österreichische Akademie der Wissenschaften
OKH	Oberkommando des Heeres
OKW	Oberkommando der Wehrmacht
QFIAB	Quellen und Forschungen aus Italienischen Archiven und Bibliotheken
REM	Reichsministerium für Wissenschaft, Erziehung und Volksbildung
Rez.	Rezension
RGBl.	Reichsgesetzblatt
RM	Reichsmark
RWTH Aachen	Rheinisch-Westfälischen Technischen Hochschule Aachen
SA	Sturmabteilung
SB Berlin	Sitzungsberichte der Preussischen Akademie der Wissenschaften zu Berlin, philosophisch-historische Klasse
SB München	Sitzungsberichte der Bayerischen Akademie der Wissenschaften, philosophisch-historische Klasse
SB Wien	Sitzungsberichte der Österreichischen Akademie der Wissenschaften, philosophisch-historische Klasse

SD		Sicherheitsdienst
SED		Sozialistische Einheitspartei Deutschlands
SS		Schutzstaffel
StABa		Staatsarchiv Bamberg
StaBi PK		Staatsbibliothek zu Berlin - Preußischer Kulturbesitz
StadtAA		Stadtarchiv Aachen
StadtAK		Stadtarchiv Konstanz
StGA		Stefan-George-Archiv Stuttgart
Suppl.		Supplementum
TH		Technische Hochschule
UAF		Universitätsarchiv Frankfurt am Main
UAW		Universitätsarchiv Wien
UBH		Universitätsbibliothek Heidelberg
uk		unabkömmlich (Kriegsdienst)
VAPK		Veröffentlichungen aus den Archiven Preußischer Kulturbesitz
VdEh		Verein Deutscher Eisenhüttenleute
Vf.		Verfasser/-in
VfZ		Vierteljahrshefte für Zeitgeschichte
ZBLG		Zeitschrift für Bayerische Landesgeschichte
ZD		Zentraldirektion (der Monumenta Germaniae Historica)
ZfG		Zeitschrift für Geschichtswissenschaft
ZRG		Zeitschrift der Savigny-Stiftung für Rechtsgeschichte
	Germ.	Germanistische Abteilung
	Rom.	Romanistische Abteilung
Zs.		Zeitschrift

Universitätsgeschichte als Personengeschichte
Aspekte eines biographischen Forschungsprojekts an der RWTH Aachen

von

Werner Tschacher

I. Universitätsgeschichte und Personengeschichte

Institutionen und Organisationen, von Menschen geschaffen und geprägt, sind Orte leitidee- und regelbasierten zwischenmenschlichen Handelns[1]. Dies gilt nicht zuletzt für Universitäten und Hochschulen, deren organisatorische und inhaltliche Ausrichtung wie auch kollektive Erinnerung und öffentliche Wahrnehmung maßgeblich von ihren Funktionsträgern und Repräsentanten bestimmt werden. Forschungsgeschichtlich in der Wissenschafts-, Bildungs-, Geistes-, Sozial- und Verwaltungsgeschichte verankert, traten in den letzten Jahrzehnten die personengeschichtlichen Aspekte von Universitäts- und Hochschulgeschichte stärker hervor[2]. Mitverantwortlich hierfür war die seit den 1980er Jahren aufgekommene Erforschung der Universitäten im Nationalsozialismus, wobei personelle Kontinuitäten und Netzwerke vom Kaiserreich bis zur frühen Bundesrepublik zunehmend in den Blick traten[3].

---

1 Wolfgang J. Weber, Universitäten, in: Aufriß der Historischen Wissenschaften, hg. v. Michael Maurer, 6: Institutionen (2002) S. 15–97; Wolfgang Lipp, Institution, in: Wörterbuch der Soziologie, hg. v. Günter Endruweit / Gisela Trommsdorff (²2002) S. 246f.; Günter Büschges, Organisationssoziologie, in: ebd. S. 391–395; Roland Czada, Institutionen/Institutionentheoretische Ansätze, in: Lexikon der Politikwissenschaft. Theorien, Methoden, Begriffe 1, hg. v. Dieter Nohlen / Rainer-Olaf Schulze (2004) S. 363–368; Simon Hug, Institutionen, in: Lexikon Politik. Hundert Grundbegriffe, hg. v. Dieter Fuchs / Edeltraut Roller (2009) S. 120–122; Uwe Schimank, Institution, in: Lexikon Soziologie und Sozialtheorie. Hundert Grundbegriffe, hg. v. Sina Farzin / Stefan Jordan (2008) S. 123–126; Veronika Tacke, Organisation, in: ebd. S. 212–215. Vgl. auch Bernhard Löffler, Moderne Institutionengeschichte in kulturhistorischer Erinnerung. Thesen und Beispiele aus der Geschichte der Bundesrepublik Deutschland, in: Geschichte der Politik. Alte und Neue Wege, hg. v. Hans-Christof Kraus / Thomas Nicklas (2007) S. 155–180.

2 Thomas Ellwein, Die deutsche Universität vom Mittelalter bis zur Gegenwart (1985); Wolfgang E. J. Weber, Geschichte der europäischen Universität (2002); Walter Rüegg, Geschichte der Universität in Europa 3–4 (2004/10); Stefan Fisch, Geschichte der europäischen Universität. Von Bologna nach Bologna (2015); Universitätsgeschichte schreiben. Inhalte – Methoden – Fallbeispiele, hg. v. Livia Prüll / Frank Hüther / Christian George (2019). Vgl. für die Wirkung der Institutionalisierung akademischer Einrichtungen auf die Tätigkeit von Historikern Gabriele Lingelbach, Institutionelle Rahmenbedingungen disziplinärer Standardisierungsprozesse – ein amerikanisch-französischer Vergleich, in: Neue Zugänge zur Geschichte der Geschichtswissenschaft, hg. v. Jan Eckel / Thomas Etzemüller (2007) S. 110–134.

3 Alan D. Beyerchen, Scientists under Hitler. Politics and the Physics Community in the Third Reich (1977); Ute Deichmann, Biologen unter Hitler. Vertreibung, Karrieren, Forschungsförderung (1992); Mitchell G. Ash, Verordnete Umbrüche – Konstruierte Kontinuitäten. Zur Entnazifizierung von Wissenschaftlern und Wissenschaften nach 1945, in: Zs. für Geschichtswissenschaft 43 (1995) S. 903–923; Ute Deichmann, Flüchten, Mitmachen, Vergessen. Chemiker und Biochemiker in der NS-Zeit (2001); Mitchell G. Ash, Konstruierte Kontinuitäten und divergierende Neuanfänge nach 1945, in: Gebrochene Wissenschaftskulturen. Universität und Politik im 20. Jahrhundert, hg. v. Michael Grüttner / Rüdiger Hachtmann / Konrad H. Jarausch / Jürgen John / Matthias Middell (2010) S. 215–245; Michael

Innerhalb der Geschichtswissenschaft stellte der 42. Historikertag in Frankfurt am Main 1998 mit der Sektion ‚Deutsche Historiker im Nationalsozialismus' ein Schlüsselereignis für die Auseinandersetzung mit der jüngeren Geschichte des Fachs dar, in deren Mittelpunkt zunächst die Biographien von Theodor Schieder (1908–1984) und Werner Conze (1910–1986) standen[4]. Auch andere Geisteswissenschaften begannen in dieser Zeit ihre Vergangenheit im Nationalsozialismus aufzuarbeiten. Seitdem ist eine kaum mehr überschaubare Fülle von Forschungsarbeiten zum Thema erschienen[5]. Der aktuelle Forschungstrend vereinigt methodische Ansätze der Biographik und der Prosopographie in einer datenbankgestützten Erstellung von Kollektivbiographien und Migrationsmustern[6].

In diesem Beitrag werden in Form einer Retrospektive wesentliche Ergebnisse eines nunmehr zwanzig Jahre zurückliegenden Forschungsprojekts an der Rheinisch-Westfälischen Technischen Hochschule Aachen dargestellt, wobei der Umgang mit NS-Karrieren nach 1945 und dessen Rückwirkung auf die Erinnerungskultur der Hochschule im Fokus stehen sollen.

II. Der Skandal Schneider/Schwerte (1995–1999)

Am 27. April 1995 erstattete der renommierte ehemalige Professor für Neuere Deutsche Literaturgeschichte (amt. 1965–1978) und Rektor (amt. 1970–1973) der RWTH Aachen Hans Schwerte nach Gerüchten, anonymen Drohungen, Ermittlungen sowie einer bevorstehenden Fernsehdokumentation in den Niederlanden mit einem Brief an den Kanzler der RWTH

JUNG, „Voll Begeisterung schlagen unsere Herzen zum Führer". Die Technische Hochschule Hannover und ihre Professoren im Nationalsozialismus (2013); Michael GRÜTTNER, Universitäten in der nationalsozialistischen Diktatur – Stand der Forschung, in: Universitätsgeschichte schreiben (wie Anm. 2) S. 85–103; Michael JUNG, Eine neue Zeit. Ein neuer Geist? Eine Untersuchung über die NS-Belastung der nach 1945 an der Technischen Hochschule Hannover tätigen Professoren unter besonderer Berücksichtigung der Rektoren und Senatsmitglieder (2020); Michael GRÜTTNER, Talar und Hakenkreuz. Die Universitäten im Dritten Reich (2024). Siehe auch Arno MENTZEL-REUTERS, Friedrich Baethgen in nationalkonservativen Netzwerken (1917–1948), in vorliegendem Band S. 113–160.

4   Deutsche Historiker im Nationalsozialismus, hg. v. Winfried SCHULZE / Otto Gerhard OEXLE (³2000). Vgl. Volker ULLRICH, Späte Reue der Zunft. Endlich arbeiten die deutschen Historiker die braune Vergangenheit ihres Fachs auf, in: Die ZEIT 39 vom 17.9.1998; Historiker in der NS-Zeit. Hitlers willige Helfer?, Auflistung von Links, u.a. Beiträge der Sektion des Historikertags 1998 in Frankfurt a.M.: https://hsozkult.geschichte.hu-berlin.de/beitrag/diskusio/nszeit.htm (alle Links in diesem Beitrag wurden am 6.6.2024 abgerufen).

5   Völkische Wissenschaften. Ursprünge, Ideologien und Nachwirkungen, hg. v. Michael FAHLBUSCH / Ingo HAAR / Anja LOBENSTEIN-REICHMANN / Julien REICHENSTEIN (2020). Vgl. als Beispiele einer Aufarbeitung Frank-Rutger HAUSMANN, Vom Strudel der Ereignisse verschlungen. Deutsche Romanistik im Dritten Reich (2000); Literaturwissenschaft und Nationalsozialismus, hg. v. Holger DAINAT / Lutz DANNEBERG (2003); Anne C. NAGEL, Im Schatten des Dritten Reichs. Mittelalterforschung in der Bundesrepublik Deutschland 1945–1970 (2005).

6   Christa KLEIN, Biographie und Prosopographie – Kollektivbiographien als universitätshistorische Genres, in: Universitätsgeschichte schreiben (wie Anm. 2) S. 157–182; Levke HARDER, Historische Biografieforschung, in: Docupedia-Zeitgeschichte, 31.10.2020 (http://docupedia.de/zg/Harders_historische_Biografieforschung_v1_de_2020); Historische Biographik und kritische Prosopographie als Instrumente in den Geschichtswissenschaften, hg. v. Helmuth ALBRECHT / Michael FARRENKOPF / Helmut MAIER / Thorsten MEYER (2023).

Aachen Jürgen Keßler (1935–2014) eine Selbstanzeige. Schwerte gab in diesem Schreiben zu, nach 1945 eine zweite Identität angenommen zu haben, nachdem er im Zweiten Weltkrieg unter seinem richtigen Namen, Hans Ernst Schneider (1909–1999)[7], als Hauptsturmführer der SS maßgeblich für den ‚Germanischen Wissenschaftseinsatz' des SS-Ahnenerbes in den besetzten Niederlanden tätig gewesen war. Am 16. Mai 1995 verzichtete Schwerte auf die ihm am 8. Februar 1990 zuerkannte Würde des Ehrensenators der RWTH Aachen, die ihm 1985 übergebene belgische Auszeichnung ‚Officier de l'Ordre de la Couronne' und auf das 1983 verliehene Bundesverdienstkreuz Erster Klasse. Die drei Auszeichnungen schickte er drei Tage später an Rektor Klaus Habetha (1932–2024) zurück, der die Urkunde und die Insignien des ‚Ordre de la Couronne' dem belgischen Botschafter übersandte; die akademischen Ehrungen wurden Schwerte zudem offiziell aberkannt. Am 28. Juni 1995, dem Tag der Ausstrahlung der erwähnten Dokumentation ‚Eine deutsche Karriere' im niederländischen Politmagazin ‚Brandpunt', entschuldigte sich der damalige Ministerpräsident des Landes Nordrhein-Westfalen und spätere Bundespräsident Johannes Rau (1931–2006) am Ende der Sendung in einer Erklärung an die niederländischen Fernsehzuschauer für die auf Täuschung beruhende Tätigkeit Schneiders/Schwertes als Regierungsbeauftragter des Landes Nordrhein-Westfalen für die Hochschulbeziehungen zu den Niederlanden und Belgien zwischen 1974 und 1981, die darüber hinaus zu den Begründungen für die Zuerkennung der Ehrensenatorenwürde 1990 gezählt hatte: „Jetzt, wo ich gehört habe, daß Professor Schwerte uns alle mit seiner Identität betrogen hat, fühle ich mich als Mensch und ehemaliger Minister zutiefst verwirrt und getäuscht. [...] Ich bin verblüfft und beschämt, daß jemand, der in den Niederlanden für die SS tätig war, 1974 die Ernennung zum Regierungsbeauftragten für die Niederlande und Belgien angenommen hat. Ich kann mich für diese verwerflichen Dinge nur entschuldigen"[8]. Im Juli 1995 nahm das nordrhein-westfälische Wissenschaftsministerium die Ernennung Schwertes zum Professor zurück und stellte die Pensionszahlungen wegen arglistiger Täuschung ein. Dieser in der bundesdeutschen Hochschulgeschichte wohl

---

7   Ludwig JÄGER, Schneider, Hans Ernst, in: NDB 23 (2007) S. 296–298; Bernd-A. RUSINEK, Zwischenbilanz der Historischen Kommission zur Untersuchung des Falles Schneider/Schwerte und seiner zeitgeschichtlichen Umstände, Ms. Düsseldorf 1996, in: HA der RWTH Aachen N0150. – Vgl. folgende Archivbestände: Deutsches Literaturarchiv Marbach, Nachlässe A, Schwerte, Hans; BArch (ehem. BDC) NSDAP-Zentralkartei, Schneider, Hans, 15.12.1909; BArch (ehem. BDC) SSO Film 92B; BArch (ehem. BDC) Ahnenerbe, Schneider, Hans 15.12.1909; BArch RS Film F 501, BArch (ehem. BDC) RK Film I0531; BArch, Zentrale Stelle der Landesjustizverwaltungen Ludwigsburg, Ordner Verschiedenes, Akte 301 Cb, Bd. 159–160, fol. 164–744; vgl. auch Bd. 161: Kopien der Bestände BArch, NS 2/909, NS 21/912, NS 21/913, NS 21/914 (Akten der SS-Forschungs- und Lehrgemeinschaft ‚Ahnenerbe'), BArch Ludwigsburg Akte AR-Z 17/69, Bd. X, Bl. 1745 ff. (Ermittlungsakten/Korrespondenz zwischen der Zentralen Stelle Ludwigsburg und der Staatsanwaltschaft beim Landgericht München I ab 4.5.1995); LAV NRW Abteilung Rheinland, NW 178, Akte 158; StadtAA, ZAS Abt. 6, Nr. 1906 (Aachener Volkszeitung v. 26.6.1971), Nr. 2848 (Aachener Volkszeitung v. 5.10.1978); HA der RWTH Aachen, Akte S023. Die vormals in der Hochschulverwaltung der RWTH Aachen vorhandene Personalakte ist bis heute im Ministerium für Kultur und Wissenschaft des Landes Nordrhein-Westfalen verschollen.
8   Erklärung v. Johannes RAU, Ministerpräsident des Landes Nordrhein-Westfalen im niederländischen Fernsehen KRO v. 28.6.1995, zit. nach Bernd-A. RUSINEK, Zwischenbilanz der Historischen Kommission zur Untersuchung des Falles Schneider/Schwerte und seiner zeitgeschichtlichen Umstände, Ms. Düsseldorf 1996, in: HA der RWTH Aachen N0150.

beispiellose Fall erschütterte die RWTH Aachen ausgerechnet im 125. Jahr ihres Bestehens und brachte sie national wie international in die Schlagzeilen[9].

Weitere Enthüllungen, hektische Aufarbeitung und diverse Publikationen folgten[10], wodurch detailliertere biographische Fakten zutage traten: Bereits unmittelbar vor Kriegsende hatte Schneider, soeben noch vor Schließung des sowjetischen Belagerungsrings aus Berlin entkommen, in Lübeck den Namen Hans Schwerte angenommen und sich einen gefälschten Ausweis mit falschem Geburtsdatum und -ort, 3. Oktober 1910 in Hildesheim statt 15. Dezember 1909 in Königsberg, ausstellen lassen. Nach der ärztlichen Entfernung seiner SS-Tätowierung ließ er sich 1946 in Neuendettelsau im Landkreis Ansbach mit Hilfe eines notariell beglaubigten Feldpostbriefs, in dem ein angeblicher Kriegskamerad mitteilte, er sei am 25. April 1945 in Berlin gefallen, durch seine Frau für tot erklären; ein amtlicher Totenschein wurde ausgestellt. 1947 heiratete der vermeintlich Tote seine Frau ein zweites Mal. 1948 promovierte er in Erlangen – eine angebliche erste Promotion als Hans Ernst Schneider in Königsberg 1935 ist nicht belegbar. Als wissenschaftlicher Assistent in Erlangen setzte Schwerte seine Hochschulkarriere fort, es folgten die Erlanger Habilitation in Neuerer Deutscher Literaturgeschichte 1958 und die Berufung auf die Professur für Neuere Deutsche Literaturgeschichte an der RWTH Aachen 1965, die unter anderem mit folgender Begründung erfolgte: „Die Fakultät nennt Herrn Schwerte an 1. Stelle, weil sie ihn wegen der Breite seiner Interessen und seiner langjährigen Lehrerfahrung für besonders geeignet hält für den Neuaufbau eines Institutes. Seine lautere Persönlichkeit, die sich beson-

---

9 Vgl. exemplarisch: Ulrich GREINER, Mein Name sei Schwerte, in: Die ZEIT 20 v. 12.5.1995; Alan COWELL, German Scholar Unmasked as Former SS Officer, in: The New York Times v. 1.6.1995; Lorraine MILLOT, Enquête. Aix-la-Chapelle, un ex-nazi au-dessus de tout soupçon. L'ancien président de l'université était un capitain SS, in: Libération v. 12.7.1995 (online: https://www.liberation.fr/planete/1995/07/12/aix-la-chapelle-un-ex-nazi-au-dessus-de-tout-soupcon-l-ancien-president-de-l-universite-etait-un-cap_137916/); N. N., Zeitgeschichte. Stich ins Wespennest, in: Der SPIEGEL 38 v. 13.9.1998 (online: https://www.spiegel.de/politik/stich-ins-wespennest-a-0084fc70-0002-0001-0000-000008001886).

10 AutorInnenkollektiv für Nestbeschmutzung, Schweigepflicht. Eine Reportage. Der Fall Schneider und andere Versuche, nationalsozialistische Kontinuitäten in der Wissenschaftsgeschichte aufzudecken (²1996); Vertuschte Vergangenheit. Der Fall Schwerte und die NS-Vergangenheit der deutschen Hochschulen, hg. v. Helmut KÖNIG / Wolfgang KUHLMANN / Klaus SCHWABE (1997); Helmut KÖNIG, Der Fall Schwerte im Kontext (1998); Ludwig JÄGER, Seitenwechsel. Der Fall Schneider/Schwerte und die Diskretion der Germanistik (1998); Klaus LEGGEWIE, Von Schneider zu Schwerte. Das ungewöhnliche Leben eines Mannes, der aus der Geschichte lernen wollte (1998); Bernd-A. RUSINEK, Von Schneider zu Schwerte: Anatomie einer Wandlung, in: Verwandlungspolitik. NS-Eliten in der westdeutschen Nachkriegsgesellschaft, hg. v. Wilfried LOTH / Bernd-A. RUSINEK (1998); Joachim LERCHENMÜLLER / Gerd SIMON, Maskenwechsel. Wie der SS-Hauptsturmführer Schneider zum BRD-Hochschulrektor Schwerte wurde und andere Geschichten über die Wendigkeit deutscher Wissenschaft im 20. Jahrhundert (1999); Frank-Rutger HAUSMANN, Der Schwerte-Mythos, in: Scientia Poetica 5 (2001) S. 164–182; Malte GASCHE, Der „Germanische Wissenschaftseinsatz" des „Ahnenerbes" der SS 1942–1945. Zwischen Vollendung der „völkischen Gemeinschaft" und dem Streben nach „Erlösung" (2014) S. 11 ff., 72 ff. u. 168 ff.; Bettina BRANDL-RISI, Wissenschaft im Schatten des Nationalsozialismus – Der Fall Schneider/Schwerte und die Erlanger Theaterwissenschaften, in: Theater in Erlangen. Orte – Geschichte(n) – Perspektiven, hg. v. Hans-Friedrich BORMANN / Hans DICKEL / Eckart LIEBAU / Clemens RISI (2020) S. 205–243.

ders in seinem Verhalten während der Jahre 1934–1945 äußerte, gibt die Gewähr, daß er eine erfreuliche Bereicherung der Fakultät bilden würde"[11].

Schwertes Teilnahme an den ‚Nürnberger Gesprächen' mit NS-Verfolgten 1965 und das von der Fortsetzung der Hochschulreform bestimmte Rektorat 1970/73 trugen zu seinem Image als Linksliberaler bei. Dem sozialdemokratischen Ministerpräsidenten Rau stand er nahe, und mit dem nordrhein-westfälischen Innenminister Herbert Schnorr (1927–2021) verband ihn eine Freundschaft, was die politische Brisanz des Skandals 1995 erhöhte. Viele Aachener Kollegen und Schüler sahen sich im Frühjahr 1995 von Hans Ernst Schneider alias Hans Schwerte getäuscht, andere legten Mitte Juni 1995 gegenüber dem Dekan der Philosophischen Fakultät Günter Debus (1939–2022) eine Art Beichte zu seit Ende der 1980er Jahre an der Hochschule sowie seit Juni/Juli 1994 im von Anke Brunn (geb. 1942) geleiteten nordrhein-westfälischen Wissenschaftsministerium umlaufenden Gerüchten über die falsche Identität Schwertes ab[12]. Als das Kartell kollektiven Beschweigens durch die Indiskretion eines unbekannten Insiders, die Intervention auswärtiger Medien sowie den Recherche- und Protestdruck einer kritischen Studentenschaft aufbrach, ergaben sich unmittelbare Folgen zunächst für die im Sommer 1995 fertiggestellte Jubiläums-Festschrift der RWTH Aachen: Schwertes dortige Biographie musste eilends umgeschrieben werden, in der Liste der Ehrensenatoren vermerkte man die Rückgabe dieser Würde[13]. Es ist nicht ohne bittere Ironie, dass inmitten des hektischen Skandalmanagements ausgerechnet die 125-Jahr-Festschrift der RWTH Aachen von 1995 den ambitionierten Versuch beinhaltet, die vergessenen Opfer der NS-Zeit in das kommunikative Erinnern zurückzuholen und ihnen einen zentralen Platz im Gedächtnis der Hochschule einzuräumen. Die zwölf biographischen Skizzen, die dort im Abschnitt ‚Vertriebene Professoren' versammelt waren, standen zu diesem Zeitpunkt für eine deutschsprachige Hochschulfestschrift einmalig da[14]. Der Skandal überlagerte dies nun.

Die Erforschung zahlreicher Biographien von Universitätslehrern in der Bundesrepublik Deutschland zeigte in der Folgezeit, dass es sich beim ‚Fall Schwerte' weniger um ein „deutsches Schicksal"[15] handelte, wie es in der Jubiläums-Festrede des RWTH-Rektors

---

11 HA der RWTH Aachen 11129, Berufungsvorgang Hans Schwerte, Brief der Fakultät für Allgemeine Wissenschaften der TH Aachen an das Kultusministerium NRW v. 1.2.1965, über Rektor der TH Aachen; vgl. gleichlautend LAV NRW Abteilung Rheinland, NW 178, Akte 158, fol. 2–6, Schreiben der Fakultät für Allgemeine Wissenschaften der RWTH Aachen an das Kultusministerium des Landes NRW vom 23.2.1965.
12 Dekan Günter DEBUS, Gerüchte im Fall Schwerte/Schneider seit 1990. Kommunikation zwischen den Funktionsträgern der Philosophischen Fakultät v. 17.6.1995, in: HA der RWTH Aachen, N0150.
13 Wissenschaft zwischen technischer und gesellschaftlicher Herausforderung. Die Rheinisch-Westfälische Technische Hochschule Aachen 1870 bis 1995, hg. v. Klaus HABETHA (1995) S. 12, 328–330 u. 671. Vgl. Stefan KREBS / Werner TSCHACHER, Vom Heldenkult zur Skandalbewältigung. Überlegungen zur akademischen Erinnerungskultur der RWTH Aachen, in: Geschichte im Westen. Zs. für Landes- und Zeitgeschichte 24 (2009) S. 199–227, hier S. 195f.
14 Leitfaden zur Ausgestaltung der Festschrift zum 125. Jubiläum der RWTH Aachen, in: HA der RWTH Aachen, N0151; Wissenschaft zwischen technischer und gesellschaftlicher Herausforderung (wie Anm. 13) S. 181–274. Vgl. KREBS / TSCHACHER, Vom Heldenkult (wie Anm. 13) S. 192.
15 Bernd MÜLLENDER, SS-Karriere als deutsches Schicksal gewürdigt, in: taz v. 12.10.1995.

Habetha im Oktober 1995 hieß, und auch nicht um „*die* deutsche Karriere"[16], wie 2003 der Aachener Politologe Helmut König (geb. 1950) Schwertes Lebensweg deutete, sondern um einen atypischen Sonderfall, da es für NS-Belastete angesichts umfassender personeller Kontinuität in Staat und Gesellschaft nach 1945 in der Regel keines Identitätswechsels bedurfte, um ihre beruflichen Tätigkeiten fortzusetzen[17]. Allerdings führte die Gemengelage von verordnetem äußerem Umbruch nach 1945, innerer Kontinuität und demokratischen Lernprozessen bei vielen Belasteten zu „Doppelspiele[n]"[18]. Jenseits der an der Oberfläche demonstrierten ‚political correctness' bildeten sich verschworene Gemeinschaften[19], gedieh eine Atmosphäre der „nicht-symmetrische[n] Diskretion"[20], wurden „Karrieren im Zwielicht"[21] kollektiv beschwiegen.

III. Ergebnisse des Forschungsprojekts an der RWTH Aachen (2001–2003)

Am 18. Dezember 1999 war Hans Schwerte, geborener Hans Ernst Schneider, in einem Altenheim in Marquartstein (Chiemgau) gestorben – mehr offene Fragen als Antworten hinterlassend. Noch unter dem Eindruck des Skandals und nach Anfragen an die Pressestelle der RWTH Aachen zu bestimmten Repräsentanten der Hochschule, zum Beispiel zu einer angeblichen NS-Verstrickung des Ruhrindustriellen Friedrich Springorum (1858–1938)[22], Mitbegründer der Freunde und Förderer der Aachener Hochschule und Namensgeber der Springorum-Denkmünze, einer Auszeichnung für hervorragende Diplomexamen, sah sich das Rektorat 2001 veranlasst, Gelder für ein datenbankgestütztes Forschungsprojekt zur Erinnerungskultur der RWTH Aachen und dem Erbe der Vergangenheit bereitzustellen. Dieses vom Historischen Institut unter der Leitung von Professor Armin Heinen (geb. 1952) betriebene Projekt wurde im November 2001 begonnen und im Januar 2004 abgeschlossen. Projektmitarbeiter waren Stefan Krebs (geb. 1973) und der Verfasser (geb. 1963) dieses auf den gemeinsamen Projektergebnissen beruhenden Beitrages. Für das auf umfangreiche Archivforschungen gestützte Projekt konnte auch die 2003 erschienene Dissertation von Ulrich Kalkmann (geb. 1962) über die TH Aachen im ‚Dritten Reich' genutzt werden[23].

---

16 Helmut König, Die Zukunft der Vergangenheit. Der Nationalsozialismus im politischen Bewusstsein der Bundesrepublik (2003) S. 91 (Hervorhebung im Original).
17 Vgl. hierzu die Biographien bei Ernst Klee, Das Personenlexikon zum Dritten Reich. Wer war was vor und nach 1945? (2003); Michael Grüttner, Biographisches Lexikon zur nationalsozialistischen Wissenschaftspolitik (2004). Vgl. Krebs / Tschacher, Vom Heldenkult (wie Anm. 13) S. 196.
18 König, Die Zukunft der Vergangenheit. (wie Anm. 16) S. 109. Die Lernprozesse betont Bernd-A. Rusinek, Deutsche Eliten im 20. Jahrhundert, in: Die neuen Eliten (Kursbuch 139, 2000) S. 31–44, hier S. 43.
19 Vgl. den Titel von Hans Jürgen Döscher, Verschworene Gemeinschaft. Das Auswärtige Amt unter Adenauer zwischen Neubeginn und Kontinuität (1995).
20 Winfried Schulze, Doppelte Entnazifizierung. Geisteswissenschaften nach 1945, in: Vertuschte Vergangenheit (wie Anm. 10) S. 257–286, hier S. 273.
21 So der Titel von Norbert Frei, Karrieren im Zwielicht. Hitlers Eliten nach 1945 (²2002).
22 Eine NSDAP-Mitgliedschaft Springorums konnte im Projekt nicht festgestellt werden, allerdings erhielt er „herzliche Glückwünsche" Adolf Hitlers zu seinem 80. Geburtstag, vgl. Düsseldorfer Nachrichten vom 1.4.1938.
23 Ulrich Kalkmann, Die Technische Hochschule Aachen im Dritten Reich (1933–1945) (2003).

Die ursprüngliche Idee war es, alle Würdenträger und Namensgeber der RWTH in das Projekt einzubeziehen, also alle Träger der Hochschulplakette, Ehrendoktoren, Ehrenbürger[24], Ehrensenatoren und Namensgeber sowie die Rektoren. Dies wären weit über 800 Personen gewesen, was den zeitlichen und personellen Rahmen gesprengt hätte. Deshalb wurde eine Eingrenzung des Personenkreises auf Ehrensenatoren, Namensgeber, Rektoren und Nobelpreisträger vorgenommen. 46 Rektoren, 51 Ehrensenatoren, 85 Namensgeber und 6 Nobelpreisträger der RWTH wurden untersucht, und unter Berücksichtigung von Überschneidungen der vier Gruppen wurden insgesamt 146 biographische Dossiers erstellt. Der Untersuchungszeitraum des datenbankgestützten Projekts umfasste die Zeit von der Eröffnung des Polytechnikums 1870 bis 2003. Der Textumfang entsprach 842 gedruckten DIN A4-Seiten[25]. Die Hochschulleitung war an einer Fortführung des Forschungsprojekts nicht interessiert, da sie mit der Veröffentlichung weniger ausgewählter Ergebnisse im Frühjahr 2005 das Thema für beendet erachtete und die Pressestelle der Hochschule und das Hochschularchiv mit Hilfe der Dossiers weitere externe Anfragen beantworten sollten. Im Zuge persönlicher Forschungstätigkeit erschienen in den Folgejahren mehrere projektbezogene Publikationen der beiden Bearbeiter, in denen jenseits der Erfassung von Mitgliedschaften und Ämtern die ideologischen Überzeugungen, Netzwerke, Strategien und Motive der NS-Belasteten einbezogen wurden. Hierzu wurden dienstliche und gegebenenfalls private Briefe, akademische Reden und wissenschaftliche Texte ausgewertet. Im Fokus stand nicht mehr vorrangig die Zeit zwischen 1933 und 1945, sondern der gesamte Werdegang einer Person, vor und nach diesen makrohistorischen Zäsuren[26]. Aktuell ist ein kurzer Überblickstext

---

24 Ehrenbürger sind Personen, die nicht der Hochschule angehören, sich aber um diese verdient gemacht haben, häufig Unternehmer. Vgl. Die RWTH. Akademische Ehrungen (https://www.rwth-aachen.de/cms/root/die-rwth/profil/auszeichnungen-und-ehrungen/~enj/akademische-ehrungen/).

25 Werner Tschacher, „Ich war also in keiner Form aktiv tätig." Alfred Buntru und die akademische Vergangenheitspolitik an der RWTH Aachen 1948–1960, in: Geschichte im Westen. Halbjahres-Zs. für Landes- und Zeitgeschichte 19 (2004) S. 197–229, hier S. 229 Anm. 144; Stefan Krebs / Werner Tschacher, Der schwierige Umgang mit dem Erbe der NS-Vergangenheit. Ein Forschungsprojekt zur Hochschulgeschichte der RWTH, in: RWTH-Themen 2 (2005) S. 94f.

26 Krebs / Tschacher, Der schwierige Umgang (wie Anm. 25); Tschacher, Ich war also in keiner Form aktiv tätig (wie Anm. 25); Stefan Krebs / Werner Tschacher, „Im Sinne der rassischen Erneuerung unseres Volkes" – Albert Huyskens, die Westdeutsche Gesellschaft für Familienkunde und das Aachener Stadtarchiv im Nationalsozialismus, in: Zs. des Aachener Geschichtsvereins 109 (2007) S. 215–238; dies., Vom Heldenkult (wie Anm. 13) S. 199–227; dies., „Eine Art von Gewissenserforschung"? – Konstruierte Brüche und Kontinuitäten an der Technischen Hochschule Aachen 1928–1950, in: Selbstmobilisierung der Wissenschaft. Technische Hochschulen im ‚Dritten Reich', hg. v. Noyan Dinçkal / Christof Dipper / Detlev Mares (2010) S. 255–286; dies., Zwischen Markt und Labor: die zwei Gesichter des Hermann Schenck, in: 50 Jahre Stahlinstitut VDEh 1860–2010, hg. v. Helmut Maier / Andreas Zilt / Manfred Rasch (2010) S. 201–221; Werner Tschacher, Buntru, Alfred, in: Baden-Württembergische Biographien N.F. 6 (2016) S. 54–57; ders., Zäsur und ‚Stunde Null'? Personelle Brüche und Kontinuitäten in Aachen 1933 und 1945, in: Der Krieg ist aus. Politik, Alltag und Medien in Aachen. Begleitband zu den Ausstellungen im Centre Charlemagne, Couven Museum und Internationalen Zeitungsmuseum anlässlich des 75. Jahrestages des Endes des Zweiten Weltkrieges (2019) S. 69–79; Stefan Krebs / Werner Tschacher, Wallichs, Adolf Otto, in: NDB 27 (2020) S. 620f.; dies., Wüllner, Friedrich Adolph Hugo Anton, in: NDB 28 (2024) S. 519f.; dies., Wüst, Wilhelm (Friedrich) Fritz, in: NDB 28 (2024) S. 526–528.

zum Projekt auf der Homepage des Aachener Hochschularchivs zugänglich. Die Dossiers sollen vor Ort eingesehen werden dürfen, sofern die behandelte Person mindestens seit zehn Jahren verstorben ist, jedoch ist zum Beispiel das umfangreiche Dossier über Hans Ernst Schneider alias Hans Schwerte, verstorben 1999, immer noch gesperrt[27].

Das Forschungsprojekt am Historischen Institut erbrachte signifikante quantitative Ergebnisse: 10 von 14 Rektoren in der Zeit von 1945 bis 1977 gehörten zuvor der NSDAP an. 9 Rektoren waren Mitglieder in der SA und/oder SS. Ferner waren 22 der bis Ende 2003 ernannten 51 Ehrensenatoren NSDAP-Mitglieder. In einer ersten Annäherung und Bewertung wurden die problematischen Fälle in einer Typologie erfasst, wobei drei Gruppen unterschieden werden konnten: 1.) die in der Zeit des Nationalsozialismus Belasteten, die nach 1945 Rektoren, Ehrensenatoren oder Namensgeber wurden; 2.) die in der Zeit des Nationalsozialismus Belasteten, die bereits vor 1945 Rektoren oder Ehrensenatoren wurden; 3.) formal nicht im Nationalsozialismus Belastete, die nach 1945 als Helfer von Belasteten in Erscheinung traten[28].

1.) Als belastet galten Personen mit einfachen Mitgliedschaften in einzelnen NS-Organisationen, mit signifikanter Mitgliedschafts- oder Ämterhäufung, aktiver Vertretung ideologischer Standpunkte des NS-Regimes und leitender Mitwirkung an nationalsozialistischer Ideologie und Herrschaft. Ein signifikantes Fallbeispiel für Mitgliedschafts- und Ämterhäufung ist der Physiker Wilhelm Fucks (1902–1990)[29], seit 1933 förderndes Mitglied der SS, 1933 bis 1945 der SA, dort Scharführer, 1937 bis 1945 Mitglied der NSDAP, Mitglied der Nationalsozialistischen Volkswohlfahrt (NSV) und des Nationalsozialistischen Deutschen Studentenbundes, 1941 bis 1945 führender Funktionär im Aachener NS-Dozentenbund, im Sommer 1945 in Diensten des US-Militärgeheimdienstes (Air Technical Intelligence out of Headquarters der United States Strategical Air Force), 1950 bis 1952 Rektor der TH Aachen, 1982 Ehrensenator und 1985 Träger des Großen Verdienstkreuzes der Bundesrepublik Deutschland. Fucks gehörte zu jener Gruppe belasteter Hochschullehrer, deren militärisch relevantes Spezialwissen im Kontext des Kalten Krieges ihrem nahtlosen Systemwechsel zugutekam.

Als Indikator der ideologischen Übereinstimmung einer Person mit dem Nationalsozialismus galt den Projektmitarbeitern der frühe Eintritt in die NSDAP, besonders augenfällig im Fall des Physikers und Nobelpreisträgers Johannes Stark (1874–1957), der 1923 zu den Unterstützern des Hitler-Putsches zählte, 1929 in die SA und ein Jahr später in

---

27 Biographische Datenbank, in: https://www.archiv.rwth-aachen.de/bestaende/quellenkunde/biographische-datenbank/ (gesperrter Link zum Findmittel); vgl. allerdings: https://www.archiv.rwth-aachen.de/biographischedatenbank/index.htm.

28 Zu den Projektergebnissen und der folgenden Typologie: Stefan KREBS / Werner TSCHACHER, Einige Anmerkungen zum biographischen Forschungsprojekt ‚Die Erinnerungskultur der RWTH Aachen und das Erbe der Vergangenheit' (Mai 2006): http://www.archiv.rwth-aachen.de/wp-content/uploads/2012/03/Erinnerungskultur.pdf.

29 Vgl. HA der RWTH Aachen Akte SP 1 (Deutsche Wissenschaft, Erziehung und Volksbildung Jg. 4, 1938, Personalnachrichten, S. 122), Akte 160b, Akte PA 1505 (Personalakte), Akte 3102 A, Akte 12083 (Ehrensenator); LAV NRW Abteilung Rheinland, NW 1079 Akte 4466 (Entnazifizierung); LAV NRW Abteilung Rheinland, NW O Akte 33424 (Bundesverdienstkreuz); BArch (ehem. BDC) NSDAP-Ortskartei, Fucks, Wilhelm, 4.6.1902; BArch (ehem. BDC) PK Film C 0348 (als „Fuchs").

die NSDAP eintrat[30]. Im Fall des Geologen Karl-Heinrich Heitfeld (geb. 1924)[31], Namensgeber der Heitfeld-Stiftung und des Heitfeld-Preises der RWTH, der 2003 Ehrensenator der Hochschule wurde, sind die Jugend und das späte NSDAP-Eintrittsdatum am 1.9.1942 augenfällig[32]. Wie durch die Forschungen von Wolfgang Benz (geb. 1941) und anderen bekannt, konnte die Mitgliedschaft in der Hitlerjugend beträchtlichen Gruppendruck für junge Menschen bedeuten, die wie Heitfeld oder der Tübinger Germanist Walter Jens (1923–2013)[33] zum 1.9.1942 in die NSDAP eintraten. Man konnte nicht ohne eigenes Wissen in die NSDAP aufgenommen werden, wie einige Betroffene nach der späteren Aufdeckung der Mitgliedschaft exkulpierend behaupteten. Die Aussagekraft des Beitrittsdatums zur NSDAP erscheint insgesamt begrenzt. Wer aus dem Beitrittsdatum 1.5.1933 schließt, bei den betreffenden Personen handele es sich ausschließlich um Opportunisten, sogenannte ‚Märzgefallene', übernimmt, obwohl es in dieser Gruppe sicherlich hunderttausende Opportunisten gab, nolens volens den verächtlichen Blickwinkel der alten Kämpfer und Parteigenossen. Und viele, die nach Ablauf der Mitgliedersperre 1937 oder später in die Partei eintraten, waren schon deshalb ideologisch gefestigt, weil sie in den vergangenen vier Jahren der Diktatur Kaderprägung und ideologische Schulung erfahren hatten[34]. Grauzonen und ambivalent erscheinende Verhaltensweisen ein und derselben Person wie private Regimekritik, partielle Resistenz, Hilfsleistungen für NS-Verfolgte, Kollaboration mit dem Regime und Täterschaft stellen seit den Forschungen von Ulrich Herbert (geb. 1951) und anderen keine Überraschung dar[35].

Ein signifikantes Beispiel für die Unterstützung des Nationalsozialismus durch Nichtparteimitglieder ist der Aachener Geographieprofessor Max Eckert-Greifendorff (1868–1938)[36]. Nach ihm wurde 1986 der Aachener Eckertweg benannt, gegenüber dem Gästehaus

---

30 SA-Mitglieds-Nr. 149 544 (1.7.1929); NSDAP-Mitglieds-Nr. 228.726 (1.4.1930). Vgl. BArch (ehem. BDC) NSDAP-Ortsgruppenkartei, Stark, Johannes, 15.4.1874; BArch (ehem. BDC) NSDAP-Zentralkartei, Stark, Johannes, 15.4.1874; BArch R 4901 PA St. 47; BArch (ehem. BDC) Wi Stark, Johannes 15.4.1874, BArch (ehem. BDC) Ahnenerbe Stark, Johannes 15.4.1874, BArch (ehem. BDC) OPG (Oberstes Parteigericht), Bd. 1–3, BArch (ehem. BDC) PK Film L 406. Vgl. Dieter HOFFMANN, Johannes Stark – eine Persönlichkeit im Spannungsfeld von wissenschaftlicher Forschung und faschistischer Ideologie (1982) S. 90–101; KLEE, Das Personenlexikon zum Dritten Reich (wie Anm. 17) S. 596f.; Dieter HOFFMANN, Stark, Johannes, in: NDB 25 (2013) S. 71f.
31 Zur Person vgl. den Wikipedia-Artikel Karl-Heinrich Heitfeld (https://de.wikipedia.org/wiki/Karl-Heinrich_Heitfeld). Vgl. ‚Heitfeld-Preis': https://www.fgeo.rwth-aachen.de.
32 NSDAP-Mitglieds-Nr. 9.321.894. Die Aufnahme wurde beantragt am 30.9.1942 und erfolgte rückwirkend. Vgl. BArch (ehem. BDC) NSDAP-Ortsgruppenkartei, Heitfeld, Karl Heinrich, 3.11.1924.
33 NSDAP-Mitglieds-Nr. 9.265.911, beantragt am 20.11.1942, rückwirkende Aufnahme am 1.9.1942. Vgl. BArch R 9361-IX KARTEI/18211280. Zur damaligen Debatte Götz ALY, Was wusste Walter Jens?, in: Die ZEIT v. 15.1.2004 (https://www.zeit.de/2004/04/W_Jens/komplettansicht); Sven Felix KELLERHOFF, Hat Walter Jens über seine NSDAP-Zeit gelogen?, in: Welt v. 10.2.2009 (https://www.welt.de/kultur/article3178914/Hat-Walter-Jens-ueber-seine-NSDAP-Zeit-gelogen.html).
34 Wie wurde man Parteigenosse? Die NSDAP und ihre Mitglieder, hg. v. Wolfgang BENZ (2009).
35 Ulrich HERBERT, Wer waren die Nationalsozialisten? Typologien des politischen Verhaltens im NS-Staat, in: Karrieren im Nationalsozialismus. Funktionseliten zwischen Mitwirkung und Distanz, hg. v. Gerhard HIRSCHFELD / Tobias JERSAK (2004) S. 17–43.
36 HA der RWTH Aachen 160a/1, 1762 (Personalakte), 2989 (Denkschrift ‚Ausbau des Geographischen Instituts an der Technischen Hochschule Aachen'). Vgl. Richard FINSTERWALDER, Eckert-Greifendorff,

der RWTH Aachen gelegen. Eckert-Greifendorff steht für die aktive Unterstützung des NS-Regimes und kann als fanatischer Hitleranhänger bezeichnet werden. Im Frühjahr 1933 unterzeichnete er als einziger Aachener Hochschullehrer einen reichsweiten Wahlaufruf von 300 Professoren für Adolf Hitler, der im Völkischen Beobachter erschien. Seine private familiengeschichtliche Sammlung stellte er dem Aachener Stadtarchiv für eine Ausstellung über den ‚Ariernachweis' zur Verfügung. Außerdem bereitete er als Vertreter einer völkisch-rassischen Geografie an der TH Aachen den Boden für die dortige aggressive Westforschung, welche die ideologische Vorbereitung und historische Rechtfertigung der militärischen Expansion lieferte. In zwei Schriften aus seinem Todesjahr regte er die Gründung eines kartographischen Forschungsinstituts an, das als Vierjahresplaninstitut an der Vorbereitung eines kommenden Krieges mitarbeiten sollte. Zu diesem Zweck konzipierte er 1938 die von ihm so benannte ‚Adolf-Hitler-Karte', die einem späteren militärischen Aufmarsch im Westen dienen sollte. Nach Auskunft aus dem engeren Umfeld der Familie ließ Eckert-Greifendorff seinen Leichnam auf dem Sterbebett von einer Hakenkreuzfahne bedecken[37].

2.) Einige der in der Zeit des Nationalsozialismus in Amt und Würden stehenden Belasteten waren an staatlichen Unterdrückungsmaßnahmen wie der Vertreibung jüdischer und politisch missliebiger Hochschullehrer seit 1933, an Maßnahmen zur Kriegsvorbereitung und Durchführung sowie an nationalsozialistischen Verbrechen beteiligt. Hier sticht die Person von Julius Dorpmüller (1869–1945)[38] heraus. Er hatte von 1889 bis 1893 Eisenbahn- und Straßenbau an der TH Aachen studiert, wurde 1926 Generaldirektor der Deutschen Reichsbahn-Gesellschaft und stieg 1937 zum Reichsverkehrsminister des ‚Dritten Reichs' auf. Seit 1939 war er nicht nur maßgeblich für die logistische Umsetzung des Hitler'schen Eroberungs- und Vernichtungskrieges verantwortlich, sondern auch für den massenhaften Transport der Juden in die Vernichtungslager. Aufgrund seines Todes im Sommer 1945 konnte Dorpmüller nicht mehr im Nürnberger Kriegsverbrechertribunal angeklagt werden. Seit Mitte der 1980er Jahre machten mehrere Städte, darunter Wuppertal, Minden und Hameln, die Benennung ihrer Dorpmüller-Straßen rückgängig. Im Gegensatz zu Hans Schwerte wurde Dorpmüller als Ehrendoktor (1925) und Ehrensenator (1939) der TH Aachen kommentarlos in die Ehrenlisten der Jubiläumsfestschrift von 1995 aufgenommen und erfuhr damit eine erneute würdigende Einschreibung in das kollektive Gedächtnis der Hochschule[39].

Max, in: NDB 4 (1959) S. 292; Wolf Günther Koch, Max Eckert, in: Sächsische Biografie online v. 18.1.2010 (https://saebi.isgv.de/biografie/10639); Gyula Pápay, Max Eckert und sein Hauptwerk ‚Die Kartenwissenschaft', in: Kartographische Nachrichten 67 (2017) Heft 3, S. 129–137.

37 Krebs / Tschacher, Der schwierige Umgang (wie Anm. 25) S. 94.

38 Alfred Gottwaldt, Dorpmüllers Reichsbahn – Die Ära des Reichsverkehrsministers Julius Dorpmüller 1920–1945 (2009). Vgl. HA der RWTH Aachen 190; BArch (ehem. BDC) NSDAP-Zentralkartei, Dorpmüller, Julius, 24.7.1869; BArch (ehem. BDC) PK Film BO 368; BArch Ludwigsburg/Zentrale Stelle der Landesjustizverwaltungen Akte AR-Z 80/61, Bd. III, Bl. 476 ff. (Ermittlungsverfahren gegen Dr. Albert Ganzenmüller, Staatssekretär im Reichsverkehrsministerium, wegen Beihilfe zum Mord, ab 1961, Verfahren am 15.8.1966 eingestellt), Akte AR 3297/65 (Ermittlungsverfahren am Landgericht Düsseldorf 1969–1974).

39 Wissenschaft zwischen technischer und gesellschaftlicher Herausforderung (wie Anm. 13) S. 639 u. 667. Vgl. Krebs / Tschacher, Vom Heldenkult (wie Anm. 13) S. 194 f.

Der Professor für Gewässerkunde und Wasserbau Alfred Buntru (1887–1974)[40] steht für eine hochgradige Verstrickung in das NS-Regime bis hin zur möglichen Beteiligung an Kriegsverbrechen. Sein Fall wiegt in der Substanz schwerer als der von Schneider/Schwerte. Buntrus Karriere zwischen Aachen und Prag und wieder zurück zeigt das Potential datenbankgestützter prosopographischer Forschung für die Sichtbarmachung personeller Netzwerke und ihrer Wirkung auf Hochschulkarrieren, Entnazifizierung und gruppenspezifische Erinnerungskultur. Buntru studierte an der TH Karlsruhe, war Mitglied der dezidiert arischen Burschenschaft Tulla und wurde 1928 Professor für Wasserbau an der Deutschen TH Prag, wo er sich früh als nationalsozialistisch orientierter Aktivist in der Sudetendeutschen Partei Konrad Henleins (1898–1945) hervortat. Nach seinem Rektorat 1935/36 an der TH Prag wurde er als politisch zuverlässiger Nationalsozialist an die Aachener Hochschule versetzt und übernahm dort 1937 die Professur für Wasserbau und das Rektorat. Anfang November 1939 kehrte er als designierter Rektor, amtierend seit dem 1. Januar 1940, nach Prag zurück, wo er wahrscheinlich als Informant an der Erschießung von tschechischen Studenten beteiligt war. Buntru war neben seiner NSDAP-Mitgliedschaft (1937) V-Mann des Sicherheitsdienstes der SS in Aachen und Prag und stieg in der SS 1940 zum Standartenführer auf. An seinen zahlreichen Ämtern, Mitgliedschaften in NS-Organisationen und hohen Auszeichnungen lässt sich seine Stellung im NS-Unterdrückungsapparat ablesen. Der Karrierist mit besten Verbindungen in den höheren Partei- und Staatsapparat vertrat die NS-Ideologie mit voller Überzeugung. Dies zeigt sich insbesondere in seiner Funktion als Präsident der Prager Reinhard-Heydrich-Stiftung (1942–1945), die eine rücksichtslose Germanisierung der tschechischen Universitäten forderte und betrieb. So trat Buntru als SS-Hardliner für die Vertreibung aller tschechischen Hochschullehrer im Protektorat Böhmen und Mähren ein, beteiligte sich an der psychologischen Kriegsführung im Osten und an der Requirierung tschechischer Bibliotheken. Buntrus Entnazifizierung 1948 erfolgte durch ca. 50 Leumundszeugnisse (,Persilscheine') unter Mitwirkung eines Aachener Helfernetzwerks mit zahlreichen Gewährsleuten aus Karlsruhe, Aachen und Prag, was den Grad seiner Belastung anzeigt. Als politisch entlasteter Hochschullehrer mit erfolgreicher beruflicher Reintegration als Professor für Gewässerkunde, gewerblichen Wasserbau und Hydraulik 1951 fand Alfred Buntru mit seiner Ernennung zum Ehrensenator 1959 dauerhaft Eingang in die Erinnerungskultur der RWTH[41]. In der von dem Aachener und späteren Münchener Kunsthistoriker Wolfgang Braunfels (1911–1987) verfassten Laudatio hieß es, Buntru habe als Rektor in Aachen

---

40 NSDAP-Mitglieds-Nr. 3.979.305 (1.5.1937); SS-Mitglieds-Nr. 313.909 (9.11.1938). Vgl. BArch (ehem. BDC) NSDAP-Zentralkartei, Buntru, Alfred, 15.1.1887; BArch (ehem. BDC) MF Buntru, Alfred, 15.1.1887 (NS-Dozentenbund); BArch R 4901 Akte 14221; BArch (ehem. BDC) SSO Film 121; BArch (ehem. BDC) Akte Wi Buntru, Alfred, 15.1.1887; BArch (ehem. BDC) Akte REM W 49 Akte 8; BArch Ludwigsburg Verschiedenes, Bd. 97, fol. 203; LAV NRW Abteilung Rheinland, NW 355 Akte 249; LAV NRW Abteilung Rheinland, NW 1005 Akte G 42-3555 (Entnazifizierung); LAV NRW Abteilung Rheinland, NW 1037 Akte A- Reg. 5690 (Entnazifizierung); StadtAA Abstell-Nr. 11181.

41 TSCHACHER, Ich war also in keiner Form aktiv tätig (wie Anm. 25); TSCHACHER, Buntru (wie Anm. 26); KALKMANN, Technische Hochschule (wie Anm. 23) S. 103 ff.

und Prag zweimal eine „demokratische Organisation vor einem Staatswesen repräsentieren"⁴²
müssen, „das die Demokratie verneint" habe. In beiden Fällen sei es ihm gelungen, das freie
akademische Leben der Hochschule gegen Einwirkungen von außen abzuschirmen. In dieser Laudatio bettete Braunfels die Rektorentätigkeit Buntrus während der nationalsozialistischen Besatzungszeit in Prag apologetisch überhöhend in die Konstruktion einer jahrhundertealten deutschen Kulturmission in Osteuropa ein: „Wir können und dürfen vor unserer
gemeinsamen Vergangenheit die Augen nicht verschließen. Wenn Ämterfolge es gefügt hat,
daß gerade einer der beiden Historiker an dieser Hochschule die Würdigung aussprechen
darf, so sollte er es noch weniger tun. Die deutsche Ostsituation war groß und tragisch von
ihren Anfängen an; idealistisch und hart seit diesem Tage, da Kaiser Otto der Große als letztes Werk – den Tod schon im Herzen – fünf Wochen bevor er sich auf seinem heimatlichen
Gute zum Sterben legte, das Bistum Prag gegründet hat. Sie alle wissen, daß die erste deutsche Universität und die erste deutsche Technische Hochschule in Prag gestanden haben.
Immer wieder seit dem Wirken Ottos des Großen sah die slawische Welt den Deutschen ihr
mit zwei Gesichtern entgegentreten, die wohl beide zu unserem Charakter gehören. Er war
der Mann, der ihm einst das Christentum, dann die Kunst, zuletzt Wissenschaft und Zivilisation zu vermitteln suchte, ja in fast beispiellosem Idealismus zu vermitteln suchte, und er
war zugleich der Mann, der Herrschaft und Verwaltung mit einer Härte vollzog, die tief in
das Lebensgefühl des fremden Volkes einschnitten. Und daß die Lösung Österreich zuletzt
mißlang, die beide Pole entschärft hat, ist von besonderer Tragik. Sie, Kollege Buntru, mußten diese Situation in allerschwersten Zeiten durchstehen. Sie mußten sich vor die deutsche
Sache stellen und zugleich vor die geistige Aufgabe, die ein Jahrtausend lang als ein Ziel,
wenn auch mit anderen Vorzeichen, vor uns gestanden hat. Wer diese Vorgänge studiert, und
wer sie mit Wissen all dessen studiert, was nachher kam, kann sich der Bewunderung für die
Umsicht und Diskretion nicht entziehen, mit der Sie diese Aufgabe erfüllt haben"⁴³.

Otto Gruber (1883–1957)⁴⁴, Professor für Baukonstruktionslehre, übernahm 1934 das
Amt des Rektors und förderte bis 1937 die Nazifizierung und ideologische Mobilmachung
der Hochschule. So setzte er sich für die Berufung ausgewiesener Nationalsozialisten ein und
besetzte Schlüsselpositionen mit ihnen. Er trat 1937 in die NSDAP ein und engagierte sich
bei der Gründung der ‚Mittelstelle für Heimatschutz', einer Tarnorganisation, welche die
nationalsozialistische Agitation in Belgien und den Niederlanden unterstützte. Ursprünglich
ein Anhänger der ‚Konservativen Revolution' in der Weimarer Republik, vertrat Gruber in
seinen Reden als Rektor offensiv die ideologischen Standpunkte des Nationalsozialismus. Im
fachwissenschaftlichen Diskurs forcierte er den Umbau der traditionellen Baugeschichte zur
sogenannten ‚deutschen Baukunst' und deren Funktionalisierung zur Legitimationswissenschaft des NS-Regimes. Trotz der exponierten Tätigkeit für das NS-Regime setzte Gruber

---

42 Laudatio von Professor Wolfgang Braunfels anlässlich der feierlichen Verleihung der Ehrensenatorenwürde an Professor Alfred Buntru am 20.2.1960, in: HA der RWTH Aachen Akte 2816a.
43 Ebd.
44 NSDAP-Mitglieds-Nr. 4.913.430 (1.5.1937). Vgl. BArch R 9361-IX KARTEI/12240443; BArch (ehem. BDC) SSO Film 39A; LAV NRW Abteilung Rheinland, NW 1079 Akte 4367 (Entnazifizierung); StadtAA Abstell-Nr. 11181; HA der RWTH Aachen Akte 160a/1, Akte 988a, Akte 1910 (Personalakte), Akte N0250 (Nl). Vgl. Wissenschaft zwischen technischer und gesellschaftlicher Herausforderung (wie Anm. 13) S. 668; KALKMANN, Technische Hochschule (wie Anm. 23) S. 95.

nach 1945 fast bruchlos seine Tätigkeit an der TH Aachen fort. Dies verdankte er wieder in Amt und Würden befindlichen Schlüsselfiguren an der Hochschule, auf die noch einzugehen sein wird. In seinem Entnazifizierungsverfahren verschwieg Gruber ihn belastende Momente seiner Tätigkeit als Rektor. Es gelang ihm erfolgreich, seine Biographie so weit umzudeuten, dass er sogar auf eine 1946 erstellte Liste der vom NS-Regime verfolgten Dozenten gelangte. Die Verleihung der Ehrensenatorenwürde an Gruber 1950 zementierte diese verfälschte Darstellung seiner Biographie im ‚Dritten Reich' und stilisierte ihn in den Worten von Rektor Wilhelm Fucks zum Vorbild für die akademische Jugend[45].

3.) Die dritte Gruppe der im Forschungsprojekt untersuchten Personen war formal unbelastet, galt als national-konservativ und trat nach 1945 als Helfer von Belasteten in Erscheinung. Eine für die unmittelbare Nachkriegszeit zentrale Persönlichkeit der Hochschule war der Hüttenkundler Paul Röntgen (1881–1965)[46]. Von 1932 bis 1934 bekleidete Röntgen das Amt des Rektors der TH Aachen, führte trotz einzelner versuchter Hilfeleistungen die Vertreibung der jüdischen und politisch missliebigen Dozenten durch und betrieb mit seinen Hochschulreden 1933/34 nationalsozialistische Propaganda. Trotz seiner Affinitäten zum Nationalsozialismus trat er in der Folge nicht in die NSDAP ein. Dadurch galt er nach Ende des ‚Dritten Reichs' aufgrund der nach rein formalen Kriterien durchgeführten Entnazifizierung als unbelastet und qualifizierte sich damit in den Augen der amerikanischen, dann britischen Militärregierung Aachens für das Amt des ersten Nachkriegsrektors, das er von 1945 bis 1948 bekleidete. In der offiziösen Geschichtsschreibung der Hochschule wurde Röntgens Leistung beim Wiederaufbau hervorgehoben, mit der im Januar 1948 die Verleihung der Ehrensenatorenwürde an ihn begründet wurde. Daneben spielte er eine zentrale Rolle bei der Wiedereingliederung von NS-Belasteten in den Hochschulbetrieb und stellte hierzu bereitwillig und unkritisch eine Vielzahl von ‚Persilscheinen' aus, die den NS-Belasteten, darunter Otto Gruber und Alfred Buntru, in ihren Entnazifizierungsverfahren halfen. Dem vormaligen NS-Rektor Gruber bescheinigte Röntgen am 31. August 1945 in dessen Entnazifizierungsverfahren: „Der persönliche Fragebogen von Herrn Professor Dr. Gruber ist dem Education Control Officer der Militärregierung Aachen ausgehändigt worden. Es ist ganz ohne Zweifel, dass Herr Professor Dr. Gruber die verderblichen Ideen und Handlungen der Nazis niemals unterstützt hat. Getragen von dem Vertrauen seiner Kollegen ist Herr Professor Dr. Gruber im Jahre 1934 zum Rektor der Technischen Hochschule Aachen ernannt worden ohne Mitglied der NSDAP zu sein. Entgegen seiner persönlichen Ueberzeugung ist er am 1. Januar 1936 der NSDAP beigetreten, um besser in der Lage zu sein, die Technische Hochschule und die Studierenden gegen alle ungerechtfertigten Eingriffe der nationalsozialistischen Machthaber zu schützen. Er ist hierzu von der Gauleitung der NSDAP aufgefordert worden und er konnte diese Aufforderung nicht ablehnen, ohne die der NSDAP entgegenstehenden Interessen der Technischen Hochschule Aachen schwer zu

---

45 KREBS / TSCHACHER, Vom Heldenkult (wie Anm. 13) S. 174–182; KREBS / TSCHACHER, Gewissenserforschung (wie Anm. 26) S. 261–284.
46 Vgl. BArch (ehem. BDC) Wi Röntgen, Paul, 16.10.1881; LAV NRW Abteilung Rheinland, NW O Akte 3589 (Ordensakte), NW 1079 Akte 4605 (Entnazifizierung); HA der RWTH Aachen Akte 160a/2, Akte 2492 (Personalakte), Akte 12142. Vgl. dazu Wissenschaft zwischen technischer und gesellschaftlicher Herausforderung (wie Anm. 13) S. 645 u. 667.

schädigen. Durch sein Rektorat hat Herr Professor Dr. Gruber nicht den geringsten persönlichen oder finanziellen Vorteil gehabt, ausgenommen die für die dienstlichen Obliegenheiten als Rektor notwendig sind. Es ist allgemein anerkannt, dass Herr Professor Dr. Gruber durch seine umsichtige Weise und geschickte Führung des Rektorates der Technischen Hochschule viel Gutes erwiesen hat. Er wurde für die Jahre 1939/40 erneut zum Rektor gewählt, wiederum getragen von dem Vertrauen seiner Kollegen. Für seine absolut korrekte und gerechte Handlungsweise als Rektor ist die Technische Hochschule Aachen ihm zu grösstem Dank verpflichtet. Diese Feststellungen können durch alle gerecht denkenden Kollegen, seine Studenten, Freunde und Bekannten bestätigt werden, deren grosse Achtung er sich durch seine Persönlichkeit erworben hat"[47]. Insgesamt wird man Röntgen als zentrale Figur eines Helfernetzwerkes bezeichnen müssen, dessen Mitglieder nicht davor zurückschreckten, Täter als Widerstandskämpfer zu deklarieren und Kollegen, die sich gegen die Reintegration von aktiven Nationalsozialisten wandten, massiv unter Druck zu setzen. Diese Personen bildeten zusammen mit den von ihnen rehabilitierten NS-Belasteten bis mindestens in die 1960er Jahre wirkende Deutungskartelle, die eine kritische Auseinandersetzung mit der NS-Vergangenheit an der Hochschule verhinderten und die ehemaligen Nationalsozialisten durch Ehrungen zu Vorbildern für die akademische Jugend machten[48]. Als Resultat dieses Selbstvergewisserungsprozesses erschienen die gesamte Institution Hochschule und das System Wissenschaft unbelastet und immun gegen jedwede politische Vereinnahmung in den Zeiten der Diktatur[49] – ein Postulat, das man als *die* institutionelle Lebenslüge der RWTH Aachen wie auch der meisten bundesdeutschen Hochschulen nach 1945 bezeichnen kann.

IV. Eine Bilanz

Aus dem Aachener Forschungsprojekt kann folgende Bilanz gezogen werden: Für den Übergang von der NS-Diktatur zur Nachkriegszeit unter den politischen und gesellschaftlichen Rahmenbedingungen der frühen Bundesrepublik wurde eine überwältigende personelle Kontinuität und Reintegration selbst schwer belasteter Professoren der Technischen Hochschule Aachen festgestellt, die mit Hilfe von Netzwerken formal unbelasteter und in fragwürdigen Entnazifizierungsverfahren bereits entlasteter und reintegrierter Hochschullehrer gelang. Die personellen Kontinuitäten führten in den 1950er und 1960er Jahren zu Ehrungen der Belasteten, denen man neben angeblichen Widerstandshandlungen nicht selten sogar eine Opferrolle zuschrieb. Dem stand ein Vergessen der tatsächlichen Opfer, der 1933/34 von der Hochschule vertriebenen jüdischen und politisch missliebigen Professoren, gegenüber.

Dabei kam den Tätern von einst zugute, dass sie, beginnend mit ihren Entlastungsstrategien während der Entnazifizierung 1945 bis 1948, selbst die Erinnerungsdiskurse an der Aachener Hochschule prägen konnten. Die Entnazifizierung, Reintegration und Ehrung der NS-Rektoren Alfred Buntru, Otto Gruber und anderer Hochschullehrer waren verbunden mit semantischen Umbauten und angepassten Interpretationen ihrer Biographien. Die-

---

47 Unadressierte Befürwortung des kommissarischen Rektors der TH Aachen Paul Röntgen für Otto Gruber v. 31.8.1945, in: HA der RWTH Aachen, Akte 1910.
48 Tschacher, Zäsur und ‚Stunde Null' (wie Anm. 26) S. 68–79, hier S. 76f.; Krebs / Tschacher, Vom Heldenkult (wie Anm. 13) S. 181f. u. 186–188.
49 Vgl. ebd. S. 178–180.

ser Prozess verlief dynamisch und wurde situativ von den NS-Belasteten selbst ausgehandelt. Die Ehrungen der 1950er und 1960er Jahre waren Teil eines kollektiven Prozcsses der Uminterpretation der Vergangenheit nach 1945. Nach dem von Gerhard Kaiser (1927–2012), Matthias Krell (geb. 1959), Bernd Weisbrod (geb. 1946)[50] und Georg Bollenbeck (1947–2010)[51] entwickelten Forschungsparadigma der akademischen Vergangenheitspolitik wurden von den Akteuren die rhetorisch-diskursiven Strategien Ausblenden, Tabuisieren, Versachlichen und semantisches Überschreiben eingesetzt. Nähere Erklärungsmuster liefert dabei der Blick auf die Gruppenstruktur der Akteure, in denen persönliche Freundschaften, berufliche Verbindungen und kollektiver Habitus der Professoren, ihr Selbstverständnis als gesellschaftliche Elite, ferner generationelle und soziale Prägung, gemeinsamer Lebensstil, Standesbewusstsein und Korpsgeist, weltanschauliche Affinitäten, ideologische Überzeugungen – vor allem Antikommunismus und Antimodernismus –, sowie völkische, nationalistische und rassistische Weltbilder zum Ausdruck kamen.

Das komplizitäre Beschweigen und Umdeuten der Vergangenheit durch NS-Belastete und ihre akademischen Nachfolger verhinderten bis in die 1990er Jahre die Auseinandersetzung der Institution Hochschule mit der NS-Vergangenheit. Der Skandal Schneider/Schwerte 1995 war eine Konsequenz dieses Agierens der Deutungs- und Schweigekartelle an den Instituten und in den Fakultäten und der folgerichtig defizitären Erinnerungskultur der gesamten Institution. Die Perpetuierung alter Mythen in manchen Kurzbiographien der RWTH-Festschrift von 1995 und die Aufnahme NS-Belasteter in die Namenslisten der Rektoren, Ehrensenatoren, Ehrenbürger und Ehrendoktoren der Hochschule führten zu einer Gleichzeitigkeit der Opfer- und Täterehrung, wobei es den Ingenieuren weiterhin selbst vorbehalten blieb, die Heldennarrationen ihrer Fächer unkritisch fortzuschreiben[52]; besonders eklatant 2006 in der 100-Jahr-Festschrift des Werkzeugmaschinenlabors mit dem Mythos des Begründers von dessen Weltgeltung, des im Nationalsozialismus schwer belasteten Herwart Opitz (1905–1978), geschehen[53].

---

50 Gerhard Kaiser / Matthias Krell, Ausblenden, Versachlichen, Überschreiben. Diskursives Vergangenheitsmanagement in der Sprach- und Literaturwissenschaft in Deutschland nach 1945, in: Bernd Weisbrod (Hg.): Akademische Vergangenheitspolitik (2002) S. 190–214, hier S. 191.

51 Georg Bollenbeck, Das neue Interesse an der Wissenschaftshistoriographie und das Forschungsprojekt ‚Semantischer Umbau der Geisteswissenschaften', in: ders. / Clemens Knobloch (Hg.): Semantischer Umbau der Geisteswissenschaften nach 1933 und 1945 (2001) S. 9–40, hier S. 16.

52 Vgl. exemplarisch Hans Starck / Manfred Weck, Herwart Siegfried Opitz 1905–1978, in: Wissenschaft zwischen technischer und gesellschaftlicher Herausforderung (wie Anm. 13) S. 296–303. Zur NS-Belastung von Herwart Opitz: ab April 1933 NSDAP-Mitglied, Mitglieds-Nr. 2.083.404, Mitglied der SA im Sturm 3/39, Scharführer 1933–1939, 1935–1945 Mitglied und Scharführer des NS-Dozentenbundes, zudem Stellvertreter des Aachener Dozentenbundführers 1939/40; vgl. folgende Archivmaterialien: BArch (ehem. BDC) MF Opitz, Herwart, 4.6.1905 (NS-Lehrerbund); LAV NRW Abteilung Rheinland, NW 1037 Akte B II 525; LAV NRW Abteilung Rheinland, NW O Akte 10845 (Ordensverleihung); LAV NRW Abteilung Rheinland, NW O Akte 15838 (Ordensverleihung); BArch (ehem. BDC) Wi Opitz, Herwart, 4.6.1905; StadtAA Abstell-Nr. 11181.

53 Cornelia Kompe, Die zweite Generation im WZL: Herwart Opitz (1936–1973), in: 100 Jahre Produktionstechnik, hg. v. Walter Eversheim / Tilo Pfeifer / Manfred Weck (2006) S. 37–87, bes. S. 39–48. Kritisch dazu sowie zum Fall Opitz Krebs / Tschacher, Vom Heldenkult (wie Anm. 13) S. 193f. u. 198.

Insgesamt kehrte die Hochschule nach dem Skandal Schneider/Schwerte wieder zur Normalität zurück, wandte sich ihren Zukunftsvisionen als Elite-Universität zu[54] und erschuf sich, wie 2004 mit dem Von-Kaven-Ring, benannt nach dem ersten Direktor des Polytechnikums August von Kaven (1827–1891, amt. 1869–1880), fragwürdige neue Helden, die auf keinen Fall etwas mit dem Nationalsozialismus zu tun haben sollten[55]. 2008 wurde mit dem Umzug des Historischen Instituts der RWTH Aachen in die Innenstadt die 1983 nach einer Bücher- und Geldspende erfolgte Benennung eines Raums in der Institutsbibliothek nach dem Ruhrindustriellen Walter Rohland (1898–1981), Spitzname ‚Panzer-Rohland', seit 1940 einer der Hauptverantwortlichen für die mit dem Einsatz von Zwangsarbeitern bewerkstelligte ‚Wehrwirtschaft' des NS-Regimes, diskret entsorgt[56]. Der im September 2023 aufgetretene Skandal um die Würdigung des im ‚Dritten Reich' belasteten Geodäten Paul Gast (1876–1941)[57] in der ‚Science Line', einer 2013 angelegten Installation mit Zitaten von Repräsentanten der Hochschule vor dem Hauptgebäude der RWTH[58], zeigt allerdings, dass die Hochschule mit ihrer aktuellen partiellen Erinnerungskultur den langen Schatten ihrer Vergangenheit nicht entrinnen kann – eine Erkenntnis, die auch für andere Universitäten und Institutionen zutreffen dürfte. Oder, um mit dem hochmittelalterlichen Juristen und Philosophen Johannes von Salisbury (um 1115–1180) zu sprechen: „Wer die Vergangenheit nicht kennt, stürzt wie ein Blinder kopfüber in die Zukunft"[59]!

---

54 Vgl. hierzu die Selbstdarstellung der Hochschule im Rahmen der Ausstellung ‚Lernen – Forschen – Machen. 150 Jahre RWTH Aachen' (30.10.2021-13.2.2022) im Aachener Centre Charlemagne (https://www.rwth-aachen.de/cms/root/die-rwth/aktuell/~ryee/hochschuljubilaeum/; dazu: https://www.zeit.de/campus/angebote/forschungskosmos/wissen-fuer-die-gesellschaft/rwth-aachen/lernen-forschen-machen/).

55 Hierzu KREBS / TSCHACHER, Vom Heldenkult (wie Anm. 13) S. 171f.

56 Manfred RASCH, Rohland, Walter, in: NDB 21 (2003) S. 766f. Rohland war seit dem 1.5.1933 Mitglied der NSDAP und wurde am 30.1.1944 zum SS-Hauptsturmführer beim SS-Hauptamt (SS-Nr. 424623) ernannt, vgl. BArch Ludwigsburg Akte 301 Ch Verschiedenes, Bd. 167: SS-Personalveränderungsblatt Nr. 1b, S. 9 unter Reserveführer. 1965 wurde Rohland Ehrenbürger der RWTH Aachen, vgl. HA der RWTH Aachen Akte 12162.

57 Gast war von 1911 bis 1927 Professor für Geodäsie TH Aachen, Rektor 1920–1922, 1927–1940 Prof. für Geodäsie TH Hannover. Ideologische Übereinstimmungen mit dem Nationalsozialismus finden sich in seinem essayistischen Werk Unsere neue Lebensform. Eine technisch-wissenschaftliche Gestaltung (1932). 1933 wurde er Mitglied der NSDAP (Mitglieds-Nr. 2.957.992), im November 1933 unterzeichnete er ein Bekenntnis deutscher Professoren für Adolf Hitler. Vgl. BArch R 4901/13263 Hochschullehrerkartei; JUNG, Voll Begeisterung (wie Anm. 3) S. 232; Richard FINSTERWALDER, Gast, Paul, in: NDB 6 (1964) S. 85f.

58 Vgl.: Am Templergraben wird auch ein Hitler-Verehrer gewürdigt, in: Aachener Zeitung (online) v. 13.9.2023; RWTH-Aachen. Hitler-Verehrer am Templergraben verewigt, in: BRF-Nachrichten v. 14.9.2023 (https://brf.be/regional/1757312/).

59 *Qui ignarus est preteritorum quasi cecus in futurorum prorumpit euentus*, zit. nach The Historia Pontificalis of John of Salisbury, ed. and transl. by Marjorie CHIBNALL (1986) S. 3, Prolog (dt. Übers. W.T.).

Neue Wege in der deutschen Archivgeschichtsschreibung

von

Sven Kriese

1. Einleitung

Wilfried Reininghaus versah 2008 seinen programmatischen Aufsatz zur Archivgeschichte mit einem bewusst provozierenden Untertitel: Umrisse einer untergründigen Subdisziplin[1]. Er forderte darin weitere Forschungsdiskussionen für eine theoriegeleitete Archivgeschichte, um zu einer „disziplinären Matrix" im Umgang mit und beim Schreiben von Archivgeschichte zu gelangen. Unreflektiert benutzt und ohne Methodenbewusstsein betrieben bliebe sonst die „Archivgeschichte als Fach das, was der Untertitel für den aktuellen Zustand konstatiert: eine eher untergründige Subdisziplin". Reininghaus nahm für seinen Beitrag eine Feststellung von Hans-Christof Kraus im Band Kultur, Bildung und Wissenschaft im 19. Jahrhundert in der Enzyklopädie deutscher Geschichte zum Anlass, wonach die Geschichte von Archiven „ein integraler Bestandteil der allgemeinen Kultur- und Bildungsgeschichte" sei, obwohl Archive im Bewusstsein der Öffentlichkeit weniger präsent erschienen als vergleichbare Dokumentationsbereiche – gemeint sind Bibliotheken, Museen und Vereine[2]. Reininghaus stellte dazu fest: „Das Zitat verdeutlicht Schwierigkeiten mit dem Thema Archivgeschichte. Seine Relevanz ist unstritten, doch zugleich wird der relative Mangel an Untersuchungen konstatiert. Denn die Geschichte der Archive war bisher selten Objekt wissenschaftlicher Untersuchungen von Autoren, die nicht aus dem Archivbereich selbst stammen"[3]. In seinem Aufsatz von 2008 empfahl er vier Zugänge zur Archivgeschichte: (1) Archivgeschichte als Institutionengeschichte und ihrer Bestände, (2) Epochenspezifische Archivgeschichte, (3) Archivgeschichte als Biografik sowie (4) Archivgeschichte als Geschichte archivischer Methoden.

Im Folgenden soll betrachtet werden, welche Entwicklungen die Archivgeschichtsschreibung in der jüngeren Vergangenheit genommen hat. Dafür werden die Institutionengeschichte sowie die epochenspezifische Archivgeschichte im Mittelpunkt stehen, da zu diesen beiden Zugängen zur Archivgeschichte inzwischen eine erhebliche Anzahl an Untersuchungen vorliegt. Es soll dabei versucht werden, auf Basis der oben zitierten Matrix von Wilfried Reininghaus Entwicklungen und Schwerpunkte aus der jüngeren Archivgeschichtsschreibung herauszuarbeiten, um Anregungen für Forschungen zu vergleichbaren wissenschaftlichen Einrichtungen zu gewinnen.

Das Schreiben von Archivgeschichte ist ein Forschungsfeld, das eng mit der Öffnung der Archive für die Geschichtswissenschaft im 19. Jahrhundert zusammenhängt. Der ‚sekrete', herrschaftsbezogene Charakter der Archive in der Vormoderne verhinderte die nähere historische und inhaltliche Beschreibung der Archivkörper. Die Institution Archiv wurde

---

1   Wilfried Reininghaus, Archivgeschichte. Umrisse einer untergründigen Subdisziplin, in: Archivar 61 (2008) S. 352–360, die beiden folgenden Zitate S. 360.
2   Hans-Christof Kraus, Kultur, Bildung und Wissenschaft im 19. Jahrhundert (Enzyklopädie deutscher Geschichte 82, 2008) S. 103f.
3   Reininghaus, Archivgeschichte (wie Anm. 1) S. 352.

erst zum Thema im Kontext ihrer Liberalisierung und Öffnung. Der Berliner Archivsekretär Carl Wilhelm Cosmar (1763–1844) musste das 1814 noch leidvoll erfahren. Er, der wohl lieber selbst auswerten als ordnen und heraussuchen wollte und deshalb im frühen 19. Jahrhundert eine kleine Geschichte des Königlich Preussischen Staats- und Kabinettsarchivs bis 1806 verfasst hatte, wurde daraufhin von Staatskanzler Fürst Karl August von Hardenberg (1750–1822) aus dem Archivdienst entfernt. Cosmars Arbeit wurde erst 1993 veröffentlicht[4].

Kontur nimmt die Archivgeschichtsschreibung im Grunde Ende des 19. und im frühen 20. Jahrhundert an. In Preußen erlebte sie im Kontext der voranschreitenden Zugänglichmachung der Archivüberlieferungen um die Jahrhundertwende eine Hochphase. Das Schreiben von Archiv-Verwaltungsgeschichte flankierte die entstehenden Beständeübersichten oder bildete einen Teil von diesen. Schaut man auf die Mitteilungen der Königlich Preußischen Archivverwaltung, die unter Generaldirektor Reinhold Koser (1852–1914)[5] seit 1900 herausgegebenen wurden, so waren 9 von 23 Bänden, die bis 1913 publiziert wurden[6], Beständeübersichten mit mehr oder weniger umfangreichen Ausführungen zur Begründung und Einrichtung der Archive. Weitere Bände befassten sich mit bestimmten Überlieferungskomplexen oder Archiv-Ereignissen, etwa Reinhold Kosers Arbeit über die Neuordnung des Preussischen Archivwesens durch Staatskanzler Hardenberg[7] oder Melle Klinkenborgs (1872–1930) Geschichte des Geheimen Staatsarchivs[8]. Dieser Befund überrascht nicht. Die Mitteilungen waren von Koser genau zu diesem Zweck – die Archive und ihre Bestände darzustellen, um sie der Nutzung zuzuführen – begründet worden. Überraschender ist dann schon eher, dass die Veröffentlichungen gerade unter jenem Generaldirektor für 20 Jahre einschliefen, der sich 1914/1915 in Denkschriften[9], mit denen er sich als Nachfolger Kosers ins Spiel brachte, für eine stärkere Wissenschaftlichkeit der Mitteilungen ausgesprochen hatte: Paul Kehr (1860–1944)[10]. Kehr hatte letztlich andere Pläne zum Einsatz der Archivare. Archivforschung war für ihn das notwendige Spezialistentum, um Urkunden zu edieren oder

---

4   Carl Wilhelm Cosmar, Geschichte des Königlich-Preußischen Geheimen Staats- und Kabinettsarchivs bis 1806, hg. von Meta Kohnke (VAPK 32, 1993). Zur Entstehungsgeschichte und Biographie Cosmars vgl. die einleitenden Worte Meta Kohnkes ebd. S. 1–13.
5   Reinhold Koser war ab 1902 Mitglied der Zentraldirektion der MGH und ab 1905 deren Vorsitzender; siehe auch Herbert Zielinski, Zum Verhältnis von Harry Bresslau und Paul Kehr nach der Ernennung Kehrs zum Vorsitzenden der MGH 1919, in vorliegendem Band S. 33–93, hier S. 40 ff.
6   Einzelübersicht der Mitteilungen der Preußischen Archivverwaltung in https://de.wikisource.org [alle Links in diesem Beitrag wurden am 23.9.2024 abgerufen].
7   Reinhold Koser, Die Neuordnung des Preussischen Archivwesens durch den Staatskanzler Fürsten von Hardenberg (Mitteilungen der Preußischen Archivverwaltung 7, 1904).
8   Melle Klinkenborg, Geschichte des Geheimen Staatsarchivs zu Berlin I: Die Begründung des markgräflich brandenburgischen Archivs im 15. Jahrhundert (Mitteilungen der Königlich Preußischen Archivverwaltung 18, 1911).
9   Vgl. Sven Kriese, Paul Fridolin Kehrs Vorstellungen von der Forschungsarbeit der Archive. Zum Berufsbild der Preußischen Staatsarchivare in der Weimarer Republik, in: Tom Tölle / Sarah Schmidt / Jessica von Seggern / Markus Friedrich (Hg.), Archivare zwischen Kaiserreich und Weimarer Republik. Institutionen, Schriftgut, Geschichtskultur (Veröffentlichungen aus dem Staatsarchiv der Freien und Hansestadt Hamburg 25, 2022) S. 267–302, bes. S. 268–271.
10 Paul Fridolin Kehr, 1915–1929 Generaldirektor der Preußischen Staatsarchive, war 1919–1936 Vorsitzender der Zentraldirektion der MGH; siehe auch Zielinski, Harry Bresslau und Paul Kehr (wie Anm. 5).

Quellenmaterial für die Germania Sacra zusammenzutragen. Das sollten seiner Meinung nach Archivare tun[11].

Unter Kehrs Nachfolgern Albert Brackmann (1871–1952)[12] und Ernst Zipfel (1891–1966)[13] dominierte in den Archiven die Ostforschung als ‚kämpfende Wissenschaft' zur Unterstützung von Revisionismus und schließlich zur Unterstützung des nationalsozialistischen Herrschaftssystems, bevor der Zweite Weltkrieg die Archivarbeit praktisch zum Erliegen brachte[14]. An dieser Stelle sind einige Worte zu jener Literaturgattung nötig, die das Bild über die Archive nach 1945 zunächst prägte: die Nachrufliteratur. Die Nachrufe, gedruckt in der Verbandszeitschrift ‚Der Archivar', in der Archivalischen Zeitschrift sowie in den Veröffentlichungsorganen der Historischen Kommissionen und Vereine, geschrieben von Archivaren über verstorbene Kollegen, Weggefährten oder Lehrer, ermöglichten es den deutschen Archivaren, subtil und implizit erste Stellungnahmen dazu zu verfassen, was sie bis 1945 getan hatten[15]. Die Kollegen und sich selbst retrospektiv als unpolitische Fachkräfte darzustellen, ging

---

11 Kriese, Paul Fridolin Kehrs Vorstellungen (wie Anm. 9) S. 295.
12 Zu Albert Brackmann vgl. Martin Koschny, Konturen eines Netzwerks. Albert Brackmanns Korrespondenz zwischen Mediävistik und „Ostforschung", in: Matthias Berg / Helmut Neuhaus (Hg.), Briefkultur(en) in der deutschen Geschichtswissenschaft zwischen dem 19. und 21. Jahrhundert (Schriftenreihe der HiKo 106, 2021) S. 223–243; Hermann Meinert, Albert Brackmann und das deutsche Archivwesen, in: AZ 49 (1954) S. 127–138; Jörg Hackmann, „An einem neuen Anfang der Ostforschung". Bruch und Kontinuität in der ostdeutschen Landeshistorie nach dem Zweiten Weltkrieg, in: Westfälische Forschungen 46 (1996) S. 232–258; Michael Burleigh, Wissenschaft und Lebenswelt. Generaldirektor Brackmann und die nationalsozialistische Ostforschung in: Werkstatt Geschichte 8 (1994) S. 68–75; ders., Albert Brackmann (1871–1952) Ostforscher: The Years of Retirement, in: Journal of Contemporary History 23 (1988) S. 573–588; Thomas Schöbel, Albert Brackmann und die Publikationsstelle Berlin-Dahlem, in: Jessica Hoffmann / Anja Megel / Robert Parzer / Helena Seidel (Hg.), Dahlemer Erinnerungsorte (2007) S. 229–243; Sven Kriese „Gute Freundschaft mit dem kleineren bayerischen Bruder". Die Generaldirektoren der Preußischen Staatsarchive und Reichsarchivleiter Albert Brackmann und Ernst Zipfel und die Staatlichen Archive Bayerns, in: AZ 96 (2019) S. 11–30; Ulrike Höroldt, Zur Nachkriegskorrespondenz des ehemaligen Generaldirektors der Preußischen Staatsarchive Albert Brackmann, in: Christine van den Heuvel u.a. (Hg.), Perspektiven der Landesgeschichte. Festschrift für Thomas Vogtherr (Veröffentlichungen der HiKo für Niedersachsen und Bremen 312, 2020) S. 695–718; Arno Mentzel-Reuters, Der Lehrstuhl für mittelalterliche Geschichte an der Universität Köngisberg, in: Jürgen Sarnowsky (Hg.), 100 Jahre Geschichtsforschung über Ost- und Westpreußen. Beiträge der Tagung zum 100. Jahrestag der Gründung der Historischen Kommission für ost- und westpreußische Landesforschung (Einzelschriften der HiKo-OWP 35, 2025) [in Druck]; siehe auch ders., Friedrich Baethgen in nationalkonservativen Netzwerken (1917–1948), in vorliegendem Band S. 113–160, hier S. 134 ff.
13 Vgl. Torsten Musial, Staatsarchive im Dritten Reich. Zur Geschichte des staatlichen Archivwesens in Deutschland 1933–1945 (Potsdamer Studien 2, 1996) S. 40–44, 69–74 u. ö.; Johanna Weiser, Geschichte der preußischen Archivverwaltung und ihrer Leiter. Von den Anfängen unter Staatskanzler von Hardenberg bis zur Auflösung im Jahre 1945 (VAPK Beiheft 7, 2000) S. 144–212; Cordelia Hess, „Some Short Business Trips". Kurt Forstreuter and the Looting of Archives in Poland and Lithuania 1939–1942, in: Yad Vashem Studies 42,2 (2014) S. 91–122.
14 Sven Kriese, Albert Brackmann und Ernst Zipfel: Die Generaldirektoren im Vergleich, in: Sven Kriese (Hg.), Archivarbeit im und für den Nationalsozialismus. Die preußischen Staatsarchive vor und nach dem Machtwechsel von 1933 (VAPK Forschungen 12, 2015) S. 17–94, hier S. 41–51.
15 Besonders markant ist in dieser Beziehung der Nachruf auf Ernst Zipfel seines ehemals engen Mitarbeiters Wilhelm Rohr (1898–1968), der sich vor allem auf die Leistungen Zipfels für den Archivschutz

offenbar zahlreichen Geisteswissenschaftlern leicht von der Hand. Was aber in Bezug auf die Archivare auffällt, ist, dass sie ohne größere Probleme zugleich auf den Schuldigen verweisen konnten: auf den Generaldirektor der Preußischen Staatsarchive und Reichsarchivdirektor Ernst Zipfel. Zipfel – ohne Frage eine Person mit besonderer Hybris, ein ‚homo novus' im traditionsbehafteten Archivwesen, überzeugter Nationalsozialist und der mächtigste Mann im deutschen Archivwesen zwischen 1936 und 1945 – wurde zum Haupt-Verursacher gemacht, was bis heute immer wieder den Blick auf die Archive und Archivare in der NS-Zeit verstellen kann. Nur am Rande sei erwähnt, dass Zipfels Vorgänger in beiden Ämtern, Albert Brackmann, der den Schulterschluss mit den Nationalsozialisten bewusst gesucht und eingeleitet hatte, jedoch durch seine Kollegen nicht im gleichen Maße bezichtigt wurde.

Nach Kriegsende stand das deutsche Archivwesen wegen seiner starken Verbindungen zum NS-System vor einem Scherbenhaufen und musste einen Neuanfang machen; und zwar in zwei Staaten, aber auf zahlreichen personellen Kontinuitäten und auf gemeinsamen Archivtraditionen, insbesondere der preußischen, fußend. Bereits der Umstand, dass die beiden für lange Jahre bedeutendsten Standardwerke für das deutsche Archivwesen aus der Feder der beiden früheren preußischen Staatsarchivare Adolf Brenneke (1875–1946)[16] und Heinrich Otto Meisner (1890–1976)[17] stammten, unterstreicht diese starken Traditionslinien[18].

---

konzentriert und somit das Bild Zipfels als verdienstvollen Archivschützer zeichnet: Wilhelm ROHR, Ernst Zipfel †, in: Der Archivar 20,2 (1967) S. 206–210.

16 Adolf Brenneke wurde von Albert Brackmann 1930 vom Staatsarchiv Hannover, dessen Leiter er seit 1923 war, als Vertrauter an das Preußische Geheime Staatsarchiv geholt und bekleidete dort das Amt des sogenannten zweiten Direktors, des eigentlichen Hausleiters nach dem Generaldirektor Brackmann. Noch kurz vor Brackmanns Ausscheiden aus dem Archivdienst betraute dieser Brenneke zum 8.4.1936 mit der Funktion des Direktors im GStA, indem er selbst auf das Amt verzichtete (und ‚lediglich' Generaldirektor blieb). Brenneke war einer der wenigen führenden Staatsarchivare, die (dosiert) mit Generaldirektor Ernst Zipfel in die Auseinandersetzung gingen. Am 30.9.1943 trat er auf eigenen Wunsch in den Ruhestand. Vgl. zu Adolf Brenneke zuletzt: Dietmar SCHENK (Hg.), Adolf Brenneke: Gestalten des Archivs. Nachgelassene Schriften zur Archivwissenschaft (Veröffentlichungen des LASH 113, 2018); Philipp HAAS, Unbekannte Fotos – unbekannte Aussagen. Adolf Brenneke auf der Tagung der Leiter der preußischen Staatsarchive am 3. und 4. Oktober 1941 in Marburg, in: Archivar 72,2 (2019) S. 131–137.

17 Heinrich Otto Meisner wechselte am 19.11.1935 auf Betreiben Albert Brackmanns vom Preußischen Geheimen Staatsarchiv an das Reichsarchiv in Potsdam, dessen Leitung der Preußische Generaldirektor Albert Brackmann 1935 zusätzlich und kommissarisch mit übernommen hatte. Meisner sollte das Reichsarchiv im Sinne Brackmanns und der Preußischen Archivverwaltung steuern und neu organisieren. Der fachlich in Archivkreisen hoch anerkannte Meisner behielt seinen archivinternen Einfluss auch dann bei, als Ernst Zipfel 1936/1938 die Leitung von Reichsarchiv und Preußischer Archivverwaltung übernahm. Meisner selbst war kein Nationalsozialist. Nach dem Krieg bemühte er sich zunächst um die Reorganisation des Reichsarchivs in Potsdam und blieb deshalb in der Sowjetischen Besatzungszone, später in der DDR. Ab 1950 lehrte er am neu gegründeten Institut für Archivwissenschaft in Potsdam, ab 1953 erhielt er eine Professur an der Humboldt-Universität zu Berlin. Zu Meisner noch immer einschlägig: Wolfgang LEESCH, Heinrich Otto Meisner † in: Der Archivar 30,4 (1977) Sp. 469–474; zudem jetzt Peter Ulrich WEISS, Deutsche Zentralarchive in den Systemumbrüchen nach 1933 und 1945 (Geschichte und Gegenwart 30, 2022) S. 214–223.

18 Adolf BRENNEKE, Archivkunde. Ein Beitrag zur Theorie und Geschichte des europäischen Geschichtswesens, bearbeitet [...] von Wolfgang LEESCH (1953); Heinrich Otto MEISNER, Archivalienkunde vom 16. Jahrhundert bis 1918 (1969).

2. Institutionengeschichte als Archiv-Verwaltungsgeschichte

In den ersten Jahrzehnten nach dem 2. Weltkrieg fand Institutionengeschichtsschreibung im Archivbereich kaum statt. Es gab zum einen Veröffentlichungen, die Anekdotisches erzählten[19], zum anderen einzelne Ansätze wie Passagen zur Archivgeschichte in der 1953 von Wolfgang Leesch auf Basis von Vorlesungsmanuskripten herausgegebenen Archivkunde Adolf Brennekes[20] oder Beiträge in archivischen Fachzeitschriften oder Veröffentlichungsorganen der Historischen Kommissionen und Vereine, die anlässlich von Jubiläen institutionenbezogene Teilaspekte der Archivgeschichte thematisierten[21].

Die jüngere Auseinandersetzung mit der Geschichte der archivischen Institutionen ging vom Lehrstuhl für Archivwissenschaften an der Historischen Fakultät der Humboldt-Universität zu Berlin unter Botho Brachmann (geb. 1930) aus. Die Geschichte dieses Lehrstuhls würde eine eigene Untersuchung verdienen, da sie über die Gründung des 1950 eingerichteten Instituts für Archivwissenschaft in Potsdam unter Heinrich Otto Meisner in der klaren Traditionslinie der preußischen Archivausbildung am Dahlemer Institut für Archivwissenschaft und geschichtswissenschaftliche Fortbildung (IfA)[22] stand. Genannt seien hier die Namen der Archivdirektoren Helmut Lötzke (1920–1984), Friedrich Beck (geb. 1927) und Josef Hartmann (geb. 1934), die die Ausbildung praktisch nebenberuflich vornahmen. Die eigentliche Amtsführung oblag dem einzigen festangestellten wissenschaftlichen Mitarbeiter, Botho Brachmann, unter dem das Institut bzw. dann der Bereich für Archivwissenschaft erst 1987 zu einem Lehrstuhl an der Humboldt-Universität zu Berlin erhoben wurde. Dass er für seine Absolventen einen Schwerpunkt auf die Archivgeschichtsschreibung zum frühen 20. Jahrhundert legte, überrascht. Möglicherweise erhoffte sich die staatliche Archivverwaltung der DDR Erkenntnisse zu Kontinuitäten im westdeutschen Archivwesen zwischen Nationalsozialismus und Bundesrepublik[23]. Jedenfalls erhielten Brachmanns Ab-

---

19 Vgl. z. B. Karl Demeter, Das Reichsarchiv. Tatsachen und Episoden (1969).
20 Siehe Anm. 18.
21 Vgl. etwa: Eckart Henning, 50 Jahre Geheimes Staatsarchiv – 100 Jahre seit seiner Vereinigung mit dem Ministerialarchiv (1874–1924–1974), in: Jb. für brandenburgische Landesgeschichte 25 (1974) S. 154–174; Fritz Wolff, Das Hessische Staatsarchiv in Marburg. 100 Jahre seiner Geschichte, in: Hess. Jb. f. LG 27 (1977) S. 135–160.
22 Zum IfA, das Albert Brackmann 1930 als zentrale Ausbildungseinrichtung für die Preußischen Staatsarchive in Berlin-Dahlem am GStA gegründet hatte und dabei auf ältere Pläne seines Amtsvorgängers Paul Fridolin Kehr aufsetzte, die Einrichtung jedoch mit starker Einbeziehung der Ostforschung politisierte, vgl.: Wolfgang Leesch, Das Institut für Archivwissenschaft und geschichtswissenschaftliche Fortbildung (IfA) in Berlin-Dahlem (1930–1945). Gründung und Organisation, in: Brandenburgische Jahrhunderte. Festgabe für Johannes Schultze zum 90. Geburtstag (1971); Pauline Puppel, Die „Heranziehung und Ausbildung des archivalischen Nachwuchses". Die Ausbildung am Institut für Archivwissenschaft und geschichtswissenschaftliche Fortbildung in Berlin-Dahlem (1930–1945), in: Kriese, Archivarbeit (wie Anm. 14) S. 335–370. – Eine Untersuchung zur zentralen wissenschaftlichen Archivausbildung in der frühen DDR am 1950 nach Dahlemer Vorbild gegründeten Institut für Archivwissenschaft in Potsdam, das ab 1958 als Institut für Archivwissenschaft an die Humboldt-Universität zu Berlin verlegt wurde, fehlt bisher.
23 Dieser unter Botho Brachmann gewählte Forschungsschwerpunkt am Lehrstuhl für Archivwissenschaft der Humboldt-Universität zu Berlin bedarf dringend einer eigenen wissenschaftlichen Betrachtung, da seine ursprünglichen Intentionen und seine anzunehmenden weltanschaulichen Anpassungen um

solventen Zugang zu den Dienstregistraturen des Reichsarchivs, des Preußischen Geheimen Staatsarchivs und der Preußischen Archivverwaltung, die in Merseburg und Potsdam aufbewahrt wurden. Aus dieser Forschungsinitiative liegen zwei Monographien vor, die sich jedoch vor Veröffentlichung mit dem Umstand auseinandersetzen mussten, dass ihre ursprünglich marxistisch-leninistische Rückbindung durch die politische Wende von 1989/1990 ihre Basis verloren hatte. Torsten Musial bekam das mit seiner Promotionsschrift von 1992 über die Preußischen Staatsarchive recht schnell in den Griff und publizierte seine Arbeit 1996[24]. Matthias Herrmanns etwa zeitgleiche, jedoch wesentlich materialreichere Dissertation über das Reichsarchiv hingegen kursierte lange lediglich in Form von Kopien, bis sie 2019 posthum in der Schriftenreihe des Stadtarchivs Kamenz erschien, wo Hermann bis zu seinem frühen Tod 2007 als Archivleiter gewirkt hatte[25]. Beeindruckend an beiden Arbeiten ist weniger ihr methodischer Ansatz, sondern die Bewältigung einer bis dahin kaum genutzten Quellenbasis – nämlich der genannten Dienstregistraturen –, durch die sich Musial und Hermann innerhalb weniger Jahre kämpften. Dies führt aber auch dazu, dass beide Arbeiten faktische Ungenauigkeiten aufweisen, was ihnen wiederholt Kritik eintrug. Sie bieten jedoch einen wertvollen verwaltungsgeschichtlichen Einstieg in die Materie, wenn er auch bei Hermann so kleinteilig ist, dass die Lektüre eine Herausforderung darstellt. Dass seine Arbeit erst 2019 posthum erschien und nicht wie ursprünglich vereinbart in der Schriftenreihe des Bundesarchivs, ist ein eigenes Kapitel Archivgeschichte.

Auch die frühere Merseburger Archivarin Johanna Weiser (1916–2011) folgte einem dezidiert verwaltungsgeschichtlichen Ansatz, als sie 2000 ihre Arbeit über die Preußische Archivverwaltung vorlegte[26]. Weiser wertete vor allem die Jahresberichte der Preußischen Staatsarchive aus und schrieb damit das bis heute zentrale Nachschlagewerk zur Preußischen Archivverwaltung für das 19. und frühere 20. Jahrhundert – und doch erfuhr ihre Arbeit wegen ihrer Konzentration auf die Verwaltungsgeschichte erhebliche Kritik. Insbesondere die Rolle der Staatsarchive in der NS-Zeit hatte sie unangemessen unpolitisch beschrieben. Zudem wurde ihre Darstellung dafür kritisiert, die Rolle der beiden Generaldirektoren Albert Brackmann und Ernst Zipfel sowie grundsätzlich der Archive in der Ostforschung zwischen 1933 und 1945 nicht auf dem Stand der Forschung thematisiert zu haben. Diese aus heutiger Sicht gerechtfertigte Kritik kam weniger aus den eigenen Archivreihen, sondern von außen im Kontext jener Auseinandersetzungen zum politischen Erbe der Geschichtswissenschaft, die auch die Historikertage Ende der 1990er Jahre bestimmten. Die Rolle der Archive in der

---

1990 einerseits sowie andererseits seine Vorreiterrolle für eine kritischen Auseinandersetzung mit dem deutschen Archivwesen in der NS-Zeit interessante Einblicke in die deutsche Archivgeschichte in den Zeiten der politischen Wende von 1989/1990 versprechen.

24 Torsten MUSIAL, Staatsarchive im Dritten Reich. Zur Geschichte des staatlichen Archivwesens in Deutschland 1933–1945 (Potsdamer Studien 2, 1996). Ihm kommt der besondere Verdienst zu, auf den deutschen Archiveinsatz in Polen, im Baltikum und in der Sowjetunion aufmerksam gemacht zu haben.
25 Matthias HERRMANN, Das Reichsarchiv (1919–1945). Eine archivische Institution im Spannungsfeld der deutschen Politik (Veröffentlichungen aus dem Stadtarchiv Kamenz 4, 2019).
26 Johanna WEISER, Geschichte der preußischen Archivverwaltung und ihrer Leiter: von den Anfängen unter Staatskanzler Hardenberg bis zur Auflösung im Jahre 1945 (VAPK Beiheft 7, 2000).

NS-Zeit trat nun intensiv in den Mittelpunkt der Archivgeschichte – und dominiert bis heute die Institutionengeschichtsschreibung zum Archivwesen. 2008 folgte Hermann Schreyers Abhandlung über das Archivwesen der DDR, der sich damit erstmals der bis dahin wenig beachteten Archivgeschichte der DDR widmete und zahlreiche personelle Kontinuitäten zur NS-Zeit für die Frühphase des DDR-Archivwesens sowie die Instrumentalisierung des Archivwesens für die Herrschaftspraxis des SED-Staates herausarbeitete[27]. Die Arbeiten von Musial, Herrmann, Weiser und Schreyer werden nach wie vor als Nachschlagewerke genutzt und zitiert. Sie werden deshalb auch dann noch ihren Wert besitzen, wenn sich neuere Methoden zur Institutionengeschichtsschreibung durchgesetzt haben.

Einen auch über den engeren Archivbereich hinausgehenden Einfluss könnten zukünftig zwei jüngere Arbeiten zur Archivgeschichte nehmen, die beide ebenfalls als Qualifizierungsarbeiten entstanden. Beide nutzten den chronologisch-verwaltungsgeschichtlichen Ansatz zwar als Rahmen, wurden aber stark von grundsätzlicheren Fragestellungen geleitet: Sarah Schmidt untersuchte den allgemeinen Methodenwandel in der Archivarbeit im Kontext von zunehmender Öffnung, wachsenden Überlieferungsmengen und notwendigen Bewertungsentscheidungen und somit die Professionalisierung der Archivarbeit am Fallbeispiel des Preußischen Staatsarchivs in Schleswig-Holstein[28]. Sie stellte allgemeine Entwicklungen dar und arbeitete zugleich die Spezifika des Landesarchivs durch den Vergleich mit anderen Preußischen Staatsarchiven heraus. Philip Haas und Martin Schürrer wiederum befassten sich 2020 in ihrer Abschlussarbeit an der Archivschule Marburg unter dem markanten Titel ‚Was von Preußen blieb' auf Basis bis dahin kaum beachteter Überlieferungen mit der Gründung der Archivschule Marburg[29]. Dass die Archivschule Marburg als Ausbildungsstätte in der Tradition der zentralen preußischen Ausbildungsstätte für den archivischen Nachwuchs steht, dem besagten Institut für Archivwissenschaft und geschichtswissenschaftliche Fortbildung in Berlin Dahlem, ist offensichtlich[30]. Das besondere Verdienst von Haas und Schürrer liegt vielmehr in der Offenlegung der alten und nach dem Kriegsende ungebrochen funktionierenden Netzwerke und personellen Kontinuitäten im deutschen Archivwesen beim Übergang vom NS-Regime zur Bundesrepublik Deutschland. Die Arbeiten von Schmidt sowie Haas und Schürrer bieten also Institutionengeschichte nicht allein als (chronologisch geordnete) Verwaltungsgeschichte, sondern sie nutzen diese als Fallbeispiele zur Untersuchung allgemeiner Entwicklungen.

---

27 Hermann SCHREYER, Das staatliche Archivwesen der DDR. Ein Überblick (Schriften des BArch 70, 2008).
28 Sarah SCHMIDT, Archivarbeit im Wandel. Das Beispiel des preußischen Staatsarchivs in Schleswig-Holstein 1870–1947 (Veröffentlichungen des LASH 121, 2021).
29 Philip HAAS / Martin SCHÜRRER, Was von Preußen blieb. Das Ringen um die Ausbildung und Organisation des archivarischen Berufsstandes nach 1945 (Quellen und Forschungen zur hessischen Geschichte 183, 2020).
30 Vgl. Walter HEINEMEYER, 40 Jahre Archivschule Marburg. 1949–1989, in: AfD 35 (1989) S. 631–671.

3. Epochenspezifische Archivgeschichte: Archivgeschichte als Untersuchungsfeld zur Ostforschung und zur NS-Beteiligung

Als der Historikertag von 1998 die Auseinandersetzung der historischen Zunft zur Rolle der deutschen Geschichtswissenschaft im Nationalsozialismus angestoßen hatte und dabei besonders die Ostforschung in den Blick nahm[31], geriet auch das deutsche Archivwesen in den Fokus der NS-Forschung, da die Ostforschung durch Albert Brackmann und viele andere Archivare in erheblichem Maße im Archivwesen verankert war. Zwar hatte sich bereits 1988 Michael Burleigh mit der Ostforschung unter Albert Brackmann auseinandergesetzt[32], seine Forschungen fanden aber im Archivwesen kaum kritische Beachtung. Götz Aly weitete in seinen Arbeiten zum nationalsozialistischen Völkermord und zu neuen Formen der Datennutzung für die Erreichung der nationalsozialistischen Ziele noch einmal den Blick und betonte eine systematische Teilhabe von Historikern und Archivaren an der Herrschaftspraxis des NS-Staates[33]. Insbesondere die Arbeiten von Michael Fahlbusch und Ingo Haar von 1999 bzw. 2000 zeigten dann die Brisanz des Themas auf, indem sie die Indienststellung des Archivwesens durch Brackmann für die Ziele des NS-Staates betonten[34]. Die Ostforschung und die in ihr tätigen Historiker und Archivare lieferten nicht nur legitimierende Begründungen für politische Ziele, sondern auch Daten, vor allem zur Bevölkerungszusammensetzung, zu Sprachgrenzen oder zu vermeintlich nationalen Traditionen. Somit wurden auch namhafte Archivare nicht mehr nur als unpolitische Facharbeiter oder allenfalls Mitläufer während der NS-Zeit beschrieben, sondern als Vordenker der nationalsozialistischen Großraumpolitik und insbesondere des sogenannten ‚Generalplans Ost'. Dieser wissenschaftliche Anschub von außen, auch wenn er en detail mitunter sehr ausgreifend formuliert war, gab den entscheidenden Impuls für die kritische Selbstreflexion, die das deutsche Archivwesen in Bezug auf die eigene Geschichte des frühen 20. Jahrhunderts dann mit dem Archivtag von 2005 offiziell begann[35].

Der 75. Deutsche Archivtag 2005 in Stuttgart widmete sich dem deutschen Archivwesen im Nationalsozialismus. Bis heute gilt dieser Archivtag als eine Art Wendepunkt für das eigene Selbstbild – nicht nur zur Teilhabe am NS-Staat, sondern auch zur ungebrochenen Kontinuität des deutschen Archivwesens nach 1945. Viele Themen der Tagung waren personenbezogen besetzt, die Einzelheiten im Grunde oft bereits bekannt, wenn man sich mit der Materie zuvor befasst hatte. Das aber war genau der Punkt: Für Viele war die Thematik neu. So wussten zum Beispiel im Grunde bereits alle Archivarinnen und Archivare,

---

31 Vgl. Otto Gerhard Oexle / Winfried Schulze, Deutsche Historiker im Nationalsozialismus (1999).
32 Michael Burleigh, Germany turns eastwards. A study of Ostforschung in the Third Reich (1988).
33 Vgl. etwa: Götz Aly, Theodor Schieder, Werner Conze oder: Die Vorstufen der physischen Vernichtung, in: Schulze / Oexle, Deutsche Historiker im Nationalsozialismus (wie Anm. 31) S. 163–182.
34 Michael Fahlbusch, Wissenschaft im Dienst der nationalsozialistischen Politik? Die „Volksdeutschen Forschungsgemeinschaften" von 1931–1945 (1999); Ingo Haar, Historiker im Nationalsozialismus. Deutsche Geschichtswissenschaft und der „Volkstumskampf" im Osten (Kritischen Studien zur Geschichtswissenschaft 143, 2000).
35 Robert Kretzschmar u.a. (Redaktion), Das deutsche Archivwesen und der Nationalsozialismus. 75. Deutscher Archivtag 2005 in Stuttgart (Tagungsdokumentationen zum Deutschen Archivtag 19, 2007).

dass der Gründungsdirektor des Bundesarchivs 1952, Georg Winter (1895–1961)[36], bis 1945 die rechte Hand zunächst von Albert Brackmann und danach von Ernst Zipfel gewesen war – wenn es sie denn interessierte. Dass Winter im Juni 1945 explizit aufgrund seines Kriegseinsatzes im Reichskommissariat Ukraine als kommissarischer Leiter des Geheimen Staatsarchivs entlassen worden war, war weniger bekannt[37]. Dass er zwischen 1949 und 1952 selbst seine Berufung zum Gründungsdirektor des Bundesarchivs betrieben hatte gegen die ebenfalls als aussichtsreiche Kandidaten gehandelten Ernst Posner (1892–1980) – mit dem nach Amerika exilierten Weggefährten aus Berliner Tagen stand Winter in freundschaftlichem Briefkontakt – sowie Heinrich Otto Meisner, wurde den meisten Tagungsteilnehmern erst durch den Beitrag von Astrid M. Eckert bekannt[38], genau wie die Tatsache, dass Winter dank politischer Einflussnahme und seines wirkungsvollen archivischen Netzwerkes zum Zuge kam.

Auf der Tagung sprachen zwar auch Forschende ohne Archiv-Hintergrund, der Schwerpunkt lag jedoch eindeutig bei Beiträgen von Archivarinnen und Archivaren. Hervorzuheben ist, dass sich die Beschäftigung nicht allein auf personelle oder institutionelle Perspektiven beschränkte, sondern dass auch Methoden und Arbeitsweisen in den Archiven während der Zeit des Nationalsozialismus beleuchtet wurden, etwa die Bewertung und die Archivgesetzgebung. Eine intensive Beachtung erfuhren die Beschlagnahmung und Verschleppung von Archivalien und der dabei in den besetzten Gebieten in der Regel verantwortliche ‚Archivschutz' durch die sogenannten ‚Archivkommissionen' sowie personelle Kontinuitäten in den Archiven in West- und Ostdeutschland nach 1945[39]. Die Brisanz der

---

36 Georg Winter, ab 1921 im preußischen Archivdienst am GStA, ab 1930 zugleich Geschäftsführer des IfA, entwickelte sich zu einem der einflussreichsten Archivare im preußischen und gesamten deutschen Archivwesen; ab 1936 war er wiederholt als Sachbearbeiter für archivische Grundsatzfragen in der Archivabteilung des Preußischen Staatsministeriums als eine Art persönlicher Referent der Generaldirektoren Brackmann und vor allem Zipfel tätig. Nach dem Krieg übernahm Winter zunächst die Leitung des GStA, wurde dann jedoch aus dem Staatsdienst entlassen, als die Alliierten seinen Archiveinsatz in der Ukraine ab 1942 bewerteten. Über eine kurzzeitige Leitung des Stadtarchivs Lüneburg führte sein Weg schließlich nach Koblenz; vgl. Hans BOOMS, Georg Winters Weg zum Gründungsdirektor des Bundesarchivs. Hoffnungen und Enttäuschungen des früheren preußischen Staatsarchivdirektors, in: Klaus OLDENHAGE (Hg.), Archiv und Geschichte. Festschrift für Friedrich P. Kahlenberg (Schriften des BArch 57, 2000) S. 240–263.

37 Stefan LEHR, Ein fast vergessener „Osteinsatz". Deutsche Archivare im Generalgouvernement und im Reichskommissariat Ukraine (Schriften des BArch 68, 2007).

38 Astrid M. ECKERT, „Im Fegefeuer der Entbräunung". Deutsche Archivare auf dem Weg in den Nachkrieg, in: KRETZSCHMAR, Das deutsche Archivwesen (wie Anm. 35) S. 426–448, bes. S. 440–444.

39 Zur Arbeit des ‚Archivschutzes' und der ‚Archivkommissionen' vgl. in der Tagungsdokumentation KRETZSCHMAR, Das deutsche Archivwesen (wie Anm. 35), vor allem: Stefan LEHR, Deutsche Archivare und ihre Archivpolitik im „Generalgouvernement" (S. 166–174); Wolfgang Hans STEIN, Georg Schnath und die französischen Archive unter deutscher Besatzungsverwaltung (S. 175–194); Els HERREBOUT, Georg Sante und der deutsche Archivschutz in Belgien während des Zweiten Weltkriegs (S. 208–216). – Zur Entwendung von nichtstaatlichem Archivgut durch verschiedene Stellen des Reiches vgl. Massimiliano LIVI, Gestohlen, verschwunden, wieder aufgefunden. Der Fall des „International Archief voor de Vrouwenbeweging (IAV)" in Amsterdam (S. 82–89); Mario BUNGERT, Flucht, Verkauf und Verschleppung. Die Bestände des SPD-Parteiarchivs 1933–1945 (S. 90–100); Gerold BÖNNEN, Beschlagnahmt, geborgen, ausgeliefert. Zum Schicksal des Wormser jüdischen Gemeindearchivs 1938–1957

Tagung lag jedoch nicht eigentlich im Bereich der Vortragsinhalte – vieles war in der historischen Forschung im Grundsatz bekannt –, sondern darin, dass zahlreichen Archivarinnen und Archiven nun bewusst zu werden schien, dass die lange Zeit zum Selbstverständnis von Archiven gehörende grundsätzliche Unabhängigkeit in der archivischen Facharbeit für den Zeitraum von 1933 bis 1945 schweren Schaden genommen hatte. Der Archivtag von 2005 wurde somit zu einem Wendepunkt für die Selbstreflexion des deutschen Archivwesens.

Es vergingen einige Jahre, bis die Archivgeschichte im NS-Staat weitere Beachtung erfuhr und mehrere Archive Tagungen zu dieser Thematik organisierten: 2013 im Geheimen Staatsarchiv Preußischer Kulturbesitz zur Archivarbeit im und für den NS-Staat, die in Folge eines verbesserten Zugangs zu archivischen Dienstregistraturen durchgeführt werden konnte[40], 2016 im Bayerischen Hauptstaatsarchiv zu den staatlichen Archiven Bayerns in der Zeit des Nationalsozialismus[41], 2019 im Bundesarchiv aus Anlass des Jubiläums 100 Jahre Reichsarchiv[42] und zuletzt 2023 im Niedersächsischen Landesarchiv[43]. Die genannten Veranstaltungen orientierten sich am Rahmen dessen, was der Archivtag von 2005 vorgegeben hatte: eine Mischung aus personellen, institutionellen, archivpolitischen und archivfachlichen Fragestellungen unter Einbeziehung nicht-archivischer Forschungen, auch wenn der Schwerpunkt der Beiträge bei den Archivarinnen und Archivaren selbst lag. Im Mittelpunkt all dieser Forschungen standen zumeist die staatlichen Archive, die Staatsarchivare und ihre Arbeit in der NS-Zeit; neben den klassischen Archivarsaufgaben wie Bewertung, Übernahme, Erschließung verstärkt auch die Themen Ariernachweise, Archivpflege, Archivgesetzgebung, Ost- und Westforschung sowie Archivschutz und Kriegseinsatz. Diese Tagungen waren und sind für die Archive wichtige Reflexionen über das eigene Wirken und Werden, grundsätzlich aber ist inzwischen eine starke Engführung auf die Thematik ‚Archive und Nationalsozialismus' zu beobachten, die zwar durch weitere Details angereichert werden kann, aber kaum noch grundsätzlich neue Erkenntnisse hervorbringt.

4. Neuere Forschungen zur Archivgeschichte aus Außenperspektiven

Wichtige Impulse gingen in den letzten beiden Jahrzehnten immer wieder von Forschungen aus, die nicht durch die Archive selbst unternommen wurden: Zu nennen sind hier zunächst

---

(S. 101–115). – Zu personellen Kontinuitäten vgl. v. a.: Astrid M. ECKERT, „Im Fegefeuer der Entbräunung" (wie Anm. 38); Simone WALTHER, Zum Umgang mit der NS-Vergangenheit beim personellen Neubeginn im zentralen Archivwesen der SBZ/DDR (1945–1952). Versuch einer Bestandsaufnahme (S. 469–485).

40 Tagungsband von 2015: KRIESE, Archivarbeit (wie Anm. 14).
41 Tagungsband von 2019: Generaldirektion der Staatlichen Archive Bayerns (Hg.), Die Staatlichen Archive Bayerns in der Zeit des Nationalsozialismus (AZ 96, 2019).
42 Tagungsband von 2019: Bundesarchiv (Hg.): 100 Jahre Reichsarchiv (Forum. Das Fachmagazin des BArch, 2019).
43 Die Tagung wurde unter dem Titel „Archive in Niedersachsen und der Nationalsozialismus – Kontinuitäten und Brüche" durchgeführt (siehe: https://nla.niedersachsen.de/startseite/aktuelles/neuigkeiten/2023/archive-in-niedersachsen-und-der-nationalsozialismus-kontinuitaeten-und-bruche-223104.html). Der Tagungsband liegt noch nicht vor, vgl. aber bereits die Arbeit von Meike BUCK, Zwischen politischen Erwartungen und archivischem Selbstverständnis. Das Braunschweigische Landeshaupt- bzw. Staatsarchiv Wolfenbüttel in der Zeit des Nationalsozialismus (Kleine Schriften des NLA 4, 2023).

zwei Arbeiten, deren Verfasser auch 2005 auf dem Archivtag vorgetragen hatten: ‚Kampf um die Akten' von Astrid M. Eckert aus dem Jahr 2004, die die Rückgabeverhandlungen über die durch die Westalliierten beschlagnahmten Archivalien untersuchte[44] und Stefan Lehrs Dissertation von 2007 über den sogenannten ‚Osteinsatz' deutscher Archivare im Generalgouvernement und im Reichskommissariat Ukraine[45]. Beide Arbeiten liefern ausgewogene Urteile, die die Autoren aus der Position ihrer eigenen Distanz zum Untersuchungsgegenstand gewinnen. Eckert und Lehr legen zahlreiche Details offen, die die Kontinuität im westdeutschen Archivwesen im Übergang vom Nationalsozialismus und insbesondere bei der Gründung des Bundesarchivs nachweisen. Das Wirken Georg Winters etwa im nationalsozialistischen ‚Archivschutz' in der besetzten Ukraine oder bei den emotionalen Auseinandersetzungen mit den Westalliierten um die ‚richtige' Sicht auf die Verwahrung und ‚Lesbarkeit' der deutschen Akten hätten Archivarinnen und Archivare wegen ihrer emotionalen Nähe zum eigenen Berufsfeld Mitte der 2000er Jahre kaum so treffend beschreiben können. Zudem verweist die Fülle des untersuchten Materials in nationalen und internationalen Archiven auf ein berufsimmanentes Problem der Archivzunft beim Schreiben von Archivgeschichte: Da das Schreiben von Archivgeschichte selbstverständlich nicht im Zentrum der Tätigkeit von Archivarinnen und Archivaren steht – zu vielfältig und herausfordernd sind die heutigen Kernaufgaben im Archivberuf beim Übergang vom analogen zum digitalen Zeitalter –, bleibt die Beschäftigung mit Archivgeschichte eine Tätigkeit, die nebenher oder in der Freizeit stattfindet, also zeitlich, vor allem aber räumlich begrenzt ist. Archivarinnen und Archivare haben in der Regel nicht die wissenschaftliche Freiheit, die Forschungen an anderen als ihren eigenen Dienstorten durchzuführen, was zu Beschränkungen insbesondere im Zugriff auf unbekannte Quellen führt.

Der Trend, Archivgeschichte aus einer Außenperspektive zu betreiben, setzte sich in den vergangenen Jahren fort und bewirkte vor allem eine Ausdehnung des Betrachtungszeitraums und des institutionellen Rahmens: Tobias Winter verfasste seine 2018 erschienene Dissertation über die deutsche Archivwissenschaft und das ‚Dritte Reich' als „disziplingeschichtliche Betrachtung"[46], auch wenn er sich vornehmlich auf das preußische Archivwesen konzentrierte, dazu den bis 2017 bereits breit aufgefächerten Forschungsstand rezipierte und die bekannten Kontinuitäten im Archivwesen zwischen Weimarer Republik, Nationalsozialismus und Nachkriegszeit erneut darlegte. Peter Ulrich Weiß beschrieb die Deutschen Zentralarchive in den Zeiten der Systemumbrüche von 1933 und 1945 und griff dabei bis in die 1960er, zum Teil in die 1970er Jahre aus, um intensiv die Archivarbeit im Deutschen Zentralarchiv und im Bundesarchiv in den Vergleich zu setzen[47]. Beide Arbeiten beschränken sich also nicht auf die Geschichte einer Institution, sondern arbeiten typisierend und verbinden ihre institutionengeschichtlichen Untersuchungen mit Ansätzen aus der Netzwerkforschung. Das besondere Verdienst von Weiß liegt zudem darin, durch das Einflechten von kurzen

---

44 Astrid M. ECKERT, Kampf um die Akten. Die Westalliierten und die Rückgabe von deutschem Archivgut nach dem Zweiten Weltkrieg (2004).
45 Stefan LEHR, Ein fast vergessener „Osteinsatz" (wie Anm. 37).
46 Tobias WINTER, Die deutsche Archivwissenschaft und das deutsche ‚Dritte Reich'. Disziplingeschichtliche Betrachtungen von den 1920ern bis in die 1950er Jahre (VAPK 17, 2018).
47 WEISS, Deutsche Zentralarchive (wie Anm. 17).

Expertenbiografien und punktuell dichten Beschreibungen das Arrangement der Fachleute mit der Staatlichkeit insbesondere in Regimezeiten nachvollziehbar darzustellen. Er kommt zu vertiefenden Aussagen in Bezug auf die politische und gesellschaftliche Abhängigkeit des Archivwesens sowie den Wandel der Archivfacharbeit und damit des archivischen Berufsbildes. Dafür untersucht Weiß nicht nur die fachlichen und personellen Kontinuitäten und Netzwerke für die westdeutschen Archive, sondern betrachtet auch die DDR-Archivlandschaft mit. Was vielfach postuliert wurde, ist nun klar belegt: Auch die ostdeutschen staatlichen Archive setzten ab 1945 auf fachliche und personelle Kontinuitäten.

Der Name Heinrich Otto Meisners fiel bereits. Weniger bekannt dürfte der Reichsarchivar, spätere Wehrmachtsoffizier und SA-Mann Otto Korfes (1889–1964) sein[48]. Korfes war nach einer Offizierslaufbahn im 1. Weltkrieg 1920 wie auch andere demobilisierte Reichswehroffiziere in das neu gegründete Reichsarchiv im Rahmen der dortigen Kriegsgeschichtsschreibung eingetreten, studierte und promovierte nebenher bei Max Sering (1857–1939) und Werner Sombart (1863–1941) zum Staatswissenschaftler und blieb zunächst bei der kriegsgeschichtlichen Forschungsanstalt des Heeres, als diese 1934/1935 aus dem Reichsarchiv herausgelöst und dem Reichswehrministerium unterstellt wurde. 1937 kehrte Korfes in den aktiven Dienst der Wehrmacht zurück, war als Kommandeur an der Besetzung des Sudetenlandes und nach Kriegsbeginn an den Kämpfen erst in Polen, 1940 in Belgien und Frankreich beteiligt. 1943 geriet er als Divisionskommandeur in Stalingrad in sowjetische Kriegsgefangenschaft. Dort schloss er sich dem Nationalkomitee Freies Deutschland (NKFD) an, einer aus deutschen Kriegsgefangenen und Exilkommunisten auf Beschluss der sowjetischen Führung gegründeten Organisation, die das Ziel hatte, das NS-Regime aus der Kriegsgefangenschaft heraus vor allem mittels Propaganda zu bekämpfen. Im NKFD hatte Korfes auch Kontakt zur Gruppe Ulbricht. Sein Schwiegervater war Hermann Mertz von Quirnheim (1866–1947), Präsident des Reichsarchivs, sein Schwager Albrecht Mertz von Quirnheim (1905–1944) war ein Mann des 20. Juli. Während die verwandtschaftlichen Beziehungen zu einem Mitglied des konservativen Widerstands wohl eher für Misstrauen bei den neuen Machthabern sorgten, beförderten seine Mitwirkung im NKFD und die Verbindungen zur Gruppe Ulbricht Otto Korfes' Karriere und trugen dazu bei, dass man ihm eine zentrale Rolle im Neuaufbau des DDR-Archivwesens übertrug. Er wurde Leiter des Zentralen Staatsarchivs in Potsdam und 1949 Leiter der Hauptabteilung Archivwesen im Ministerium des Innern, ehe er 1952 zur dessen Historischer Abteilung weggelobt wurde. Korfes war aktiver NDPD-Politiker, eckte jedoch wiederholt mit der SED an, was schließlich 1952 zum Ende seiner Karriere im Archivwesen und zu seiner Versetzung in die Historische Abteilung des Innenministeriums führte.

Im Laufe der 1950er Jahre wandelte sich die Zusammensetzung des DDR-Archivpersonals dann allmählich, auch durch Republikflucht oder politische Entfernung aus dem Amt. Zu einem deutlichen Umbruch kam es allerdings erst ab 1958, als der im Zentralkomitee der SED in Ungnade gefallene Karl Schirdewan (1907–1998)[49] die Staatliche Archivverwaltung

---

48 Sigrid WEGNER-KORFES, Otto Korfes (1889 bis 1964), in: Heinz HEITZER / Karl-Heinz NOACK / Walter SCHMIDT (Hg.), Wegbereiter der DDR-Geschichtswissenschaft. Biographien (1989) S. 107–124; WEISS, Deutsche Zentralarchive (wie Anm. 17) bes. S. 196–203.
49 Ebd., bes. S. 274–282.

der DDR übernahm – also die vorgesetzte Dienstbehörde der staatlichen Archive im Ministerium des Innern – und auf Linie zu bringen versuchte. Gerade für die Anfangsjahre unter dem ehemaligen Wehrmachtgeneral Otto Korfes jedoch ist ein hohes Maß an NS-Belastung im ostdeutschen Archivwesen zu beobachten, das oft durch NDPD-Mitgliedschaften und später dann vor allem SED-Mitgliedschaften aufgefangen wurde. Häufiger entstammten diese Archivare aber dem Potsdamer Reichsarchiv oder den früheren Heeresarchiven als der preußischen Archivverwaltung. Sie besaßen Verbindungen zur alten preußischen Archivtradition, waren bei den Dahlemern – die nach 1945 mehrheitlich in Westdeutschland wieder in den Archivdienst eintraten – jedoch nicht vollumfänglich akzeptiert. Unbeachtet bleibt bei Peter Ulrich Weiß der Fakt, dass Korfes und andere ehemalige Reichsarchivare für die traditionelle Archivwelt, deren Archivare in der Preußischen Archivverwaltung ausgebildet worden waren, nicht ‚satisfaktionsfähig' waren. Zwischen den früheren Dahlemer Archivaren und den Archivaren des Potsdamer Reichsarchivs gab es allenfalls ein gestörtes Netzwerk, jedoch kein produktives; ein Umstand, der durch die deutsche Teilung noch verstärkt wurde.

Vergleichbare Ansätze wie Winter und Weiß verfolgte 2020 ein Workshop unter dem Titel ‚Weimars ungetreue Archivare', den Tom Tölle und Markus Friedrich organisierten und der sich vor allem auf die prägende Kraft der Archive für die Geschichtskultur der Weimarer Republik konzentrierte, somit den Untersuchungszeitraum vor die Zeit des Nationalsozialismus setzte und das Augenmerk verstärkt auch auf den nichtstaatlichen Archivbereich legte[50]. Mit noch stärkerem zeitlichen Vorgriff und überinstitutionellem Rahmen arbeitete zuletzt Philipp Müller, der die Öffnung der Archive in der ‚longue durée' des 19. Jahrhunderts als Annäherung von Archiv und Geschichtsforschung beschreibt[51], einer Zeit, in der die Archive der historischen Forschung den Zugang zum Archivgut zwar ermöglichten (auch, weil die Archivare selbst forschten), ohne dabei jedoch die alten rechtssichernden Funktionen für Herrschaft und Politik aufzugeben.

5. Fazit

Das Schreiben von Archivgeschichte hat in den letzten Jahren eine gewisse Dynamik erlebt. Anfänglich lag die Konzentration auf dem Verfassen von chronologisch orientierten Verwaltungsgeschichten, war also Institutionengeschichtsschreibung im herkömmlichen Sinne. Mit dem Archivtag von 2005 und einer Reihe von archivseitig organisierten Tagungen seit 2013 erlebte die Archivgeschichtsforschung einen erheblichen Auftrieb durch epochenspezifische Forschungen zur Rolle der Archive in der Zeit des Nationalsozialismus. Parallel dazu entwickelt sich die Betrachtung des Archivwesens aus der Außenperspektive, indem insbesondere universitäre Qualifizierungsarbeiten die Geschichte archivischer Institutionen als Rahmen nutzen, um in typisierenden und zeitlich übergreifenden Zusammenhängen den institutionellen und archivfachlichen Wandel darzustellen. Damit passt sich die Institutionengeschichtsschreibung inzwischen hervorragend in die produktive Behördenforschung der vergangenen Jahre ein. Die notwendigen Impulse hierfür kamen von außerhalb des Archiv-

---

50 Der Tagungsband erschien 2022: Tölle u. a. (Hg.), Archivare zwischen Kaiserreich und Weimarer Republik (wie Anm. 9).
51 Philipp Müller, Geschichte machen. Historisches Forschen und die Politik der Archive (2019).

wesens. Wichtige Aspekte der von Reininghaus eingangs zitierten Matrix scheinen erfüllt. Hat sich die Archivgeschichte damit aus der ‚Untergründigkeit' befreit?

Eine nachgeordnete Rolle spielt bisher interessanterweise die Biografik. Zwar wurden auf den durchgeführten Tagungen immer auch biografisch orientierte Untersuchungen vorgetragen, aber monografische Biografien zu Archivaren fehlen bislang weitgehend[52]. Noch immer liegen zum Beispiel keine umfassenden Biografien zu den drei preußischen Generaldirektoren Paul Fridolin Kehr, Albert Brackmann und Ernst Zipfel vor, auch wenn für die beiden Erstgenannten diverse Detailstudien existieren. Zudem wiegt das Fehlen einer Biografie über den Gründungsdirektor des Bundesarchivs, den einflussreichen preußischen Staatsarchivar Georg Winter, schwer. Zumindest angekündigt sind Biografien für Albert Brackmann und den Landeshistoriker und Hannoveraner Archivleiter Georg Schnath (1898–1989)[53]. Wilfried Reininghaus verfasste zudem eine Biografie des Landeshistorikers und Münsteraner Archivdirektors Friedrich Philipp (1853–1930)[54]. Biografien zu Archivaren entstehen also am ehesten dort, wo jene eine enge Verbindung zur Geschichtswissenschaft unterhielten und selbst als (Landes-)Historiker oder Wissenschaftsorganisatoren aktiv waren.

Dringend notwendig erscheinen zudem weitere vertiefende Untersuchungen über das Werden und die Zeitgebundenheit archivischer Methoden und deren konkrete Auswirkungen auf die Bestandsbildungen und -erschließungen. Es ist bis heute nicht ausreichend untersucht, inwiefern politische und gesellschaftliche Rahmenbedingungen die Ergebnisse der archivischen Kernarbeit konkret bestimmten, also die Übernahme und Bewertung von Beständen[55], deren Erschließung oder die ergänzende Überlieferungsbildung durch gezielt erworbene Sammlungen und Nachlässe. Wieso sind die Archivüberlieferungen so gebildet und erschlossen worden, wie sie heute vorliegen, und welchen Einfluss hat das auf ihre Nutzung? Was kann aus Beständen erforscht werden – und was nicht? ‚Machen' Archive durch ihre Bewertungs- und Übernahmepraxis Geschichte? Diese kritische Beobachtung zum Werden der Archivkörper und zur damit in Verbindung stehenden Verantwortung und ‚Macht' der Archive hat in den vergangenen Jahren aus der Perspektive der institutionellen Archive am

---

52 Vgl. hingegen die jüngeren Biografien zu den Historikern Theodor Schieder, Hermann Aubin und Erich Maschke, die zeitweise in archivnahen Forschungseinrichtungen oder -verbünden tätig waren: Eduard Mühle, Für Volk und deutschen Osten: Der Historiker Hermann Aubin und die deutsche Ostforschung (Schriften des BArch 65, 2005); Christoph Nonn, Theodor Schieder. Ein bürgerlicher Historiker im 20. Jahrhundert (Schriften des BArch 73, 2013); Barbara Schneider, Erich Maschke. Im Beziehungsgeflecht von Politik und Geschichtswissenschaft (Schriftenreihe der HiKo 90, 2016).

53 Zu Albert Brackmann: https://www.uni-muenster.de/Geschichte/histsem/OE-G/Personen/koschny.html (hier unter: Promotionsprojekt); zu Georg Schnath: https://www.thomasvogtherr.de/wissenschaftliche-projekte/.

54 Winfried Reininghaus, Friedrich Philippi. Historiker und Archivar in wilhelminischer Zeit. Eine Biographie (Veröffentlichungen des LAV NRW 47, 2014).

55 Vgl. etwa Ulrich Kober, der 2015 zu dem Befund kam, dass die nationalsozialistische Herrschaftsdoktrin im Rückblick offenbar kaum Einfluss auf die praktischen Bewertungsentscheidungen im Preußischen Geheimen Staatsarchiv in Bezug auf Schriftgut aus den Ministerien und nachgeordneten Verwaltungen hatte: Ulrich Kober, Bewertung und Übernahme von Archivgut durch das Geheimes Staatsarchiv in der Zeit des Nationalsozialismus (1933–1945), in: Kriese, Archivarbeit (wie Anm. 14) S. 307–333.

intensivsten Dietmar Schenk unternommen[56] und dadurch wichtige Brücken zu den wesentlich breiter angelegten kulturwissenschaftlichen Forschungen geschlagen, die einen allgemeineren Archivbegriff in Form von unterschiedlichsten Wissens-Speichern zu Grunde legen[57], und deren Ergebnisse im klassischen Archivbereich bisher kaum rezipiert wurden.

Archivgeschichte ist offenbar eine ‚untergründige Subdisziplin‘ geblieben. Sie kann sich daraus nur punktuell befreien, wenn sie in übergreifende Kontexte eingeordnet wird, was in der Regel Fachhistorikerinnen und -historikern mit distanzierterer Haltung besser gelingt als Archivarinnen und Archivaren, die die Geschichte ihrer eigenen Institutionen untersuchen. Und doch sind auch diese Untersuchungen unverzichtbar: als Selbstvergewisserung und als Reflexion über das eigene Berufsbild und – hoffentlich zukünftig verstärkt – über die eigenen Methoden. Die Archivgeschichte bleibt damit zwar eine historische oder archivwissenschaftliche ‚Subdisziplin‘, behält jedoch ihre spezifische Relevanz.

---

56 Dietmar Schenk, „Aufheben, was nicht vergessen werden darf". Archive vom alten Europa bis zur digitalen Welt (2013) S. 15.
57 Vgl. zuletzt Sina Steglich, Zeitort Archiv. Etablierung und Vermittlung geschichtlicher Zeitlichkeit im 19. Jahrhundert (Campus Historische Studien 79, 2020).

Zum Verhältnis von Harry Bresslau und Paul Kehr nach der Ernennung Kehrs zum Vorsitzenden der MGH 1919[1]

von
HERBERT ZIELINSKI

Abb. 1: Harry Bresslau um 1900

Abb. 2: Paul Fridolin Kehr 1926

Person und Wirken des aus dem thüringischen Waltershausen[2] stammenden Ausnahmehistorikers Paul Kehr (1860–1944)[3], dessen Großprojekte, das Göttinger Papsturkunden-

---

1   Der Präsidentin der MGH, Frau Prof. Dr. Dr. h.c. Martina Hartmann, danke ich für vielfältige Unterstützung. Auch beim Leiter des MGH-Archivs, meinem Kollegen Prof. Dr. Arno Mentzel-Reuters, fand ich stets ein offenes Ohr für meine Recherchen. Für die redaktionelle Betreuung meines Beitrags bin ich Annette Marquard-Mois (MGH) zu großem Dank verpflichtet.
2   Damals Herzogtum Sachsen-Coburg und Gotha: Hedwig MUNSCHECK-VON PÖLNITZ, Der Lebensrückblick des Paul Fridolin Kehr, in: FBPG N.F. 31 (2021) S. 97–134, hier S. 103.
3   Die reiche Literatur über Paul Kehr, von der hier nur Weniges genannt werden kann, hat zusammengestellt Stefan WEISS, Paul-Kehr-Bibliographie, in: QFIAB 72 (1992) S. 374–437, hier S. 433–437 (wieder abgedruckt in: Paul Fridolin KEHR, Ausgewählte Schriften, hg. von Rudolf HIESTAND, Teilbd. 2 [2005] S. 1331–1394, hier S. 1390–1394 [mit Nachträgen ebd. S. 1395–1397]). Übersicht zum Leben und Wirken Kehrs bei Rudolf SCHIEFFER, Paul Fridolin Kehr, in: Berlinische Lebensbilder 10. Geisteswissenschaftler 2, hg. von Hans-Christof KRAUS (2012) S. 127–146. Vgl. ferner Horst FUHRMANN, Menschen und Meriten. Eine persönliche Portraitgalerie (2001) S. 174–212; Nikola BECKER, Jüdische Mitarbeiter bei den Monumenta Germaniae Historica im „Dritten Reich", in: HJb 135 (2015) S. 453–502, hier S. 461–466; Hedwig MUNSCHECK-VON PÖLNITZ, Der „Liber Vitae Pauli Fridolini Kehr" oder eine neue Quelle zu Paul Fridolin Kehr, in: Das Reichsinstitut für ältere deutsche Geschichtskunde 1935 bis 1945 – ein „Kriegsbeitrag der Geisteswissenschaften"? Beiträge des Symposiums am 28. und 29. November 2019 in Rom, hg. von Arno MENTZEL-REUTERS / Martina HARTMANN / Martin BAUMEISTER,

werk[4] und die Germania Sacra des 1917 gegründeten Kaiser-Wilhelm-Instituts für Deutsche Geschichte[5], Generationen von Historikern beschäftigten und noch immer beschäftigen[6], waren schon mehrfach Gegenstand wissenschaftsgeschichtlicher Forschung[7], doch zu einer umfassenden Biographie ist es bislang nicht gekommen.

Auch Kehrs zwölf Jahre älterer, im Hannoverschen Wendland aufgewachsener[8] und wegen seiner jüdischen Abstammung lebenslang mit antisemitischen Ressentiments[9] konfrontierter Kollege Harry Bresslau (1848–1926), der durch seine langjährige Editionstätigkeit im Dienst der Monumenta Germaniae Historica (künftig MGH)[10] sowie als Autor der

---

(MGH Studien zur Geschichte der Mittelalterforschung 1, 2021) S. 221–240. – Die Bemühungen von Friedrich Bock (1890–1963), Kehrs einstigem Mitarbeiter in Rom, um eine Biographie Kehrs sind über das Sammlungsstadium nicht hinausgekommen. Sein reichhaltiges Material findet sich heute im Archiv der MGH und ist unter https://www.mgh.de/de/archiv/findbuch/nachlass-friedrich-bock zu benutzen (alle Links in diesem Beitrag wurden am 30.5.2024 abgerufen).

4   Rudolf Hiestand, 100 Jahre Papsturkundenwerk, in: Hundert Jahre Papsturkundenforschung. Bilanz – Methoden – Perspektiven, hg. von dems. (Abh. Göttingen 3, 261, 2003) S. 11–44; Dieter Girgensohn, Kehrs Regesta Pontificum Romanorum: Entstehung – wissenschaftlicher Ertrag – organisatorische Schwächen, in: Das Papsttum und das vielgestaltige Italien. Hundert Jahre Italia Pontificia, hg. von Klaus Herbers / Jochen Johrendt (Abh. Göttingen N.F. 5, 2009) S. 215–257.

5   Kehr war sein Gründungsdirektor und Ideengeber: Michèle Schubert, Zum Wirken Paul Fridolin Kehrs für ein deutsches historisches Zentralinstitut oder: Der lange Weg zum Kaiser-Wilhelm-Institut für Deutsche Geschichte, in: Die Kaiser-Wilhelm-/Max-Planck-Gesellschaft und ihre Institute. Studien zu ihrer Geschichte. Das Harnack-Prinzip, hg. von Bernhard vom Brocke / Hubert Laitko (1996) S. 423–444.

6   Hedwig Röckelein, Geisteswissenschaftliche Großforschung gestern, heute, morgen. Paul Fridolin Kehr (1860–1944) und die Folgen. 100 Jahre Germania Sacra, in: 100 Jahre Germania Sacra. Kirchengeschichte schreiben vom 16. bis zum 21. Jahrhundert, hg. von ders. (Studien zur Germania Sacra N.F. 8, 2018) S. 1–8.

7   Dass der Ruf Kehrs als herausragender Wissenschaftsorganisator der Korrektur bedarf, zeigt Volkhard Huth, Proteus mit „Klingelbeutelgenie". Paul Fridolin Kehr als ‚Wissenschaftsmanager', in: 100 Jahre Germania Sacra (wie Anm. 6) S. 63–89, hier S. 66–80, 88f.

8   Zur Familiengeschichte der Bresslaus vgl.: Abraham Bresslau (1813–1884). Briefe aus Dannenberg 1835–1839. Mit einer Einleitung zur Familiengeschichte des Historikers Harry Bresslau (1848–1926) und zur Geschichte der Juden in Dannenberg, hg. von Peter Rück † unter Mitarbeit von Erika Eisenlohr / Peter Worm (elementa diplomatica 11, 2007) S. 11–168.

9   Zum Antisemitismus im deutschen akademischen Milieu vgl. Notker Hammerstein, Antisemitismus und deutsche Universitäten 1871–1933 (1995); Ulrich Wyrwa, Antisemitismus in Deutschland 1919–1945 mit besonderer Berücksichtigung des akademischen Feldes, in: Zwischen Vaterlandsliebe und Ausgrenzung. Die jüdischen Mitarbeiter und Mitarbeiterinnen der Monumenta Germaniae Historica, hg. von Martina Hartmann / Annette Marquard-Mois / Maximilian Becker (MGH Studien zur Geschichte der Mittelalterforschung 2, 2023) S. 1–47.

10 Im März 1888 war Bresslau in die Zentraldirektion (künftig ZD) der MGH, für die er seit 1877 tätig war, gewählt worden: Annette Marquard-Mois, Harry Bresslau (1848–1926), in: Zwischen Vaterlandsliebe und Ausgrenzung (wie Anm. 9) S. 81–91, hier S. 84f. – Allgemein zu den MGH vgl.: Mittelalter lesbar machen. Festschrift 200 Jahre Monumenta Germaniae Historica (2019), darin bes. Enno Bünz, Die Monumenta Germaniae Historica 1819–2019. Ein historischer Abriss, S. 15–36. Zur Reorganisation der MGH im April 1875 vgl.: Fünf Tage voller Beschlüsse. Protokoll der konstituierenden Sitzung April 1875. MGH-Archiv 338/38, ebd. S. 158–176, hier S. 158 (Einleitung von Martina Hartmann).

Jahrbücher Konrads II.[11] und des erst kürzlich in einer italienischen Übersetzung neu aufgelegten Handbuchs der Urkundenlehre[12] ein herausragendes wissenschaftliches Renommee besaß, hat bislang keine Biographie erhalten[13]. Dabei hätte sein ihn zum „Außenseiter der Historikerzunft"[14] stempelndes Judentum – ein Berliner Ordinariat, das um 1900 als Karrierehöhepunkt galt[15], blieb ihm verwehrt[16] – sowie sein fast 30jähriges Wirken an der Reichsuniversität Straßburg[17], wo überdurchschnittlich viele jüdische Wissenschaftler tätig waren[18], ihn für eine solche durchaus empfohlen.

Auch das Verhältnis Kehr – Bresslau insbesondere in den Jahren der Leitungstätigkeit Kehrs bei den MGH ab 1919, wo Bresslau eine tragende Rolle spielte, ist bislang nicht näher

---

11 Harry Bresslau, Jahrbücher des Deutschen Reichs unter Konrad II. (2 Bde., 1879–1884).
12 Harry Bresslau, Handbuch der Urkundenlehre für Deutschland und Italien (2 Bde., ²1912–1931 [Bd. 1: ¹1888/1889, ²1912; Bd. 2/1: ¹1915, ²1931]); Bd. 2/2 hg. von Hans-Walther Klewitz (¹1931), Registerband, bearb. von Hans Schulze (1960, ND ³1958, ⁴1969). Das Werk erschien 1998 in einer italienischen Übersetzung: Manuale di diplomatica per la Germania e l'Italia (1998). Vgl. Rück, Abraham Bresslau (wie Anm. 8) Vorwort, S. 5f.
13 Die wichtigste Literatur zu Harry Bresslau verzeichnet Peter Rück, Erinnerung an Harry Bresslau (1848–1926) zum 150. Geburtstag, in: Fachgebiet Historische Hilfswissenschaften. Ausgewählte Aufsätze zum 65. Geburtstag von Peter Rück, hg. von Erika Eisenlohr / Peter Worm (elementa diplomatica 9, 1998) S. 243–283, hier S. 253; ders., Abraham Bresslau (wie Anm. 8) S. 5f. Anm. 8. Unter der neueren Literatur vgl. besonders Anna Maria Voci, Harry Bresslau, l'ultimo allievo di Ranke, in: Bullettino dell'Istituto Storico Italiano 100 (1995/96) S. 235–295; Bettina Raabe, Harry Bresslau (1848–1926) – Wegbereiter der Historischen Hilfswissenschaften in Berlin und Straßburg, in: Herold-Jahrbuch N.F. 1 (1996) S. 49–83; Horst Fuhrmann, „Sind eben alles Menschen gewesen". Gelehrtenleben im 19. und 20. Jahrhundert. Dargestellt am Beispiel der Monumenta Germaniae Historica und ihrer Mitarbeiter. Unter Mitarbeit von Markus Wesche (1996) bes. S. 104–108; Aleksandra Pawliczek, Zwischen Anerkennung und Ressentiment. Der jüdische Mediävist Harry Bresslau (1848–1926), in: Jb. des Simon-Dubnow-Instituts 6 (2007) S. 389–409; Marquard-Mois, Bresslau (wie Anm. 10). Zu Bresslaus Autobiographie: Harry Bresslau, Harry Bresslau, in: Die Geschichtswissenschaft der Gegenwart in Selbstdarstellungen 2, hg. von Sigfrid Steinberg (1926) S. 28–83, vgl. Rück, Erinnerung S. 253. Eine zweite ungedruckte Autobiographie, aus privatem Anlass 1919 von Bresslau in Hamburg handschriftlich verfasst, publizierte Rück nach einer unvollständigen und fehlerhaften masch. Kopie (ebd. S. 252; ders., Abraham Bresslau [wie Anm. 8] S. 10): Autobiographie Harry Bresslau *[Aufzeichnungen von Opapa Bresslau]*, in: Rück, Erinnerung S. 262–277; vgl. Ulrich Sieg, Der Preis des Bildungsstrebens. Jüdische Geisteswissenschaftler im Kaiserreich, in: Juden, Bürger, Deutsche, hg. von Andreas Gotzmann / Rainer Liedtke / Till van Rahden (2001) S. 67–95, hier S. 73 Anm. 18; Marquard-Mois, Bresslau (wie Anm. 10) S. 89 Anm. 41.
14 Sieg, Jüdische Geisteswissenschaftler (wie Anm. 13) S. 89.
15 Ebd.
16 Seit 1877 außerord. Prof. in Berlin, zerschlugen sich 1888 Bresslaus Aussichten, als Nachfolger von Wilhelm Wattenbach, der als Vorsitzender der ZD zu den MGH wechseln wollte, Ordinarius in Berlin zu werden, durch eine Intrige; vgl. Fuhrmann, Gelehrtenleben (wie Anm. 13) S. 107f.; Pawliczek, Ressentiment (wie Anm. 13) S. 402f.; Anne C. Nagel, Harry Bresslau und seine Geschichte der Monumenta Germaniae Historica, in: Zwischen Vaterlandsliebe und Ausgrenzung (wie Anm. 9) S. 111–124, hier S. 120. Bresslau ging schließlich 1890 als Ordinarius nach Straßburg. Vgl. Marquard-Mois, Bresslau (wie Anm. 10) S. 84–86.
17 Politisch engagierte sich Bresslau in seiner Straßburger Zeit in der Liberalen Landespartei Elsaß-Lothringens: Raabe, Bresslau (wie Anm. 13) S. 83; Marquard-Mois, Bresslau (wie Anm. 10) S. 86f.
18 Sieg, Jüdische Geisteswissenschaftler (wie Anm. 13) S. 89.

untersucht worden[19]. Der umfangreiche, noch nicht edierte und, was die Briefe Kehrs an Bresslau betrifft, bislang kaum beachtete Briefwechsel zwischen den beiden, dessen Edition ich vorbereite, kann, wie ich im Folgenden zu zeigen hoffe, zur Klärung ihres Verhältnisses in dieser schwierigen Phase, in der die Zukunft der MGH auf dem Spiel stand, beitragen.

Der temperamentvolle, durchsetzungsstarke Machtmensch Kehr[20], der gerne „mit seiner bäuerlichen Herkunft kokettierte"[21], auf der einen Seite, und der „geschäftige, wichtige, immer etwas auf die Nerven fallende" Bresslau[22] auf der anderen Seite standen seit den späten 1880er Jahren in einem sporadischen brieflichen Austausch über ihre Veröffentlichungen und ihre Archivrecherchen. Angespannt war ihr Verhältnis in den 1890er Jahren, nachdem Kehr 1890 den ersten Band von Bresslaus Handbuch der Urkundenlehre wenig freundlich rezensiert hatte[23]. Noch vor der Jahrhundertwende normalisierte sich ihr kollegiales Verhältnis aber wieder[24].

1904 kam es in Rom, wo Kehr am 1. Oktober 1903 die Leitung des Preußischen Historischen Instituts übernommen hatte[25], zu einer offensichtlich positiv verlaufenen persönlichen Begegnung[26], an die Bresslau noch in seinem Glückwunschschreiben zu Kehrs 60. Geburtstag am 28. Dezember 1920 sehr freundlich erinnert[27]. Zu diesem Zeitpunkt war Kehr bereits über ein Jahr Vorsitzender der MGH, in der Bresslau zwei zentrale Abteilungen, Diplomata II (Salier) und Scriptores, leitete. Wie die beiden Kollegen mit der neuen Situation umgingen, gilt es näher zu beleuchten. Zunächst aber ist das Briefkorpus vorzustellen.

---

19 Ich greife im Folgenden ein Thema wieder auf, auf das ich im Rahmen der Edition eines unbekannten Briefs Bresslaus an Kehr vor nunmehr elf Jahren erstmals eingegangen bin: Herbert ZIELINSKI, Ein Brief Harry Bresslaus an Paul Fridolin Kehr im Apparat der ‚Gallia Pontificia', in: Francia 40 (2013) S. 207–231, hier S. 212–214, 218–221. Vgl. auch BECKER, Mitarbeiter (wie Anm. 3) S. 465.
20 Eine treffende Kurzcharakteristik ist Horst FUHRMANN zu verdanken: Paul F. Kehr. Zugänge und Beiträge zu seinem Wirken und zu seiner Biographie (Rom 1996, auch Tübingen 1997) S. 10; vgl. auch DERS., Menschen und Meriten (wie Anm. 3) S. 174f. Auf die „hellsichtige Einschätzung" Kehrs durch Karl Brandi in seinem erst 1960 veröffentlichten Nachruf auf Kehr macht HUTH, Kehr (wie Anm. 7) S. 70 Anm. 15 aufmerksam. Vgl. auch Ines OBERLING, Ernst Perels (1882–1945) (2005) S. 89f.
21 SCHIEFFER, Kehr (wie Anm. 3) S. 129; vgl. FUHRMANN, Menschen und Meriten (wie Anm. 3) S. 176.
22 Karl Hampe, Kriegstagebuch 1914–1919, hg. von Folker REICHERT / Eike WOLGAST (Deutsche Geschichtsquellen des 19. und 20. Jahrhunderts 63, 2007²) S. 905 (Eintrag vom 5.10.1919).
23 Paul Kehrs Rezension des Handbuchs der Urkundenlehre in: HZ 65 (1890) S. 371–374; zu Einzelheiten des Schlagabtauschs vgl. ZIELINSKI, Brief (wie Anm. 19) S. 218f.
24 Ebd. S. 219.
25 Vgl. Michèle SCHUBERT, Auseinandersetzungen über Aufgaben und Gestalt des Preußischen Historischen Instituts in Rom in den Jahren 1900 bis 1903, in: QFIAB 76 (1996) S. 383–454, hier S. 383, 448; FUHRMANN, Menschen und Meriten (wie Anm. 3) S. 185–190; Benjamin HASSELHORN, Johannes Haller. Eine politische Gelehrtenbiographie (2015) S. 83–90.
26 Erwähnt von Bresslau in seinem Schreiben an Kehr vom 9.10.1904 (GStA PK, Nl Kehr, A 1, Mappe 7, Bl. 854–856); vgl. ZIELINSKI, Brief (wie Anm. 19) S. 220.
27 Siehe Anhang III (Harry Bresslau an Paul Kehr, 26.12.1920); vgl. ZIELINSKI, Brief (wie Anm. 19) S. 220.

I. Das Briefkorpus

Die zwischen Kehr und Bresslau gewechselten Briefe und Postkarten finden sich heute bis auf wenige Ausnahmen in zwei Archiven. Während fast alle von Kehr sorgfältig aufbewahrten Briefe Bresslaus nach einer wechselvollen Geschichte ins Archiv der MGH nach München gelangten[28], wusste man über den Verbleib der Briefe Kehrs an Bresslau lange Zeit nichts Näheres. Im umfangreichen Nachlass Bresslaus in der Berliner Staatsbibliothek[29] und im Teilnachlass Bresslaus im Archiv der MGH waren sie nicht deponiert[30]. Erst in den 1990er Jahren wurden sie im Rahmen der Bresslau-Studien Peter Rücks (1934–2004) durch seine Mitarbeiterin Erika Eisenlohr bei der Enkelin von Bresslau, Dr. Caroline Bresslau Aust (1909–2004), in Sao Paulo aufgespürt und mit deren Einwilligung der Staatsbibliothek in Berlin übergeben. Bresslaus Sohn, der Zoologe Ernst Bresslau (1877–1935), hatte sie bei seiner Emigration 1934 offensichtlich mit nach Brasilien genommen, wo er ein Jahr später verstarb[31].

Insgesamt umfasst der 1888 einsetzende Briefwechsel zwischen Kehr und Bresslau[32] nach gegenwärtigem Stand 212 Briefe und Postkarten. Es folgen bis zum Jahre 1913 in sporadischer Abfolge von beiden Seiten weitere 17 Schreiben, zumeist aus den Jahren 1899 bis 1906. Erst mit der Übernahme des Vorsitzes der MGH durch Kehr im Herbst 1919 setzt der Briefwechsel in voller Intensität ein. Bis zum Ableben Bresslaus im Oktober 1926 sind es 194

---

28 MGH-Archiv 338/245. Vgl. FUHRMANN, Gelehrtenleben (wie Anm. 13) S. 129–131; MUNSCHECK-VON PÖLNITZ, Lebensrückblick (wie Anm. 2) S. 99, 133. Einige Briefe Bresslaus, auf die mich Dr. Hedwig Munscheck-von Pölnitz (Bad Homburg) freundlicherweise aufmerksam machte, kamen in den Nachlass Kehrs im GStA PK (Nl Kehr, A 1, Mappe Nr. 7).

29 StaBi PK, Nl Harry Bresslau. Noch BECKER, Mitarbeiter (wie Anm. 3) S. 465, bedauert das Fehlen der Kehr-Briefe.

30 Soweit sich der Nachlass Bresslaus im Besitz seiner Tochter Helene Schweitzer-Bresslau (1879–1965) befand, wurde dieser im Sommer 1951 auf deren Bitte von Paul Hirsch gesichtet und recht unvollkommen in „MGH betreffendes und anderes Schriftgut" geteilt: Karel HRUZA, Paul Hirsch (1883–1961), in: Zwischen Vaterlandsliebe und Ausgrenzung (wie Anm. 9) S. 235–246, hier S. 244; MARQUARD-MOIS, Bresslau (wie Anm. 10) S. 88f. mit Anm. 41. Briefe an Bresslau aus seinem Nachlass, aber keine Briefe Kehrs, finden sich in MGH-Archiv B 700 (frdl. Hinweis von Annette Marquard-Mois, MGH). – Hirsch publizierte 1954 einige Briefe an Bresslau, aber keine Briefe Kehrs: Paul HIRSCH, Briefe namhafter Historiker an Harry Bresslau. Willy Andreas zum 70. Geburtstag (30. Oktober 1954), in: Die Welt als Geschichte 14 (1954) S. 223–241.

31 StaBi PK, Nl Harry Bresslau, Ergänzungen, Karton 6. Vgl. RÜCK, Erinnerung (wie Anm. 2) S. 245f., 252, 262; DERS., Abraham Bresslau (wie Anm. 8) S. 11 Anm. 14 (ebd. S. 5 [Vorwort] ein Foto Rücks mit Caroline Bresslau Aust); MARQUARD-MOIS, Bresslau (wie Anm. 10) S. 89 Anm. 41. – Zu Peter Rück vgl. den Nachruf von Frank M. BISCHOFF, Peter Rück † 9. September 2004, in: AfD 51 (2005) S. 21–27. – Kehr bat Ernst Bresslau schon Anfang 1927 um „Überlassung des auf die Monumenta bezüglichen Briefwechsels" seines Vaters, woraufhin dieser in seinem Antwortschreiben vom 15.2.1927 versicherte, dass sein „Vater selbst eine Verfügung in diesem Sinne hinterlassen hat". Er bat aber Kehr um Verständnis, wenn er vorläufig nicht dazu komme, die Korrespondenz seines Vaters durchzusehen, wolle dies aber baldmöglichst nachholen: „Sie werden dann alles für Ihr Archiv erhalten. Ich wüßte keinen besseren und würdigeren Platz zur Aufbewahrung dieser Schriftstücke" (GStA PK, Nl Kehr, A 1, Mappe 7, Bl. 919).

32 Bresslau antwortete am 24.6.1888 auf einen (nicht aufgefundenen) Brief Kehrs, der um Aufnahme eines Artikels im NA nachgesucht hatte, konnte allerdings „einen ganz schnellen Abdruck nicht in Aussicht stellen" (GStA PK, Nl Kehr, A 1, Mappe 7, Bl. 748).

Schreiben, darunter 40 Postkarten, die zwischen ihm und Kehr seit Ende 1919 gewechselt wurden, im Schnitt also etwa 27 Schreiben im Jahr, wobei es Bresslau auf 101, Kehr auf 93 Schreiben bringt. Bereits aus dem letzten Viertel des Jahres 1919 liegen 16 Schreiben vor, jeweils acht von jeder Seite. Der intensive Briefwechsel hält in den folgenden Jahren bis 1923 an, aus denen im Schnitt jeweils über 30 Stücke überliefert sind. Erst 1924, wohl nicht zufällig mit der Konsolidierung der MGH nach dem Ende der Inflation, nimmt die Intensität des brieflichen Austausches ab (23 Schreiben). Aus dem Jahr 1925 sind noch 14 Schreiben, aus dem Folgejahr schließlich, dem Todesjahr Bresslaus, nur noch zwölf Schreiben auf uns gekommen.

Das politische und wirtschaftliche Umfeld kommt in den durch politische Instabilität, gravierende Wirtschaftskrise und rasant steigende Inflation gekennzeichneten ersten Nachkriegsjahren in den Briefen kaum zur Sprache. Interna der Monumenta stehen im Vordergrund. Es geht um Personalia, Editionsvorhaben, den Haushalt, das Kassenwesen, Verlagsangelegenheiten, um Gespräche mit dem Innenministerium[33] und die prekäre finanzielle Situation der MGH, aber auch um Formalia wie den Titel der Nova Series in den Scriptores und ihre Abgrenzung zur älteren Reihe in usum scholarum. Auch die Frage, ob ‚u' in den lateinischen Worten des Titels gedruckt werden soll, wenn der Lautwert ‚v' ist, wird von Bresslau aufgeworfen[34].

Neben kurzen Schreiben mit knappen Mitteilungen und Anfragen wurden insbesondere von Bresslau auch sehr lange Briefe verfasst. Von den 14 Briefen, die es auf sieben oder mehr Seiten bringen, gehen allein zwölf auf sein Konto. Auch Kehr kommt einmal auf zehn Seiten, wobei er am Schluss des Schreibens entschuldigend anmerkt: „Ich habe heute Ihre Nachsicht ungebührlich in Anspruch genommen u., da ich leider eine weniger lesbare Handschrift schreibe wie Sie, so ist's eine arge Zumutung, die ich Ihnen mit diesem Briefe stelle"[35].

Wenn man berücksichtigt, dass Bresslau mit seiner kleinen Perlschrift sehr viel mehr Text auf der Seite unterbrachte als Kehr mit seiner relativ großen Handschrift – ich schätze, dass das Plus Bresslaus bei etwa 20 % liegt – so wird Bresslaus stilistische Weitschweifigkeit und Umständlichkeit im Gegensatz zu Kehr, der es schnell auf den Punkt brachte, offensichtlich[36]. Von besonderem Interesse sind wegen ihrer stilistischen und inhaltlichen Vari-

---

33 Kehrs Ansprechpartner im Innenministerium war vor allem der Staatssekretär Theodor Lewald (1860–1947): StaBi PK, Nl Harry Bresslau, Ergänzungen, Karton 6, Kehr 1919, Bl. 7–8. Kehr kannte Lewald schon aus seinem ersten Romaufenthalt: Huth, Kehr (wie Anm. 7) S. 78f.
34 MGH-Archiv 338/245, Bl. 109 (Postkarte Bresslaus an Kehr vom 23.3.1922).
35 StaBi PK, Nl Harry Bresslau, Ergänzungen, Karton 6, Kehr 1921, Bl. 10–14 (8.8.1921). Auch Bresslau bat einmal um Verständnis für den Umfang seines Schreibens: „Seien Sie über die starke Heimsuchung nicht böse!" (MGH-Archiv 338/245, Bl. 69–73, 30.7.1921). Ob die schlecht lesbare Handschrift Kehrs schon zu Anfang der 1920er Jahre mit seiner Augenkrankheit (Glaukom, Grüner Star) zusammenhing (frdl. Hinweis von Hedwig Munscheck-von Pölnitz), bliebe zu erwägen.
36 Nach Franz-Josef Schmale, Walther Holtzmann 1891–1963, in: Bonner Gelehrte. Beiträge zur Geschichte der Wissenschaften in Bonn. Geschichtswissenschaften (1968) S. 398–409, hier S. 399, soll Holtzmann über Bresslau im Vergleich zu Hampe einmal geäußert haben, dass Hampe „die Gabe besessen [habe], mit drei Worten über Konrad II. das zu sagen, wozu Bresslau einen Druckbogen benötigte". – Zur sog. Perlschrift Bresslaus siehe Abb. 3 (,Perl' ist der Name eines besonders feinen Schriftgrads, weniger als 2 mm im Bleisatz); vgl. Alfred Hessel, Harry Bresslau. 22.4.1848–27.10.1926, in: AUF 10 (1928) S. 145–149, hier S. 147.

anten sechs Briefentwürfe oder Teilentwürfe Bresslaus, die er zusammen mit den Briefen Kehrs aufhob[37]. Der Briefwechsel ist bis auf wenige Stücke anscheinend komplett überliefert. Bedauerlich ist, dass aus der Korrespondenz des Jahres 1926, das in der zweiten Jahreshälfte ganz im Zeichen von Bresslaus schwerer Erkrankung stand, zwei Schreiben Kehrs nicht aufgefunden wurden.

Als Kehr am 19. August 1926 von dem Bresslau nahestehenden Heidelberger Mediävisten Walter Lenel (1868–1937)[38], der sich in Bresslaus letzten Lebensmonaten um den Erkrankten kümmerte, von Bresslaus unheilbarer Krankheit erfuhr[39], ließ er sich von Lenel Näheres berichten und weiter auf dem Laufenden halten. Von August bis Anfang November 1926 sind sieben Briefe Lenels an Kehr überliefert, die dem Korpus der Briefe Bresslaus im Archiv der MGH beigefügt sind[40]. Kehr selbst stellte den Briefwechsel mit Bresslau, den er zuletzt während der Sitzung der Zentraldirektion (künftig ZD) in Berlin am 9. und 10. April 1926 getroffen hatte[41], noch im August offensichtlich ein[42]. Sein für Ende September oder Anfang Oktober geplanter Besuch in Heidelberg, wo Bresslau nach seiner Ausweisung aus Straßburg[43] am Lehrstuhl Karl Hampes (1869–1936) eine neue Bleibe gefunden hatte, kam nicht mehr zustande[44]. Auf der Beisetzung des am 27. Oktober verstorbenen Bresslau waren die Monumenta durch Hampe vertreten[45]. Kehr weilte zu diesem Zeitpunkt schon auf Archivreise in Spanien[46].

---

37 Siehe Anhang II (Harry Bresslau an Paul Kehr, 25.9.1919) Anm. 195.

38 Walter Lenel, ein Neffe des Rechtshistorikers Otto Lenel (1849–1935), war 1893 in Straßburg von Bresslau promoviert worden, wo er anschließend als Privatgelehrter tätig war. 1918 übersiedelte er – wie ein Jahr später auch Bresslau – nach Heidelberg. 1932 dort ord. Honorarprof., wurde ihm 1933 die Lehrbefugnis aus rassistischen Gründen entzogen. Lenel, zunächst mosaischen Glaubens, hatte sich schon 1905 von Albert Schweitzer, dem Schwiegersohn Bresslaus, taufen lassen, was die enge Verbindung zwischen ihm und Bresslau zusätzlich verständlich macht.

39 „Bresslau ist schwer und hoffnungslos erkrankt, wie ich von nahestehender Seite höre, ist die Blasenkrankheit krebsartig, eine Pflegerin bereits im Hause, und man muss wünschen, dass er nicht zu lange zu leiden hat" (Lenel an Kehr, MGH-Archiv 338/245, Bl. 224).

40 MGH-Archiv 338/245, Bl. 224–235.

41 An der Sitzung hatte Bresslau noch, wie es scheint, rüstig teilgenommen: Paul Fridolin Kehr, Harry Bresslau. Ein Nachruf, in: NA 47 (1928) S. 251–266, hier S. 265.

42 Bresslau antwortete in seinem Schreiben vom 29.8.1926 auf eine (nicht aufgefundene) Postkarte Kehrs (MGH-Archiv 338/245, Bl. 218–219). Vom 5.10.1926 datiert das anschließende (und zugleich letzte) Schreiben Bresslaus an Kehr, das der Erkrankte diktieren musste (MGH-Archiv 338/245, Bl. 220–222).

43 Bresslau wurde am 1.12.1918 als „pangermaniste militant" aus Straßburg, das nach dem Waffenstillstand vom 11.11.1918 an Frankreich zurückgefallen war, ausgewiesen; vgl. Bresslau, Selbstdarstellung (wie Anm. 13) S. 72ff.

44 Noch am 5.10.1926 rechnete Bresslau mit dem Besuch Kehrs: „Da noch keine Anmeldung vorliegt, wann wir Sie erwarten dürfen [...]" (MGH-Archiv 338/245, Bl. 220–222). – Karl Hampe, 1893–1897 Mitarbeiter bei den Epistolae, 1903 ord. Prof. in Heidelberg, 1917 Mitglied der Zentraldirektion. Vgl. Folker Reichert, Gelehrtes Leben. Karl Hampe, das Mittelalter und die Geschichte der Deutschen (2009).

45 Seine Ansprache publiziert Rück, Erinnerung (wie Anm. 2) S. 280f. (aus dem Familienarchiv Bresslau in Brasilien); die übrigen Reden ebd. S. 278–283.

46 Im ‚Liber Vitae' Kehrs ist, wie mir Hedwig Munscheck-von Pölnitz freundlicherweise mitteilte, die Reise nach Spanien vom 15.10. bis zum 15.11.1926 vermerkt (Bl. 102r). – Der lange verschollene ‚Liber

II. Zur Vorgeschichte der Wahl Kehrs im Juni 1919

Die Brisanz des Verhältnisses zwischen Kehr und Bresslau zum Zeitpunkt der Wahl Kehrs zum Leiter der Monumenta wird erst deutlich, wenn man sich die Vorgeschichte der Wahl vergegenwärtigt[47]. Kehr strebte schon seit der Jahrhundertwende den Vorsitz an. Erstmals in der Krise der MGH nach dem Tod Ernst Dümmlers (1830–1902)[48] hatte er 1902 mit Unterstützung Friedrich Althoffs (1839–1908), des „mächtigen Ministerialdirektors" im preußischen Kultusministerium, seinen Namen ins Spiel gebracht, war aber in der ZD auf entschiedenen Widerstand gestoßen und musste sich 1903 mit der Leitung des Römischen Instituts zufrieden geben[49]. Der Generaldirektor der preußischen Staatsarchive, der Neuzeithistoriker Reinhold Koser (1852–1914)[50], trat 1906 auf Druck des Kultusministeriums die Nachfolge Dümmlers als Leiter der Monumenta im Nebenamt an – anstelle des von der ZD einstimmig vorgeschlagenen langjährigen hauptamtlichen Monumentisten Oswald Holder-Egger (1851–1911)[51].

Der Tod Holder-Eggers am 1. November 1911 im Alter von 60 Jahren stürzte die MGH abermals in eine schwere Krise[52]. Koser glaubte, ohne den verstorbenen Leiter der Abteilungen Scriptores und Antiquitates, der 1905 auch noch die Redaktion des Neuen Archivs übernommen hatte, das Amt des Vorsitzenden nicht länger wahrnehmen zu können. Er bat

---

Vitae' Kehrs, ein Lebensrückblick in Form eines Notizbuchs, wird von ihr für den Druck vorbereitet; vgl. DIES., Liber Vitae (wie Anm. 3).

47 Zum Folgenden Annekatrin SCHALLER, Michael Tangl (1861–1921) und seine Schule (Pallas Athene 7, 2002) bes. S. 150–163, 246–261, 271–276; vgl. auch FUHRMANN, Gelehrtenleben (wie Anm. 13) S. 58; SCHIEFFER, Kehr (wie Anm. 3) S. 141. Nur kurz auf die Wahl Kehrs ging ein BRESSLAU, Geschichte der Monumenta Germaniae historica (1921; auch NA 42, 1921) S. 748, wobei er Kehrs Verdienste um die finanziellen Grundlagen der MGH im Jahr 1920 ausdrücklich würdigte. Vgl. auch DERS., Selbstdarstellung (wie Anm. 13) S. 76.

48 Ernst Dümmler (1830–1902), 1852 von Wattenbach promoviert, 1866 ord. Prof. in Halle, 1875 Mitglied der ZD, 1888 Vorsitzender der ZD der MGH. Vgl. FUHRMANN, Gelehrtenleben (wie Anm. 13) bes. S. 54f. (mit Foto).

49 SCHALLER, Tangl (wie Anm. 47) S. 152f., 159f.; vgl. FUHRMANN, Gelehrtenleben (wie Anm. 13) S. 193 Anm. 226, Zitat S. 93; ZIELINSKI, Brief (wie Anm. 19) S. 222–224; SCHIEFFER, Kehr (wie Anm. 3) S. 140f. – Zum guten Verhältnis Kehrs zu seinem Förderer Althoff aufschlussreich: Paul KEHR, Friedrich Althoff, in: Internationale Monatsschrift für Wissenschaft, Kunst und Technik 13 (1918) Sp. 1–16 (WEISS, Paul-Kehr-Bibliographie [wie Anm. 3] Nr. 201), verfasst anlässlich des zehnten Todesjahrs Althoffs.

50 Reinhold Koser, der Geschichtsschreiber Friedrichs des Großen (vgl. Stephan SKALWEIT, Reinhold Koser 1852–1914, in: Bonner Gelehrte [wie Anm. 36] S. 270–277 [mit Foto ebd. S. 272], hier S. 276), seit 1896 Generaldirektor der Preußischen Staatsarchive, trat 1902 als Vertreter der Berliner Akademie in die Zentraldirektion ein. Als Vorsitzender der MGH im Nebenamt beschränkte er sich auf Organisation und Geschäftsführung, ohne aktiv mitzuarbeiten; vgl. FUHRMANN, Gelehrtenleben (wie Anm. 13) S. 158, 189 Anm. 193.

51 SCHALLER, Tangl (wie Anm. 47) S. 161–163. Zu Holder-Egger, der 1875 von Georg Waitz (1813–1886) promoviert wurde und anschließend in den Dienst der MGH trat, vgl. Karl ZEUMER, Oswald Holder-Egger † 1.11.1911. Ein Nachruf, in: NA 37 (1912) S. 821–854; FUHRMANN, Gelehrtenleben (wie Anm. 13) S. 56f. (mit Foto).

52 SCHALLER, Tangl (wie Anm. 47) S. 246; vgl. BRESSLAU, Geschichte (wie Anm. 47) S. 725f.

Bresslau, mit dem ihn eine lange Freundschaft verband, die Scriptores-Abteilung zusätzlich zu den Diplomata II (Salier) zu leiten, andernfalls müsse er sein Amt niederlegen[53].

In der damaligen Krise hatte sich Kehr wieder Hoffnungen gemacht, den Vorsitz der MGH zu übernehmen, wie mehrere Briefe Kosers an Bresslau belegen. Schon am 2. Dezember 1911, fast auf den Tag genau einen Monat nach dem Tod Holder-Eggers, machte Koser Bresslau auf die „fortgesetzte Agitation des römischen Freundes" aufmerksam – gemeint ist natürlich Kehr –, der bekanntermaßen „eine Zentralisation und monarchische Leitung" auch für die MGH für erstrebenswert halte. Er plane jetzt „die Gründung eines großen historischen Instituts [...], dem das römische ‚unter einheitlicher Leitung' (hört! hört!) angegliedert werden soll". Kehr habe nicht nur einen diesbezüglichen Artikel „über das Römische Institut im Novemberheft der Internationalen Monatsschrift" publiziert, sondern er ließe auch eine Denkschrift „unter der Hand zirkulieren", in der er „als den eigentlichen Grund des ‚derzeitigen tiefen Niveaustandes' der deutschen Geschichtsschreibung das Fehlen eines Instituts nach Art des österreichischen [in Wien]" bezeichne[54].

Eine Woche später wurde Koser in einem zweiten Schreiben an Bresslau noch deutlicher. Bresslau wisse ja, dass in Berlin „nach wie vor eine Partei vorhanden ist, die das große ‚organisatorische Genie' [Kehr] über die Alpen nach Berlin und an die Spitze der M. G. bringen möchte"[55]. Und weiter: „Die Gönner und Freunde sitzen nicht bloß im Reichsamt des Innern und Kultusministerium, sondern vor allem auch, und zwar zahlreich und stark, in der Akademie"[56]. Wenn es nicht gelänge, so Koser weiter, „eine den Bedürfnissen der Mon. entsprechende Besetzung dieser Abteilung [Scriptores] herbeizuführen", so bleibe ihm „kein anderer Ausweg" als zurückzutreten, was „viele nicht ungern sehen" würden.

Trotz großer Bedenken erklärte sich Bresslau in der Plenarversammlung im Frühjahr 1912 bereit, die Abteilung Scriptores zusätzlich zu den Diplomata II zunächst für ein Jahr zu leiten[57]. Nach seiner Emeritierung ein Jahr später übernahm er sie endgültig – allerdings

---

53 Vgl. das Schreiben Bresslaus an Kehr vom 28.10.1919 (MGH-Archiv 338/245, Bl. 17–19): „Als Koser, mit dem ich seit vielen Jahren eng befreundet war, mich bat diese Abteilung zu übernehmen und hinzufügte, wenn ich es nicht täte, würde er den Vorsitz niederlegen, war es mir klar, dass ich die damit verbundenen Pflichten nicht erfüllen könnte, wenn ich nicht auf meine akademische Tätigkeit verzichtete. Ich machte also, wahrlich nicht leichten Herzens, aber im Interesse der Sache, der ich nun seit dreissig Jahren diene, von meinem Rechte mich mit 65 Jahren emeritieren zu lassen an dem frühesten möglichen Termin, 1.10.13, Gebrauch". Vgl. Bresslau, Geschichte (wie Anm. 47) S. 725.

54 MGH-Archiv B 698, Bl. 41–48. – Nicht Kehr selbst, sondern Johannes Haller, sein ehemaliger Weggefährte, hatte das Göttinger Papsturkundenwerk Kehrs im Dezember 1910 umfassend gewürdigt: Johannes Haller, Die neue Sammlung der älteren Papsturkunden, in: Internationale Wochenschrift für Wissenschaft, Kunst und Technik 4, Nr. 52 u. 53 (Dezember 1910) Sp. 1627–1650 u. Sp. 1659–1678 (Weiss, Paul-Kehr-Bibliographie [wie Anm. 3] Nr. 410). Die Bände 5 u. 6 (1911 u. 1912) der genannten Zeitschrift, die jetzt ‚Internationale Monatsschrift für Wissenschaft, Kunst und Technik' hieß, enthalten keinen Beitrag von Kehr (ein solcher ist auch nicht gelistet bei Weiss, Paul-Kehr-Bibliographie [wie Anm. 3]).

55 MGH-Archiv B 698, Bl. 85–88.

56 Kehr wurde am 31.1.1918 in die Berliner Akademie aufgenommen: Werner Hartkopf, Die Berliner Akademie der Wissenschaften. Ihre Mitglieder und Preisträger 1700–1990 (1992) S. 179. Vgl. Munscheck-von Pölnitz, Lebensrückblick (wie Anm. 2) S. 113.

57 Bresslau, Geschichte (wie Anm. 47) S. 725: „nicht ohne schwerste Bedenken". Vgl. auch das in Anm. 53 zit. Schreiben Bresslaus an Kehr: „wahrlich nicht leichten Herzens".

nicht in Berlin, wie Koser und die ZD gewünscht hatten, sondern in Straßburg, wohin die Abteilung verlegt wurde[58]. Koser blieb damals also, so bleibt festzuhalten, mit Hilfe Bresslaus Leiter der MGH, während Kehr sich weiter gedulden musste[59].

Nach dem Tod Kosers kurz nach Kriegsausbruch 1914 hätte es eigentlich zu Neuwahlen durch die ZD kommen müssen. Eine solche hielten ihre Mitglieder aber auf ihrer nächsten Sitzung im April 1915 „in Anbetracht der ganz ungeklärten Lage" nicht für opportun, zumal der Österreicher Michael Tangl (1861–1921), Leiter der in Berlin angesiedelten Abteilungen Diplomata I (Karolinger) und Epistolae, schon im September 1914 aus haushaltstechnischen Gründen mit der provisorischen Leitung der MGH betraut worden war und insofern kein dringender Handlungsbedarf bestand[60].

Da Kehr nach seiner kriegsbedingten Abreise aus Rom Ende Mai 1915 dem verstorbenen Koser als Generaldirektor der Preußischen Staatsarchive mit dem Titel eines Geheimen Oberregierungsrats gefolgt war[61], sah er seine Chance gekommen, wie jener auch die Leitung der MGH im Nebenamt zu übernehmen, zumal er die Stimmung im Ministerium zu seinen Gunsten kannte. Unter den Mitgliedern der ZD waren indes die Vorbehalte gegen Kehr, der nicht einmal deren Mitglied war, weiterhin so stark, dass er bei den im April 1916 vorgenommenen Wahlen überhaupt nicht berücksichtigt wurde[62].

Aber auch der von Tangl im Vorfeld der Wahl favorisierte Bresslau, der unter den Mitgliedern der ZD fraglos das größte wissenschaftliche Renommee besaß, erhielt erst im dritten Wahlgang die nötigen Stimmen. Offensichtlich gab es gegen Bresslau nach wie vor – schon bei den Wahlen des Jahres 1903 hatte er eine bittere Niederlage erlitten – erhebliche

---

58 BRESSLAU, Geschichte (wie Anm. 47) S. 726.
59 Das Verhältnis zwischen Kehr und Bresslau scheint damals zumindest vordergründig nicht ernstlich gelitten zu haben, besuchte doch Bresslau mit Gemahlin im Herbst 1912 Kehr in der unweit von Rom bei Frascati gelegenen und von ihm seit 1911 verwalteten Villa Falconieri, woran Kehr in seinem Schreiben an Bresslau vom 25.4.1913 mit freundlichen Worten erinnert (StaBi PK, Nl Harry Bresslau, Ergänzungen, Karton 6, Kehr 1899–1906, Bl. 10). Zur Villa Falconieri, in der Kehr häufig mit seiner Familie residierte, vgl. Reinhard ELZE, Das Deutsche Historische Institut in Rom 1888–1988, in: Das Deutsche Historische Institut in Rom 1888–1988, hg. von Reinhard ELZE / Arnold ESCH (Bibliothek des DHI in Rom 70, 1990) S. 1–31, hier S. 15; FUHRMANN, Menschen und Meriten (wie Anm. 3) S. 191 (mit Foto Kehrs und seiner Söhne Romulus und Ivo vor der Villa). Angesichts der ungeklärten Raumfrage des Instituts in der ersten Nachkriegszeit dachte Kehr zeitweilig daran, das Institut „zunächst provisorisch" in der Villa Falconieri unterzubringen: Hermann GOLDBRUNNER, Von der Casa Tarpea zur Via Aurelia Antica. Zur Geschichte der Bibliothek des Deutschen Historischen Instituts in Rom, in: Das Deutsche Historische Institut (wie oben in dieser Anm.) S. 33–86, hier S. 57.
60 SCHALLER, Tangl (wie Anm. 47) S. 247 (mit dem Zitat). Michael Tangl, Schüler Theodor Sickels (1826–1908), 1900 Nachfolger Wilhelm Wattenbachs in Berlin, gehörte seit 1902 der ZD an. – Zu Theodor Sickel, der als „Begründer der Diplomatik in den deutschen Landen" gilt, war Kehr 1885 nach Wien gegangen, wo Sickel sein Lehrer und Kehr „bald Sickels bevorzugter Mitarbeiter" wurde: Paul KEHR, Italienische Erinnerungen (1940) S. 8 (wieder abgedruckt in: DERS., Ausgewählte Schriften [wie Anm. 3] S. 1303–1327, hier S. 1307 [dort beide Zitate]); SCHIEFFER, Kehr (wie Anm. 3) S. 130.
61 Geheimer Regierungsrat war er schon seit der Bestellung zum Direktor des Römischen Instituts 1903: MUNSCHECK-VON PÖLNITZ, Lebensrückblick (wie Anm. 2) S. 119. – Zum Fortgang Kehrs aus Rom als einer der letzten verbliebenen Deutschen vgl. Walther HOLTZMANN, Paul Fridolin Kehr, in: DA 8 (1951) S. 25–58, hier S. 39.
62 Zu den Wahlen 1916 vgl. SCHALLER, Tangl (wie Anm. 47) S. 259–261, zu Kehr ebd. S. 261 m. Anm. 1094.

Vorbehalte. Die meisten Stimmen hatte im ersten Wahlgang Tangl selbst erhalten, obwohl dieser aus seiner Abneigung, das Amt weiter zu führen, kein Hehl gemacht hatte. Im Innenministerium hatte man sich aber schon vorher auf Kehr festgelegt, so dass man dort auf die beiden von der ZD präsentierten Vorschläge Tangl und Bresslau nicht einging. Vielmehr ließ man die Frage der Wiederbesetzung nach der Einholung diverser Gutachten wegen ihrer grundsätzlichen Bedeutung einstweilen auf sich beruhen und spielte auf Zeit, da die Affäre um die verfehlte Lex-Salica-Edition Mario Krammers (1880–1953), die ein Jahr später eingestampft werden sollte[63], die Frage der Organisationsreform der MGH aufgeworfen hatte. So blieb Tangl nichts Anderes übrig, als die ungeliebte Geschäftsführung fortzuführen.

Nach Ende des Ersten Weltkrieges war die Notwendigkeit, das Provisorium zu beenden, allseitig offenkundig geworden, befand sich Tangl doch, wie eine Aktennotiz im Ministerium es formulierte, „in einem nahezu an Geistesstörung befindlichen Zustand der Überarbeitung"[64]. Auch Bresslau, der nach seiner Ausweisung aus Straßburg einer ungewissen Zukunft entgegenging und vorübergehend Aufnahme bei einer seiner Schwestern in Hamburg gefunden hatte, war es sehr daran gelegen, die Frage nach dem künftigen Vorsitz der MGH rasch entschieden zu sehen. Schon im Laufe des Dezembers 1918 wandte er sich brieflich an Tangl, um dessen Vorstellungen zu erfahren[65].

---

63 Mario Krammer, 1902 Mitarbeiter der Abteilung Leges, 1903 von Tangl promoviert (vgl. SCHALLER, Tangl [wie Anm. 47] S. 325), 1906 Direktorialassistent, 1913 etatmäßiger ständiger Mitarbeiter, 1920 Regierungsrat, ging schon 1924 in den Ruhestand. Seine Stelle fiel damals fort; vgl. FUHRMANN, Gelehrtenleben (wie Anm. 13) S. 69, 72. Die ihm 1902 anvertraute Edition der Lex Salica, die 1916 „praktisch fertig gesetzt war", wurde ein Jahr später auf Beschluss der ZD eingestampft; vgl. Gerhard SCHMITZ, ‚Unvollendet' – ‚Eingestampft' – ‚Kassiert'. Nie Erschienenes und Missglücktes, in: Zur Geschichte und Arbeit der Monumenta Germaniae Historica. Ausstellungskatalog (1996) S. 64–73, hier S. 65f. Der Vorgang ging nicht geräuschlos über die Bühne. Das preußische Kultusministerium ersuchte sowohl die Berliner Akademie als auch Kehr um ein Gutachten über die MGH; vgl. Michael TANGL, Bericht über die Herausgabe der Monumenta Germaniae historica 1916–1918, in: NA 43 (1922) S. I–XIII, hier S. IX; SCHALLER, Tangl (wie Anm. 47) S. 261.

64 Zitiert von SCHALLER, Tangl (wie Anm. 47) S. 271 Anm. 1138. Eine „krankhafte Arbeitsunfähigkeit unseres unglücklichen Tangl" erwähnte Emil Seckel in seinem Brief vom 27.3.1919 an Bresslau (MGH-Archiv B 698, Bl. 75–80). – Die Hahnsche Verlagsbuchhandlung erwog damals, die von ihr betreute Zeitschrift Neues Archiv abzugeben, da es ihr „unmöglich sei, mit der gegenwärtigen Redaktion weiterzuarbeiten", wie Seckel Bresslau in dem genannten Schreiben vom 27.3. mitteilte. Klagen über Tangl sind Legion; schon am 24.1.1912, also noch zu Lebzeiten Reinhold Kosers, schrieb Karl Zeumer (1849–1914), Leiter der Abteilungen Leges und Constitutiones und seit 1911 zusammen mit Tangl für die Redaktion des Neuen Archivs zuständig (vgl. SCHALLER, Tangl [wie Anm. 47] S. 250–252), an Bresslau: „Tangl aber ist für irgend etwas, wobei einmal ein Brief geschrieben werden muss, [...] nicht geeignet. Leider lässt er auch Korrekturen ebenso wie Briefe meist lange liegen. Um jede Korrektur des Neuen Archivs muss ich erst mahnen." (MGH-Archiv B 698, Bl. 97). – Die 1792 in Hannover gegründete Hahnsche Buchhandlung und Verlag, die bis 2014 zahlreiche Publikationen der MGH vertrieb, wurde damals von Georg Schmidt (geb. 1863) geleitet, ab 1911 Mitinhaber des Verlagshauses; vgl. FUHRMANN, Gelehrtenleben (wie Anm. 13) S. 178 Anm. 112–113; Wolfram SETZ, Die ‚Monumenta Germaniae Historica' und ihre Verleger, in: Börsenblatt für den deutschen Buchhandel 35 [1979] S. 44–45).

65 Das nicht aufgefundene Schreiben Bresslaus an Tangl ist erwähnt in dem Brief Dietrich Schäfers an Bresslau vom 6.1.1919 (MGH-Archiv B 698, Bl. 89–90).

Indes antwortete Tangl auf das Schreiben Bresslaus überhaupt nicht, wie wir aus einem Brief Dietrich Schäfers (1845–1929) vom 6. Januar 1919 an Bresslau erfahren[66]. An Schäfer, der 1903 die Nachfolge Paul Scheffer-Boichorsts (1843–1902) in Berlin angetreten hatte und noch im selben Jahr als Vertreter der Berliner Akademie in die ZD aufgenommen worden war, hatte Bresslau am 3. Januar 1919 geschrieben, ihm vom Verhalten Tangls berichtet und um Vermittlung gebeten[67]. Schäfer gestand in seiner Antwort an Bresslau ein, dass er „Tangls Verhalten nicht begreifen *[könne …]* Diese seltsame Art des Kollegen" sei „schon von manchen andern beklagt worden"[68]. In der Sache selbst, deren Dringlichkeit er einsehe, wolle er Tangl, den er schon morgen treffe, vom Inhalt des Briefes in Kenntnis setzen und „die Sache auch mündlich mit ihm besprechen".

Jetzt kam endlich Bewegung in die Sache[69]: Am 20. Januar 1919 trat in Berlin unter Beteiligung Bresslaus der verstärkte ständige Ausschuss der ZD zusammen; seine Sitzung war schon länger geplant, galt doch der 20. Januar 1819 als Gründungstag der MGH[70]. Da Tangl während der Sitzung darum bat, ihn aus Gesundheitsgründen von seinem Amt zu entbinden[71] und er sich zudem für den anwesenden Bresslau als neuen Vorsitzenden aussprach, war der Weg für dessen Nominierung frei. Selbst Mitglieder der ZD, die Bresslau bislang distanziert gegenübergestanden waren, konnten in der damaligen Situation von dem Senior der MGH, der gerade seine ihm 1917 anvertraute Geschichte der Monumenta weitgehend fertiggestellt hatte[72], kaum absehen – zumal angesichts der Alternative in der Person des ungeliebten Kehr.

---

66 MGH-Archiv B 698, Bl. 89–90. – Zum „alldeutsch-antisemitischen" Dietrich Schäfer (Wyrwa, Antisemitismus [wie Anm. 9] S. 26) vgl. Kaspar Elm, Mittelalterforschung in Berlin. Dauer und Wandel, in: Geschichtswissenschaft in Berlin im 19. und 20. Jahrhundert. Persönlichkeiten und Institutionen, hg. von Reimer Hansen / Wolfgang Ribbe (1992) S. 211–259, hier S. 217–219.

67 Dies ist dem genannten Antwortbrief Schäfers (wie Anm. 65) zu entnehmen. – Schäfer trat bei den Wahlen zum Vorsitzenden der MGH in der Sitzung der ZD im Jahre 1916 nach Gesprächen mit dem Ministerium für Kehr ein: Schaller, Tangl (wie Anm. 47) S. 261 Anm. 1092.

68 MGH-Archiv B 698, Bl. 89–90.

69 Zum Folgenden Schaller, Tangl (wie Anm. 47) S. 272f.

70 Bresslau, Geschichte (wie Anm. 47) S. 34f.; Festschrift 200 Jahre MGH (wie Anm. 10) S. 118. Eine im Frühjahr 1919 vorgesehene Veranstaltung zur Jahrhundertfeier der MGH fiel aus. Von den ursprünglichen Planungen wurde nur die von Bresslau verfasste Geschichte der MGH realisiert; vgl. Tangl, Bericht 1916–1918 (wie Anm. 63) S. IV.

71 Ebd. S. III.

72 Wie Bresslau Kehr am 8.10.1919 mitteilte, hatte er schon im Herbst 1918 „vor seiner Vertreibung aus Strassburg" einen Großteil des Manuskripts an Tangl geschickt, der indes nichts unternommen hatte, so dass Bresslau selbst „mit Ermächtigung der letzten Plenarversammlung die Verhandlungen mit der Buchhandlung" zum Abschluss brachte. Anfang Oktober 1919 waren sechs Bogen gesetzt, das Manuskript für weitere 30 Bogen war druckfertig (bei einem geschätzten Umfang von 40 bis 50 Bogen). Im Sommer oder Herbst 1920 könne der Band erscheinen, so Bresslau (MGH-Archiv 338/245, Bl. 7–12). Im Dezember 1920 war das Buch „nahezu abgeschlossen"; siehe Anhang III (Harry Bresslau an Paul Kehr, 26. Dezember 1920). Am 26.2.1921 beglückwünschte Kehr Bresslau zur Vollendung des Werks; siehe Anhang V (Paul Kehr an Harry Bresslau, 26.2.1921). Das Vorwort datierte Bresslau auf März 1921; vgl. Bresslau, Geschichte (wie Anm. 47) S. VIII. Im April wurde der Band ausgeliefert (vgl. MGH-Archiv 338/245, Bl. 63, Schreiben Bresslaus an Kehr vom 20.4.1921).

Auf das eine Woche nach der Sitzung an das Ministerium gerichtete Schreiben, in dem Tangl im Auftrag der ZD darum bat, Bresslau auf Grund der Wahl des Jahres 1916 zum Vorsitzenden der MGH zu ernennen[73], reagierte das Ministerium zunächst gar nicht. Bresslau, der noch in Hamburg bei seiner Schwester weilte[74], wandte sich am 5. März 1919 an Emil Seckel (1864–1924), der seit 1914 der ZD angehörte[75], und bat um Aufklärung in der offensichtlich stockenden Angelegenheit[76].

Seckel, gerade von einer vierwöchigen Krankheit genesen, informierte Bresslau erst am 27. März[77], dass man auf das Schreiben an das Ministerium vom 27. Januar noch keine Antwort erhalten habe. In einem weiteren Brief an Bresslau vom 6. April war Seckel aber zuversichtlich, „dass die Frage des Vorsitzes in der am 20. Januar von uns vorgeschlagenen Weise ihre Lösung findet"[78]. Und weiter: „Wer für die hauptamtliche Leitung geeignet wäre ausser Ihnen, wüsste ich wirklich nicht zu sagen."

Erst am 22. April kam es zum Treffen der beiden von der ZD mit den Verhandlungen Beauftragten, neben Emil Seckel war dies der Jurist Ernst Heymann (1870–1946)[79], mit dem Unterstaatssekretär Theodor Lewald (1860–1947)[80] im Innenministerium. Noch am selben Tag unterrichtete Seckel Bresslau über das zuungunsten seiner Kandidatur ausgegangene Gespräch[81]. Das Ministerium, so Seckel an Bresslau, trage „bei aller selbstverständlichen Anerkennung Ihrer ausgezeichneten Verdienste um die Monumenta" Bedenken, „einem Mann in Ihren Jahren das Amt des Vorsitzenden zu übertragen"[82]. Und Seckel weiter: „So werden wir denn aller Wahrscheinlichkeit nach darauf verzichten müssen, künftig unter Ihrer Oberleitung zu arbeiten. Wie sehr ich persönlich das bedauere, brauche ich Ihnen nicht zu sagen." Einen endgültigen Bescheid durch das Ministerium habe man sich für den 1. Mai erbeten. Am 5. Mai, so Seckel, tage der ständige Ausschuss, der einen neuen Vorschlag machen müsse: „Wir brauchen unbedingt anstelle von Tangl einen anderen Vorsitzenden"[83].

---

73 SCHALLER, Tangl (wie Anm. 47) S. 272.
74 Erst am 29.9.1919, also nach dem Amtsantritt Kehrs, stand der Umzug nach Heidelberg an, siehe Anhang II (Harry Bresslau an Paul Kehr, 25.9.1919) und Abb. 3.
75 Emil Seckel, 1901 Ordinarius für römisches Recht in Berlin, hatte 1915 die Leitung der Leges-Abteilung übernommen; vgl. den ausführlichen Nachruf von Paul KEHR, NA 46 (1926) S. 158–180. Zu seiner Persönlichkeit auch FUHRMANN, Gelehrtenleben (wie Anm. 13) S. 92. – Die Seckel anvertraute Edition der falschen Kapitularien des Benedictus Levita, mit der er schon 1896 beauftragt worden war, ist nie erschienen; vgl. SCHMITZ, ‚Unvollendet' (wie Anm. 63) S. 65f.
76 Wir erfahren dies aus einem Schreiben Emil Seckels an Bresslau vom 27.3.1919 (MGH-Archiv B 698, Bl. 75–80).
77 Ebd.
78 MGH-Archiv B 698, Bl. 72–74.
79 Ernst Heymann, seit 1914 Ordinarius der Rechtswissenschaft in Berlin, war 1917 in die ZD gewählt worden. Er übernahm nach Emil Seckels Tod 1924 die Abteilung Leges.
80 Zu Theodor Lewald siehe Anm. 33.
81 MGH-Archiv B 698, Bl. 81–84. SCHALLER, Tangl (wie Anm. 47) S. 272, nennt wegen einer Aktennotiz Lewalds vom 23. April diesen Tag als Datum des Gesprächs, doch ist am 22. April nicht zu zweifeln, weil das Schreiben Seckels an Bresslau auf diesen Tag datiert ist.
82 Deutlicher wird Theodor Lewald in der in Anm. 81 genannten Aktennotiz: es sei „mit den bestehenden Verwaltungsgrundsätzen [...] unvereinbar [...], einem Mann in so hohem Lebensalter ein Staatsamt zu übertragen" (zitiert nach SCHALLER, Tangl [wie Anm. 47] S. 272).
83 Dass Lewald im Gespräch mit Seckel und Heymann der ZD die Wahl Kehrs an Stelle von Bresslau

Zur Tagung des ständigen Ausschusses am 5. Mai, zu der auch Bresslau geladen war[84], lag das offizielle Schreiben des Ministeriums mit der Ablehnung Bresslaus und der Empfehlung Kehrs vor. Angesichts der starren Haltung des Ministeriums blieb auch den Mitgliedern der ZD, die Kehr skeptisch oder negativ gegenüberstanden, keine andere Wahl, als sich auf ihn einzulassen. Schon am 23. Mai verfügte das Ministerium Neuwahlen. Drei Wochen später wurde Kehr von der am 14./15. Juni 1919 tagenden Plenarversammlung der MGH von allen zehn Anwesenden einstimmig zum Vorsitzendem gewählt. Bresslau gab vor der Wahl Kehrs die Erklärung ab, „dass seine Nichternennung seinen eigenen Wünschen, wie den Wünschen seiner Familie und seines Arztes entspreche. Bei der Wahl werde er für Kehr stimmen"[85]. Die Empörung vieler Mitglieder der ZD über den Eingriff des Ministeriums in ihr Vorschlags- und Wahlrecht drückte er anschließend aber deutlich aus, indem er „[…] die Art und Weise, in der das Ministerium die Neuwahl einleite", unverhohlen als „Zerstörung" des letzten Rests „der körperschaftlichen Freiheit der Monumenta Germaniae" bezeichnete.

Tangl machte sofort nach der Wahl seinen Frieden mit Kehr, dessen Amtsübernahme er angesichts der Krise der MGH sachlich für richtig und notwendig hielt und dem er seine uneingeschränkte Loyalität versicherte, nicht ohne gleichzeitig dafür um Verständnis zu bitten, dass er zunächst für Bresslau eingetreten sei[86]. Kehr wiederum konnte nach seinem Amtsantritt am 1. September[87] in seinem ersten Brief an Bresslau diesem leichten Herzens versichern: „Ich freue mich, daß es einer persönlichen Auseinandersetzung zwischen uns nicht bedarf: wie ich seit vielen Jahren jedem, der es hören wollte, und besonders dem Reichsamt des Innern immer wieder gesagt habe, dass Ihnen, Ihrer Erfahrung u. Ihren Verdiensten dies Amt zukomme und daß die ganze Misere der Monumenta eben daraus resultiere, dass nicht der rechte Mann an der Spitze stehe, so haben Sie nun, da die Jahre Sie an der Übernahme der Geschäfte hindern, Ihre Stimme mir gegeben und damit mir das Vertrauen bezeugt, das ich zur Führung des Amtes bedarf"[88].

---

nahelegte und dass die beiden Lewald daraufhin baten, die Ablehnung Bresslaus „in eine Form zu kleiden, die für diesen nichts Verletzendes enthalte" (zitiert nach SCHALLER, Tangl [wie Anm. 47] S. 272), verschwieg Emil Seckel in seinem Schreiben an Bresslau natürlich.

84 Erwähnt im Entwurf seines Schreibens „an die Hahnsche Buchhandlung Hannover" vom 26.4.1919 aus Hamburg: MGH-Archiv-B 698, Bl. 100.
85 Protokoll der Plenarversammlung MGH-Archiv 338/50, Bl. 42–51, hier Bl. 46–47 u. 49. Vgl. SCHALLER, Tangl (wie Anm. 47) S. 273.
86 SCHALLER, Tangl (wie Anm. 47) S. 274.
87 Der Amtsantritt Kehrs verzögerte sich um mehr als zwei Monate, was Bresslau bedauerte; siehe Anhang II (Harry Bresslau an Paul Kehr, 25.9.1919) und Abb. 3; vgl. auch DERS., Geschichte (wie Anm. 47) S. 748.
88 Anhang I (Paul Kehr an Harry Bresslau, 23.9.1919).

III. Die Reaktion Bresslaus auf den Amtsantritt Kehrs

Seit dem 1. September 1919 stand also nicht Bresslau, dem das Amt nach den Worten Kehrs eigentlich zukomme, aber eben doch, so möchte man den zweiten Teilsatz Kehrs interpretieren, „der rechte Mann an der Spitze", nämlich er selbst, während Bresslau in seinem ersten Brief an Kehr nach dessen Ernennung – man ist versucht zu sagen: gute Miene zum bösen Spiel machte – seinen „herzlichen und ganz aufrichtigen Glückwunsch"[89] zu dessen Ernennung mit dem Eingeständnis verband, dass er „vollkommen überzeugt davon" sei, dass Kehrs „Wahl die beste Lösung der schwebenden Fragen bedeutet, die unter den gegenwärtigen Verhältnissen überhaupt möglich war" – womit er immerhin suggerierte, dass unter anderen Verhältnissen Kehrs Wahl wohl nicht die beste Lösung gewesen wäre.

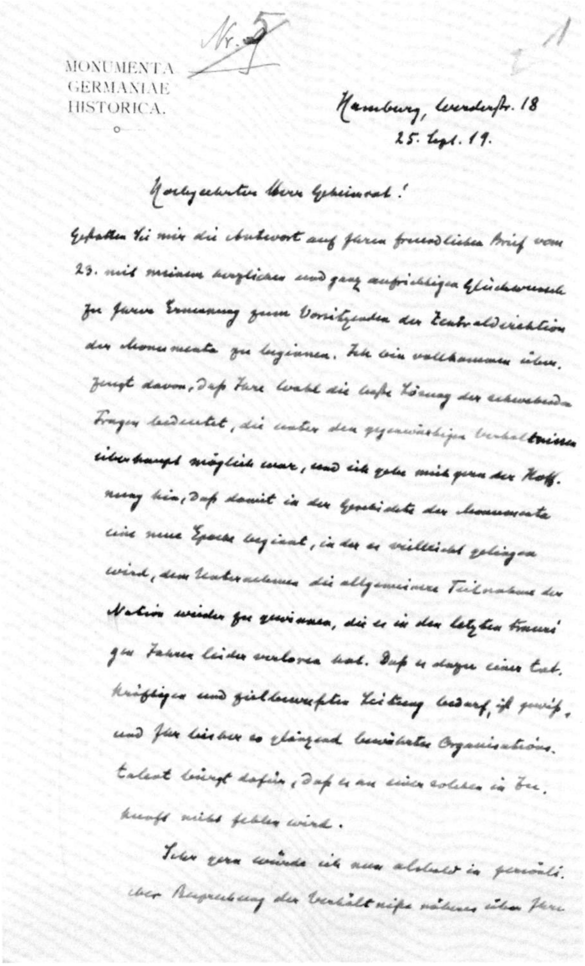
Nr. 5
1
MONUMENTA GERMANIAE HISTORICA.
Hamburg, Werderstr. 18
25. Sept. 19.

Hochgeehrter Herr Geheimrat!

Gestatten Sie mir die Antwort auf Ihren freundlichen Brief vom 23. mit meinem herzlichen und ganz aufrichtigen Glückwunsch zu Ihrer Ernennung zum Vorsitzenden der Zentraldirektion der Monumenta zu beginnen. Ich bin vollkommen überzeugt davon, daß Ihre Wahl die beste Lösung der schwebenden Fragen bedeutet, die unter den gegenwärtigen Verhältnissen überhaupt möglich war, und ich gebe mich gern der Hoffnung hin, daß damit in der Geschichte der Monumenta eine neue Epoche beginnt, in der es vielleicht gelingen wird, dem Unternehmen die allgemeinere Teilnahme der Nation wieder zu gewinnen, die es in den letzten traurigen Jahren leider verloren hat. Daß es dazu einer tatkräftigen und zielbewußten Leitung bedarf, ist gewiß, und Ihr bisher so glänzend bewährtes Organisationstalent bürgt dafür, daß es an einer solchen in Zukunft nicht fehlen wird.

Sehr gern würde ich nun alsbald in persönlicher Besprechung der Verhältnisse näheres über Ihre

Abb. 3: Harry Bresslau an Paul Kehr, 25.9.1919 (Anhang II)

Kehr kam Bresslau in seinem Schreiben vom 23. September 1919 zumindest atmosphärisch ein gutes Stück entgegen, indem er Bresslaus zentrale Bedeutung für die Monumenta in dieser schwierigen Übergangsphase einräumte und ganz offen um dessen Unterstützung warb: „Ich bin mir der Schwierigkeiten vollauf bewusst u. gebe mich auch über den ungünstigen Stand der Dinge gar keinen Täuschungen hin, umso mehr bin ich mir klar, daß ich jener nur Herr werden kann, wenn ich der Unterstützung derer sicher bin, auf deren Erfahrung u. Arbeit der ganze Bau ruht. Der große Stützpfeiler der Monumenta aber sind gegenwärtig Sie"[90]. Auch versuchte er Befürchtungen über seinen diktatorischen Führungsstil zu zerstreuen, wenn er betonte, dass er „das Heil weniger" in „neuen Statuten" als vielmehr in einem „vertrauens-

89 Anhang II (Harry Bresslau aus Hamburg an Paul Kehr, 25.9.1919), siehe Abb. 3. – Über den Zustand der MGH beim Amtsantritt Kehrs äußerte sich Hampe in seinem Kriegstagebuch abfällig: „Zeit wär's, daß den verfahrenen Zuständen ein Ende gemacht würde" (Hampe, Kriegstagebuch [wie Anm. 22] S. 905, Eintrag 5.10.1919).

90 Anhang I (Paul Kehr an Harry Bresslau, 23.9.1919).

vollen Zusammenwirken" mit den Abteilungsleitern sehe. „Es liegt mir fern", so Kehr weiter, „erfahrenen Meistern in ihre Sachen reden zu wollen, u. ich weiß mich von allen autokratischen Neigungen ganz frei"; zugleich hoffte er aber auf „entsprechendes Entgegenkommen der Abteilungsleiter". Dann wurde Kehr konkreter: Auf einer Sitzung des ständigen Ausschusses am 6. Oktober, zu der er Bresslau hinzu lud, wolle er „in persönlicher Aussprache" über die Aufgaben des Vorsitzenden, die Stellung der Mitarbeiter und das künftige Arbeitsprogramm beraten und „gemeinsame Richtlinien" festlegen.

Kehr war in der Vergangenheit nicht zuletzt wegen seiner dezidierten Reformvorstellungen für Leitung und Organisation der Monumenta auf einmütigen Widerstand in der ZD gestoßen. Zuletzt hatte er 1916 in einem vom Innenministerium in Auftrag gegebenen Gutachten seine grundlegende Kritik am Zustand der MGH, die er erstmals schon 1903 vorgebracht hatte, wiederholt. In der ihm eigenen direkten Art beklagte er „die oligarchische Tyrannis" der Abteilungsleiter[91], die er auch für den hohe Wellen schlagenden Skandal um die verfehlte Lex-Salica-Edition Krammers, eines Schülers Tangls, verantwortlich machte, und forderte stattdessen die Aufwertung der Stellung des Vorsitzenden, was im Innenministerium auf offene Ohren stieß[92].

Obwohl Bresslau sich über die Bedeutung der von Kehr anberaumten Sitzung am 6. Oktober im Klaren gewesen sein muss, bat er diesen in seinem Schreiben vom 25. September 1919, ihn „von dem persönlichen Erscheinen in der Ausschusssitzung vom 6. Oktober [zu] dispensieren", da er mitten im Umzug von dem ungeliebten Hamburg nach Heidelberg stehe. Bresslau vertraute dabei darauf, dass „entscheidende Beschlüsse wichtigerer Art [...] ja doch der Plenarversammlung vorbehalten bleiben" müssten. Zwar erkannte er an, „dass zwischen dem Vorsitzenden und den Abteilungsleitern [...] eine engere Verbindung wiederhergestellt werden, und dass der Vorsitzende über den Stand der Arbeiten und die Verhältnisse der Abteilungen fortdauernd auf dem laufenden erhalten werden muss", doch habe dies „unbeschadet der zu wahrenden und durch die Statuten verbürgten wissenschaftlichen Selbständigkeit" der Abteilungsleiter zu geschehen[93].

Bresslau hat in seinem Vertrauen auf die Statuten zu wenig in Rechnung gestellt, dass Kehr keinerlei formelle Statutenänderung anstrebte, für die er ohnehin in der ZD kaum eine Mehrheit gefunden hätte, sondern auf Gespräche und freiwilliges Entgegenkommen setzte. Dafür bot die erweiterte Ausschusssitzung am 6. Oktober 1919 eine willkommene Gelegenheit, die Kehr – durch das Fehlen Bresslaus sicherlich erleichtert – ohne Umschweife nutzte. Noch am Abend der Sitzung informierte er Bresslau über den für seine Intentionen günstigen Verlauf des Treffens: „Wir haben uns zunächst vorzüglich über die Stellung und die Funktionen des Vorsitzenden unterhalten und sind gemäß dem schon früher Vereinbarten übereingekommen, der Plenarversammlung vorzuschlagen, genehmigen zu wollen, daß der Vorsitzende hinfüro bei der Anstellung der Mitarbeiter mitwirken soll auf Grund einer Verständigung darüber mit dem Abteilungsleiter, [...] daß alle letzten Korrekturen aus allen Abteilungen vor Erteilung von Imprimatur ihm vorzulegen seien, um ihn auf dem Laufenden zu halten, und [...] daß es wünschenswert sei, die Abteilungen mit der Zeit wieder auf ihre

---

91 SCHALLER, Tangl (wie Anm. 47) S. 258, 274 (hier das Zitat).
92 Vgl. SCHALLER, Tangl (wie Anm. 47) S. 261 m. Anm. 1096. Zu Mario Krammer siehe Anm. 63.
93 Anhang II (Harry Bresslau an Paul Kehr, 25.9.1919).

ursprüngliche Verfassung zurückzuführen"[94]. Am 20. Oktober, so Kehr weiter, wolle sich der Ausschuss erneut treffen, um dann vor allem über die finanzielle Situation und die Beschäftigung der Mitarbeiter zu beraten, die kaum alle im bisherigen Umfang weiter beschäftigt werden könnten: „Überhaupt wenn ich diese alte Garde von unversorgten Mitarbeitern ansehe: Hofmeister[95] – Schmeidler[96] – Wibel[97] – Perels[98] – Caspar[99] – Krammer[100], da wird mir angst und bange. Was soll aus ihnen werden? Sollen sie noch nach 25 Jahren die Triarier der Monumenta Germaniae sein? Dabei mit Recht unzufrieden und mit Unrecht prätentiös[101]!"

Bresslau muss bei der Lektüre des Kehr-Briefes eingesehen haben, dass es ein Fehler war, der Sitzung am 6. Oktober fernzubleiben; er antwortete umgehend auf Kehrs Schreiben, das er am 9. Oktober erhielt: „Die Dinge", schreibt er Kehr schon einen Tag später, „über die Sie am 6. verhandelt haben und über deren einige ich gern noch näheres von Ihnen hören möchte, und die anderen, über die Sie am 20. verhandeln wollen, sind so wichtig und für die

---

[94] Schreiben Kehrs an Bresslau vom 6.10.1919: StaBi PK, Nl Harry Bresslau, Ergänzungen, Karton 6, Kehr 1919, Bl. 1–2. Den Entwurf des Schreibens hob Kehr mit den Briefen Bresslaus auf (MGH-Archiv 338/245, Bl. 5–6). Das Protokoll der Sitzung konnte nicht aufgefunden werden (frdl. Mitteilung von Arno Mentzel-Reuters, MGH).

[95] Adolf Hofmeister (1883–1956) war seit 1905 als ständiger Mitarbeiter für die Abteilung Scriptores tätig (bis 1921). 1913 apl. Prof. in Berlin, erhielt er 1921 den Ruf auf ein Ordinariat in Greifswald. Eine sarkastische Äußerung Kehrs über ihn zitiert FUHRMANN, Gelehrtenleben (wie Anm. 13) S. 93f.

[96] Bernhard Schmeidler (1879–1959), 1902 bei Tangl promoviert, 1904–1920 Mitarbeiter Scriptores, 1921 außerord. Prof. in Erlangen, vgl. Klaus HERBERS, Von Venedig nach Nordeuropa. Bernhard Schmeidler und die europäische Mittelalterforschung in Erlangen seit 1921, in: Geschichtswissenschaft in Erlangen, hg. von Helmut NEUHAUS (2000) S. 71–102.

[97] Hans Wibel (1872–1922), langjähriger enger Mitarbeiter Bresslaus für die Diplomata, verließ wie jener Strassburg 1918. Als Direktorialassistent seit dem 1.10.1921 am Sitz der MGH in Berlin angestellt, kam er am 22.2.1922 bei einem Autounfall ums Leben (StaBi PK, Nl Harry Bresslau, Ergänzungen, Karton 6, Kehr 1922, Bl. 11); vgl. FUHRMANN, Gelehrtenleben (wie Anm. 13) S. 82.

[98] Ernst Perels (1882–1945), Schüler von Michael Tangl, 1904 bis 1923 Mitarbeiter in der Abteilung Epistolae, 1911 Privatdozent in Berlin, 1923 planmäßiger Extraordinarius, 1931 persönlicher Ordinarius. Da er jüdischer Abstammung war, wurde er 1935 vorzeitig emeritiert, arbeitete aber bis 1944 weiter inoffiziell für die MGH. Im selben Jahr ins KZ Buchenwald eingeliefert, starb er kurz nach der Befreiung des Lagers an Entkräftung; vgl. OBERLING, Perels (wie Anm. 20); Martina HARTMANN, Ernst Perels (1882–1945), in: Zwischen Vaterlandsliebe und Ausgrenzung (wie Anm. 9) S. 343–366.

[99] Erich Caspar (1879–1935), väterlicherseits jüdischer Herkunft, 1902 bei Paul Scheffer-Boichorst promoviert, 1908 Mitarbeiter in der Abteilung Epistolae unter Michael Tangl, 1913 planmäßiger Direktorialassistent, 1920 ord. Prof. in Königsberg. Ob er 1935 freiwillig aus dem Leben schied (vgl. FUHRMANN, Gelehrtenleben [wie Anm. 13] S. 69, 192f. Anm. 222) ist nach Arno MENTZEL-REUTERS, Erich Caspar (1879–1935), in: Zwischen Vaterlandsliebe und Ausgrenzung (wie Anm. 9) S. 135–157, hier S. 152–156, nicht gesichert; siehe auch Eckhart GRÜNEWALD, Ernst Kantorowicz und die Monumenta Germaniae Historica in den 1930er Jahren, in vorliegendem Band S. 95–112, hier S. 106f. Vgl. Franz-Reiner ERKENS, Erich Caspar, in: Berlinische Lebensbilder 10. Geisteswissenschaftler 2 (2012) S. 281–305.

[100] Zu Mario Krammer siehe Anm. 63.

[101] Mit ähnlichen Worten nahm Kehr in seinem Brief an Karl Hampe vom 30. Oktober 1919 zu den Mitarbeitern Stellung: „zum grössten Teil sitzengebliebene Mauerblümchen, unlustige und unwillige Herren und Familienväter [...] Was soll aus ihnen werden?": Folker REICHERT (Hg.), Paul Kehr und Karl Hampe über die Zukunft der Monumenta Germaniae Historica nach dem ersten Weltkrieg, in: DA 60 (2004) S. 549–569, Nr. II S. 558–561, hier S. 559 (vgl. ebd. S. 554). Dass Kehr den altgedienten Mitarbeitern der MGH „betont skeptisch gegenüber" stand, betont SCHIEFFER, Kehr (wie Anm. 3) S. 141.

Zukunft der Monumenta entscheidend, *[...]* dass ich bereit bin nach Berlin zu fahren und an der Sitzung vom 20. teilzunehmen, wenn Sie mich dabei zu haben wünschen"[102].

Kehr, der gerade noch in seinem Schreiben vom 6. Oktober an Bresslau betont hatte, wie „jammerschade" es sei, dass dieser mit seiner „großen Erfahrung und Praxis fern von uns und schwer oder kaum erreichbar" sei, da doch „der briefliche Verkehr *[...]* nur ganz unzureichender Ersatz gegenüber der persönlichen Aussprache" sei[103], schien nun doch besorgt zu sein, dass die Anwesenheit Bresslaus bei der Sitzung am 20. Oktober zu einem – bislang erfolgreich vermiedenen – Aufeinanderprallen der unterschiedlichen Standpunkte führen und die in der Sitzung am 6. Oktober erreichte Zustimmung zu seinen Reformvorschlägen in Frage stellen könnte. „Ich trage doch Bedenken", so schrieb er Bresslau am 13. Oktober, „Ihnen eine Reise zuzumuten zu einer Sitzung, die doch nur informativer und Ansichten austauschender Natur ist u. keineswegs bestimmt u. fähig, Beschlüsse zu fassen. Ich möchte, ehe ich eine durch Sie und Krusch[104] verstärkte Sitzung des Ausschusses anberaume, die Verhältnisse sich noch klären lassen"[105]. Vor allem müssten „die finanziellen Voraussetzungen erst wirklich festgestellt werden. Dies möchte ich vor allem andern abwarten, u. da auch sonst nichts überstürzt werden soll und kann, so schlage ich vor, dass wir die Sitzung über die Zukunft der Monumenta, wozu ich dann Ihre u. Krusch's Herkunft erbitten werde, abhalten, sobald wir wirklich etwas beschließen können". Auch halte er eine persönliche „gründliche Besprechung aller Monumenta Angelegenheiten" mit Bresslau „für notwendiger und erwünschter" „als etwa eine Diskussion im pleno". Er hoffe, dass sich eine Begegnung anlässlich seiner bevorstehenden Fahrt nach Rom in Frankfurt oder Heidelberg ergeben werde[106].

---

102 MGH-Archiv 338/245, Bl. 13–14.
103 StaBi PK, Nl Harry Bresslau, Ergänzungen, Karton 6, Kehr 1919, Bl. 1–2.
104 Der Archivar Bruno Krusch (1857–1940) – Schüler Wilhelm Arndts (1838–1895), seit 1879 für die Monumenta tätig, 1903 Mitglied der ZD, 1910 Direktor des Staatsarchivs Hannover – hatte 1916 durch seine schonungslose Kritik an der schon ausgedruckten Lex-Salica-Edition Mario Krammers den Anstoß zu ihrer Einstampfung ein Jahr später gegeben (siehe Anm. 63). Zu seiner Person vgl. Letha Böhringer, Wilhelm Levison (1876–1947), in: Zwischen Vaterlandsliebe und Ausgrenzung (wie Anm. 9) S. 301–321, hier S. 309f.
105 StaBi PK, Nl Harry Bresslau, Ergänzungen, Karton 6, Kehr 1919, Bl. 4–5. Zu der von Kehr in Aussicht genommenen Sitzung des durch Krusch und Bresslau verstärkten Ortsausschusses kam es am 23.4.1920 (Protokoll der Ortsausschusssitzung 23.4.1920, MGH-Archiv 338/50, Bl. 81–97).
106 Mitte Dezember 1919 brach Kehr zu seiner, wie er selbst formulierte, „römischen Mission" auf, bei der es um die Wiedereröffnung der deutschen wissenschaftlichen Institute in Italien ging; vgl. Arnold Esch, Die Lage der deutschen wissenschaftlichen Institute in Italien nach dem Ersten Weltkrieg und die Kontroverse über ihre Organisation. Paul Kehrs ‚römische Mission' 1919/1920, in: QFIAB 72 (1992) S. 314–373; vgl. Schieffer, Kehr (wie Anm. 3) S. 138. Am Sonntag, den 14.12.1919, machte Kehr auf der Hinreise nach Rom einen Abstecher nach Heidelberg und traf sich dort mit Karl Hampe, Walter Lenel, Robert Holtzmann und Friedrich Baethgen, wie er im ‚Liber Vitae' festhielt (frdl. Hinweis von Hedwig Munscheck-von Pölnitz). Von Bresslau ist dort nicht die Rede, was auffällt. – Robert Holtzmann (1873–1946), war ein Schüler Bresslaus, 1887 kurzzeitig Mitarbeiter Diplomata, 1913 ord. Prof. in Gießen, 1916 in Breslau, 1923 in Halle, 1930 in Berlin. – Dass das Treffen „in einem kleinen Monumentistenkreise" im Hotel Vier Jahreszeiten stattfand, berichtete Hampe, ohne Namen zu nennen, in seinem Kriegstagebuch am 15.12.1919 (wie Anm. 22) S. 915.

Was Kehr in seinem Schreiben vom 6. Oktober 1919 mit dem „schon früher Vereinbarte[n]"[107] meinte, war Bresslau offensichtlich nicht klar. Insbesondere, dass dem Vorsitzenden vor der Erteilung des Imprimaturs eine letzte Korrektur vorzulegen sei sowie die Frage der Stellung der Abteilungen, die „mit der Zeit wieder auf ihre ursprüngliche Verfassung zurückzuführen" sei, hatte seine Besorgnis geweckt. Auch „daß der Vorsitzende hinfüro bei der Anstellung der Mitarbeiter mitwirken soll auf Grund einer Verständigung darüber mit dem Abteilungsleiter", war neu für ihn. Er bat aber nicht Kehr oder, was noch naheliegender war, eines der Berliner Mitglieder der ZD, etwa Seckel, brieflich um Aufklärung, sondern schrieb dem Leiter der Wiener Diplomata-Abteilung (Lothar III. und Staufer) Emil von Ottenthal (1855–1931) Mitte Oktober[108].

Ottenthal antwortete Bresslau erst mit einiger Verspätung am 27. November 1919 und bestätigte ihm, dass Kehr bei der Jahresversammlung am 19. Juni 1919, auf der er gewählt worden war, tatsächlich auf die fraglichen Punkte eingegangen sei, bemühte sich aber, die Besorgnis Bresslaus zu zerstreuen: „Ich hatte damals wie jetzt gegen den ersten Punkt: dass die Bestellung (wenigstens ständiger, die Rede kam damals vielleicht zufällig nur darauf) Mitarbeiter der Genehmigung des Vorsitzenden unterliege, nichts einzuwenden. Das wichtige scheint mir nur zu sein, dass der ständige Mitarbeiter nur über Vorschlag des Abteilungsleiters ernannt – und entlassen nur auf dessen Vorschlag oder durch das Votum der Vollversammlung entlassen werden kann. Auch den weitern Punkt wegen Vorlage der Korrekturen besprach Kehr und begründete das Verlangen mit dem Wunsch, ja der Notwendigkeit, dass der Vorsitzende stets über den Stand des Druckes im laufenden sei. Von der Vorlage gerade vor dem Imprimatur war da nicht die Rede. Es müsste jedenfalls eine Formulierung gefunden werden, wonach die wissenschaftliche Selbständigkeit des Abteilungsleiters nicht berührt u.

---

107 Schreiben Kehrs an Bresslau vom 6.10.1919 (wie Anm. 94). – Kehr meinte mit dem „schon früher Vereinbarten" offensichtlich das Ergebnis eines Gesprächs, das er am 28.4.1919 mit Ernst Heymann, Emil Seckel und Michael Tangl geführt und in dessen Verlauf man sich bereits „auf feste Richtlinien über seine künftige Stellung als Vorsitzender" verständigt hatte. Kehr informierte das Innenministerium am folgenden Tag über die Ergebnisse des Gesprächs: SCHALLER, Tangl (wie Anm. 47) S. 273 m. Anm. 1143. Erwähnt wird dieses Gespräch im Protokoll der Plenarversammlung am 14.6.1919 ohne detaillierte Darstellung der Absichten Kehrs (MGH-Archiv 338/50, Bl. 43–50, hier Bl. 46B). Über die Vorstellungen Kehrs heißt es dort beschönigend: „Herr Kehr würde die Organisation der Monumenta in der Hauptsache, insbesondere in ihrer Gliederung nach Abteilungen, beibehalten; nur würde er die Abteilungen auf die ursprüngliche Zahl zurückführen" (vom Imprimatur ist keine Rede). – Die erzielte Einigung fand auch Eingang in das Protokoll der Ortsausschusssitzung vom 23.4.1920 (MGH-Archiv 338/50, Bl. 83), an der Bresslau teilnahm: „1. Mitwirkung des Vorsitzenden bei Anstellung der Mitarbeiter, 2. vorherige Einreichung des Etats der Abteilungen zwecks Vorbereitung der Beschlüsse der Plenarversammlung, 3. Vorlegung der letzten Korrekturen vor Erteilung des Imprimatur, ohne daß damit die wissenschaftliche Selbstständigkeit der Abteilungsleiter oder der Mitarbeiter beeinträchtigt werden soll." Bresslau scheint erst zu diesem Zeitpunkt von dem Gespräch am 28.4.1919 erfahren zu haben, was kein gutes Licht insbesondere auf Emil Seckel wirft, mit dem Bresslau ja in Briefwechsel stand (siehe Anm. 81).

108 Von dem (nicht aufgefundenen) Schreiben Bresslaus erfahren wir im Antwortbrief Ottenthals vom 27.11.1919 (MGH-Archiv B 698, Bl. 68–71). – Emil von Ottenthal (1855–1931), 1904 Nachfolger Engelbert Mühlbachers in Wien als ord. Prof. und Vorstand des Instituts für Österreichische Geschichtsforschung, im selben Jahr Mitglied der ZD, leitete die Diplomata-Reihe des 12. Jahrhunderts (Lothar III. und Staufer).

der regelmässige Fortgang des Druckes nicht gehemmt würde. Die von ihm geplante Auflösung oder Lockerung der Abteilungen erklärte er selber nach der jeweiligen Lage des Falles behandeln zu wollen. Auch dieser Akt müsste wohl dem Votum der Jahresversammlung unterliegen"[109].

Ende November, als Ottenthal Bresslau antwortete, bestimmten längst andere brennende Fragen, insbesondere die katastrophale finanzielle Lage und in diesem Kontext die fragliche Weiterbeschäftigung aller Mitarbeiter, die Tagesordnung. Widerspruch gegen die erweiterten Befugnisse des Vorsitzenden erhob sich von keiner Seite. Am 14. Dezember 1919 kam es in Heidelberg vermutlich zu der von Kehr erhofften persönlichen Begegnung zwischen ihm und Bresslau, über die sich beide in ihren Briefen nicht näher äußerten[110]. Möglicherweise wurden aber schon die Weichen für eine Verständigung gestellt, wie sie der am 23. April 1920 tagende Ortsausschuss in Anwesenheit Bresslaus beschloss. In der von Bresslau in den Vordergrund gerückten Imprimaturfrage[111] einigte man sich in der Sitzung darauf, den Wünschen Kehrs in der Interpretation Bresslaus zuzustimmen, wie es im Protokoll sybillinisch heißt[112]. Das Protokoll hielt auch die Punkte, die der nächsten Plenarversammlung zur Billigung vorzulegen seien, detailliert fest: „a) Die Plenarversammlung erwartet, daß die Abteilungsleiter Anstellungsverträge nicht abschließen, ohne den Vorsitzenden von der bevorstehenden Anstellung Mitteilung zu machen und ihm Gelegenheit geben, seine Bedenken zu äußern; b) die Etats der Abteilungen sind dem Vorsitzenden vor Zusammentritt der Plenarversammlung einzureichen. Die Etats werden am Tage vor der Plenarversammlung im ständigen Ausschuß beraten. Zu der Beratung sind die auswärtigen Abteilungsleiter beizuziehen.; c) Vor Erteilung des Imprimatur soll eine Korrektur dem Vorsitzenden vorgelegt werden. Der Vorsitzende wird dem Leiter etwaige Beanstandungen innerhalb einer Frist von acht Tagen mitteilen"[113].

---

109 Brief von Ottenthal an Bresslau vom 27.11.1919 (wie Anm. 108). Bresslau wusste zu diesem Zeitpunkt noch nichts von dem Gespräch Kehrs mit Tangl, Seckel und Heymann am 28.4.1919 (siehe Anm. 107).

110 Siehe Anm. 106. Man kann sich kaum vorstellen, dass Kehr damals nicht auch Bresslau in Heidelberg aufgesucht haben sollte. An das Treffen im „Monumentistenkreise" erinnert Kehr selbst in seinem Schreiben an Bresslau vom 2.10.1921 (StaBi PK, Nl Harry Bresslau, Ergänzungen, Karton 6, Kehr 1921, Bl. 17–18), in dem er seinen bevorstehenden Besuch in Heidelberg ankündigt, weil er gerne wieder, „in Erinnerung an unseren vergnügten Trunk im Dezember 1919, mit den anderen Kollegen, Exkollegen, Freunden u. Anverwandten der Monumenta [...] ein feuchtes Colloquium abhalten möchte u. ich wäre glücklich, wenn Sie als unser Senior nicht fehlten." Wenn Kehr in diesem Schreiben die Erinnerung an das Treffen im Dezember 1919 wachruft, wird er dabei auch Bresslau getroffen haben.

111 Insbesondere die Einflussnahme Kehrs auf die Erteilung des Imprimatur scheint Bresslau geärgert zu haben, wie Karl Hampe aus Anlass einer privaten Begegnung mit Bresslau und Gemahlin und weiteren Gästen in seinem Haus in Heidelberg am 11.10.1919 in seinem Kriegstagebuch festhielt: „Kehr hat die Leitung der Monumenta übernommen, will einige Neuerungen, so, daß alle Druckbogen erst von ihm das letzte Imprimatur erhalten, wogegen Bresslau sich sträubt" (Hampe, Kriegstagebuch [wie Anm. 22] S. 905f., Eintrag 12.10.1919). Vgl. Reichert, Gelehrtes Leben (wie Anm. 44) S. 201: Kehrs Absicht habe Bresslau „gefuchst". Schaller, Tangl (wie Anm. 47) S. 274 Anm. 1149, spricht gar von „einem erbitterten Widerstand" Bresslaus.

112 „Der Ausschuß ist mit den drei Vorschlägen des Vorsitzenden und mit deren Interpretation durch Herrn Bresslau einverstanden" (Protokoll der Ortsausschusssitzung 23.4.1920 MGH-Archiv 338/50, Bl. 81–97, hier Bl. 84).

113 Ebd.

In der vorausgehenden Diskussion hatte Bresslau seinen Standpunkt in der Imprimaturfrage unmissverständlich deutlich gemacht: „Die Erteilung des Imprimatur müsse in der Hand des Abteilungsleiters bleiben; er habe die Beanstandungen des Vorsitzenden zu prüfen, müsse aber, wenn er den Beanstandungen nicht stattgebe, trotzdem das Imprimatur erteilen können"[114]. Die am 14. April 1921 tagende Plenarversammlung stimmte schließlich allen drei Punkten ohne weitere Diskussion zu[115].

Halten wir fest: Obwohl in den ersten zwischen Kehr und Bresslau gewechselten Briefen nach Kehrs Amtsantritt die unterschiedlichen Auffassungen von der Organisation der MGH und den Befugnissen des Vorsitzenden deutlich geworden waren, suchte keiner der beiden eine Auseinandersetzung. Einen Konflikt wollte Kehr schon deshalb vermeiden, weil er in der gegenwärtigen Situation der MGH auf eine Zusammenarbeit mit Bresslau dringend angewiesen war. Auch Bresslau war an einem Streit mit Kehr nicht gelegen, gab es doch zu diesem in der damaligen Lage der MGH keine Alternative. Mit dem erreichten Kompromiss insbesondere in der für Bresslau wichtigen Imprimaturfrage konnten in der Folgezeit beide Seiten offensichtlich gut leben; sie hat in den nächsten Jahren jedenfalls keine Rolle gespielt.

IV. Das Verhältnis Kehr – Bresslau im Spiegel ihres Briefwechsels

Man könnte die Äußerungen Kehrs über die tragende Rolle Bresslaus bei den MGH in seinem Brief vom 23. September 1919 für Kalkül halten[116]. Die Beteuerungen Bresslaus in seinem Glückwunschbrief zum 60. Geburtstag Kehrs ein Jahr später klingen schon eher authentisch. Kehr habe sich, so Bresslau, in der kurzen Zeit, in der er „an der Spitze des grossen Unternehmens" stehe, „ein solches Verdienst um seine schwer gefährdete Zukunft erworben […], dass der zukünftige Geschichtsschreiber der Monumenta" ihn „nach Stein[117], Pertz[118] und Waitz[119] als den vierten κτίστης[120] des grossen Werkes bezeichnen" werde[121]. „Unter Zurückstellung eigener früherer Wünsche und Gedanken", so Bresslau weiter, habe sich Kehr „mit weiser Mässigung dazu entschlossen, […] an der Organisation des Unternehmens […] nur solche Veränderungen vorzunehmen, die auch mir selbst als nützlich und heilsam erscheinen, so dass Sie es dadurch auch denen, die jene Organisation im grossen und ganzen als wohl überlegt und wohl geeignet betrachten, ermöglicht haben, neben und unter Ihnen daran weiter mitzuarbeiten".

Auch über den Stand ihrer persönlichen Beziehungen äußerte sich Bresslau bei dieser Gelegenheit: „Unsere persönlichen Beziehungen haben sich seit dem Tage, an dem wir uns

---

114 Ebd.
115 Protokoll MGH-Archiv 338/50, Bl. 98.
116 Anhang I (Paul Kehr an Harry Bresslau, 23.9.1919).
117 Der Reichsfreiherr Karl vom und zum Stein (1757–1831) war die „treibende Kraft" bei der Gründung der Monumenta: vgl. Bünz, Abriss (wie Anm. 10) S. 16 (mit Foto).
118 Zu Georg Heinrich Pertz (1795–1876), dem langjährigen Leiter der MGH in ihrer ersten Phase (bis 1875), vgl. ebd. S. 17f. (mit Foto).
119 Zur Ära von Georg Waitz (1813–1886) von 1875 bis 1886 vgl. ebd. S. 18–20 (mit Foto).
120 Griechisch: Maurer, Baumeister.
121 Anhang III (Harry Bresslau an Paul Kehr, 26.12.1920).

in Rom [...] persönlich gegenüber getreten sind, immer freundschaftlicher gestaltet, und beiderseitige Missverständnisse aus älterer Zeit sind längst verwischt und vergessen. Lassen Sie mich die Hoffnung aussprechen, dass dies gute Verhältnis in der kurzen Zeitspanne, die mir noch vergönnt sein mag, sich erhalte und in der bisherigen, auf gegenseitigem Vertrauen beruhenden Richtung weiter entwickele."

Was es wiederum für Kehr bedeutete, in der gegenwärtigen Lage einvernehmlich mit Bresslau handeln zu können, belegt sein Antwortbrief drei Tage später: „Ich betrachte es als einen grossen Gewinn meines Lebens und meines amtlichen Wirkens, dass wir auf unsere alten Tage uns doch noch gefunden haben; und dass es uns vergönnt sein möge, noch einige Jahre rüstig und in gemeinsamer Übereinstimmung nebeneinander zu marschieren, ist mein ganz besonderer Wunsch"[122].

Auch im Vorfeld der Tagung der ZD im April 1921 verhehlte Kehr nicht, welchen Stellenwert er der Erfahrung Bresslaus und dem Austausch mit diesem für die Bewältigung der Krise der MGH beimaß: „Wir müssen jedenfalls uns noch einmal gründlich über die nächste Zukunft aussprechen; ich rechne auf Ihren Rat; Sie sind der einzige dank Ihrer Stellung in der Wissenschaft und kraft Ihrer Erfahrungen, auf dessen Urteil ich entscheidendes Gewicht lege. Mir machen die beiden anderen Diplomata-Abteilungen und die Epistolae am meisten Sorge. Wir <u>müssen</u> da eingreifen"[123].

Als Kehr im August 1923 erfuhr, dass es Bresslau gesundheitlich nicht gut ginge, sorgte er sich sofort um den Kollegen: „Daß es Ihnen nicht nach Wunsch geht, betrübt mich sehr; Sie sind uns doch die grosse Säule der Monumenta und uns das unerreichte

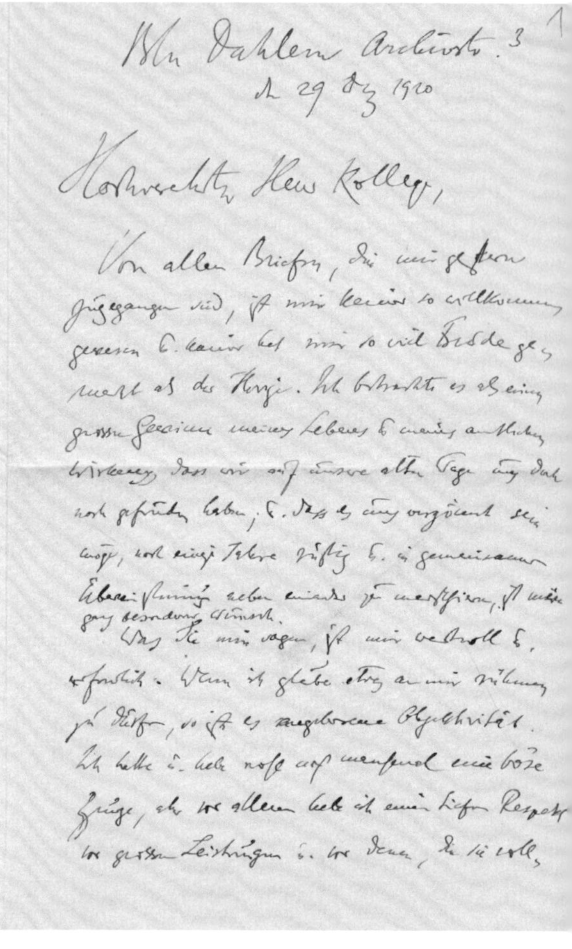

Abb. 4: Paul Kehr an Harry Bresslau, 29.12.1920 (Anhang IV)

---

122 Anhang IV (Paul Kehr an Harry Bresslau, 29.12.1920), siehe Abb. 4.
123 Anhang V (Paul Kehr an Harry Bresslau, 26.2.1921). – Gemeint sind die Diplomata-Abteilungen in Berlin (Karolinger unter Michael Tangl, siehe Anm. 60) und in Wien (Lothar III. und Staufer unter Emil von Ottenthal, siehe Anm. 108) sowie die gleichfalls von Tangl in Berlin geleitete Abteilung Epistolae.

Vorbild von Arbeitskraft und Arbeitslust"[124]. Kehrs Sorge war nicht unbegründet, wie sich bald herausstellen sollte.

Auch Bresslau war sich darüber im Klaren, dass Kehr in dem katastrophalen politischen und wirtschaftlichen Umfeld der Nachkriegszeit für das Überleben der MGH unentbehrlich war. Als Kehr, unter dem Eindruck der für ihn enttäuschend verlaufenen Plenarsitzung der MGH am 25. Oktober 1923, an der Bresslau nicht teilnehmen konnte, schon einen Tag später in einem „Vertraulich!" überschriebenen Brief an Bresslau Rücktrittsgedanken äußerte[125], antwortete ihm Bresslau unverzüglich geradezu beschwörend: „Hoffentlich haben Sie indessen den Gedanken an einen Rücktritt von dem Vorsitz aufgegeben: was, um Gotteswillen, sollte aus den MG. werden, wenn Sie ihn ausführen? Es ist doch wirklich niemand in Berlin, der Sie ersetzen könnte, vorhanden"[126]!

Weitere aufschlussreiche Belege für ihr Verhältnis und ihre Zusammenarbeit in Sachen MGH lassen sich unschwer zusammenstellen. Kehr traf Bresslau nicht nur anlässlich der Tagungen der ZD in Berlin zum persönlichen Gespräch unter vier Augen und lud ihn bei dieser Gelegenheit zum privaten Essen zu sich nach Hause ein – so erstmals im April 1920[127] –, er suchte ihn auch mehrfach in Heidelberg oder Frankfurt auf, wo er auf der Fahrt nach Rom Station machte[128].

Dass es bei diesen Treffen neben dem ‚Geschäftlichen' immer auch um Atmosphärisches ging, zeigt Kehrs Schreiben vom 2. Oktober 1921, in welchem er sein Erscheinen in Heidelberg am Samstag, den 8. Oktober ankündigte: „Ich habe an Wibel[129] geschrieben, dass ich gerne, in Erinnerung an unseren vergnügten Trunk im Dezember 1919, mit den anderen Kollegen, Exkollegen, Freunden und Anverwandten der Monumenta am Abend dieses Sonnabends ein feuchtes Colloquium abhalten möchte und ich wäre glücklich, wenn Sie als unser Senior nicht fehlten. Vorher aber möchte ich gerne alles Geschäftliche mit Ihnen besprechen, und es ist dessen nicht wenig"[130].

Auch über persönliche Dinge tauschten sich die beiden aus. Kehr informierte Bresslau mehrfach über die schwere Krankheit seines älteren Sohnes Romulus (1909–1924), der im

---

124 StaBi PK, Nl Harry Bresslau, Ergänzungen, Karton 6, Kehr 1923, Bl. 22 (22./23.8.1923).
125 „mein Entschluß mich möglichst bald des undankbaren Geschäfts, die Verantwortung für die Monumenta zu tragen, zu entledigen, wird immer bestimmter."; Anhang VIII (Paul Kehr an Harry Bresslau, 26.10.1923).
126 MGH-Archiv 338/245, Bl. 155–156 (31.10.1923).
127 StaBi PK, Nl Harry Bresslau, Ergänzungen, Karton 6, Kehr 1920, Bl. 6 (13.4.1920), Einladung zum 23. April abends zusammen mit Krusch. Auch Mitte Dezember 1920 sahen sich Bresslau und Kehr in Berlin, wo Bresslau „in Sachen unserer Strassburger Wissenschaftlichen Gesellschaft" zu tun hatte (MGH-Archiv 338/245, Bl. 52); siehe auch Anhang IV (Paul Kehr an Harry Bresslau, 29.12.1920). – Eine Einladung zum 6.4.1922 abends zusammen mit seiner Frau zum Essen bei Kehrs konnte Bresslau zu seinem „Bedauern" nicht wahrnehmen (StaBi PK, Nl Harry Bresslau, Ergänzungen, Karton 6, Kehr 1922, Bl. 17 [30.3.1922] – MGH-Archiv 338/245, Bl. 106–107 [31.3.1922]).
128 So schon im Dezember 1919 (siehe Anm. 110), dann wieder im Oktober 1921 (StaBi PK, Nl Harry Bresslau, Ergänzungen, Karton 6, Kehr 1921, Bl. 17–18) und im August 1922 (MGH-Archiv 338/245, Bl. 118).
129 Zu Hans Wibel siehe Anm. 97.
130 StaBi PK, Nl Harry Bresslau, Ergänzungen, Karton 6, Kehr 1921, Bl. 17–18.

Alter von 14 Jahren verstarb[131]. Zur Goldenen Hochzeit Bresslaus im März 1924 schickte Kehr zusammen mit seiner Frau ein Glückwunschtelegramm, für das sich Bresslau herzlich bedankte[132].

Der 65. Geburtstag Kehrs am 28. Dezember 1925 wiederum war für Bresslau Anlass, an ihre langjährige Verbundenheit im Dienste der MGH zu erinnern: „[…] dies möchte ich Ihnen doch noch einmal sagen, dass es mir eine besondere Freude gewesen ist, alle diese Jahre hindurch in steter Eintracht mit Ihnen für die Monumenta gearbeitet zu haben, und dass ich aufrichtigst wünsche und hoffe, dass Ihre unübertreffliche Organisationsgabe und Ihre wunderbare Arbeitskraft dem nationalen Unternehmen, mit dem mein eigenes Leben so eng verbunden ist, noch lange Zeit erhalten bleibe"[133].

Besonders freute es Kehr, wie er in seiner Antwort schrieb, dass Bresslau an der ihm zum 65. Geburtstag gewidmeten Festschrift mitgewirkt hatte: „Daß Sie es nicht verschmähten, an der Festschrift für den Jüngeren sich zu beteiligen[134], hat mir eine riesige Freude gemacht"[135]. In seltener Offenheit und Einsicht fuhr Kehr fort: „Ich bin, obschon sonst taub für Ovationen und nicht leicht zur Rührung aufgelegt, doch, wenn ich so sagen darf, ergriffen über diese starke Bezeugung unverdienter Anerkennung. Denn als Gelehrter bin ich doch nur der Vertreter eines gesunden Menschenverstandes und als Mensch ein Greuel, ein ziemlich kratzbürstiger Rabe, wenn auch beides durch viel guten Willen und starkes Pflichtbewußtsein vielleicht genießbar".

Kam es zu Meinungsverschiedenheiten über die laufenden Projekte der MGH oder die Bezahlung der Mitarbeiter, so waren beide Seiten bemüht, den Dissens herunterzuspielen und eine gütliche Einigung zu erreichen. Als Kehr in Absprache mit dem Verleger Karl Wilhelm Hiersemann[136] Bresslau bat, für den noch ausstehenden letzten Folioband der Scripto-

---

131 Nach Fuhrmann, Zugänge (wie Anm. 20) S. 31, starb Romulus an einer Streptokokken-Vergiftung. Seine schwache Gesundheit war mehrfach Thema: „Mein Ältester hat wieder einen schweren Rückfall erlitten u. leidet sehr" (Anhang VII, Paul Kehr an Harry Bresslau, 6.6.1923). Bresslau hoffte in seinem Antwortbrief vom 19.6.1923 (MGH-Archiv 338/245, Bl. 137–139), „dass Ihre häuslichen Sorgen behoben sind". Vgl. auch MGH-Archiv 338/245, Bl. 119–121, Bresslau am 7.12.1922 an Kehr: „In der Hoffnung, dass Romulus sich gut erholt hat […]".
132 StaBi PK, Nl Harry Bresslau, Ergänzungen, Karton 6, Kehr 1924, Bl. 12–13 (25.3.1924) – MGH-Archiv 338/245, Bl. 167–169 (1.4.1924).
133 Anhang IX (Harry Bresslau an Paul Kehr, 26.12.1925).
134 Harry Bresslau, Die erste Sendung des Dominikaners Nikolaus von Ligny, später Bischofs von Butrinto, an den päpstlichen Hof, in: Papsttum und Kaisertum. Forschungen zur politischen Geschichte und Geisteskultur. Paul Kehr zum 65. Geburtstag, hg. von Albert Brackmann (1926) S. 549–560; vgl. Munscheck-von Pölnitz, Lebensrückblick (wie Anm. 2) S. 121.
135 Anhang X (Paul Kehr an Harry Bresslau, 29.12.1925), siehe auch Abb. 5 und 6.
136 Zum Hiersemann Verlag unter seinem Gründer Karl Wilhelm Hiersemann († 1928) vgl. Wilhelm Olbrich, Hundert Jahre Hiersemann 1884–1984 (1984) S. 7–72. Beachtung verdient in der reich illustrierten Verlagsgeschichte die umfangreich kommentierte Aufzählung aller Scriptores-, Leges- und Diplomata-Bände in Folio (ebd. S. 293–332, mit einem Ortsregister) von Gerd Hiersemann, dem Enkel des Verlagsgründers und Leiter des Verlags seit 1969, sowie die Wiedergabe des Vertrags Kehrs mit dem Verlag über die geplante Reihe der ‚Kunstgeschichtlichen Forschungen' des Römischen Instituts vom 23.11.1909 (ebd. S. 202–205). Die Reihe wurde bald nach dem Ersten Weltkrieg eingestellt; vgl. Goldbrunner, Geschichte der Bibliothek (wie Anm. 59) S. 48f. – Allgemein zu dem nicht immer

res[137], der bislang nur die Register der ganzen Folioreihe enthalten sollte, nun doch einzelne Texte zur Aufnahme auszusuchen, reagierte Bresslau ungewöhnlich deutlich: „Ich kann nicht verhehlen, dass mir dieser Vorschlag sehr unsympathisch ist, und ich möchte Sie dringend bitten darauf nicht einzugehen"[138]. Kehr lenkte sofort ein: „Meine Anfrage wegen SS. XXX, 2 war lediglich ein Fühler, um mich für die Verhandlung mit Hiersemann zu orientieren, irgend etwas Positives lag ihr noch nicht zugrunde"[139].

Erheblich größeres Konfliktpotential bot die Personalie Friedrich Baethgen (1890–1972)[140]. Dieser, ein Schüler Hampes, hatte sich 1920 in Heidelberg habilitiert und war zum 1. Juli 1920 nach Rücksprache mit Kehr Teilzeitmitarbeiter Bresslaus in der Abteilung Scriptores geworden. Obwohl auch Kehr von der Persönlichkeit Baethgens, der sich ihm im September 1920 in Berlin vorgestellt hatte[141], angetan war und Bresslau, der Baethgen für eine „Aquisition ersten Ranges" hielt[142], freie Hand bei dessen vollständiger Indienstnahme zum 1. Oktober 1921 ließ, kam es bald zu Missstimmigkeiten zwischen Kehr und Baethgen[143]. Kehr hätte Baethgen gerne als Ersatz für den im Februar 1922 bei einem Verkehrsunfall im Alter von 40 Jahren verstorbenen Hans Wibel[144] auf dessen Regierungsratsstelle nach Berlin geholt. Dass sich Baethgen weder damals noch zwei Jahre später, als der Wechsel zum zweiten Mal auf der Tagesordnung stand – eine Planstelle winkte ihm diesmal in Berlin allerdings nicht mehr –, auf den Fortgang nach Berlin einließ, sondern lieber eine Assistentenstelle bei Hampe annahm, enttäuschte und verärgerte Kehr. Am 11. Mai 1924 schrieb er an Bresslau, warum Baethgen ihn und Bresslau behellige, „wenn seine Verhältnisse in Heidelberg so aus-

---

spannungsfreien Verhältnis zwischen den Monumenta und ihren Verlegern vgl. SETZ, Verleger (wie Anm. 64).
137 MGH SS 30,2, hg. von Adolf HOFMEISTER (1934). Teil 1, hg. von Oswald HOLDER-EGGER, war 1896 erschienen.
138 MGH-Archiv 338/245, Bl. 122–125 (22.1.1923).
139 StaBi PK, Nl Harry Bresslau, Ergänzungen, Karton 6, Kehr 1923, Bl. 8–10 (29.1.1923).
140 Friedrich Baethgen (1890–1972), von 1920 bis 1923 Mitarbeiter Bresslaus für die Scriptores, 1924 außerord. Prof. in Heidelberg. Nach Stationen in Rom am DHI (Ende 1926) und Königsberg (1929) wurde er 1939 ord. Prof. in Berlin, 1947–1958 schließlich Präsident der MGH als Nachfolger Theodor Mayers (1883–1972); vgl. FUHRMANN, Gelehrtenleben (wie Anm. 13) bes. S. 62–64 (mit Fotos von Mayer und Baethgen); Joseph LEMBERG, Der Historiker ohne Eigenschaften. Eine Problemgeschichte des Mediävisten Friedrich Baethgen (Campus Historische Studien 71, 2015) bes. S. 50f., 57–65, 77f.; zur Kritik Peter HERDE, In memoriam Friedrich Baethgen. Ein Historiker des Papsttums in der Kritik, in: Würzburger Diözesangeschichtsblätter 82 (2019) S. 371–383; siehe auch Arno MENTZEL-REUTERS, Friedrich Baethgen in nationalkonservativen Netzwerken (1917–1948), in vorliegendem Band S. 113–160, bes. S. 124.
141 StaBi PK, Nl Harry Bresslau, Ergänzungen, Karton 6, Kehr 1920, Bl. 16–17 (1.10.1920).
142 So Bresslau an Kehr: MGH-Archiv 338/245, Bl. 58–60 (5.3.1921).
143 Am 1.8.1922 schrieb Kehr in seiner typischen ironischen Art an Bresslau über Baethgen, der ihm seinen für das NA bestimmten Aufsatz über die Regensburger Annalen geschickt hatte: „Herr Bäthgen [sic] verspricht ein vortrefflicher Professor zu werden. Er ist ein wenig empfindlich wie ein solcher u. verwahrt sich sogar dagegen, daß ich geschrieben hatte: sein Aufsatz mache den Eindruck des ersten, schnell hingeworfenen Entwurfs" (Anhang VI, Paul Kehr an Harry Bresslau, 1.8.1922). Der Aufsatz Baethgens erschien in NA 45 (1924) S. 256–269, unter dem Titel: Eine neue Rezension der Regensburger Annalen.
144 Zu Hans Wibel siehe Anm. 97. Zur Sorge Kehrs um die mittellose Witwe des „trefflichen" Wibel mit drei unmündigen Kindern vgl. FUHRMANN, Gelehrtenleben (wie Anm. 13) S. 81f. (mit Foto Wibels).

sichtsvoll" seien[145]. In seinem Antwortbrief vom 19. Juni 1924 fühlte sich Bresslau „verpflichtet", Baethgen in Schutz zu nehmen: Nicht dieser habe Kehr und Bresslau behelligt, sondern dieser Vorwurf träfe nur auf ihn, Bresslau, zu[146].

Kehr versuchte in seiner Antwort die Wogen zu glätten: „Wegen Baethgen bin ich nicht irgendwie affiziert; ich hatte gleich von Anfang an wenig Zutrauen zu der Sache, u. bin Ihnen trotzdem für Ihre Bemühungen sehr dankbar. Einen wirklichen Gehülfen muß ich ja haben u. Sie haben ganz recht, dass Baethgen der geeignetste wäre, aber wenn er nun einmal nichts riskieren will u. man nicht Gewalt brauchen kann, so ist nichts zu machen"[147].

Dass Baethgen auf eine von ihm angestrebte akademische Laufbahn nicht zugunsten einer Mitarbeit bei den Monumenta unter Kehr verzichten wollte, hatte sich schon im Vorjahr gezeigt, nachdem Bresslau Kehr im Juni mitgeteilt hatte, die Leitung der Scriptores-Abteilung zum 1. Oktober 1923 niederzulegen, um sich ganz den Diplomen Heinrichs III.[148] und der zweiten Auflage seines Urkundenhandbuchs zu widmen[149]. Nach dem bevorstehenden Rücktritt Bresslaus als hauptamtlicher Mitarbeiter der Scriptores-Abteilung wollte Kehr in Berlin einstweilen die Leitung der Abteilung übernehmen. Baethgen, der deshalb seinen Wechsel von Heidelberg nach Berlin nicht verhindern hätte können, kündigte nun seinerseits zum 1. Oktober 1923[150].

Kehr schrieb damals in versöhnlichem Ton an Bresslau: „Bäthgens [sic] bevorstehender Abgang tut auch mir leid, indessen das sind nun mal die incerti unserer Arbeiten. Es wird doch immer so sein, dass der eine vor der Zeit geht u. der andere zu lange bei uns sitzen bleibt. […] In Berlin hätte er jedenfalls bald eine starke Position gehabt, u. ich war gerade im Begriff, mich bei Ihnen zu erkundigen, wie es mit seinem Italienisch stünde, da ich vor hatte ihm für den Winter eine römische Mission anzubieten. Das alles wäre doch ein andres Ding als eine Assistentenstelle am Historischen Seminar in Heidelberg. Indessen so hat Jeder seine Art das Leben zu nehmen"[151].

Dass Kehr Baethgen nicht dauerhaft grollte, zeigte sich nach dem Tod Bresslaus Ende Oktober 1926, als er den noch unversorgten Baethgen – eine Berufung nach Gießen war im Sommer 1925 an politischen Vorbehalten der sozialdemokratisch geführten hessischen Landesregierung gescheitert[152] – einen Monat später ans Römische Institut holte, wo Baethgen

---

145 StaBi PK, Nl Harry Bresslau, Ergänzungen, Karton 6, Bl. 10–11.
146 MGH-Archiv 338/245, Bl. 174–177.
147 StaBi PK, Nl Harry Bresslau, Ergänzungen, Karton 6, Kehr 1924, Bl. 16–17 (29.6.1924). Dass auch Bresslau, dessen Arbeit an den Diplomata bereits durch den Fortgang Hans Wibels von Heidelberg nach Berlin im Oktober 1921 beeinträchtigt worden war, an einem Wechsel Baethgens 1922 nach Berlin wenig interessiert war, wird deutlich, wenn er in seinem Antwortbrief auf Kehrs Offerte Ende Mai 1922 „nebenbei bemerkt", dass er Baethgen zum gegenwärtigen Zeitpunkt „gar nicht entbehren" könne und, wenn er fortginge, auch seinerseits „zurücktreten müsste" (gemeint ist der Rücktritt von der Leitung der Scriptores-Abteilung): MGH-Archiv 338/245, Bl. 111–113.
148 Die Urkunden Heinrichs III., hg. von Harry BRESSLAU (†) u. Paul KEHR (MGH DD regum et imperatorum Germaniae 5, 1926–1931).
149 BRESSLAU, Handbuch der Urkundenlehre (wie Anm. 12).
150 Erwähnt im Schreiben Bresslaus an Kehr vom 20.5.1923 (MGH-Archiv 338/245, Bl. 135–136).
151 Anhang VII (Paul Kehr an Harry Bresslau, 6.6.1923).
152 LEMBERG, Baethgen (wie Anm. 140) S. 60. Bresslau erwähnt den Vorgang in seinem Schreiben an Kehr vom 7.8.1925: MGH-Archiv 338/245, Bl. 200–201. Baethgen, der damals Mitglied der Deutschnatio-

Zum Verhältnis von Harry Bresslau und Paul Kehr

die Stelle des zweiten Sekretärs übernahm[153]. Carl Erdmann (1898–1945) sollte noch im selben Jahr folgen[154], 1928 kam Gerd Tellenbach (1903–1999) hinzu[155].

Auch die Personalie Paul Hirsch (1883–1961), wie Bresslau jüdischer Herkunft und von diesem 1909 in Straßburg promoviert, wo er mit Alfred Hessel (1877–1939) und Lenel zum Freundeskreis Bresslaus gehörte, bot einigen Sprengstoff für das Verhältnis Kehr – Bresslau[156]. Seit 1911 auf Honorarbasis für die Monumenta tätig, hatte Hirsch 1914 die anspruchsvolle Neuausgabe der Sachsengeschichte Widukinds von Corvey übernommen, konnte aber erst nach dem Krieg mit der Arbeit beginnen. Obwohl Kehr in seinem Jahresbericht für 1921 schrieb, die Neubearbeitung sei „im Text und Apparat vollendet"[157], zog sich die Arbeit weiter hin[158], da der durch Krieg und Inflation verarmte Hirsch, der sich unterdessen als Gehilfe für den Kunsthistoriker und -sammler Marc Rosenberg (1852–1930) in einem Schwarzwalddorf fernab von jeglicher Bibliothek[159] den Lebensunterhalt sichern musste, kaum noch an der Edition arbeiten konnte[160].

Im Juni 1924 musste Bresslau auf die Rückfrage Kehrs[161] einräumen, dass es mit dem Widukind „nicht gut" stände[162]. Daraufhin fragte Kehr bei Bresslau an, ob die Edition nicht „einem Andern übertragen" werden sollte[163]. Bresslau reagierte prompt und wies das Ansinnen Kehrs mit deutlichen Worten zurück: „Ihm *[Hirsch]* den Widukind jetzt zu nehmen wäre

---

nalen Volkspartei (DNVP) war, trat 1927 aus der Partei aus: Herde, In memoriam Friedrich Baethgen (wie Anm. 141) S. 372.
153 Lemberg, Baethgen (wie Anm. 140) S. 64f. (ebd. S. 75 fälschlich zu 1927). In dieser Funktion war er der Stellvertreter Kehrs. Siehe auch Mentzel-Reuters, Friedrich Baethgen (wie Anm. 140) S. 124f.
154 Folker Reichert, Fackel in der Finsternis. Der Historiker Carl Erdmann und das „Dritte Reich", 1. Die Biographie (2022) S. 99, 104. – Baethgen publizierte 1951 einen Nachruf auf Erdmann: Friedrich Baethgen, Carl Erdmann, in: Carl Erdmann, Forschungen zur politischen Ideenwelt des Frühmittelalters (1951) S. VIII–XXI. Siehe auch Mentzel-Reuters, Friedrich Baethgen (wie Anm. 140) S. 146.
155 Vgl. Gerd Tellenbach, Aus erinnerter Zeitgeschichte (1981) S. 25; Lemberg, Baethgen (wie Anm. 140) S. 75.
156 Zu Paul Hirsch vgl. Becker, Mitarbeiter (wie Anm. 3) S. 472–481; Hruza, Hirsch (wie Anm. 30).
157 Paul Kehr, Bericht über die Herausgabe der Monumenta Germaniae historica 1921, in: NA 45 (1924) S. 1–13, hier S. 5.
158 Zum Folgenden vgl. Becker, Mitarbeiter (wie Anm. 3) S. 475–480; Hruza, Hirsch (wie Anm. 30) S. 236–242.
159 Marc Rosenberg, 1893 Honorarprof. in Karlsruhe, 1908 Badischer Geheimer Hofrat, lebte auf dem Schmiedsberg in Schapbach, heute ein Ortsteil von Bad Rippoldsau-Schapbach, im Nordschwarzwald (Landkreis Freudenstadt, Bad.-Württ.).
160 Bresslau am 19.6.1924 an Kehr (MGH-Archiv 338/245, Bl. 174–177): „[…] er *[Hirsch]* wird dort wie ein Kuli behandelt und hat keine Zeit die Ausgabe jetzt zu vollenden, ist auch fern von jeder Bibliothek"; vgl. Hruza, Hirsch (wie Anm. 30) S. 237f. – Im April 1921 hatte sich Hirsch an Kehr wegen einer Beschäftigung im Römischen Institut, dessen Wiedereröffnung damals anstand, gewandt, wie Kehr am 26.4./4.5.1921 an Bresslau schrieb: „P. Hirsch hat an mich wegen des Instituts geschrieben; ich sprach gestern mit Tangl u. Hofmeister; beide erkannten seine Liebenswürdigkeit u. seinen Fleiß an, hielten ihn aber weder für aktiv noch für produktiv genug" (StaBi PK, Nl Harry Bresslau, Ergänzungen, Karton 6, Kehr 1921, Bl. 6–7).
161 Kehr hatte am 11.6.1924 geradewegs von Bresslau wissen wollen, „ob die Widukindausgabe […] definitiv aufgegeben ist?" (StaBi PK, Nl Harry Bresslau, Ergänzungen, Karton 6, Kehr 1924, Bl. 14–15).
162 MGH-Archiv 338/245, Bl. 174–177 (19.6.1924).
163 StaBi PK, Nl Harry Bresslau, Ergänzungen, Karton 6, Kehr 1924, Bl. 18–19 (31.7.1924).

eine Grausamkeit; er hat den Text und Apparat fertig gemacht, für Kommentar und Einleitung viel vorgearbeitet und bedarf nur verhältnismässig kurzer Zeit, um die Ausgabe zu vollenden. Wenn es irgend geht, möchte ich dafür plädieren noch eine Zeitlang zu warten [...]"[164].

Als zwei Jahre später die Edition immer noch nicht fertig war, verlor auch Bresslau die Geduld: „Ich werde ihn *[Hirsch]* auffordern, wenn er sich nicht verpflichten kann, das fertige Ms. in ganz kurzer Frist (2–3 Monate) druckfertig abzuliefern (was er gewiss nicht tun kann) die den MG gehörigen Kollationen u. s. w. unverzüglich an Sie *[Kehr]* abzuliefern"[165]. Hirsch erklärte sich daraufhin bei einem Treffen mit Bresslau bereit, die Edition bis zum 1. Oktober zu vollenden, was Bresslau Kehr am 2. Juli 1926 mitteilte: „Aber es muss dies die letzte und äusserste Frist sein. Wenn Sie sie bewilligen wollen – ich bin ja nicht Leiter der S*[cripto-re]*s –, so bitte ich Sie dies Hirsch direkt zu schreiben, da das mehr Eindruck machen wird, als wenn ich es tue, und ihm dabei zu sagen, dass eine Verlängerung nicht in Frage kommen kann und dass er, wenn er bis 1. Okt. nicht fertig wird, die den Mon. Germ. gehörigen Materialien an Sie abzuliefern hat. Er ist ein gescheiter und fleissiger Mann; aber er muss unter Druck gehalten werden, da er immer die Neigung hat, Um- und Abwege einzuschlagen. Auch menschlich möchte ich ihm gern Gelegenheit geben mit einer grösseren Arbeit noch einmal hervorzutreten"[166]. Der unterdessen schwer erkrankte Bresslau war Anfang September 1926 nicht mehr bereit, Hirsch, der ihn in Heidelberg „in Sachen Widukind" aufsuchen wollte, zu empfangen. Lenel sollte das „Erforderliche" tun[167]. Bresslau hatte offensichtlich innerlich mit Hirsch, um den sich jetzt Kehr zu kümmern hatte, abgeschlossen.

Den 1. Oktober 1926 als Abgabetermin konnte Hirsch wieder nicht einhalten. Auch mehrfache Fristverlängerungen, die ihm Kehr nach und nach gewährte, ließ er ungenutzt verstreichen. Die Angelegenheit zog sich noch fast zehn Jahre hin, wobei Kehr mit viel Geduld und Verständnis auf Hirsch einwirkte, um diesen doch noch zur Fertigstellung der Edition zu bewegen[168]. Erst 1935 konnte der ‚Widukind' erscheinen, nachdem sich Hirsch bereitgefunden hatte, bei der Fertigstellung des Manuskripts Hans-Eberhard Lohmann (1908–1999)

---

164 MGH-Archiv 338/245, Bl. 183–185 (7.8.1924). Vgl. Becker, Mitarbeiter (wie Anm. 3) S. 476.
165 MGH-Archiv 338/245, Bl. 212 (20.6.1926). Vgl. Hruza, Hirsch (wie Anm. 30) S. 238 Anm. 16.
166 Anhang XI (Harry Bresslau an Paul Kehr, 2.7.1926). Zu diesem Zeitpunkt hatte Kehr vorsorglich bereits Kontakt mit Hermann Reincke-Bloch (1867–1929) als neuen Bearbeiter der Edition aufgenommen, wie wir in dem Brief Bresslaus nebenbei erfahren; vgl. Becker, Mitarbeiter (wie Anm. 3) S. 476 Anm. 124. – Hermann Reincke-Bloch war Schüler Scheffer-Boichorsts, 1892 Mitarbeiter Bresslaus für die Diplomata-Abteilung in Straßburg, 1896 ebd. Privatdozent, 1904 ord. Prof. in Rostock, 1920/21 Ministerpräsident von Mecklenburg-Schwerin, 1921/22 ebd. Kultusminister, 1923 ord. Prof. in Breslau, 1924 Vorsitzender des Deutschen Historikerverbands. Vgl. Katharina Colberg, Der Historiker Hermann Reincke-Bloch (1867–1929): Monumentist – Professor – Politiker, in: Europa und die Welt. Festschrift zum 60. Geburtstag von Dieter Berg, hg. von Raphaela Averkorn u. a. (2004) S. 118–149; Zielinski, Brief (wie Anm. 19) S. 209f., 221f.; Franz Fuchs, Hermann Reincke-Bloch (1867–1929), in: Zwischen Vaterlandsliebe und Ausgrenzung (wie Anm. 9) S. 375–382.
167 Dies teilte Lenel Kehr am 12.9.1926 mit (MGH-Archiv 338/245, Bl. 226–227).
168 Vgl. Becker, Mitarbeiter (wie Anm. 3) S. 476–480; Hruza, Hirsch (wie Anm. 30) S. 238–242.

mitwirken zu lassen[169]. Kehr war es zu verdanken, dass auf dem Titelblatt der Name Hirschs als Haupteditor genannt wurde[170].

Halten wir fest: Während Kehr schon 1924 daran dachte, Hirsch die Edition des Widukind zu entziehen, dabei aber auf den Widerstand Bresslaus stieß und seine Bedenken zurückstellte, war es schließlich Kehr, der nach dem Tode Bresslaus an Hirsch festhielt und diesem ungeachtet seiner jüdischen Herkunft noch 1935 Gerechtigkeit widerfahren ließ, indem dessen Name auf dem Titelblatt der Edition erscheinen konnte – ein Beispiel sowohl für die Persönlichkeit Kehrs wie für das facettenreiche Verhältnis zwischen ihm und Bresslau, das mit einfachen Schlagworten nicht zu erfassen ist.

* * *

Einen ausführlichen Nachruf widmete Kehr Bresslau im Neuen Archiv[171]. Darin zeichnet er die langjährige, alle Widrigkeiten verschmerzende treue Tätigkeit Bresslaus im Dienste der Monumenta nach, würdigt den Verstorbenen als den „eigentlichen Träger der Tradition der MG"[172], verschweigt aber weder unterschiedliche Auffassungen im Großen, etwa die von Bresslau, der „als Politiker ein echter Liberaler" sei[173], stärker als von ihm hochgehaltene „Unabhängigkeit der Abteilungsleiter", noch unterschiedliche Auffassungen im Detail, etwa die Frage der Sprache (lateinisch oder deutsch) von Einleitung und Apparat in der neuen Oktavserie, in der Kehr lieber beim Lateinischen geblieben wäre[174]. Abschließend betont Kehr, dass er seit seiner „Zugehörigkeit zu den MG. niemals auch nur den Schatten einer Differenz mit ihm gehabt habe. Es war eine Freude, mit ihm zu arbeiten, er war der eifrigste und pünktlichste Korrespondent, immer hilfsbereit und selbst jedem Rate zugänglich. So habe auch ich persönlich allen Anlaß, dem trefflichen Mann nachzutrauern, der seinen Namen mit unvergänglichen Lettern in das Album der Monumenta eingeschrieben hat"[175].

---

169 Lohmann hatte 1934 bei Ernst Perels promoviert und noch im selben Jahr die Redaktion des NA übernommen (MGH-Mitarbeiter-Datenbank: https://data.mgh.de/databases/mghmit/idno/pnd117196207).
170 Die Sachsengeschichte des Widukind von Korvei. 5. Auflage in Verbindung mit Hans-Eberhard Lohmann neu bearbeitet von Paul Hirsch (1935); vgl. Becker, Mitarbeiter (wie Anm. 3) S. 481; Hruza, Hirsch (wie Anm. 30) S. 241.
171 Kehr, Nachruf (wie Anm. 41).
172 Ebd. S. 262.
173 Ebd. S. 266. Vgl. auch Paul Kehr, Die Preussische Akademie und die Monumenta Germaniae und deren neue Satzung. Sonderausgabe aus SB Berlin 1935, 20 (1935), wieder abgedruckt in: Festschrift 200 Jahre MGH (wie Anm. 10) S. 191–215, hier S. 213: „ein Liberaler vom reinsten Wasser".
174 Vgl. Bresslau, Selbstdarstellung (wie Anm. 13) S. 68; MGH-Archiv 338/245, Bl. 143–145: „umfangreiche lateinische Einleitungen werden heute einfach nicht mehr gelesen" (Bresslau an Kehr am 19.8.1923).
175 Kehr, Nachruf (wie Anm. 41) S. 266. – Rück, Erinnerung an Harry Bresslau (wie Anm. 13) S. 249, hat aus dem Nachruf im Kontext einer heftigen Kritik an Kehr zitiert und ihm dabei ohne Nachweis eine antisemitische Einstellung in Bezug auf Bresslau vorgeworfen. Zu dieser Problematik vgl. Fuhrmann, Menschen und Meriten (wie Anm. 3) S. 206; Becker, Mitarbeiter (wie Anm. 2) S. 464f.; Huth, Kehr (wie Anm. 7) S. 79; Wyrwa, Antisemitismus (wie Anm. 9) S. 40. – Zum Nachruf Kehrs jetzt auch kritisch Marquard-Mois, Bresslau (wie Anm. 10) S. 81f. Anm. 1.

Vom Nachruf Kehrs wurde der Sohn Bresslaus, der erwähnte Ernst Bresslau, wie er Kehr am 15. Mai 1927 schrieb, „aufs tiefste bewegt": „Sie haben das Wesen meines Vaters, wie ich glaube, vollkommen erkannt [...] Ich weiß, wieviel inneres Leid mein Vater hat niederkämpfen müssen, um trotz all des Bitteren, das er erleben mußte, den Monumenta Germaniae, an denen er mit ganzer Liebe hing, so die Treue zu halten, wie er es getan hat. Daß er dies über sich vermocht hat, kennzeichnet wohl am besten die Größe seines Wesens. Und ich begrüße es mit dankbarer Genugtuung, daß Sie das, wie so vieles Andere, in Ihrem Nachruf rückhaltlos anerkannt haben"[176].

Der Briefwechsel zwischen Kehr und Bresslau illustriert, wie die beiden unterschiedlichen Charaktere zum Wohle der MGH, an deren Überleben in der schwierigen Zeit nach dem Ersten Weltkrieg beide aus sachlichen und persönlichen Gründen das größte Interesse hatten, vertrauensvoll und erfolgreich zusammenarbeiteten. Beide wussten, dass sie für ihr gemeinsames Ziel auf ein gutes Verhältnis zueinander angewiesen waren. Man findet in den Briefen Äußerungen von beiden Seiten, die jenseits von Kalkül auf Respekt und freundschaftliches Wohlwollen schließen lassen.

Was die beiden allerdings im Innersten voneinander dachten, wie sie letztendlich emotional zueinander standen, wird man in ihrer Korrespondenz, die wie jeglicher Briefwechsel unter Gelehrten im Zeitalter einer ausgeprägten Briefkultur formalen Regeln unterlag[177] und spezifisches Rollenverhalten widerspiegelte[178], kaum finden – mit Sicherheit nicht in den Briefen des zurückhaltenden Bresslau an Kehr, wohl kaum auch in den Briefen Kehrs an jenen[179].

---

176 Anhang XII (Ernst Bresslau an Paul Kehr, 15.5.1927). Bresslaus Schüler Richard Salomon (1884–1966) erkannte in seinem Schreiben vom 16.5.1927 aus Hamburg die „sachliche Objektivität" des Nachrufs an, für die er Kehr „sehr verpflichtet" sei (das Schreiben wurde mir freundlicherweise mitgeteilt von Hedwig Munscheck-von Pölnitz). – Auch die Vorrede Kehrs zum Anfang 1931 erschienenen zweiten Halbband der Diplome Heinrichs III., den Kehr nach Vorarbeiten Bresslaus fertigstellte, fand die dankbare Zustimmung von Bresslaus Witwe und Sohn, der am 24.2.1931 an Kehr schrieb: „wir beide sind beglückt darüber, dass Ihre Tatkraft nunmehr das Werk, über dem mein Vater verstorben ist, zu Ende geführt hat. Tief bewegt haben meine Mutter und mich auch die Worte, die Sie in der Vorrede meinem Vater sowohl wie seinem treuen Mitarbeiter Wibel gewidmet haben." Und weiter: „Es ist mir persönlich [...] eine große Freude, dass Sie damit dem Bild meines Vaters, das schon so manche Nachrufe gezeichnet haben, wiederum Züge angefügt haben, auf die Kinder und Enkel stolz sein dürfen." (GStA PK, Nl Kehr, A 1, Mappe 7, Bl. 920).

177 Von „Formen des Schweigens" in Korrespondenzen sprechen Matthias BERG / Helmut NEUHAUS, Einleitung, in: Briefkultur(en) in der deutschen Geschichtswissenschaft zwischen dem 19. und 21. Jahrhundert, hg. von DENS. (Schriftenreihe der HiKo 106, 2021) S. 9–22, hier S. 19. Sprachliche Zurückhaltung auch im Dissens notiert Stefan REBENICH, Wissenschaftspolitik in Briefen. Althoff, Mommsen und Harnack, in: Ebd. S. 59–78, hier S. 75f.

178 Man inszenierte sich als „fachwissenschaftlicher Experte" (Gangolf HÜBINGER, Briefkultur(en) im bürgerlichen Zeitalter, in: Briefkultur(en) [wie Anm. 177] S. 25–36, hier S. 31), rückte sich „in ein bestimmtes Licht", wollte als arbeitsam, rastlos und skrupulös erscheinen (Michael MAURER, Selbstzeugnisse in kulturhistorischer Perspektive. Briefe, Tagebücher, Autobiographien, in: Briefkultur(en) [wie Anm. 177] S. 37–57, hier S. 50) und sich selbst treu bleiben (Philip ROSIN, Vom Mittelpunkt des Faches in die Ausgrenzung. Hermann Onckens Korrespondenz zwischen Weimarer Republik und Nationalsozialismus, in: Briefkultur(en) [wie Anm. 177] S. 201–221, hier S. 221).

179 Dass Dritte das Verhältnis Kehrs zu Bresslau ganz anders sehen konnten, als es nach ihrem Brief-

Anhang

Ausgewählte Briefe

Im Anhang sind sieben Briefe Paul Kehrs (Nr. I, IV, V, VI, VII, VIII, X) und vier Briefe Harry Bresslaus (Nr. II, III, IX, XI) ediert; hinzu kommt ein Brief von Ernst Bresslau, dem Sohn Harry Bresslaus, den dieser nach dem Tod seines Vaters anlässlich des von Paul Kehr im Neuen Archiv publizierten Nachrufs auf Bresslau an Kehr schrieb (Nr. XII).

Die Edition ist buchstabengetreu[180], allerdings ist die um 1900 verbreitete Vorliebe „Oe" für ‚Ö', ‚Ae' für ‚Ä', ‚Ue' für ‚Ü' zu schreiben, nicht übernommen worden. Abkürzungspunkte wurden um der besseren Lesbarkeit willen ergänzt, da Kehr häufig bei Ordnungszahlen und Abkürzungen den Punkt wegließ. Auch verwendete Kehr ohne erkennbares System ss oder ß. Dieser regellose Wechsel von Doppel-s und ß wurde beibehalten.

---

wechsel den Anschein hat, zeigt ein Schreiben Gerd Tellenbachs an Friedrich Baethgen aus dem Jahr 1972, in dem Tellenbach, damals scheidender Direktor des Deutschen Historischen Instituts in Rom, ganz unverhohlen behauptete, dass Kehr Bresslau gehasst habe: „Aber Sie haben sicher Recht: in seiner Machtlust kannte er [Kehr] keine sachlichen, moralischen oder gar in Rücksicht auf Mitmenschen begründeten Hemmungen. Scheußlich sein Verhalten gegenüber Bresslau, den er wohl haßte, weil er ihm einmal im Wege gestanden hatte". Den inhaltsreichen Brief (MGH-Archiv A 246/1) machte mir Annette Marquard-Mois auf Veranlassung von Hedwig Munscheck-von Pölnitz zugänglich; beiden gilt mein herzlicher Dank. Das voraufgegangene Schreiben Baethgens an Tellenbach vom 23.1.1972 ließ sich weder in Freiburg (Uni-Archiv) noch in Rom (DHI-Archiv) auffinden (ich danke Philipp Grass/ Uni-Archiv Freiburg, sowie Dr. Andreas Rehberg/DHI-Archiv, für ihre Bemühungen), so dass es unklar bleibt, was Baethgen Kehr im Einzelnen vorgeworfen hat. – Dass Kehr in seiner Akademie-Abhandlung von 1935 (wie Anm. 173) einen „posthumen Angriff auf Harry Bresslau veröffentlicht" hatte, entsetzte beispielsweise den jüdischen Historiker Willy Cohn; vgl. WYRWA, Antisemitismus (wie Anm. 9) S. 43 mit Anm. 368.

180 Prof. Dr. Folker Reichert (Heidelberg) hat mich bei der schwierigen Transkription insbesondere einiger Briefstellen Kehrs unterstützt; ihm sei dafür herzlich gedankt.

I
Paul Kehr an Harry Bresslau, 23. September 1919[181]

Berlin W 8 Wilhelmstr. 63[182]
den 23. September 1919[183]

Hochgeehrter Herr Kollege,
Nachdem der Reichsminister des Innern meine Wahl zum Vorsitzenden[184] der Zentraldirektion der Mon. Germ. bestätigt und Kollege Tangl[185] mir die Geschäfte übergeben hat, soll es mein erstes Geschäft sein, Ihnen ein par Worte zu schreiben. Ich freue mich, daß es einer persönlichen Auseinandersetzung zwischen uns nicht bedarf: wie ich seit vielen Jahren jedem, der es hören wollte, und besonders dem Reichsamt des Innern immer wieder gesagt habe, dass Ihnen, Ihrer Erfahrung u. Ihren Verdiensten dies Amt zukomme u. daß die ganze Misère der Mon. eben daraus resultiere, dass nicht der rechte Mann an der Spitze stehe, so haben Sie nun, da die Jahre Sie an der Übernahme der Geschäfte hindern, Ihre Stimme mir gegeben u. damit mir das Vertrauen bezeugt, das ich zur Führung des Amtes bedarf. Ich bin mir der Schwierigkeiten vollauf bewusst u. gebe mich auch über den ungünstigen Stand der Dinge gar keinen Täuschungen hin, umso mehr bin ich mir klar, daß ich jener nur Herr werden kann, wenn ich der Unterstützung derer sicher bin, auf deren Erfahrung u. Arbeit der ganze Bau ruht. Der grosse Stützpfeiler der Mon. aber sind gegenwärtig Sie.

Ich sehe das Heil weniger von gesundstürzenden *(sic!)* Reformen oder von neuen Statuten, als von dem rechten u. vertrauensvollen Zusammenwirken abhängig. Es ist richtig, dass der Vorsitzende mehr Einblick in die Arbeiten u. die Verhältnisse der einzelnen Abteilungen haben muß; es ist wünschenswert, daß die Abteilungen sich nicht absperren, sondern mehr mit einander kommunizieren, dass der gegenseitige Austausch, jetzt noch mehr als sonst durch lokale Trennung erschwert, lebendiger werde. Es liegt mir fern, erfahrenen Meistern in ihre Sachen reden zu wollen, u. ich weiß mich von allen autokratischen Neigungen ganz frei; umso sicherer rechne ich auch bei den Abteilungsleitern auf entsprechendes Entgegenkommen. Mir schwebt eine Art von Arbeitsausschuß vor, d. h. ein Gremium der Abteilungsleiter, das in gemeinsamer Konferenz alle Interna behandelte u. sie dann der Plenarversammlung

---

181 MGH-Archiv B 698, Bl. 1–2, Autograph, zweieinhalb Seiten; erwähnt bei Zielinski, Brief (wie Anm. 19) S. 220.
182 In der Wilhelmstraße 63 residierte die Generaldirektion der Preußischen Staatsarchive, der Kehr seit dem 1.9.1915 als Generaldirektor vorstand. In der Wilhelmstraße war auch der Sitz der Reichskanzlei und des Auswärtigen Amts.
183 Am selben Tag zeigte Kehr seine Wahl und kommissarische Bestellung durch den Innenminister auch der Berliner Akademie an (MGH-Archiv B 698, S. 5).
184 Die einstimmige Wahl erfolgte am 15.6.1919 in der 45. Plenarversammlung der ZD. Im August 1919 wurde Kehr vom Innenminister kommissarisch bestellt, am 1.9.1919 trat er sein Amt an: Tangl, Bericht 1916–1918 (wie Anm. 63) S. IIIf., Paul Kehr, Bericht über die Herausgabe der Monumenta Germaniae historica 1919, in: NA 43 (1922) S. XV–XXX, hier S. XVII; Bresslau, Geschichte (wie Anm. 47) S. 748. Siehe auch Anm. 87.
185 Zu Michael Tangl siehe Anm. 60.

zur Genehmigung unterbreiten wollte. Es sind doch recht wichtige Fragen, die in einer so vorbereitenden Konferenz einmal ernstlich u. gründlich besprochen werden sollten, von den Aufgaben des Vorsitzenden, von der Stellung der Mitarbeiter, die allmählich auch bedenkliche finanzielle Konsequenzen aufzuweisen beginnt, von der Revision unserer finanziellen Voraussetzungen, und schliesslich auch von unserem Arbeitsprogramm und seinen [.....][186] Möglichkeiten. Mich selbst drängt es, möglichst bald persönliche Fühlung mit den leitenden Herren zu gewinnen und in persönlicher Aussprache gemeinsame Richtlinien festzulegen. Zu diesem Zwecke beabsichtige ich, den ständigen Ausschuss auf Montag den 6. Oktober zu einer Nachmittagssitzung ½ 4 in unser Arbeitsheim im Reichspatentamt[187] einzuberufen, und ich würde es höchlichst begrüssen, wenn Sie es ermöglichen könnten, daran teilzunehmen. Es ist wahr, Reisen sind jetzt keine Vergnügungen u. es ist keine kleine Zumutung an Ihre Jahre u. an Ihre Bequemlichkeit. Aber ich wäre Ihnen doch sehr dankbar, wenn Sie Sich dazu entschliessen könnten. Ich wäre Ihnen für eine baldige Nachricht verbunden, da ich dann auch Herrn Krusch[188] einladen würde.

Mit den angelegentlichsten Empfehlungen, auch an Ihre hochverehrte Frau Gemahlin verehrungsvollst der Ihrige
Kehr

---

186 Ein längeres Wort nicht lesbar.
187 Die MGH waren seit 1917 in der Gitschinerstraße 97 im Neubau des Reichspatentamts untergebracht; vgl. FUHRMANN, Gelehrtenleben (wie Anm. 13) S. 38 (mit Foto).
188 Zu Bruno Krusch siehe Anm. 104.

II
Harry Bresslau an Paul Kehr, 25. September 1919[189]

MONUMENTA GERMANIAE HISTORICA[190]

Hamburg, Werderstr. 18[191]
25. Sept. 19.

Hochgeehrter Herr Geheimrat[192]!

Gestatten Sie mir die Antwort auf Ihren freundlichen Brief vom 23.[193] mit meinem herzlichen und ganz aufrichtigen Glückwunsch zu Ihrer Ernennung zum Vorsitzenden der Zentraldirektion der Monumenta zu beginnen. Ich bin vollkommen überzeugt davon, dass Ihre Wahl die beste Lösung der schwebenden Fragen bedeutet, die unter den gegenwärtigen Verhältnissen überhaupt möglich war, und ich gebe mich gern der Hoffnung hin, dass damit in der Geschichte der Monumenta eine neue Epoche beginnt, in der es vielleicht gelingen wird, dem Unternehmen die allgemeinere Teilnahme der Nation wieder zu gewinnen, die es in den letzten traurigen Jahren leider verloren hat. Dass es dazu einer tatkräftigen und zielbewussten Leitung bedarf, ist gewiss, und Ihr bisher so glänzend bewährtes Organisationstalent bürgt dafür, dass es an einer solchen in Zukunft nicht fehlen wird.

Sehr gern würde ich nun alsbald in persönlicher Besprechung der Verhältnisse [...] und Ihnen meine Ansichten, [...] ber besteht hier eine Schwieger, als wir erwartet hatten, [...] und ich inzwischen [...] abe, die es mir nicht wohl möglich machen am 6. Oktober nach Berlin zu [...]. Ich bin, wie Sie wissen, seit meiner Ausweisung aus Strassburg hier in Hamburg gewesen, wo ich mit meiner Frau im Hause meiner Schwester vorläufig Unterkunft zu finden das Glück hatte. Es war aber nie meine Absicht dauernd in Hamburg zu bleiben; ich kann meiner Schwester nicht zumuten uns länger zu beherbergen; ich hatte immer den lebhaften Wunsch nach Südwestdeutschland in die Nähe meiner Kinder und Enkel zurückzukehren; ich wünschte endlich einem zweiten Hamburger Nebelwinter, während dessen man Wochen lang die Sonne nicht sieht, und seinen ungünstigen Einwirkungen auf meine Gesundheit zu entgehen. So habe ich mich seit Monaten bemüht in Heidelberg, wohin auch die Strassburger Wissenschaftliche Gesellschaft (deren Präsident ich seit 1912 bin) ihren Sitz verlegt[194], eine Wohnung zu finden; und vor

---

189 MGH-Archiv 338/245, Bl. 1–4 (Digitalisat S. 92–96), Autograph, sieben Seiten. Siehe Abb. 3. Eine undatierte masch. Transkription neueren Datums liegt bei.
190 Briefpapier der MGH mit gedrucktem Briefkopf.
191 Bresslau fand nach seiner Ausweisung aus Straßburg zunächst Aufnahme bei seiner Schwester Clara in Hamburg: BRESSLAU, Selbstdarstellung (wie Anm. 13) S. 74; vgl. RÜCK, Erinnerung an Harry Bresslau (wie Anm. 13) S. 266 (aus der inoffiziellen Autobiographie Harry Bresslaus).
192 1915 war Kehr der Titel ‚Geheimer Oberregierungsrat' verliehen worden: MUNSCHECK-VON PÖLNITZ, Lebensrückblick (wie Anm. 2) S. 119.
193 Anhang I (Paul Kehr an Harry Bresslau, 23.9.1919).
194 Die 1906 gegründete Gesellschaft wurde nach Bresslaus Tod von Heidelberg nach Frankfurt verlegt (endgültig 1931) und nennt sich seit 1947 Wissenschaftliche Gesellschaft an der Johann

kurzem ist es mir endlich gelungen wenigstens provisorisch – bis 1. April – eine möblierte Wohnung (meine Möbel und Bücher sind ja noch in Strassburg) zu mieten (Kleinschmidtstrasse 44). Dahin werde ich mit meiner Frau am 29. September übersiedeln; ein grosser Teil meiner Sachen, die ich aus Strassburg mitgebracht oder von dort geschickt erhalten habe, ist bereits unterwegs, und alle Dispositionen sind so getroffen, dass ich sie jetzt nicht gut mehr rückgängig machen kann. Von dort am 6. Oktober schon wieder nach Berlin zu reisen würde – abgesehen von der Kostspieligkeit – für mich sehr schwirig sein, da ich dann eben erst oder vielleicht kaum schon eingerichtet sein werde, und ich würde Ihnen deshalb sehr dankbar sein, wenn Sie mich von dem persönlichen Erscheinen in der Ausschusssitzung vom 6. Oktober dispensieren wollten. Ich glaube nicht, dass durch meine Abwesenheit ein Schade geschehen wird. Entscheidende Beschlüsse wichtiger Art werden ja doch der Plenarversammlung vorbehalten bleiben müssen, und für ihre Vorbereitung wird ein schriftlicher Verkehr vielleicht ausreichen[195].

Denn mit Ihnen bin ich durchaus der Meinung, dass zwischen dem Vorsitzenden und den Abteilungsleitern, unbeschadet der zu wahrenden und durch die Statuten verbürgten wissenschaftlichen Selbständigkeit der letzteren, eine engere Verbindung wiederhergestellt werden, und dass der Vorsitzende über den Stand der Arbeiten und die Verhältnisse der Abteilungen fortdauernd auf dem laufenden erhalten werden muss. Mit Dümmler[196], Holder-Egger[197], Koser[198] habe ich deshalb in regelmässigem Briefwechsel gestanden, ihnen von dem, was in den Abteilungen geschah, berichtet und mir in zweifelhaften Fällen ihren Rat und ihre Ansicht erbeten. Das ist in den letzten fünf Jahren leider fortgefallen, aber gegen meinen Wunsch und nicht durch meine Schuld; ich werde mich freuen nunmehr zu dem früheren Brauche zurückkehren zu können, und ich werde Ihnen, sobald ich in Heidelberg einigermassen eingelebt bin, jedenfalls im Laufe des Oktobers, einen orientierenden Bericht über die Abteilungen Scriptores und Diplomata II zur Ergänzung dessen, was ich in meinem in der letzten Plenarversammlung (deren Protokolle Sie ja haben) berichtet habe, erstatten.

Ihr Gedanke, die Abteilungsleiter zu einer die Beschlüsse der Plenarversammlung vorbereitenden Besprechung zusammentreten zu lassen, die dann wohl am besten unmittelbar vor dem Tage dieser Versammlung stattfände, (denn häufigere Besprechungen dieser Art würden wohl durch die Höhe der Kosten erschwert wer-

---

Wolfgang Goethe-Universität zu Frankfurt am Main; vgl. Peter HERDE, 75 Jahre Wissenschaftliche Gesellschaft, in: Festschrift der Wissenschaftlichen Gesellschaft an der Johann Wolfgang Goethe-Universität Frankfurt am Main (1991) S. 1–53, hier S. 10–12, 20–24, 29–34.

195 In einem Entwurf Bresslaus heißt es hier stattdessen: „Sollten Sie aber besonderen Wert auf meine Anwesenheit legen und die Kosten nicht bedenklich finden, so würde ich Sie bitten die Sitzung um 14 oder wenigstens um 8 Tage zu verschieben. Am 20. oder allenfalls am 13. würde ich wohl soweit in Heidelberg eingerichtet sein, dass ich nötigenfalls abkommen könnte. Am liebsten aber wäre mir, wenn ich die lästige und unangenehme Reise jetzt nicht zu machen brauchte." (StaBi PK, Nl Harry Bresslau, Ergänzungen, Karton 6, Bresslau Bl. 1–2).

196 Zu Ernst Dümmler siehe Anm. 48.
197 Zu Oswald Holder-Egger siehe Anm. 51.
198 Zu Reinhold Koser siehe Anm. 50. Bresslau war mit Koser befreundet (siehe Anm. 53).

den) hat sehr viel für sich. Doch kann ich ein Bedenken nicht verhehlen, das ich Sie zu erwägen bitte. Bisher ist nur der Voranschlag des Haushaltsetats für das nächste Jahr auf Grund der von den Abteilungen eingereichten Kreditforderungen in solcher Weise vorberaten, und das ist durch den Lokalausschuss geschehen. Schwierigkeiten haben sich dabei, so viel ich mich erinnere, nie ergeben. Wenn nun aber alle wichtigeren Verhandlungsgegenstände des Plenums in solcher Weise vorberaten würden, so weiss ich nicht, ob nicht dadurch zwischen den Mitgliedern der Zentraldirektion ein Unterschied geschaffen würde, der von den an der Vorbesprechung nicht beteiligten unangenehm empfunden würde: sie könnten sich leicht als Mitglieder zweiter Klasse vorkommen. Und da nun gerade von den 6 Vertretern der 3 Akademien keiner zu diesem engeren Gremium der Abteilungsleiter gehören würde, so könnte das leicht zu Verstimmungen, namentlich in München, führen. Wenn Sie dies Bedenken nicht teilen, so wäre ich mit Ihrem Vorschlage ganz einverstanden; die Dauer der Sitzungen im Frühjahr würde dadurch nur um einen Tag verlängert (denn um 3 Tage Plenarversammlung kommen wir wohl doch nicht herum).

Eine Lebensfrage für die Monumenten bilden die Finanzen. Wir sind in den Kriegsjahren gut durchgekommen, weil fast alle Reisen fortfielen und weil ein grosser Teil der Mitarbeiter im Felde stand und nicht von uns bezahlt wurde. Jetzt fressen uns die Teuerungszulagen der Mitarbeiter auf[199]; während die Honorare der Abteilungsleiter unverändert geblieben sind, haben sich die Gehälter der Mitarbeiter verdoppelt, z. T. mehr als verdoppelt, und zu diesen erhöhten regelmässigen Bezügen kommen noch die einmaligen und ausserordentlichen Zulagen hinzu, deren eine uns jetzt ja wieder bevorsteht. Ich brauchte dringend einen dritten Mitarbeiter in der S[criptore]s-Abteilung, der mir auch gewisse zeitraubende und mich unnütz aufhaltende Geschäfte abnehmen könnte, natürlich an demselben Orte mit mir wohnen müsste – aber ich könnte ihn jetzt nicht bezahlen. Sobald wieder grössere sachliche Ausgaben für Reisen u. s. w. an die Monumenta herantreten, sind wir bankerott und auch für die jetzt laufenden Ausgaben wird unser unverändert gebliebener Etat nicht lange mehr ausreichen. Die Übernahme der Teuerungszulagen auf den allgemeinen Etat, bezw. eine entsprechende Erhöhung des unsrigen ist ein dringendes Bedürfnis; kommt es nicht dazu, so wird eine Einschränkung der Arbeiten, wie ich fürchte, nicht vermieden werden können.

Ich beschränke mich heute auf diese Bemerkungen. Es versteht sich von selbst, dass ich zu jeder weiteren Erörterung, die Sie inzwischen wünschen, vollkommen zur Verfügung stehe.

Mit den besten Empfehlungen an Ihre sehr verehrte Frau Gemahlin Ihr verehrungsvollst ergebener
H. Bresslau

---

199 Zur schon Ende 1914 einsetzenden, seit 1919 sich rasant verstärkenden Inflation und ihre Auswirkungen auf den Wissenschaftsbetrieb sowie zu den Teuerungszulagen für Beamte seit Ende 1919/20 vgl. Ulrich MARSCH, Notgemeinschaft der deutschen Wissenschaft. Gründung und frühe Geschichte 1920–1925 (Münchner Studien zur neueren und neuesten Geschichte 10, 1994) S. 39–43.

III
Harry Bresslau an Paul Kehr, 26. Dezember 1920[200]

Heidelberg 26. XII. 20[201]

Hochverehrter Herr Geheimrat!

Den amtlichen Glückwünschen, die Ihnen von den Berliner Mitgliedern des Lokalausschusses namens der Zentraldirektion zu Ihrem sechzigsten Geburtstage ausgesprochen werden, möchte ich nicht unterlassen noch ganz persönlich und so zu sagen privatim meine aufrichtigen und herzlichen Wünsche hinzuzufügen. Sie haben Sich in der kurzen Zeit, in der Sie an der Spitze des grossen Unternehmens stehen, mit dem mein eigenes Leben seit 30 Jahren zusammengewachsen ist, ein solches Verdienst um seine schwer gefährdete Zukunft erworben, dass der zukünftige Geschichtsschreiber der Monumenta, der später einmal mein jetzt nahezu abgeschlossenes Buch fortzusetzen haben wird, Sie nach Stein[202], Pertz[203] und Waitz[204] als den vierten κτίστης[205] des grossen Werkes bezeichnen wird. Und Sie haben Sich unter Zurückstellung eigener früherer Wünsche und Gedanken mit weiser Mässigung dazu entschlossen, an der Organisation des Unternehmens, die vor 45 Jahren beschlossen wurde, nur solche Veränderungen vorzunehmen, die auch mir selbst als nützlich und heilsam erscheinen, so dass Sie es dadurch auch denen, die jene Organisation im grossen und ganzen als wohl überlegt und wohl geeignet betrachten, ermöglicht haben, neben und unter Ihnen daran weiter mitzuarbeiten. Ihnen dafür jetzt an dem Tage, an dem Sie in ein neues Jahrzehnt Ihres Lebens eintreten, herzlich zu danken, ist mir Pflicht und Bedürfnis.

Unsere persönlichen Beziehungen haben Sich seit dem Tage, an dem wir uns in Rom – ich glaube zum ersten Male – persönlich gegenüber getreten sind, immer freundschaftlicher gestaltet, und beiderseitige Missverständnisse aus älterer Zeit sind längst verwischt und vergessen. Lassen Sie mich die Hoffnung aussprechen, dass dies gute Verhältniss *(sic!)* in der kurzen Zeitspanne, die mir noch vergönnt sein mag, sich erhalte und in der bisherigen, auf gegenseitigem Vertrauen beruhenden Richtung weiter entwickele.

Ihnen aber wünsche ich, dass Sie bessere Zeiten für unser Vaterland und für unsere Wissenschaft erleben mögen, als ich für mich erhoffen darf, und dass Ihnen die frische Kraft und die Schaffensfreudigkeit noch lange erhalten bleiben mögen, mit der Sie es bisher verstanden haben, den grossen und vielseitigen Aufgaben, die Sie übernommen haben, gerecht zu werden!

In aufrichtiger Verehrung und Ergebenheit stets der Ihrige
H. Bresslau
Meine Frau bittet mich Ihnen ebenfalls ihre herzlichsten Glückwünsche auszusprechen.

---

200 GStA PK, Nl Kehr, A 1, Mappe 7, Bl. 857–858, Autograph, drei Seiten. Zitat und Nachweis bei ZIELINSKI, Brief (wie Anm. 19) S. 220.
201 Am oberen linken Blattrand von der Hand Kehrs mit Blaustift „Bresslau".
202 Zu Reichsfreiherr Karl vom und zum Stein siehe Anm. 117.
203 Zu Georg Heinrich Pertz siehe Anm. 118.
204 Zu Georg Waitz siehe Anm. 119.
205 Griechisch: Maurer, Baumeister.

IV
Paul Kehr an Harry Bresslau, 29. Dezember 1920[206]

Berlin Dahlem Archivstr. 3[207]
den 29. Dez. 1920

Hochverehrter Herr Kollege,

Von allen Briefen, die mir gestern zugegangen sind, ist mir keiner so willkommen gewesen u. keiner hat mir so viel Freude gemacht als der Ihrige. Ich betrachte es als einen grossen Gewinn meines Lebens u. meines amtlichen Wirkens, dass wir auf unsere alten Tage uns doch noch gefunden haben; u. dass es uns vergönnt sein möge, noch einige Jahre rüstig u. in gemeinsamer Übereinstimmung neben einander zu marschieren, ist mein ganz besonderer Wunsch[208].

Was Sie mir sagen, ist mir wertvoll u. erfreulich. Wenn ich glaube etwas an mir rühmen zu dürfen, so ist es angeborene Objektivität. Ich hatte u. habe wohl noch manchmal eine böse Zunge, aber vor allem habe ich einen tiefen Respekt vor grossen Leistungen u. vor denen, die sie vollbringen. Ich würde mich nicht unterfangen, sie je bei Seite zu schieben u. auch da, wo ich glaube, die Sache richtiger zu sehen, würde ich doch nie die Hand dazu bieten, dass ihnen je ein Hinderniss *(sic!)* entstände. Ich bin unduldsam, wo ich das Vorwalten rein persönlicher Interessen wahrnehme; aber die Souveränität einer grossen wissenschaftlichen Persönlichkeit erkenne ich neidlos u. unbedingt an.

Doch ich rede zu viel von mir. Ich wollte auch nur zum Ausdruck bringen, einmal wie sehr mich Ihr freundschaftlicher Brief erfreut hat, sodann um mit ein par Worten zu erklären, was Sie „weise Mässigung" nennen: es ist eben nichts anderes als der Respekt vor dem wahren Verdienst. Und da Sie ebenso gesonnen sind (trotz einer so viel längeren akademischen Vergangenheit), werden wir, wenn nicht alles täuscht, unseren Weg gehen ohne jemals eine ernstliche Differenz zu haben. Es ist doch am Ende kein Zufall, dass wir eigentlich überall übereinstimmen; es sind dieselben Grundeigenschaften, in der gleichen Wissenschaft u. mit derselben Methode geschult, die so stark sind, dass sie kaum die Nuancen der verschiedenen Temperamente aufkommen lassen. –

Unterdessen habe ich mich aber auch Ihrer Straßburger Angelegenheit angenommen[209].

---

206 StaBi PK, Nl Harry Bresslau, Ergänzungen, Karton 6, Kehr 1920, Bl. 1–2, Autograph, vier Seiten. Siehe Abb. 4.
207 Der 1924 eingeweihte Neubau des Geheimen Staatsarchivs in Dahlem befindet in der Archivstraße 12–14, doch schrieb Kehr Bresslau schon Mitte September 1920 mit der Adresse „Dahlem, Archivstr." (StaBi PK, Nl Harry Bresslau, Ergänzungen, Karton 6, Kehr, Bl. 1–2), seit dem 1.10.1920 mit Hausnummer „Archivstr. 3" (ebd., Kehr 1920, Bl. 16–17), wo er wohl in einem Privathaus übergangsweise Platz fand.
208 „ist mein ganz besonderer Wunsch" am Rand und zwischen den Zeilen nachgetragen.
209 Über die „Straßburger Angelegenheit" sprach Bresslau offensichtlich bei seinem Besuch in Berlin am 16.12.1920 (siehe Anm. 127) mit Kehr. Gemeint ist Bresslaus unausgeführtes Vorhaben, eine Geschichte der Universität Straßburg zu schreiben.

Der Schmollersche Nachlaß[210] ist von der Witwe zu uns unterwegs. Diese wird die Erlaubnis zur Benutzung sicher gewähren. Aber darüber hinaus müßte es sich empfehlen, wenn Sie Sich mit Frau v. Schmoller[211] überhaupt näher einliessen. Sie ist die beste Chronik jener ersten Straßburger Zeiten; sie war in jungen Jahren die gefeierte Rectrix, eine gescheute Dame, die aufmerksam beobachtet hat, viel sah u. alles weiss.

Übrigens haben wir auch einen grossen Teil des Nachlasses von Edwin v. Manteuffel[212] im Geh. Staatsarchiv.

Der Möllersche Nachlass ist wohl noch bei der Familie. Der alte Möller[213] hatte ja wohl selbst „Denkwürdigkeiten" vorbereitet.

In Bezug auf den zu stellenden Archivbeamten bin ich mit Bailleu[214] der Meinung, dass sich dazu am besten der Archivar Dr. Schultze[215] eignet. Er ist ein tüchtiger Mann; hat jetzt den Duncker'schen Nachlass[216] geordnet u. bearbeitet u. setzt jetzt mit dem von Schmoller ein. Auch im Ausw. Amt kann er im Einverständnis mit Hermann Meyer[217] die Auszüge beginnen, sobald Sie den formellen Antrag gestellt haben werden.

Kann ich sonst dienen, so verfügen Sie nur bitte über mich.

Nun aber vor allem meine u. meiner Frau herzlichste <u>Wünsche</u> für Sie, Ihre hochverehrte Gattin u. Ihre Familie pro anno 1921. Mögen Gesundheit u. Arbeitskraft die alten bleiben!

In herzlicher Verehrung stets der Ihrige
Kehr
Herzlichen Dank auch den Herren Wibel[218] u. Baethgen[219] für ihr freundliches Gedenken!

---

210 Gustav von Schmoller (1838–1917), Nationalökonom und Sozialwissenschaftler, 1872 Ordinarius in Straßburg, seit 1882 in Berlin, 1897 Rektor daselbst, gilt als Haupt der jüngeren historischen Schule und ‚Kathedersozialist'.
211 Lucia Schmoller geb. Rathgen (1850–1928).
212 Edwin Freiherr von Manteuffel (1809–1885), preußischer Generalfeldmarschall, 1879 erster Reichsstatthalter in Elsass-Lothringen.
213 Eduard von Moeller (1814–1880), preußischer Jurist und Verwaltungsbeamter, 1871 Oberpräsident in Elsass-Lothringen.
214 Paul Bailleu (1853–1922), Historiker und Archivar, seit 1906 zweiter Direktor der preußischen Staatsarchive.
215 Johannes Schultze (1881–1976), Archivar und Landeshistoriker (frdl. Hinweis von Dr. Ingeborg Schnelling-Reinicke, Berlin GStA PK).
216 Maximilian Duncker (1811–1886), Historiker und Politiker, 1857 ord. Prof. in Tübingen, später in preußischen Staatsdiensten u. a. als Direktor des Preußischen Staatsarchivs in Berlin.
217 Hermann Meyer, seit 1926 Meyer-Rodehüser (1883–1943), 1917 Archivar im Preußischen Staatsarchiv Königsberg, 1918–1920 im Auswärtigen Amt, 1926 Leiter des dortigen Hauptarchivs, 1931 Generalkonsul in Marseille, 1935 Zwangsruhestand, 1937 Mitarbeiter der MGH (Staatsschriften).
218 Zu Hans Wibel siehe Anm. 97.
219 Zu Friedrich Baethgen siehe Anm. 140.

V
Paul Kehr an Harry Bresslau, 26. Februar 1921[220]

Berlin Dahlem 26. Febr. 1921
Archivstr.

Hochverehrter Herr Kollege,

Da ich wohl der erste unter den Kollegen bin, der das Schlusskapitel Ihrer schönen Geschichte der Mon. Germ. zu lesen bekommen hat, will ich auch der erste sein, der Sie zur Vollendung des Werkes von Herzen begrüsst u. Ihnen dazu Glück wünscht. Es wird auch Sie mit Genugtuung erfüllen, dass Ihnen trotz der Last der Jahre u. der Sorgen der letzten Zeit das grosse Werk gelungen u. so gut gelungen ist. Sie haben damit den Monumenten, aber auch Sich selbst ein schönes und dauerndes Monumentum gesetzt[221].

Mich freut auch von Herzen, dass Sie mit einem heutigen Ausblick schliessen. Ich, obwohl jünger, hätte doch, inmitten unserer Misère, kaum so mutvolle Worte gewagt[222]. Mich drückt doch mehr als ich dachte, die grosse Verantwortung u. ich fühle schwer die Schwierigkeiten unseres Unternehmens. Es sind nicht einmal die finanziellen Schwierigkeiten, die auf mir lasten, denn unsere Vorgänger haben mit Wenigem Viel geleistet, als das Versagen unserer Abteilungsleiter u. Mitarbeiter. Versagen ist vielleicht zu viel gesagt, sagen wir Ermatten. Sie, Krusch, Strecker[223], sind die wirklich Tätigen, teils weil Sie die Kraft dazu noch haben oder weil Sie über die nötige Zeit dazu verfügen. Seckel[224], trotz seines grossen Interesses an unserem Unternehmen, ist überhaupt zu sehr belastet, und jetzt ist er auch noch gar Rektor[225]. Tangl ist ein ganz müder Mann[226]. Ottenthal ist es nicht minder[227]. Und dann die nächste Generation. Hofmeister denkt doch nur an seine akademischen Aussichten[228]; mit dem Herzen ist er schon lange nicht mehr bei uns; er steht übrigens auf der Berliner Liste[229] an

---

220 StaBi PK, Nl Harry Bresslau, Ergänzungen, Karton 6, Kehr 1921, Bl. 3–4, Autograph, vier Seiten.
221 Gemeint ist Bresslaus Geschichte der Monumenta (wie Anm. 47); zur mühsamen Drucklegung siehe Anm. 72.
222 BRESSLAU, Geschichte (wie Anm. 47) S. 752.
223 Karl Strecker (1861–1945), 1906 außerord. Prof. in Berlin, 1907 Mitarbeiter Poetae latini, 1912 Mitglied der ZD und Leiter der Poetae latini (Unterabteilung der Antiquitates), 1923 ord. Prof. in Berlin. Vgl. FUHRMANN, Gelehrtenleben (wie Anm. 13) S. 189 Anm. 199.
224 Zu Emil Seckel siehe Anm. 75.
225 Emil Seckel wurde 1920 für ein Jahr Rektor der Berliner Universität.
226 Zu Michael Tangl siehe Anm. 60.
227 Zu Emil von Ottenthal siehe Anm. 108.
228 Zu Adolf Hofmeister siehe Anm. 95.
229 Zu den Schwierigkeiten der Philosophischen Fakultät der Berliner Universität, 1921/22 Nachfolger für Michael Tangl und Dietrich Schäfer zu finden, vgl. Sven KRIESE, Albert Brackmann und Ernst Zipfel. Die Generaldirektoren im Vergleich, in: Archivarbeit im und für den Nationalsozialismus. Die preußischen Staatsarchive vor und nach dem Machtwechsel von 1933, hg. von Sven KRIESE (2015) S. 17–94, hier S. 23f.

dritter Stelle (Hampe[230] – Brandi[231] – Hofmeister u. Schmeidler[232]). Ich hoffe, dass er endlich einmal avanciert. Denn als freier Mitarbeiter wird er uns mehr nützen denn als Angestellter. Krammer gibt sich alle Mühe[233]; ich verwende ihn daneben auch für die Bibliothek; aber Schwung ist in dessen müden Geist nicht zu bringen. Perels ist fleissig, aber auch abgetrieben *(sic!)* u. ohne Initiative[234]. Ich hoffe sehr auf Wibel. Müller ist auch kein Springer, auch ist seine baldige Versetzung nach dem Rhein unvermeidlich[235]. Es fehlt uns ganz u. gar ein frischer Nachwuchs. Und unsere Greise hier erzeugen keinen mehr. Wäre ich nur jünger u. nicht zu überladen! Ich griffe so gern zu, u. es überkommt mich, wenn ich gelegentlich in der Bibliothek der Mon. bin, zuweilen der heiße Wunsch: könnte ich doch noch selbst Hand anlegen!

Wir müssen jedenfalls uns noch einmal gründlich über die nächste Zukunft aussprechen; ich rechne auf Ihren Rat; Sie sind der einzige dank Ihrer Stellung in der Wissenschaft und kraft Ihrer Erfahrungen, auf dessen Urteil ich entscheidendes Gewicht lege. Mir machen die beiden anderen Diplomata-Abteilungen und die Epistolae am meisten Sorge[236]. Wir <u>müssen</u> da eingreifen.

Also liegt mir in erster Linie an Ihrer Teilnahme an den Sitzungen der Plenarversammlung u. an den Vorbesprechungen, die ich mit den Abteilungsleitern einen Tag vor dem Plenum abzuhalten das dringende Bedürfnis empfinde. Wann paßt es Ihnen am besten? Ich hätte gerne den 8. u. 9. April genommen (den 7. unsere Vorbesprechungen); am 11. u. 12. tagt das Kartell in Wien, bei dem Ottenthal nicht fehlen will. Übrigens teilt mir eben Min. Schmidt[237] mit, daß er für die gemeinsame Tagung des Hauptausschusses der Notgemeinschaft[238] u. der Fachausschusshäuptlin-

---

230 Zu Karl Hampe siehe Anm. 44.
231 Karl Brandi (1868–1946), Schüler Kehrs, lehrte seit 1902 als persönlicher Ordinarius in Göttingen.
232 Zu Bernhard Schmeidler siehe Anm. 96.
233 Zu Mario Krammer siehe Anm. 63.
234 Zu Ernst Perels siehe Anm. 98.
235 Ernst Müller (1877–1941), Archivar, 1905–1911 und 1919 Mitarbeiter Diplomata I (Karolinger), 1920–1928 nebenamtlicher Mitarbeiter für die Diplome Ludwigs d. Fr. (MGH-Mitarbeiter-Datenbank: https://data.mgh.de/databases/mghmit/idno/pnd117577073).
236 Diplomata I (Karolinger) und Epistolae unter Michael Tangl, Diplomata III (12. Jh.) unter Emil von Ottenthal; siehe Anm. 60.
237 Friedrich Schmidt-Ott (1860–1956), preußischer Kultusminister 1917/18, 1920 erster Präsident der Notgemeinschaft der deutschen Wissenschaft (Marsch, Notgemeinschaft [wie Anm. 199] S. 44f.). Kehr hatte ihn als Referenten des preußischen Ministerialdirektors Friedrich Althoff vor 1900 kennengelernt und fühlte sich ihm zeitlebens freundschaftlich verbunden; vgl. Kehr, Erinnerungen (wie Anm. 60) S. 13 (S. 1312); Fuhrmann, Zugänge (wie Anm. 20) S. 17. Ein Altersporträt Kehrs aus dem Nachlass Schmidt-Otts zeigt Munscheck-von Pölnitz, Liber Vitae (wie Anm. 3) S. 222 m. Anm. 8. – Zu Friedrich Althoff siehe oben S. 40.
238 Zur Vorgeschichte und frühen Geschichte der am 30.10.1920 als Verein gegründeten Notgemeinschaft der deutschen Wissenschaft e.V. vgl. Marsch, Notgemeinschaft (wie Anm. 199) S. 12–14, 61–83. Bresslau war Ende 1920 zum Vorsitzenden des Fachausschusses für Geschichte vorgeschlagen worden (zur Konstituierung der Fachausschüsse und zu ihrem Wirken Marsch, ebd. S. 80f., 96–108); vgl. den Brief von Erich Marcks (1861–1938) an Bresslau vom 20.12.1920: Hirsch (Hg.), Briefe (wie Anm. 30) Nr. 7, S. 232; vgl. auch die folgenden Briefe

ge den 6. in Aussicht genommen habe: das würde sich also alles gut zusammenfügen. Übrigens dürfen wir von der Notgemeinschaft nicht zu viel erwarten; die Aussichten sind nicht besonders, u. der Krieg Aller gegen Alle ist schon im schönsten Zuge. Es wäre, glaube ich, recht gut, wenn wir recht bald mit positiven Vorschlägen kämen. Bis jetzt ist nur ein ausgezeichneter Bericht der Mathematiker (Felix Klein)[239] eingegangen, kurz u. präzis, der über die Bedürfnisse des Faches gut orientiert. Irre ich nicht, will man in erster Linie das Zeitschriftenwesen[240] subventionieren, wie überhaupt die bibliothekarischen Interessen sich sehr breit machen: von eigentlicher Wissenschaft ist daneben nicht viel die Rede. Ich hielte es aber doch für gut, wenn wir uns gerade da recht bald u. recht vernemlich *(sic!)* hören liessen.

Hahn setzt seine Methoden fort[241]: es ist unmöglich daraus klug zu werden. Ich möchte am liebsten ganz von ihm los u. zu den Weidmännern[242].

Mit den besten Empfehlungen an Ihre Frau Gemahlin u. mit vielen Grüssen Ihr Ihnen aufrichtig ergebener
Kehr

---

von Marcks an Bresslau (ebd. Nr. 8–10, S. 233 f.). Marcks, der zu den bedeutendsten politischen Historikern um 1900 zählte, hatte zu Beginn seines Geschichtsstudiums in Straßburg Alte Geschichte studiert und war 1884 ebendort promoviert worden. Aus dieser Zeit rührte sein gutes Verhältnis zu Bresslau, das in den von Hirsch edierten Schreiben deutlich wird (vgl. bes. die Briefe Nr. 3–4, S. 230 f.). Marcks ging 1922 als Ordinarius von München nach Berlin. Noch im selben Jahr wurde er auf Vorschlag Kehrs in die Berliner Akademie gewählt. Der ZD gehörte er nicht an. Vgl. Fuhrmann, Gelehrtenleben (wie Anm. 13) S. 158, 188 Anm. 190.

239 Felix Klein (1849–1925), Mathematiker, seit 1886 Ordinarius in Göttingen.
240 Lesung unsicher.
241 Zur Hahnscher Buchhandlung und Verlag siehe Anm. 64. Zu den Spannungen zwischen Hahn und den MGH um 1919/20 vgl. auch Bresslaus Schreiben an die Hahnsche Buchhandlung vom 26.4.1919 (MGH-Archiv B 698, Bl. 100, Entwurf).
242 Die 1680 gegründete Weidmannsche Buchhandlung wurde in den 1920er Jahren in der vierten Generation Reimer von Hans Reimer d. J. geführt (1885–1953); vgl. Adalbert Brauer, Weidmann 1680–1980. 300 Jahre aus der Geschichte eines der ältesten Verlage der Welt (1980) S. 104–111. Vgl. auch Setz, Verleger (wie Anm. 64).

VI
Paul Kehr an Harry Bresslau, 1. August 1922[243]

Berlin Dahlem Archivstr.
den 1. August 1922

Hochgeehrter Herr Kollege,

Herr Reimer[244] brachte mir gestern den endlich fertig gewordenen Henricus Surdus[245]. An der Verzögerung trägt Böhlau Schuld[246]: es fehlte nämlich in allen fertig gehefteten abgelieferten Exemplaren der letzte Bogen der Vorrede. Dazu kam der Buchbinderstreik u. so erklärt sich die lange Verzögerung. Der Band soll jetzt ausgegeben werden. <u>Wie viel Freiexemplare wünschen Sie</u>?

Der[247] Band soll kosten Ladenpreis 250 M., Vorzugspreis 60 M. u. erfordert bei nachgewiesenen Kosten von 52 000 M. einen Zuschuß von 15 000 M!!

Da kann ich gleich eine andere Frage an den Mann bringen. <u>Wissen Sie, wo Löwenfelds</u>[248] <u>Nachlass hingekommen</u> ist, besonders seine gesammelten Abschriften zu Bd. II der Epistolae ineditae[249]? Er zitiert in den Regesten leider diesen Band.

Herr Bäthgen[250] *(sic!)* verspricht ein vortrefflicher Professor zu werden. Er ist ein wenig empfindlich wie ein solcher u. verwahrt sich sogar dagegen, daß ich geschrieben hatte: sein Aufsatz mache den <u>Eindruck</u> des ersten, schnell hingeworfenen Entwurfs. Das lohnt doch nicht das Porto von 3 M.[251].

---

243 StaBi PK, Nl Harry Bresslau, Ergänzungen, Karton 6, Kehr 1922, Bl. 24–25, Autograph, vier Seiten.

244 Zu Hans Reimer siehe Anm. 242.

245 Die Chronik Heinrichs Taube von Selbach, hg. von Harry BRESSLAU (SS rer. Germ. N. S. 1, 1922). Der aus dem Siegerland stammende Kleriker Heinrich von Taube († 1364), seit 1336 Eichstätter Domherr, verfasste eine faktenreiche, von 1294 bis 1363 reichende Papst- und Kaiserchronik, die insbesondere für die Auseinandersetzungen zwischen der Kurie und Kaiser Ludwig dem Bayern von Bedeutung ist.

246 Die 1853 in Weimar von Hermann Böhlau (1826–1900) gegründete Hofbuchdruckerei H. Böhlau Nachfolger druckte zahlreiche Bände der MGH und kam 1945 als Böhlau-Verlag in Weimar, Köln und Wien zum Kreis der Verleger der MGH hinzu; vgl. SETZ, Verleger (wie Anm. 64) S. 44.

247 Der folgende Satz am linken Rand von Bl. 24 quer zur Schreibrichtung ohne Verweiszeichen nachgetragen.

248 Samuel Löwenfeld (1854–1891), Privatdozent an der Universität Berlin, Bearbeiter der 2. Aufl. der Regesta Pontificum Romanorum von Philipp JAFFÉ, Mitarbeiter Epistolae und Scriptores. Vgl. FUHRMANN, Gelehrtenleben (wie Anm. 13) S. 86f. (mit Foto); Jasmin DORFER, Samuel Löwenfeld (1854–1891), in: Zwischen Vaterlandsliebe und Ausgrenzung (wie Anm. 9) S. 337–342.

249 Epistolae pontificum Romanorum ineditae 1, hg. von Samuel LÖWENFELD (1885). Der zweite Band ist nicht erschienen.

250 Zu Friedrich Baethgen siehe Anm. 140.

251 Das Briefporto im Fernverkehr (Inland) betrug damals 3 Mark.

Die 3 M. leiten mich zu dem schmerzlichen Kapitel unserer Finanzen hinüber. Die Pariser Photographien sind ärgerlich[252], aber ich denke, daß S. H.[253] sie uns schenken wird. In Wahrheit ruinieren uns nicht diese Ausgaben, sondern unsere beiden Angestellten Perels u. Bäthgen *(sic!)*. Die neuen Erhöhungen sind so ungeheuer, daß sie unseren Fonds völlig auffressen.

Zum Vorschlag Perels für die freie Stelle kann ich mich aber nicht entschließen[254]: es hieße den jetzigen Zustand verewigen u. mich mit einer Hypothek belasten, die zu übernehmen ich nicht willens bin. Es ist Zeit, daß er eine Professur bekommt. Er hat sie so gut verdient wie Caspar[255] u. Hofmeister. Wir müssen Platz machen für junge Talente.

Ich würde die Anwerbung von Wackernagel jun.[256] u. Schramm[257] deshalb sehr begrüßen. Aber rebus sic stantibus resp. pecunia omnino deficiente[258], kann, so lange Perels wie eine 4 stöckige Hypothek mit Frau u. 4 Kindern auf dem schmalen Dach der MG. sitzt, kein Mitarbeiter, Angestellter oder Ähnlicher eingestellt wer-

---

252 Gemeint sind drei Pariser Handschriften, von denen Emil Seckel Fotos bestellt hatte; vgl. den Brief Kehrs an Bresslau vom 6.6.1922 (StaBi PK, Nl Harry Bresslau, Ergänzungen, Karton 6, Kehr 1922, Bl. 21–22) sowie das Schreiben Bresslaus an Kehr vom 27.7.1922 (MGH-Archiv 338/245, Bl. 116–117).

253 ‚Seine Heiligkeit', übliche Anrede des Papstes. Gemeint ist Papst Pius XI. (1922–1939), mit bürgerlichem Namen Achille Ratti, Erzbischof von Mailand und Kurienkardinal. Schon als Bibliothekar der Biblioteca Ambrosiana in Mailand und später als Präfekt der Biblioteca Vaticana kam er mit Kehr in Kontakt. Als Oberhaupt der katholischen Kirche ab Februar 1922 förderte er Kehrs Arbeiten, blieb seiner Person freundschaftlich verbunden und empfing ihn mehr als zwanzigmal in Privataudienz. Pius XI. wurde namengebend für die 1931 von Kehr ins Leben gerufene Pius-Stiftung; vgl. KEHR, Erinnerungen (wie Anm. 60) S. 14f. (S. 1313f.); FUHRMANN, Menschen und Meriten (wie Anm. 3) S. 198–200; HUTH, Kehr (wie Anm. 7) S. 83–88; MUNSCHECK-VON PÖLNITZ, Lebensrückblick (wie Anm. 2) S. 116–118; Klaus HERBERS, Les Regesta Pontificum Romanorum: un lourd héritage du XIXe siècle?, in: Les actes pontificaux. Un trésor à exploiter, hg. von Rolf GROSSE / Olivier GUYOTJEANNIN / Laurent MORELLE (Abh. Göttingen. N.F. 55, 2024) S. 11–20, hier S. 12.

254 Bresslau hatte in seinem Schreiben an Kehr vom 22.6.1922 Perels für die durch den Tod Wibels freigewordene Regierungsratstelle vorgeschlagen (MGH-Archiv 338/245, Bl. 114–115).

255 Zu Erich Caspar siehe Anm. 99.

256 Jacob Wackernagel Jr. (1891–1967), Sohn des Schweizer Indogermanisten Jacob Wackernagel (1853–1938), 1902 ord. Prof. in Göttingen, 1915 in Basel. Bresslau hatte den jungen Wackernagel in seinem Schreiben an Kehr vom 27.7.1922 (MGH-Archiv 338/245, Bl. 116–117) als Volontär vorgeschlagen, doch kam es in der Folgezeit nicht zu seiner Beschäftigung bei den MGH.

257 Percy Ernst Schramm (1894–1970) wurde noch im selben Jahr Mitarbeiter Bresslaus für die Scriptores und die Salier-Urkunden (bis 1926): BRESSLAU, Selbstdarstellung (wie Anm. 13) S. 76; FUHRMANN, Gelehrtenleben (wie Anm. 13) S. 192 Anm. 217; DERS., Menschen und Meriten (wie Anm. 3) S. 285–290; VOCI, Bresslau (wie Anm. 13) S. 280f. Voci ist auch die Publikation des Briefwechsels zwischen Schramm und Bresslau aus den Jahren 1922–1924 zu verdanken, in dem es vor allem um die geplante Beschäftigung Schramms geht: ebd. S. 288–295. Ein Foto Schramms wohl aus seinem letzten Lebensjahr bei OLBRICH, Hiersemann (wie Anm. 136) S. 147.

258 Auf Deutsch etwa: Aber wie die Dinge nun mal stehen, d. h. in Ermangelung jeglichen Geldes.

den. Erst muß Luft geschaffen werden. Den alten Jacob Wackernagel[259] habe ich gut gekannt: einen der reichsten, aber geizigsten Menschen, geizig bis zur Originalität; die Frau, eine richtige Baseler Patrizierin allen Deutschen tief abgeneigt. Die beiden Alten so häßlich, daß die Frucht ihrer Bemühung notwendigerweise ein Geistesheld sein muß. So etwas könnten wir brauchen. Aber wie gesagt, an Honorierung ist nicht zu denken.

Auch Dr. Schramm hat mir sehr gut gefallen. Wollen Sie ihn gelegentlich beschäftigen u. gestatten das Ihre Mittel, so kann ich nur froh darüber sein. Aber über den 1. April hinüber dringt mein Blick nicht. Ich werde zwar jetzt eine große Eingabe wegen erheblicher Erhöhung unseres Etats einreichen, aber ob auch bei gutem Willen der[260] vermehrt werden kann, steht ganz dahin. So wie ich die Lage ansehe, geht erst jetzt das grosse Elend los u. die erzwungene Sparsamkeit. Wir werden uns vielleicht auf das Alleräußerste einschränken müssen. So stellt sich mir die Sache dar. Andere freilich huldigen einem wahrhaft fanatischen Optimismus.

Über die Tanglsche Professur hörte ich nichts[261]. Ich bin, wo ich konnte, für Bloch[262] eingetreten. Aber gegen ihn ist mit großer Schärfe Andreas[263] aufgetreten. Ich weiß nicht, wie die Sache ausgehen wird. Auch Brackmann[264], der etwas verschnupft ist, will nicht recht daran u. sehnt sich weiter nach seinen österreichischen Freunden[265]. Die Sache entwickelt sich nicht sehr erfreulich.

Am 15. August gehe ich endlich auf Urlaub. Ich will erst nach Teinach oberhalb von Calw, um nach meinem herzkranken Sohn Romulus[266] zu sehen. Dann ma-

---

259 Kehr kannte Jacob Wackernagel (siehe Anm. 256) aus gemeinsamer Göttinger Zeit.
260 Lesung durch Korrektur unsicher.
261 Michael Tangl (siehe Anm. 60) war am 7.9.1921 im Alter von 60 Jahren in Klagenfurt überraschend verstorben (vgl. den Nachruf von Kehr, in: NA 44 [1922] S. 139–146, hier S. 145), so dass die Wiederbesetzung seiner Professur anstand.
262 Zu Hermann (Reincke-)Bloch siehe Anm. 166.
263 Willy Andreas (1884–1967), Neuzeithistoriker, 1916 ord. Prof. in Rostock, 1922 in Berlin, 1923 in Heidelberg.
264 Albert Brackmann (1871–1952), Schüler und Mitarbeiter Kehrs im Rahmen der Germania Pontificia, 1905 außerord. Prof. in Marburg, 1913 ord. Prof. in Königsberg, 1920–1922 in Marburg, 1922 Nachfolger von Dietrich Schäfer in Berlin; er folgte 1929 Kehr als Generaldirektor der preußischen Staatsarchive (bis 1936). Vgl. Kriese, Brackmann (wie Anm. 229) bes. S. 20–27; Martin Koschny, Konturen eines Netzwerks. Albert Brackmanns Korrespondenz zwischen Mediävistik und ‚Ostforschung', in: Briefkultur(en) (wie Anm. 177) S. 223–243.
265 Brackmann trat in der Nachfolgefrage Michael Tangl für die Österreicher Hans Hirsch (1878–1949) und Harold Steinacker (1875–1965) ein, was weder Kehr noch Bresslau verstanden; vgl. die Schreiben Kehrs an Bresslau vom 6.6.1922 (StaBi PK, Nl Harry Bresslau, Ergänzungen, Karton 6, Kehr 1922, Bl. 21–22) und Bresslaus an Kehr vom 22.6.1922 (MGH-Archiv 338/245, Bl. 114–115).
266 Kehr war seit 1908 mit der erheblich jüngeren Belgierin Doris vom Baur (1885–1979) verheiratet. Aus dieser Ehe ging neben dem hier genannten Romulus, der schon zwei Jahre später starb, der jüngere Ivo (1911–1943), der 1943 in Russland fiel, sowie die Tochter Gudila (1913–2002) hervor; vgl. Schieffer, Kehr (wie Anm. 3) S. 134, 143. Zur Ehe des Paars, zu ihren drei Kindern und zum Tod des Romulus vgl. auch Fuhrmann, Zugänge (wie Anm. 20) S. 31; ders., Menschen und Meriten (wie Anm. 3) S. 208f. Ein Gruppenfoto aus dem Jahre 1913 mit

che ich einen Abstecher nach Karlsruhe u. Heidelberg. In Karlsruhe will ich die dortige *(sic!)* Ludoviciana ansehen[267]. Von dem Mühlbacher[268]–Dopsch[269]– Tangl'schen Apparat machen Sie Sich keine Vorstellung: ich habe das nicht für möglich gehalten: alles unfertig, die Schriftbestimmungen ganz unsicher, keine Abschrift ohne Fehler. Natürlich keine paläogr. Abschriften u. nur ganz mangelhafte u. fast überall falsch ausgewählte Photographien. Seit 16 Jahren hat Tangl keinen Streich daran getan[270].

Von Karlsruhe gehe ich über St. Gallen u. Chur, wo andere Karolingersünden zu berichten sind, nach Mailand, Venedig u. Rom. Ende Oktober bin ich wohl wieder zurück. Bd. VII der Italia pontif. ist in Druck[271].

Hoffentlich kann ich Sie in Heidelberg in vollem Wohlsein begrüßen. Mit den besten Empfehlungen verehrungsvollst der Ihrige
Kehr

Frau Kehr im Vordergrund in: Das Deutsche Historische Institut (wie Anm. 59) Abb. 7 (nach S. 31).

267 Im GLA sind die Urkunden Ludwigs des Deutschen für das Kloster Reichenau und das Bistum Speyer überliefert; vgl.: Die Urkunden Ludwigs des Deutschen, Karlmanns und Ludwigs des Jüngeren, hg. von Paul KEHR (MGH DD regum Germaniae ex stirpe Karolinorum 1, 1934) S. 280–281.

268 Engelbert Mühlbacher (1843–1903), Schüler Sickels, 1881 außerord., 1896 ord. Prof. in Wien und Direktor des Instituts für österreichische Geschichtsforschung. Seit 1891 in der ZD, übernahm er 1892 mit seinen Mitarbeitern Alfons Dopsch und Michael Tangl die Edition der Karolinger-Urkunden, die indes nur bis zum Tod Karls d. Gr. fertig wurde.

269 Alfons Dopsch (1868–1953), 1892 Mitarbeiter Mühlbachers für die Karolinger-Urkunden, 1900 ord. Prof. in Wien.

270 Vgl. KEHR, Vorrede zu: Die Urkunden Ludwigs des Deutschen (wie Anm. 267) S. V–VII.

271 Italia pontificia 7,1. Venetiae et Histria: Provincia Aquileiensis, hg. von Paul KEHR (Regesta pontificum Romanorum, 1923).

VII
Paul Kehr an Harry Bresslau, 6. Juni 1923[272]

Berlin Dahlem Archivstr. 13[273]
den 6. Juni 1923

Hochverehrter Herr Kollege,

Ihr Brief vom 20. Mai, den ich, am 1/VI hierher zurückgekehrt, vorfand[274], hat mich darum besonders erfreut, als ich aus ihm sehe wie frisch u. wohlgemut Sie sind u. Sich mit den Hemmnissen u. Widrigkeiten unserer Existenz abzufinden wissen. Auch die Zehnpfundner sind nicht zu verachten[275]. Sie einzuwursteln hat jetzt wohl keinen Sinn (wenn auch ein Rückschlag in der Markbaisse möglich ist – aber wer will das wissen, auch das Gegenteil kann eintreten). Aber die Sache ist erfreulich aus menschlichen Gründen u. auch aus sachlichen. Ich bin der Meinung, dass das Reichsministerium mit diesen Spenden gar nicht zu befassen ist, ihm also auch keine Mitteilung zu machen ist, wie ich überhaupt darauf hinaus bin, den Monumenten <u>neben</u> dem Reichszuschuß womöglich eine davon unabhängige Einnahmequelle zu verschaffen, die ebenso wie Ihre Pfunde nicht durch die Abrechnung über den Reichszuschuß läuft. Und zwar hoffe ich in der Schweiz einen regelmäßigen Beitrag in Franken flüssig zu machen; die ersten Fühler haben bereits ein befriedigendes Ergebnis gehabt[276]. Doch müssen wir darüber noch Stillschweigen üben u. ich bitte Sie darüber ebenso wenig zu reden wie ich über Ihre Engländer etwas sagen werde.

Bäthgens *(sic!)* bevorstehender Abgang tut auch mir leid[277], indessen das sind nun mal die incerti unserer Arbeiten. Es wird doch immer so sein, dass der eine vor der Zeit geht u. der andere zu lange bei uns sitzen bleibt. Die Sache hätte, wenn B. sich nicht entschließen konnte, nach Berlin zu kommen, wohl auch sonst Unbequemlichkeiten gehabt. In Berlin hätte er jedenfalls bald eine starke Position gehabt, u. ich war gerade im Begriff, mich bei Ihnen zu erkundigen, wie es mit seinem Italie-

---

272 StaBi PK, Nl Harry Bresslau, Ergänzungen, Karton 6, Kehr 1923, Bl. 1–3, Autograph, sechs Seiten.
273 Die Archivstraße 13 ist ein Teilgebäude des erst 1924 offiziell eingeweihten Neubaus des Geheimen Staatsarchivs in der Archivstraße 12–14. In dem Gebäude befand sich das Arbeitszimmer Kehrs, das wohl mit dem 1921 im Berliner Adressbuch aufgeführten „Büro des Geheimen Staatsarchivs" identisch ist (mein Dank gilt Ingeborg Schnelling-Reinicke und Hedwig Munscheck-von Pölnitz für nähere Informationen). Siehe auch Anm. 207.
274 MGH-Archiv 338/245, Bl. 135–136.
275 Bresslau hatte 1921 von zwei in England lebenden Töchtern von Georg Heinrich Pertz als Anerkennung für „die gerechte Würdigung ihres Vaters" in seiner Geschichte der Monumenta 10 Pfund Sterling für die Zwecke der Monumenta erhalten: Bresslau, Selbstdarstellung (wie Anm. 13) S. 75.
276 Zu Kehrs Finanzbeziehungen zu Schweizer Banken und Stiftungen, die dazu führten, dass die Pius-Stiftung für Papsturkunden und für mittelalterliche Geschichtsforschung als schweizerische Stiftung „im Sinne der Art. 80 ff. des Schweizerischen Zivilgesetzbuches" 1931 ins Leben trat, vgl. Huth, Kehr (wie Anm. 7) S. 81–87, das Stiftungsstatut ebd. S. 83–85. 1934 wurde Kehr Ehrenmitglied der Allgemeinen Geschichtforschenden Gesellschaft der Schweiz (ebd. S. 86).
277 Friedrich Baethgen kündigte seine Stelle bei den MGH zum 1.10.1923, siehe oben S. 57.

nisch stünde, da ich vor hatte ihm für den Winter eine römische Mission anzubieten. Das alles wäre doch ein andres Ding als eine Assistentenstelle am Historischen Seminar in Heidelberg[278]. Indessen so hat Jeder seine Art das Leben zu nehmen.

Wie es nun aber mit den Scriptores werden wird, das müssen wir allerdings ernsthaft erwägen[279]. Es kommt zunächst darauf an, was an Material Sie am 1/X übergeben, was im Druck ganz oder halb fertig ist. Wenn wir Levison nicht oder nicht gleich bekommen[280], so müßte eben ein Interim hierin eintreten, in dem die laufenden Sachen erledigt werden müßten, u. das getraute ich mich wohl einige Zeit mit Perels u. noch einer zweiten Hilfe zu bewältigen. Eine neue Aufgabe könnte ich natürlich nicht übernehmen, das müßte dem kommenden Regens vorbehalten bleiben. Wir sind ja auch sonst in vielen Stücken lediglich bei Abschluß, u. das ist kein Unglück, so wie unsere Verhältnisse liegen. Mir erscheint neben den laufenden Arbeiten vor allem wichtig die Weiterführung der Diplomata. Mit Ludwig d. Fr. sitze ich allerdings ganz fest, da ich, nachdem die deutschen u. italienischen Stücke fertig sind, nicht an die französischen herankann, die eine Revision von Grund auf, wenn nicht geradezu eine Neubearbeitung erfordern[281]. Selbst der kinderleichte deutsche Ludwig[282] ist schlecht vorgearbeitet; keine Abschrift ohne Fehler, selbst der für diplomatische Analphabeten lesbare Hebarhard[283] nicht. Was sind doch diese Mühlbacher u. Dopsch für schnurrige Diplomatiker gewesen! Ich habe in St. Gallen, wo ich eine Woche Gast des Stifts war, die Juraschen[284] u. St. Galler Stücke erledigt[285], demnächst kommen die norddeutschen u. Münchener Stücke daran[286]; ich denke daß ich diesen (IV.) Band der Dipl. Karol. in absehbarer Zeit fertig machen

---

278 Baethgen wurde ein Jahr später außerord. Prof. in Heidelberg; siehe Anm. 140.

279 Zum Rücktritt Bresslaus von der Leitung der Scriptores-Abteilung siehe Anm. 147.

280 Wilhelm Levison (1876–1947), seit 1899 für die Monumenta tätig, 1912 außerord., 1920 ord. Prof. in Bonn, 1925 Mitglied der ZD, 1935 in den Ruhestand versetzt, 1939 nach England emigriert; vgl. Böhringer, Levison (wie Anm. 104) S. 301–321. Bresslau hatte schon Ende Mai 1922 Levison als möglichen Nachfolger für die Leitung der Scriptores ins Auge gefasst: MGH-Archiv 338/245, Bl. 111–113 (zu diesem Brief siehe auch Anm. 147), doch kam es nicht dazu; Kehr übernahm die Abteilung übergangsweise selbst. Der 1925 in die ZD berufene Levison lehnte 1929 einen Ruf nach Berlin ab: Böhringer, Levison (wie Anm. 104) S. 314f.

281 Die Urkunden Ludwigs des Frommen, hg. von Theo Kölzer (MGH DD regum Germaniae ex stirpe Karolinorum 2), erschienen nach zahlreichen Verzögerungen und Bearbeiterwechseln erst 2016.

282 Ludwig der Deutsche; Begründung zur Einschätzung Kehrs als „kinderleicht" siehe folgende Anm.

283 Hebarhard schrieb und rekognoszierte als Cancellarius Ludwigs des Deutschen fast alle Diplome des Königs; vgl. Kehr, Die Urkunden Ludwigs des Deutschen (wie Anm. 267), Einleitung, S. XXV–XXVIII.

284 Lesung unsicher.

285 Zur Überlieferung der Urkunden Ludwigs des Deutschen in St. Gallen vgl. Kehr, Die Urkunden Ludwigs des Deutschen (wie Anm. 267) S. 277.

286 Vgl. ebd. S. 276–282: „Übersicht der Urkunden nach Empfängern und Überlieferung"; zur Überlieferung im Hauptstaatsarchiv München ebd., Vorrede S. V–VI.

kann[287]. Und ich hoffe, daß Sie selbst noch lange bei den Saliern ausharren u. mir einen zweiten Wibel hinterlassen werden. Alles Andere kann nach meinem Ermessen peu à peu weiter gehen u. muß es, da wir überall gehemmt sind. Perels ist dabei, seinen Epistolaeband fertig zu machen[288]; Strecker hat seinen Poetaeband fertig[289]; so kommen wir doch hier u. da zu einem vorläufigen Abschluß. Die Tragödie der Leges wird doch eine Dauersache werden[290]. Übrigens ist das Buch von Krusch[291] vorzüglich u. nach allen Richtungen durchgearbeitet. Was wir aber dann mit dem toten Schwind machen sollen[292]? —

Nächstens geht Ihnen das Protokoll über unsere Sitzung zu, zugleich mit einem Bericht über meine Besprechung im Reichsfinanzministerium. Paßt Ihnen dann Ende September zur Sitzung[293]? Krusch, der am 1/X in den Ruhestand treten muß (es ist mir nicht gelungen, ihn zu halten), wünscht zwar erste Hälfte September; aber Ottenthal kann nur Ende des Monats. Und dieses Mal ist Ottenthal unentbehrlich, da es um die Zukunft seiner „Abteilung" geht. Die österr. Valuta droht für uns zur Edelvaluta zu werden, was zur Folge hat, daß wir unmöglich gegen 25 000 M. jährlich eine ganze „Abteilung" in Wien mit einem „Abteilungsleiter" u. 1 oder 2 Hilfsarbeitern erhalten können. Entweder muß also der österr. Beitrag sich auf einen entsprechenden Betrag erhöhen oder es muß dort der Apparat auf ein rationelles Mass reduziert werden. —

Ich war in Rom bei Pius XI.[294], der wieder sehr gütig war u. versprach, jetzt eine Unterstützung der Schwartzschen Acta zu bewilligen[295]. Auch Ehrle[296] tritt dafür ein. Ich melde Ihnen das extra, da ich weiß, daß Ihnen das zur Befriedigung

---

287 Die Urkunden Ludwigs des Deutschen erschienen erst 1932–1934 als Bd. 1 der Urkunden der deutschen Karolinger (wie Anm. 267).
288 Epistolae Karolini aevi 4, hg. von Ernst DÜMMLER / Ernst PERELS (MGH Epp. 6, 1925).
289 Poetae Latini aevi Carolini 4, 2.3, hg. von Karl STRECKER (MGH Poetae, 1923).
290 Die von Emil Seckel geleitete Abteilung Leges kam nicht zur Ruhe; siehe Anm. 75.
291 Bruno KRUSCH, Die Lex Bajuvariorum. Textgeschichte, Handschriftenkritik und Entstehung (1924).
292 Gemeint ist die von Ernst von Schwind besorgte Edition: Lex Baiwariorum, hg. von Ernst VON SCHWIND (MGH LL nat. Germ. 5,2, 1926). Die Edition wurde schon vor ihrer Veröffentlichung von Krusch scharf kritisiert (siehe Anm. 291). – Ernst von Schwind (1865–1932), seit 1899 ord. Prof. für Deutsches Recht und österreichische Reichsgeschichte in Wien.
293 Die Plenarversammlung der MGH fand am 25.10.1923 statt; siehe Anlage VIII (Paul Kehr an Harry Bresslau, 26.10.1923).
294 Zu Papst Pius XI. siehe Anm. 253.
295 Eduard Schwartz (1858–1940), klassischer Philologe und Kirchenhistoriker, Herausgeber der von der ‚Straßburger Wissenschaftlichen Gesellschaft' geförderten Acta conciliorum oecumenicorum, 1919 ord. Prof. in München, zuvor u. a. in Straßburg und Göttingen. Er stand Bresslau nahe, folgte diesem in der Leitung der Straßburger Wissenschaftlichen Gesellschaft und hielt die erste Ansprache am Grab Bresslaus am 30.10.1926 (RÜCK, Erinnerung [wie Anm. 2] S. 278f.); vgl. HERDE, 75 Jahre (wie Anm. 194) S. 16, 24, 29f.
296 Franz Ehrle S. J. (1845–1934), aus Isny stammend, seit 1895 Präfekt der Vatikanischen Bibliothek, 1922 Kardinaldiakon.

gereichen wird. Sonst sieht es trübe aus. Auch in der Familie. Mein Ältester[297] hat wieder einen schweren Rückfall erlitten u. leidet sehr.

    Meine angelegentlichsten Empfehlungen an Ihre verehrte Frau Gemahlin u. die besten Wünsche von Ihrem aufrichtig ergebensten
Kehr

---

297 Zu Romulus Kehr siehe Anm. 131 u. 266.

VIII
Paul Kehr an Harry Bresslau, 26. Oktober 1923[298]
Vertraulich!

> Berlin-Dahlem Archivstr. 11[299]
> den 26. Oktober 1923

Hochverehrter Herr Kollege,
ich eile Ihnen über den Verlauf unserer gestrigen Versammlung zu berichten[300]; das Protokoll geht Ihnen demnächst zu.

Ich bin von ihr sehr unbefriedigt; das Fehlen der an den Arbeiten selbst beteiligten Herren war doch sehr empfindlich, u. das ganze kam auf einen Monolog von mir u. einen Exkurs von Krusch hinaus – Hampe, Leidinger[301], Schäfer[302], Hintze[303], Heymann[304], Redlich[305], Ottenthal sind ja alles vortreffliche Männer, aber an unseren Arbeiten, also an unseren Sorgen u. Mühen sind sie ja nicht beteiligt u. deshalb ist auch ihr Rat nicht produktiv, ihre Einrede oft mehr schädlich als nützlich. Die Sitzung schloß sogar mit einem bedauerlichen Mißklang, indem unsere süddeutschen Kollegen Hampe u. Leidinger einem echt österreichischem Trick aufsaßen: nachdem ich an Ottenthal geschrieben hatte, daß wir die Ausgaben für eine volle Plenarversammlung überhaupt nicht bestreiten könnten, daß es also nötig sei, daß die Wiener u. Münchener Delegierten auf Kosten ihrer Akademien kommen müßten, erschienen Redlich und Ottenthal, aber wie sich schließlich herstellte *(sic!)*, nur der erste als Delegierter der W[iener] Akademie, dieser aber als „Abteilungsleiter" auf Kosten des Reiches. Alles ganz richtig und statutengemäß. Nur daß Österreich im vorigen Jahr einen Beitrag von 25 000 M!!, u. jetzt endlich den für 1923 in

---

298 StaBi PK, Nl Harry Bresslau, Ergänzungen, Karton 6, Kehr 1923, Bl. 27–29, Autograph, sechs Seiten.
299 In der Archivstraße 11 befand sich direkt neben dem Neubau des Geheimen Staatsarchivs die sog. Direktorenvilla, in der sich im Erdgeschoss Diensträume des Staatsarchivs und im 1. Stock Kehrs Privatwohnung befanden (frdl. Hinweise von Hedwig Munscheck-von Pölnitz und Ingeborg Schnelling-Reinicke). Kehr hatte schon Ende Juli 1923 die dortigen Diensträume bezogen (StaBi PK, Nl Harry Bresslau, Ergänzungen, Karton 6, Kehr 1923, Bl. 20–21). In das „Dienstgebäude des Geheimen Staatsarchivs in Dahlem, Archivstr. 11" lud er auch zu der hier genannten Plenarversammlung der MGH ein (StaBi PK, Nl Harry Bresslau, Ergänzungen, Karton 6, Kehr 1923, Bl. 23).
300 Plenarversammlung der MGH am 25.10.1923; vgl. Paul KEHR, Bericht über die Herausgabe der Monumenta Germaniae historica 1922–1923, in: NA 45 (1924) S. 211–222, hier S. 211–213.
301 Georg Leidinger (1870–1945), Bibliothekar und Historiker, stellvertretender Leiter der Bayerischen Staatsbibliothek, 1922 Honorarprof. in München. Er saß als Vertreter der Münchener Akademie in der ZD.
302 Zu Dietrich Schäfer siehe Anm. 66. Er war Vertreter der Berliner Akademie.
303 Otto Hintze (1861–1940), Historiker (vergleichende Verfassungsgeschichte), seit 1899 in Berlin lehrend, 1920 aus gesundheitlichen Gründen emeritiert. Auch er vertrat in der ZD die Berliner Akademie.
304 Ernst Heymann gehörte der ZD seit 1917 an (siehe Anm. 79).
305 Oswald Redlich (1858–1944), österreichischer Historiker und Diplomatiker, 1897 ord. Prof. in Wien, 1904 Mitglied der ZD als Vertreter der Wiener Akademie.

Höhe von 500 000 Kronen (= 30 Goldmark) gezahlt hat, was ungefähr oder doch beinahe der Ottenthalschen Reise hierher entsprach[306]. Ich gestehe, daß ich schon lange über unsere österreich. Bundesbrüder außer mir bin: keine Leistungen – die DD. Lothars III. sind bis zum Romzug wirklich schon ganz druckfertig!!![307] –, keine Zahlung, aber immer Ansprüche. Aber die würdige Figur Redlichs u. das verzweifelte Händeringen Ottenthals rührte unsere Herren so, daß sie aus „politischen Gründen" und um der „Würde des Reiches" willen auf der Zahlung der Ottenthalschen Reisegebührnisse[308] bestanden. Der verließ also Berlin mit dem Chek *(sic!)* von 500 000 Kr. für seine Wiener Abteilung (denn dafür, d. h. für das Institut soll der Zuschuß nach dem Wunsche der öster. Regierung verwendet werden) und einem guten Teil der mir eben bewilligten 400 Milliarden, von denen ich möglichst viel für unsere armen Mitarbeiter, darunter Herrn Schramm[309], verwenden wollte. Daß die Unsrigen einer solchen Komödie aufsitzen, ist wahrhaft tragikomisch, aber daß die von mir mit großer Mühe erpreßten und für nötigen Dinge bestimmten Milliarden so verwandt werden, ist mir noch heute ein Stachel. Die Folge ist, daß ich leider heute Schramm wieder nur einen Teil dessen habe senden lassen können, was ich für ihn u. seine Kollegen bestimmt hatte. Das ist ja eben das entmutigende, daß jene Herren, vor allem aber Hampe, gar keine Ahnung von unserer wahren Lage und von den unsäglichen Schwierigkeiten haben, unter denen ich dem Reichsfinanzminister diese Milliarden abzwacke. Die Heidelberger scheinen im Gelde zu schwimmen. Auf mich hat aber die ganze Sache den niederschlagendsten Eindruck gemacht; leere Worte, aber kein Verständnis für unsere u. meine Lage, u. mein Entschluß mich möglichst bald des undankbaren Geschäfts, die Verantwortung für die Monumenta zu tragen, zu entledigen, wird immer bestimmter. —

    Die Herren hörten mein Sparprogramm an u. stimmten ihm zu: wir haben nun alle auf Abteilungsleitergehälter verzichtet u. das bedeutet eine gewaltige Ersparnis. Natürlich müssen die Autorenhonorare entsprechend gestaltet werden. Der Staatssekretär[310] versprach guten Willen u. die Annahme eines Goldetats, allerdings eines sehr eingeschränkten; ich hoffe, ich erreiche das noch. —

    Nun zu Ihren Angelegenheiten. Hiersemann erklärt[311], daß er den Druck von SS XXX, 2 sofort in Angriff nehmen wolle, sobald er das gesamte Manuskript druckfähig in Händen habe. Ich hatte früher mit ihm verabredet u. habe ihm das jetzt noch einmal bestätigt, daß der zweite Halbband in Faszikeln ausgegeben werden solle – es ist ja die einzige Möglichkeit, die Kosten hereinzubekommen –, das

---

306 Der österreichische Anteil an der Dotation der MGH 1875/76 betrug 6.000 M; vgl. Fuhrmann, Gelehrtenleben (wie Anm. 13) S. 187 Anm. 182.

307 Der Gesamtband erschien 1927: Die Urkunden Lothars III. und der Kaiserin Richenza, hg. von Emil von Ottenthal / Hans Hirsch (MGH DD regum et imperatorum Germaniae 8, 1927).

308 Lesung unsicher.

309 Zu Percy Ernst Schramm siehe Anm. 257.

310 Heinrich Schulz (1872–1932), der bei der Tagung zugegen war; vgl. Kehr, Bericht 1922–1923 (wie Anm. 300) S. 212. – Heinrich Schulz war von 1920 bis 1927 Staatssekretär für Schul- und Bildungsfragen im Innenministerium (Wikipedia).

311 Zu dem Hiersemann-Verlag unter Karl Wilhelm Hiersemann siehe Anm. 136.

gegebene wäre wohl prima facie, fasz. 1 mit den deutschen Quellen, fasz. 2 mit den italienischen, fasz. 3 mit den Registern, jedes für sich herauszugeben. Aber die Verleger legen mit Recht unter den jetzigen Verhältnissen das größte Gewicht darauf, daß schnell u. ohne Unterbrechung mit möglichst geringen Korrekturen gedruckt werde. Da nach Ihrem Briefe der deutsche Teil ganz druckfähig ist, könnte also angefangen werden, u. ich würde Sie dann bitten, das weitere zu veranlassen[312]. Wollen Sie das Manuskript direkt an Verlag Hiersemann, Leipzig Königstr. 29[313] schicken oder erst an mich? Wie wünschen Sie es mit den Korrekturen zu halten? Wollen Sie Sich auf diejenigen Ihrer eigenen Edition beschränken u. mir die Revision der übrigen überlassen? Alles ganz wie Sie wünschen, verfügen Sie bitte nur nach Ihrem Status; nur daß keine Stockung eintritt, sondern frischweg gedruckt, korrigiert u. lizenziert wird.

Daß die Versammlung Ihre Abdankung als Leiter der Scriptores Abteilung mit Kummer u. Sorge[314], u. meine Mitteilung über Ihre letzte Krankheit mit Teilnahme u. den besten Wünschen für eine baldige u. vollkommene Herstellung aufnahm[315], brauche ich kaum besonders zu sagen.

Ihre Reiseabsichten habe ich mitgeteilt. Es versteht sich, daß Sie über Ihre englische Ressource nach Ihrem Wunsche verfügen können[316]. Was die Verfügung über die 40 Dollars der Reichsgoldanleihe anlangt[317], so wurde auch diese nach Ihrem Wunsch anerkannt. Am zweckmäßigsten ist wohl, wenn Sie frei u. zum Nutzen der von Ihnen geleiteten Arbeiten verwandt werden. Da käme in Betracht entweder ein Druckzuschuß zum Cosmas von Prag[318], was für die Festsetzung des Vor-

---

312 Hofmeister, MGH SS 30,2 (wie Anm. 137). Der erste Faszikel, betreut von Bresslau, erschien 1926, der zweite Faszikel hg. von Adolf Hofmeister 1929, der dritte Faszikel mit den Registern 1934; vgl. Olbrich, Hiersemann (wie Anm. 136) S. 316f.
313 Fotografien des Verlagshauses in der Königstraße 29, später Goldschmidtstraße, bei Olbrich, Hiersemann (wie Anm. 136) S. 30f.
314 Zum Rücktritt Bresslaus als Leiter der Scriptores-Abteilung siehe Anm. 147.
315 Bresslau hatte Kehr am 19.10.1923 mitgeteilt, dass er nach erfolgter Operation seines Bruchleidens zwar auf dem Wege der Besserung sei, sich aber eine Fahrt nach Berlin zur Plenarversammlung noch nicht zumuten könne (MGH-Archiv 338/245, Bl. 152–154).
316 Bresslau wollte für mehrere Wochen nach München fahren, um seine Arbeiten an den Urkunden Heinrichs III. voranzubringen, und plante, dafür ein Geldgeschenk aus England (siehe Anm. 275) in Anspruch zu nehmen (MGH-Archiv 338/245, Bl. 137–139, Brief vom 19.7.1923). Wegen seiner Krankheit musste er die Reise verschieben (MGH-Archiv 338/245, Bl. 143–145, Brief vom 19.8.1923).
317 Bresslau hatte aus der Stiftung der Töchter Pertz (siehe Anm. 275) eine Anleihe von 40 Dollar in Gold gezeichnet (MGH-Archiv 338/245, Bl. 149–150, 6.10.1923).
318 Die Chronica Boemorum des Prager Kanonikers Cosmas von Prag (1045–1125) erschien nach langen Verzögerungen noch im selben Jahr in der neuen Serie der Scriptores: Die Chronik der Böhmen des Cosmas von Prag, hg. von Bertold Bretholz / Wilhelm Weinberger (MGH SS rer. Germ. N. S. 2, 1923).

zugspreises von erheblicher Bedeutung wäre. Für Winterthur[319] u. Neuenburger[320] käme das nicht in Betracht, weil wir hierfür einen Schweizer Zuschuß erhalten sollen[321]. Oder aber Sie stellen die Summe zur Verfügung für den Druck Ihrer Diplomata V[322]. Denn der Weidmannsche Verlag[323] hat nun angekündigt, daß er bei den riesigen Druck- u. Papierpreisen nicht mehr wie bisher <u>neben</u>einander, sondern nur <u>hinter</u>einander arbeiten und neue Ausgaben erst nach Vollendung u. Ausgabe der alten übernehmen könne, es sei denn daß erhebliche Druckzuschüsse gezahlt würden. Nach Cosmas soll in diesem Jahr, wenn es irgend geht, noch der Vitoduranus[324] ausgegeben werden (jener Schweizer Subvention wegen), dann käme der Schlußfaszikel von Epistolae VI (Hadrian II.) an die Reihe[325]. Bei Hahn[326] liegen ferner Lex Baiuwar.[327] u. Concil. Suppl. (Libri Carolini)[328], bei Hiersemann käme SS. XXX, 2 heraus: die Rücksicht auf den Markt erfordert aber grosse Vorsicht u. Ökonomie. Ottenthals Editionsgelüste (Lothar III. bis zur Kaiserkrönung) habe ich abgewiesen; er hat uns so lange warten lassen, dass das Warten nun an ihn kommt[329].

Erwägen Sie bitte diese Vorschläge u. teilen Sie mir Ihre Wünsche u. Entschlüsse mit.

Die Finanzierung unserer Mitarbeiter bleibt ein zur Zeit fast unlösbares Problem. Unser ganzer Dienst geht dabei zum Teufel; die einen Beamten rechnen die Gebühren aus, die anderen fahren zur Bank, verstehen *(sic!)* Stunden u. halbe Tage u. bringen das Geld, jetzt Tag um Tag. So ist's z. B. in der Archivverwaltung. Bei den Monumenten haben wir nun einmal diesen Apparat nicht; ich muß einen X Betrag einfordern, erhalte ihn nach einiger Zeit, bereits entwertet u. habe wiederum nicht den dafür nötigen Expeditionsapparat zur Verwendung. Die ersten 2, dann 6 Milliarden für Dr. Schramm habe ich auf <u>Ihr</u> Konto (da ich nicht weiß, ob er selbst eins hat) überweisen lassen, dann 20 Milliarden ihm direkt per Post, heute wieder 60 Milliarden ebenfalls per Post; ich kann leider nicht anders ver-

---

319 Die Chronik des Franziskaners Johannes von Winterthur (Vitoduranus, † 1348/49) enthält wichtige Nachrichten für Oberdeutschland und die Schweiz sowie für den Franziskanerorden: Die Chronik Johanns von Winterthur, hg. von Friedrich Baethgen unter Mitwirkung von Carl Brun (MGH SS rer. Germ. N. S. 3, 1924).
320 Dem aus dem Breisgau stammenden Juristen Matthias von Neuenburg († 1364) ist eine mit dem Ausgang der Regierung Kaiser Friedrichs II. einsetzende und bis 1350 reichende Reichsgeschichte zu verdanken, die vor allem für die Geschichte des Hauses Habsburg von Bedeutung ist: Die Chronik des Mathias von Neuenburg 1, hg. von Adolf Hofmeister (MGH SS rer. Germ. N. S. 4, 1924); der zweite Teil erschien erst 1940.
321 Siehe Anhang VII (Paul Kehr an Harry Bresslau, 6.6.1923) mit Anm. 276.
322 Der 1. Teil erschien 1926: Bresslau / Kehr, Die Urkunden Heinrichs III. (wie Anm. 148).
323 Zur Weidmannschen Buchhandlung siehe Anm. 242.
324 Zu Johann von Winterthur siehe Anm. 319.
325 Siehe Anhang VII (Paul Kehr an Harry Bresslau, 6.6.1923) mit Anm. 288.
326 Zur Hahnschen Buchhandlung siehe Anm. 64 und 241.
327 Zur Edition der Lex Baiwariorum siehe Anm. 292.
328 Libri Carolini, hg. von Hubert Bastgen (MGH Conc. 2 Suppl. 1, 1924). – Hubert Bastgen (1876–1946), Kanonist und Kirchenhistoriker, 1910 in Strassburg an der kath.-theol. Fakultät über die Libri Carolini habilitiert, anschließend dort Privatdozent und Prof. für Kirchengeschichte und Kirchenrecht, ab 1916 Vertrauter Matthias Erzbergers. Seine Ausgabe der Libri Carolini ist mittlerweile ersetzt: Opus Caroli regis contra synodum (Libri Carolini), hg. von Ann Freeman / Paul Meyvaert (MGH Conc. 2 Suppl. 1, 1998).
329 Zur Edition siehe Anm. 307.

fahren u. weiß keinen Ausweg. Das kostet mich alles Schreiberei u. Zeit ohne Ende, u. Sie werden begreifen, daß ich dieses fruchtlose Bemühen völlig satt habe. Ich will dafür sorgen, daß er Ende des Monats u. Anfang November wieder steigende Überweisungen erhält; aber daß das Geld erst angefordert u. dann nach Heidelberg gesandt werden muß u. dann entwertet ankommt, das kann ich leider nicht ändern u. weiß dagegen kein Rezept. Anders, wenn das Versprechen des Staatssekretärs in Erfüllung geht, daß wir einen bescheidenen Goldetat bekommen sollen. Aber ich traue der Botschaft nicht recht; der Staat macht mit diesem Papiergeldschwindel doch ein zu gutes Geschäft.

Mit den besten Wünschen u. Grüßen, u. mit den angelegentlichsten Empfehlungen an Ihre Frau Gemahlin, auch von meiner Frau, welche mit mir unendlich bedauert hat, Sie beide nicht haben begrüßen zu können,
in aufrichtiger Verehrung der Ihrige
Kehr
Entschuldigen Sie bitte die schlechte Schrift; ich habe heute Abend bereits 8 Briefe schreiben müssen, u. zu einem Diktier- u. Tippfräulein vermag ich mich nicht zu verstehen.

IX

Harry Bresslau an Paul Kehr, 26. Dezember 1925[330]

Heidelberg 26. Dez. 1925.

Hochverehrter Herr Geheimrat!

Ob der 65. Geburtstag[331], der heute für so manchen treuen Bürokraten ein dies ater wird, an sich für eine Jubiläumsfeier ein besonders geeigneter Tag ist, darüber kann man verschiedener Meinung sein. Aber dass man bei Ihnen diesen Tag zu einer Huldigung der Freunde und Verehrer gewählt hat[332], darüber freue ich mich. Denn da ich Ihren 70. Geburtstag zu erleben kaum erwarten darf, so gibt mir diese Wahl erwünschte Gelegenheit, Ihnen noch einmal in nachdrucksvoller Weise meine herzlichen und warmen Glückwünsche auszusprechen, denen meine Frau sich in dem gleichen Sinne anschliesst. Ich will nicht wiederholen, was ich Ihnen vor fünf Jahren geschrieben habe[333] und was ich mündlich bei dem Schlemmermale, das Sie uns anlässlich der letzten Plenarversammlung[334] bereitet haben, namens der Kollegen von der Zentraldirektion zum Ausdruck zu bringen versucht habe. Aber dies möchte ich Ihnen doch noch einmal sagen, dass es mir eine besondere Freude gewesen ist, alle diese Jahre hindurch in steter Eintracht mit Ihnen für die Monumenta gearbeitet zu haben, und dass ich aufrichtig wünsche und hoffe, dass Ihre unübertreffliche Organisationsgabe und Ihre wunderbare Arbeitskraft dem nationalen Unternehmen, mit dem mein eigenes Leben so eng verbunden ist, noch lange Zeit erhalten bleibe.

Sie haben eben in diesem Jahr in Spanien so zu sagen ein neues Fass angestochen, und die Kostproben, die Sie mich freundlichst schmecken liessen[335], zeigten schon, wie kostbar sein Inhalt ist. Ich glaube die Hispania pontificia wird für die Wissenschaft vielleicht noch wertvoller werden, als die nun fast abgeschlossene Italia pontificia, die so reich-

---

330 GStA PK, Nl Kehr, A 1, Mappe 7, Bl. 860, Autograph, zweieinhalb Seiten.
331 Kehr wurde am 28.12.1860 in Waltershausen in Thüringen geboren.
332 Gemeint ist die Festschrift: Papsttum und Kaisertum. Forschungen zur politischen Geschichte und Geisteskultur. Paul Kehr zum 65. Geburtstag, hg. von Albert BRACKMANN (1926) = WEISS, Paul-Kehr-Bibliographie (wie Anm. 3) Nr. 407; vgl. MUNSCHECK-VON PÖLNITZ, Lebensrückblick (wie Anm. 2) S. 121.
333 Siehe Anhang III (Harry Bresslau an Paul Kehr, 26.12.1920).
334 Der Grund der Feier während der 48. Plenarversammlung am 9.3.1925 war der Umzug der MGH an den neuen (und ehemaligen) Sitz im Nordwestflügel der Preußischen Staatsbibliothek, Charlottenstraße 41. Vgl. Paul KEHR, Bericht über die Herausgabe der Monumenta Germaniae historica 1925, in: NA 46 (1926) S. I–VIII, hier S. I–II; FUHRMANN, Gelehrtenleben (wie Anm. 13) S. 38f. (mit Foto).
335 Kehr hatte Bresslau in mehreren Schreiben über die reiche Ausbeute seiner Spanienreise für die geplante Hispania pontificia informiert; vgl. vor allem sein Schreiben vom 28.10.1925 (StaBi PK, Nl Harry Bresslau, Ergänzungen, Karton 6, Kehr 1925, Bl. 6–7); vgl. Paul KEHR, Die ältesten Papsturkunden Spaniens (1926), wieder abgedr. in DERS., Ausgewählte Schriften II (wie Anm. 3) S. 943–1002 (mit 12 Tafeln). Weitere einschlägige Veröffentlichungen Kehrs verzeichnet WEISS, Paul-Kehr-Bibliographie (wie Anm. 3) Nr. 256–257 u. 259. Das Unternehmen wurde besonders von Papst Pius XI. gefördert, der beachtliche Summen zur Verfügung stellte; vgl. KEHR, Erinnerungen (wie Anm. 60) S. 15 (S. 1314); HERBERS, Les ‚Regesta Pontificum Romanorum' (wie Anm. 256) S. 12. Zum Stand der Arbeiten an der Iberia Pontificia vgl. die regelmäßigen Berichte im DA, zuletzt DA 78 (2022) S. 641–649, hier S. 643–645.

haltigen Inhalt in sich birgt. Möge es Ihnen vergönnt sein, auch dies neue grosse Unternehmen in nicht zu ferner Zeit zum Abschluss zu bringen!

Mit der Bitte mich Ihrer verehrten Frau Gemahlin angelegentlich zu empfehlen verbleibe ich Ihr verehrungsvoll ergebener
H. Bresslau.

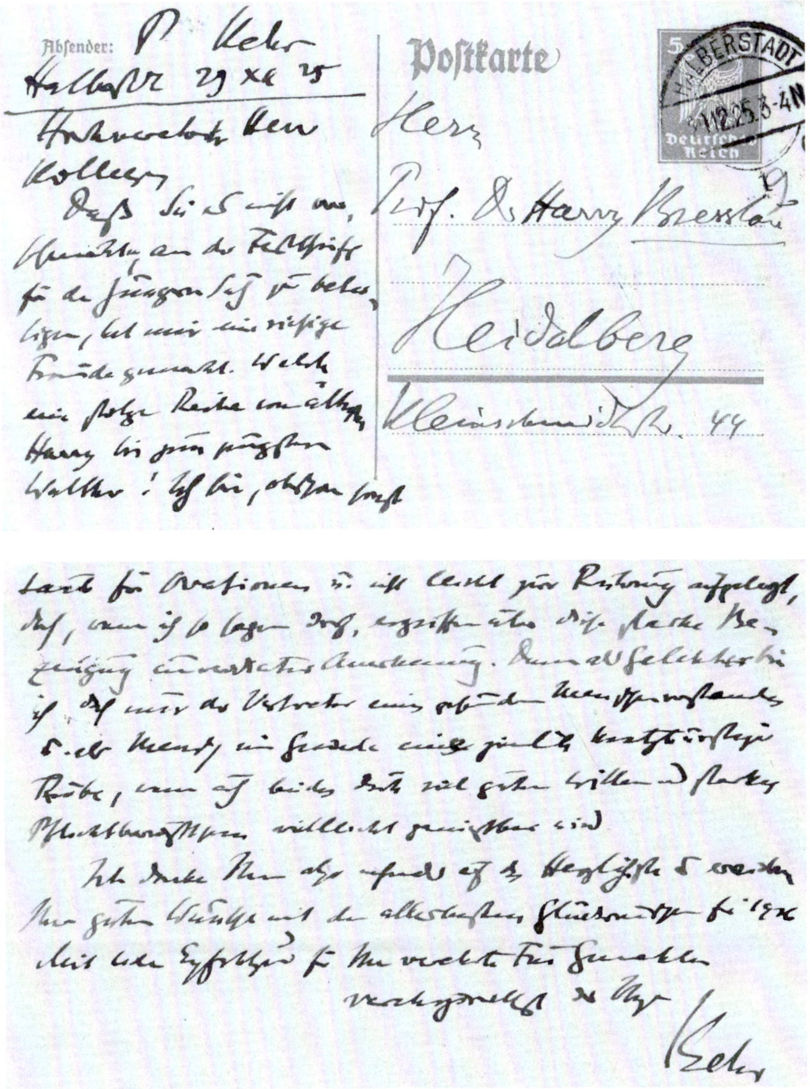
Absender: P. Kehr

Postkarte

Herrn
Prof. Dr. Harry Bresslau
Heidelberg
Kleinschmidtstr. 44

Abb. 5 und 6: Postkarte von Paul Kehr an Harry Bresslau, Halberstadt, 29.12.1925 (Anhang X)

X
Paul Kehr an Harry Bresslau, 29. Dezember 1925[336]

Herrn
Prof. Dr. Harry Bresslau
Heidelberg
Kleinschmidtstr. 44

P. Kehr
Halberstadt[337] 29. XII. 25

Hochverehrter Herr Kollege.

Daß Sie es nicht verschmähten, an der Festschrift für den Jüngeren sich zu beteiligen, hat mir eine riesige Freude gemacht[338]. Welch eine stolze Reihe vom ältesten Harry bis zum jüngsten Walther[339]! Ich bin, obschon sonst taub für Ovationen u. nicht leicht zur Rührung aufgelegt, doch, wenn ich so sagen darf, ergriffen über diese starke Bezeugung unverdienter Anerkennung. Denn als Gelehrter bin ich doch nur der Vertreter eines gesunden Menschenverstandes u. als Mensch ein Greuel, ein ziemlich kratzbürstiger Rabe[340], wenn auch beides durch viel guten Willen und starkes Pflichtbewußtsein vielleicht genießbar sind *(sic!)*.

Ich danke Ihnen also infondo auf das Herzlichste u. erwidere Ihre guten Wünsche mit den allerbesten Glückwünschen für 1926.

Mit besten Empfehlungen für Ihre verehrte Frau Gemahlin verehrungsvollst der Ihrige
Kehr

---

336 StaBi PK, Nl Harry Bresslau, Ergänzungen, Karton 6, Kehr 1925, Bl. 9, Autograph (Postkarte), Poststempel Halberstadt 29.12.25. 3-4 N. Siehe Abb. 5 und 6.
337 In Halberstadt, wohin Kehrs Vater als Seminardirektor 1873 berufen worden war, lebte Kehr von Juli 1873 bis zum Abitur 1879; vgl. die Auszüge aus dem ersten handschriftlichen Lebenslauf Kehrs bei Munscheck-von Pölnitz, Lebensrückblick (wie Anm. 2) S. 103.
338 Bresslau, Nikolaus von Ligny (wie Anm. 134).
339 Walther Holtzmann, Anecdota Veronensia, in: Brackmann (Hg.), Papsttum und Kaisertum (wie Anm. 332) S. 369–375. – Walther Holtzmann (1891–1963), 1921 Mitarbeiter Bresslaus in Heidelberg, 1922 Assistent Kehrs in Berlin, 1924 dessen Vertreter am Römischen Institut, 1926 bei Brackmann in Berlin habilitiert, 1931 ord. Prof. in Halle, 1936 in Bonn, 1953–1961 Direktor des DHI in Rom. Zum Verhältnis Kehr–Holtzmann aufschlussreich Schmale, Holtzmann (wie Anm. 36) S. 400; vgl. Elm, Mittelalterforschung (wie Anm. 66) S. 223 Anm. 34.
340 Anscheinend aus „Taube" korrigiert, das „u" blieb stehen; „eine" wurde zu „ein" korrigiert.

XI
Harry Bresslau an Paul Kehr, 2. Juli 1926[341]

Königsfeld[342] (Baden)[343]
2. Juli 1926.

Hochverehrter Herr Geheimrat!

Umstehender Brief von Hirsch ist das Ergebnis meiner Verhandlungen, mündlicher und schriftlicher, mit ihm. Ich hatte ihm in Berlin gesagt, dass ich höchstens die Bewilligung einer ganz kurzen Frist zur Vollendung der Arbeit befürworten könne[344]; nachdem was ich in Berlin von seinen bisherigen Arbeiten gesehen habe, hielt ich für möglich, dass sie in 3 Monaten vollendet werden könne. Darauf hat er sich an seinen Chef, Geh. R. Prof. Rosenberg[345] gewandt und hat von diesem, was ich nicht erwartet hatte, Urlaub erhalten und erklärt sich nun bereit die Ausgabe bis 1.10. zu vollenden. Im Juli will er in Baden den Teil der Arbeit machen, der dort vollendet werden kann, da er Photographie und Kollationen der Hss. hat, und den Text, den er im wesentlichen schon fertig hat, noch einmal revidieren. Im August und September will [er] in Heidelberg den Kommentar und die Einleitung abschliessen; da kann ich ihn unterstützen.

Ich würde befürworten ihm diese Frist zu gewähren; wir verlieren nichts dabei, da Reincke-Bloch[346] vor dem Abschluss des Historikertages doch sicherlich vor dem Breslauer Historikertage nicht[347] an den Widukind gehen würde (ich bin übrigens gar nicht dafür, dass er durch Widuk. von dem Ligurinus[348] abgezogen wird; für SS. 33 wird doch bald gesorgt werden müssen); und ich möchte nicht gern eine mehrjährige Arbeit verfallen lassen. Aber es muss dies die letzte und äusserste Frist sein. Wenn Sie sie bewilligen wollen – ich bin ja nicht Leiter der S[criptore]s –, so bitte ich Sie dies Hirsch direkt zu schreiben, da das mehr Eindruck machen wird,

---

341 MGH-Archiv 338/245, Bl. 213, Autograph, zwei Seiten. Das Schreiben Bresslaus wird von Hruza, Hirsch (wie Anm. 30) S. 238 Anm. 20 zitiert.
342 In Königsfeld im östlichen Schwarzwald unweit von Villingen wohnte Bresslaus Tochter Helene Schweitzer-Bresslau (1879–1957), die Ehefrau von Albert Schweitzer. Dieser hatte das Haus 1923 erbauen lassen und lebte dort, wenn er in Deutschland war.
343 Von Kehr links oben in der Ecke mit Blaustift „6/VII".
344 Hirsch hatte 1914 die Neuausgabe der Sachsengeschichte Widukinds von Corvey übernommen; siehe S. 59–61.
345 Der Kunsthistoriker Marc Rosenberg (siehe Anm. 159) war seit 1908 Geheimer (Badischer) Hofrat.
346 Zu Hermann Reincke-Bloch siehe Anm. 166.
347 Aufgrund des Seitenwechsels von Bl. 213A nach B ist der Satzbau fehlerhaft, korrekt wäre: „vor dem Abschluss des Breslauer Historikertages doch sicherlich nicht". In Breslau fand vom 3. bis 9.10.1926 der 15. Deutsche Historikertag statt.
348 Ligurinus ist der Name eines Versepos' über die Taten Kaiser Friedrichs I. Barbarossa in Italien, als dessen Verfasser der aus dem elsässischen Zisterzienserkloster Pairis stammende Höfling Gunther von Pairis († nach 1208) gilt. Bresslau hatte vor, das Epos zusammen mit weiteren staufischen Quellen in einem geplanten Band 33 der Scriptores veröffentlichen zu lassen, doch kam es nach seinem Tod nicht mehr dazu. Ediert wurde die Quelle schließlich von Erwin Assmann: Gunther der Dichter. Ligurinus, hg. von Erwin Assmann (†) (MGH SS rer. Germ. 63, 1987).

als wenn ich es tue, und ihm dabei zu sagen, dass eine Verlängerung nicht in Frage kommen kann und dass er, wenn er bis 1. Okt. nicht fertig wird, die den Mon. Germ. gehörigen Materialien an Sie abzuliefern hat. Er ist ein gescheiter und fleissiger Mann; aber er muss unter Druck gehalten werden, da er immer die Neigung hat, Um- und Abwege einzuschlagen. Auch menschlich möchte ich ihm gern Gelegenheit geben mit einer grösseren Arbeit noch einmal hervorzutreten.

Mir geht es nicht besonders gut, und ich weiss noch nicht, ob ich am Montag noch für ein paar Tage in die Schweiz fahre oder direkt nach Heidelberg zurückkehre. Jedenfalls treffen mich Briefe unter meiner dortigen Adresse am sichersten.

Mit verehrungsvollen Grüssen der Ihrige
H. Bresslau

XII
Ernst Bresslau an Paul Kehr, 15. Mai 1927[349]

Köln-Bayenthal, 15. Mai 1927
Hölderlinstr. 7

Sehr geehrter Herr Geheimrat!

Durch meine Mutter erhielt ich vorgestern den Abdruck des Nachrufs auf meinen Vater[350], den Sie so gütig waren, für mich zu bestimmen. Ich bitte Sie dafür meinen ergebensten Dank entgegenzunehmen. Die Charakteristik, die Sie darin von der Persönlichkeit und dem Werk meines Vaters gegeben haben, hat mich aufs tiefste bewegt. Sie haben das Wesen meines Vaters, wie ich glaube, vollkommen erkannt und es mit der Objektivität des Historikers und dem Scharfblick des großen Menschenkenners gezeichnet. Ich weiß, wieviel inneres Leid mein Vater hat niederkämpfen müssen, um trotz all des Bitteren, das er erleben mußte, den Monumenta Germaniae, an denen er mit ganzer Liebe hing, so die Treue zu halten, wie er es getan hat. Daß er dies über sich vermocht hat, kennzeichnet wohl am besten die Größe seines Wesens. Und ich begrüße es mit dankbarer Genugtuung, daß Sie das, wie so vieles Andere, in Ihrem Nachruf rückhaltlos anerkannt haben.

Darf ich Sie noch um eines bitten? Unter meinen 4 Kindern sind 2 Söhne, in denen als Erben des Namens Bresslau ich das Bild ihres Großvaters gern ganz lebendig erhalten möchte. Wenn Sie mir also noch ein zweites Exemplar Ihres Nachrufes schicken könnt *(sic!)*, damit auch der Jüngere ihn erhält, würden Sie mich zu großem Dank verpflichten.

In ausgezeichneter Hochachtung Ihr ganz ergebener
EBresslau

---

349 GStA PK, Nl Kehr, A 1, Mappe 7, Bl. 921, Autograph, eine Seite.
350 Kehr, Nachruf (wie Anm. 41).

Ernst Kantorowicz und die Monumenta Germaniae Historica in den 1930er Jahren

von

Eckhart Grünewald

Abb. 1: Ernst Kantorowicz 1934

„Geliebtes Babychen!" beginnen die Briefe, die Ernst Kantorowicz an seine Geliebte – oder besser gesagt, seine geliebte Lebensfreundin – Lucy Freifrau von Wangenheim (1892–1976) von 1926 bis zu seinem Tod im Jahr 1963 schrieb[1]. Der vorliegende Beitrag beruht weitgehend auf diesen Briefen. Das Bild der Empfängerin der Briefe ist keine geschönte Studioaufnahme, wie es ihrem Stand angemessen gewesen wäre, sondern ein Automatenfoto, das im Berliner Kaufhaus des Westens (KaDeWe) im Jahr 1927 für ihren Führerschein gemacht worden war. Lucy, genannt ‚Baby', geboren 1892, war drei Jahre älter als Kantorowicz[2]. Als sie ihm 1926 begegnete, hatte sie bereits eine außergewöhnliche Lebenszeit hinter sich. Sie war die Tochter des thüringischen Freiherrn Hans von Wangenheim (1859–1915), der als Diplomat in preußischen Diensten seine Laufbahn als Kaiserlicher Botschafter in Konstantinopel beendete. Seine erste Ehefrau, Lucys Mutter, eine geborene Ahrenfeldt

---

1 Die Briefe befinden sich in einem Privatarchiv in Frankfurt am Main.
2 Vgl. zu Lucy von Wangenheim ausführlich Robert Lerner, Ernst Kantorowicz. Eine Biographie (2020) S. 146–152 mit Fotos S. 147, 151 (am Steuer ihres Cabriolets) und S. 236 (mit Ernst Kantorowicz Mitte der 1930er Jahre). Lerners Buch erschien erstmals 2017: Ernst Kantorowicz. A life. Vgl. auch Eckhart Grünewald, Ernst Hartwig Kantorowicz, in: Achim Aurnhammer / Wolfgang Braungart / Stefan Breuer / Ute Oelmann (Hg.), Stefan George und sein Kreis. Ein Handbuch (3 Bde.,²2016), hier 3 S. 1471–1477.

(1861–1926), entstammte einer reichen großbürgerlichen Industriellenfamilie und war nach ihrer Scheidung und erneuten Verheiratung mit Woldemar Graf von Uxkull-Gyllenband (1867–1945) um die Jahrhundertwende als Schriftstellerin erfolgreich. Lucy wuchs in Kopenhagen, Konstantinopel und Berlin auf, sie überstand in einem Davoser Sanatorium – dem Schauplatz von Thomas Manns ‚Zauberberg' – eine lebensbedrohliche Tuberkuloseerkrankung, heiratete Gino Flaminio Edoardo Luigi Giachi (1883–1921), einen Italiener aus vermögender Mailänder Familie, und hatte mit ihm drei Töchter. Mit 27 Jahren wurde sie Witwe. 1924 heiratete sie Adolf Oswald von Arnim (1890–1970). Dessen Gut Gerswalde in der Uckermark ging dem Paar durch Misswirtschaft nach kurzer Zeit verloren. 1926 wurde ihre zweite Ehe geschieden. Lucy lebte danach mit ihren Töchtern in Berlin, finanziell zu dieser Zeit abgesichert durch das Erbe ihrer Mutter und durch italienische Vermögenswerte ihres ersten Mannes. Sie spielte leidenschaftlich Golf. Gebildet, sprachgewandt und belesen, besserte sie Mitte der 1930er Jahre ihre Einkünfte durch Honorare auf, die sie für Übersetzungen englischer Romane ins Deutsche erhielt[3]. Mit Ernst Kantorowicz – von seinen Freunden auch ‚EKa' genannt[4] – wohnte sie zu keiner Zeit zusammen. Dieser Tatsache verdanken wir die erwähnten Briefe von Kantorowicz – es sind über 600! Es ist ein Jammer, dass Lucys Briefe, die Kantorowicz aufbewahrt hatte, nach seinem Tod verbrannt wurden[5].

Abb. 2: Foto aus dem Führerschein von Lucy Freifrau von Wangenheim 1927

Das Buch über Kaiser Friedrich II.

Im März 1927 erschien Kantorowicz' Buch über Kaiser Friedrich II. von Hohenstaufen, auf dessen letzter Seite folgende Ankündigung zu lesen war: „Um einerseits den Umfang des Buches nicht zu vergrößern, andererseits die Lesbarkeit nicht herabzumindern, unterblieb jede Art von Quellen- und Literaturnachweisen. Als Ersatz wird binnen kurzem in kleiner Auflage ein zweiter Band erscheinen: ‚Untersuchungen und Forschungen zur Geschichte Kaiser Friedrichs II.'"[6]. Dass dieser „Ersatz", später als Ergänzungsband bezeichnet, wie an-

---

3   Vgl. LERNER, Ernst Kantorowicz (wie Anm. 2) S. 150 zu ihrer Tätigkeit als Übersetzerin.
4   Ab Anfang 1927 hatte Kantorowicz seine Freunde gebeten, ihn „EKa" zu nennen; vgl. ebd. S. 145.
5   Ebd. S. 16.
6   Ernst KANTOROWICZ, Kaiser Friedrich der Zweite (1927) S. 651. Erst 1931 erschien Ernst KANTOROWICZ, Kaiser Friedrich der Zweite. Ergänzungsband. Vgl. zum Erscheinen des Buches Eckhart GRÜNEWALD, Ernst Kantorowicz und Stefan George. Beiträge zur Biographie des Historikers bis zum Jahre 1938 und zu seinem Jugendwerk „Kaiser Friedrich der Zweite" (Frankfurter Historische Abhandlungen 25, 1982)

gekündigt „binnen kurzem" erscheinen würde, war ein großer Irrtum: Es dauerte vier Jahre, bis Kantorowicz das fertige Manuskript dem Verleger überreichen konnte. Einen Großteil der Arbeit in dieser Zeit sollte Kantorowicz bei den MGH erledigen.

Im Mai 1927 berichtete er Lucy über sein neues Projekt: „Ad Fr[iedrich] II habe ich im Ganzen viel Angenehmes gehört. Hampe[7] will angeblich – sicheres weiss ich nicht – für eine Habilitation den Forschungsband genügend sein lassen. Infolgedessen werde ich mich von morgen ab auf die Ausarbeitung dieses Bandes stürzen .. sehr langweilig und hündisch, sintemalen sonst nur Hunde, was sie erbrochen haben, selbst wieder fressen"[8]. Man darf bezweifeln, dass Kantorowicz sich tatsächlich „von morgen ab auf die Ausarbeitung" stürzte. Vermutlich war er mit den Vorbereitungen für seinen Romaufenthalt beschäftigt oder mit „ehrenden Zuschriften" von „Bonzen", wie Universitätsprofessoren im George-Kreis[9] tituliert wurden, denn am 27. Mai 1927 schrieb er an Lucy: „Sonst bekam ich von Bonzen ehrende Zuschriften, die alle auf die Fuss-Noten gierig sind und von selbigen ein paar Schweiss-Tröpfchen als Vorschuss wünschen – nämlich die Quellennachweise zu dieser & jener Stelle ... und ich träufle sie ihnen mild überlegen höflich und souverän"[10].

Von Oktober 1927 bis April 1928 lebte und arbeitete Kantorowicz in Rom[11]. Er gönnte sich damit eine Erholungszeit nach der jahrelangen Arbeit am Friedrich-Buch, zugleich erwartete er, am Preußischen Historischen Institut und in den römischen Bibliotheken Material für den Ergänzungsband zu finden, wurde in dieser Hinsicht jedoch enttäuscht. Am 20. Dezember 1927 schilderte er dem Heidelberger Mediävisten Karl Hampe[12] seinen Rom-Aufenthalt in aller Kürze: „Was meine gegenwärtigen Arbeiten anbetrifft, so bin ich nicht so ganz zufrieden, da ich sie längst nicht so weit gefördert habe, als ich es mir ursprüng-

---

S. 65 ff. und LERNER, Kantorowicz (wie Anm. 2) S. 121 ff. Die erste Auflage betrug 2600 Exemplare und 300 Belegexemplare. Schon 1928 wurde eine zweite Auflage erforderlich.

7   Der Heidelberger Mediävist Karl Hampe (1869–1936) war 1893–1897 Mitarbeiter der MGH-Abteilung Epistolae und ab 1917 gewähltes Mitglied der Zentraldirektion der MGH.

8   Brief an Lucy von Wangenheim vom 8.5.1927 (MGH Digitale Briefausgabe Ernst Kantorowicz, künftig Inv.-Nr. 3002). In der Digitalen Briefausgabe der MGH werden ausgehend von der Korrespondenz mit mediävistischen Bezügen alle verfügbaren Briefe von Ernst Kantorowicz ediert und digital dauerhaft nutzbar gemacht (data.mgh.de/databases/eka). – Mit dem „Forschungsband" ist der angekündigte Ergänzungsband gemeint.

9   Ernst Kantorowicz war seit seinem Zusammentreffen mit dem Dichter Stefan George (1868–1933) 1920 einer seiner treuesten Anhänger. George war die charismatische, zentrale Figur eines elitären Kreises begabter Männer, die in der Zwischenkriegszeit im ‚geistigen Leben' Deutschlands, besonders in der Literatur- und Geschichtswissenschaft, großen Einfluss hatten. Der George-Kreis, dem Kantorowicz angehörte, verlor seine Bedeutung mit dem Tod des Dichters 1933; vgl. Stefan George-Handbuch 1 (wie Anm. 2) S. 64–74.

10 Brief an Lucy von Wangenheim vom 27.5.1927 (MGH Digitale Briefausgabe Ernst Kantorowicz, künftig Inv.-Nr. 3003); auch zitiert von Lerner, Ernst Kantorowicz (wie Anm. 2) S. 145. Während Kantorowicz den Ergänzungsband in diesem Brief als „Forschungsband" bezeichnete, nannte er ihn im Schreiben an Karl Hampe vom 20.12.1927 „Anhangsband" (UBH/Heid. Hs. 4067 III A-189, Bl. 3–4; MGH Digitale Briefedition Ernst Kantorowicz, Inv.-Nr. 12).

11 Vgl. dazu LERNER, Ernst Kantorowicz (wie Anm. 2) S. 145 ff. beruhend auf einem Bericht von Kantorowicz an Fine von Kahler. Vgl. zu ihr Barbara PICHT, Fine von Kahler, in: Stefan George-Handbuch 3 (wie Anm. 2) S. 1468–1470 und LERNER, passim.

12 Zu Karl Hampe siehe Anm. 7.

lich vornahm. Schuld daran ist einmal die Stadt Rom selbst, da man sich jedesmal, wenn man arbeitend im Zimmer sitzt, schilt, dass man nicht lieber draussen ist und sich Rom anschaut. Ausserdem aber ist das sonst sehr schöne und reichhaltige Institut gerade hinsichtlich der Geschichte Friedrichs II. doch recht lückenhaft, weil sich ein grosser Teil der einschlägigen Bücher in Berlin befindet. Das Herumlaufen auf den verschiedenen Bibliotheken ist gerade für das blosse Zusammensuchen von Zitaten ausserordentlich ermüdend und zeitraubend, so dass ich die Arbeit an dem Anhangsband eigentlich nur noch nebenbei betreibe"[13]. Wenn er auch nicht den gesuchten Erfolg für seine Arbeit hatte, so genoss er doch das Leben in Rom, das ihm viele interessante Begegnungen mit den unterschiedlichsten Kreisen der römischen Gesellschaft bescherte[14]. Angeblich war sein Name in diesen Kreisen durchaus bekannt, „da der Fr. II. auch Rom gerade zu durchsetzen begann, und infolgedessen hatte ich es überall wirklich gut"[15]. In Rom begegnete Kantorowicz Paul Kehr, der in den folgenden Jahren eine wichtige Rolle in seinem Leben spielen sollte[16]. Die erste Nachricht über ein Zusammentreffen datiert von April 1928, doch ist es sehr wahrscheinlich, dass man sich schon früher am Preußischen Historischen Institut kennenlernte. Kantorowicz schrieb am 23. April 1928: „Am Vormittag habe ich ganz belanglose Dinge mit Kehr geplaudert. Aber zum allgemeinen Staunen liest er derzeit den Friedrich II."[17] Wir erfahren leider nicht, ob und wie Paul Kehr sich zu dem Werk äußerte. Positive Besprechungen von deutschen Rezensenten erfuhr Kantorowicz während seines Romaufenthaltes – auch aus „andern als gelehrten Kreisen", wie er in der Vorbemerkung zum Friedrich-Buch schrieb[18]. Er goutierte diese „eingehenden Kritiken über Fr. II. wie Honigseim"[19].

Drängend blieb die Arbeit am Ergänzungsband. Zurück in Deutschland verlegte Kantorowicz im September 1928 seinen Wohnsitz von Heidelberg nach Berlin, um bei den Monumenta und in der Staatsbibliothek diese Arbeit in den nächsten drei Jahren abzuschließen. Zunächst wohnte er in Charlottenburg in der Sophienstraße 29[20]. Regelmäßig berichtete er in dieser Zeit von seinen Begegnungen mit den Monumenta-Mitarbeitern und von seinem Arbeitsfleiß. Einmal bemerkte der notorische Spätaufsteher mit einem gewissen Stolz,

---

13 Brief an Karl Hampe vom 20.12.1927 (wie Anm. 10).
14 Vgl. dazu LERNER, Ernst Kantorowicz (wie Anm. 2) S. 146: Kantorowicz habe nach eigener Aussage „Botschafter und Barone" getroffen.
15 Brief an Fine von Kahler vom 29.8.1928 (StGA, Kahler III, 6568).
16 Zu Paul Kehr siehe unten S. 110–112.
17 Brief an Lucy von Wangenheim vom 23.4.1928.
18 KANTOROWICZ, Friedrich II. (wie Anm. 6) Vorbemerkung S. 7: „Als im Mai 1924 das Königreich Italien die Siebenhundertjahrfeier der Universität Neapel beging, einer Stiftung des Hohenstaufen Friedrich II., lag an des Kaisers Sarkophag im Dom zu Palermo ein Kranz mit der Inschrift: Seinen Kaisern und Helden das geheime Deutschland. Nicht daß die vorliegende Lebensgeschichte Friedrichs II. durch diesen Vorfall angeregt wäre .. wohl aber durfte er aufgenommen werden als Zeichen, daß auch in andern als gelehrten Kreisen eine Teilnahme für die großen deutschen Herrschergestalten sich zu regen beginne – gerade in unkaiserlicher Zeit."
19 Brief an Lucy von Wangenheim vom 21.4.1928.
20 Vgl. LERNER, Ernst Kantorowicz (wie Anm. 2) S. 152; Kantorowicz nahm jedoch wohl den Bus Nr. A 9 von der Sophienstraße bis zur Staatsbibliothek ‚Unter den Linden', wo sich die Arbeitsräume der MGH befanden, nicht die S-Bahn.

dass er „schon um 11 Uhr" bei den Monumenta arbeite[21]. Nebenbei betrieb Kantorowicz intensives Training für das Sportabzeichen! Im Kugelstoßen erreichte er 8,20 m, 7000 Meter lief er in 37,5 Minuten. Er war stolz darauf „wie ein junger Hahn"[22]. Was aber mehr zählte als die sportlichen Erfolge, waren die Begegnungen mit einigen jüngeren Mitarbeitern der Monumenta, nämlich Theodor Ernst Mommsen, Gerhart Ladner und Carl Erdmann.

Theodor Ernst Mommsen (1905–1958)[23]

Der von Albert Brackmann (1871–1952) promovierte Historiker, ein Enkel des bedeutenden Historikers Theodor Mommsen (1817–1903), war im Dezember 1929 als Assistent bei den Monumenta, Abteilung Constitutiones, eingetreten. Kantorowicz' freundschaftliche Verbindung mit dem 13 Jahre jüngeren Mommsen begann im Januar 1930 und hielt bis zu dessen Freitod im Jahr 1958. „Einen Abend im Januar war noch der kleine Mommsen bei mir [...] ein netter Junge – etwas nervös, aber spiritualisiert"[24]. Als ‚der kleine Mommsen' im Unterschied zum ‚großen Mommsen', dem berühmten Großvater, erschien er auch in späteren Briefen an Lucy von Wangenheim, doch ist dies keineswegs geringschätzend gemeint. ‚Der kleine Mommsen' gehörte bis zu seiner Emigration in die Vereinigten Staaten 1936 zu Kantorowicz' engem Berliner Freundeskreis um Ernst Morwitz (1887–1971)[25], Kurt Riezler (1882–1955)[26] und den Verleger Helmut Küpper (1904–1956)[27]. Im November 1934 berichtete Kantorowicz von einem Abend „bei dem kleinen Mommsen, der einen Schnupfen hatte und vom Burgundertrinken tieftraurig wurde mit einem mir recht bekannten Negieren von Allem und Jedem"[28]. Diese Äußerung kann als Hinweis auf Mommsens depressive Konstitution gewertet werden, die vermutlich auch für seinen Freitod im Jahr 1958 verantwortlich war. Kantorowicz schloss den Bericht von diesem Abend im Jahr 1934 mit den Worten „Aber ich mag ihn doch recht gern"[29]. Mommsen wurde schließlich einer der Brückenbauer für Kantorowicz' Emigration in die Vereinigten Staaten und Garant für dessen erste Anstellungen an amerikanischen Universitäten wie auch zuletzt Vermittler für seine Position am

---

21 Brief an Lucy von Wangenheim vom 1.8.1929.
22 Brief an Lucy von Wangenheim vom 4.8.1929. Vgl. auch LERNER, Ernst Kantorowicz (wie Anm. 2) S. 152 zu Kantorowicz' sportlichen Aktivitäten im Jahr der Olympischen Spiele in Amsterdam 1928.
23 Vgl. zu Theodor Ernst Mommsen den Nachruf von Friedrich BAETHGEN, in: DA 15 (1959) S. 610f. und LERNER, Ernst Kantorowicz (wie Anm. 2) S. 249–251 und öfter.
24 Brief an Lucy von Wangenheim vom 4.1.1930.
25 Zu Ernst Morwitz vgl. Michael PHILIPP, Ernst Morwitz, in: Stefan George-Handbuch 3 (wie Anm. 2) S. 1559–1564. Morwitz, der jüdischer Abstammung war, emigrierte im Oktober 1938 in die USA.
26 Zu Kurt Riezler vgl. Notker HAMMERSTEIN, Kurt Riezler. Der Kurator und seine Universität (Gründer, Gönner und Gelehrte. Biographienreihe der Goethe-Universität, 2019) bes. S. 133 ff. Riezler war mit Käthe, der Tochter des Malers Max Liebermann, verheiratet und maßgeblich dafür verantwortlich, dass Kantorowicz den Lehrstuhl in Frankfurt erhielt; vgl. dazu auch LERNER, Ernst Kantorowicz (wie Anm. 2) S. 174–176 und öfter. Die Riezlers, die nach 1933 ebenfalls in die USA emigrierten, gehörten auch dort zu Kantorowicz' engen Freunden.
27 Zu Helmut Küpper vgl. Franziska MAYER, Helmut Küpper, in: Stefan George-Handbuch 3 (wie Anm. 2) S. 1503–1505. Küpper übernahm 1939 den Verlag Georg Bondi, den Traditionsverlag des George-Kreises, in dem auch Kantorowicz' Friedrich-Buch erschienen war.
28 Brief an Lucy von Wangenheim vom 16.11.1934.
29 Ebd.

Institute for Advanced Study in Princeton[30]. Die freundschaftliche, wissenschaftlich anregende Verbindung zwischen beiden bestand auch nach Kantorowicz' Emigration in die USA, besonders eng wurde sie ab 1951 mit dem Beginn von dessen Tätigkeit in Princeton. Mommsen, der von 1949 bis 1954 associate professor an der Princeton University war, bedauerte 1954 nach seinem Wegzug an die Cornell University in Ithaka/New York die Trennung von Kantorowicz zutiefst: „Die örtliche Trennung von ihm betrachte ich als das bedauerlichste Resultat meines Weggangs von Princeton, denn so nett und befriedigend Cornell ist in jeder anderen Beziehung, so habe ich natürlich niemanden hier gefunden, der mir die Anregungen ersetzen kann, die ich von meinem häufigen Zusammensein mit EKa erhielt"[31].

Gerhart B. Ladner (1905–1993)[32]

Nach einer Ausbildung am Österreichischen Institut für Geschichtsforschung schloss Gerhart Ladner sein parallel betriebenes Studium der Kunstgeschichte im April 1930 mit der Promotion ab. Bereits seit Dezember 1929 arbeitete er in Berlin unter Paul Kehr an der Herausgabe der Urkunden Heinrichs IV. Ihm verdanken wir die oft zitierte Beschreibung des erfolgreichen Autors Ernst Kantorowicz, der sich an den Monumenta mit der Fertigstellung des Ergänzungsbandes abmühte: „Seine ganze Erscheinung war in faszinierender Weise exotisch, besonders in dem Milieu der Monumenta Germaniae Historica"[33]. Ladner erwähnte auch, dass Paul Kehr Kantorowicz bevorzugt behandelte, einen Umstand, den die Assistenten – vielleicht nicht ohne Neid – beobachteten: Wenn Kantorowicz gegen 11 Uhr auftauchte, „öffnete sich sehr oft die Tür von Kehrs Zimmer, in dem EKa wohl für eine gute Stunde verschwand"[34]. Kehr und sein „exotischer" Gast werden nicht nur – wie Ladner berichtete – über Stefan George gesprochen haben. Innerhalb eines Jahres waren sich auch Kantorowicz und Ladner nahe gekommen, so dass Kantorowicz ihm im Dezember 1930 eine persönliche Begegnung mit Stefan George vermittelte, die aber zu Ladners großer Enttäuschung nicht zu einer Annäherung an dessen Kreis führte[35].

    Ladner und Kantorowicz blieben auch in den Jahren nach dessen Weggang von Berlin nach Frankfurt und während Ladners Wirken in Rom in Verbindung. Als Ladner nach

---

30 Vgl. dazu Lerner, Ernst Kantorowicz (wie Anm. 2) S. 262f. und öfter. Mommsen war einer der wenigen Deutschen, der in die USA emigrierte, ohne Jude oder mit einer Jüdin verheiratet zu sein; vgl. dazu ebd. S. 249.

31 Brief von Theodor E. Mommsen an Friedrich Baethgen vom 24.7.1955 (MGH-Archiv A 246/I, 1.7, Nl Baethgen). Auf den Brief machte mich freundlicherweise Andreas Öffner (MGH) aufmerksam.

32 Zu Gerhart Ladner vgl. jetzt Hedwig Munscheck-von Pölnitz, Gerhart B. Ladner (1905–1993), in: Zwischen Vaterlandsliebe und Ausgrenzung. Die jüdischen Mitarbeiter und Mitarbeiterinnen der Monumenta Germaniae Historica, hg. von Martina Hartmann / Annette Marquard-Mois / Maximilian Becker (MGH Studien zur Geschichte der Mittelalterforschung 2, 2023) S. 273–288 mit weiterer Literatur.

33 Gerhart B. Ladner, Erinnerungen, hg. von Herwig Wolfram / Walter Pohl (SB Wien 617, 1994) S. 32. Vgl. zu dieser Stelle auch Lerner, Ernst Kantorowicz (wie Anm. 2) S. 144 mit Anm. 3: Diese Beschreibung von Kantorowicz hatte Ladner ursprünglich als Nachruf verfasst und später für die Erinnerungen bearbeitet.

34 Ladner, Erinnerungen (wie Anm. 33) S. 32.

35 Ebd. S. 41–45, vgl. ebd. S. 90 ff., Munscheck-von Pölnitz, Gerhart B. Ladner (wie Anm. 32) S. 279f.

dem ‚Anschluss' Österreichs an das nationalsozialistische Deutsche Reich im März 1938 seine Stelle in Italien und seine Venia legendi an der Universität Wien verlor, aktivierte Kantorowicz zu Ladners Gunsten seine Verbindungen zu Oxforder Professoren. An Lucy schrieb er im Juni 1938: „Ausserdem entwickele ich eine rege englische Korrespondenz [...] & zwar diesmal wegen Ladner, der in Wien habilitiert war & nun diesen Job verloren hat"[36]. Kantorowicz und andere Förderer scheinen mit ihren Bemühungen Erfolg gehabt zu haben: Ladner konnte über England nach Kanada emigrieren und später in den USA an mehreren Universitäten Fuß fassen. Bei einer Begegnung beider im Oktober 1960 am Institute for Advanced Study fand Kantorowicz „es höchst erfreulich, ihn hier zu haben"[37]. Gerhart Ladners wissenschaftlicher Leistung zollte er stets den größten Respekt.

Carl Erdmann (1898–1945)[38]

Auch über Kantorowicz' Verhältnis zu Carl Erdmann erfahren wir Einiges aus seinen Briefen. Die beiden lernten sich mit großer Wahrscheinlichkeit im Frühjahr 1928 in Rom kennen, nachdem Erdmann von einer Kur in Arosa nach Rom zurückgekehrt war und seine Arbeit am Preußischen Historischen Institut wieder aufgenommen hatte[39]. Der erste Beleg für einen Gedankenaustausch zwischen Erdmann und Kantorowicz findet sich in einem Brief an Lucy von Februar 1931, in dem Kantorowicz seiner Partnerin die Schrift ‚Vom Nutzen und Nachteil der Historie für das Leben' (1874) von Friedrich Nietzsche nahebrachte[40]: „Du darfst nicht vergessen, dass Nietzsche bei der Zunft auch heute noch sehr verächtlich als ‚Philosoph' (wie ich als ‚Dichter'!!) abgetan wird u. dass er nur den jungen Leuten die Köpfe verdreht, während er festen Brackmännern[41] nichts anhaben kann. Die Aussichtslosigkeit geht schon daraus hervor, dass selbst ein Nietzsche mit seiner Forderung der monumentalen Gesch[ichts]Schreibung nicht apperzipiert wird [...] Bezeichnend ist es, dass Erdmann, dem ich einen Sonderdruck dieser Schrift im Anschluss an ein Gespräch schenkte, mir einen langen & klugen Brief darüber schrieb, in dem er aber klipp u. klar erklärte, dass dies seine eigne, Erdmanns Aufhebung bedeute u. er deshalb da nicht folgen könne. Was soll man da noch

---

36 Brief an Lucy von Wangenheim vom 3.6.1938.
37 Brief von Ernst Kantorowicz an Stephan Kuttner vom 13.10.1960 (Stephan Kuttner Insitute of Medieval Canon Law / Arch SK 11394; MGH Digitale Briefausgabe Ernst Kantorowicz, künftig Inv.-Nr. 393).
38 Zu Carl Erdmann vgl. Folker REICHERT, Fackel in der Finsternis. Der Historiker Carl Erdmann und das „Dritte Reich", 1. Die Biographie (2022), 2. Briefe 1933–1945 (2022).
39 Vgl. REICHERT, Fackel (wie Anm. 38) 1 S. 112 zu Erdmanns Aufenthalt in Arosa.
40 Friedrich NIETZSCHE, Unzeitgemässe Betrachtungen. Zweites Stück: Vom Nutzen und Nachteil der Historie für das Leben (1874).
41 Der Mediävist Albert Brackmann (1871–1952), 1924–1935 Mitglied der Zentraldirektion der MGH, 1929–1936 Generaldirektor der preußischen Staatsarchive, ab 1948 wie Kantorowicz korrespondierendes Mitglied der Zentraldirektion der MGH, war Kantorowicz' Kontrahent in der Auseinandersetzung um sein Friedrich-Buch; vgl. Albert BRACKMANN, Kaiser Friedrich II. in ‚mythischer Schau', in: HZ 140 (1929) S. 534–549; zu der Auseinandersetzung mit Brackmann siehe auch Arno MENTZEL-REUTERS, Friedrich Baethgen in nationalkonservativen Netzwerken (1917–1948) in vorliegendem Band S. 113–160, hier S. 138–140. – Zu Brackmann vgl. Jörg WÖLLHAF, Albert Brackmann, in: Michael FAHLBUSCH / Ingo HAAR / Alexander PINWINKLER (Hg.), Handbuch der völkischen Wissenschaften. Akteure, Netzwerke, Forschungsprogramme (2 Bde, ²2017) hier 1 S. 76–81.

von dummen und alten Bonzen erwarten"[42]. Es ist zu bedauern, dass dieser Brief Erdmanns nicht erhalten ist und daher nur vermutet werden kann, was Erdmann mit seiner eigenen „Aufhebung" meinte. Folker Reicherts Erdmann-Biographie[43] bietet keinen Anhaltspunkt für eine tiefergehende Auseinandersetzung Erdmanns mit Nietzsche.

Ernst Kantorowicz dankte dem „illustrissimo Dottore" in Rom am 10.3.1931 für seinen Brief. In dem gleichen Schreiben bat er Erdmann um Hilfe bei der Identifikation italienischer Quellen und gab einen knappen Lagebericht aus Berlin: „Die Monumentisten arbeiten fleissig und ich mache den Index zu meinem Buch"[44]. Allerdings gestand er gut zwei Wochen später in einem weiteren Hilfeersuchen nach Rom: „Auf den M.G. war ich in letzter Zeit wenig, weiss daher auch kaum, was in der grossen Welt der Mittelhistorie vorgeht"[45]. Die „grosse Welt der Mittelhistorie": Das ist typische Kantorowicz-Ironie. Wir können davon ausgehen, dass die Verbindung zwischen Kantorowicz und Erdmann enger wurde, nachdem dieser ab Juli 1932 in Berlin bei den Monumenta angestellt war[46]. Beider Biographien hatten etwas Gemeinsames: Erdmann und Kantorowicz hatten sich in den Wirren der Nachkriegszeit im Januar 1919 an den Kämpfen gegen den Aufstand der sogenannten Spartakisten in Berlin beteiligt, Erdmann angeblich als Freiwilliger beim Jägerregiment zu Pferd Nr. 6[47], Kantorowicz bei der Charlottenburger Bürgerwehr[48]. Die Verbindung zwischen Erdmann und Kantorowicz blieb auch nach dessen Übersiedlung von Berlin nach Frankfurt erhalten. 1932 schrieb Erdmann eine ausgewogene Rezension zu dem Ergänzungsband, die Kantorowicz vermutlich mit Respekt zur Kenntnis nahm. Dieser Band, so Erdmann, habe „den umfangreichen wissenschaftlichen Unterbau" des Friedrich-Buches aufgedeckt. Kantorowicz' frühere Ausführungen zu Zweck und Möglichkeiten der Geschichtswissenschaft seien zwar „wenig glücklich" gewesen, denn Kantorowicz sei „eben Historiker und nicht Geschichtsphilosoph"[49]. Dem Historiker Kantorowicz vertraute Erdmann Korrekturfahnen seines berühmt gewordenen Buches über die Entstehung des Kreuzzugsgedankens[50] an. Kantorowicz schrieb an Lucy: „Ich habe Erdmanns dickes Buch über die Entstehung der christlichen Kriegs- und

---

42 Brief an Lucy von Wangenheim vom 10.2.1931.
43 Reichert, Fackel (wie Anm. 38).
44 Brief an Carl Erdmann vom 10.3.1931 (DHI Rom Archiv / R2 Registratur 1924–1943 Nr. 12; MGH Digitale Briefausgabe Ernst Kantorowicz, Inv.-Nr. 354).
45 Brief an Carl Erdmann vom 28.2.1931 (DHI Rom Archiv / R2 Registratur 1924–1943 Nr. 12; MGH Digitale Briefausgabe Ernst Kantorowicz, Inv.-Nr. 355).
46 Vgl. Reichert, Fackel (wie Anm. 38) 1 S. 114 ff.
47 Ebd. S. 137.
48 Brief von Ernst Kantorowicz an seine Eltern vom 13.1.1919: „Also, nachdem die Bande 2 Tage hier gehaust hatte & die Sache wirklich bedrohlichen Charakter angenommen hatte, meldete ich mich zunächst am Mittwoch bei der Charlottenburger Bürgerwehr [...] Wir wurden gleich in Compagnieen [sic] zusammengestellt & sollten uns bis Mitternacht in der Reichskanzlei einfinden, in Civil (ich hatte schon Uniform angezogen) und einzeln oder zu zweit, damit es nicht unnötig bei den Spartakus-Leuten auffiel" (MGH Digitale Briefausgabe Ernst Kantorowicz, künftig Inv.-Nr. 2111). Vgl. Lerner, Ernst Kantorowicz (wie Anm. 2) S. 51.
49 Carl Erdmann, in: NA 49,3 (1932) S. 585–587.
50 Carl Erdmann, Die Entstehung des Kreuzzugsgedankens (Forschungen zur Kirchen- und Geistesgeschichte 6, 1935).

Krieger-Ethik, sprich: Kreuzzugsgedanken (so heißt es auch) jetzt in Korrekturen gelesen [...] Ein richtig schönes und mich wenigstens interessierendes Buch"[51].

Im November 1933 schlug Ernst Kantorowicz der Frankfurter Fakultät Carl Erdmann als Vertreter für die Zeit seiner Gastprofessur in Oxford im Wintersemester 1933/34 und Sommersemester 1934 vor[52]. Diese Einladung nach Oxford bot Kantorowicz und den Verantwortlichen der Universität Frankfurt die Gelegenheit, die angespannte Situation zu entschärfen, die die nationalsozialistisch organisierte Studentenschaft durch den Boykott von Kantorowicz' Lehrveranstaltungen geschaffen hatte[53]. Kantorowicz' Enttäuschung darüber, dass er von den verantwortlichen Stellen hinsichtlich seines Stellvertreter-Vorschlags nichts hörte, gab er in einem Brief an Lucy Ausdruck: „So hatte ich mir das Semester ja überhaupt nicht gedacht! Ich dachte sicher, Anfang Dezember alles Herrn Erdmann als Himmelmann zu übergeben & dann für mich arbeiten zu können"[54]. Der Stellvertreter als Gottgesandter – Erdmann als Himmelmann – eine feine Vision! Aus der Vertretung durch Erdmann wurde letztlich nichts, da dieser der Fakultät die unerfüllbare Bedingung gestellt hatte, den Studenten seine Meinung über deren Boykottbestrebungen und sein weiteres Eintreten für Kantorowicz öffentlich mitteilen zu können[55]. Das wurde rundweg abgelehnt und Carl Erdmann blieb in Berlin.

Ernst Kantorowicz' Hochschätzung für die wissenschaftliche Bedeutung Erdmanns spiegeln zwei Briefe aus der Zeit nach dem Zweiten Weltkrieg wider, die sich wie Nachrufe lesen: In einem Brief an Lucy vom Mai 1946 schrieb er: „Erdmann ist tot, einer der lautersten Menschen, die ich gekannt habe, und der bei weitem beste Mittelhistoriker der Gegenwart [...] er war kränklich, man schickte ihn als italienischen Dolmetscher nach dem Balkan, wo er umkam; was er so getan haben wird, werden wir wohl nie zu erfahren bekommen"[56]. In einem etwas späteren Brief an Friedrich Baethgen (1890–1972)[57] heißt es: „Phantastisch ist übrigens die Leistung von Erdmann in den letzten Jahren gewesen, sowohl was Intensität wie

---

51   Brief an Lucy von Wangenheim vom 21.6.1935. Vgl. auch LERNER, Ernst Kantorowicz (wie Anm. 2) S. 243 Anm. 81 zu Kantorowicz' Brief an Karl Hampe vom 7.6.1935, in dem er schrieb, dass er Erdmanns Buch gelesen habe (UBH/Heid. Hs. 4067 III A-189, Bl. 23–24; MGH Digitale Briefausgabe Ernst Kantorowicz, Inv.-Nr. 22).

52   Vgl. zu dieser Angelegenheit Notker HAMMERSTEIN, Die Johann Wolfgang Goethe-Universität Frankfurt am Main 1: Von der Stiftungsuniversität zur staatlichen Hochschule (2012) bes. S. 101–103 zur Lehrtätigkeit von Kantorowicz, S. 221–224 zur Beurlaubung sowie S. 362 zur Nachfolge Paul Kirn. Vgl. auch REICHERT, Fackel (wie Anm. 38) 1 S. 158 ff.

53   Vgl. hierzu LERNER, Ernst Kantorowicz (wie Anm. 2) S. 194f.

54   Brief an Lucy von Wangenheim vom 29.11.1933.

55   Die Formulierung Erdmanns „mein weiteres Eintreten für Kantorowicz" findet sich in einem Brief an Gerd Tellenbach (REICHERT, Fackel [wie Anm. 38] 2 Brief Nr. 8, S. 39), ohne dass klar würde, was er konkret damit meinte. REICHERT, Fackel (wie Anm. 38) 1 S. 159, behauptet, Erdmann wäre bereit gewesen, „sich mit einem sich nun zu seinem Judentum bekennenden ‚Nichtarier'" zu solidarisieren. Dafür gibt es keinen Beleg. Das „nun" Reicherts trifft nicht den Sachverhalt, da Kantorowicz zu keinem Zeitpunkt sein Judentum verbarg. So bekannte sich Kantorowicz auch in einem Fragebogen, der von der Frankfurter Hochschulleitung im April 1933 infolge des Gesetzes zur Wiederherstellung des Berufsbeamtentums an alle Mitglieder des Lehrkörpers versandt worden war, eindeutig zu seinem Judentum, vgl. LERNER, Ernst Kantorowicz (wie Anm. 2) S. 195.

56   Brief an Lucy von Wangenheim vom 27.5.1946.

57   Zu Friedrich Baethgen siehe MENTZEL-REUTERS, Friedrich Baethgen (wie Anm. 41).

Weite anbelangt. Auf wie viele Gebiete er sich hinausbegeben hat, mit welcher Sicherheit er stets die Probleme trifft (selbst wenn er in den Lösungen bisweilen wohl zu apodiktisch ist), und was alles er überblickt hat, ist fast einzigartig. Es ist ein Jammer, dass dieser Mensch hat zugrunde gehen müssen"[58]. Nach den zwei erhaltenen Briefen von Ernst Kantorowicz an Carl Erdmann aus dem Frühjahr 1931 kann man ihre Beziehung wohl als freundschaftliches Verhältnis unter Wissenschaftlern werten, weniger als persönliche Freundschaft[59].

Ein „austriakisches Ross" bei den Monumenta – Ernst Klebel (1896–1961)[60]

Im November 1934 hatte Ernst Kantorowicz vom Kultusministerium die Bestätigung seiner Emeritierung erhalten[61]. Der designierte Vertreter für seinen Frankfurter Lehrstuhl erschien prompt in den Räumen der Monumenta, wie Kantorowicz Lucy berichtete: „Mein Nachfolger, ein aus Wien vertriebner P*[artei]*g*[enosse]* namens Klebel oder so ähnlich, stellte sich auf den Monumenten ein"[62]. Im gleichen Brief bedauerte Kantorowicz sein längeres Schweigen: „Du bist einfach Leidtragende eines Bombenschnupfens mit Zubehör, der mich dank der Kombination von glühender Centralheizung und niesenden Monumentisten gekascht hatte"[63].

Der an der Universität Wien habilitierte Ernst Klebel, dessen Forschungsgebiete die Siedlungs-, Rechts- und Landesgeschichte waren, hatte für das Wintersemester 1934/35 die Vertretung des Frankfurter Lehrstuhls für mittelalterliche Geschichte übernommen, der durch Kantorowicz' Emeritierung vakant geworden war. Die Monumenta beschäftigten ihn als Mitarbeiter an der Edition des Schwabenspiegels, eines mittelalterlichen Rechtsbuches. Der bekennende Nationalsozialist, der angeblich am 1. Juni 1933 in die Partei eingetreten war[64], hatte sich in Wien politisch unbeliebt gemacht, was dazu führte, dass ihm am 1. Oktober 1934 die Habilitation entzogen wurde „wegen nat*[ional]*soz*[ialistischer]* Gesinnung und grundsätzlicher abfälliger Kritik der Innen- und Außenpolitik der Bundesrepublik"[65]. In Ab-

---

58 Brief an Friedrich Baethgen vom 4.5.1947 (MGH-Archiv A 246/II,5; MGH Digitale Briefausgabe Ernst Kantorowicz, Inv.-Nr. 247).
59 Reichert, Fackel (wie Anm. 38) 1 S. 162 bezeichnete Kantorowicz als Freund Erdmanns; vgl. dagegen Martina Hartmann, Rückzug ins Private? Zu Folker Reicherts Biographie und Briefausgabe Carl Erdmanns, in: HZ 316 (2023) S. 382–389, hier S. 386. Es sind keine weiteren Briefe von Erdmann an Kantorowicz erhalten außer den beiden im Archiv des DHI Rom. Ein weiterer Kantorowicz-Brief von 1934 aus Oxford an Erdmann wird in dessen Brief an Gerd Tellenbach erwähnt (vgl. Reichert, Fackel [wie Anm. 38] 2, Brief Nr. 9 S. 40).
60 Zu Ernst Klebel vgl. Wolfram Ziegler, Ernst Klebel (1896–1961). Facetten einer österreichischen Historikerkarriere, in: Karel Hruza (Hg.), Österreichische Historiker. Lebensläufe und Karrieren 1900–1945, Bd. 2 (2012) S. 489–522.
61 Auf Vorschlag des REM hatte Kantorowicz am 14.10.1934 einen Antrag auf Emeritierung gestellt. Mit dessen Gewährung war für beide Seiten ein Ausweg aus der verfahrenen Situation an der Frankfurter Universität gefunden, da für Kantorowicz wegen antisemitischer Boykottdrohungen keine Aussicht auf eine Fortsetzung seiner Lehrtätigkeit bestand. Vgl. dazu Lerner, Ernst Kantorowicz (wie Anm. 2) S. 230f.
62 Brief an Lucy von Wangenheim vom 25.11.1934.
63 Ebd.
64 Ziegler, Ernst Klebel (wie Anm. 60) S. 505 mit Anm. 76.
65 Vgl. ebd. S. 506f. mit Anm. 82 mit Verweis auf den Lebenslauf Klebels im Wiener Universitätsarchiv.

wesenheit seines Vorgängers hatte Klebel sich über dessen Fall, das heißt, die Vorgänge an der Frankfurter Universität und seine Beurlaubung bzw. Emeritierung, offensichtlich eigenartig ausgelassen: „Er äusserte sich über mich dahin, dass da doch die Akten geschlossen seien, da ich mich in der Vorbemerkung des Friedrichbuches dekouvriert hätte. Auf die erstaunte Frage der Monumentisten, was er damit meine, sagte er, mit dem ‚geh*[eimen]* D*[eutschland]*' hätte ich ‚Jerusalem' gemeint, das sei doch ganz klar; denn von einem g.D. hätte noch kein Mensch etwas gehört und was es denn sonst sein sollte"[66]. Leider haben Mommsen und Erdmann und die andern sich bemüht, ihn glauben zu machen, dass es einen Dichter St*[efan]* G*[eorge]* in Deutschland gegeben habe, der immerhin in den gegenwärtigen Läuften nicht ganz unbekannt geblieben sei, auch staatlicherseits nicht. Davon hatte Herr K. auch noch nie etwas gehört"[67]. Sarkastisch schloss Kantorowicz, Klebel sei von den geistigen Strömungen der Gegenwart wenig befleckt – und gerade deshalb zu seinem Amt „völlig tauglich", aber man solle dessen Bekenntnis als Witz ruhig verbreiten, „damit dieses austriakische Ross, das vorerst nur vertritt, nicht die Kanzel für dauernd erhält"[68]. Dies war nicht zu befürchten: Mit der Vertretung des mittelalterlichen Lehrstuhls war Ernst Klebel von vornherein nur mit der Einschränkung betraut worden, „dass ihm daraus kein Anrecht auf die endgültige Ernennung erwachsen solle"[69]. Er bewährte sich zwar als Lehrer im Wintersemester 1934/35, doch erschien er der Frankfurter Fakultät „nicht als die geeignete Persönlichkeit" für eine endgültige Besetzung des Lehrstuhls. „Klebel ist sehr von sich eingenommen, seine Umgangsformen liessen in mehr als einer Beziehung zu wünschen übrig und wie hier, ist es auch später an anderen Orten zu Misshelligkeiten gekommen"[70].

Eben „misshellig", und zwar als penetranter Antisemit, tauchte Ernst Klebel ein halbes Jahr später im Mai 1935 wieder bei den Monumenta auf: „Leider sind die Monum. etwas verpestet durch meinen Frankfurter ‚Vertreter' – der Geheimes Deutschland = Jerusalem setzte. Die paar Assistenten lassen sich gewiss nicht verhetzen; aber es ist doch unangenehm, mit einem antisemitischen Propagandisten den Raum zu teilen, der hinter meinem Rücken

---

Vgl. auch „Curriculum vitae" Ernst Klebels (UAF, Akten des Kurators, Sign. Alt vd 5 / Neu Abt. 15, Bl. 39).

66 Siehe Anm. 18 (Text der Vorbemerkung, auf die sich Klebel bezog). „Geheimes Deutschland" ist ein Synonym für den George-Kreis (siehe Anm. 9), dessen Angehörige sich als die zwar „geheimen", aber tatsächlich entscheidenden Träger deutscher, ja abendländischer Kultur verstanden. In Kantorowicz' mythologisierenden eigenen Worten: „Es ist die geheime Gemeinschaft der Dichter und Weisen, der Helden und Heiligen, der Opferer und Opfer, welche Deutschland hervorgebracht hat und die Deutschland sich dargebracht haben"; oder etwas verständlicher: „Im ‚Geheimen Deutschland' ist der innerste wesenhafte Kern der Nation selbst geborgen"; Ernst Kantorowicz, Das Geheime Deutschland. Vorlesung, gehalten bei Wiederaufnahme der Lehrtätigkeit am 14. November 1933, hg. von Eckhart GRÜNEWALD, in: Robert L. BENSON / Johannes FRIED (Hg.), Ernst Kantorowicz. Erträge der Doppeltagung Institute for Advanced Study/Princeton, Johann Wolfgang Goethe-Universität/Frankfurt (1997) S. 77–93, hier S. 80 und 88.

67 Brief an Lucy von Wangenheim vom 16.11.1934.

68 Ebd.

69 Schreiben des Rektors Walther Platzhoff an die Philosophische Fakultät der Universität Freiburg i. Br. vom 2.4.1937 (UAF, Akten des Kurators, Sign. Alt vd 5 / Neu Abt. 15, Bl. 40); vgl. ZIEGLER, Ernst Klebel (wie Anm. 60) S. 511 mit Anm. 106.

70 Zitiert ebd. S. 511 Anm. 107.

sofort antisemitische Bemerkungen macht. Dabei ist er halbwegs vom Kumi[71] dorthin gesetzt worden, so dass die Assistenten nichts zu sagen wagen. Nur Erdmann fährt ihm über die Schnauze"[72]. Als unerfreulicher Zeitgenosse wurde Ernst Klebel auch von anderen wahrgenommen. Alfons Dopsch (1868–1953), der einflussreiche Historiker der Universität Wien, hatte ihn 1929 im Zuge seines Habilitationsverfahrens charakterisiert als „unverträglich, Tratsche, böswillige Tratsche. Man hat ihn deswegen nirgends genommen, obwohl er sachlich extrem geeignet wäre"[73]. „Bekanntlich will niemand Klebel haben", schrieb Carl Erdmann im Oktober 1937, als wieder einmal eine Vertretung Klebels, diesmal an der Berliner Universität für Wilhelm Engel, drohte[74]. An Deutschlands Universitäten konnte Klebel – zum Glück, muss man sagen – nicht mehr Fuß fassen, auch an österreichischen Universitäten nach dem ‚Anschluss' Österreichs im März 1938 nicht[75].

Der Tod von Erich Caspar (1879–1935)[76]

Betroffen und verunsichert berichtete Kantorowicz am 27. Januar 1935 – Kaisers Geburtstag, wie er unterstrich – Lucy vom plötzlichen Tod Erich Caspars. Erich Caspar war seit 1930 ordentlicher Professor für mittelalterliche Geschichte an der Berliner Universität und ein geschätzter früherer Mitarbeiter der Monumenta, der zeitweise den Posten des Direktorialassistenten innegehabt hatte und mit der Edition der Epistolae Karolini aevi und dem Register Gregors VII. betraut war. Auch hatte Erich Caspar Carl Erdmanns Habilitation an der Berliner Universität entscheidend gefördert[77]. „In den Monumenten war diese Woche einige Aufregung, weil Caspar plötzlich gestorben ist – an einer Grippe zwar, aber doch aus Gram und Enerviertheit über die Zeit; er ist doch 25 % Nichtarier, hatte einen Papa, der Staatssekretär im Kultusministerium war, und konnte sich weniger als andere mit den Dingen abfinden"[78], berichtete Kantorowicz.

Arno Mentzel-Reuters konnte zeigen, dass die immer wieder geäußerte Vermutung, Caspar habe Suizid begangen, nicht durch offizielle Dokumente bestätigt wird. Auch von den Kollegen wurde die Todesursache mit „Lungenentzündung", so Robert Holtzmann in seinem

---

71 Kultusministerium; gemeint ist das Reichsministerium für Wissenschaft, Erziehung und Volksbildung (REM).
72 Brief an Lucy von Wangenheim vom 30.5.1935.
73 Ziegler, Ernst Klebel (wie Anm. 60) S. 506 mit Anm. 79: UAW, PA EK, Protokoll der Philosophischen Fakultät 4.7.1929, fol. 25.
74 Carl Erdmann an Gerd Tellenbach vom 24.10.1937 (Reichert, Fackel [wie Anm. 38] 2, Brief Nr. 74 S. 171).
75 Ernst Klebel wurde, wie Ziegler, Ernst Klebel (wie Anm. 60) S. 513 ff. darstellt, 1939 Stadtarchivar in St. Pölten/Niederösterreich, war nach Kriegsende Mitarbeiter des Südost-Instituts, übernahm 1949 eine Stelle am Stadtarchiv Regensburg und wurde 1953 Ordinarius für Allgemeine Geschichte und Bayerische Landesgeschichte an der Philosophisch-Theologischen Hochschule zu Regensburg.
76 Zu Erich Caspar vgl. jetzt Arno Mentzel-Reuters, Erich Caspar (1879–1935), in: Zwischen Vaterlandsliebe und Ausgrenzung (wie Anm. 32) S. 135–157.
77 Vgl. dazu Reichert, Fackel (wie Anm. 38) 1 S. 116f.
78 Brief an Lucy von Wangenheim vom 27.1.1935. Erich Caspars Vater Franz Erich Caspar (1849–1927) war Präsident der Reichsversicherungsanstalt und später Abteilungsdirektor im Reichsamt des Inneren; vgl. Mentzel-Reuters, Erich Caspar (wie Anm. 76) S. 136.

Nachruf, oder wie von Ernst Kantorowicz auch von Carl Erdmann mit „Grippe" angegeben[79]. Jedenfalls ist Kantorowicz' Vermutung über die eigentliche Ursache von Caspars Tod sehr plausibel: „Gram und Enerviertheit über die Zeit" – eine Zeit des Schreckens und der Bedrohungen für Deutsche mit jüdischer Abstammung oder ‚Nichtarier' im Sprachgebrauch der NS-Diktatur.

Der Fall Oncken (1935)

Zwei Wochen später kam der nächste Schock: Der angesehene Berliner Historiker Hermann Oncken (1869–1945)[80] wurde im Völkischen Beobachter vom 3. Februar 1935 von seinem ehemaligen Schüler Walter Frank (1905–1945)[81] aufs schärfste angegriffen. Oncken hatte seine Distanz zum Nationalsozialismus zu keiner Zeit, weder vor noch nach der ‚Machtergreifung', verborgen. Frank, ein überzeugter, karrieresüchtiger Nationalsozialist, war Referent für Geschichte beim Stellvertreter des Führers, ebenso Referent im Amt Rosenberg, das für die Überwachung der gesamten geistigen und weltanschaulichen Erziehung der NSDAP verantwortlich war. Im Mai 1935 wurde er zum Professor ernannt und im Juli 1935 zum Leiter des neu gegründeten Reichsinstituts für Geschichte des neuen Deutschlands. Franks entwürdigender Angriff führte zu Onckens Zwangsemeritierung und Entfernung aus allen Forschungsinstitutionen[82]. Kantorowicz berichtete Lucy von diesem Fall, nachdem er „gerade von der Beisetzung des alten Liebermann" gekommen war[83]. Ehe er zum Fall Oncken überleitete, beklagte er heftig, dass kein Vertreter des öffentlichen Lebens dem „repräsentativsten Maler, den Deutschland durch Dezennien gehabt hat", die letzte Ehre erwiesen habe. „Nur die fremden Botschaften machten die Ausnahme. Es ist in der Tat als Jude heute nicht mehr möglich, in diesem Lande verwurzelt zu sein." Dies gälte auch für ihn, er könne sich nicht verwurzelt fühlen, „das merke ich auch beim Arbeiten nur allzu deutlich [...] Ich sehe die Schicksale u. bleibe völlig unberührt und unbeteiligt [...] Ja, es bleibt als Wahres eigentlich nur die voraussetzungslose Wissenschaft – ausgerechnet für mich [...] Denn

---

79 Vgl. ausführlich und überzeugend MENTZEL-REUTERS, Erich Caspar (wie Anm. 76) S. 152–156 mit Belegen.
80 Zu Hermann Oncken vgl. Christoph STUDT, Karl Hermann Gerhard Oncken, in: NDB 19 (1999) S. 538f. und Christoph CORNELISSEN, Hermann Oncken (1869–1945), in: Michael FRÖHLICH (Hg.), Das Kaiserreich. Portrait einer Epoche in Biographien (2001) S. 388–399.
81 Zu Walter Frank vgl. Matthias BERG, Walter Frank, in: Handbuch der völkischen Wissenschaften 1 (wie Anm. 41) S. 173–178.
82 Vgl. zum „Fall Oncken" ausführlich Helmut HEIBER, Walter Frank und sein Reichsinstitut für Geschichte des neuen Deutschland (1966) S. 172 ff. sowie jetzt Philip ROSIN, Vom Mittelpunkt des Faches in die Ausgrenzung. Hermann Onckens Korrespondenz zwischen Weimarer Republik und Nationalsozialismus, in: Briefkultur(en) in der deutschen Geschichtswissenschaft zwischen dem 19. und 21. Jahrhundert, hg. von Matthias BERG / Helmut NEUHAUS (Schriftenreihe der HiKo 106, 2021) S. 201–221, hier S. 213–220.
83 Brief an Lucy von Wangenheim vom 11.2.1935. Der Maler Max Liebermann (1847–1935), verstorben am 8.2.1935, wurde am 11.2.1935 auf dem Jüdischen Friedhof an der Schönhauser Allee bestattet; vgl. Bernd KÜSTER, Max Liebermann. Ein Maler-Leben (1988) S. 223. An der Beerdigung nahmen nicht nur keine offiziellen Vertreter teil, sondern insgesamt nur wenige nicht-jüdische Kollegen und Freunde. Ernst Kantorowicz war mit Liebermanns Tochter Käthe und ihrem Mann Kurt Riezler befreundet; siehe oben S. 99.

von ‚Mythenschau' bin ich wahrhaftig fern genug & ferner als die Mehrzahl der heutigen Deutschen"[84]. Im Begriff der Mythenschau klingt die Kontroverse von 1929/30 mit Albert Brackmann nach, der Kantorowicz vorgeworfen hatte, Friedrich den Zweiten in „mythischer Schau" gezeichnet zu haben. Kantorowicz hatte 1930 mit einem Vortrag auf dem Historikertag in Halle geantwortet[85]. „Meine Abseitigkeit merkte ich dieser Tage wieder anlässlich des Falles Oncken. [...] Ich hatte für den Typ, den Oncken repräsentierte, niemals viel übrig: im Grunde war er Exponent jener, gegen die ich in Halle vorging. Dennoch war der Aufsatz Erzeugnis eines NS-Schülers von Oncken, abscheulich, einfach weil von diesem Niveau aus Oncken nicht angreifbar war"[86].

Der Fall sorgte für heftige Diskussionen. „Die Aufregung im Institut war begreiflich"[87], bemerkte Kantorowicz. Carl Erdmann und wohl auch Theodor Ernst Mommsen fühlten sich zu einer wie auch immer gearteten Reaktion auf die beschämende Behandlung Onckens aufgerufen. Erdmann schrieb am 10. Februar an Friedrich Baethgen: „Was wir tun, steht noch nicht fest; ich bemühe mich erstens um etwas im Seminar, weil die Studenten mit Recht eine klare Stellungnahme von uns erwarten [...] zweitens um etwas Öffentliches, wofür freilich sonst nur wenige zu haben sind"[88]. Ernst Kantorowicz jedenfalls war für öffentliche Aktionen nicht zu haben und schrieb an Lucy: „Aber allen Plänen, die doch nur zur Absetzung gerade der Besten führen würden, stand ich ablehnend gegenüber, weil Einzelschritte ehrenvoll, aber etwas donquixotesk sind u. zu nichts führen, gemeinsame Schritte aber nicht zu organisieren sind. Andererseits fühle ich mich nicht kompetent, andere in ihr Unglück zu jagen, u. vor allem: ich glaube in keinem Winkel meines Herzens mehr an eine ‚Rettung' des Universitätsbreies – im Gegenteil: früher schon, zumal aber nach den Erfahrungen während des Jahres 33 empfand ich diese Anstalten als fallreif u. ein Einsatz gerade der guten Kräfte für diese Institution kaum mehr zu rechtfertigen. Dennoch war ich traurig, fühlte mich in meiner Detachiertheit entsetzlich alt und spürte auch plötzlich die ganze Kluft, die mich von Leuten wie Erdmann & Mommsen trennt – eine Kluft, die sonst durch viele Gemeinsamkeiten überdeckt war"[89]. Es folgt ein grundsätzliches, schonungsloses Bekenntnis: „Ich bin halt weder liberal noch deutschnational u. auch bei einem protestantischen Pastor, der gelegentlich am gleichen Seil wie unsereins zieht, käme gegebenenfalls die Kluft, die trennt, in aller Unüberbrückbarkeit zum Vorschein. Das Scheussliche ist freilich, dass ich an garkeinem [sic] Tau mehr ziehe noch ziehen kann, sondern dass ich bestenfalls mit den paar Freunden angeseilt u. im Gänsemarsch über einen Grat ziehe, wo man weder rechts noch links jemandem die Hand reichen kann, und dies ohne zu wissen wohin jener Grat führt u. ohne den Wunsch,

---

84 Brief an Lucy von Wangenheim vom 11.2.1935.
85 Zu Kantorowicz' Vortrag ‚Grenzen, Möglichkeiten und Aufgaben der Darstellung mittelalterlicher Geschichte' auf dem Historikertag in Halle vgl. Eckhart GRÜNEWALD, Sanctus amor patriae dat animum – ein Wahlspruch des George-Kreises? Ernst Kantorowicz auf dem Historikertag zu Halle a. d. Saale im Jahr 1930 (mit [erstmals vollständiger] Edition des Vortrags), in: DA 50 (1994) S. 89–125. Ein kurzer Auszug erschien in der national-konservativen Wochenzeitschrift Der Ring 3 (1930) S. 385.
86 Brief an Lucy von Wangenheim vom 11.2.1935.
87 Ebd.
88 Carl Erdmann an Friedrich Baethgen vom 10.2.1935 (REICHERT, Fackel [wie Anm. 38] 2, Brief Nr. 27 S. 80).
89 Brief an Lucy von Wangenheim vom 11.2.1935.

dass er überhaupt zu einem Bestimmten hinleite u. ganz ohne Spass am Gratwandern an sich! Du siehst, mein Herzchen, ich habe einen rechten Kater"[90]. Diese zutiefst resignative Selbstanalyse bleibt für Kantorowicz' Lebensgefühl in den verbleibenden Jahren bis zu seiner Emigration in die USA im November 1938 gültig. In Robert Lerners Kantorowicz-Biographie heißt es, dieser habe „von Mitte 1934 bis Herbst 1938 ein ruhiges, komfortables und produktives Leben" geführt[91]. Dem widersprechen die oben zitierten Briefstellen. Ein ruhiges, komfortables Leben war für deutsche Juden in diesen Jahren nicht mehr möglich. So schrieb Kantorowicz am 16. Juni 1935 an Lucy: „Im übrigen ist mir aus anderen Gründen, beim täglichen Genuss der Zeitung, wieder übel"[92]. Er hatte in der Frankfurter Zeitung vom 16.07.1935 die Notiz gelesen, wonach in Breslau sechs Paare – „sechs couples als wie wir" – also ‚arische' Frauen mit jüdischen Männern wegen ‚Rassenschande' denunziert und von SA-Leuten ins KZ gebracht worden waren. „Es ist sehr grauenhaft *[…]* und lebensmässig eben doch immer wieder absolut lähmend & jegliche Arbeitslust nehmend *[…]* während die Einschüchterung so weit geht, dass man kein Café am Kurfürstendamm oder im Umkreis der Kaiser-Wilhelm-Gedächtniskirche mehr betreten mag – was alles auch für mich gilt"[93].

Zwar hatte Kantorowicz im Juni mit gewisser Erleichterung an Karl Hampe geschrieben: „Ich bin froh, dass der unverwüstliche Kehr, der seit einigen Tagen wieder hier ist, mir wieder meinen Arbeitsplatz einräumen liess und für die Dauer seiner ‚Oberherrschaft' mir diese Stätte sicherte. Was dann kommt, ist noch recht ungewiss"[94], doch seine Befürchtungen wuchsen, wie ein weiterer Brief von Juli 1935 zeigt: „Mit meinem Arbeiten hier wird es bald schwierig werden. Das MG-Institut wird vermutlich bald zwangsweise judenrein gehalten werden & die nichtarischen Mitarbeiter werden dann auch nicht mehr im Neuen Archiv & den Quellen & Forschungen publizieren können. Und wenn die Sache analog den Strandbädern behandelt wird, dann bedeutet jedes Betreten der M. G. oder Nachschlagen in der Bibliothek einen ‚Hausfriedensbruch'. Das wäre in der Tat sehr unerfreulich für mich"[95]. Seinen Arbeitsplatz bei den MGH konnte Kantorowicz bis ins Jahr 1938 behalten, auch unter der neuen Leitung[96]. Er schrieb an Lucy: „Bei den MG.

---

90 Ebd.
91 So LERNER, Ernst Kantorowicz (wie Anm. 2) S. 229.
92 Brief an Lucy von Wangenheim vom 16.7.1935.
93 Ebd.
94 Brief an Karl Hampe vom 7.6.1935 (wie Anm. 51).
95 Brief an Lucy von Wangenheim vom 24.7.1935. Kantorowicz sollte rechtbehalten. So wurde im November 1938 der Mediävist Ernst Perels gezwungen, offiziell seinen Rücktritt von der Arbeit für die MGH zu erklären. Edmund Ernst Stengel, Präsident der MGH, betonte in einem Brief, „dass keine Arbeitsaufträge des Reichsinstituts mehr in jüdischen Händen sind"; vgl. Martina HARTMANN, Ernst Perels (1882–1945), in: Zwischen Vaterlandsliebe und Ausgrenzung (wie Anm. 32) S. 353f.
96 Zu Kehrs Nachfolgern, dem 1935 kommissarisch eingesetzten Wilhelm Engel (1905–1964) und dem 1937 zum Präsidenten ernannten Edmund Ernst Stengel (1879–1968) vgl. Arno MENTZEL-REUTERS, Das Reichsinstitut zwischen Ahnenerbe und Westforschung, in: Das Reichsinstitut für ältere deutsche Geschichtskunde 1935 bis 1945 – ein „Kriegsbeitrag der Geisteswissenschaften"? Beiträge des Symposiums am 28. und 29. November 2019 in Rom, hg. von DEMS. / Martina HARTMANN / Martin BAUMEISTER (MGH Studien zur Geschichte der Mittelalterforschung 1, 2021) S. 1–53, hier S. 24 ff., 32 ff.

war sonst alles unverändert und meines Bleibens dort ist wie zuvor, wenn auch quasi ‚unter Diskretion' und ‚ohne Gewähr'"[97].

Paul Kehr (1860–1944)[98]

Von Interesse für die Geschichte der MGH ist insbesondere das Verhältnis von Ernst Kantorowicz zu Paul Kehr. Wie bereits erwähnt, hatten sich Kantorowicz und Paul Kehr in Rom spätestens im April 1928 kennengelernt und Kehr hatte das Friedrich-Buch von Kantorowicz gelesen[99]. Seit dieser Zeit erfreute sich Kantorowicz der Protektion Kehrs, was nicht nur an den gelegentlichen ‚Audienzen' in Kehrs Monumenta-Büro abzulesen ist. Kehr stand auch in der Kontroverse mit Albert Brackmann auf Kantorowicz' Seite[100]. Dieser berichtete an Lucy im Januar 1930, als er an seinem Vortrag für den Hallenser Historikertag arbeitete: „Der alte Kehr wird sicherlich recht haben, wenn er sagt, dass die Bonzen ziemlich geschlossen gegen mich zusammenstehen würden mit Argumenten, die in ihrer Plattheit garnicht [sic] zu diskutieren sein würden"[101]. Im Dezember 1930 schrieb er: „Kehr wird in ein paar Wochen 70 u. der alte Archivlöwe, der eben erst aus Rom zurückkehrte, ist mittlerweile doch recht alt geworden – ganz plötzlich in den letzten Monaten. Sobald er nun abtritt – und das kann nur noch ein paar Jahre dauern, wenigstens von den Ämtern, wenn auch nicht von der Bildfläche – so wird der Direktorposten in Rom frei u. ich glaube nicht, dass man dort einen andern hinsetzen wird als Baebae[102], was auch sachlich gerechtfertigt wäre"[103]. Bei einem gemeinsamen Mittagessen im Dezember 1930 war zu Kantorowicz' großer Begeisterung Kehrs Sohn Ivo (1911–1943)[104] anwesend. Kantorowicz beschrieb Lucy Ivo als „die

Abb. 3: Ivo Kehr, Sohn Paul Kehrs, um 1940

---

97 Brief an Lucy von Wangenheim vom 18.2.1938.
98 Zu Paul Kehr vgl. Hedwig MUNSCHECK-VON PÖLNITZ, Der Lebensrückblick des Paul Fridolin Kehr, in: FBPG N.F. 31 (2021) S. 97–134; zu seinem Verhältnis zu Kantorowicz vgl. LERNER, Ernst Kantorowicz (wie Anm. 2) S. 165f. und öfter.
99 Siehe oben S. 98.
100 Zu der Auseinandersetzung zwischen Kantorowicz und Albert Brackmann siehe Anm. 41; vgl. LERNER, Kantorowicz (wie Anm. 2) S. 153 ff.
101 Brief an Lucy von Wangenheim vom 24.1.1930 (MGH Digitale Briefausgabe Ernst Kantorowicz, künftig Inv.-Nr. 3007). Zu Kantorowicz' Vortrag auf dem Historikertag in Halle siehe Anm. 85.
102 Mit „Baebae" ist Friedrich Baethgen gemeint, der jedoch den Direktorenposten des Preußischen Historischen Instituts in Rom nicht erhielt.
103 Brief an Lucy von Wangenheim vom 8.12.1930.
104 Siehe Abb. 3. Vgl. Martha KEHR, Die Vorfahren Paul Fridolin Kehrs, des großen Meisters der mittelal-

einzige Synthese, die der alte Analytiker hervorgebracht hat, er ist tatsächlich besonders erfreulich: richtig schwarz – nicht jüdisch, sondern romanisch: die Mutter ist Brüsselerin –. Er hat dunkelblaue Augen, schmales Gesicht, schöne hohe Stirn und ist durch und durch ernst, wenn auch sehr vergnügt, unerhört souverän – wie sein Vater – und mit richtig guten Manieren. [...] Im übrigen malt er sehr viel – kubistisch, wie mir der Vater erzählte, aber es wird wohl etwas anderes sein. Jedenfalls einer der charmantesten Burschen, denen ich je begegnet bin"[105]. Kantorowicz war so begeistert, dass er umgehend diese Begegnung ‚dem Meister' Stefan George schildern musste, als hätte er einen neuen, vielversprechenden Kandidaten für den Dichterkreis entdeckt. Zusätzlich zu den im Lucy-Brief geschilderten Eigenschaften Ivos nannte er im Brief an George dessen „wirkliche fähigkeit zu befehlen, was nicht verwundern kann, da sein vater der alte tyrannos Kehr ist"[106].

Im Januar 1935 berichtet Kantorowicz dem „Geliebten Babychen" von einer „ganzen Menge grosser und langer Gespräche" mit seinen Berliner Freunden um Ernst Morwitz und von einem Gespräch mit Paul Kehr. Bei allen – so auch bei Kehr – diagnostizierte er einen sehr merkwürdigen Loslösungsprozess „von dem Blut, Grund u. Boden, in dem sie bisher wurzelten. Das Stehkragenproletariat, das bisher vielfach wurzellos war, hat ganz gewiss jetzt seinen Urgrund gefunden, in den es seine Wurzeln hineinsenken kann – dafür haben ihn alle diejenigen verloren, auf die es ankommt. [...] Dabei ist es ganz gleichgültig, wie alt man ist"[107]. Es ist höchst erstaunlich, dass Ernst Kantorowicz für das geistige und kulturelle Fundament derer, „auf die es ankommt", also seinesgleichen, die kontaminierten Begriffe „Blut, Grund und Boden" verwendete. Ironie ist hier auszuschließen. Man bleibt ratlos angesichts dieser Briefstelle, zumal da keiner seiner Freunde Grund und Boden besaß – mit Ausnahme der Freundin Marion Gräfin Dönhoff (1909–2002), Miterbin ostpreußischer Familiengüter, und des Freundes Albrecht Graf Bernstorff (1890–1945), Gutsherr auf Stintenburg am Schaalsee (Mecklenburg-Vorpommern). Über den demnach ebenso ‚entwurzelten' Paul Kehr schrieb Kantorowicz im Januar 1935: „Der 75jährige erklärte, dass er halt die letzten 3650 *[sic]* Tage seines Lebens nur mit seinen Regesten u. möglichst draussen verbringen werde. Wäre er jung, so wanderte er entweder aus oder schösse sich tot. Dabei ist er für andere u. auch für sich selbst zum Paktieren mit jeder Staatsform – als ‚Positivist' – geneigt"[108]! Ein weiterer Brief von Januar 1935 macht Ernst Kantorowicz' Verhältnis zu Paul Kehr anschaulich: „Kehr fährt am Montag wieder für viele Monate fort, nach Meran erst, dann nach Rom, nachdem er zwei Bände Urkunden – karolingische und süditalienisch-normannische – in diesem Jahr fertig gestellt hat. Es ist schon eine fabelhafte Arbeitskraft, und ich versuche wieder, ihn zu einer Darstellung zu zwingen, diesmal der Normannen. Er ist auch garnicht *[sic]*

---

terlichen Geschichtsforschung, in: Genealogie. Deutsche Zs. für Familienkunde 17 (1968) S. 321–330, hier S. 324: Ivo Kehr fiel am 17.4.1943 an der Ostfront bei Noworossijsk.
105 Brief an Lucy von Wangenheim vom 28.12.1930.
106 Ernst Kantorowicz an Stefan George vom 15.2.1931 (StGA, George III, 06632; MGH Digitale Briefausgabe Ernst Kantorowicz, künftig Inv.-Nr. 911). In diesem Schreiben, verfasst nach den kalligraphischen Vorgaben Georges in Minuskelschrift, legte Kantorowicz mehr Wert auf die Beschreibung des Äußeren: „ein ungewöhnlich schöner bub, schwarz (die mutter ist belgierin) mit strahlend-blauen augen, gross, schlank, mit einem durchtrainierten körper, schönen händen und gelenken [...]"
107 Brief an Lucy von Wangenheim vom 13.1.1935.
108 Ebd.

so abgeneigt wie er das sonst war, und ich würde es mir sehr hoch anrechnen, wenn ich ihn dazu brächte. Es wäre dann wirklich schon etwas wie Nekrophilie angesichts seiner 75 Jahre. Aber die Elastizität dieses alten dicken schweren Mannes ist schon erstaunlich und mir ist es jedesmal ein Vergnügen, mich mit ihm zu unterhalten, obwohl dieser reine Forschungsgelehrte mir als Typ natürlich unglaublich fern steht. Aber seine grosse Schlauheit gepaart mit der Bewegtheit seines Lebens und der unausbleiblichen Altersweisheit lässt mehr als er es haben will Menschliches überall zum Durchbruch kommen. Jedenfalls lohnt es sich schon, ihn gekannt zu haben"[109]!

Mit dem Projekt ‚Ergänzungsband' begann dieser Beitrag – mit dem Hinweis auf den alleinigen Dank von Kantorowicz an Paul Kehr im Vorwort zu dem 1931 schließlich erschienenen Band soll dieser Beitrag enden: „Ganz besonderen Dank weiß der Verfasser für die Erlaubnis, zur Fertigstellung des Bandes die Hilfsmittel der Monumenta Germaniae Historica zu benutzen, Geheimrat Paul Kehr"[110].

---

109 Brief an Lucy von Wangenheim vom 27.1.1935.
110 Ernst KANTOROWICZ, Kaiser Friedrich der Zweite. Ergänzungsband (1931) S. 5.

Friedrich Baethgen in nationalkonservativen Netzwerken (1917–1948)

von

ARNO MENTZEL-REUTERS

Abb. 1: Friedrich Baethgen 1928 als zweiter Sekretär des Preußischen Historischen Instituts in Rom unter Paul Fridolin Kehr

I. München: Eine verschleierte Biographie

Im September 1947 wählte die neu konstituierte Zentraldirektion der Monumenta Germaniae Historica unter der kommissarischen Leitung von Walter Goetz (1867–1958)[1] einen neuen Präsidenten aus ihrer Mitte. Einziger Kandidat war der Vertreter der Berliner Akademie. Der Wahlakt markierte einen Wendepunkt in der deutschen Mediävistik, und diejenigen, die zwei Jahre lang auf ihn hingearbeitet hatten, gingen zügig daran, Narrative bereitzustellen oder zu erschaffen, die ihn gleichermaßen einzigartig und unausweichlich erscheinen lassen sollten. Im Zentrum stand der Anspruch, nach den Verirrungen eines vom

---

1   Walter Goetz war ab 1915 Ordinarius in Leipzig, 1933 zwangsemeritiert, die Kürzung der Pension wurde im gleichen Jahr wieder zurückgenommen; 1920–1928 Reichstagsabgeordneter der DDP, 1927–1949 Präsident der Deutschen Dante-Gesellschaft; 1946–1951 Vorsitzender der HiKo, wodurch er für den Vertreter der BAdW in der neukonstituierten Zentraldirektion prädestiniert war. 1952 wurde er zum Honorarprof. an der LMU München ernannt. Zur Person vgl. Ronald LAMBRECHT, Politische Entlassungen in der NS-Zeit. Vierundvierzig biographische Skizzen von Hochschullehrern der Universität Leipzig (Beiträge zur Leipziger Universitäts- und Wissenschaftsgeschichte B 11, 2006) S. 83–85; Wolf Volker WEIGAND, Walter Wilhelm Goetz 1867–1958. Eine biographische Studie über den Historiker, Politiker und Publizisten (Schriften des BArch 40, 1992).

Nationalsozialismus geprägten Reichsinstituts für ältere deutsche Geschichtskunde (MGH)[2] die tradierte Ordnung wiederherzustellen und die deutsche Mediävistik auf ihre eigentlichen Aufgaben zurückzuführen und genau damit zukunftsfähig zu machen[3]. Die Protagonisten opponierten gleichermaßen gegen den Nationalsozialismus wie gegen das Reichsinstitut und beanspruchten damit die MGH und ihre Traditionen als ihr Erbe. Während man die Konstellationen, die zur Absetzung des bisherigen Präsidenten Theodor Mayer, zur Verlegung des Unternehmens nach München und zur Neuwahl führten, partiell im Verborgenen ließ, suchte man unter den Personen der jüngeren MGH-Geschichte nach Garanten für Aufrichtigkeit und Widerstand, auf die sich die neue Führung berufen konnte. Dass gleichzeitig Karrieren, die durch politische Deformation, Mitläufer- und Mittätertum befördert worden waren, aus dem Nationalsozialismus in die Nachkriegszeit gerettet wurden, blieb unausgesprochen.

Der Zusammenbruch des NS-Staates hatte das Reichsinstitut, die ehemaligen MGH, führungslos gemacht und weitgehend diskreditiert. Damit wurde der Weg für Personen frei, die zwar einmal mit den MGH oder wenigstens ihrem früherem Leiter Paul Fridolin Kehr (1860–1944)[4] verbunden gewesen waren, sich aber dann distanziert hatten oder von ihm verprellt worden waren, wie die Mitglieder der 1935 aufgelösten alten Zentraldirektion. Auch wenn einige von ihnen – es ist etwa an Martin Grabmann (1875–1949)[5] zu denken – an der Neukonstitution mitwirkten, waren sie durchweg zu alt für einen Neubeginn. Unter den jüngeren deutschen Mediävisten mit MGH-Vergangenheit stach der Vertreter der Berliner Akademie Friedrich Baethgen (1890–1972)[6] hervor. Er war zwar eigentlich kein genuiner

---

2   Arno Mentzel-Reuters, Das Reichsinstitut zwischen Ahnenerbe und Westforschung, in: Das Reichsinstitut für ältere deutsche Geschichtskunde 1935 bis 1945 – ein „Kriegsbeitrag der Geisteswissenschaften"? Beiträge des Symposiums am 28. und 29. November 2019 in Rom, hg. von dems. / Martina Hartmann / Martin Baumeister (MGH Studien zur Geschichte der Mittelalterforschung 1, 2021) S. 1–54.

3   Friedrich Baethgen, Monumenta Germaniae Historica. Bericht für die Jahre 1943–1948, in: DA 8 (1959) S. 1–25, hier S. 3; zur Präsidentenwahl ebd. S. 6. Baethgen reduzierte die Frage der „politischen Belastung" auf seinen Vorgänger Theodor Mayer. So verfuhr auch Anne C. Nagel, Im Schatten des Dritten Reichs. Mittelalterforschung in der Bundesrepublik Deutschland 1945–1970 (Formen der Erinnerung 24, 2005) S. 166–177, indem sie nicht nach Baethgens Verhalten fragte, sondern zu einer Apologie für Theodor Mayer ausholte. Kritisch hierzu Nikola Becker, Die Neuetablierung der Monumenta Germaniae Historia in Bayern ab 1944 im Spannungsfeld zwischen Theodor Mayer, Otto Meyer, Walter Götz und Friedrich Baethgen, in: ZBLG 77 (2014) S. 43–68, hier S. 65.

4   Walther Holtzmann, Paul Fridolin Kehr, in: DA 9 (1951) S. 26–58; Horst Fuhrmann, Paul Fridolin Kehr. „Urkundione" und Weltmann, in: ders., Menschen und Meriten. Eine persönliche Portraitgalerie (2001) S. 174–212; Hedwig Munscheck-von Pölnitz, Der Lebensrückblick des Paul Fridolin Kehr, in: FBPG N. F. 31 (2021) S. 97–134. Eine neuere kritische Gesamtwürdigung Kehrs ist ein dringendes Desiderat.

5   Der Münchner und ab 1943 Eichstätter Theologe und Dominikaner Martin Grabmann wurde 1920 in die BAdW aufgenommen und von ihr in die Zentraldirektion entsandt, der er bis zu deren Auflösung 1935 angehörte. 1946 wurde er als eines der ersten persönlichen Mitglieder neu zugewählt. Vgl. Bernhard Bischoff, Nachruf Martin Grabmann, in: DA 8 (1951) S. 254; Friedrich Wilhelm Bautz, Martin Grabmann, in: BBKL 2 (1990) Sp. 280f.

6   Zu Friedrich Baethgen vgl. Joseph Lemberg, Der Historiker ohne Eigenschaften. Eine Problemgeschichte des Mediävisten Friedrich Baethgen (Campus historische Studien 71, 2015); Peter Herde, In memoriam Friedrich Baethgen. Ein Historiker des Papsttums in der Kritik, in: Würzburger Diö-

Monumentist, fand aber Wege, sich als solcher darzustellen. Nach einer Dissertation[7] bei Karl Hampe (1869–1936)[8] in Heidelberg hatte er 1924 für die MGH immerhin die Chronik Johanns von Winterthur ediert[9]. Sein Lebensweg führte ihn jedoch rasch von den MGH weg. Nach einer erheblichen Wartezeit gelangte er von Heidelberg über das Preußische Historische Institut in Rom (das erst 1935 mit den MGH vereinigt wurde) mit 39 bzw. 49 Jahren zu Ordinariaten in Königsberg (1929) und Berlin (1939). Ende des Jahres 1944 wurde er in die Preußische Akademie der Wissenschaften gewählt. Sie übertrug ihm im Sommer 1945 die Leitung der herrenlos gewordenen Berliner Arbeitsstelle des Reichsinstituts beziehungsweise der MGH und entsandte ihn 1946 in die neu gebildete Zentraldirektion. Baethgen betonte in dieser Phase seine Skepsis und innere Opposition zum NS-Regime und berief sich dabei auf seine Kontakte zu Carl Erdmann (1898–1945)[10] und Ernst Kantorowicz (1895–1963)[11] sowie die Mitgliedschaft in der Berliner ‚Mittwochsgesellschaft'[12], der unter anderem Ulrich von Hassell (1881–1944)[13] angehört hatte, der frühere deutsche Botschafter in Rom, sowie weitere Unterstützer des Attentats vom 20. Juli 1944. Solche Personenbeziehungen empfahlen Baethgen für das Präsidentenamt, während sein Vorgänger und Kontrahent Theodor Mayer (1883–1972)[14] durch Willfährigkeit und allzu große Nähe zum NS-Regime diskreditiert war: „Friedrich Baethgen stand nach 1945 im Vergleich mit Theodor Mayer politisch nahezu unbelastet da"[15]. Im Gegensatz zu Theodor Mayer, der nicht bereit war, sich offen

---

zesangeschichtsblätter 82 (2019) S. 371–383. Hilda LIETZMANN, Bibliographie Friedrich Baethgen, in: DA 29 (1973) S. 18–24 (ohne Rez.).

7   Friedrich BAETHGEN, Die Anfänge der Regentschaft Papst Innozenz III. im Königreich Sizilien (1914).
8   Folker REICHERT, Gelehrtes Leben. Karl Hampe, das Mittelalter und die Geschichte der Deutschen (Schriftenreihe der HiKo 79, 2009).
9   Die Chronik Johanns von Winterthur hg. von Friedrich BAETHGEN in Verbindung mit Carl BRUN (MGH SS rer. Germ. N. S. 3, 1924).
10 Folker REICHERT, Fackel in der Finsternis. Der Historiker Carl Erdmann und das „Dritte Reich", 1. Die Biographie (2022), 2. Briefe 1933–1945 (2022). Zur Kritik: Martina HARTMANN, Rückzug ins Private? Zu Folker Reicherts Biographie und Briefausgabe Carl Erdmanns, in: HZ 316 (2023) S. 382–389.
11 Friedrich BAETHGEN, Ernst Kantorowicz (3.5.1895–9.9.1963), in: DA 21 (1965) S. 1–17; Robert E. LERNER, Ernst Kantorowicz. Eine Biographie, aus dem Amerikanischen von Thomas Gruber (2020), gegenüber der Originalausgabe vom Autor erweiterte Fassung.
12 Klaus SCHOLDER (Hg.), Die Mittwochsgesellschaft. Protokolle aus dem geistigen Deutschland 1932–1944 (1982).
13 Ulrich von Hassell war Botschafter in Rom 1919–1921 und 1932–1938, später im Widerstand gegen Hitler, wo er nach dem Staatsstreich als Außenminister vorgesehen war, am 8.9.1944 vom Volksgerichtshof zum Tode verurteilt. Vgl. Walter GOETZ, Nachruf auf Ulrich von Hassell, in: Deutsches Dante-Jb. 26 (1946) S. VII–IX; Friedrich BAETHGEN, Hassell, Christian August Ulrich von, in: NDB 8 (1969) S. 44–46; Gregor SCHÖLLGEN, Ulrich von Hassell. 1881–1944. Ein Konservativer in der Opposition (²2004); Hans-Christof KRAUS, Ulrich von Hassell. Ein Diplomat im Widerstand, in: Matthias STICKLER (Hg.), Portraits zur Geschichte des deutschen Widerstands (2005) S. 157–173.
14 Reto HEINZEL, Theodor Mayer. Ein Mittelalterhistoriker im Banne des „Volkstums" 1920–1960 (2016). In jüngerer Zeit ist mehrfach versucht worden, Theodor Mayers Verstrickung in den Nationalsozialismus zu relativieren, vgl. z.B. Anne C. NAGEL, „Allein unter Kollegen". Theodor Mayer und die MGH im Krieg, in: Das Reichsinstitut für ältere deutsche Geschichtsforschung (wie Anm. 2) S. 179–193, die Mayer mit der problematischen Kategorie eines „puer robustus" aus dem „Stigma des Außenseiters" (S. 179) deutete.
15 NAGEL, Im Schatten (wie Anm. 3) S. 167. Vgl. auch BECKER, Neuetablierung (wie Anm. 3) LEMBERG,

vom NS-Regime zu distanzieren, dachte Baethgen schon im Jahr 1947 und noch von Berlin aus über „Geschichtsforschung in christlicher Verantwortung"[16] nach und deklarierte, dass sie dem nach Objektivität strebenden Historiker kategorisch verbiete, autoritären politischen Forderungen nachzukommen[17]. Auch wenn diese Schrift die politische Gegenwart nicht ansprach und nicht einfach als Apologie in eigener Sache interpretiert werden sollte, richtete sie sich gegen Mayer und Seinesgleichen – und wurde damit nolens volens zur Empfehlung an die Zentraldirektion und die bayerische Staatsregierung, ohne die die Neuwahl eines Präsidenten keinen Bestand gehabt hätte. Wie es dazu kam, dass sie diese Beschützerrolle so effektiv ausfüllte[18], ist nicht hinterfragt worden, obwohl es offensichtlich war, dass Baethgen „als Preuße u. Protestant bei den heutigen Bedingungen in Bayern natürlich keinen leichten Stand hat", wie der Berliner Neuzeithistoriker Fritz Hartung (1883–1967) anmerkte[19].

Wir stoßen hier auf das persönliche Netzwerk, das Friedrich Baethgen seit seiner Zeit in Rom umgab und der Schlüssel nicht nur zu Baethgens italienischer, sondern fast mehr noch zu seiner frühen Münchner Zeit ist. Im bayerischen Kultusministerium hatten seit dem Frühjahr 1946 mit Friedrich Glum (1891–1974)[20] und seit 1947 zusätzlich mit Hans Rheinfelder[21] als sein Referatsleiter zwei frühere Weggefährten die Leitung übernommen, wobei Rheinfelder über die deutsche Dante-Gesellschaft[22] mit Walter Goetz verbunden war,

---

Historiker (wie Anm. 6) S. 341–350 und passim.
16 Friedrich BAETHGEN, Geschichtsforschung in christlicher Verantwortung, in: Credo. Beiträge aus der christlichen Welt 1 (1947) S. 9–22.
17 Gerd TELLENBACH, Das wissenschaftliche Lebenswerk von Friedrich Baethgen, in: DA 29 (1973) S. 1–17, hier S. 16f. hebt den Aufsatz als Grundlage von Baethgens wissenschaftspolitischem Handeln als Präsident der MGH und später der BAdW hervor. LEMBERG, Historiker (wie Anm. 6) S. 422–426 versucht eine kritische Sicht, verzettelt sich aber in epistemologischen Spitzfindigkeiten.
18 Alternative Entwürfe, die nicht zum Zuge kamen, referieren HEINZEL, Mayer (wie Anm. 14) S. 225f. und BECKER, Neuetablierung (wie Anm. 3) S. 50–66.
19 Fritz Hartung an Wilhelm Schüssler, 4.7.1948, hier nach: Fritz HARTUNG, Korrespondenz eines Historikers zwischen Kaiserreich und zweiter Nachkriegszeit, hg. von Hans-Christof KRAUS (Deutsche Geschichtsquellen des 19. und 20. Jahrhunderts 76, 2019) Brief Nr. 223 S. 511. Der konfessionelle Konflikt gefährdete die Wahl von Baethgens Nachfolger, vgl. Peter HERDE, Die Auseinandersetzungen über die Wahl Herbert Grundmanns zum Präsidenten der Monumenta Germaniae Historica (1957–1959), in: ZBLG 77 (2014) S. 69–135.
20 Vgl. LEMBERG, Historiker (wie Anm. 6) S. 123–134; Bernd WEISBROD, Das „Geheime Deutschland" und das „Geistige Bad Harzburg". Friedrich Glum und das Dilemma des demokratischen Konservativismus am Ende der Weimarer Republik, in: Christian JANSEN / Lutz NIETHAMMER / Bernd WEISBROD (Hg.), Von der Aufgabe der Freiheit. Politische Verantwortung und bürgerliche Gesellschaft im 19. und 20. Jahrhundert. Festschrift für Hans Mommsen zum 5. November 1995 (1995) S. 285–308; Rüdiger HACHTMANN, Wissenschaftsmanagement im „Dritten Reich". Geschichte der Generalverwaltung der Kaiser-Wilhelm-Gesellschaft (2 Bde., Geschichte der Kaiser-Wilhelm-Gesellschaft im Nationalsozialismus 15, 2007) 1, S. 130–140 und 335–348; 2, S. 1134–1143.
21 Der Romanist Hans Rheinfelder (1898–1971) war 1923–1929 deutscher Lektor an der Universität in Rom, ab 1931 Prof. in München, 1947–1953 Hochschulreferent im Bayerischen Staatsministerium für Unterricht und Kultus, 1949–1972 Präsident der deutschen Dante-Gesellschaft, vgl. Alfred NOYER-WIEDER, Hans Rheinfelder, in: Jb. der BAdW (1972) S. 244–250.
22 Walter GOETZ, Geschichte der deutschen Dante-Gesellschaft (Schriften der deutschen Dante-Gesellschaft 5, 1940). Mirjam MANSEN (Hg.), „Denn auch Dante ist unser!" Die deutsche Dante-Rezeption 1900–1950 (Reihe der Villa Vigoni 15, 2003) S. 121–132.

den er 1949 als ihr Präsident ablöste[23]. Die Personenvernetzung war offensichtlich intensiv und nicht auf die Historikerzunft beschränkt. In einer Denkschrift über die Reorganisation der MGH machte Baethgen daraus kein Hehl, überging allerdings die Vielfältigkeit dieser Beziehungen: „Dagegen kam es mir allerdings zugute, daß die beiden in der Frage maßgebenden Vertreter der bayerischen Staatsregierung Prof. Glum und Prof. Rheinfelder mich von Rom her kannten; sie wußten, daß ich mich dort in meiner Stellung am Historischen Institut unter schwierigen Verhältnissen durchgesetzt und weitreichende Anerkennung gefunden hatte. Mit Glum war ich in ständiger freundschaftlicher Verbindung geblieben und in Berlin, wo wir wieder zusammentrafen, hatten wir im ersten Nachkriegsjahr oft über Organisationsfragen der Wissenschaft gesprochen, in denen Glum als früherer Generaldirektor der Kaiser-Wilhelm-Gesellschaft sehr bewandert war; dabei war auch die Lage der MG zuweilen berührt worden, die sich damals freilich noch in keiner Weise übersehen ließ"[24]. Auch Baethgens Kontrahent Mayer wusste um den Einfluss von Glum, glaubte aber, Goetz habe sich von ihm überrumpeln lassen[25].

Als MGH-Präsident verwendete Friedrich Baethgen in einem Vortrag von 1949 für das Ende der NS-Zeit als sehr dichtes Bild die letzten Verse aus Dantes Inferno: „Dann traten wir hinaus und sahen die Sterne"[26]. Er sah sich selbst demnach nur als Besucher in der Hölle des Nationalsozialismus und konnte, um im Bild zu bleiben, eine Mitverantwortung für die Höllenqualen a priori ausschließen. Einer unbelasteten Rückkehr zum ethischen Idealismus[27] stand für ihn nichts im Wege[28]. So wirkte Baethgen in der Nachkriegszeit mit daran, das Bild des von den Ideologiekämpfen seines Jahrhunderts distanzierten Mediävisten zu verfestigen. Dem kam entgegen, dass er sich zeitlebens durch demonstrative fachwissen-

---

23 Die Beziehungen Baethgens zur deutschen Dante-Gesellschaft sind bislang nicht aufgearbeitet. Dem Vorstand der Gesellschaft gehörte er nicht an.
24 Friedrich BAETHGEN, Die Reorganisation der Monumenta Germaniae Historica in den Jahren 1945–1948 (MGH-Archiv B 722a); hier S. 36. Diese Schilderung deckt sich mit Glums Erinnerungen, vgl. Friedrich GLUM, Zwischen Wissenschaft, Wirtschaft und Politik. Erlebtes und Erdachtes in vier Reichen (1964) S. 600: „So habe ich die Monumenta Germaniae Historica nach München gebracht und im Kultusministerium durchgesetzt, daß mein alter Freund Baethgen Präsident wurde." Zu den von Baethgen erwähnten Vorbesprechungen ebd. S. 511: „In Nikolassee wohnten einige Berliner Ordinarien und Mitglieder der Akademie der Wissenschaften, mit denen ich in den letzten Jahren Fühlung gehabt hatte [...] Aus Besprechungen mit einzelnen von ihnen, zu denen auch Baethgen gehörte, den ich in Steglitz heil angetroffen hatte, kristallisierte sich dann ein regelmäßiges Treffen heraus, das in meinem Hause stattfand, das aber bald, wie es unter Professoren üblich ist, einen etwas theoretischen Charakter bekam."
25 HEINZEL, Mayer (wie Anm. 14) S. 231, bes. Anm. 43.
26 Friedrich BAETHGEN, Dante und wir (Schriften der Wittheit zu Bremen. Abhandlungen und Vorträge 18,1, 1949) S. 23.
27 1904 war in Königsberg an der sogenannten Zyklopenmauer am Gesekus-Platz eine Kant-Tafel mit dem „Beschluss" der „Kritik der reinen Vernunft" aufgestellt worden, die bis 1924 auch Kants Grabmal zierte: „Zwei Dinge erfüllen das Gemüt mit immer neuer und zunehmender Bewunderung und Ehrfurcht, je öfter und anhaltender sich das Nachdenken damit beschäftigt: Der bestirnte Himmel über mir und das moralische Gesetz in mir". Vgl. Immanuel KANT, Werke in zwölf Bänden, hg. von Wilhelm WEISCHEDEL (1977), hier Bd. 7 S. 300.
28 LEMBERG, Historiker (wie Anm. 6) S. 371f. verweist mit Recht darauf, dass dies für Auschwitz-Überlebende keine Option war.

schaftliche Beschränkung auf das Mittelalter zu profilieren suchte und dem aufmerksamen Rezipienten eher beiläufig auch zeitgeschichtliche Winke erteilte. Ausflüge in die Neuzeit waren allenfalls in Rezensionen denkbar[29]. 1927 präsentierte er die Edition eines literarischen Werks (einen Briefsteller), das er in der Deutschen Vierteljahrsschrift für Literaturwissenschaft und Geistesgeschichte vorstellte[30]. Seine bekanntesten Publikationen wurden aber die Studien zur Papstgeschichte, namentlich über den „Engelpapst" Pietro da Murrone, der im Jahr 1294 für fünf Monate als Papst Cölestin V. auf dem Stuhl Petri saß[31], und eine Überblicksdarstellung zur Geschichte des Spätmittelalters[32]. In öffentlichen Vorträgen der Nachkriegszeit goss er diese Kenntnisse gerne in eine Darstellung der Bedeutung von Dante Alighieri für die deutsche Geistesgeschichte[33], deren politische Verortung er nur andeutete.

Der Nachlass, den Baethgens Schwager und Testamentsvollstrecker Ernst Wahle (1889–1981)[34] in zwei Tranchen den Monumenta Germaniae Historica und der Bayerischen Akademie der Wissenschaften übergab[35], entspricht auf den ersten Blick diesem Bild des eher unpolitischen Mediävisten. Ohne polemische Zuspitzung muss man allerdings feststellen, dass der Nachlass besser über Baethgens gleichnamigen Vater[36] Auskunft gibt als über

---

29 Friedrich BAETHGEN, *[Rez. von]* Rudolf Lämmel, Galileo Galilei im Lichte des zwanzigsten Jahrhunderts (1927) in: Die Naturwissenschaften 17 (1929) S. 229f. Baethgen verwirft das Buch aufgrund quellenkritischer Überprüfung in den Akten des Archivio Segreto Vaticano.

30 Magister Boncompagno, Rota Veneris. Ein Liebesbriefsteller des 13. Jahrhunderts, hg. von Friedrich BAETHGEN (Texte zur Kulturgeschichte des Mittelalters 29, 1927), dazu: DERS., Rota Veneris, in: DVjs 5 (1927) S. 37–64.

31 Friedrich BAETHGEN, Der Engelpapst. Idee und Erscheinung (1943), basierend auf zwei älteren Veröffentlichungen: (a) Der Engelpapst. Vortrag gehalten am 15. Januar 1933 in öffentlicher Sitzung der Königsberger Gelehrten Gesellschaft, in: Schriften der Königsberger Gelehrten Gesellschaft. Geisteswissenschaftliche Kl. 10,2 (1933) S. 75–119 und: (b) Beiträge zur Geschichte Cölestins V., in: Schriften der Königsberger Gelehrten Gesellschaft. Geisteswissenschaftliche Kl. 10,4 (1934) S. 267–317.

32 Friedrich BAETHGEN, Europa im Spätmittelalter, in: Willy ANDREAS (Hg.), Die Neue Propyläen-Weltgeschichte. 2. Der Aufstieg des Germanentums und die Welt des Mittelalters (1940) S. 351–460; die Darstellung erschien mit wenigen Änderungen in der Nachkriegszeit als separates Werk, zuletzt unter dem Titel: Deutschland und Europa im Spätmittelalter (1968, ²1978).

33 Friedrich BAETHGEN, Dante und wir (wie Anm. 26); Dante und Petrus de Vinea. Eine kritische Studie, vorgetragen am 3. Oktober 1952 (SB München 1955,3); Dante und Franz von Mayronis, in: DA 15 (1959) S. 103–136; Zur Literatur über Dante, in: DERS., Mediaevalia. Aufsätze, Nachrufe, Besprechungen (Schriften der MGH 17, 1960) S. 457–467; Die Entstehungszeit von Dantes Monarchia, vorgelegt am 1. Februar 1957 (München SB 1966,5); Bemerkungen zur neuen Ausgabe der Monarchia Dantes, in: DA 22 (1966) S. 625–634.

34 Dietrich HAKELBERG, Deutsche Vorgeschichte als Geschichtswissenschaft. Der Heidelberger Extraordinarius Ernst Wahle im Kontext seiner Zeit, in: Heiko STEUER (Hg.), Eine hervorragend nationale Wissenschaft. Deutsche Prähistoriker zwischen 1900 und 1995 (Reallexikon der Germanischen Altertumskunde. Ergänzungsbde. 29, 2001) S. 199–310.

35 MGH-Archiv A 246/I–II (https:/mgh.de/de/archiv/findbuch/bestand-a [alle Links in diesem Beitrag wurden am 27.5.2024 abgerufen]) bzw. Archiv der BAdW, Nl Friedrich Baethgen (https://archiv.badw.de/de/archiv/index).

36 Friedrich Wilhelm Adolph Baethgen (1849–1905), evangelischer Theologe und Altorientalist, ab 1895 an der Friedrich-Wilhelms-Universität Berlin. Vgl. Martin NOTH, Baethgen, Friedrich, in: NDB 1 (1953) S. 531.

ihn selbst. Von der unzweifelhaft ursprünglich viel umfangreicheren Korrespondenz[37] enthält der Nachlass aus Baethgens öffentlichem Leben nur bereits vorsortierte Briefkonvolute, aus denen Karl Hampe, Carl Erdmann, Ernst Kantorowicz und Otto Westphal (1891–1950)[38] hervorstechen. Ein zufällig im Archiv der MGH verbliebener Faszikel mit Briefen der Jahre 1945–1948 offenbart, wie breit Baethgen in der wissenschaftlichen Öffentlichkeit agierte[39] und lässt erahnen, was aus den Jahren zuvor und danach verloren ging. Baethgens Nachlass enthält außerdem nur wenige Manuskripte und keine einzige Vorlesung. Damit ging die vermutlich vor der Archivabgabe durchgeführte Kassation weit über das hinaus, was Baethgen in seinem eigenhändigen Testament verfügte, das sich heute im Nachlass Ernst Wahles in Mainz befindet: „Ausdrücklich bestimme ich, daß meine Kolleghefte vernichtet werden sollen, ebenso etwaige angefangene wissenschaftliche Arbeiten und Sammlungen zu solchen, soweit dabei nicht das Gegenteil besonders vermerkt ist"[40]. Dieser Bestimmung fielen leider auch die Vorarbeiten zu einer seit langem geplanten Monographie über Bonifatius VIII. zum Opfer, die sein Opus magnum hätte werden sollen[41]. Hinsichtlich der Korrespondenz traf das Testament keine Verfügung, aber schon Joseph Lemberg vermutete, dass Baethgen selbst Briefe ausgesondert hatte[42]. Über seine Motivation kann man nur spekulieren. Die Kassation erfolgte zweifellos nach den Wertevorstellungen und im Sinne der Wissenschaftspolitik der Bundesrepublik Deutschland vor 1968, für die eine nationalkonservative Gesinnung noch als Garant einer Distanz zum Nationalsozialismus galt. Aus heutiger Sicht eignen sich die Briefe im Baethgen-Nachlass jedenfalls nur vordergründig zur politischen Entlastung für die NS-Zeit und provozieren eher die Frage nach den verlorenen Stücken und der Ergänzung durch die archivalische Gegenüberlieferung. Ein Beispiel: Otto Westphal, mit dem ein umfangreicher Briefwechsel erhalten ist, wurde einerseits ab 1936 vom Regime unter dem Vorwurf der Homosexualität diskriminiert, kann aber auf der anderen Seite nicht als unbelastet eingestuft werden, hatte er doch zuvor offene Bekenntnisse zum Nationalsozialismus veröffentlicht[43].

---

37 Eine schwache Ahnung gibt der Faszikel MGH-Archiv B 719, der Baethgens amtlichen Briefwechsel der Jahre 1945–1948 im Übergang von Berlin nach München enthält.

38 Zu Otto Westphal (1891–1950), der sich am Ende seines Lebens als „Exfaschist" charakterisierte, vgl. Peter Borowsky, Geschichtswissenschaft an der Hamburger Universität 1933 bis 1945, in: Hochschulalltag im ‚Dritten Reich'. Die Hamburger Universität 1933–1945 (Hamburger Beiträge zur Universitätsgeschichte 3,2, 1991) S. 537–588; Protokollbuch der Philosophischen Fakultät der Albertus-Universität zu Königsberg i. Pr. 1916–1944, hg., eingeleitet, kommentiert und mit einem bio-bibliographischen Anhang versehen von Christian Tilitzki (Einzelschriften der HiKo-OWP 30, 2014) S. 20 Anm. 69 (u.a. zu Baethgens Versuch, Westphal in Königsberg zu etablieren). Baethgens Kontakte zu Westphal bei Lemberg, Historiker (wie Anm. 6) S. 115, 127–135, 143 Anm. 127. Seine Korrespondenz hob Baethgen auf (MGH-Archiv A 246/I, Fasz. 3.9, 11 Briefe, 1925–1940).

39 MGH-Archiv B 719, Bl. 1r–169r.

40 Friedrich Baethgen, Mein letzter Wille, Manuskript, 15.12.1963 (Archiv des Leibniz-Zentrums für Archäologie Mainz, EW 004) Bl. 2r/v. Für die Überlassung einer Kopie danke ich Jessica Ast.

41 Tellenbach, Lebenswerk (wie Anm. 17) S. 11f. Lemberg, Historiker (wie Anm. 6) S. 329f. Die hohe Bedeutung der Bonifaz-Studien für die moderne Wissenschaft betont Herde, In memoriam (wie Anm. 6) S. 374.

42 Vgl. Lemberg, Historiker (wie Anm. 6) S. 21: „Allerdings wurde Baethgens Nachlass offenbar durch Baethgen selbst stark bereinigt. So fehlt beispielsweise Baethgens gesamte Korrespondenz mit Albert Brackmann und der Publikationsstelle Berlin-Dahlem, der Schaltzentrale der Nord- und Ostdeutschen Forschungsgemeinschaft."

43 Otto Westphal, Das Reich. Aufgang und Vollendung. 1. Germanentum und Kaisertum (1941) S. VII–XI.

Der im MGH-Archiv überlieferte Briefwechsel Westphal–Baethgen betrifft zwar nur die Jahre 1925 bis 1933, strahlt aber belastend auf beide zurück, indem er gemeinsame Aktivitäten im rechtskonservativen Milieu dieser Zeit dokumentiert. Auch wenn der Nationalsozialismus 1933 solche Bemühungen zur Überwindung der Weimarer Republik obsolet machte, blieben die Zirkel aktiv[44]. Ihr Einfluss reichte von der durchweg positiv bewerteten Initiative von Karl Hampe und Carl Erdmann zur Verteidigung Karls des Großen[45] im Jahr 1935 bis zur Präsidentenwahl 1947 und ermöglichte es Baethgen, Carl Erdmann eine zentrale Rolle in seinem Nachkriegsnarrativ zuzuweisen. Die Vorgänge bedürfen einer neuen Betrachtung auf quellenkritischer Grundlage, die zwar die Nachkriegsnarrative dekonstruiert, aber auf ein moralisches Urteil verzichtet.

Es gehört zur Tragik der Weimarer Republik, dass die wirtschaftlichen und akademischen Eliten, zu denen auch die Diplomaten und Militärs gehörten, in ihrer überwiegenden Zahl der zerstrittenen Parteienlandschaft misstrauisch gegenüberstanden. Nach dem Vorbild der zahlreichen informellen kaiserzeitlichen Organisationen und Zirkel insbesondere im völkischen Milieu traf man sich in Verbänden, Zirkeln oder Salons, die teilweise selbst die Gleichschaltungsversuche der Nationalsozialisten überstanden. Ihr Einfluss ist höher zu veranschlagen, als es die naturgemäß wenigen schriftlichen Quellen nachweisen. Wir können nicht alle Kreise aufdecken, in denen sich Baethgen bewegte, und auch nicht jeden Kreis, von dem sich eine Spur erhalten hat, adäquat bewerten. Ich greife als Beispiel noch einmal die Kontakte zwischen Baethgen und Westphal heraus. Ein für uns nicht nachprüfbares Forum ergab sich für beide möglicherweise in Elmau, wie eine Notiz von Ernst Kantorowicz nahelegt. Am 15.12.1945 berichtete er aus seinem US-Exil an seine in England lebende Freundin Lucy von Wangenheim (1892–1976)[46], der als freier Schriftsteller lebende Otto Westphal sei jetzt „in Elmau bei Johannes Müller[47], jenes Sanatorium, in dem der Baebae sich mit der Reussin verlobte"[48]. Dabei ist weniger die offenbar gescheiterte Verlobung Baethgens (von dem Kantorowicz stets als „Baebae" sprach) mit einer nicht identifizierbaren „Reussin" von Belang als seine Zugehörigkeit zum Besucherkreis des „Sanatoriums" Elmau überhaupt, aus der sich informelle Kontaktmöglichkeiten ergaben, die nicht in die archivalische Überlieferung eingingen. Denn mit einem Sanatorium üblichen Stils hatte Elmau wenig gemein; es handelte es sich vor allem um den kultivierten Treffpunkt eines geschlossenen Zirkels, der auch unter dem Nationalsozialismus fortbestand. Ihm gehörten zum Beispiel Friedrich Althoff

---

44 Diese Entwicklung dokumentiert Hachtmann, Wissenschaftsmanagement (wie Anm. 20), vgl. etwa 1, S. 128 über das Milieu, in dem Glum, Baethgen und Westphal wirkten.
45 Karl der Große oder Charlemagne? Acht Antworten deutscher Geschichtsforscher, [mit Beiträgen von] Karl Hampe, Hans Naumann, Hermann Aubin [u.a.] (Probleme der Gegenwart, 1935).
46 Zu dieser Freundschaft und speziell der Korrespondenz siehe Eckhart Grünewald, Ernst Kantorowicz und die Monumenta Germaniae Historica in den 1930er Jahren, in vorliegendem Band S. 95–112; vgl. Lerner, Kantorowicz (wie Anm. 11) S. 149f.
47 Die maßgebliche Darstellung verfasste der heutige Inhaber des Anwesens, bei dem es sich um einen Enkel des von Kantorowicz erwähnten Theologen und Philosophen Johannes Müller (1864–1949) handelt: Dietmar Mueller-Elmau, Schloss Elmau. Eine deutsche Geschichte (2015).
48 Ernst Kantorowicz an Lucy von Wangenheim, 15.12.1946 (freundliche Mitteilung von Eckhardt Grünewald, Frankfurt a.M.). An das Gerücht über Baethgens geplante Hochzeit mit einer namentlich nicht genannten „principessa" erinnert Herde, In memoriam (wie Anm. 6) S. 371.

und Prinz Max von Baden an; aus Baethgens persönlichem Netzwerk nach Kantorowicz' Aussage offenbar auch Otto Westphal. Über Zusammensetzung, Wirken und Verbindungen dieses Zirkels liegen bislang keine Forschungen vor.

Das Gegenstück zu solcher Verschleierung bildete die Mystifizierung. Im Jahr 1969 verfasste Friedrich Baethgen einen Traktat über „Die Reorganisation der Monumenta Germaniae Historica in den Jahren 1945–1948", den er für zehn Jahre zur Verschlusssache erklärte[49]. Auch wenn es sich hauptsächlich um ein Pasquill auf seinen Gegenspieler Theodor Mayer handelte, ging er doch auch auf seine eigene Entwicklung ein und betonte die Verpflichtung zu strenger mediävistischer Quellenforschung. Diese beschwor er bereits achtzehn Jahre zuvor in seinem Nachruf auf Carl Erdmann[50], dessen Emphatik er noch einmal steigerte. Baethgen wies Erdmann jetzt eine geradezu mystische Rolle zu, da er ihn nicht nur für die nachvollziehbare Abwertung der Präsidentschaft Theodor Mayer, sondern als Propheten einer künftigen Präsidentschaft Friedrich Baethgen in Anspruch nahm: „Ernsthaftere Bedeutung mußte ich dagegen dem Appell beimessen, den Carl Erdmann an mich richtete, bevor er im Sommer 1944 ins Feld ging, von wo er nicht mehr zurückkehren sollte. Wenn Erdmann, damals ohne Zweifel der beste Kopf und die stärkste Persönlichkeit im Kreise der MG, mir in geradezu beschwörenden Worten deren Schicksal ans Herz legte und mir eindringlich vorhielt, mir werde einmal vor der Geschichte die Verantwortung dafür zufallen, ob diese Pflanzstätte deutschen Geistes die bevorstehende Katastrophe zu überdauern vermöge, so sprach daraus nicht nur ein starkes Vertrauen zu meiner Person, auf das ich stolz sein konnte, sondern es mußte mir dabei auch vollkommen deutlich werden, wie er über die damalige Lage des Instituts und seine Leitung dachte. Ich habe ihm damals geantwortet, daß ich mir der drohenden Gefahren durchaus bewußt sei und alle Kräfte dafür einsetzen würde, sie abzuwenden. Doch ließ sich damals zwar der unvermeidlich kommende Zusammenbruch voraussehen, nicht aber die Formen, die er annehmen würde und dann tatsächlich annahm"[51].

Als Baethgen 1972 starb, folgten die Nachrufe[52], die mehrheitlich von Weggefährten oder Amtsnachfolgern verfasst waren, diesem Narrativ. Hermann Heimpel brachte es

---

49 BAETHGEN, Reorganisation, MGH-Archiv B 722a (wie Anm. 24) eigenhändige Unterschrift vom 23.4.1969. Der Umschlag trägt den Vermerk: „Auf Wunsch von Friedrich Baethgen soll der jeweilige Präsident der MGH entscheiden, wem dieser Beitrag zugänglich gemacht wird." Er wurde bis 2012 im Schreibtisch des Präsidenten aufbewahrt und danach von der damaligen Präsidentin Claudia Märtl freigegeben. Lemberg konnte ihn also nicht kennen.
50 Friedrich BAETHGEN, Nekrolog. Carl Erdmann, in: DA 8 (1951) S. 251–253. Vgl. insbesondere S. 252f.: „Denn Carl Erdmann war zugleich ein Mensch von einer seltenen Reinheit der Gesinnung und von einer Festigkeit des Charakters, wie man ihr nicht gerade häufig begegnet. Nirgends zeigte sich das deutlicher als in seinem Verhältnis zum Nationalsozialismus, dem gegenüber er jeden Kompromiß von Anfang an und mit unabänderlicher Entschiedenheit ablehnte. Daß er den Mut besaß, das angebliche, zur ‚nationalen Weihestätte' proklamierte Grab Heinrichs I. als das Altargrab eines Heiligen zu erweisen (DA 4, 1941, S. 76 ff.), wird immer ein Ehrentitel der deutschen Geschichtswissenschaft bleiben, ebenso wie auch das Zustandekommen des gegen ein anderes Hauptdogma der parteiamtlichen Geschichtsauffassung gerichteten Buches: Karl der Große oder Charlemagne. Acht Antworten deutscher Geschichtsforscher (1935) [wie Anm. 45] zum guten Teil seiner Initiative zu danken war."
51 BAETHGEN, Reorganisation, MGH-Archiv B 722a (wie Anm. 24) S. 35f.
52 Hermann HEIMPEL, Friedrich Baethgen, 30.7.1890–18.6.1972, in: Jb. der BAdW (1973) S. 198–202; Heinrich APPELT, Friedrich Baethgen. Nachruf, in: Almanach der ÖAW 123 (1973) S. 373–377; Hans

auf den Punkt: „Die Königsberger und Berliner Jahre sind gekennzeichnet von Baethgens voller Unabhängigkeit dem damaligen Regime gegenüber"[53]. Erst mit der umfangreichen Biographie von Joseph Lemberg unter dem Titel ‚Der Historiker ohne Eigenschaften', erschienen 2015, änderte sich das Bild von Baethgen in der wissenschaftlichen Öffentlichkeit. Ob mit der Anspielung auf den Roman ‚Der Mann ohne Eigenschaften' von Robert Musil aus den Jahren 1930 bis 1943 mehr als eine Irritation des Lesers erzielt werden konnte, mag fraglich sein. In jedem Fall kann man heute ohne Rekurs auf Lemberg nicht mehr über Baethgen reden, schon allein, weil er die Gegenüberlieferung zu Baethgens eigenem dürftigen Nachlass intensiv auswertete, die eben beredter ist als die eher sterile Hinterlassenschaft in den Archiven der MGH und der Bayerischen Akademie der Wissenschaften. Lemberg erfuhr gleichermaßen hohes Lob wie harsche Kritik. Ich greife hier nur einige Rezensionen heraus. Dabei scheint weniger die Aufdeckung einer Karriere unter den Bedingungen der Wissenskultur des NS-Regimes für Irritation gesorgt zu haben, als der eigenwillige, von Lemberg selbst als „epistemologisch" apostrophierte Erzählstil, der sich immer wieder der biographischen Darstellung verweigert und lieber den von Ranke und nach ihm auch von Baethgen in ‚Geschichtsforschung in christlicher Verantwortung' aufgeworfenen Fragen der Objektivität des Historikers viel Raum lässt. Rudolf Schieffer bemühte sich im Deutschen Archiv für Erforschung des Mittelalters um eine ausgleichende Würdigung[54] und zollte der intensiven Quellenrecherche durchaus Lob, insistierte aber auch darauf, dass Lemberg gegenüber älteren Darstellungen zwar einen aggressiveren Ton anschlage, aber inhaltlich kaum Neues bringe. Robert E. Lerner[55] monierte das Abweichen von einer traditionellen biographischen Erzählweise und hob die Umstände hervor, unter denen Baethgen 1939 gegen Percy Ernst Schramm und Hermann Heimpel – beide in den Nationalsozialismus verstrickt – auf das Ordinariat in Berlin berufen wurde[56], was er als symptomatisch für Baethgens Karriereverhalten erkennen wollte. Matthias Berg verwies auf die Auszeichnungen, die Lemberg zuteil wurden, strich heraus, dass Baethgen im aktuellen Fachdiskurs nicht mehr präsent sei und stellte ihn in die Dialektik von wissenschaftlicher Konventionalität und politischen Intentionen[57]. Verständnis für Lembergs unorthodoxe Erzähltechnik fand Simon Groth in einer Sammelrezension über monographische Darstellungen zu deutschen Mediävisten in der ersten Hälfte des 20. Jahrhunderts[58]: Hier werde „die von Lemberg anvisierte, am Konzept

---

Martin Schaller, Nekrolog Friedrich Baethgen †, HZ 216 (1973) S. 783–786; Tellenbach, Lebenswerk (wie Anm. 17); ders., Friedrich Baethgen, in: QFIAB 53 (1973) S. XVIIf.; Horst Fuhrmann, Friedrich Baethgen (1890–1972). Besinnung und Neuanfang, in: Dietmar Willoweit (Hg.), Denker, Forscher und Entdecker. Eine Geschichte der Bayerischen Akademie der Wissenschaften in historischen Porträts (2009) S. 337–355.

53 Heimpel, Baethgen (wie Anm. 52) S. 198.
54 Rudolf Schieffer, [Rez. von Lemberg, Historiker (wie Anm. 6)], in: DA 72 (2016) S. 228f.
55 Robert E. Lerner, [Rez. von Lemberg, Historiker (wie Anm. 6)], in: Central European History 50 (2017) S. 113–116.
56 Vgl. Lerner, Rez. (wie Anm. 55) S. 115: „Baethgen was the only one free of any suspicion – even though he lacked the obvious Nazi credentials of the other two. As the supposed epitome of the ‚national, respectable professor in the best sense' (248), the ministry decided to appoint him to the prestigious position." Die geklammerte Seitenzahl bezieht sich auf Lemberg, Historiker (wie Anm. 6).
57 Matthias Berg, [Rez. von Lemberg, Historiker (wie Anm. 6)], in: ZfG 65 (2017) S. 986–988.
58 Simon Groth, Neue Forschungen zu alten Forschern. Über biographische Ansätze einer Historisierung

Otto Gerhard Oexles orientierte ‚Problemgeschichte der Mediävistik' eingelöst [...] doch bleibt der ‚Mensch' Baethgen unbekannt" – wobei Groth nach dieser Lektüre im Vergleich mit dem nach 1945 zunächst ins Bodenlose gefallenen Theodor Mayer immerhin konstatieren musste, dass „sich Baethgens Karriere als bruchlose Aufstiegserzählung lesen lässt". Dieser Aufstieg sei Baethgens immensen Verdiensten zuzuschreiben, konterte dagegen unlängst Peter Herde[59] und betonte, dass Baethgen sich nie zu antisemitischen Äußerungen habe hinreißen lassen und in der Nachkriegszeit sowohl für die MGH wie das Deutsche Historische Institut in Rom und schließlich für die Münchner Akademie der Wissenschaften prägende Weichenstellungen verantwortet habe. Dagegen spielte Herde Baethgens Mitwirkung an der Ostforschung herunter, charakterisierte gar die Königsberger Vorträge des späteren MGH-Präsidenten als ihm aufgezwungenes, also akzidentielles, Unglück[60] und verwies darauf, dass „seine entsprechenden Publikationen [...] ohne nachhaltige Wirkung" geblieben seien, „und die meisten werden ebenso wie die von Brackmann heute kaum noch zitiert"[61]. Das könnte freilich den von Lemberg erhobenen Vorwurf der politischen Verstrickung in die Zeitgeschichte eher bestärken als entkräften. Vor allem kritisierte Herde, dass Lemberg sich fast ausschließlich auf Baethgens Königsberger und Berliner Lebensjahre (1929–1945) konzentrierte. Für eine Gesamtwürdigung Baethgens sei das nicht zulässig. Angesichts dieser Kritikpunkte stellt sich die Frage, ob nicht eine Zuordnung zu jenen Biographien sinnvoll wäre, in denen der Zusammenbruch 1945 und die anschließende Neukonstitution des politischen Lebens auch mit einer persönlichen Neudefinition und Umorientierung einhergeht[62], die entgegen Lembergs suggestivem Untertitel einen Historiker ‚mit Eigenschaften' hervortreten lässt? Neue Quellenfunde lassen durchaus eine kohärente Persönlichkeit und eine persönliche Kontinuität erkennen – allerdings nur, wenn man auf Panegyrik ebenso verzichtet wie auf moralische Entrüstung. Zu diesen von Lemberg nicht oder zu flüchtig beachteten Quellen weist Herdes Monitum den Weg: Er vermisste bei Lemberg eine gründ-

---

der Mediävistik, in: Rechtsgeschichte. Zs. des Max-Planck-Instituts für europäische Rechtsgeschichte 25 (2017) S. 311–314, zu Lemberg S. 313.

59 HERDE, In memoriam (wie Anm. 6) stützt sich nicht zuletzt auf eigene Erinnerungen und auf FUHRMANN, Friedrich Baethgen (wie Anm. 52).

60 Vgl. HERDE, In memoriam (wie Anm. 6) S. 375: „Durch die Berufung an die ‚Grenzlanduniversität' Königsberg wurde er, wie bemerkt, aus seiner Beschäftigung mit der Papstgeschichte weitgehend herausgerissen und musste sich mit der ‚Ostforschung', im Wesentlichen mit den deutsch-polnischen Beziehungen befassen, in die er in Gießen und Tübingen kaum eingestiegen wäre. Fast zwangsläufig musste er in Albert Brackmanns Nord- und Ostdeutscher Forschungsgemeinschaft mitarbeiten." Das ignoriert Albert Brackmanns über das Kriegsende hinaus bestehende Mentorschaft. Von einem Zwang kann im Übrigen keine Rede sein: Herbert Grundmann, Baethgens Nachfolger auf dem Königsberger Lehrstuhl für mittelalterliche Geschichte, wirkte bei der NOFG nicht mit.

61 Vgl. HERDE, In memoriam (wie Anm. 6) S. 375.

62 Wie tiefgreifend eine solche Neudefinition der eigenen Identität unter Umständen gehen konnte, bewies der Königsberger Germanist Hans Schneider (1909–1999), der sich nach einer Karriere im SS-Ahnenerbe für tot erklären ließ und als Hans Schwerte neu erfand und sogar die eigene Ehefrau noch einmal heiratete. Als Aachener Faust-Forscher und Rektor der RWTH erwarb sich durchaus respektable Verdienste, scheiterte aber an der Verschleierung seiner eigenen Lebensgeschichte. Vgl. Claus LEGGEWIE, Von Schneider zu Schwerte. Das ungewöhnliche Leben eines Mannes, der aus der Geschichte lernen wollte (1998). Siehe auch Werner TSCHACHER, Universitätsgeschichte als Personengeschichte. Aspekte eines biographischen Forschungsprojekts an der RWTH Aachen, in vorliegendem Band S. 1–16.

liche Untersuchung der Bindungen an Italien und das Preußische bzw. Deutsche Historische Institut in Rom[63]. Wenn man dieser Spur nachgeht, führt sie keineswegs zur Entlastung von Lembergs Vorwurf einer karrierefördernden stillen Teilhabe am Nationalsozialismus. Denn Baethgens Nachkriegskarriere und sein zweifellos erfolgreicher Einsatz für die Erneuerung des römischen Instituts nach Kriegsende basierten auf einer Vorgeschichte, die enger mit den Publikationen der Königsberger Zeit verbunden ist, als es Peter Herde zugestehen wollte. Folker Reichert, dem dies vermutlich deutlicher vor Augen stand, versuchte es mit einer vorsichtigen Ironisierung. Von Zeitzeugen konnte er berichten, dass Baethgen – vermutlich vor allem in Kontrast zu Carl Erdmann – „als irenisch, müde, ‚in sich versponnen' galt und angeblich das Temperament einer Heidschnucke besaß"[64] und durchschaute daher den apologetischen Charakter seines Nachrufs auf Erdmann: „Der neue Präsident setzte alles daran, die Gegenwart von der Vergangenheit abzugrenzen. Dass er selbst an ihr mitgewirkt und davon durchaus profitiert hatte, durfte dabei in den Hintergrund treten. [...] Der tote Carl Erdmann wurde auf diese Weise zur Symbolfigur für den Neuanfang bei den Monumenta. Denn an seinem Beispiel ließ sich ideal zeigen, dass ernsthafte historische Forschung auch in den Jahren der Diktatur möglich war"[65]. Jedoch muss der biographische Gegensatz des Profits aus der NS-Zeit und der konstruierten Unbelastetheit des Neubegründers der MGH und seiner Unterstützer aufgelöst, nicht retuschiert werden.

II. Rom: Der Mythos vom Reich

1927 ließ sich Friedrich Baethgen, der in Heidelberg bei seinem Doktorvater Karl Hampe als Assistent arbeitete, von Paul Fridolin Kehr für die Stelle eines Zweiten Sekretärs des Preußischen Historischen Instituts in Rom gewinnen. Damit verbunden war die Leitung des Instituts vor Ort, da sich der ‚Erste Sekretär' Kehr nur sporadisch in Rom aufhielt und von Berlin aus nicht in die Alltagsgeschäfte eingreifen konnte. In einem Extremfall von Ämterhäufung leitete Kehr außerdem als Generaldirektor die Preußischen Staatlichen Archive, war Direktor des Kaiser-Wilhelm-Instituts für deutsche Geschichte und Vorsitzender der Zentraldirektion der Monumenta. Seine Personalentscheidung für Baethgen als seinem Stellvertreter in Rom überrascht, weil Baethgen zu Kehrs Verärgerung 1922 und wieder 1924 das Angebot einer festen Anstellung am Berliner Institut der MGH zugunsten der Assistentenstelle bei Karl Hampe ausgeschlagen hatte[66]. Friedrich Baethgen blieb nur zwei Jahre in Rom, aber es waren, daran kann kein Zweifel bestehen, prägende Jahre. Er verstand sie retrospektiv vor allem als Lehrjahre im Hinblick auf seine MGH-Präsidentschaft und rein wissenschaftspolitisch als Opposition zu einem mediävistischen Großinstitut, wie es Paul Fridolin Kehr seit 1906 gefordert hatte[67]: „Als Mitarbeiter Harry Bresslaus hatte ich dann von 1920–1923 die

---

63 HERDE, In memoriam (wie Anm. 6) S. 371.
64 REICHERT, Fackel (wie Anm. 10) 1, S. 332.
65 REICHERT, Fackel (wie Anm. 10) 1, S. 336f.
66 Siehe Herbert ZIELINSKI, Zum Verhältnis von Harry Bresslau und Paul Kehr nach der Ernennung Kehrs zum Vorsitzenden der MGH 1919, in vorliegendem Band S. 33–93, hier S. 57. – Baethgen begründete diesen Schritt in seinem ersten erhaltenen Brief an Albert Brackmann, Heidelberg 18.5.1924 (GStA PK, VI. HA Nl Brackmann A Nr. 2 S. 30–31).
67 Harry BRESSLAU, Geschichte der Monumenta Germaniae historica (NA 42, 1924) S. 713f.

hohe Schule der Editionstechnik durchgemacht und mehrere größere Ausgaben chronikalischer Texte bearbeitet. Mit der Rota Veneris des Magisters Boncompagno war ich 1927 noch einmal auf das Feld der Epistolae zurückgekehrt *[…]* Während meiner zweijährigen Tätigkeit als 2. Sekretär am damaligen Preußischen Historischen Institut in Rom hatte ich bei der täglichen Arbeit vor allem im Archiv und in der Bibliothek des Vatikans mich auch mit anderen Quellengruppen vertraut machen können und hatte dabei auch manche wertvolle Verbindungen angeknüpft, die den Arbeiten der MG zugute kommen konnten. Doch möchte ich auf diese meine römischen Jahre hier nicht näher eingehen, weil ich die Unterstellung des dortigen Instituts unter die Aufsicht des Präsidenten des Reichsinstituts von jeher für einen schwerwiegenden Fehler gehalten habe; daher habe ich auch später die Lösung dieser für beide Institute sinnwidrigen und geradezu schädlichen Verkoppelung mit herbeigeführt. Jedenfalls aber hatte ich in Rom viel gelernt, und alles in allem durfte ich wohl für mich in Anspruch nehmen, durch die Ausbildung, die ich genossen hatte, auf die Anforderungen, die an den Leiter der MG gestellt werden würden, in einem Maße vorbereitet zu sein, wie das in gleicher Weise nur bei sehr wenigen Angehörigen meiner Generation, vor allem etwa bei Walther Holtzmann oder Eugen Meyer, der Fall war"[68].

In diesen Jahren verfasste der nunmehr 37-jährige Baethgen eine Reihe von papstgeschichtlichen Artikeln für die zweite Auflage des evangelischen Standard-Lexikons ‚Die Religion in Geschichte und Gegenwart'[69]. Doch beschäftigte er sich in Rom auch mit der größeren Politik. Zwar war er nur von 1919 bis 1927[70] Mitglied der DNVP gewesen, aber manche Kontakte bestanden naturgemäß über diesen Zeitraum hinaus, etwa zu Ulrich von Hassell, der ihn 1942 bei der Aufnahme in die Berliner Mittwochsgesellschaft als früheres Mitglied „in meiner staatspolitischen Arbeitsgemeinschaft" (der DNVP) wiedererkannte und begrüßte[71]. Ohne seine eigene Zugehörigkeit auch nur anzudeuten, aber mit ungebrochener Sympathie für eine „politische Rechte", berichtete Baethgen selbst in seinem Lebensbild zu von Hassell, die von diesem „gegründete ‚Staatspolitische Arbeitsgemeinschaft der DNVP', in der sich ein gleichgerichteter jede bloße Reaktion ablehnender Kreis zusammenfand, enthielt gesunde Ansätze für den Aufbau einer neu zu formierenden politischen Rechten, die sich unter seiner Führung zweifellos zu fruchtbarer Wirkung hätten entfalten können"[72]. Hatte Baethgen sich in den Briefen an Hampe aus dieser Zeit vage als politisch konservativ und der Weimarer Republik gegenüber skeptisch gezeigt[73] und in einem Zei-

---

68 BAETHGEN, Reorganisation, MGH-Archiv B 722a (wie Anm. 24) S. 35.
69 Die Religion in Geschichte und Gegenwart. Handwörterbuch für Theologie und Religionswissenschaft, hg. von Hermann GUNKEL / Leopold ZSCHARNACK, 2., völlig neu bearb. Aufl., 1 (1927)–6 (1932), vgl. auch LEMBERG, Historiker (wie Anm. 6) S. 72.
70 LEMBERG, Historiker (wie Anm. 6) S. 78.
71 Ulrich von HASSELL, Die Hassell-Tagebücher 1938–1944. Aufzeichnungen vom Andern Deutschland, nach der Handschrift revidierte und erweiterte Ausgabe unter Mitarb. von Klaus Peter REISS hg. von Friedrich HILLER VON GAERTRINGEN (1989) S. 361. Zu dieser Untergruppe der DNVP und Hassells Programmatik vgl. SCHÖLLGEN, Hassell (wie Anm. 13) S. 31–40.
72 Friedrich BAETHGEN, Hassell, Ulrich von, in: NDB 8 (1969) S. 44–46, hier S. 44. Über Baethgens Tendenz zur politischen Rechten auch LEMBERG, Historiker (wie Anm. 6) S. 58.
73 Friedrich Baethgen erklärte Karl Hampe gegenüber (Briefe vom 21.7.1917 und 1.1.1919, MGH-Archiv A 256), „daß die Elemente, auf denen sich die besten Teile des konservativen Programms aufbauen, also Autorität, Pflichtgefühl, Staatsgesinnung, grad jetzt bitter notwendig sind und einer entschiedenen Ver-

tungsartikel gar Erich Ludendorff als selbstlosen Träger „einer Urkraft des Willens, die späteren Geschlechtern einmal mythisch erscheinen wird"[74], gepriesen, so verdichtete sich sein Weltbild in Rom unter dem Eindruck von Mussolinis Regime. Die DNVP hatte Baethgen vermutlich verlassen, weil sie nicht mit seiner Entwicklung mithalten konnte und sich unter Alfred Hugenbergs Leitung immer weiter in das Parteiengezänk des Reichstags verstrickte. Zu diesem Zeitpunkt warnte Friedrich Glum[75], Mussolini-Bewunderer und Direktor der Kaiser-Wilhelm-Gesellschaft, bereits vor einer Parteidiktatur und warb für eine parteienübergreifende rechte Sammlungsbewegung nach italienischem Vorbild[76]. Der Faschismus war nach seiner innenpolitischen Konsolidierung verstärkt außenpolitisch tätig und bemühte sich im Sinne einer ‚universalità fascista' sowohl um italienische Exilanten wie um Ausländer in Italien[77]. Dazu gehörte auch, dass Mussolini in seiner Residenz, dem aufwändig restaurierten Palazzo Venezia am Rande der unter dem mittelalterlichen Rom herausgeschälten Kaiserforen[78], um deutsche Gäste aus Kunst, Sport, Wirtschaft und Wissenschaft warb. Besuche von deutschen Politikern waren dort noch 1933 selten. Auch wenn die beiden totalitären Strömungen retrospektiv einander nahezustehen scheinen, muss zumindest bis zum Beginn des Zweiten Weltkriegs zwischen Faschismus und Nationalsozialismus unterschieden werden. In Deutschland schloss das Sympathisieren mit dem Faschismus noch für längere Zeit eine Distanzierung von Hitler ein[79]. So wollte im Dezember 1934 der Chirurg Ferdinand Sauerbruch (1875–1951), damals schon Mitglied der Berliner Mittwochsgesellschaft, „mit dem ‚Duce' [...] eine dezidiert politische Unterhaltung geführt haben, bei der Mussolini seinem Unmut über die NSDAP heftigen Ausdruck gab, die Italien verbundenen deutschen Diplomaten aber von seiner Kritik ausdrücklich ausnahm", wie er stolz an den Botschafter von Hassell berichtete[80]. Von Hitler sprach Sauerbruch noch 1943 zu fortgerückter Stunde als „Schimpanski"[81]. Entsprechend sind auch die regen Aktivitäten von Friedrich Glum vor 1933 zu verstehen. Sie sicherten ihm zunächst großen Einfluss, schadeten ihm aber nach

tretung bedürfen." Überdies sei er „nicht überzeugter Republikaner", wenn er auch Hampes „Auffassung teile, daß die Restauration der Monarchie zur Zeit unmöglich ist". Die Berliner „Demokraten" – gemeint war die Berliner DDP – seien ihm jedenfalls „zu jüdisch" – dies im Übrigen die einzige antisemitische Entgleisung, die mir bei Baethgen aufgefallen ist. Vgl. LEMBERG, Historiker (wie Anm. 6) S. 58.

74 Friedrich BAETHGEN, Ludendorff, in: Badische Post vom 10.4.1920, eine als Meinungsartikel verkleidete Rez. von Erich LUDENDORFF, Meine Kriegserinnerungen 1914–1918 (1919), erschienen im E. S. Mittler-Verlag, in dem auch Karl der Große oder Charlemagne? (wie Anm. 45) verlegt wurde. Baethgen bewahrte einen Zeitungsausschnitt in seinem Nachlass auf.
75 Vgl. LEMBERG, Historiker (wie Anm. 6) S. 123–134; WEISBROD, Das „Geheime Deutschland" (wie Anm. 20) S. 285–308; HACHTMANN, Wissenschaftsmanagement (wie Anm. 20) 1, S. 130–140 und 335–348; 2, S. 1134–1143.
76 HACHTMANN, Wissenschaftsmanagement (wie Anm. 20) 1, S. 134.
77 Beate SCHOLZ, Italienischer Faschismus als ‚Export'-Artikel (1927–1935). Ideologische und organisatorische Ansätze zur Verbreitung des Faschismus im Ausland, Diss. Trier (2001) S. 7 (PDF: https://ubt.opus.hbz-nrw.de).
78 Wolfgang SCHIEDER, Mythos Mussolini. Deutsche in Audienz beim Duce (2013) S. 29–32.
79 Franz von Papen, Vizekanzler in Hitlers erstem Kabinett, versuchte noch im Juli 1933 Mussolini und den Vatikan für eine rechtskonservative Front unter Hindenburgs Führung gegen Hitler zu gewinnen, vgl. SCHIEDER, Mythos (wie Anm. 78) S. 163f.
80 SCHIEDER, Mythos (wie Anm. 78) S. 125.
81 Vgl. SCHOLDER, Mittwochsgesellschaft (wie Anm. 12) S. 325f.

der Machtergreifung und zwangen zu eilfertiger Devotion gegenüber Hitler. Das wiederum kostete ihn 1945 in Berlin und 1952 in München die neugewonnene Stellung in der Wissenschaftspolitik. „Vor 1933 allerdings öffneten seine begeisterten Elogen auf den italienischen Faschismus Glum die Tore zu mächtigen Persönlichkeiten. Die ‚staunende Bewunderung' Glums lag gewissermaßen im Trend der Zeit. Breite Kreise des Bürgertums sympathisierten mit dem italienischen Faschismus als einer vermeintlichen Alternative zur Weimarer Demokratie"[82].

Der Kontakt zwischen Friedrich Baethgen und Friedrich Glum ergab sich nicht etwa durch offizielle Begegnungen, sondern auf privater Ebene innerhalb der Kolonie deutscher Wissenschaftler in Rom. Dass sich bei informellen Gesprächen Privates mit politischen Themen mischte, belegen etliche Zeugnisse, die insgesamt ein klareres Bild vermitteln, als es Lemberg mit seinem ‚Historiker ohne Eigenschaften' vermag. Ernst Kantorowicz etwa, der häufig zum Abendessen bei Baethgen weilte[83], berichtete am 23.4.1928: „Heute habe ich mit Baebae und der Ebith Jastrow[84] im Castello dei Cesari[85] schlecht und recht und teuer (220 Lit.) gefrühstückt. Vielleicht heiraten sie sich doch"[86]! Dabei ging es nicht um erotische Details dieser anscheinend bald abgebrochenen deutsch-jüdischen Beziehung[87], sondern um den hedonistischen Lebensstil überhaupt, der die deutschen Wissenschaftseinrichtungen in Rom fachübergreifend verband und der nur auf den ersten Blick unpolitisch war. Friedrich Glum berichtete darüber in seiner Autobiographie. Er habe, schrieb er, „in Rom in der

Abb. 2: Friedrich Glum um 1935

---

82   Hachtmann, Wissenschaftsmanagement (wie Anm. 20) 1, S. 134.
83   Lerner, Kantorowicz (wie Anm. 11) S. 146.
84   Elisabeth Jastrow (1890–1981), genannt Ebith, jüdischer Abstammung, Archäologin und klassische Philologin, bis 1933 Mitarbeiterin des Deutschen Archäologischen Instituts, 1925–1929 an der Abteilung Rom, danach in Berlin und Marburg, 1933–1939 Stipendienaufenthalte in Italien und Griechenland, 1937/38 Flucht aus Deutschland über die Schweiz, 1939 dauerhafte Aufenthaltsgenehmigung für die USA, 1944 US-Staatsbürgerschaft. Vgl. Hans Peter Obermayer, Deutsche Altertumswissenschaftler im amerikanischen Exil. Eine Rekonstruktion (2014) S. 133–191.
85   Ein Restaurant auf dem Aventin in der Via di Santa Prisca 7, das mit einem Panoramablick über den Circus Maximus auf den Palatin warb.
86   Ernst Kantorowicz an Lucy von Wangenheim, 23.4.1928 (freundliche Mitteilung von Eckhart Grünewald).
87   In der allerdings nur bis 1934 zurückreichenden Korrespondenz von Elisabeth Jastrow im Getty Research Institute in Los Angeles sind keine Briefe von oder an Baethgen enthalten, vgl. Eintrag zu ihr im Online Archive of California (https://oac.cdlib.org).

Zeit, als ich dort über Rovigno[88] verhandelte, den damaligen 2. Sekretär des Preußischen Historischen Instituts, Professor Baethgen, jetzt Präsident der Bayerischen Akademie der Wissenschaften, und den mit ihm befreundeten jungen Historiker Ernst Kantorowicz kennengelernt"[89]. Bewusst verschleiernd deutete Glum die dabei gepflegte dolce vita an: „Ich reiste in der Silvesternacht nach Rom *[…]* Da die Verhandlungen sechs Wochen dauerten, habe ich in dieser Zeit Rom unter der Führung von Ernst Steinmann[90], Ludwig Curtius[91], Baethgen und Federico Hermanin[92] gründlich kennengelernt und *[mir]* auch die verborgenen Schönheiten *[…]* zeigen lassen"[93]. Dieser Personenkreis war aber nicht nur um die „verborgenen Schönheiten" bemüht, wir sehen Baethgen hier vielmehr in einer Gruppe dezidierter Bewunderer des Duce. Dass Baethgen darin nicht bloß Zuhörer war, enthüllte Glum unter dem Pseudonym ‚Friedrich Viga' in dem zweiteiligen autobiographischen Schlüsselroman ‚Die Rolltreppe'[94]. Nur wenige Personen wie Stefan George oder Federico Hermanin treten in diesem Werk unverschlüsselt auf: Ernst Kantorowicz zum Beispiel erscheint als Professor Witkowski[95], der zeitweilig in Begleitung von Stefan George reist, und Baethgen findet sich als „Professor Rathgen, 1. Sekretär des Preußischen Historischen Instituts, ein sehr distinguierter Herr von knapp vierzig Jahren mit bereits etwas schütterem Haar"[96]. Rathgen entführt in der ‚Rolltreppe' eine kleine Gesellschaft in ein unterirdisches Weinlokal; sie ist nicht identisch mit der in der Autobiographie genannten Gruppe von Akademikern, aber diese Personen tauchen an anderer Stelle wieder auf[97]. In der Weinstube lockerte sich die Stimmung.

---

88 Friedrich Glum verhandelte als Direktor der Kaiser-Wilhelm-Gesellschaft, die seit 1911 in Rovigno (1918–1943 italienisch, seither kroatisch ‚Rovinj') eine Zoologische Station betrieb. Vgl. Elke Maier, Das alte Haus und das Meer, in: MaxPlanckForschung 2 (2017) S. 76f.
89 Glum, Zwischen Wissenschaft (wie Anm. 24) S. 392.
90 Ernst Steinmann (1866–1934), deutscher Kunsthistoriker, 1913–1934 Gründungsdirektor der römischen Bibliotheca Hertziana, wie Glum ein Bewunderer Mussolinis, vgl. Hachtmann, Wissenschaftsmanagement (wie Anm. 20) 1, S. 134.
91 Ludwig Curtius (1874–1954), klassischer Archäologe, 1928–1937 wissenschaftlicher Direktor der Abteilung Rom des Archäologischen Instituts des Deutschen Reichs, Mitglied der DNVP, bekannte sich zu Ludendorff, warb 1927 auf einer von ihm veranstalteten Tagung in Heidelberg offen für den Faschismus. Vgl. Sylvia Diebner / Christian Jansen, Ludwig Curtius (1874–1954), in: Gunnar Brands / Martin Maischberger (Hg.): Lebensbilder. Klassische Archäologen und der Nationalsozialismus 2 (ForschungsCluster 5, 2016) S. 79–111, hier S. 92.
92 Federico Hermanin (1868–1953), italienischer Kunsthistoriker, führte die Oberaufsicht über alle Museen und Galerien des Lazio und leitete die Restaurierung des Palazzo Venezia. Vgl. Paola Nicita, Federico Hermanin, in: Roberta Rinaldi (Hg.), Dizionario biografico dei soprintendenti storici dell'arte 1904–1974 (2007) S. 304–316.
93 Glum, Zwischen Wissenschaft (wie Anm. 24) S. 359.
94 Friedrich Viga (i. e. Friedrich Glum), Die Rolltreppe. Ein Roman aus der Weimarer Zeit (1960); ders., Im Schatten des Dämons. Romanhaftes Zeitbild Deutschlands aus den Jahren 1933–1945 (1962). Auf die Bedeutung des Romans und speziell die Szene im Weinlokal machte aufmerksam Lerner, Kantorowicz (wie Anm. 11) S. 12 und 469. Für den Hinweis danke ich Martina Hartmann.
95 Zur Ableitung dieses Namens vgl. Lerner, Kantorowicz (wie Anm. 11) S. 469 Anm. 2.
96 Viga, Die Rolltreppe (wie Anm. 94) S. 247.
97 Ebd. S. 244 bei der Beschreibung von Steinmanns Villa: „Hier trafen sich deutsche und italienische Kunsthistoriker wie der Generaldirektor der italienischen Museen Cascati, der Direktor des Museums für mittelalterliche Kunst im Palazzo Venezia Hermanin, der schwedische Kunsthistoriker Boetius, der Direktor des Deutschen Archäologischen Instituts Ludwig Curtius, der Direktor des päpstlichen Ar-

„Das Gespräch, das sich zunächst mit den Studien von Rathgen und Witkowski über die Zeit der Hohenstaufen beschäftigte, wandte sich dann wieder Mussolini und dem Faschismus zu." Dieses neue Thema veranlasste Rathgen zu einer längeren Einlassung über Mussolini und die von ihm propagierte ‚cultura fascista'[98]: „Ich muß gestehen, daß mich der Aufenthalt in Rom neidisch gemacht hat", sagte Rathgen. „Hier ist alles im Aufschwung. Hier sieht man eine Führung und ein Ziel: die geistige Erneuerung Italiens. Hier wird die Vergangenheit gepflegt, die große römische Tradition, hier sucht man dem Volk ein Nationalgefühl beizubringen, das ihm verlorenzugehen schien. […] Was mir den Faschismus sympathisch macht", fuhr Rathgen fort, „ist, daß er zur Tradition zurückgekehrt ist. In Deutschland dagegen hat man nichts getan, um den Anschluß an die Tradition zu suchen. Bei uns ist nur von Demokratie und von Sozialismus die Rede. Überall sehen wir Verfallserscheinungen. Die vielen Experimente mit den Schulen haben dazu geführt, daß die Studenten nichts mehr an Bildung mitbringen. Man kann mit ihnen nicht mehr arbeiten, weil man so gut wie nichts mehr voraussetzen kann. Das schlimmste aber ist, daß die Parteien sich nicht einigen können und zu keinem festen Regierungsprogramm kommen. Der Parlamentarismus ist zu einer Farce geworden, und man fragt sich, ob er überhaupt für Deutschland und für eine Welt paßt, die große Probleme hat, für die sie Fachmänner braucht, keine Parlamentarier"[99]. Hermanin, der im Roman ohne Avatar auftreten durfte, hob schon im früheren Verlauf dieses Gesprächs die Planungen hervor, die Rom zur Welthauptstadt machen sollten und – immerhin auf Kosten der mittelalterlichen Bausubstanz – die Kaiserforen zum archäologischen Park umgestalten würden: „man will auch alle Kaiserfora freilegen und dazwischen eine Triumphstraße bauen, die Via de'Impero. An einer Mauer sollen dann steinerne Landkarten angebracht werden, die die Entwicklung der Herrschaft des antiken Roms rund um das Mittelmeer, ‚mare nostrum', zeigen sollen. Auch die romanischen Kirchen werden restauriert. Für die griechische Archäologie hingegen hat der Duce nichts übrig"[100].

‚Friedrich Viga', das heißt, Friedrich Glum, wusste, worüber er schrieb. Am 5.3.1936 war er noch einmal nach Rom gekommen. Einige Tage zuvor hatte er auf Einladung des Deutschen Akademischen Austauschdienstes über „Die geistigen Grundlagen von Nationalsozialismus und Fascismus" vorgetragen; die Bibliotheca Hertziana vermittelte ihm daraufhin eine Audienz beim Duce, über die er einen begeisterten Bericht verfasste. Diese Erfahrungen flossen in die Erzählung der ‚Rolltreppe' ein[101]. Dass ‚Friedrich Viga' mit „Professor Rathgen" und seiner Entourage nicht bloß fiktive Personen fiktive Äußerungen in Glums Sinne wiedergeben ließ, beweist ferner ein Brief von Baethgen an Hermann Oncken (1869–1945)[102] vom Juni 1928. Baethgen erklärte dem gerade von München nach Berlin berufenen Kollegen, der sich mehrfach zur Weimarer Verfassung bekannt hatte, er glaube, „daß der Faschismus

---

chäologischen Instituts Monsignore Kirsch. Hier sah man bei festlichen Gelegenheiten auch Kardinäle und Botschafter. Zu den Tee-Empfängen erschienen die Botschaftsräte der beiden deutschen Botschaften, der ‚weißen' – am Quirinal – und der ‚schwarzen' – am Vatikan –, viele junge Kunsthistoriker und Botschaftssekretäre und Attachés verschiedener europäischer Nationen mit ihren Damen."

98 SCHOLZ, Faschismus (wie Anm. 77) S. 13f.
99 VIGA, Die Rolltreppe (wie Anm. 94) S. 250.
100 Ebd. S. 249.
101 SCHIEDER, Mythos (wie Anm. 78) S. 312–314. Vgl. VIGA, Die Rolltreppe (wie Anm. 94) S. 248.
102 Christoph STUDT, Oncken, Karl Hermann Gerhard, in: NDB 19 (1999) S. 538f.

bei uns im allgemeinen unterschätzt wird. Über den zweifellos vielfach recht unerfreulichen Begleiterscheinungen, die er für die Freunde überhaupt und speziell für uns Deutsche hat, darf man doch *[...]* nicht übersehen, welchen Fortschritt er auf vielen Gebieten dem Land und der Nation gebracht hat *[...]* Die Kräfte, die in der italienischen Nation vorhanden sind, sind jedenfalls gewaltig und Mussolini *[handelt]* schnell und organisiert diese Kräfte in einer Weise, die viel Bewundernswertes hat. Ob freilich die Basis des Staates, insbesondere die ökonomische, sich als stark genug erweisen wird, um das große Gebäude, das der Faschismus errichten möchte, zu tragen, bleibt die große Zweifelsfrage"[103].

Solchen Elogen gingen die Bekenntnisse des jüdischen Berliner Privatgelehrten Ferdinand Güterbock (1872–1944) voran, der bereits 1923 den Faschismus begrüßt hatte und den Duce mehrfach traf[104]. Gerade unter den Mitarbeitern am Preußischen Historischen Institut in Rom fanden sich neben Baethgen weitere Bewunderer wie Philipp Hiltebrandt (1879–1958)[105], der von 1905 bis 1919 Mitarbeiter am Institut gewesen war und danach als Journalist in Rom arbeitete, aber den Kollegen weiterhin verbunden blieb. 1934 war er, wie wir noch sehen werden, sogar kurzzeitig als neuer 1. Sekretär des Instituts im Gespräch. Er traf Mussolini 1932[106] und nochmals 1938, um ein dem Duce gewidmetes Werk persönlich zu überreichen[107]. Nicht zuletzt Carl Erdmann zeigte sich von Mussolini fasziniert[108] und beklagte noch 1943 dessen Absetzung[109].

---

103 Friedrich Baethgen an Hermann Oncken, Rom, 2.6.1928 (NLA Oldenburg, Dep 84 Best 271–14 Nr 16).
104 Ferdinand Güterbock, Mussolini und der Fascismus (1923); vgl. Schieder, Mythos (wie Anm. 78) S. 106; Reichert, Fackel (wie Anm. 10) 1, S. 102; Nikola Becker, Ferdinand Güterbock, in: Zwischen Vaterlandsliebe und Ausgrenzung. Die jüdischen Mitarbeiter und Mitarbeiterinnen der Monumenta Germaniae Historica, hg. von Martina Hartmann / Annette Marquard-Mois / Maximilian Becker (MGH Studien zur Geschichte der Mittelalterforschung 2, 2023) S. 181–190, hier S. 184f.
105 Vgl. Susanne Herrnleben, Deutsches Historisches Institut Rom, Archiv N 2: Philipp Hiltebrandt (1879–1958) (1986) S. 2 (http://cat01.dhi-roma.it/archiv/xml/inhalt/pdf/N2_Philipp_Hiltebrandt.pdf); Jobst C. Knigge, 50 Jahre Rom. Philipp Hiltebrandt. Ein Deutsch-Römer zwischen Kaiserzeit und Nationalsozialismus (2022, Digitalisat: https://doi.org/10.5281/zenodo.6393615).
106 Schieder, Mythos (wie Anm. 78) S. 261–267.
107 Philipp Hiltebrandt, Ideen und Mächte. Der Aufstieg des Abendlandes seit dem Untergang der antiken Welt (1937), in bewusster Konfrontation zu Oswald Spengler, Der Untergang des Abendlandes. Umrisse einer Morphologie der Weltgeschichte 1 (1981), 2 (1922).
108 Vgl. Reichert, Fackel (wie Anm. 10) 1, S. 99–103, der diese Orientierung allerdings herunterspielt.
109 Carl Erdmann an Gerd Tellenbach, 19.9.1943, vgl. Reichert, Fackel (wie Anm. 10) 2, S. 361f.: „Das Schicksal Mussolinis ist eine echte Tragödie. Auf der einen Seite verliert er nun vor seinem Lande und vor der Geschichte unweigerlich seinen guten Namen, indem er unter deutschem Militärbefehl weitermacht, obgleich wir das italienische Heer als feindlich in die Gefangenschaft führen. Auf der andern Seite: was bleibt ihm weiter übrig, wenn er nicht die Sache der faschistischen Idee öffentlich aufgeben will? Daß er ein gebrochener Mann ist, konnte man seiner Stimme gestern abend im Radio anhören. Mir ist bei allen italienischen Nachrichten nur noch zumut wie Wallenstein im 4. Akt. Militärisch hat sich ja im Mittelmeergebiet selbst nicht so sehr viel geändert, da die Angelsachsen sowieso schon in Unteritalien eindrangen. Aber wichtig und entscheidend ist freilich das Eine, daß wir nun veranlaßt werden, immer weitere Truppen nach Süden zu werfen und den Osten zu vernachlässigen – die übelste Entwicklung, die überhaupt möglich ist. Die Entscheidung, die wir ja schon längst für das Jahr 1944 erwarteten, zeichnet sich immer deutlicher ab."

Friedrich Baethgen in nationalkonservativen Netzwerken (1917–1948)

Das italienische Vorbild stand Friedrich Baethgen auch über die beiden römischen Jahre hinaus vor Augen. Mitte der dreißiger Jahre hielt er in der Neuen Aula der Königsberger Universität in einer Veranstaltung des Istituto nazionale fascistica di cultura[110] an einem „Sonnabendnachmittag" einen Vortrag über Denkmäler germanischer und deutscher Geschichte in Italien – das belegt ein Bericht der Preußischen Zeitung, den er als (leider nicht datierten) Zeitungsausschnitt aufbewahrte. Darin hieß es anerkennend: „Es gelang dem Redner in hervorragender Weise, den langdauernden Vorgang germanischen und deutschen Vordringens nach Italien, den Kampf um den Raum und seine Durchdringung, die reiche und vielfältige Wirkung im kulturellen und politischen Bereich anschaulich werden zu lassen. Eine Fülle von sorgfältig ausgewählten Lichtbildern ergänzte die von gründlicher Sachkenntnis getragene, feinsinnige Schilderung der erhaltenen Denkmäler"[111]. Der Vortrag machte am Ende mit Versen von Dante „die Bedeutung des deutschen Kaisertums, wie sie auch der Italiener im Mittelalter begriffen hat, noch einmal lebendig. Deutsche wie Italiener können sich in Ehrfurcht und Bewunderung vor den großen Erscheinungen dieser Zeit vereinen"[112]. Faszination für Dante war ein Kernstück faschistischer Identität und drückte sich etwa in der Gleichschaltung der Società Dante Alighieri aus, die ihr Präsident Paolo Boselli (1838–1932) durchführte, der nach verschiedenen politischen Ämtern 1916/17 auch für einige Zeit Ministerpräsident Italiens gewesen war. Das internationale Engagement dieser Kulturinstitute resultierte daraus, „daß sich die Leitung der ‚Dante Alighieri'[113] ebenso wie die Vertreter der Ideologie des faschistischen Universalismus auf Giovanni Gentiles (1875–1944) Konzept des ‚imperialismo spirituale' beriefen, das heißt durch die Verbreitung faschistischen Gedankenguts einen Beitrag zur Schaffung eines neuen ‚impero', eines neuen (römischen) Weltreiches, leisten zu wollen"[114]. Auch der deutsche Gesandte in Rom, Ulrich von Hassell, beteiligte sich an der Adaptation dieser Gedankenwelt[115].

Das nahm in Ton und Tendenz einen späteren, weiter ausholenden Aufsatz vorweg, den Friedrich Baethgen für das dem Reichsministerium für Volksaufklärung und Propaganda

---

110 Zu dieser Einrichtung SCHOLZ, Faschismus (wie Anm. 77) S. 31–34.
111 Deutsche Denkmäler in Italien. Professor Baethgen im faschistischen Institut, in: Preußische Zeitung [circa 1936], Der Artikel ist mit „Dr. H. R." gezeichnet. Nicht datierter Ausschnitt aus dem Nachlass Friedrich Baethgen in der MGH-Bibliothek (alte Signatur: Am 99999-18,4). Wegen des schlechten Erhaltungszustands des Originals durch ein Digitalisat ersetzt: https://www.mgh-bibliothek.de/digilib/z/zsn2a030630_0.pdf.
112 Deutsche Denkmäler in Italien (wie Anm. 111).
113 Gemeint ist die Società Dante Alighieri, das italienische Kulturinstitut. Zu ihrer Rolle im Faschismus vgl. SCHOLZ, Faschismus (wie Anm. 77) S. 257–286. Trotz der Gleichschaltung konnte die Gesellschaft sich gegen eine völlige Vereinnahmung und Auflösung in eine faschistische Organisation behaupten.
114 SCHOLZ, Faschismus (wie Anm. 77) S. 269. – Giovanni Gentile, italienischer Kulturphilosoph, Autor des „Manifests der faschistischen Intellektuellen an die Intellektuellen aller Nationen" (1925), das nach der Ausschaltung der Opposition die Herrschaft des Faschismus rechtfertigte, 1925–1929 Mitglied des faschistischen Großrats, 1925–1937 Leiter des Istituto Nazionale Fascista di Cultura, 1943 Präsident der Königlichen Akademie Italiens.
115 Ulrich von HASSELL, Bedeutung des politischen Gedankens Dantes für die Gegenwart, in: Deutsches Dante-Jb. 16 (1934) S. 103–112. Vgl. auch DERS., Römische Tagebücher und Briefe 1932–1938. hg. von Ulrich SCHLIE (2004). Dass die Repräsentanten des NS-Regimes mit von Hassell und seinen Botschaftsmitarbeitern unzufrieden waren, während Mussolini sie von der Kritik an Deutschland und der NSDAP ausdrücklich ausnahm, dokumentiert SCHIEDER, Mythos (wie Anm. 78) S. 125 und 168.

angegliederte Deutsche Auslandswissenschaftliche Institut (DAWI)[116] in Berlin verfasste: „Wenn die Dissonanzen, von denen wir gesprochen haben, verklingen, so bleibt die reine und beglückende Erinnerung an ein Zeitalter, das erfüllt war von den Kräften einer auf beiden Seiten so höchsten Intensität, gesteigerten Wollens und Vollbringens. Sehr schön hat man gesagt, dass Deutschland und Italien in den Schlössern der Staufer, die sich auf beide Länder verteilen, das unvergleichliche Symbol ihrer aus St[r]ömen von Blut, aus viel Kampf, aber auch aus viel Liebe geschaffenen engen Verbindungen besitzen. Etwas ähnliches gilt von dem ganzen Schatz historischer Überlieferung, den uns jene vergangenen Zeiten als kostbares Erbe hinterlassen haben. Indem die Vertreter der deutschen und der italienischen Geschichtswissenschaft, die sich von jeher auf diesem Felde zu gemeinsamer Arbeit zusammengefunden haben, der Lösung der hier gestellten Aufgaben auch weiterhin ihre Kräfte widmen, werden sie das Ihre dazu beitragen können, die geistigen Bande zu verstärken, welche die beiden heute in so enger Waffenbrüderschaft vereinten Völker umschlingen"[117]. Kurz bevor sie endgültig zerbrach, wurde hier noch einmal die deutsch-italienische Waffenbrüderschaft beschworen und um den Gedanken eines ‚deutsch-italienischen Kriegsbeitrags der Geisteswissenschaften' bereichert. Der Vortrag wurde 1942 gehalten. Eine von Theodor Mayer, dem eigentlichen Lenker eines ‚Kriegsbeitrags der Geisteswissenschaften', für 1943 initiierte gemeinsame Tagung deutscher und italienischer Historiker in Salzburg scheiterte dann bereits an Mussolinis Sturz im Juli 1943. Mayer musste seinen Geschäftsführer Carl Erdmann nach langem Zögern am 4.9.1943 noch vor dem Waffenstillstand Italiens mit den Alliierten, der am 8.9.1943 bekanntgegeben wurde, anweisen, den deutschen Referenten Hermann Aubin, Walter Goetz, Hans Planitz, Claudius von Schwerin und Gerd Tellenbach telegraphisch abzusagen – Friedrich Baethgen war schon vorher von Erdmann telefonisch informiert worden[118].

In der Nachkriegszeit verschwanden solche Verflechtungen rückblickend hinter einem Schleier; an der römischen Zeit hob MGH-Präsident Baethgen nur mehr zwei Dinge hervor: die Arbeit an den Quellen und die Kooperation mit den italienischen Kollegen.

Dabei geriet auch der Kontakt mit dem deutschen Diplomaten und Botschaftsrat Hans (Johann) Smend (1880–1970)[119] aus seinem Blickfeld, der 1926 nach Rom an die deutsche Botschaft auf dem Quirinal versetzt worden war und dem deutschen Botschafter zur Hand ging. Bis 1930 war dies Konstantin von Neurath (1873–1956), der 1932 Reichsaußenminister im Kabinett von Franz von Papen wurde und 1933 bis 1938 im Kabinett Hitler weiter dieses Amt bekleidete. 1929 bis 1932 war Carl von Schubert (1882–1947) deutscher Botschafter

---

116 Franz Alfred Six, Das Deutsche Auslandswissenschaftliche Institut im Jahre 1941 (1941).
117 Friedrich Baethgen, Das Reich und Italien, in: Albert Prinzing (Hg.): Deutschland, Italien und das neue Europa (1943) S. 93–122, hier S. 122.
118 Carl Erdmann an Theodor Mayer, 4.9.1943 (wie Anm. 69). Grund war, dass die italienischen Teilnehmer, obwohl schon länger ausgewählt, nicht offiziell ernannt worden waren, vgl. MGH-Archiv B 569, Bl. 153r. Zur Tagung allgemein und der Erdmann gegen seinen Willen von Mayer zugedachten Rolle vgl. Reichert, Fackel (wie Anm. 10) 1, S. 318; Frank-Rutger Hausmann, Deutsche Geisteswissenschaft im Zweiten Weltkrieg. Die Aktion Ritterbusch (1940–1945) (Studien zur Wissenschafts- und Universitätsgeschichte 12, ³2007) S. 190f.
119 Vgl. Biographisches Handbuch des deutschen Auswärtigen Dienstes 4, hg. vom Auswärtigen Amt, bearb. von Bernd Isphording / Gerhard Keiper / Martin Kröger (2012) S. 277f.

auf dem Quirinal; ihn löste Ulrich von Hassell ab, der besonders eng mit Smend zusammenarbeitete[120]. Das Auswärtige Amt entsandte Hans Smend 1935 als Gesandten nach Teheran, wo er in persönlicher Abstimmung mit Hitler den Bau des heute noch genutzten deutschen Botschaftsgebäudes betreute. Von seinen Kontakten zu Baethgen wissen wir nur deshalb, weil Baethgens Nachfolger als 2. Sekretär, der Leiter des Aufbaugymnasiums Falkensee bei Berlin, Friedrich Bock (1890–1963)[121], sich Kopien von einem Königsberger Brief von Baethgen vom 13.3.1932 an Hans Smend und das Konzept zu einer Antwort beschaffte[122]. Baethgen zeigte sich darin, obschon seit über zwei Jahren in Königsberg lehrend, lebhaft am Schicksal des Preußischen Historischen Instituts in Rom und speziell des Mitarbeiters Carl Erdmann interessiert; dass ihn Erdmann einige Tage zuvor in eigener Sache angeschrieben hatte[123], erwähnte er allerdings nicht. Wir erfahren, dass Baethgen schon im Oktober 1931 im preußischen Kultusministerium gegenüber dem der DVP angehörenden Ministerialrat Werner Richter (1887–1960)[124] seine „Besorgnis über den Bestand des Institutes sehr offen ausgesprochen" hatte[125] und diese trotz aller Zusicherungen weiter bestand. Den Grund hierfür sah Baethgen darin, dass Kehr in seiner – so vermutete mehr noch als Baethgen der Diplomat Smend in seiner Antwort[126] – engen Abhängigkeit von der sozialdemokratischen Landesregierung nur auf Amtserhalt bedacht war[127], wodurch „der geistige Abbau, den Kehr zur Zeit am Institute herbeiführt", erst möglich wurde. Als „geistigen Abbau" betrachtete Baethgen die Verdrängung von fähigen Mitarbeitern – worunter er zunächst sich selbst und aktuell Carl Erdmann verstand: „Wenn Kehr ihn jetzt entlassen will, so kann ich mir denken, dass er ihm dadurch unbequem geworden ist, dass er ebenso, wie seiner Zeit ich selbst, zu

---

120 Hassell, Römische Tagebücher (wie Anm. 115) S. 269 Anm. 111.
121 Gerd Tellenbach, Friedrich Bock †, in: QFIAB 42/43 (1963) S. XI; Franziska Rohloff, „Sie haben Ihre Sache in Rom ebenso gut gemacht wie ihr Berliner Antipode schlecht". Die institutionelle Verfasstheit des Reichsinstituts für ältere deutsche Geschichtskunde auf dem Prüfstand (1940–1942), in: Das Reichsinstitut für ältere deutsche Geschichtskunde (wie Anm. 2) S. 71–101, hier S. 71 Anm. 3. – Der Nachlass Bock kam in das MGH-Archiv nach München.
122 MGH-Archiv NLB 188 Nrn. 4 und 5, Ausdruck nach einer Mikroverfilmung, vermutlich aus dem Auswärtigen Amt. Die Vorlagen wurden mit einem Paginierstempel versehen und erhielten die Seitenzählung 128–131 für Baethgens Brief, 132–134 für Smends Antwort. Da der Faszikel MGH-Archiv NLB 188 nicht gezählt ist, wird hier nach dieser Paginierung zitiert.
123 Carl Erdmann an Friedrich Baethgen, 7.4.1932 (MGH-Archiv A 246/I), vgl. Reichert, Fackel (wie Anm. 10) 1, S. 376. Die Darstellung ebd. S. 114 vermengt Erdmanns und Baethgens Aktivitäten und ist in erstaunlicher Weise detailarm.
124 Vgl. Werner Richter, in: Lexikon deutsch-jüdischer Autoren 18 (Phil–Samu), hg. vom Archiv Bibliographia Judaica (2010) S. 241–245; Lothar Reinermann, Richter, Werner, in: NDB 21 (2003) S. 539f.
125 Friedrich Baethgen an Hans Smend, 13.3.1932 (MGH-Archiv NLB 188 Nr. 4 S. 128).
126 Vgl. MGH-Archiv NLB 188 Nr. 4 S. 129 bzw. Nr. 5 S. 133: Friedrich Baethgen an Hans Smend, 13.3.1932: „solange das gegenwärtige Regime in Preussen am Ruder ist, wird daran auch schwerlich etwas zu machen sein"; Hans Smend an Friedrich Baethgen, 2.8.1932 unter Anspielung auf den ‚Preußenschlag' vom 20.7.1932, durch den der Reichskanzler von Papen mit Ermächtigung durch Hindenburg die geschäftsführende sozialdemokratische Regierung von Otto Braun (1872–1955) abgesetzt hatte: „Wie weit der Umschwung in Preussen eine Änderung dieses Zustandes, der ja eigentlich wohl nur dank den besonders guten Beziehungen zwischen Herrn Otto Braun und Herrn Kehr möglich war, herbeiführen wird, wissen Sie wohl besser als ich. Rechnen Sie jedenfalls, bitte, in jeder Hinsicht auf unsere Unterstützung."
127 Friedrich Baethgen an Hans Smend, 13.3.1932 (MGH-Archiv NLB 188 Nr. 4 S. 128f.).

selbständig geworden ist und versucht hat, dem am Institut in vieler Hinsicht herrschenden Schlendrian entgegenzuarbeiten"[128].

Das Engagement für Erdmann hatte einen persönlichen Hintergrund, der mehr als kollegiale Freundschaft war: „Ich fasse mich daher, was meine persönlichen Hoffnungen, einmal nach Rom zurückzukehren, anbetrifft, durchaus in Geduld"[129]. Für den Inhaber eines Lehrstuhls konnte eine solche „Rückkehr nach Rom" nur in der Rolle des Ersten Sekretärs, also Direktors und damit Kehrs Nachfolger, denkbar sein, der den „Neuaufbau des Institutes", von dem Baethgen eingangs sprach[130], vermutlich mit Hilfe von Erdmann durchführen wollte. Er hatte nicht vergessen, dass eine sozialdemokratische Landesregierung 1925 seine Berufung an die Universität Giessen verhindert hatte[131]. Seine persönliche Perspektive sah er auch in Rom nur bei einer Veränderung der allgemeinen politischen Verhältnisse. Nachdem er Smend die schwierige Lage der Enklave Ostpreußen entfaltet hatte, erklärte er sich zum Umgang mit dem Nationalsozialismus: „Meine persönliche Meinung ist, dass es ein ganz verhängnisvoller Fehler war, der Rechten nach den Septemberwahlen[132] nicht den Anteil an der Macht und an der Verantwortung zu geben, den sie aufgrund ihres Wahlerfolges beanspruchen konnte. Ueberhaupt hat man dem Nationalsozialismus gegenüber, wie mir scheint, alle Fehler, die früher im Verhältnis zur Socialdemokratie begangen [worden] sind, nur in verstärktem Masse wiederholt. Die Spekulation, dass man die Welle dieser Bewegung abwarten könne, war von vorneherein falsch und wird sich auch in der Zukunft nicht als richtig erweisen, selbst wenn heute ein gewisser Rückschlag eingetreten sein sollte. Dies ist auch die überwiegende Meinung derer, die die Welt nicht nur von den Berliner Amtsstuben und Salons aus sehen. Ist das aber richtig, so kann man nur den Versuch machen, die Bewegung in den Staat einzugliedern, statt sie durch Unterdrückungsmassnahmen, die doch nicht helfen, immer mehr zu radikalisieren. Hätte man damit rechtzeitig begonnen, so wäre es auch zu der tief beklagenswerten Situation des heutigen Tages nicht gekommen. Ich weiß sehr wohl, dass bei allem, vor allem aus außenpolitischen Gründen, starke Vorsicht geboten ist[133] und stehe auch selbst dem Nationalsozialismus in vieler Beziehung kritisch gegenüber, aber besseres als nur niedergeknüppelt zu werden, verdient diese große Volksbewegung gewiss, und wirklich meistern wird die Lage in Deutschland nur der Staatsmann, der sie für den Staat nutzbar macht und sie dabei zugleich erzieht, statt sie einfach zu negieren"[134].

Im Jahr 1934 schien es dann endlich soweit. In einem nicht erhaltenen Brief vom 23.9.1934 fragte Albert Brackmann (1871–1952)[135], der Generaldirektor der Preußischen

---

128 Ebd. S. 129.
129 Ebd.
130 Ebd. S. 128.
131 Herde, In memoriam (wie Anm. 6) S. 372; Lemberg, Historiker (wie Anm. 6) S. 60.
132 Reichstagswahl vom 14.9.1930 zum 5. Deutschen Reichstag der Weimarer Republik, nach der die NSDAP nach der SPD die zweitstärkste Fraktion im Reichstag stellte.
133 Streichung von 4 Wörtern.
134 Friedrich Baethgen an Hans Smend, 13.3.1932 (MGH-Archiv NLB 188 Nr. 4 S. 131).
135 Martin Koschny, Konturen eines Netzwerks. Albert Brackmanns Korrespondenz zwischen Mediävistik und ‚Ostforschung', in: Matthias Berg / Helmut Neuhaus (Hg.), Briefkultur(en) in der deutschen Geschichtswissenschaft zwischen dem 19. und 21. Jahrhundert (Schriftenreihe der HiKo 106, 2021) S. 223–243. Hermann Meinert, Albert Brackmann und das deutsche Archivwesen, in: AZ 49 (1954)

Archive, vertraulich bei Friedrich Baethgen an, ob er sich vorstellen könne, Paul Kehrs Nachfolge als Erster Sekretär des Preußischen Historischen Instituts zu übernehmen. Es ist unklar, wodurch diese Initiative ausgelöst wurde, vermutlich aber durch die bereits erwähnte Debatte um Philipp Hiltebrandt als Inhaber dieser Stelle, nach dessen Qualifikation sich Brackmann für den Fall erkundigte, dass Baethgen ablehnte. Baethgens Reaktion fiel enthusiastisch aus: „Ich möchte geradezu sagen, daß es der Wunsch meines Lebens ist, an das Institut zurückzukehren und ihm, soweit das in meinen Kräften stehen wird, wieder die Bedeutung zu geben, die es für unsere Wissenschaft und darüber hinaus für die deutsche Kulturgeltung im Ausland haben könnte, wenn die reichen darin beschlossenen Möglichkeiten sachgemäß entwickelt würden. Der Abschied vom Institut ist mir schon seiner Zeit sehr schwer gefallen, wenn ich es auch gewiß nicht bereue, in den Osten gegangen zu sein und die Jahre voll verantwortlicher akademischer Tätigkeit nicht missen möchte. Allein die Rückkehr nach Rom hat mir immer als ein lockendes Ziel vorgeschwebt und dieser Wunsch ist durch die gegenwärtige Lage an der Universität und die trüben Prognosen, die ich der weiteren Entwicklung der akademischen Lehrtätigkeit glaube stellen zu müssen, nur noch verstärkt worden. So würde ich einem Rufe an die Spitze des Instituts bei irgend erträglichen Bedingungen sicher Folge leisten"[136]. Entsprechend ungünstig fiel das Urteil über Philipp Hiltebrandt aus; er sei als Forscher nicht ausgewiesen und verstehe nichts von „Fragen der mittelalterlichen Geschichtsforschung". In seiner Konklusion erklärte Baethgen, dass er, „falls meine Kandidatur ernsthaft in Frage kommen sollte, wohl mit Sicherheit auf eine Fürsprache des jetzigen Außenministers Herrn v. Neurath rechnen könnte; ich bin ihm von Rom her bekannt und er hat mir damals ausdrücklich versprochen, sich gegebenenfalls für mich zu verwenden. Auch den jetzigen Botschafter in Rom[137] kenne ich, möchte aber an alle diese Beziehungen nur dann appellieren, wenn ich von Ihnen hörte, daß Sie es nach Lage der Dinge für angezeigt hielten"[138]. Nun setzte hektische Geheimdiplomatie ein. Albert Brackmann konnte in Rusts Reichswissenschaftsministerium nichts erreichen, da die Stelle des Personalreferenten in der Abteilung Wissenschaft nicht besetzt war und auch das Referat für das Preußische Historische Institut vakant und offenbar unbeliebt war. Er riet darum Baethgen zur Kontaktaufnahme mit dem Außenminister, kündigte aber gleichzeitig eine Reise nach Königsberg an, bei der er ihn treffen wollte. Dieser Brief wurde Mittwoch, den 17.10.1934 geschrieben, bereits am Sonntagabend, den 21.10., plante Brackmann seine Ankunft in Königsberg, wo

---

S. 127–138; Jörg HACKMANN, „An einem neuen Anfang der Ostforschung". Bruch und Kontinuität in der ostdeutschen Landeshistorie nach dem Zweiten Weltkrieg, in: Westfälische Forschungen 46 (1996) S. 232–258; Michael BURLEIGH, Wissenschaft und Lebenswelt. Generaldirektor Brackmann und die nationalsozialistische Ostforschung, in: Werkstatt Geschichte 8 (1994) S. 68–75; Ulrike HÖROLDT, Zur Nachkriegskorrespondenz des ehemaligen Generaldirektors der Preußischen Staatsarchive Albert Brackmann, in: Christine VAN DEN HEUVEL u. a. (Hg.), Perspektiven der Landesgeschichte. Festschrift für Thomas Vogtherr (Veröffentlichungen der Historischen Kommission für Niedersachsen und Bremen 312, 2020) S. 695–718.

136 Friedrich Baethgen an Albert Brackmann, 29.9.1934 (GStA PK, VI. HA Nl Brackmann A Nr. 2 Bl. 70r).
137 Ulrich von Hassell (siehe Anm. 13).
138 Friedrich Baethgen an Albert Brackmann, 29.9.1934 (GStA PK, VI. HA Nl Brackmann A Nr. 2 Bl. 71v).

er „am Montag morgen im Oberpräsidium" einen Termin hatte, um sich dann nachmittags mit Baethgen zu besprechen[139]. Baethgen sandte daraufhin eine Nachricht an den Reichsaußenminister Konstantin von Neurath, der über seine Dienstelle mitteilen ließ, dass er in ernster Sorge um den Fortbestand des römischen Instituts sei, personelle Entscheidungen seien vorerst also nicht zu treffen[140]. Vermutlich hielt der Minister Baethgen allerdings nur hin, denn zur gleichen Zeit befand sich Hiltebrandt mit einem Sohn des Ministers auf einer gemeinsamen Wanderung durch die Abruzzen[141]. Baethgen und Brackmann hatten schon in Königsberg verabredet, dass Brackmann sich an Friedrich Stieve (1884–1966) wenden solle, der seit 1933 Ministerialdirektor im Auswärtigen Amt, Leiter der deutschen Gruppe im Deutsch-Italienischen Kulturausschuss des Amtes und Leiter seines Politischen Archivs war. Brackmanns Zugang zu ihm ergab sich vermutlich aus der letztgenannten Funktion. Hier konnte Brackmann nun wieder in Erfahrung bringen, dass „sehr günstige Urteile auch innerhalb des Auswärtigen Amtes" über Philipp Hiltebrandt vorlägen, gegen die Brackmann sofort Einspruch erhob und statt dessen Friedrich Baethgen empfahl[142].

Carl Erdmann hatte wahrscheinlich durch Paul Kehr von dieser Sache gehört, wusste aber offenbar nichts davon, dass es Bestrebungen gab, Baethgen die Leitung des Instituts anzuvertrauen[143]. In einem Gespräch mit Kehr erfuhr Brackmann, dass dieser Hiltebrandt gegenüber dem Wissenschaftsministerium nicht wirklich favorisierte: Kehr „fragte mich noch einmal, was ich gegen H. hätte. Er habe übrigens die Schattenseiten dieser Kandidatur auch sehr stark hervorgehoben"[144]. Brackmann wagte aber offenbar nicht, den Namen Friedrich Baethgen zu lancieren, vermutete jedoch, „da sich das Auswärtige Amt und das Kultusministerium in der Ablehnung von H. finden [...] [dass] die Aussichten nicht schlecht sind" und erwartete täglich eine Entscheidung[145]. Damit bricht der überlieferte Briefwechsel zwischen Albert Brackmann und Friedrich Baethgen ab. Das Ganze endete in einer Farce, was Baethgen vermutlich nie erfuhr. Am 21.6.1935 – fast vier Monate nach der Zusammenlegung der MGH und des römischen Instituts zum Reichsinstitut für ältere deutsche Geschichtskunde (MGH)[146] – gab es ein offizielles Stellenangebot des Reichswissenschaftsministers Rust an Philipp Hiltebrandt, das dann aber durch unzumutbare Besoldungsangebote konterkariert wurde, bis Hiltebrandt durch Wilhelm Engel in seiner Doppeleigenschaft

---

139 Albert Brackmann an Friedrich Baethgen, 17.10.1934 (GStA PK, VI. HA Nl Brackmann A Nr. 2 Bl. 69r).
140 Albert Brackmann an Friedrich Baethgen, 10.11.1934 (GStA PK, VI. HA Nl Brackmann A Nr. 2 Bl. 67r).
141 Vgl. KNIGGE, 50 Jahre (wie Anm. 105) S. 69.
142 Albert Brackmann an Friedrich Baethgen, 10.11.1934 (GStA PK, VI. HA Nl Brackmann A Nr. 2 Bl. 67r).
143 Carl Erdmann an Friedrich Baethgen, 12.11.1934 (REICHERT, Fackel [wie Anm. 10] 2, S. 56), bzw. an Gerd Tellenbach, 30.12.1934 (ebd. S. 64 [„Don Philippo"]); KNIGGE, 50 Jahre (wie Anm. 105) S. 71. Baethgen sprach sich energisch gegen Hiltebrandt aus, vgl. Friedrich Baethgen an Albert Brackmann 29.9.1934 (GStA PK, VI. HA Nl Brackmann A Nr. 2 Bl. 70v–71r).
144 Albert Brackmann an Friedrich Baethgen, 10.11.1934 (GStA PK, VI. HA Nl Brackmann A Nr. 2 Bl. 67r).
145 Ebd. Bl. 67r/v.
146 Der Erlass datierte auf den 3.3.1935. Vgl. MENTZEL-REUTERS, Reichsinstitut (wie Anm. 2) S. 22f.

als Referent des Wissenschaftsministeriums und kommissarischer Leiter des Reichsinstituts am 21.7.1936 die Ablehnung der Stelle nahegelegt wurde[147].

III. Königsberg: Albert Brackmann, Carl Erdmann, Karl der Große

Mit dem Wechsel aus Rom nach Königsberg geriet Friedrich Baethgen keineswegs, wie es vielleicht scheinen mag, an den Rand der politischen Ereignisse, sondern in einen der Brennpunkte des Versailler Vertrags. Auch seine römischen Kontakte blieben ihm weiter erhalten. Friedrich Glum lud den Königsberger Ordinarius 1930 zur Mitwirkung im sogenannten Freiherr vom Stein-Bund[148] ein, in dem beide zusammen mit Otto Westphal an einem rechtskonservativen Gegenentwurf zur Weimarer Republik in Form einer antidemokratischen Sammlungsbewegung arbeiteten. Der ‚Freiherr vom Stein' war dabei ebenso nur ein Aushängeschild wie die Lokalisierung des ersten Treffens in Cappenberg[149]. Führende Vertreter der deutschen Industrie unterstützten das Vorhaben, das zwar eine gewisse Nähe zur DNVP zeigte, aber gleichzeitig dokumentierte, dass diese Partei für die politische Rechte der Weimarer Republik keine wirkliche Bindungskraft aufwies. So blieb Raum für allerlei Vereine und Gesellschaften, die der wachsenden Popularität der NSDAP aber letztlich wenig entgegensetzen konnten und schließlich, wie auch die DNVP, in ihren Sog gerieten. Zu den Industriellen im Freiherr vom Stein-Bund zählten Albert Vögler (1877–1945)[150], Generaldirektor der Vereinigten Stahlwerke AG (VESTAG) in Düsseldorf[151], und sogar Gustav Krupp von Bohlen und Halbach[152], der 1906 durch Heirat mit Bertha Krupp an die Spitze des Aufsichtsrats der Krupp AG und in die Villa Hügel aufgestiegen war (Vorsitz 1909–1943) und als Vizepräsident der Kaiser-Wilhelm-Gesellschaft (1911–1937) infolge der Vakanz der Präsidentschaft über Jahre die alleinige Aufsicht über Friedrich Glum führte[153]. Wenn auch der Freiherr vom Stein-Bund mehr oder minder spurlos von der politischen Bühne verschwand, so mündeten seine Aktivitäten letztlich in die von Krupp angeführte Adolf-Hitler-Spende der deutschen Wirtschaft vom Juni 1933[154], die nicht bloß Unterwerfung signalisieren,

---

147 Wilhelm Engel an Philipp Hiltebrandt, 21.7.1936 (MGH-Archiv B 585, Bl. 297r–298v).
148 Hierzu LEMBERG, Historiker (wie Anm. 6) S. 123–135.
149 Wohnsitz und Sterbeort des Reichsfreiherrn Karl vom und zum Stein, dem Initiator der Gründung der MGH 1819.
150 HACHTMANN, Wissenschaftsmanagement (wie Anm. 20) 1, S. 125–130; Manfred RASCH, Albert Vögler (1877–1945), in: Westfälische Lebensbilder 17 (2005) S. 22–59. Vögler förderte die NSDAP ab 1930, trat für die Ernennung Hitlers zum Reichskanzler ein und beging 1945 in amerikanischer Gefangenschaft Selbstmord.
151 Die VESTAG war damals der zweitgrößte Stahlkonzern der Welt, hervorgegangen aus der Fusion der Thyssen Gruppe mit verschiedenen Hütten- und Bergwerks-Aktiengesellschaften. Vgl. Alexander DONGES, Die Vereinigte Stahlwerke AG im Nationalsozialismus. Konzernpolitik zwischen Marktwirtschaft und Staatswirtschaft (Familie – Unternehmen – Öffentlichkeit. Thyssen im 20. Jahrhundert 1, 2014).
152 Renate KÖHNE-LINDENLAUB, Krupp von Bohlen und Halbach, Gustav, in: NDB 13 (1982) S. 138–143.
153 HACHTMANN, Wissenschaftsmanagement (wie Anm. 20) 1, S. 137; WEISBROD, Das „geheime Deutschland" (wie Anm. 20) S. 282.
154 Udo WENGST, Der Reichsverband der Deutschen Industrie in den ersten Monaten des Dritten Reiches, in: VfZ 28 (1980) S. 94–110.

sondern auch einen mäßigenden Einfluss auf die als zu radikal empfundene NSDAP erzielen wollte.

In Königsberg tat sich Friedrich Baethgen durch eine Reihe von öffentlichen und teilweise eher populärwissenschaftlichen Vorträgen und Miszellen hervor, von denen heute nur noch die Publikationen über Papst Cölestin V. in der Forschung eine Rolle spielen. Baethgen beschäftigte sich überwiegend mit dem mittelalterlichen römisch-deutschen Reich, seinen Herrschern und seiner Stellung im europäischen Mittelalter. Thematisch gab er sich streng mediävistisch, verzichtete aber keineswegs auf Hinweise, wie seine Themen zeitgeschichtlich einzuordnen seien. Dafür nahm er gerne Bezug auf Friedrich II. und die Kaiserprophetie in Dantes ‚Monarchia'[155]. Hier zeigte sich der italienische Faschismus durch seinen Fetisch vom neu zu schaffenden Imperium (‚L' impero') auch im deutschen Kontext anschlussfähig[156]. Darüber hinaus öffnete sich Baethgen für die Themen, die man im Ostpreußen der Zwischenkriegszeit für das Gebot der Stunde hielt: Die Bedrohung des seit 1918 geteilten Preußenlandes durch polnische und litauische Annexions-Versuche und den Verlust einer Anbindung an das Reichsgebiet[157]. So ebnete sich für ihn der Weg in den Vorstand der von Albert Brackmann geleiteten Nordostdeutschen Forschungsgemeinschaft.

Neben den römischen Freunden wurde damit auch Albert Brackmann, Baethgens Vor-Vorgänger auf dem Königsberger Lehrstuhl für mittelalterliche Geschichte, zu einem unverzichtbaren Mentor. Die erhaltene Korrespondenz zwischen beiden reicht bis ins Jahr 1924 zurück und beginnt mit einer Reminiszenz auf einen privaten Besuch Baethgens in Brackmanns Marburger Wohnung Anfang 1922[158]. Der Kontakt bestand bis zu Brackmanns Tod 1952[159]. Ein kritischer Punkt war 1929/30 erreicht, als Brackmann eine Breitseite gegen Kantorowicz' Buch über Friedrich II. abfeuerte[160], die sich hauptsächlich an der Anbindung

---

155 Vgl. LEMBERG, Historiker (wie Anm. 6) S. 311: „Baethgen zeigte mit seinen Auftragsarbeiten in politisch markanten Publikationen gerade dort Präsenz, wo der Vernichtungskrieg der historisch-politischen Besinnung die rhetorischen Schneisen geschlagen hatte. So dröhnend sich die Detonationswellen des Krieges und ihre propagandistische Begleitmusik in jenen Sammelwerken bemerkbar machten, so beharrlich hüllte sich der Mediävist in seinen Beiträgen aber über die Tagespolitik in Schweigen. Es war die beredt umsäumte, aber politisch letztlich stumme Präsenz des vollendeten Repräsentanten der Wissenschaft, nämlich des vorrangig repräsentativ agierenden Berliner Ordinarius, der seine Treue zum Regime nicht mehr durch das beipflichtende Wort, sondern allein durch seine sichtbare Gegenwart in einschlägigen Buchbindersynthesen der nationalsozialistischen Wissenschaft unter Beweis zu stellen vermochte."
156 Vgl. etwa Ulrich von HASSELL, Deutschlands und Italiens europäische Sendung (Veröffentlichungen des Petrarca-Hauses 2,8, 1937), ND in: SCHÖLLGEN, Hassell (wie Anm. 13) S. 195–206; Albert PRINZING, Faschismus und Nationalsozialismus, in: DERS. (Hg.): Deutschland, Italien und das neue Europa (1943) S. 148–174.
157 Vgl. Arno MENTZEL-REUTERS, Die Königsberger Kant- und Copernicus-Wochen, in: Jochen MÄHNERT / Jürgen SARNOWSKY (Hg.), Immanuel Kant und sein Wirkungsort Königsberg (Vestigia Prussica 3, 2023) S. 137–162, hier S. 138 Anm. 6.
158 Siehe Anm. 66.
159 Der Briefnachlass Brackmann im GStA PK reicht nur bis 1939. Aus den Jahren 1947–1948 sind drei Briefe von Baethgen an Brackmann bzw. sechs Briefe von Brackmann an Baethgen erhalten in MGH-Archiv B 719. Sie befassen sich vor allem mit der Situation der MGH und den von Brackmann in Blankenburg wiederaufgefundenen Teilen des MGH-Archivs.
160 Albert BRACKMANN, Kaiser Friedrich II. in ‚mythischer Schau', in: HZ 140 (1929) S. 534–549, ND

von Autor und Darstellungsform an Stefan George stieß: „Kantorowicz entstammt dem George-Kreise. Seit langer Zeit stand Friedrich II. auf dem Programm dieses Kreises. Nachdem der Meister selbst seine Liebe Dante zugewandt hatte, war es fast selbstverständlich, dass einer seiner Schüler sich für Friedrich II. entschied"[161]. Sowohl Carl Erdmann wie Friedrich Baethgen mischten sich in diese Debatte ein[162], wobei Baethgen dadurch in ein Dilemma geriet. Einerseits war er mit Kantorowicz eng befreundet, andererseits war er Brackmann in vieler Hinsicht persönlich verpflichtet. Brackmann ging in seiner Rezension der Konfrontation mit dem George-Kreis aus dem Weg, versuchte auf abstrakter erkenntnistheoretischer Ebene zu argumentieren und wagte sich damit in eine Sphäre, in der ihm Kantorowicz weit überlegen war. Der Diskurs ist wiederholt dargestellt und gewürdigt worden[163], auf eine Neuauflage kann verzichtet werden. Hier interessiert alleine Baethgens Konfliktbewältigung, ohne die fünf Jahre später der Band über Karl den Großen nicht zustande gekommen wäre. Baethgen ergriff mit wenigen Zugeständnissen für Kantorowicz Partei, wartete aber die Auseinandersetzung ab, die Brackmann und Kantorowicz in der Historischen Zeitschrift austrugen. Erst danach wandte er sich am 7.5.1930 schriftlich an Brackmann[164]. Damit ging er dezidiert anders vor als Kantorowicz, der Brackmanns Angebot einer persönlichen Begegnung ausgeschlagen hatte[165]. Zunächst betonte er einmal mehr seine persönliche Freundschaft zu Kantorowicz, behauptete aber, in der Lage zu sein, sich ein unabhängiges Urteil bilden zu können. In der Konklusion erklärte Baethgen, „daß ich im Gegensatz zu Ihrer Auffassung die Anregungen, die das Buch unserer Wissenschaft zu bieten hat, höher einschätze, für bedeutsamer halte als seine zweifellos vorhandenen Fehler, während Ihnen daran gelegen war, die Gefahren aufzuzeigen, die sich aus diesen Fehlern und ihrer Nachahmung ergeben könnten. Allein so wenig ich diese Gefahren unterschätze, so glaube ich doch, daß gerade in unserer Wissenschaft die methodische Basis gefestigt genug ist, um nicht allzu rasch in's Wanken zu kommen. Auf der anderen Seite scheint mir eine stärkere Ausrichtung des Fokus auf die Totalität der historischen Erscheinungen allerdings als geboten und als einen freilich noch nicht voll geglückten Versuch zur Bewältigung dieser Aufgabe glaube ich das K[an]t[orowicz]sche Buch begreifen zu sollen. Diese veränderte Blickrichtung ist es, wie ich

---

in: DERS., Gesammelte Aufsätze. Zu seinem 70. Geburtstag am 24. Juni 1941 von Freunden, Fachgenossen und Schülern als Festgabe dargebracht (1941) S. 367–380; dagegen wandte sich Ernst KANTOROWICZ, ‚Mythenschau'. Eine Erwiderung, in: HZ 141 (1930) S. 457–471 mit dem Zusatz von Albert BRACKMANN, Nachwort. Anmerkung zu Kantorowicz' Erwiderung, in: HZ 141 (1930) S. 472–478. Die gesamte Debatte nachgedruckt in: Gunther G. WOLF (Hg.), Stupor mundi. Zur Geschichte Friedrichs II. von Hohenstaufen (Wege der Forschung 101, ²1966) S. 5–61; siehe auch in vorliegendem Band GRÜNEWALD, Kantorowicz (wie Anm. 46) S. 101 mit Anm. 41, S. 108.

161 BRACKMANN, Schau (wie Anm. 160) S. 534 bzw. 367.
162 Friedrich BAETHGEN, [Rez.] Ernst Kantorowicz, Kaiser Friedrich der Zweite, in: Deutsche Literaturzeitung 51 (1930) S. 75–85; Carl ERDMANN, [Rez.], in: NA 49 (1932) S. 585–587.
163 LERNER, Kantorowicz (wie Anm. 11) S. 153–162; LEMBERG, Historiker (wie Anm. 6) S. 88–101 und 440–443. Vgl. auch Eckhart GRÜNEWALD, Sanctus amor patriae dat animum – ein Wahlspruch des George-Kreises? Ernst Kantorowicz auf dem Historikertag zu Halle a. d. Saale im Jahr 1930, in: DA 50 (1994) S. 89–125.
164 Friedrich Baethgen an Albert Brackmann, 7.5.1930 (GStA PK, VI. HA Nl Brackmann A Nr. 2 Bl. 23r/v).
165 LERNER, Kantorowicz (wie Anm. 11) S. 155.

meine, aus der sich meine Stellungnahme, so weit sie von der Ihren abweicht, ableitet. Ich hoffe, daß Sie diese offene Auseinandersetzung freundlich aufnehmen möchten und bin mit den besten Empfehlungen Ihr sehr ergebener F. Baethgen"[166]. Baethgen vermied es hier wie auch sonst durchweg, sich auch nur ansatzweise zu Stefan George zu äußern oder gar zu bekennen, und reduzierte die von Brackmann monierte „mythische Schau" auf ein methodisches Experiment. Nichts desto trotz zogen sich die von Brackmann als Kennzeichen des George-Kreises bezeichneten Themen Friedrich II. und Dante lebenslang durch Baethgens Publikationen; 1947 nahm er auch den herzlichen Kontakt zu Kantorowicz wieder auf, der nach dessen Emigration abgerissen war[167].

Vermutlich kam es nach dem zitierten Brief zu einer Verstimmung zwischen Albert Brackmann und Friedrich Baethgen. Im Frühjahr 1931 scheint Brackmann einem persönlichen Besuch von Baethgen ausgewichen zu sein. Erst nach einem Glückwunsch zu Brackmanns 60. Geburtstag am 24.6.1931 und zur Gründung des Instituts für Archivwissenschaft und geschichtswissenschaftliche Fortbildung reagierte der Generaldirektor wieder, und zwar mit der entlarvenden Wendung, er wolle nun „doch nicht länger zögern"[168]. Er schilderte kurz seine Bemühungen um eine Reform der Archivars-Ausbildung und äußerte eher floskelhaft sein Bedauern über das nicht zustande gekommene Treffen: „auch ich habe sehr bedauert, Sie im Frühjahr hier in Berlin nicht getroffen zu haben, und ich würde mich freuen, wenn Sie ihren Besuch bei späterer Gelegenheit nachholen würden." Danach reißt die Briefüberlieferung allerdings wieder ab. Erst im Sommer 1934 kam das bereits besprochene Angebot von Brackmann, sich für Baethgen als Leiter des Preußischen Historischen Instituts in Rom einzusetzen. Auch wenn dieser Versuch scheiterte, verstegtigte sich der Kontakt in den folgenden Jahren, in denen Brackmann nach dem Verlust des Amtes eines Generaldirektors der Preußischen Archive zu einem politischen Neuanfang in der Nordostdeutschen Forschungsgemeinschaft gezwungen war, der es ihm dann ermöglichte, sich trotz der Anfeindungen von Alfred Rosenberg und Walter Frank als unentbehrlicher Berater des Regimes zu etablieren[169]. Davon profitierten auch seine Freunde. So berief Brackmann im Mai 1938 Baethgen als Gebietsvertreter für Ostpreußen in den engeren Vorstand der Nordostdeutschen Forschungsgemeinschaft[170] und verhandelte im Oktober des gleichen Jahres mit ihm über einen Beitrag zur Jahrestagung der Forschungsgemeinschaft. Baethgens Angebot lautete: „Die wissenschaftliche Offensive der Polen auf dem Gebiet der mittelalterlichen Geschichte. Dabei würde ich mich allerdings nicht auf die speziellen ostpreußischen Fragen beschränken können, da dann der Stoff wohl kaum ausreiche. Es wäre also wohl notwendig,

---

166 Friedrich Baethgen an Albert Brackmann, 7.5.1930 (GStA PK, VI. HA Nl Brackmann A Nr. 2 Bl. 23v).
167 Lerner, Kantorowicz (wie Anm. 11) S. 341f.
168 Albert Brackmann an Friedrich Baethgen, 27.7.1931 (GStA PK, VI. HA Nl Brackmann A Nr. 2 Bl. 72r).
169 Zur Beteiligung deutscher Historiker an den Vorbereitungen zum Generalplan Ost vgl. Michael Burleigh, Germany Turns Eastwards. A Study of the ‚Ostforschung' in the Third Reich (1988, ²2010); Vorläufer des „Generalplans Ost". Eine Dokumentation über Theodor Schieders Polendenkschrift vom 7. Oktober 1939, eingeleitet und kommentiert von Angelika Ebbinghaus / Karl Heinz Roth, in: Zs. für Sozialgeschichte des 20. und 21. Jahrhunderts 7 (1992) S. 62–93; Lemberg, Historiker (wie Anm. 6) S. 173–186.
170 Lemberg, Historiker (wie Anm. 6) S. 215.

vorher eine genaue Abgrenzung mit Herrn Aubin herbeizuführen, damit Überschneidungen vermieden werden"[171]. Diese Themenstellung war nicht nur in Brackmanns Interesse, sondern bildete auch den Grundtenor in Baethgens Ansprache zur Königsberger Kant- und Copernicus-Feier, die Universität und Gauleitung ein halbes Jahr später veranstalteten[172]. Dass die Ostforschung auch nach 1945 keineswegs vergessen war, betonte Baethgen 1952 in seinem Nachruf auf Brackmann im Jahrbuch der Bayerischen Akademie der Wissenschaften[173].

1934 kooperierten Albert Brackmann und Friedrich Baethgen in einem von Carl Erdmann zusammen mit dem Heidelberger Ordinarius Karl Hampe initiierten Projekt, das näher betrachtet werden sollte: die politisch motivierte Kampfschrift ‚Karl der Große oder Charlemagne? Acht Antworten deutscher Geschichtsforscher'[174]. Hintergrund der über die Gelehrtenwelt hinausgreifenden Auseinandersetzung waren massive öffentliche Anfeindungen[175], denen sich vor allem Martin Lintzel (1901–1955) ab dem Frühjahr 1934 ausgesetzt sah[176], als er aus Halle nach Kiel auf den rechtsgeschichtlichen Lehrstuhl von Karl August Eckhardt (1901–1979)[177] berufen wurde und sich gegen Alfred Rosenbergs völkische Abwertung Karls des Großen als „Sachsenschlächter" aus romanischer Abstammung aussprach. Neben Carl Erdmann, Karl Hampe, Martin Lintzel, Albert Brackmann und Friedrich Baethgen waren weitere Beiträger der Germanist Hans Naumann aus Bonn[178], der Histo-

---

171 Friedrich Baethgen an Albert Brackmann, 15.10.1938 (GStA PK, VI. HA Nl Brackmann A Nr. 2 S. 60); vgl. MENTZEL-REUTERS, Kant- und Copernicus-Wochen (wie Anm. 157) S. 138 und 152–154.
172 Ebd. S. 154f.
173 Friedrich BAETHGEN, Nachruf Albert Brackmann, in: Jb. der BAdW (1952) S. 169–174. Zur Kritik dieses Nachrufs Matthias BERG, Institution und Integrität. Die Bayerische Akademie der Wissenschaften und ihre institutionelle Vergangenheitspolitik in den 1940er und 1950er Jahren, in: Die Akademien der Wissenschaften in Zentraleuropa im Kalten Krieg. Transformationsprozesse im Spannungsfeld von Abgrenzung und Annäherung, hg. von Johannes FEICHTINGER / Heidemarie UHL (SB Wien 890, 2018) S. 455–476, hier S. 469f.
174 Siehe Anm. 45.
175 Sabine KUHLMANN, Der Streit um Karl den Großen, Widukind und den „Tag von Verden" in der NS-Zeit. Eine Kontroverse im Spannungsfeld zwischen wissenschaftlicher Forschung und ideologischer Instrumentalisierung (Beiträge zur Geschichte und Kultur des Elbe-Weser-Raumes 4, 2010) S. 95–99; Walter ZÖLLNER, Karl oder Widukind? Martin Lintzel und die NS-„Geschichtsdeutung" in den Anfangsjahren der faschistischen Diktatur (Wissenschaftliche Beiträge 10, 1975) S. 19–25.
176 Eine neuere Würdigung seines Wirkens ist überfällig. Vgl. vorerst Leo STERN, Martin Lintzel (1901–1955), in: ZfG 3 (1955) S. 817–819; Walter ZÖLLNER, Martin Lintzel, in: Heinz HEITZER / Karl-Heinz NOACK / Walter SCHMIDT (Hg.), Wegbereiter der DDR-Geschichtswissenschaft. Biographien (1989) S. 136–148.
177 Zu Karl August Eckhardt, der ab dem 1.10.1934 als Referent im REM arbeitete, vgl. MENTZEL-REUTERS, Reichsinstitut (wie Anm. 2) S. 20–22; Hermann NEHLSEN, Karl August Eckhardt†, ZRG Germ 104 (1987) S. 497–536; Martin NIEMANN, Karl August Eckhardt, in: Mathias SCHMOECKEL (Hg.), Die Juristen der Universität Bonn im „Dritten Reich" (Rechtsgeschichtliche Schriften 18, 2004) S. 160–184. Die Quellen zu Eckhardt bis 1945 sind zusammengestellt bei Gerd SIMON, Chronologie Eckhardt, Karl August, unter Mitwirkung von Joachim LERCHENMÜLLER, / Martina RALL / Ulrich SCHERMAUL (2007): https://homepages.uni-tuebingen.de/gerd.simon/ChrEckhardt.pdf.
178 Hans Naumann (1886–1951) war neben Joseph Nadler der maßgebliche Vertreter einer NS-konformen Germanistik, vgl. z.B. Hans NAUMANN, Germanische Götterlieder. Rede zum Geburtstag des Führers (1937). Er wurde allerdings 1934 als Rektor der Universität Bonn abgesetzt, vielleicht weil er die Ent-

riker Hermann Aubin[179], damals in Breslau, und der Berliner Neuzeithistoriker Wolfgang Windelband[180]. Karl August Eckhardt und Hermann Heimpel[181] standen dem Unternehmen zwar explizit positiv gegenüber, konnten sich jedoch nicht zu einer unmittelbaren Beteiligung entschließen; auch Karl Brandi lehnte es ab, einen Beitrag zu liefern[182]. Der Berliner Neuzeithistoriker Fritz Hartung informierte Brackmann, dass er die Verurteilung Karls nicht teile und auf die Anfrage eines nicht näher bezeichneten „Parteigenossen" geantwortet habe, „das auch ein neuerer Historiker, der keineswegs behaupten kann, die Quellen gründlich zu kennen, aus historischem Sinn heraus zu der Einsicht kommen muß, daß erst Karl d. Gr. die Möglichkeit zur Entstehung eines deutschen Volkes geschaffen hat, daß die Eingliederung der Sachsen notwendige Voraussetzung der deutschen Gesinnung ist, aus der heraus heute der ‚Sachsenschlächter' so scharf verurteilt wird"[183]. Der von Erdmann initiierte Band konnte die Angriffe letztlich zum Schweigen bringen und sicherte Martin Lintzel nach einem im Wintersemester 1935/1936 erzwungenen Rückzug vom Kieler Lehrstuhl für Rechtsgeschichte[184] eine Lehrtätigkeit in Halle auch über das Kriegsende hinaus – trotz eines depressiven Krankheitsschubs im Jahr 1944[185]. Noch bedeutsamer aber war, dass Hitler und die

lassung von Karl Barth aus dem Hochschuldienst nicht nachhaltig genug betrieben hatte, hierzu Thomas SCHIRRMACHER, „Das göttliche Volkstum" und der „Glaube an Deutschlands Größe und heilige Sendung": Hans Naumann als Volkskundler und Germanist unter dem Nationalsozialismus (Disputationes linguarum et cultuum orbis 5, ²2000) S. 198–200. Zu Hans Naumann auch Friedrich NEMEC in: NDB 18 (1997) S. 769f.

179 Eduard MÜHLE, Hermann Aubin (1885–1969), in: Schlesische Lebensbilder 11 (2012) S. 489–503; Hans-Erich VOLKMANN, Hermann Aubin, in: Michael FAHLBUSCH / Ingo HAAR / Alexander PINWINKLER (Hg.), Handbuch der völkischen Wissenschaften. Akteure, Netzwerke, Forschungsprogramme 1 (²2017) S. 55–59.

180 Ministerialrat Martin Windelband (1886–1945) war Baethgen vom Heidelberger Studium her bekannt; er überstellte die Berufungen nach Rom (1927) und Königsberg (1929) mit persönlichen Zusätzen, vgl. LEMBERG, Historiker (wie Anm. 6) S. 78f. Windelband wurde 1933 von Bernhard Rust nach Übernahme des Preußischen Wissenschaftsministeriums abberufen und an die Friedrich-Wilhelms-Universität Berlin versetzt, 1935/36 kam er nach Halle, 1942 zur Archivkommission in Paris, den Tod fand er vermutlich durch einen alliierten Luftangriff auf Berlin. Vgl. TILITZKI, Protokollbuch (wie Anm. 38) S. 639; Henrik EBERLE, Windelband, Martin, in: Catalogus Professorum Hallensis (https://www.catalogus-professorum-halensis.de/windelbandwolfgang.html).

181 Zu Hermann Heimpel (1901–1988) in der NS-Zeit vgl. Klaus P. SOMMER, Eine Frage der Perspektive? Hermann Heimpel und der Nationalsozialismus, in: Tobias KAISER / Steffen KAUDELKA / Matthias STEINBACH (Hg.), Historisches Denken und gesellschaftlicher Wandel. Studien zur Geschichtswissenschaft zwischen Kaiserreich und deutscher Zweistaatlichkeit (2004) S. 199–223; NAGEL, Im Schatten (wie Anm. 3) S. 27–30.

182 Das angefragte Thema lautete „Karl und das Werden des deutschen Volkes", vgl. den Brief Carl Erdmanns an Karl Brandi vom 14.4.1935 bei REICHERT, Fackel (wie Anm. 10) 2, S. 85.

183 HARTUNG, Korrespondenz (wie Anm. 19) Brief Nr. 111 an Albert Brackmann, 3.11.1934, S. 272.

184 ZÖLLNER, Karl oder Widukind? (wie Anm. 175) S. 39; Henrik EBERLE, Die Martin-Luther-Universität in der Zeit des Nationalsozialismus 1933–1945 (2002), S. 381; NAGEL, Im Schatten (wie Anm. 3) S. 58–60.

185 Trotz mehrerer Ehrungen – etwa der Wahl zum korrespondierenden Mitglied der Zentraldirektion der MGH oder in den Wissenschaftlichen Beirat beim Staatssekretariat für Hochschulwesen der DDR – ereilte ihn 1953 ein weiterer Schub, der vermutlich durch den Tod seiner Frau verursacht wurde und dazu führte, dass sich Martin Lintzel 1955 das Leben nahm.

NSDAP Anlass erhielten, den mit der Zerschlagung der SA im Juli 1934 begonnenen Weg fortzusetzen, sich von atavistischem Gedankengut zu trennen und sich damit als staatstragend zu profilieren. Das stellte im übrigen Karl Ferdinand Werner schon 1995 heraus[186] und machte dabei als erster auf einen besonders skurrilen Effekt der Karlsrezeption im NS-Staat aufmerksam, der ohne die Broschüre von Erdmann und Hampe nicht denkbar gewesen wäre: 1943 ließ Hitler in der Porzellanfabrik von Sèvres einen pompösen Zierteller herstellen, auf dessen Vorderseite Karl der Große zu sehen war und auf dessen Unterseite ein lateinischer Spruch behauptete, das von den Erben zerteilte Karlsreich *defendit Adolphus Hitler una cum omnibus Europae populis anno MXMXLIII*[187]. Es handelte sich um eine Neuinterpretation des Weltkrieges als Verteidigung gegen den Bolschewismus, für die auch französische Soldaten willkommen waren[188].

Friedrich Baethgen war es in seinem Nachruf auf Carl Erdmann ein besonderes Anliegen, die Initiative zu dieser Broschüre vor allem Erdmann zuzuschreiben – insoweit keine Übertreibung, da die durch Folker Reichert zugänglich gemachte Korrespondenz von Carl Erdmann diese Initiative nunmehr im Detail dokumentiert. Karl Hampe stellte zwar seinen Namen und sein Renommee zur Verfügung und formulierte zum Beispiel den Titel des Bandes[189], war aber an den Details kaum beteiligt. Hier wandte sich Erdmann vielmehr in mehreren Briefen an Brackmann und vor allem an Baethgen. Zu diesem Hampe-Schüler hatte er anscheinend das größere Vertrauen; bisweilen beklagte er sich ihm gegenüber sogar darüber, dass Brackmann Vorstellungen einbringen wollte, die Erdmann ablehnte.

Dennoch ist es bemerkenswert, wie wenig Beachtung die Beteiligung von Baethgen an dem Charlemagne-Band gefunden hat[190]. Vielleicht liegt die Begründung in der Tatsache, dass sein Beitrag der von Brackmann begründeten Ostforschung nacheiferte, historische Forschung und zeitpolitische Entwürfe miteinander verband und sich dafür auch auf rassistische Konzepte einließ, die nicht marginalisiert werden dürfen[191]. Denn wo Carl Erdmann die – im Übrigen auch schon völkische und tendenziöse – Parole ausgab, „daß wir in ganz neuer Weise das Volkstum in den Mittelpunkt unserer Geschichtsbetrachtung zu setzen haben [...] Aber eben das Volkstum, nicht die Rasse"[192], bekannte sich Friedrich Baethgen zu einem

---

186 Karl Ferdinand WERNER, Karl der Große oder Charlemagne? Von der Aktualität einer überholten Fragestellung. Vorgelegt von Horst Fuhrmann am 17. Februar 1995 (SB München 1995,4) S. 10. Reichert wischte diese Tatsache hinweg und erklärte, der Band sei getarnter Widerstand gewesen (REICHERT, Fackel [wie Anm. 10] 1, S. 244–246).

187 Der Teller wurde erstmals dokumentiert bei WERNER, Karl der Große (wie Anm. 186) S. 11, die spätere Literatur zusammengefasst bei Werner PARAVICINI, Karolus noster. Jean de Montreuil in Aachen anno 1401, in: Zs. des Aachener Geschichtsvereins 111/112 (2010) S. 27–57, hier S. 57 Anm. 82.

188 Achim T. HACK, Karl der Grosse hoch zu Ross. Zur Geschichte einer (historisch falschen) Bildtradition, in: Francia 35 (2008) S. 349–380, hier S. 367.

189 REICHERT, Fackel (wie Anm. 10) 2, Nr. 28 S. 1 (Brief Carl Erdmann an Karl Hampe, 7.3.1935).

190 Eine Ausnahme ist Lorenz PETER, Die Rezeptionsgeschichte Karls des Großen von der NS-Zeit bis zur Gegenwart. Magisterarbeit Graz (2018), https://unipub.uni-graz.at/obvugrhs/content/titleinfo/2679797/full.pdf, hier S. 36f.

191 HERDE, In memoriam (wie Anm. 6) S. 374.

192 Carl Erdmann an Karl Brandi, 14.4.1935, vgl. REICHERT, Fackel (wie Anm. 10) 2, Nr. 31 S. 85. Ähnlich am 27.1.1935 an Friedrich Baethgen (REICHERT, Fackel [wie Anm. 10], 2, Nr. 25 S. 75): „in den Mittel-

rassistischen Geschichtsbild[193]. Er stellte das kulturtragende Germanentum in einer siedlungsgeographischen Bedrängnis zwischen den Romanen im Westen und den Übergriffen des – wie Baethgen es nannte – „Slawentums" im Osten dar: „Das Problem unserer mittelalterlichen Ostpolitik ist, abgesehen von gelegentlicher Abwehr tatarischer Völker, die Auseinandersetzung mit dem benachbarten Slawentum gewesen" und beschwor schon für das Frühmittelalter das Gespenst eines ‚Volks ohne Raum'; er sah „das mitteleuropäische Germanentum zwischen Romanen und Slawen auf einen verhältnismäßig engen Raum zusammengedrängt. Und noch schien die Westbewegung der Slawen nicht abgeschlossen; vielfach versuchten sie nicht ohne Erfolg, jene große Grenzlinie des germanischen Siedlungsgebietes zu überschreiten, und die ostdeutschen Stämme hatten sich ihrer in langdauernden und schweren Grenzkämpfen zu erwehren"[194]. 1939 sollte er dieses Bedrohungsszenario wiederholen, als er nur wenige Monate vor dem deutschen Überfall auf Polen eine akute Bedrohung Ostpreußens durch die polnische Armee herbeiphantasierte und weltgeschichtlich als „Gegenstoß des Slawentums" einordnete[195]. Den geschichtsprägenden Kampf im frühmittelalterlichen Kärnten stellte Baethgen im Charlemagne-Band in einem verheißungsvollen Stimmungsbild dar: „Die weiten Landstriche dieser Marken waren von jeher nur dünn bevölkert gewesen und ihre ökonomische Kultur stand auf einer sehr niedrigen Stufe; zudem war vieles durch den Krieg verheert. So gab es hier Raum für deutsche Einwanderung und Siedlung in Fülle. Die frühesten Kolonisten werden in der Regel die Besatzungen der als Stützpunkte errichteten Burgen und Kastelle gewesen sein, wie denn überhaupt der deutsche Zustrom geeignet war, den militärischen Schutz der Marken wirksam zu verstärken"[196]. Die Brutalität der gewaltsamen Landnahme verharmloste Baethgen durch Euphemismen, denn wozu mussten die Siedler sich in Kastellen verschanzen, wenn das Land doch nur „dünn bevölkert" war? Friedrich Baethgen beteiligte sich zwar – anders als die von Albert Brackmann geleitete Publikationsstelle Dahlem – nicht an den Verbrechen des Generalplans Ost mit seinen Vertreibungen und Kolonisationsplänen für das besetzte Polen[197], aber er bereitete mit solchen Phantasien den Boden dafür. In seinem verheißungsvollen Stimmungsbild war es auch zum ‚Führerprinzip' nicht mehr weit: „Inmitten einer kulturarmen Wildnis begann deutsches

punkt des heutigen deutschen Geschichtsbildes gehört das deutsche Volkstum (dazu eventuell negativ: nicht irgendein nichtexistentes nordisches oder gar heidnisches Ideal), und gerade deshalb sind wir für Karl." Kommentar bei LEMBERG, Historiker (wie Anm. 6) S. 169f.
193 Darum greift HERDE, In memoriam (wie Anm. 6) S. 375f. mit Anm. 30 zu kurz, wenn er sich alleine auf die Protokolle SCHOLDER, Mittwochsgesellschaft (wie Anm. 12) S. 338 stützt und notiert: „Seine Ausführungen über ‚romanische und germanische Geistesart' in seinem Vortrag über Kaiser Friedrich II. am 08.03.1944 wird man kaum als Rassismus deuten können." Das ist für sich genommen korrekt, zeigt aber nur, dass Baethgen zwischen Romanen in der deutsch-italienischen Schicksalsgemeinschaft und Romanen in der französischen Bedrängung des Germanentums unterschied.
194 Friedrich BAETHGEN, Die Front nach Osten, in: Karl der Grosse oder Charlemagne? (wie Anm. 45) S. 66–79, hier S. 66.
195 Friedrich BAETHGEN, Vom deutschen Reich des Mittelalters, in: Der Kant-Tag der Albertus-Universität in Königsberg (1939) S. 11–254, hier S. 18. Zu diesem Vortrag vgl. MENTZEL-REUTERS, Kant- und Copernicus-Wochen (wie Anm. 157) S. 138 und 152–154.
196 BAETHGEN, Front nach Osten (wie Anm. 194) S. 71.
197 Das betont HERDE, In memoriam (wie Anm. 6) S. 375, marginalisiert aber dabei die Wirkung von Baethgens Einsatz für die Ostforschung.

Leben sich zu regen. Wie die Christianisierung, so hatte auch die Germanisierung des Landes begonnen. Was bei alledem besonders ins Auge fällt, ist die großartige Planmäßigkeit des Vorgehens. An einer Stelle laufen alle Fäden zusammen, ein ordnender Wille bestimmt und leitet das Ganze. Am bezeichnendsten ist es vielleicht, daß auch die kirchliche Aktion durchaus vom König gelenkt wird; nicht selbständig und aus eigenem Antrieb handeln die Bischöfe, sie vollstrecken nur die Befehle des Königs, selbst die päpstliche Autorität wird seinen großen Plänen dienstbar gemacht. Und eben diese Zusammenfassung aller Kräfte hat es ermöglicht, daß hier in kurzer Zeit ein Erfolg erzielt werden konnte, wie er dem deutschen Königtum des Mittelalters an keiner anderen Stelle mehr beschieden gewesen ist"[198].

Noch erschreckender verfuhr sein Lehrer Karl Hampe, der Karl den Großen zum Typus des Führers machte, an dem selbst blutige Verbrechen bewundert werden müssen: „Solcher Blutfleck läßt sich dann von dem Bilde ebensowenig abwaschen wie von der Hand der Lady Macbeth. Doch darf an das gewichtige Wort Hegels erinnert werden: ‚Das eben ist die Stärke der großen Charaktere, daß sie [...] durch und durch von Hause aus das sind, was sie wollen und vollbringen. [...] Was sie getan, wirklich getan zu haben, ist ihr Ruhm. Solch einem Heros könnte man nichts Schlimmeres nachsagen, als daß er unschuldig gehandelt habe. Es ist die Ehre der großen Charaktere, schuldig zu sein"[199].

Weder Hampe noch Baethgen behaupteten, dass sich aus ihren Darlegungen ein Konzept für die Gegenwart ableiten ließe. Aber welche Schlüsse sollte ein Geschichtslehrer, ein Parteifunktionär, ein Offizier der Wehrmacht oder gar der SS daraus ziehen, wenn Baethgen in seinem Resümee über Karl ausführte, es werde nunmehr „deutlich, daß Germanen und Slawen nicht auf der gleichen Stufe für ihn standen. Daher muß er sich auch seiner germanisch-deutschen Sendung bewußt gewesen sein, als er seinem Volk den Weg in den Osten eröffnete. Germanisches und christliches Empfinden durchdrangen sich in ihm zu der kraftvollen Einheit, vor der die Völker Europas sich beugten"[200]. Dass Hitler den Band rezipierte, wurde Carl Erdmann unverzüglich zugetragen: „Aus ausgezeichneter Quelle erfuhr ich, daß Hitler unsern ‚Charlemagne' seinerzeit in der Hand gehabt, speziell den Beitrag Windelbands gelesen, einen starken Eindruck davon erhalten und daraufhin von Rosenberg verlangt habe, die Propaganda gegen Karl den Großen müsse aufhören. Ob er auch die übrigen Beiträge gelesen hat und ob sich auf diesem Wege die stellenweise auffallenden Berührungen zwischen seiner letzten Nürnberger Rede und einigen Stellen gerade meines Beitrages erklären, kann ich nicht sagen"[201]. Anklänge an Baethgens Aufsatz zeigte Hitlers Geheimrede vor dem militärischen Führernachwuchs im Berliner Sportpalast am 30.5.1942:

---

198 BAETHGEN, Front nach Osten (wie Anm. 194) S. 71f.
199 Karl HAMPE, Die Persönlichkeit Karls, in: Karl der Grosse oder Charlemagne? (wie Anm. 45) S. 9–29, hier S. 10. Hegel bezieht sich hier auf literarische Figuren in der griechischen Tragödie; das Zitat stammt aus den Vorlesungen über die Ästhetik, vgl. Georg Wilhelm Friedrich HEGEL, Werke (Vollständige Ausgabe 10,3, 1838) S. 552.
200 BAETHGEN, Front nach Osten (wie Anm. 194) S. 79.
201 Carl Erdmann an Gerd Tellenbach, 23.11.1935, REICHERT, Fackel (wie Anm. 10) 2, Nr. 43 S. 107. Die „ausgezeichnete Quelle" bleibt ebenso im Dunkeln wie zuvor der „Mittelsmann", der den Kontakt zum Mittler-Verlag herstellte. Der Informant über positive Reaktionen im REM, den Erdmann im Brief an Hampe vom 3.5.1935 anonym zitiert (vgl. REICHERT, Fackel [wie Anm. 10] 2, Nr. 33 S. 82), könnte Wilhelm Engel gewesen sein.

„Auch unsere neueste Geschichtsschreibung hat zum Teil den Sinn dieses Prozesses nicht begriffen. Es musste Härte angewendet werden, um Härte schaffen zu können. Was damals für manchen den Verlust teuerster Überlieferungen und Traditionen bedeutete, war im Grossen gesehen nur die Formung eines Staatskörpers, der allein geeignet war, den Widerstand gegen den fortgesetzt aus Osten drängenden und drohenden Feind aufzubauen. Nur diese erste grosse deutsche Staatsbildung konnte die Ostmark im Süden ins Leben rufen und damit eine Scheidewand gegen die dauernden Einbrüche dieser fremden Stämme errichten"[202].

1951 versicherte Friedrich Baethgen in seinem Nachruf auf Carl Erdmann, der Charlemagne-Band sei ein Akt des Widerstandes „gegen ein [...] Dogma der parteiamtlichen Geschichtsauffassung"[203] gewesen. So postuliert auch Folker Reichert: Sein Protagonist Erdmann „machte sich [...] bei den Machthabern durch ein von ihm initiiertes und organisiertes Gemeinschaftswerk ‚Karl der Große oder Charlemagne? [...]' unbeliebt"[204]. Ganz ungefährlich war die Publikation wohl nicht, weil Hitler sich erst nachträglich öffentlich erklärte, was bei den Planungen des Bandes nicht unbedingt zu erwarten gewesen war. Als sich Brackmann – anscheinend gegen den Wunsch von Carl Erdmann – am 10.2.1935 mit einem Exposé der geplanten Veröffentlichung an Karl August Eckhardt, den im Wissenschaftsministerium zuständigen Referenten, wandte, soll dieser angesichts der Autorenliste erschrocken sein: Die Autoren schienen ihm alle parteipolitisch belastet: Er befürchtete, es werde den Herausgebern „in die Bude hageln"[205]. Deshalb zeigte sich Brackmann fortwährend besorgt, es könne zu einer Konfrontation kommen und regte ein klares Bekenntnis zum NS-Staat an[206]. Dennoch ist erstens festzuhalten, dass keiner der Autoren des Bandes für seine Teilnahme daran in irgendeiner Form gemaßregelt wurde; zweitens, dass sich

---

202 Henry Picker, Hitlers Tischgespräche im Führerhauptquartier (²1976) S. 494. Vgl. auch ebd. S. 100f. (Tischgespräch Nr. 22 vom 4.2.1942), bei dem Hitler Karl den Großen vor dem Hintergrund der griechisch-römischen Antike gegen den Germanenkult ausspielte.

203 Friedrich Baethgen, Nekrolog (wie Anm. 50) S. 252. Der Terminus „parteiamtlich" wurde verschiedentlich für Rosenbergs ‚Mythus des 20. Jahrhunderts' verwendet, vgl. aber Picker, Tischgespräche (wie Anm. 202) zum 11.4.1942, S. 213: „Beim Abendessen betonte der Chef, dass Rosenbergs ‚Mythus' nicht als ein parteiamtliches Werk angesehen werden könne. Er, der Chef, habe es seinerzeit ausdrücklich abgelehnt, diesem Buch parteipäpstlichen Charakter zu geben, da schon sein Titel schief sei."

204 Folker Reichert, [Fellowbericht] Professor Dr. Folker Reichert. Alfried Krupp Senior Fellow, Oktober 2011 bis März 2012 (2012): https://www.wiko-greifswald.de/storages/wiko-greifswald/Mediathek/PDF_Dateien/Fellows/2011_12/Fellowbericht_Studienjahr2011_12_Reichert.pdf, [S. 6].

205 Reichert, Fackel (wie Anm. 10) 2, S. 79f. Im Detail: „Brackmann hat mit Eckhardt über unseren Plan geredet (was überflüssig war, aber hoffentlich nicht schaden wird). Eckhardt zeigte sich sachlich sehr wohlwollend zu unserer Absicht, erschrak aber, als er die Namen hörte: da wir alle (auch Naumann!) irgendwie ‚belastet' wären, würde die Partei schäumen, und es würde uns in die Bude hageln. Eckhardt war bereit, uns durch Winke oder dgl. zu helfen." – Zu Hans Naumann siehe Anm. 178.

206 Im Januar 1935 schlug Brackmann vor, im Vorwort eine Erklärung darüber aufzunehmen, „daß unser Eintreten für Karl nicht etwa eine politische Opposition gegen das Dritte Reich zu bedeuten habe", was Erdmann (und auch Baethgen?) ablehnte: Carl Erdmann an Friedrich Baethgen 27.1.1935, Reichert, Fackel (wie Anm. 10) 2, S. 74. Am 15.3.1935, nach Erhalt des Aushängers, teilte Erdmann Hampe mit: „Dabei wird Brackmann sich wohl jedenfalls auf diejenigen Partien beschränken wollen, die *sub specie rei politicae* von Bedeutung sein könnten. Ich will ihm jedoch versichern – heute kann ich ihn leider telephonisch nicht erreichen –, daß nach meiner Meinung nichts irgendwie Gefährliches mehr darin sei und daß er sich die Arbeit des Mitlesens sparen könne." Reichert, Fackel (wie Anm. 10) 2, S. 82.

diejenigen, die bei anderen Gelegenheiten von Rosenberg oder Frank schikaniert wurden, dieser Angriffe letztlich erwehren konnten; drittens, dass namentlich Friedrich Baethgen völlig unbehelligt blieb. Alfred Rosenberg und Walter Frank bildeten eben nur eine Fraktion innerhalb des polykratischen NS-Regimes. Sie konnten zwar 1935 trotz Hermann Görings Einspruch durchsetzen, dass Brackmann als Generaldirektor der preußischen Archive bereits mit 65 Jahren – statt wie üblich mit 67 – in Pension geschickt wurde, doch auch gegen ihre Fraktion war systemkonforme Gegenwehr möglich. Albert Brackmann begann 1935 seine aus NS-Sicht glanzvolle Karriere als Leiter der Nordostdeutschen Forschungsgemeinschaft, die 1941 in der wiederum von Göring angestoßenen Verleihung des ‚Adlerschilds des deutschen Reiches' durch Hitler[207] ihren Höhepunkt fand. Diese Position Brackmanns sollte auch Baethgen zugutekommen.

Friedrich Baethgens retrospektive Darstellung des Bandes als Akt des Widerstandes gegen „parteiamtliche" Vorgaben war wohl eher ein getarnter Persilschein für ihn selbst. Im Alltag der ideologischen Verteilungskämpfe konnte nur das „parteiamtlich" werden, was Hitler selbst dazu erklärte. Genau diese Anerkennung wurde aber nicht Rosenberg, sondern de facto dem Charlemagne-Band zuteil. Ohne dass der Band explizit genannt wurde, fanden seine Kernpositionen in der Rede am 16.9.1935[208] auf dem Reichsparteitag der NSDAP Hitlers Billigung. Das hatte deutliche Maßregelungen für Alfred Rosenberg und sonstige Gegner einer Inanspruchnahme des Frankenkaisers durch die NS-Diktatur[209] zur Folge. Erdmanns Plädoyer für eine Volkstums- statt eine Rasseforschung[210] blieb folgenlos, weil der Band in der beharrlichen Kontrastierung des überlegen gedachten Germanentums gegenüber Romanen- und Slawentum selbst rassistisch argumentierte und einer aggressiven Landnahme und ‚Umvolkung' sowohl im ehemaligen Lothringien wie in allen Regionen, die man zur Ostmark erklärte, das Wort redete und vorauseilend die militärischen Operationen der Jahre 1939 bis 1941 legitimierte.

Alfred Rosenberg zog seine Konsequenzen. In einem internen Rundschreiben seines Amtes argumentierte er nunmehr, er denke „gar nicht daran, König Karl etwa aus der deutschen Geschichte auszustoßen und ihn gleichsam als Urfranzosen hinzustellen, sondern wir müssen auch in ihm eine grosse germanische Kraft erblicken, die eben, weil sie eine geschichtliche Tat von ungeheurer Tragweite zustande brachte, nicht mit jenem Maßstabe gemessen werden darf, den man vielleicht an einen Freibeuter anlegen kann"[211]. 1937 sprach ein internes Gutachten des SD der SS über die deutsche Geschichtswissenschaft sogar von der „letzten Endes unfruchtbare[n] Auseinandersetzung über die Erörterung des sächsischen Stammesstaates und das Wirken Karls des Großen, die zu lebhaften Angriffen gegen die

---

207 Vgl. die Akte BArch 153/1674; LEMBERG, Historiker (wie Anm. 6) S. 300.
208 Adolf HITLER, Schlußrede des Führers auf dem Kongreß, in: Die Reden Hitlers am Parteitag der Freiheit 1935 (1935) S. 73.
209 WERNER, Karl der Große (wie Anm. 186) S. 10; Rolf KÖHN, Kirchenfeindliche und antichristliche Mittelalter-Rezeption im völkisch-nationalsozialistischen Geschichtsbild. Die Beispiele Widukind und Stedinger, in: Mittelalter-Rezeption. Ein Symposion, hg. von Peter WAPNEWSKI (Germanistische Symposien. Berichtsbände 6, 1986) S. 581–609, hier S. 581f. und 602f., KUHLMANN (wie Anm. 175) Streit S. 61–68.
210 Carl Erdmann an Karl Brandi, 14.4.1935, siehe Anm. 192.
211 BArch NS 8/128, Rosenberg, Rundschreiben Nr. 1/1935 S. 8.

mittelalterlichen Historiker geführt hat"[212] und postulierte die Revision „festgewurzelter Lehrmeinungen".

Dass das Risiko einer Stellungnahme zugunsten Karls des Großen zumindest kalkulierbar war, lässt der Ort der Publikation erahnen, den Carl Erdmann wählte. Es handelte sich bei der Verlagsbuchhandlung E. S. Mittler um einen Militaria- und später ausgewiesenen NS-Verlag[213], mit den Bestsellern ‚Stahlgewitter' von Ernst Jünger, ‚Erinnerungen' von Erich Ludendorff und einer Göring-Biographie aus der Feder seines Pressesprechers Martin Henry Sommerfeldt (1899–1969)[214], nebenbei bemerkt der Schwiegersohn des Verlagsinhabers[215]. Es ist nicht auszuschließen, dass Erdmann einen Insidertipp darüber erhalten hatte, wie die Spitze des Regimes zu der Frage „Karl der Grosse oder Charlemagne?" stand. Erdmann selbst deutete leider nur sehr vage an, wie er auf den Verlag aufmerksam wurde: Er habe einen „Mittelsmann" gehabt, der sich im Übrigen dafür stark machte, die Titelei mit einer Konfrontation gegen Frankreich aufzumachen[216]. Friedrich Baethgen war offenbar irritiert, dass man ihm eine Schrift von Sommerfeldt als Gestaltungsvorlage präsentierte, aber Erdmann beharrte wegen der größeren Popularität auf dem Mittler-Verlag: „Der von Ihnen bekämpfte ‚neue Flugschrift-Gedanke', dessen Initiative Sie bei Mittler suchen, existiert überhaupt nicht. Es liegt nichts weiter vor, als unser von Anfang an feststehender Plan, die Veröffentlichung ‚populär' zu machen, nicht fürs Fach, sondern fürs Publikum; das ist doch von allen restlos gebilligt worden, und auch Sie selbst waren z.B. dagegen, daß wir es als Sonderdruck aus der HZ machten, weil das zu stark gelehrten Charakter hätte. Ich habe diesen Gesichtspunkt in Leipzig gegenüber Herrn Schmidt (der mir übrigens einen sehr

---

212 Zitiert nach Joachim LERCHENMÜLLER, Die Geschichtswissenschaft in den Planungen des Sicherheitsdienstes der SS. Der SD-Historiker Hermann Löffler und seine Gedenkschrift „Entwicklung und Aufgaben der Geschichtswissenschaft in Deutschland" (AfS Beiheft 21, 2001) S. 216.

213 Einhundertfünfzig Jahre E.S. Mittler & Sohn, Verlagsbuchhandlung und Buchdruckerei, 1789–1939. Festschrift zum 3. März 1939, dem Gedenktage des 150jährigen Bestehens (1939), zum Programm unter NSDAP-Einfluss vgl. S. 218f., eigens hervorgehoben werden dabei u.a.: Friedrich GRIMM, Hitlers deutsche Sendung (1933) und Hellmut STELLRECHT, Die Wehrerziehung der deutschen Jugend (1936). Der letztgenannte Autor (1898–1987) war Stabsleiter im Amt Rosenberg, Brigadeführer der SS und gehörte 1945 der Regierung Dönitz an, er publizierte nach 1945 unter dem Pseudonym Hermann Noelle. Vgl. Udo MISCHEK / Tim ROSE, Helmut Stellrecht. Glauben und Handeln, in: Wolfgang PROSKE (Hg.), Täter, Helfer, Trittbrettfahrer. NS-Belastete aus Baden-Württemberg 9 (2018) S. 361–382.

214 Ernst JÜNGER, In Stahlgewittern. Aus dem Tagebuch eines Stoßtruppführers (1924); Erich LUDENDORFF, Meine Kriegserinnerungen (1919); Martin Henry SOMMERFELDT, Hermann Göring. Ein Lebensbild (1933). Zur Person vgl. die Autobiographie: Martin Henry SOMMERFELDT, Ich war dabei. Die Verschwörung der Dämonen 1933–1939. Ein Augenzeugenbericht. Drei Quellen (1949).

215 Carl Erdmann an Friedrich Baethgen, 20.1.1935, REICHERT, Fackel (wie Anm. 10) 2, S. 69: „Ich bemerke noch, daß besagter Sommerfeld selbst publizistisch tätig ist und ganz in der Front gegen Rosenberg (wenn auch für Göring) steht."

216 Ebd. Zu diesem Zeitpunkt sollte der Band noch einen anderen Titel tragen. Erdmann versicherte, daß der Verlag „mit dem jetzt von allen gebilligten Titel ‚Karls des Großen deutsche Sendung' einverstanden sei und auf den ‚französischen' Plan nicht zurückkomme (dieser Plan war überhaupt nicht vom Verlage ausgegangen, sondern von dem Mittelsmanne, der mich mit dem Verlage zusammenbrachte)". Der neue Titel, der ja offenbar dem „französischen Plan" des „Mittelsmanns" nachkam, wurde vor dem 7.3.1935 von Karl Hampe festgelegt, obwohl Brackmann noch einmal Einwände vorgebracht hatte; vgl. Carl Erdmann an Karl Hampe, 7.3.1945, REICHERT, Fackel (wie Anm. 10) 2, S. 81f.

sympathischen Eindruck machte) stark betont, weil ich ja wusste, daß dies für Hinrichs der kritische Punkt war"[217]. Es waren also parallel Verhandlungen mit der J. C. Hinrichs'schen Buchhandlung in Leipzig geführt worden, die Erdmann mit der Forderung nach einer „populären" Aufmachung bewusst zum Scheitern brachte. Ihm war bekannt, dass Mittler nicht nur einfach populäre Bücher verlegte: „Daraus hat dann Herr Schmidt in seinem Brief eine ‚Flugschrift' gemacht, welches Wort überhaupt nicht gefallen war; die angeführte Schrift ‚Des Kirchenstreites Ende' soll bei Mittler lediglich Vorbild für das Format sein"[218]. Erdmann bemühte sich sehr, Baethgens Einwände (die wir leider nur aus Erdmanns Erwiderung kennen, so dass unklar bleibt, ob er sich nur an dem populären Gestus oder auch an dem publizistischen Umfeld störte) zu zerstreuen, da er und Hampe den Verlagsvertrag schon unterzeichnet hatten – und er zeigte dabei einen durchweg manipulativen Charakter: „Auch sonst war Ihre Stimme die einzige protestierende, aber doch eben offenbar auf Grund von falschen Voraussetzungen durch den Brief von Herrn Schmidt. Ich muß also Ihre Absolution erbitten, daß ich Ihren Brief trotz Ihrer Bitte weder Brackmann vorgelegt noch sonst jemandem mitgeteilt habe; das hätte nur von neuem endlose Anfragen (denn die meisten hätten gar nicht verstanden, um was es sich handelt) und Auseinandersetzungen gegeben, denen ich gestern nicht mehr gewachsen war"[219]. Die Auflage des Bändchens war auf 5000 Exemplare kalkuliert, was für alle acht Autoren zusammen 1000 RM Honorar bedeutete.

In einem Punkt missdeutete Karl Ferdinand Werner 1995 das Konzept des Charlemagne-Bandes, wenn er schrieb: „Mitarbeiter der Monumenta Germaniae Historica glaubten, daß man dieser Verzerrung und Verleugnung der deutschen Geschichte – und nicht allein der Gestalt Karls – entgegentreten müsse"[220]. Nur aus heutiger Sicht verbinden sich die Namen der Beiträger mühelos mit den Monumenta Germaniae Historica, gehören doch lediglich Naumann und Windelband nicht in das Personen-Netzwerk, das die MGH während des gesamten 20. Jahrhunderts trug und prägte. Aus zeitgenössischer Sicht sah es jedoch anders aus. Die persönlichen Verbindungen unter den Autoren dürfen daher nicht mit einer institutionellen Bindung verwechselt werden. Der Charlemagne-Band konnte schon deshalb unmöglich als Produkt der MGH gelten, weil deren Leiter und Patriarch, Paul Fridolin Kehr, nicht beteiligt und vermutlich im Vorfeld nicht einmal informiert war.

Dass der Band unter Friedrich Baethgens Weggefährten beachtet wurde, demonstrierte Otto Westphal. Er übernahm nicht nur die Ansichten aus dem Charlemagne-Band,

---

217 Vgl. Carl Erdmann an Friedrich Baethgen, 20.1.1935, Reichert, Fackel (wie Anm. 10) 2, S. 69. Gemeint ist: Martin Henry Sommerfeldt / Rudolf Schmidt / Hannsludwig Geiger, Des Kirchenstreites Ende (Probleme der Gegenwart, 1935), der Versuch einer Vereinnahmung von Luther für den Nationalsozialismus. Entgegen Reichert, Fackel (wie Anm. 10) 2, S. 72 kann es sich bei genanntem Herrn Schmidt nicht um den Verlagsleiter von J. C. Hinrichs, Leipzig, handeln. Geschäftsführend im Hinrichs-Verlag war zu diesem Zeitpunkt ein Mitarbeiterstab bestehend aus Curt Kunze, Lucie Geist, Dr. Hildegard Lange, Lydia Busch, Margarete Fuchs, vgl. Lucie Geist, „Ein Geschäft recht geistiger Natur". Zum 200. Jahrestag der Gründung des J. C. Hinrichs Verlags Leipzig (1991) S. 58. Möglicherweise handelt es sich um Dr. Gerhart Schmidt, Verfasser des Beitrags: J. C. Hinrichs Verlag, in: Leipziger Jahrbuch (1940) S. 158–160.
218 Carl Erdmann an Friedrich Baethgen, 20.1.1935, Reichert, Fackel (wie Anm. 10) 2, S. 68.
219 Ebd. S. 70.
220 Werner, Karl der Große (wie Anm. 186) S. 6.

sondern entwickelte sie in Baethgens Sinn weiter, denn in Westphals Reichsgeschichte liegen „,Charlemagne' und der Weltherrscher Dantes"[221] auf einer Linie – wobei er ‚Charlemagne' im Sinne Wolfgang Windelbands als Chiffre für die Expansion Frankreichs in ehemals mittelfränkisch-lotharingische Gebiete und Dantes Kaiserprophetie aus der ‚Monarchia' als italienische Antwort darauf verstand. Aus diesem Weltspiel musste Deutschland laut Otto Westphal ausscheiden, weil „der unbesonnen reaktionäre Universalismus Bonifaz' VIII." – mit Papst Bonifaz VIII. bezog Westphal sich auf einen weiteren Forschungsschwerpunkt Baethgens – das Reich in ein Bündnis mit Philipp IV. (dem Schönen) gezwungen habe und damit Frankreich den Weg nach Osten eröffnete[222].

IV. Berlin: Die feindlichen Brüder

Friedrich Baethgen hatte keineswegs die Absicht, zehn Jahre in Königsberg zu bleiben. Mehrfach wurde er auf Berufungslisten platziert – 1932 secundo loco in Frankfurt[223], 1933 sogar primo loco in Tübingen. Er kam dort nicht zum Zuge, weil der im Mai neu ernannte nationalsozialistische Kultusminister Christian Mergenthaler (1884–1980)[224] sich über die Liste hinwegsetzte und mit Heinrich Dannenbauer (1897–1961)[225] einen genehmeren Kandidaten einsetzte, der zudem noch Parteigenosse war[226]. Da Hermann Aubin an anderer Stelle ein ähnliches Schicksal widerfuhr, mutmaßte Lemberg, dass dies mehr am Erfolgsdruck nach der Machtergreifung als an der Geringachtung der Kandidaten gelegen habe[227]. 1934 stand Baethgen dann in unmittelbarer Konkurrenz zu Hermann Aubin auf einer Liste der Freiburger Universität, wo aber die Wahl auf Theodor Mayer fiel[228]. Diese Konstellation kehrte sich bei Baethgens Berufung nach Berlin um: Er wurde, obschon nur Drittplatzierter, durch Eingreifen von NS-Institutionen berufen. Seine Konkurrenten hingegen waren Parteigenossen: Percy Ernst Schramm und Hermann Heimpel[229]. Die von Lemberg ausgewerteten Fakultätsunterlagen ergeben ein komplexes Bild[230]: Es ist festzuhalten, dass sich der Amtsvorgänger Robert Holtzmann gegen Baethgen (und für seinen Schüler Martin Lintzel) ausgesprochen hatte, während Fritz Hartung sich immerhin für den dritten Listenplatz stark

---

221 Westphal, Das Reich (wie Anm. 43) S. 460–475.
222 Ebd. S. 462f., basierend auf Friedrich Baethgen, Die Promissio Albrechts I. für Bonifaz VIII., in: Aus Politik und Geschichte. Gedächtnisschrift für Georg von Below (1928) S. 75–90.
223 Lerner, Kantorowicz (wie Anm. 11) S. 183f.
224 Rudolf Kiess, Christian Mergenthaler. Württembergischer Kultminister 1933–1945, in: Zs. für Württembergische Landesgeschichte 54 (1995) S. 281–332.
225 Theodor Mayer, In memoriam Heinrich Dannenbauer †, in: ZRG Germ 9 (1962) S. 471–477. Kritisch: Nagel, Im Schatten (wie Anm. 3) S. 35–39; Lemberg, Historiker (wie Anm. 6) S. 136.
226 Lemberg, Historiker (wie Anm. 6) S. 135–137.
227 Ebd. S. 137: „Dass ausgerechnet der nationalkonservative Ostforscher Aubin und der Deutschnationale Baethgen am politischen Umbruch des Jahres 1933 – wenn auch nur vorrübergehend – scheiterten, zeigt, wie groß der politisch-ideologische Profilierungsdruck der nationalsozialistischen Hochschulpolitik in den ersten Monaten nach der Machtergreifung sein konnte und wie eng daher im württembergischen und im sächsischen Kultusministerium die Kriterien politischer Konformität anfangs ausgelegt wurden."
228 Heinzel Mayer (wie Anm. 14) S. 113.
229 Lemberg, Historiker (wie Anm. 6) S. 234.
230 Ebd. S. 232–238.

gemacht hatte. Innerhalb der Fakultät kämpfte aber vor allem Fritz Rörig (1882–1952) für Friedrich Baethgen. Beide gehörten dem Vorstand von Brackmanns Nord- und Ostdeutscher Forschungsgemeinschaft an. Letztlich entscheidend für die Umkehr der Fakultätsliste war aber das Eingreifen des Nationalsozialistischen Dozentenbundes[231], der auch den Ministerialreferenten Heinrich Harmjanz (1904–1994)[232] beeinflussen konnte – auch er ein Zögling der Königsberger Universität und dezidierter Vertreter der Ostforschung.

Es war derselbe Heinrich Harmjanz, der 1942 die Neubesetzung des Präsidentenamtes im Reichsinstitut für ältere deutsche Geschichtskunde (MGH) mit Theodor Mayer[233] erzwang und damit die Grundlage für eine Konstellation bei Kriegsende schuf, die Mayer und seinen Nachfolger Friedrich Baethgen derart aneinander kettete, dass es vermutlich für immer unmöglich bleibt, über den einen zu schreiben, ohne den anderen zu berücksichtigen. Es ist offenkundig, dass beide nach 1945 darunter litten, aber sie verweigerten sich – Mayer wohl mehr als Baethgen[234] – allen Versuchen einer Aussöhnung. Baethgen bemühte sich äußerlich zwar um einen sachlicheren Ton als Mayer; es muss Mayer aber zugutegehalten werden, dass er nach seiner Verhaftung und Internierung vor dem Nichts stand und insofern die Frage der Präsidentschaft über das Reichsinstitut für ihn eine Frage des schieren Überlebens war[235]. Von Ende her besehen gibt der Erfolg – und zwar beider Persönlichkeiten –

---

231 Vgl. zu diesen Vorgängen ausführlich und mit Quellenbelegen ebd. S. 239–254.

232 Heinrich Harmjanz trat der NSDAP 1930, der SS 1937 bei, 1935–1939 Dozent, später Prof. für Volkskunde in Königsberg, 1939 Leiter der Abteilung Volksforschung und Volkskunde im Ahnenerbe, 1941 Obersturmbannführer, 1937–1943 Referent für Geisteswissenschaften im REM. 1943 wies ihm das Amt Rosenberg das Plagiat eines jüdischen Autors in seiner Habilitationsschrift nach, Harmjanz wurde daraufhin aus dem REM entlassen, aus der SS ausgestoßen und verlor seine Frankfurter Professur. Vgl. Michael GRÜTTNER, Biographisches Lexikon zur nationalsozialistischen Wissenschaftspolitik (Studien zur Wissenschafts- und Universitätsgeschichte 6, 2004) S. 70; Andrzej MĘŻYŃSKI, Kommando Paulsen. Organisierter Kunstraub in Polen 1942–45 (2000) S. 66; Friedemann SCHMOLL, Heinrich Harmjanz. Skizzen aus der nationalsozialistischen Wissenschaftspolitik, in: Jb. für Europäische Ethnologie 3 (2008) S. 105–130; TILITZKI, Protokollbuch (wie Anm. 38) S. 587f; MENTZEL-REUTERS, Reichsinstitut (wie Anm. 2) S. 2 Anm. 5.

233 Zu Theodor Mayer, bes. zu seinem Konflikt mit Carl Erdmann, vgl. REICHERT, Fackel (wie Anm. 10) 1, S. 309–324.

234 Vgl. den Brief von Friedrich Baethgen an August von Loehr (1919–1965), Direktor des Kunsthistorischen Museum Wien, 23.2.1949 (MGH-Archiv B 706/I, unpaginiert). Baethgen berichtete über einen Vorstoß des Personalreferenten des bayerischen Kultusministeriums, Rheinfelder (siehe Anm. 21), beim Finanzministerium zugunsten einer Pension für Theodor Mayer. „Das Finanzministerium hat diesen Antrag jedoch wiederum abgelehnt und auf die Möglichkeit einer sogenannten Flüchtlingspension in dem früher gekennzeichneten Sinne verwiesen. Herr Rheinfelder war von diesem Bescheide selber sehr unbefriedigt, erklärte aber, gegen den besagten Entscheid des Finanzministerium nichts tun zu können. Es bleibt also keine andere Möglichkeit, als dass Herr Mayer sich entschliesst, den Antrag auf Gewährung einer derartigen Flüchtlingspension, der unbedingt von ihm selber ausgehen muss, nunmehr zu stellen. Dazu möchte ich in aller Offenheit bemerken, dass es nicht angängig ist, das zwar wir uns andauernd in seinem Interesse bemühen, Herr Mayer selber aber sich auf den Standpunkt des Alles oder Nichts stellt und alle unsere Versuche mit grösster Schroffheit ablehnt. Wenn in dieser Hinsicht keine Änderung eintritt, sehe ich nicht mehr, wie wir zu einem Resultat gelangen sollen." Nach Gewährung dieser Pension könne Baethgen sich auch ergänzend „eine Vergütung in Form eines Arbeitsauftrages" vorstellen.

235 HEINZEL, Mayer (wie Anm. 14) S. 232.

Baethgen recht: Weder hätte ein Reichsinstitut unter Theodor Mayer in der Nachkriegszeit das Ansehen gewinnen können, das die MGH unter Friedrich Baethgen erwarben, noch hätte Theodor Mayer dort die Wirkungsbreite gehabt, die ihm der Konstanzer Arbeitskreis bieten konnte. Aber das wäre einem Zeitgenossen natürlich nicht zu vermitteln gewesen.

Bereits 1942 scheint es Überlegungen gegeben zu haben, Edmund Ernst Stengel (1879–1961)[236] als Präsidenten des Reichsinstituts durch Friedrich Baethgen zu ersetzen[237]. Sie werden vermutlich nicht konkretisiert worden sein, denn Harmjanz verfolgte eigene Ziele[238]. Er bedrohte den widerstrebenden Theodor Mayer mit der Entlassung aus dem Staatsdienst und der Auflösung des Reichsinstituts[239]. Dass Mayer ausgerechnet auch von Friedrich Baethgen zur Übernahme der Präsidentschaft gedrängt worden sei, hat Baethgen später weit von sich gewiesen: „Nun hat Mayer freilich später behauptet (Brief an W. Goetz vom 30.11.1947[240]), neben Stengel seien auch Eugen Meyer und ich zu ihm gekommen und hätten ihn gebeten, die Leitung der MG zu übernehmen, weil sie sonst eingehen könnten. Aber das ist ohne jeden Zweifel unzutreffend und offenbar nur als Gedächtnistäuschung zu erklären, der gegenüber mit aller Entschiedenheit erklärt werden muß, daß wir beide von den ganzen Verhandlungen nichts wußten, geschweige daß wir jemals von der angeblich den MG drohenden Gefahr eines Eingehens etwas gehört hätten. In Wirklichkeit wurden wir von der vollzogenen Ernennung Mayers vollkommen überrascht und standen dieser Entscheidung von Anfang an mit starken Bedenken gegenüber"[241]. Auf jeden Fall wurde Theodor Mayer im Herbst 1942 unter Zusicherung einer Berliner Professur zum (zunächst kommissarischen) Leiter des Reichsinstituts für ältere deutsche Geschichtskunde (MGH) ernannt. Die Fakultät wehrte sich jedoch entschieden gegen die Zuteilung eines Lehrstuhls, so dass Mayer sich mit einer Honorarprofessur begnügen musste[242], die ihm keine politischen Mitwirkungs-

---

236 Markus WESCHE, Stengel, Edmund Ernst, in: NDB 25 (2013) S. 245–247. Zur Präsidentschaft Stengel MENTZEL-REUTERS, Reichsinstitut (wie Anm. 2) S. 34–50.

237 „So war ich, wie mir der Berliner Rektor Willy Hoppe später erzählte, schon beim Abgang Stengels im Gespräch gewesen, doch hatte ich durchaus nicht bedauert, daß diese Überlegungen ohne praktisches Ergebnis geblieben waren, da ich zum damaligen Zeitpunkt noch keineswegs bereit gewesen wäre, auf mein Berliner Ordinariat zu verzichten", BAETHGEN, Reorganisation, MGH-Archiv B 722a (wie Anm. 24) S. 35. Vgl. auch NAGEL, Im Schatten (wie Anm. 3) S. 168, nach der Mayer 1946 gegenüber Aubin behauptete, er selbst habe 1941 Baethgen zur Übernahme des Reichsinstituts gedrängt.

238 Theodor Mayer hatte dem SS-Ahnenerbe eine Liste mit mediävistischen Projekten zugesandt, aus der eine siedlungsgeographische (und das hieß: auf deutsche Rekuperation gerichtete) „Germanenkartei" in das Programm des Reichsinstituts einfloss, vgl. NAGEL, Im Schatten (wie Anm. 3) S. 44. Die letzte Spur dieses 1945 in „bayerische Adels-Prosopographie bis zum Jahre 1000" umbenannten Unternehmens bei Otto MEYER, Monumenta Germaniae Historica. Dienststelle Pommersfelden 1945–1948 (1948) S. 8.

239 HEINZL, Mayer (wie Anm. 14) S. 173, bes. Anm. 72. Vgl. auch Theodor Mayer an Walter Goetz, 6.7.1946 (MGH-Archiv B 716, Bl. 16v): „Als mir im Jahre 1942 die Leitung des Reichsinstituts angetragen wurde, habe ich sie abgelehnt und auf andere Kandidaten hingewiesen. Schließlich sollte ich durch die Drohung, daß ich sonst in ein Disziplinarverfahren mit dem Ziel der Entlassung aus dem Staatsdienst gezogen würde, zur Annahme gezwungen werden. Ich blieb bei der ablehnenden Haltung und habe mich erst auf die Mitteilung hin zur Übernahme bereit erklärt, daß, wenn ich die Leitung nicht übernehmen würde, das Institut geschlossen würde."

240 Diesen Brief habe ich bislang im MGH-Archiv nicht auffinden können.

241 Vgl. BAETHGEN, Reorganisation, MGH-Archiv B 722a (wie Anm. 24) S. 34f.

242 HEINZL, Mayer (wie Anm. 14) S. 172f.

rechte in der Fakultät einräumte – ein Schicksal, dass später auch Friedrich Baethgen in München ereilte.

Anlässe zu gegenseitigen Vorwürfen boten Baethgen wie Mayer in mannigfaltiger Hinsicht. Unter vorgehaltener Hand zitierte Baethgen einen selbstherrlichen Brief, den Mayer 1937 als Vorsitzender der Badischen Historischen Kommission an Ernst Wahle, Baethgens Schwager, gerichtet hatte. Mayer hatte nach Rücksprache mit der Gauleitung weitreichende Eingriffe in Wahles jüngste Publikation verlangt und diese, als sie der Autor verweigerte, selbst vorgenommen. Die ursprüngliche Fassung gab Wahle 1945 neu heraus[243]. Umgekehrt beteiligte sich Friedrich Baethgen 1942 zusammen mit Hermann Heimpel an einer Publikation des Freiburger Oberbürgermeisters und SS-Obersturmbannführers Franz Kerber (1901–1945)[244]. In diesem Band sollte angesichts der triumphalen Erfolge der Wehrmacht in Frankreich die Germanisierung nicht nur des Elsass, sondern des gesamten historischen Lothringien thematisiert werden, wobei dies als Neubelebung des bereits im Nibelungenlied besungenen Burgunderreiches[245] gefeiert wurde. Baethgen griff Windelbands Thesen aus dem Charlemagne-Band auf und erklärte Burgund zum Bollwerk vor „dem französischen Ausdehnungsdrange", durch das „die deutschsprachigen Landesteile vor französischer Überfremdung geschützt wurden"[246]. Heimpel, der sich diesmal nicht zurückhielt, stellte den Kampf gegen den ‚Grand Bailli' Karls des Kühnen als „deutsche Freiheit gegen einen fremden Staat" dar, in der „unter Führung eidgenössischer Bürger das mühsam zur Tat zusammengesetzte Gefühl des deutschen Breisgauers, der deutschen Schweiz, des deutschen Elsaß" Ausdruck fand[247]. Theodor Mayer hingegen hatte sich schon einige Jahre zuvor mit Franz Kerber zerstritten und verweigerte seine Mitarbeit an dem Band; in der Nachkriegszeit konnte er seinem Rivalen Baethgen dessen Beteiligung daran vorwerfen[248].

Während die Kontrahenten auf ihre Zuwahl in die Preußische Akademie der Wissenschaften warteten, versuchte Mayer, Baethgen als Leiter der MGH-Abteilung Constitu-

---

243 Ernst WAHLE, Vorzeit am Oberrhein (Neujahrsblätter der Badischen Historischen Kommission N.F. 19, 1937). Zum Vorgang vgl. BAETHGEN, Reorganisation, MGH-Archiv B 722a (wie Anm. 24) S. 29–31.

244 Franz KERBER (Hg.), Burgund. Das Land zwischen Rhein und Rhone (Jb. der Stadt Freiburg im Breisgau 5, 1942). Kerbers Vorwort endet mit dem Satz: „Germanisches Blut hatte einst das Land zu höchster Machtentfaltung und Blüte geführt, bis es zuletzt mit ihm verströmt und untergegangen ist. Trotzdem steht dieses Land uns räumlich wie auch im Herzen nahe" (S. 14). Neben diesem Vorwort bezieht eindeutig nationalsozialistische Position Hans F. K. GÜNTHER, Die rassische Eigenart der frühmittelalterlichen Burgunder, ebd. S. 71f. (über Schädelvermessungen). – Zu Kerber vgl. Hubert ROSER, 1933–1945. Oberbürgermeister Dr. Franz Kerber, in: Freiburger Almanach 47 (1996) S. 75–82.

245 Hans NAUMANN, Das Volk des Nibelungen-Untergangs, in: KERBER, Burgund (wie Anm. 244) S. 45–61. Zu diesem Band vgl. Wolfgang FREUND, „… aus politischen Gründen eine heikle Angelegenheit". Das Burgundbuch der Stadt Freiburg im Breisgau 1941/42, in: Martina BACKES / Jürgen DENDORFER (Hg.), Nationales Interesse und ideologischer Missbrauch. Vorträge zum 75jährigen Bestehen der Abteilung Landesgeschichte am Historischen Seminar der Albert-Ludwigs-Universität Freiburg (Freiburger Beiträge zur Geschichte des Mittelalters 1, 2019) S. 181–200. – Zu Hans Naumann siehe Anm. 178.

246 Friedrich BAETHGEN, Das Königreich Burgund in der deutschen Kaiserzeit des Mittelalters, in: KERBER, Burgund (wie Anm. 244) S. 73–98, hier S. 98.

247 Hermann HEIMPEL, Peter von Hagenbach und die Herrschaft Burgunds am Oberrhein (1469–1474), in: KERBER, Burgund (wie Anm. 244) S. 139–154, hier S. 154.

248 LEMBERG, Historiker (wie Anm. 6) S. 360.

tiones einzubinden und ihn damit auch zum Betreuer von Margarete Kühn (1894–1986)[249] zu machen, die seit 1941 an den Constitutiones Karls IV. arbeitete. Nach ihrer Darstellung endete die Zusammenarbeit mit Baethgen abrupt, da Mayer ihn in heftigem Wortwechsel aus den Räumen des Reichsinstituts hinauswarf[250]. Baethgens Schilderung dieser Vorgänge kannte zwar keinen solchen Eklat, machte aber Mayer den Vorwurf, Ideen zur Weiterführung der MGH plagiiert zu haben[251]. Ganz anders wiederum schilderte Mayer diese Episode: „Ich habe damals Baethgen gebeten, sich der Sache anzunehmen, er sagte auch zu, kam aber im Laufe von mehr als einem Jahr nur zweimal in die Monumenta und sprach mit der Bearbeiterin Frl. Dr. Kühn, die nachher so klug war wie zuvor. Aus diesem Grunde habe ich mich selbst an die Sache gemacht und endlich einen neuen Plan für die Ausgabe fertig gebracht, der mir besser erschien und von manchen Kollegen, mit denen ich noch sprach, sehr begrüßt wurde"[252]. Hier haben wir drei Rückblicke aus der Nachkriegszeit, wie sie unterschiedlicher nicht sein könnten. Einig war man sich zwar über die Unzulänglichkeit der Editionsarbeit, bemühte sich aber primär um die eigene Entlastung. Letztendlich erschien der von Kühn bearbeitete erste Faszikel des 9. Bandes der Constitutiones erst 1974, der letzte 1983[253].

Im Sommer 1942 verschafften die früheren römischen Kontakte Friedrich Baethgen einen beachtlichen Prestigegewinn. Er wurde als Nachfolger des verstorbenen Theologen Hans Lietzmann (1875–1942)[254] in die sogenannte Mittwochsgesellschaft gewählt, eine private Vereinigung von Gelehrten, zum Teil von hohem Rang, die sich regelmäßig im Haus des jeweiligen Vortragenden zu Vorträgen aus allen Gebieten der Wissenschaft trafen, zu denen neben den Mitgliedern der Gesellschaft auch deren Ehefrauen zugelassen waren. Die Gesellschaft war in ihrer privaten Form ein Relikt der zahllosen außeruniversitären gelehr-

---

249 Zu ihr vgl. Martina HARTMANN, Aus der Reichshauptstadt auf die ‚Insel der Seligen'. Die Mitarbeiterinnen der Monumenta Germaniae Historica in Berlin und Pommersfelden 1943–1945, in: ZBLG 77 (2014) S. 27–42, hier S. 29f.; DIES., „Es mußte ein neuer Anfang gemacht werden, im Weltbild und in der Arbeit". Margarete Kühn (1896–1982) und die Monumenta Germaniae Historica in Berlin, in: DA 75 (2019) S. 135–161; DIES., Die Stunde der Frauen? Die wissenschaftlichen Mitarbeiterinnen bei der MGH nach dem Ersten und im Zweiten Weltkrieg, in: DA 76 (2020) S. 653–698, hier S. 676–683; DIES., Erinnerungen an schwere Jahre. Handschriftliche Notizen der MGH-Mitarbeiterin Margarete Kühn, verfasst 1982 (MGH-Archiv B 849,5), in: Mittelalter lesbar machen. Festschrift 200 Jahre Monumenta Germaniae Historica (2019) S. 226–238, vor allem S. 229–238 mit dem Editionsteil von Margarete KÜHN, Der Zusammenbruch. Die letzten Jahre der Monumenta in Berlin.
250 Vgl. hierzu MENTZEL-REUTERS, Reichsinstitut (wie Anm. 2) S. 33 bes. Anm. 220; HARTMANN, Erinnerungen (wie Anm. 249) S. 231.
251 BAETHGEN, Reorganisation, MGH-Archiv B 722a (wie Anm. 24) S. 4.
252 Theodor Mayer an Walter Goetz, 11.12.1946 (MGH-Archiv B 716, Bl. 24v–25r).
253 Dokumente zur Geschichte des Deutschen Reiches und seiner Verfassung. 1349, hg. von der Akademie der Wissenschaften der DDR, Zentralinstitut für Geschichte, bearb. von Margarete KÜHN (MGH Const. 9, 1974–1983). Zur Parteilichkeit der Aufzeichnungen von Margarete Kühn vgl. Martina HARTMANN, Margarete Kühn und die MGH-Materialien im Salzbergwerk von Staßfurt, in: Petr ELBEL / Alexandra KAAR / Jiří NĚMEC / Martin WIHODA (Hg.), Historiker zwischen den Zeiten. Festschrift für Karel Hruza zum 60. Geburtstag (2021) S. 349–357, hier S. 354f.
254 Wolfram KINZIG, Evangelische Patristiker und Christliche Archäologen im „Dritten Reich". Drei Fallstudien: Hans Lietzmann, Hans von Soden, Hermann Wolfgang Beyer, in: Beat NÄF (Hg.), Antike und Altertumswissenschaft in der Zeit von Faschismus und Nationalsozialismus (Texts and Studies in the History of Humanities 1, 2001) S. 535–629.

ten Gesellschaften des Kaiserreichs, gab sich äußerlich unpolitisch, ermöglichte aber durchaus auch dezidiert antisemitische Vorträge ihres Mitglieds Eugen Fischer (1874–1967)[255]. Baethgen hielt in diesem Rahmen zwei Vorträge, die durch eigenhändige Zusammenfassungen im Protokollbuch der Gesellschaft überliefert sind[256]. Sie waren populär gehalten und von zeitgemäßer Ausrichtung, etwa wenn sie die Charaktermerkmale Friedrichs II. „mehr von romanischer als von germanischer Geistesart" zeugen lassen, jedoch mit Vorbehalt: „Dagegen wird man das Deutsche in Anspruch nehmen können für die faustische[257] Weite und Tiefe seines Erkenntnisdranges, und väterliches, staufisches Erbe ist zweifellos die außerordentliche Vitalität, ohne die die unvergleichliche Intensität seines Schaffens und Erlebens nicht zu denken wäre. Seiner geistigen Art nach aber steht er vorwiegend in der Tradition der mütterlichen Familie, und der italienische Boden hat ihm das Wesentliche für seine innere Form und Ausrichtung gegeben"[258]. Diese Mitgliedschaft belebte Baethgens langjährigen Kontakt zu Ulrich von Hassell. Dass dieser Kontakt nach dem 20. Juli 1944 zu einer Beobachtung durch die Gestapo führte, wie Peter Herde aufgrund mündlicher Äußerungen berichtete[259], ist angesichts der Hysterie, die das Regime befallen hatte, grundsätzlich glaubwürdig; aber es ist festzuhalten, dass es trotz dieser Ermittlungen nicht zu einem Verhör kam, das heißt, dass selbst nach den überkritischen Maßstäben der Gestapo kein belastendes Material gefunden wurde. Das Reichswissenschaftsministerium erhob am Jahresende keine Einwände gegen die Wahl Friedrich Baethgens in die Berliner Akademie. Aus Gründen der Quellenkritik problematisch sind zwei autobiographische Hinweise, die Peter Herde anfügte: „Gerade seine Freundschaft mit von Hassell brachte ihn in höchste Gefahr, und dessen Tochter äußerte mir gegenüber in Rom die Überzeugung, dass ihn ihr Vater über das geplante Attentat auf Hitler informiert habe. Er hat sich, soweit mir bekannt, darüber später nicht geäußert und nur bemerkt, dass er über die Verhandlungen von Johannes Popitz mit Himmler über eine Zusammenarbeit mit der SS gegen Hitler Bescheid wusste"[260]. Der erfahrene Diplomat von Hassell hätte sehr unvorsichtig gehandelt, wenn er den nicht beteiligten Friedrich Baethgen – zudem in Gegenwart seiner Tochter – über die ,Operation Walküre' informiert hätte. Allerdings klingt die Formulierung eher nach einer Mutmaßung der Tochter, wie sich der Vater Friedrich Baethgen gegenüber verhalten hätte – aber wie wahrscheinlich war das?

---

255 Lemberg, Historiker (wie Anm. 6) S. 337, vgl. auch Scholder, Mittwochsgesellschaft (wie Anm. 12) S. 21f.
256 Scholder, Mittwochsgesellschaft (wie Anm. 12) S. 318–321 (1037. Sitzung, 17.2.1943, „Das deutsche Königtum im Hochmittelalter") bzw. S. 338–340 (1050. Sitzung, 8.3.1944: „Die Persönlichkeit Friedrichs II.").
257 Bemerkenswert, dass Hans Schwerte, Faust und das Faustische. Ein Kapitel deutscher Ideologie (1962) S. 165–167 die völkisch-nationalistische „Aufhöhung" des ,Faustischen' nach 1870 als Surrogat für eine fehlende deutsche Weltanschauung betrachtet, die nach seiner Darstellung (S. 235–237) bereits 1932 durch Konrad Burdach wissenschaftlich widerlegt worden sei. Zu Schneider/Schwerte siehe Anm. 62.
258 Scholder, Mittwochsgesellschaft (wie Anm. 12) S. 340.
259 Herde, In memoriam (wie Anm. 6) S. 375.
260 Ebd. Zu den angesprochenen Verhandlungen mit Himmler vgl. Anne C. Nagel, Johannes Popitz (1884–1945). Görings Finanzminister und Verschwörer gegen Hitler. Eine Biographie (2015) S. 178. Der Jurist Johannes Popitz wurde 1933 preußischer Finanzminister, 1937 Mitglied der NSDAP und am 2.2.1945 als Widerstandskämpfer hingerichtet.

Von Hassell wurde seit Mitte 1942 von den Handlangern des Regimes beobachtet[261] und sprach in seinem Tagebuch davon, dass „die Vorsicht zu seltenen Treffen zwingt"[262]. Damit war keinesfalls die Mittwochsgesellschaft insgesamt gemeint, da er hinzufügte, er könne nur mit Ludwig Beck (1880–1944)[263], Johannes Popitz (1884–1945) und Karl Ludwig von Guttenberg (1902–1945)[264] frei sprechen. Alle Genannten wurden, wie Ulrich von Hassell selbst, in den ersten Wochen nach dem Attentat verhaftet und später hingerichtet, während Friedrich Baethgen unbehelligt blieb.

Weniger geheim agierte Johannes Popitz. Allgemein bekannt war, dass Popitz nicht mit der Parteilinie übereinstimmte, auch wenn seine Rücktrittsgesuche von Göring abgelehnt worden waren. Wegen seiner Versuche, Heinrich Himmler für einen Umsturz zu gewinnen, reichte die Mitwisserschaft zwangsläufig bis in hohe Kreise der SS, von solchen Kontakten konnte auch Friedrich Baethgen Kenntnis erlangt haben. Aber was wusste Baethgen 1943 wirklich und was sind nachträgliche Hinzufügungen? Gespräche mit dem Reichsführer SS waren an sich noch keine Subversion: Dass es um die Beseitigung Hitlers, einen Separatfrieden mit den West-Alliierten und eine Verfassungsreform ging, scheint retrospektiv bei Kenntnis der Ereignisse 1944 bis 1945 selbstverständlich, aber vermutlich gab es 1943 nur vorsichtige Andeutungen. Die tatsächlichen Gespräche mit Popitz veranlassten Himmler zwar zum Kontaktabbruch, aber nicht zu radikalen Maßnahmen. Allerdings stand Popitz seit 1943 unter Beobachtung durch die Gestapo und musste im Februar 1944 die Verhaftung fürchten[265], die aber erst nach dem Attentat erfolgte. Bemerkenswert ist, dass Baethgen am 2.6.1943, als Popitz seine weitreichenden Vorstellungen über die Neugestaltung des deutschen Sozialstaates vortrug, nicht an der Mittwochsgesellschaft teilnahm[266]. Das ist ungewöhnlich, denn an und für sich war er ein zuverlässiger Teilnehmer. Dass er der letzten Sitzung der Mittwochsgesellschaft am 26.7.1944 nicht mehr beiwohnte, überrascht nicht – es waren nur mehr fünf Mitglieder von 16 anwesend, und auch Ferdinand Sauerbruch, Wolfgang Schadewaldt (1900–1974)[267] und Werner Heisenberg blieben fern. Aus dem engeren Kreis der Verschwörung war zu diesem Zeitpunkt nur Ulrich von Hassell noch auf freiem Fuß und nahm teil, aber auch er wurde am Folgetag verhaftet[268]. An der Rettung der Protokolle der Mittwochsgesellschaft[269] aus der Hinterlassenschaft von Johannes Popitz war im

---

261 Schöllgen, Hassell (wie Anm. 13) S. 167.
262 Hassell, Tagebücher (wie Anm. 71) S. 409, verkürzt auch im Randkommentar bei Scholder, Mittwochsgesellschaft (wie Anm. 12) S. 327. Die Namen der Gesprächspartner sind im Original chiffriert.
263 Klaus-Jürgen Müller, Generaloberst Ludwig Beck. Eine Biographie (2008).
264 Manfred Berger, Guttenberg, Karl Ludwig, Reichsfreiherr von und zu, in: BBKL 22 (2003) Sp. 485–494.
265 Vgl. Hassell, Tagebücher (wie Anm. 71) S. 470 zum 23.2.1944 (die Personennamen sind chiffriert, Auflösung durch den Hg.): „Der Kreis um Geißler *[Popitz]* usw. sehr zersprengt. Ich sah G. *[Popitz]* und fand ihn degoutiert und nervös, begreiflicherweise. Man hat ihm gesagt, man fürchte ein Vorgehen gegen ihn und Pfaff *[Goerdeler]*." Nichts spricht dafür, dass Baethgen diesem Kreis angehörte.
266 Scholder, Mittwochsgesellschaft (wie Anm. 12) S. 327, 1042. Sitzung. Auf diesen Vortrag hebt besonders ab Gerhard Schulz, Popitz, Johannes, in: NDB 20 (2001) S. 620–622, hier S. 621.
267 Hellmut Flashar, Schadewaldt, Wolfgang, in: NDB 22 (2005) S. 495f.
268 Scholder, Mittwochsgesellschaft (wie Anm. 12) S. 354.
269 Ebd. S. 14.

übrigen Sabina Lietzmann (1919–1995)[270] beteiligt, die Tochter von Hans Lietzmann und Doktorandin bei Friedrich Baethgen. Sie hatte als Begleiterin ihres Vaters und vor Friedrich Baethgens Zuwahl nach dessen Tod gelegentlich auch selbst Vorträgen beigewohnt[271].

Offenkundig herrschte in der Mittwochsgesellschaft eine besondere Atmosphäre, die auch Baethgen nicht entgangen sein kann. Aber damit wurde er noch lange nicht zum Mitglied des Widerstands und schon gar nicht der Verschwörung vom 20. Juli. Im Falle des Altphilologen Wolfgang Schadewaldt ist durch seine Ehefrau Maria gut dokumentiert, was die Mitgliedschaft in der Mittwochsgesellschaft bedeutete. Der 1941 zugewählte Schadewaldt vertraute seiner Frau an, er „habe das Gefühl, da steht eine Widerstandsbewegung dahinter", trat aber doch bei. Maria Schadewadt hielt an anderer Stelle eine abendliche Diskussion von einigen Mitgliedern der Mittwochsgesellschaft „über Schimpanski, das war der Deckname für Hitler" fest – diese fand allerdings in Baethgens Abwesenheit statt. Am 20.7.1944 befanden sich die Schadewaldts im Riesengebirge und hörten „im Radio von dem Attentat, erst ohne Namen. Da sah mich mein Mann nur an und sagte: ‚Da sind doch unsere Leute aus der Mittwochs-Gesellschaft dabei.' Und so war es dann ja auch"[272].

Auf Druck des Reichswissenschaftsministeriums wurde Theodor Mayer gegen den Widerstand führender Berliner Historiker wie Fritz Hartung, Fritz Rörig und (im Hintergrund) Albert Brackmann, die alle Friedrich Baethgen[273] bevorzugten, am 30.11.1944 in die Preußische Akademie der Wissenschaften gewählt und am 27.12.1944 durch das Reichswissenschaftsministerium bestätigt[274]. Die Lösung des Konfliktes innerhalb der Historikerzunft lag darin, Mayer gemeinsam mit Baethgen zu kooptieren[275] und damit den Showdown – der unvermeidlich blieb – hinauszuzögern. Mayer wurde durch den Akademiepräsidenten und Ägyptologen Hermann Grapow (1885–1967)[276] mit Schreiben vom 10.1.1945 über seine Zuwahl offiziell informiert, „von der wir uns für die Arbeiten auf dem Gebiete der Geschichtsforschung viel erhoffen"[277]; ein ähnliches Schreiben des Akademiedirektors Helmuth

---

270 Sabina Lietzmann übernahm 1941–1942 die Ordnung der Glasnegative und der Urkundenfotos im Archiv des Reichsinstituts für ältere deutsche Geschichtskunde (MGH), 1942–1943 Stipendiatin am DHI Rom, 1944 Promotion bei Friedrich Baethgen, 1949–1961 Berlin-Korrespondentin der Frankfurter Allgemeinen Zeitung, 1961–1984 Kulturkorrespondentin der FAZ in New York. Zu ihr vgl. HARTMANN, Stunde der Frauen (wie Anm. 249) S. 686f., Ingeborg LUKAS, Sie redigieren und schreiben die Frankfurter Allgemeine Zeitung. Stand 1.7.1993 (1993) S. 74f., Berlin am East River. Zum Tode von Sabina Lietzmann, in: FAZ vom 31.5.1995, S. 5.
271 SCHOLDER, Mittwochsgesellschaft (wie Anm. 12) S. 73 und 273 (900. Sitzung vom 9.11.1933, 1016. Sitzung vom 9.7.1941).
272 Maria SCHADEWALD, Erinnerungen, zitiert nach: SCHOLDER, Mittwochsgesellschaft (wie Anm. 12) S. 325f.
273 LEMBERG, Historiker (wie Anm. 6) S. 342–348.
274 https://www.bbaw.de/die-akademie/akademie-historische-aspekte/mitglieder-historisch/historisches-mitglied-theodor-mayer-1775; Peter Th. WALTHER / Peter NÖTZOLDT, (Auto-)Biographische Korrekturen um 1945, in: Gegenworte 2 (2010) S. 54–57, S. 54–57, hier S. 55.
275 LEMBERG, Historiker (wie Anm. 6) S. 348.
276 Wolfhard WESTENDORF, Hermann Grapow, 1.9.1885–24.8.1967 †, in: Zs. für Ägyptische Sprache und Altertumskunde 95,1–2 (1969) S. V–X.
277 MGH-Archiv B 706/I, [237].

Scheel (1895–1967)[278] erging bereits am 6.1.1945 an Friedrich Baethgen[279]. Es war geplant, dass Mayer seine Antrittsrede zum Leibniz-Tag der Akademie am 17.7.1945 halten sollte – nach einem ihm für den gleichen Anlass angetragenen Nachruf auf Paul Fridolin Kehr, der am 9.11.1944 verstorben war. Dazu kam es jedoch nicht mehr; Mayer wurde noch vor der Wiedereröffnung der Akademie aus der Liste der Mitglieder entfernt[280]. Wie sich die Aufnahme Baethgens gestaltete, ist unklar. Eine Antrittsrede ist nicht belegt. Seine Bibliographie verzeichnet für die Jahre 1944 bis 1946 keine wissenschaftlichen Publikationen, für 1944 bis 1945 auch sonst keine Veröffentlichungen, für 1946 einen Zeitungsartikel[281].

V. Fazit

Friedrich Baethgen verstand es zeitlebens, sich in nationalkonservative Kreise einzubringen, die durch personelle Überschneidungen nur schwer gegeneinander abzugrenzen sind. Prägend war für ihn eine Studienzeit im Umfeld der DNVP und die deshalb erfahrene Ablehnung durch demokratische Kräfte in der frühen Weimarer Republik. Inwieweit er sich über seine in Heidelberg begründete Freundschaft mit Ernst Kantorowicz hinaus vom George-Kreis angezogen fühlte, konnte mit den hier zur Verfügung stehenden Quellen nicht geklärt werden. Er behandelte jedoch bis ins Alter hinein mit Vorliebe Themen aus dem Umkreis Friedrichs II. und Dante Alighieri. Vertreter der deutschen Dante-Gesellschaft waren maßgeblich an seiner Wahl zum MGH-Präsidenten beteiligt. Die Kontakte zu diesem Personenkreis konnte er in seinen zwei römischen Jahren intensivieren, in denen für ihn persönliche Entfaltung und Faszination von Mussolinis autoritärer Staatslehre zusammenkamen. Hier sind vor allem zwei Personen zu nennen: der deutsche Botschafter Ulrich von Hassell, den Baethgen schon von der DNVP her kannte, und der ihm später in der Berliner Mittwochsgesellschaft wiederbegegnete, und der Direktor der Kaiser-Wilhelm-Gesellschaft Friedrich Glum, der mit Baethgen und dem Historiker Otto Westphal im Freiherr vom Stein-Bund den Anschluss an militärische und wirtschaftliche Eliten suchte, um die Weimarer Parteiendemokratie durch ein autoritäres System zu ersetzen. Auch der vor allem von Carl Erdmann orchestrierte Band zur Anerkennung der historisch-politischen Bedeutung Karls des Großen ist nicht als Akt des Widerstandes gegen das NS-Regime, sondern als Unterstützung seiner inneren Konsolidierung gegen revolutionäre Auswüchse zu verstehen, die Hitlers persönliche Bestätigung fand. Nach seiner Berufung an die Universität Königsberg engagierte sich Friedrich Baethgen zusätzlich im Bereich der sogenannten Ostforschung und konnte daher Albert Brackmann als deren einflussreichsten Mentor dauerhaft für sich gewinnen, obwohl Brackmann Kantorowicz und dem George-Kreis skeptisch gegenüberstand. 1938 wurde Baethgen Mitglied des Vorstands der Nordostdeutschen Forschungsgemeinschaft, die in die Vorbereitungen des Generalplans Ost verstrickt war; 1939 erfolgte mit Unterstützung aus

---

278 Walter W. Müller, Scheel, Friedrich August Helmuth, in: NDB 22 (2005) S. 604f. Der Turkologe Scheel wurde 1946 wegen seiner Mitgliedschaft in der NSDAP als Akademiedirektor abgesetzt, wandte sich nach Mainz und wurde 1950 erster Generalsekretär der dort neu gegründeten Akademie.
279 Lemberg, Historiker (wie Anm. 6) S. 341 Anm. 445.
280 Baethgen, Reorganisation, MGH-Archiv B 722a (wie Anm. 24) S. 11; Heinzel, Mayer (wie Anm. 14) S. 228.
281 Lemberg, Historiker (wie Anm. 6) S. 454; Vgl. auch Lietzmann, Bibliographie (wie Anm. 6).

diesen Kreisen und durch Intervention des Nationalsozialistischen Dozentenbundes seine Berufung an die Friedrich-Wilhelms-Universität Berlin, bei der er sich gegen die ausgewiesenen Nationalsozialisten Percy Ernst Schramm und Hermann Heimpel durchgesetzt hatte. Über die Mittwochsgesellschaft hatte Friedrich Baethgen in Berlin Kontakt zum Widerstand, unter anderem zu Ulrich von Hassell. Unwahrscheinlich ist, dass Baethgen in konkrete Pläne eingeweiht war, auch wenn seine Berichte über eine Beobachtung durch die Gestapo glaubhaft sind. Seine Wahl in die Berliner Akademie der Wissenschaften Ende 1944 wurde jedenfalls nicht durch die Mitgliedschaft in der Mittwochsgesellschaft behindert. Diese Zuwahl förderte den schon seit Jahren schwelenden Konflikt zwischen ihm und Theodor Mayer, dem amtierenden Präsidenten des Reichsinstituts für ältere deutsche Geschichtskunde (MGH). Er wurde nach dem Zusammenbruch des NS-Staats prägend für die weitere Entwicklung der Monumenta Germaniae Historica, wobei Baethgen sich nicht nur aufgrund seiner besseren Vernetzung durchsetzte, sondern weil er sich auch politisch weitaus besser an die neue Situation anpasste. Die Preußische Akademie übertrug ihm die Leitung der in Berlin verbliebenen Reste des Reichsinstituts für ältere deutsche Geschichtskunde (MGH). Die Aktivierung seiner römischen Kontakte führte zur Verlagerung des Unternehmens nach München und zu Baethgens Wahl zum Präsidenten der neuetablierten Monumenta Germaniae Historica.

Das Bild von Friedrich Baethgen, das hier entsteht, ist ohne Zweifel januskopfig. Das geistige Bündnis zunächst mit dem Faschismus, dann mit dem NS-Regime ist nicht bestreitbar, ebenso wenig ist bestreitbar, dass die Nachkriegskarriere von Baethgen auch aus der Dividende dieser Verstrickung resultierte. Man kann herausstellen, dass nationalkonservative Kreise um Ulrich von Hassell und Friedrich Glum durch Kollaboration mäßigenden Einfluss auf das polykratische NS-Regime ausübten, muss aber auch zugestehen, dass damit die staatspolitische Konsolidierung der zunächst eher durch Schlägertrupps und Bierhallengeschrei bekannten NSDAP gefördert wurde. Dabei hat es durchaus den Anschein, als sei genau diese nationalkonservative Mitwirkung wo nicht vom System aktiv gesucht, doch honoriert worden. Dies wirft die generelle Frage nach dem Fortleben der DNVP und ihrer Unterstützer im NS-Staat und in der Nachkriegszeit auf. Ohne moralische Entrüstung muss der Schleier der politischen Selbstentlastung gelüftet werden, der in der Nachkriegszeit ausgebreitet wurde. Zugehörigkeit zur DNVP oder zum Nationalkonservatismus genügte in der Nachkriegszeit, um eine Beteiligung am NS-Regime auszuschließen. Dass dem nicht so war, beweist die Ostforschung, an die in der Nachkriegszeit in neugegründeten Institutionen wie dem Herder-Institut in Marburg oder dem Collegium Carolinum in München nahezu nahtlos angeknüpft wurde und die von Friedrich Baethgen noch 1952 als seriös bezeichnet wurde[282]. Durch den Generalplan Ost wurde sie zwar hinsichtlich Verbrechen gegen die Menschlichkeit durch SS und Wehrmacht bei weitem überholt, wegen ihrer Vorarbeiten zu diesen Verbrechen kann sie jedoch nicht von Schuld freigesprochen werden. Daneben steht der Wiederaufbau der deutschen Wissenschaftsorganisationen nach dem Zusammenbruch des NS-Regimes, namentlich der MGH in München und des Deutschen Historischen Instituts in Rom, an dem Friedrich Baethgen erheblichen Anteil hatte. Ohne Nutzung alter

---

282 Vgl. Markus Krzoska, Ostforschung, in: Fahlbusch u.a. (Hg.), Handbuch der völkischen Wissenschaften 2 (wie Anm. 179) S. 1090–1099, hier S. 1096–1099.

Kontakte und Strukturen wäre die Neuerfindung kaum möglich gewesen. Dies kann als Paradigma nicht nur für die Geschichtswissenschaft, sondern für die Gesamtentwicklung der Bundesrepublik auf den Trümmern des Dritten Reiches dienen.

Theodor Mayer und
Percy Ernst Schramm
im Dienst des Regimes*

von

Martina Hartmann

Abb. 1: Percy Ernst Schramm als Offizier im Führerhauptquartier Wolfsschanze (heute Gierłoż/Polen) 1943

1935 wurden die Monumenta Germaniae Historica in ein Reichsinstitut für ältere deutsche Geschichtskunde umgewandelt. Ihre Leiter, zunächst der nur kommissarisch beauftragte Archivar Wilhelm Engel (1905–1964) und ab Ende 1937 der Marburger Hilfswissenschaftler Edmund Ernst Stengel (1879–1968) versuchten, mit dem Reichsinstitut für die Geschichte des Neuen Deutschland, das unter der Leitung von Walter Frank stand, zu konkurrieren. Nachdem Stengel mit seinen Ambitionen gescheitert war, kehrte er in einer vom Reichswissenschaftsministerium eingefädelten Rochade auf seinen alten Lehrstuhl nach Marburg zurück, während sein dortiger Nachfolger, der österreichische Landeshistoriker und Marburger Rektor Theodor Mayer (1883–1972) neuer Präsident des Reichsinstituts wurde: Seine Ernennung erfolgte zum 1. Oktober 1942, nachdem er ab 1. April des Jahres das Amt kommissarisch verwaltet hatte. Mayer blieb Präsident des Reichsinstituts bis nach Kriegsende[1].

---

*   Ich danke Frau Dr. Heike B. Görtemaker sehr herzlich für wertvolle Hinweise; außerdem habe ich Herrn PD Dr. Harald Tausch, Prof. Arno Mentzel-Reuters und Dr. Maximilian Becker sehr zu danken.
1   Vgl. zu den Präsidenten des Reichsinstituts Arno Mentzel-Reuters, Das Reichsinstitut zwischen Ahnenerbe und Westforschung, in: Das Reichsinstitut für ältere deutsche Geschichtskunde 1935 bis 1945 – ein „Kriegsbeitrag der Geisteswissenschaften"? Beiträge des Symposiums am 28. und 29. November 2019 in Rom, hg. von dems. / Martina Hartmann / Martin Baumeister (MGH Studien zur Geschichte der Mittelalterforschung 1, 2021) S. 1–54; Reto Heinzel, Theodor Mayer. Ein Mittel-

Theodor Mayer wie auch der elf Jahre jüngere Percy Ernst Schramm (1894–1970), der von 1923 bis 1926 Mitarbeiter der MGH und 1948 korrespondierendes, ab 1956 ordentliches Mitglied der Zentraldirektion war, stellten sich für historische Abrisse und Gutachten dem NS-Regime zur Verfügung. Nach dem zweiten Weltkrieg beharrten allerdings beide auf den Standpunkt, sie hätten im Dritten Reich nur ‚reine' Wissenschaft betrieben und keinerlei Konzessionen gemacht, zumal sich Hitler und seine Umgebung ohnehin nicht für Mittelalterforschung interessiert hätten. Die folgenden Beispiele werden jedoch zeigen, dass dies lediglich leicht widerlegbare Entlastungserzählungen der Nachkriegszeit waren.

Theodor Mayer

Als Theodor Mayer im Sommer 1945 als Präsident abgesetzt und interniert wurde, machten, so sein Biograph Reto Heinzel, „sein Stolz, aber auch Wut und Enttäuschung"[2] es ihm unmöglich, „die eigene Haltung zu überdenken. Eine Haltung, die im Grunde genommen schlecht fundiert war, denn es stand außer Zweifel, dass das Parteimitglied 1942 ohne einen – aus nationalsozialistischer Sicht – einwandfreien Leumund niemals an die Spitze der MGH hätte rücken können". Mayer, der nach 1933 stolz darauf gewesen war, „ein Innviertler" wie Adolf Hitler zu sein[3] und einen Beitrag für die Festschrift zum 50. Geburtstag des ‚Führers' schreiben durfte[4], hielt Zeit seines Lebens daran fest, dass er im NS-Staat „die strenge Wissenschaft gegen alle äußeren Einflüsse gewahrt" habe und nach dem Krieg ein Opfer geworden sei, da man ihn vollkommen zu Unrecht um sein Amt gebracht habe; in seinem Spruchkammerverfahren war er nur als Mitläufer eingestuft worden[5]. Zwei Quellen, die sich im Archiv der MGH erhalten haben, zeigen jedoch, dass Theodor Mayer sich – abgesehen von seinem Engagement im sogenannten Kriegseinsatz der Geisteswissenschaften – bereitwillig in den Dienst des Regimes gestellt hatte, wenn dies gewünscht wurde.

Die Editionen von Hitlers sogenannten Tischgesprächen
und Mayers Expertise über den sogenannten deutschen Gruß
Das 2021 erschienene Buch „Hitler Redux. The Incredible History Of Hitler's So-called Table Talks" des schwedischen Zeithistorikers Mikael Nilsson sowie sein 2019 in deutscher Sprache erschiener Aufsatz erregten einiges Aufsehen[6], konnte der Autor doch nachwei-

---

alterhistoriker im Banne des „Volkstums" 1920–1960 (2016); siehe auch Arno MENTZEL-REUTERS, Der Untergang des Reichsinstituts für ältere deutsche Geschichtskunde, in vorliegendem Band S. 191–246.
2   HEINZEL, Theodor Mayer (wie Anm. 1) S. 234. Vgl. auch Helmut MAURER, Theodor Mayer. Sein Wirken vornehmlich während der Zeit des Nationalsozialismus, in: Österreichische Historiker 1900–1945. Lebensläufe und Karrieren in Österreich, Deutschland und der Tschechoslowakei in wissenschaftsgeschichtlichen Portraits, hg. von Karel HRUZA (2008) S. 493–530.
3   HEINZEL, Theodor Mayer (wie Anm. 1) S. 234 und 157.
4   Deutsche Wissenschaft. Arbeit und Aufgabe. Dem Führer und Staatskanzler legt die Deutsche Wissenschaft zu seinem 50. Geburtstag Rechenschaft ab, über ihre Arbeit im Rahmen der ihr gestellten Aufgabe, hg. von Bernhard RUST (1939). Mayer verfasste einen Beitrag über Wirtschafts- und Siedlungsgeschichte (S. 26–28); vgl. HEINZEL, Theodor Mayer (wie Anm. 1) S. 107 und MAURER, Theodor Mayer (wie Anm. 2) S. 495 mit Anm. 6.
5   HEINZEL, Theodor Mayer (wie Anm. 1) S. 234–236.
6   Mikael NILSSON, Hitler Redux. The Incredible History of Hitler's So-Called Table Talks (2021) und

sen, dass die lange Zeit als authentisch geltenden Äußerungen Hitlers beim Mittag- und Abendessen, die zunächst von Heinrich Heim (1900–1988) und danach von Henry Picker (1912–1988) für den Zeitraum vom 21. Juli 1941 bis zum 11. März 1942 und vom 21. März bis zum 31. Juli 1942 protokolliert worden waren[7] und die nach 1945 mehrfach in unterschiedlichen Ausgaben als „Hitlers Tischgespräche im Führerhauptquartier 1941–1942" herausgegeben wurden, mitnichten als authentische Äußerungen des ‚Führers' gelten dürfen. Die erste, schon damals harsch kritisierte Ausgabe dieser umstrittenen Quelle stammt aus dem Jahr 1951 und wurde von dem in der Nachkriegszeit einflussreichen Historiker Gerhard Ritter (1888–1967) herausgegeben[8]. Die zweite Ausgabe verantwortete 1963 der Mediävist und Führer des Kriegstagebuches beim Oberkommando der Wehrmacht ab März 1943, Percy Ernst Schramm[9]; sie wurde genau wie Ritters Ausgabe bemängelt[10]. 1967 gab Henry Picker selbst[11] die ‚Tischgespräche' mit ähnlichem Aufbau wie Schramms Ausgabe heraus, doch mit ausführlichem Kommentar, der Hitlers Persönlichkeit, seinen Vorlieben, seiner Gesundheit etc. galt. In den Jahren bis 2014 folgten etliche Nachdrucke. Nilsson konnte unter anderem nachweisen, dass Schramm in seiner Ausgabe wiederholt in den Text eingriff, ohne seine Änderungen kenntlich zu machen[12].

    DERS., Hitler Redivivus. „Hitlers Tischgespräche" und „Monologe im Führerhauptquartier" – eine kritische Untersuchung, in: VfZ 67 (2019) S. 105–145.

7 Vgl. zu Heinrich Heim Peter LONGERICH, Hitlers Stellvertreter. Führung der Partei und Kontrolle des Staatsapparates durch den Stab Hess und die Parteikanzlei Bormanns, in: Akten der Partei-Kanzlei der NSDAP. Rekonstruktion eines verlorengegangenen Bestandes. Regesten Bd. 3 (1992) S. *11f.; vgl. zu Henry Picker Ernst KLEE, Das Personenlexikon zum Dritten Reich. Wer war was vor und nach 1945 (^{5}2015) S. 461.

8 Hitlers Tischgespräche im Führerhauptquartier 1941–1942. Im Auftrage des Deutschen Instituts für Zeitgeschichte der nationalsozialistischen Zeit geordnet, eingeleitet und veröffentlich von Gerhard RITTER (1951); vgl. zu seiner Ausgabe NILSSON, Hitler Redux (wie Anm. 6) S. 58 ff. und zu Ritter Christoph CORNELISSEN, Gerhard Ritter. Geschichtswissenschaft und Politik im 20. Jahrhundert (Schriften des BArch 58, 2001), zu seiner Ausgabe der Tischgespräche S. 538 ff.

9 Zu Percy Ernst Schramm siehe unten S. 170 ff.

10 Hitlers Tischgespräche im Führerhauptquartier 1941–1942. Neu herausgegeben von Percy Ernst SCHRAMM in Zusammenarbeit mit Andreas HILLGRUBER und Martin VOGT (1963; hier zitiert nach ND 1965); vgl. zu seiner Ausgabe NILSSON, Hitler Redux (wie Anm. 6) S. 69 ff. und 90 ff. sowie S. 98 den Hinweis, dass viele Passagen nicht in der Ausgabe von Ritter zu finden seien. Vgl. auch David THIMME, Percy Ernst Schramm und das Mittelalter. Wandlungen eines Geschichtsbildes (2006) S. 545 f. und zur Kritik an der Ausgabe Kerstin THIELER, „Schramm drüber". Das vergangenheitspolitische Engagement des Historikers Percy Ernst Schramm zwischen biographischer Ausblendung und politischer Aufklärung, in: Selbstentwürfe. Neue Perspektiven auf die politische Kulturgeschichte des Selbst im 20. Jahrhundert, hg. von Tilmann SIEBENEICHER (2021) S. 23–45.

11 Henry PICKER, Hitlers Tischgespräche im Führerhauptquartier (1976); die Ausgabe hatte den bezeichnenden Untertitel „Hitler wie er wirklich war" und wurde mehrfach nachgedruckt, genau wie Schramms Ausgabe. Vgl. bes. Nicolas BERG, Der Holocaust und die westdeutschen Historiker. Erforschung und Erinnerung (2003) S. 507–509, der darlegt, dass zwischen den Ausgaben von Ritter und Schramm kaum ein Unterschied bestand und die Dämonisierung Hitlers von letzterem demonstrativ betrieben wurde; Schramm bezeichnete den Antisemitismus als „Tick" Hitlers.

12 NILSSON, Hitler Redivivus (wie Anm. 6) bes. S. 129 ff. zu Schramms Edition und dem Manuskript Ms. 63 im BArch mit editorischen Bemerkungen von Schramm.

Hier soll es jedoch nicht darum gehen, inwieweit die Äußerungen Hitlers in den Stenogrammen von Heinrich Heim und Henry Picker authentisch wiedergegeben oder bearbeitet wurden oder wie genau die Editionen den Texten von Heim und Picker folgen. Im Mittelpunkt dieses Beitrags stehen die Hintergründe und Quellen eines einzigen ‚Tischgesprächs': die von Henry Picker im Führerhauptquartier ‚Wolfsschanze' in Ostpreußen aufgezeichnete Unterredung Hitlers mit dem Chefadjutanten der Wehrmacht, General Rudolf Schmundt, vom 22.3.1942 (Nr. 38) über die Einführung des ‚deutschen Grußes' in der Wehrmacht und dessen historische Begründung. Aus dem Eintrag Pickers und einem Aktenvermerk vom 11.5.1942 von Martin Bormann (1900–1945), dem Leiter der Parteikanzlei der NSDAP[13], geht hervor, dass sowohl Oberst Walter Scherff (1898–1945), der Abteilungschef der Kriegsgeschichtlichen Abteilung beim Oberkommando der Wehrmacht (OKW), als auch Bormann selbst von Hitler mit der Suche nach historischen Vorbildern für den Hitlergruß beauftragt worden waren. Im Verlauf dieser Recherchen bat Bormann auch Theodor Mayer, damals noch Marburger Ordinarius für geschichtliche Landeskunde und kommissarischer Präsident des Reichsinstituts für ältere deutsche Geschichtskunde (MGH), um eine Expertise. Mayer, seit Mai 1937 Mitglied der NSDAP, galt als weltanschaulich „einwandfrei", als überzeugter Nationalsozialist, und hatte sich der Partei schon mehrfach als wissenschaftlicher Berater angeboten[14]. Es war daher kein Zufall, dass die Parteikanzlei ihn in der Frage des Hitler- oder Heilsgrußes konsultierte. Tatsächlich war die Grußformel „Heil Hitler" bereits seit 1933 in Behörden und Schulen Pflicht. Zudem wagte es kaum jemand, in der Öffentlichkeit dieses Bekenntnis zum ‚Führer' zu verweigern. Als ab 1942, nach dem Fehlschlag des als ‚Blitzkrieg' geplanten Angriffs auf die Sowjetunion, die militärischen Erfolge ausblieben, die bis dahin Hitler die Zustimmung der Bevölkerung gesichert hatten, fehlte dem NS-Regime eine wesentliche Legitimationsgrundlage. Die Bemühungen Hitlers, den ‚deutschen Gruß' jetzt auch in der Wehrmacht zur Pflicht zu machen, können vor diesem Hintergrund als Versuch verstanden werden, mittels ‚Führerkult' den nationalen Zusammenhalt und die Siegeszuversicht unter den Soldaten zu stärken. Das Aufzeigen historischer Traditionslinien galt dabei sowohl der Identitätsstiftung als auch der Untermauerung des diktatorischen Herrschaftsanspruchs.

In der Edition von Percy Ernst Schramm ist zu lesen, dass Hitler sich bereits im März 1942 „mit dem Gedanken trug, den ‚deutschen Gruß' generell in der Wehrmacht einzuführen, d.h. an die Stelle des Grußes durch ‚Anlegen der Hand an die Kopfbedeckung' treten zu lassen"[15]. Dazu habe Oberst Scherff Hitler einen Text vorgelegt, dessen Zusammenfassung folgt. Es ist davon auszugehen, dass Picker von Walter Scherff den (heute verlorenen) Text dieser Ausarbeitung erhalten hatte, da Picker Quellenangaben wie „Prokop in seiner Gotengeschichte" oder „im angelsächsischen Beowulf" aus der Ausarbeitung Scherffs übernommen haben dürfte.

---

13 Vgl. zu Bormann in dieser Funktion, die er nach dem Flug von Hitlers Stellvertreter Rudolf Hess nach England erhielt, LONGERICH, Hitlers Stellvertreter (wie Anm. 7) S. 146 ff.
14 Vgl. HEINZEL, Theodor Mayer (wie Anm. 1) S. 112 u. 124.
15 Hitlers Tischgespräch Nr. 38 (wie Anm. 10) S. 197. Vgl. auch Tilman ALLERT, Der deutsche Gruß. Geschichte einer unheilvollen Geste (2005, ²2016) bes. S. 75 ff.

Walter Scherff, der auf Anweisung Hitlers an allen Besprechungen teilzunehmen hatte, weil er nach einem Sieg der deutschen Wehrmacht die Geschichte des erfolgreichen Feldherrn Hitler hätte schreiben sollen[16], beschäftigte eine Reihe von ‚wissenschaftlichen Hilfsarbeitern', meist in Militärgeschichte promovierte junge Historiker, die verschiedene Aufgaben hatten: Sie mussten die Akten sammeln, mit deren Hilfe ‚Hitlers Hauptbuch' geschrieben werden sollte und aus der Geschichte und der Literatur Zitate zusammentragen über das Genie in der Geschichte oder über erfolgreiche Feldherren. Scherff stellte daraus zu Hitlers Geburtstagen am 20. April kleine Schriften zusammen, ließ sie drucken und überreichte sie dem ‚Führer'[17]. Der Mediävist und Monumentist Ottokar Menzel (1912–1945) gehörte zu Scherffs Mitarbeitern und arbeitete in der Kriegsgeschichtlichen Abteilung bis zu ihrer Auflösung am 1. Februar 1945[18]. Über Gefüge und Methoden dieser Abteilung gibt es neben den publizierten Tagebuchaufzeichnungen der Abteilungssekretärin Marianne Feuersenger (1919–2005)[19] die 1964 verfassten ungedruckten Erinnerungen des Mitarbeiters Claus Grimm (1909–1987), der zu Scherffs Vertrauten zählte und dessen Arbeitsweise aus eigener Anschauung kannte[20]. Grimm notierte ohne genaue zeitliche Angabe, Scherff habe seinem Mitarbeiter Dr. Werner Grieshammer (1905–?)[21] den wissenschaftlichen Auftrag erteilt, „quellenmäßig festzustellen, ob bei den deutschen Soldaten oder Kriegern der Gruß durch Erheben der rechten Hand oder durch Anlegen der rechten Hand an die Kopfbedeckung die ältere und ursprünglichere Form war"[22] und fügte zur Erläuterung an: „Die Anregung zu diesem Forschungsauftrag stammte von einem Kamingespräch Hitlers, bei dem er geäußert habe, dass der sogenannte ‚deutsche Gruß' wohl die älteste Form des deutschen Soldatengrußes sei. Er habe sich dabei auf einen Bericht über Luther beim Reichstag zu Worms 1521 berufen, bei dem Luther nach Art der Landsknechte die rechte Hand erho-

---

16 Wolfram Pyta, Hitler. Der Künstler als Politiker und Feldherr. Eine Herrschaftsanalyse (2015) S. 305–324 zur Kriegsgeschichtlichen Abteilung und Martina Hartmann, Es fragt die Welt nach meinem Ziel, nach deiner letzten Stunde nichts. Das Wissenschaftler-Ehepaar Hildegund und Ottokar Menzel (1910–1945) (2023) S. 93 ff.
17 Vgl. Pyta, Hitler (wie Anm. 16) S. 317.
18 Vgl. Hartmann, Wissenschaftler-Ehepaar (wie Anm. 16) bes. S. 110 ff.
19 Marianne Feuersenger, Im Vorzimmer der Macht. Aufzeichnungen aus dem Wehrmachtführungsstab und Führerhauptquartier 1940–1945 (zuerst 1982 erschienen unter dem Titel: Mein Kriegstagebuch. Zwischen Führerhauptquartier und Berliner Wirklichkeit). Vgl. über sie Hartmann, Wissenschaftler-Ehepaar (wie Anm. 16) S. 100f.
20 Claus Grimm, Vier Jahre als Forscher in der Kriegsgeschichtlichen Abteilung (München, IfZ MS 417/1 [mit 8 Seiten korrigierenden Erläuterungen von Marianne Feuersenger, die im Exemplar des IfZ, nach dem hier zitiert wird, mitgezählt werden]; BArch – Militärarchiv Freiburg, MSg. 1 705). Vgl. zu Grimm auch Werner Dobras, Claus Grimm † (13.9.1904–4.6.1987), in: Schriften des Vereins für Geschichte des Bodensees und seiner Umgebung 106 (1988) S. V–VII (der allerdings auf die Kriegszeit nicht eingeht) sowie Hartmann, Wissenschaftler-Ehepaar (wie Anm. 16) S. 96–98.
21 Werner Grieshammer hatte 1935 mit „Studien zur Geschichte der Refugiés in Brandenburg-Preußen bis 1713", einer Arbeit, die immer noch als Standardwerk gilt, an der Berliner Universität promoviert und wurde nach dem Krieg Leiter der Niedersächsischen Landes-Versehrten-Berufsfachschulen in Bad Pyrmont; 1972 erhielt er das Bundesverdienstkreuz; vgl. Eckart Henning / Christel Wegeleben, Archivare beim Geheimen Staatsarchiv in Berlin-Dahlem, in: Jb. für Brandenburgische Landesgeschichte 27 (1976) S. 155–178, hier S. 166. Ich danke Sven Kriese (Landesarchiv Berlin) für den Hinweis.
22 Grimm, Vier Jahre als Forscher (wie Anm. 20) S. 49.

ben haben soll". Nach Grimm habe Grieshammer „viele Monate" darüber geforscht[23], sich „alle nur erdenkliche Literatur zu diesem Thema" beschafft und das Ergebnis schließlich auf 1½ Schreibmaschinenseiten zusammengefasst; es habe gelautet, dass „das Aufheben der Hand zum Gruß als ursprünglicher Gruß nicht nachzuweisen war". Dieses Urteil von Grimm[24] ist gewissermaßen die Quintessenz des etwas längeren Textes, den Walter Scherff laut Edition der Tischgespräche vorgelegt hatte und in dem wohl ebenfalls stand, dass es „keine Handgebärde wie heute" in der deutschen Geschichte gegeben habe; ein besonderer „römischer Gruß" sei nicht nachzuweisen, „das als Gebetsgeste überlieferte Erheben des Armes dringe in spätrömischer Zeit im Kaiserkult ein. Militärischer Gruß sei damals bei den Römern das ‚Hand an die Kopfbedeckung-Legen' gewesen, ähnlich wie heute bei uns", so Picker[25].

Anscheinend war aber Martin Bormann und vermutlich auch Hitler selbst mit dieser Expertise von Scherff beziehungsweise seinem Mitarbeiter nicht zufrieden, weil sie offenkundig nicht das erhoffte Resultat erbracht hatte. So folgt im Anschluss an die „Feststellungen" von Scherff in der Ausgabe der Tischgespräche unter dem Briefkopf „Führerhauptquartier, 11.5.1942" und der Paraphe „Bo/Fu"[26] für „Bormann/Fugger" mit dem Betreff „Ursprung des deutschen Grußes" der Satz: „Den Bericht vom 23.4.1942 habe ich heute dem Führer vorgelegt. Der Führer betonte, es gäbe noch einen Bericht über die Begrüßung, die Luther seinerzeit beim Betreten oder Verlassen des Saales in Worms durch die deutschen Ritter erfahren habe. Den Wortlaut dieses zeitgenössischen Berichts, soweit er auf die Art der Begrüßung eingeht, möchte der Führer noch haben. Gez. M. Bormann"[27].

Die im Anschluss abgedruckte, kurze historische Abhandlung wird in Schramms Ausgabe der Tischgespräche nicht weiter kommentiert. Der Entwurf dieses Textes, der einen Bogen spannt von der Antike bis zu Kaiser Friedrich II. von Hohenstaufen, umfasst genau eine mit der Schreibmaschine getippte Seite und hat sich im Archiv der MGH unter den Handakten Theodor Mayer erhalten[28]. Ob Mayer diese Stellungnahme selbst konzipierte oder sich Quellenbelege von einem Mitarbeiter liefern ließ, ist unklar, da er damals noch vielbeschäftigter Rektor der Universität Marburg und eigentlich Landeshistoriker war; zudem ist die Schrift der Randbemerkungen neben dem Text nicht zu identifizieren[29]. Wie

---

23 Da Grimm wie über fast alle Kollegen auch über Grieshammer sehr negativ schreibt (vgl. dazu Hartmann, Wissenschaftler-Ehepaar [wie Anm. 16] S. 105), ist dies vielleicht eine Übertreibung, denn es ist nicht anzunehmen, dass Hitler Scherff für seine Denkschrift wirklich „mehrere Monate" Zeit gab.
24 Grimm, Vier Jahre als Forscher (wie Anm. 20) S. 50.
25 Tischgespräch Nr. 38 (wie Anm. 10) S. 197.
26 Ebd. und Nilsson, Hitler Redux (wie Anm. 6) S. 125 zur Sekretärin Fugger („Fu"), deren Vorname nicht bekannt ist.
27 Tischgespräch Nr. 38 (wie Anm. 10) S. 197. Vermutlich stellte Grimm fälschlich diese Nachfrage Hitlers nach Luther auf dem Reichstag von Worms, die Bormann vermerkte, in seinem Bericht als Ausgangspunkt der Recherche dar.
28 MGH-Archiv B 577 Bl. 234. Der Text beginnt ohne Überschrift mit den Worten „Über die Formen des Grußes in älterer Zeit gibt es nur verhältnismäßig wenig zureichende und eindeutige Quellen". Am Rand sind Quellen dazu notiert. Das Blatt wurde abgebildet im Beitrag von Anne C. Nagel, „Allein unter Kollegen". Theodor Mayer und die MGH im Krieg, in: Das Reichsinstitut für ältere deutsche Geschichtsforschung (wie Anm. 1) S. 179–194 ohne Kenntnis des Zusammenhangs (Abb. S. 185).
29 Die handschriftlichen Randbemerkungen am Rand und im Text lassen sich leider nicht eindeutig Mayer zuweisen; ich danke Arno Mentzel-Reuters für diesen Hinweis.

dem auch sei: Mayer kam mit dieser kleinen Abhandlung einer brieflichen Bitte von Paul Ritterbusch (1900–1945) vom 18. April 1942 nach, der in der Funktion eines Abteilungsleiters im Reichsministerium für Erziehung, Wissenschaft und Volksbildung den ‚Einsatz der Geisteswissenschaften für kriegswichtige Zwecke' koordinierte[30]. Theodor Mayer lieferte den gewünschten Text bereits fünf Tage später am 23. April an die Parteikanzlei der NSDAP, wie Schramms Ausgabe der Tischgespräche zeigt. Das Konzept im Archiv der MGH trägt weder eine Überschrift, noch ist ihm ein Schreiben von Mayer an Ritterbusch beigefügt, so dass man bei der Erstellung des Findbuchs für das MGH-Archiv nicht ersehen konnte, welche Funktion der Text hatte. Der Brief von Ritterbusch an Mayer wirft zudem ein bezeichnendes Licht auf das geringe Ansehen, das Walter Scherff und seine Abteilung bei Martin Bormann genossen. So hielt man dort dessen „Stellungnahme" offenbar für nicht ausreichend „sachverständig" und verheimlichte dessen Einbeziehung in die Vorarbeiten zur Einführung des Hitlergrußes in der Wehrmacht.

Theodor Mayer war mit Paul Ritterbusch gut bekannt, da dieser 1940 Obmann des Reichswissenschaftsministeriums für den ‚Kriegseinsatz der Geisteswissenschaften' wurde, in den Mayer involviert war. Ritterbusch trug die Tätigkeit als Obmann 1941 eine Stellung als stellvertretender Chef des Amtes Wissenschaft im Reichsministerium und den Rang eines Ministerialdirigenten ein[31].

In der Schramm'schen Edition gibt eine *-Fußnote einen weiteren Hinweis: Henry Picker, der für die Aufzeichnung des Tischgesprächs Nr. 38 verantwortlich zeichnete, habe „Aktenvermerk für II B (Referat der Parteikanzlei)"[32] unterhalb des Textes von Scherff notiert. Das Referat II B wurde ab Oktober 1941 von Wilhelm Ritterbusch (1892–1981)[33] geleitet, einem Bruder von Paul Ritterbusch. Über die Verbindung zum Bruder ist wohl zu erklären, dass man den Landeshistoriker Theodor Mayer um eine historische Abhandlung über den ‚deutschen Gruß' bat. Mayer kam jedoch letztlich zu keinem anderen Ergebnis als Walter Scherffs Mitarbeiter Werner Grieshammer, so dass die von Hitler beabsichtigte Einführung des ‚deutschen Grußes' in der Wehrmacht zunächst unterblieb, bis er nach dem Attentat vom 20. Juli 1944 auch für die Wehrmacht angeordnet wurde[34].

An der ganzen Angelegenheit ist ein weiterer Aspekt interessant, nämlich die Frage nach den Geschichtskenntnissen Adolf Hitlers, insbesondere über das Mittelalter. Sie wurden bislang weder von Percy Ernst Schramm im Rahmen seiner Ausgabe der Tischgespräche

---

30 Der Text des Briefes, der von Paul Ritterbusch nach Marburg geschickt wurde und vom 18.4.1942 datiert, lautet: „Lieber Mayer! Bitte denke doch an die sachverständige Äußerung über die Fragen, die ich Dir zum deutschen Gruß vorlegte. Die Sache ist sehr wichtig, und ich wäre Dir dankbar, wenn Du umgehend etwas unternehmen würdest, um ein sachverständiges Gutachten herbeizuführen. Ich bitte aber das Ganze absolut vertraulich zu behandeln. Beste Grüße! Heil Hitler! Dein Ritterbusch" (MGH-Archiv B 577 Bl. 232).
31 Vgl. zu Paul Ritterbusch Frank-Rutger HAUSMANN, „Deutsche Geisteswissenschaft" im Zweiten Weltkrieg. Die „Aktion Ritterbusch" (1940–1945) (³2007) bes. S. 30 ff. und öfter sowie DERS., die Geisteswissenschaften im Dritten Reich (2011) S. 88f.
32 Tischgespräch Nr. 38 (wie Anm. 10) S. 197.
33 Vgl. zu Wilhelm Ritterbusch LONGERICH, Regesten Bd. 3 (wie Anm. 7) S. 104 und 180.
34 Vgl. Andreas KUNZ, Wehrmacht und Niederlage. Die bewaffnete Macht in der Endphase der nationalsozialistischen Herrschaft 1944 bis 1945 (2014) S. 115f.

noch von anderen näher untersucht. Timothy Ryback analysierte 2001 die heute in den USA liegenden Buchbestände aus Hitlers Wohnsitzen in Berlin, München und Berchtesgaden und wies in diesem Zusammenhang auf eine Liste des Starnberger Dentisten Friedrich Krohn (1897–1967) hin, der sich 1952 als früher Förderer Hitlers stilisierte und eine Liste der „mit Sicherheit [...] Hitler in den Jahren 1919 bis 1921 [...] leihweise zur Verfügung"[35] gestellten Lektüre verfasste. Neben Werken, deren Einfluss auf Hitler schon lange bekannt ist, finden sich unter den 102 Titeln auch 20 mediävistische Werke, darunter Wilhelm Wattenbachs Quellenkunde, Albert Haucks Kirchengeschichte oder Artikel zu den Pseudoisidorischen Fälschungen. Was der Autodidakt Adolf Hitler davon wirklich las oder verstand, sei dahingestellt. Auch über den im Zusammenhang mit dem ‚deutschen Gruß' erwähnten Martin Luther, den er als ‚Juden- und Papstfeind' schätzte, las Hitler vermutlich einiges. Jedenfalls ist das Interesse Adolf Hitlers an der mittelalterlichen Geschichte und der Rückbezug darauf immer wieder zu konstatieren und bedarf daher weiterer Untersuchung.

Theodor Mayer und der Ordenschrein für Hermann Göring
Im Oktober 1942 wurde Theodor Mayer nochmals um eine wissenschaftliche Expertise gebeten. Diesmal handelte es sich um ein Anliegen Hermann Görings (1893–1946), des ‚Reichsmarschalls des Großdeutschen Reiches', wie wiederum durch einen Brief im MGH-Archiv dokumentiert ist. Im Ersten Weltkrieg ein hochdekorierter Jagdflieger, gehörte Göring zu den mächtigsten Politikern im NS-Staat. Er bekleidete eine Vielzahl von Ämtern, war als Oberbefehlshaber der Luftwaffe und Reichsbeauftragter für den Vierjahresplan an der Aufrüstung und Kriegsvorbereitung beteiligt, stellte die Wirtschaft auf den Krieg ein und koordinierte ‚Arisierungsmaßnahmen'. Mit Kriegsbeginn ernannte Hitler ihn zu seinem Nachfolger als ‚Führer und Reichskanzler'. Durch Kunstraub in den besetzten Gebieten Europas baute sich Göring, ebenso wie Hitler, eine riesige Kunstsammlung auf. Auch sammelte er Orden, die er sich im In- und Ausland verleihen ließ und die er stolz zur Schau trug[36].

Anlässlich seines 50. Geburtstages am 12. Januar 1943 ließ Göring die französische Porzellanmanufaktur Sèvres, die seit 1942 unter deutscher Leitung stand, nicht nur ein 2.000 Teile umfassendes Jagdservice mit dem Göring'schen Familienwappen für sich anfertigen, sondern auch 50 Porzellanplaketten, die die einzelnen Schubladen des sogenannten Ordenschreins, eines aufwändig gestalteten viertürigen Möbelstücks, zieren sollten[37]. Von diesem Mahagonischrank, einem Geburtstagsgeschenk der Stadt Potsdam, existieren nur noch Fotos und Zeichnungen aus den 1940er Jahren, die in der Untersuchung von Ottfried Neubecker

---

35 Vgl. Timothy RYBACK, Hitlers Bücher. Seine Bibliothek – sein Denken (2010) S. 77–79 mit Anm. 89: München, Archiv des IfZ, Zeugenschrifttum von 1952: ZS-89-14 und ZS-89-15, dort die Nummern 54 bis 73. Vgl. zu Friedrich Krohn Katharina REINECKE / Jens WESTEMEIER / Dominik GROSS, Der „Zahnarzt" aus „Mein Kampf" – die biographische Selbstdeutung des Starnberger Dentisten Friedrich Krohn (1879–1967), in: Dominik GROSS / Jens WESTEMEIER / Mathias SCHMIDT, Zahnärzte und Zahnheilkunde im Dritten Reich (2018) S. 65–89.
36 Vgl. ausführlich und in Verehrung für Göring geschrieben Ottfried NEUBECKER, Die Orden Hermann Görings (1981) mit zahlreichen Zeichnungen und Fotos der Orden und ihres Trägers.
37 Vgl. jetzt die Beschreibung der Geburtstagsfeier und der Geschenke zu Görings 50. Geburtstag bei Oliver HILMES, Schattenzeit. Deutschland 1943: Alltag und Abgründe (2023) S. 22–28.

1981 abgebildet sind[38]. Marlen Topp zeichnete 2018 in ihrer Dissertation die Geschichte der Porzellanmanufaktur Sèvres im ‚Dritten Reich' nach und beschäftigte sich in diesem Zusammenhang auch mit den Porzellanplaketten für diesen Schrank[39]. „Die Übermittlung der Wünsche Görings erfolgte über dessen Sachverständigen und Sonderbeauftragten des Dritten Reiches", Dr. Dr. Nicola Moufang (1886–1967)[40], der im März 1942 zum ersten Mal die französische Porzellanmanufaktur besuchte.

Der promovierte Jurist Nicola Moufang hatte ein Studium der Kunstgeschichte angeschlossen und im Jahr 1914 ein zweites Doktordiplom mit einer Arbeit über die Großherzogliche Majolika-Manufaktur in Karlsruhe erworben. Nach Ende des Ersten Weltkrieges, in dem er schwer verwundet worden war, leitete er zunächst in Karlsruhe ‚die Majolika', stand ab 1925 in Berlin der Königlichen Porzellanmanufaktur vor und führte von 1929 bis 1942 die Vereinigten Werkstätten Berlin. Danach wurde er, wie bereits erwähnt, in Sèvres Sonderbeauftragter des Reiches[41]. Im Archiv der MGH ist ein Brief von Dr. Dr. Nicola Moufang vom 21. Oktober 1942 an Theodor Mayer erhalten, dem offensichtlich ein Telefonat der beiden vorausgegangen war. Moufang teilte in dem Schreiben Mayer auf seinen Wunsch hin die in Aussicht genommenen lateinischen Verse für den Ordenschrein mit: „Für das zweitürige Mittelteil des Schreins ‚Si vis pacem para bellum' für den halb so breiten linken Flügel ‚Fortes fortuna adjuvat' und für den rechten Flügel ‚Per aspera ad astra'"[42]. Vergleicht man die Zeichnung des Schranks[43] mit Moufangs Angaben im Brief an Mayer, so ist dort über dem zweitürigen Mittelteil anstelle des im Brief genannten Verses zu lesen: „Qui desiderat pacem praeparet bellum", woraus sich schließen lässt, dass Mayer möglicherweise diese Änderung vorschlug, weil wegen der Breite des Mittelteils ein längerer Spruch benötigt wurde[44]. Mehr lässt sich über Mayers Beteiligung an der Gestaltung des Ordenschreins wie auch über Mayers Expertise zum ‚deutschen Gruß' nicht herausfinden, denn im Nachlass von Theodor Mayer im Stadtarchiv Konstanz sind von oder an Paul Ritterbusch oder Nicola Moufang

---

38 Abgebildet von Otto Neubecker, Orden Görings (wie Anm. 36) bes. S. 18 ff. Die Photographien des sog. Ordenschreins auf S. 19, 21 und 23 stammen von der bekannten französischen Photographin Laure Albin Guillot, wie jeweils unten auf den Fotos vermerkt ist; vgl. Laure Albin Guilot (1879–1962). L' enjeu classique (Jeu de Paume. Dossier enseignants. Février–Mai 2013).

39 Vgl. Marlen Topp, Im Auftrag des Staates – Die französische Porzellanmanufaktur Sèvres zwischen politischer Weisung und künstlerischer Autonomie (1938–1963) (Diss. phil. Berlin 2018) S. 75 f. sowie Abb. 26 auf S. 272 (Entwurf für eine Plakette).

40 Ebd. S. 61.

41 Über Nikola Moufang, der in den biographischen Nachschlagewerken wie der NDB bislang noch nicht erfasst ist, gibt es kaum Literatur (außer den Erwähnungen in der Dissertation von Marlen Topp und einem Wikipedia-Artikel); vgl. auch dies., Nicola Moufang als Sonderbeauftragter des Dritten Reiches, in: Keramos. Zs. der Gesellschaft für Keramikfreunde 219/222 (2013) S. 61–70, in dem sie dargelegt, dass Moufang 1928 die Leitung der Staatsmanufaktur verlor, da ihm persönliche Bereicherung vorgeworfen wurde.

42 MGH-Archiv B 569 Bl. 356.

43 Neubecker, Ordenschrein (wie Anm. 36) S. 22. Die ausgewählten Sprüche waren eigentlich geflügelte Worte.

44 Siehe Arno Mentzel-Reuters, Friedrich Baethgen in nationalkonservativen Netzwerken (1917–1948), in vorliegendem Band S. 143 zu einem weiteren Auftrag an die Manufaktur in Sèvres, nämlich einen von Hitler selbst in Auftrag gegebenen Porzellanteller mit der Reiterstatue Karls des Großen auf der Vorder- und einem lateinischen Text auf der Rückseite.

keine Briefe in diesen Angelegenheiten erhalten[45]. Es war sicher nicht in Mayers Sinne, dass die beiden hier ausgewerteten Schreiben zwischen Korrespondenzen erhalten blieben, die wissenschaftliche Angelegenheiten des Reichsinstituts betreffen, und seine guten Verbindungen zu Vertretern des Regimes sichtbar machen, die er nach 1945 leugnete.

Percy Ernst Schramm

Percy Ernst Schramm[46] – den der Kunsthistoriker Erwin Panofsky mit galligem Humor den „Privat-Thukydides von Herrn Hitler" nannte[47], während Schramm, der von 1943 an das Kriegstagebuch des Oberkommandos der Wehrmacht geführt hatte, sich selbst als „Notar des Untergangs" bezeichnete[48] – hielt ebenso wie Theodor Mayer keine Distanz zum NS-Regime. Beide bekannten sich nach 1933 zum Nationalsozialismus und rechtfertigten antisemitische Maßnahmen des Regimes. Schramm stammte aus einer Hamburger Senatorenfamilie, war Rittmeister der Reserve und lehrte seit 1929 als Professor in Göttingen. Bei Ausbruch des Zweiten Weltkrieges war er 45 Jahre alt und Mitglied der NSDAP. Während der gesamten Dauer des Krieges lehnte Schramm eine Befreiung vom Kriegsdienst ab und verbat sich sogar die Zusendung von Sonderdrucken durch Kollegen, die nicht „der Truppe angehör[t]en", so etwa von dem Straßburger Ordinarius und SS-Hauptsturmführer Günther Franz (1902–1992)[49]. Diese Haltung Schramms gegenüber Kollegen beobachtete auch sein Mitarbeiter beim Kriegstagebuch, Felix Hartlaub (1913–1945), auf den noch zurückzukommen sein wird[50]. Nach 1945 nutzte Percy Ernst Schramm das nicht nachlassende Interesse

---

45 Ich danke dem Leiter des Stadtarchivs Konstanz, Prof. Jürgen Klöckler, herzlich für entsprechende Recherchen.

46 Vgl. zu Percy Ernst Schramm THIMME, Schramm (wie Anm. 10) S. 545f. zur Ausgabe der Tischgespräche, für die Hillgruber die Edition bearbeitete, während Schramm die Einleitung verfasste mit einer Analyse von Hitlers Persönlichkeit, da er sich seit der zweiten Hälfte der 1950er Jahre zunehmend mit Hitler beschäftigte. Dass Schramm seine eigene Rolle in der NS-Diktatur nie aufzuarbeiten versuchte, zeigt David THIMME, Die Erinnerungen des Historikers Percy Ernst Schramm. Beschreibung eines gescheiterten Versuchs, in: Zs. des Vereins für Hamburgische Geschichte 83 (2003) S. 227–262. Jetzt auch kritisch zu Schramm in der Nachkriegszeit Kerstin THIELER, Gemischtes Doppel. Die Auseinandersetzung des Historikers Percy Ernst Schramm und seiner Frau Ehrengard mit dem Nationalsozialismus zwischen Schuld, Verdrängung und Verantwortung, in: Strategien der Selbstbehauptung. Vergangenheitspolitische Kommunikation an der Universität Göttingen, hg. von Petra TERHOEVEN / Dirk SCHUMANN (2021) S. 55–99.

47 THIELER, Gemischtes Doppel (wie Anm. 46) S. 93.

48 Joist GROLLE, Der Hamburger Historiker Percy Ernst Schramm. Ein Historiker auf der Suche nach der Wirklichkeit (1989) S. 35, der Schramms 1943 erschienenes Buch über Hamburg merkwürdigerweise als „ein erstaunliches Dokument verdeckter Regimekritik" wertete und seine antisemitischen Einlassungen als „Konzessionen an Zeitgeist und Zeitumstände" zu entschuldigen suchte (S. 36f.).

49 Vgl. dazu THIMME, Schramm (wie Anm. 10) S. 482 mit Zitat aus einem entsprechenden Brief von Schramm an Günther Franz vom 7.8.1944 im Nachlass Schramm. Dasselbe Zitat (aus dem BArch) bei Jens THIEL, Der Dozent zieht in den Krieg. Hochschulkarrieren zwischen Militarisierung und Kriegserlebnis (1933–1945), in: Matthias BERG / Jens THIEL / Peter Th. WALTHER, Mit Feder und Schwert. Militär und Wissenschaft – Wissenschaftler und Krieg (2009) S. 211–240, hier S. 232. Siehe auch die folgende Anmerkung.

50 Felix Hartlaub an seinen Vater Gustav Hartlaub am 10.4.1944: „Er *[d.h. Schramm]* verbringt einen grossen Teil seiner Freizeit damit, irgendwelche Dozenten etc., die sich angeblich vor der Front gedrückt

der Deutschen an Adolf Hitler und dem Zweiten Weltkrieg und schrieb neben seinen mediävistischen Veröffentlichungen Bücher über die jüngste Vergangenheit und hielt Vorlesungen sowie Vorträge. 1962 erschienen von ihm sowohl das Buch ‚Denkmale der deutschen Könige und Kaiser', das er mit der Kunsthistorikerin Florentine Mütherich herausgab, als auch die kleine Monographie ‚Hitler als militärischer Führer', eigentlich nur ein Auszug aus der Einleitung zur Edition des Kriegstagebuchs des OKW[51]. 1963 folgte dann die erwähnte Neuedition von Hitlers sogenannten Tischgesprächen[52].

Schramms Denkschrift zur Nachfolge Adolf Hitlers
Neben seiner Aufgabe als Kriegstagebuchführer des Wehrmachtführungsstabes beim OKW erhielt Schramm „Sonderaufgaben", wie er sie nach dem Krieg nannte. Insgesamt neun Denkschriften beschrieb er in seiner zwischen 1961 und 1965 erschienenen Edition des Kriegstagebuches[53].

Die erste „Sonderaufgabe", für die er im Sommer/Herbst 1943 ausgewählt wurde, erteilte ihm nach eigener Aussage der Reichsminister und Chef der Reichskanzlei, Hans Heinrich Lammers (1879–1962). Diesem waren, so Schramm, „Besorgnisse wegen der Nachfolge Hitlers gekommen" und er wollte deshalb durch einen Experten „Beispiele aus der Vergangenheit" für die Nachfolgeregelung zusammengestellt sehen[54]. Manfred Messerschmidt bezeichnete diesen Auftrag im Sommer 1943, als der Krieg bereits verloren war und von den meisten auch so eingeschätzt wurde, als „Phantasieprojekt, das [...] doch wohl nur von Illusionisten in Betracht gezogen werden konnte"[55]. Heike Görtemaker stellte dar, wie seit Anfang 1943, nach der Kapitulation der 6. Armee in Stalingrad, die Zweifel am ‚Endsieg' in Hitlers Umgebung wuchsen, auch wenn jetzt alle Kräfte für den ‚totalen Krieg' mobilisiert wurden, woran sich Hans Heinrich Lammers beteiligte[56]. Offenbar begründete sich Lammers' Auf-

---

haben, aufzustöbern [...] in Zeitschriften und direkt persönlich anzugreifen. Kaum eine Woche, in der er nicht einen groben Brief in diesem Sinne loslässt" (Gabriele Lieselotte EWENZ [Hg.], Felix Hartlaub „In den eigenen Umriss gebannt". Kriegsaufzeichnungen, literarische Fragmente und Briefe aus den Jahren 1939–1945, 2 Bde. [revidierte Ausgabe 2007] 1 S. 704).

51 Percy Ernst SCHRAMM, Denkmale der deutschen Könige und Kaiser. Ein Beitrag zur Herrschergeschichte von Karl dem Großen bis Friedrich II. (768–1250) in Zusammenarbeit mit Florentine MÜTHERICH (1962) und DERS., Hitler als militärischer Diktator (Vortragsreihe der Niedersächsischen Landesregierung zur Förderung der Wissenschaftlichen Forschung 17, 1961). Das Bändchen ist „auf Aufforderung des Herrn Ministerpräsidenten" entstanden, es war ursprünglich ein am 23.6.1960 gehaltener Vortrag und wurde dann separat publiziert (dort auch S. 3f. die Formulierung Schramms, er sei „durch seltsame Zufälle zum ‚Notar des deutschen Untergangs' geworden").
52 Siehe oben S. 163 mit Anm. 10.
53 Vgl. Percy Ernst SCHRAMM / Andreas HILLGRUBER / Walther HUBATSCH / Hans-Adolf JACOBSEN, Kriegstagebuch des Oberkommandos der Wehrmacht (Wehrmachtführungsstab) Bd. 1–4 in 8 Teilbdn. (1961–1965), hier Bd. 4,2 (1961) S. 1787–1797.
54 Ebd. S. 1781 und S. 1795 Anm. 1.
55 Manfred MESSERSCHMIDT, Karl Dietrich Erdmann, Walter Bußmann und Percy Ernst Schramm, Historiker an der Front und in den Oberkommandos der Wehrmacht und des Heeres, in: Nationalsozialismus in den Kulturwissenschaften 1: Fächer – Milieus – Karrieren, hg. von Hartmut LEHMANN / Otto Gerhard OEXLE (2004) S. 417–443, hier S. 443.
56 Heike B. GÖRTEMAKER, Hitlers Hofstaat. Der innere Kreis im Dritten Reich und danach (2019) S. 306–308.

trag an Schramm auch aus seiner ‚Führertreue' und seinem Wissen, dass der Krieg nicht verloren gehen durfte, wenn er eine Zukunft haben wollte[57]. Der konkrete Hintergrund von Lammers' Auftrag war, dass die vom ‚Führer' 1934 und 1939 ausersehenen Nachfolger aus seiner Sicht nicht mehr in Frage kamen beziehungsweise nicht mehr zur Verfügung standen: Der bereits 1934 und dann nochmals am Tag des Kriegsausbruches, dem 1. September 1939[58], bestimmte Hermann Göring hatte nicht nur in Hitlers Augen angesichts der schweren Bombenangriffe der Alliierten auf deutsche Städte als Chef der Luftwaffe versagt, so dass seine „Macht im Schwinden begriffen war"[59]. Rudolf Hess, von Hitler 1939 als zweiter Nachfolger genannt, war am 10. Mai 1941 zu seinem berühmten Englandflug aufgebrochen und dort in Gefangenschaft geraten[60]. Aus den Tagebüchern von Joseph Goebbels geht hervor, dass Hitler mit seinem Propagandaminister bereits im November 1939 und dann im Februar 1941 – also noch vor dem Flug von Rudolf Hess nach England – die Nachfolgefrage erörtert hatte, wobei es offenbar nicht konkret um Namen ging, sondern um die Prozedur der ‚Führerwahl' durch einen Senat von etwa 60 Personen, wie Goebbels festhielt[61]. Auch in den hier schon behandelten ‚Tischgesprächen' Hitlers spielte die Nachfolgefrage im ‚Führerstaat' im März und Juni 1942 eine Rolle: Hitler philosophierte angeblich über verschiedene Nachfolgeprozeduren in der Geschichte, etwa bei den Päpsten oder bei den venezianischen Dogen[62]. Inwieweit Schramm im Jahr 1943 über Hitlers Äußerungen zu diesem Thema – abgesehen von der offiziellen Verlautbarung in der Rede vom 1. September 1939 – Bescheid wusste, lässt sich nicht feststellen.

Im November 1943 legte Schramm eine 69 Schreibmaschinenseiten umfassende Denkschrift unter dem Titel „Die Nachfolge des Staatshauptes in geschichtlicher Sicht" vor, zusammen mit einer fast doppelt so umfangreichen Anlage mit der Überschrift „Geschichtlicher Überblick über die Nachfolge des Staatshauptes in Europa und Amerika vom Hellenismus bis heute (mit Seitenblicken auf die Geschichte des Kirchenrechts und der Stadtverfassung)"[63]. Der Anhang ist allerdings nicht in allen Kapiteln ausgearbeitet, wie man an dem Exemplar, das im Institut für Zeitgeschichte archiviert ist, feststellen kann. Es enthält zum

---

57 So ebd. S. 310.
58 Hitlers Rede im Reichstag am 1.9.1939 (Max Domarus [Hg.], Hitler. Reden und Prokolamationen 1932–1945. Kommentiert von einem deutschen Zeitgenossen [1962/63; benutzt ⁴1988] 2 S. 1307–1327, hier S. 1316); vgl. auch Rainer Zitelmann, Hitler. Selbstverständnis eines Revolutionärs (zitiert nach der erweiterten Neuauflage 1998) S. 428.
59 Görtemaker, Hitlers Hofstaat (wie Anm. 56) S. 312.
60 Vgl. dazu jetzt Manfred Görtemaker, Rudolf Hess. Der Stellvertreter (2023) bes. S. 288 ff. zur Ernennung von Hess zum Stellvertreter Hitlers sowie S. 448 ff. zu seinem Englandflug. Zur „Panik auf dem Obersalzberg" (S. 479) nach Bekanntwerden des Englandfluges ebd. S. 479 ff.
61 Vgl. Zitelmann, Hitler (wie Anm. 58) S. 429 mit Anm. 147 und 148 (Die Tagebücher von Joseph Goebbels, hg. von Elke Fröhlich, 3 Teile, 32 Bde. [1993–1996] hier Teil 1 Bd. 7 S. 180 und Teil 1 Bd. 9 S. 127).
62 Hitlers Tischgespräch Nr. 56 (wie Anm. 10) S. 229–236.
63 Kopien der Denkschrift finden sich in Hamburg, Staatsarchiv, Nl Schramm 622-1/L281/1 unter dem Titel „Nachfolge des Staatsoberhaupts in geschichtlicher Sicht (1943)" in: „Arbeiten im Wehrmachtführungsstab außerhalb der Kriegstagebuchführung 1943–45" und in München, IfZ ED 26 (digitalisiert verfügbar: https://www.ifz-muenchen.de/archiv/ED_0026_0001_0000.pdf und https://www.ifz-muenchen.de/archiv/ED_0026_0002_0000.pdf [Links wurden am 19.6.2024 abgerufen]).

einen handschriftliche Notizen, zum anderen sind die noch fehlenden Kapitel des Anhangs im Inhaltsverzeichnis rot markiert.

Bislang hat diese Denkschrift in der Forschung wenig Beachtung, geschweige denn eine genauere Untersuchung erfahren, obwohl Schramm sie wie seine anderen Denkschriften in den Erläuterungen zur Edition des Kriegstagebuches erwähnte[64]. Auf die Nennung in der Edition wies lediglich Manfred Messerschmidt 2004 hin[65], der aber anscheinend nicht davon ausging, dass die Denkschrift erhalten geblieben ist. David Thimme führte sie in seiner 2003 erschienenen Schramm-Biographie nicht an, obwohl eine Kopie im Nachlass Schramms im Staatsarchiv Hamburg mit dem Titel „Nachfolge des Staatsoberhaupts in geschichtlicher Sicht. Arbeiten im Wehrmachtführungsstab außerhalb der Kriegstagebuchführung 1943–1945" liegt[66]. Schramm selbst bezeichnete sie in seinen Erläuterungen zur Edition des Kriegstagebuchs als „Denkschrift über das Problem der Nachfolge im Wandel der Geschichte"[67]. Wir haben also neben dem Titel auf dem Original im Institut für Zeitgeschichte zwei weitere, abweichende Überschriften. Außer von Messerschmidt wurde die Denkschrift 1998 von Rainer Zitelmann in seiner 1985/86 eingereichten Dissertation „Hitler. Selbstverständnis eines Revolutionärs" innerhalb des Kapitels über „Hitlers innenpolitische Vorstellungen und Ziele" bei der Behandlung der „Verfassungs- und Nachfolgefrage" erwähnt[68]. Zitelmann unterstrich, dass Hitler sich sehr wohl Gedanken über seine Nachfolge gemacht habe, was unter anderem Eberhard Jäckel bestritten hatte[69]. Den Text der Schramm'schen Denkschrift kannte Zitelmann allerdings ebenso wenig wie Messerschmidt, er hatte lediglich einen Hinweis darauf in nach dem Krieg gemachten Äußerungen Wilhelm Heinrich Scheidts, des Stellvertreters von Walter Scherff in der Kriegsgeschichtlichen Abteilung beim Oberkommando der Wehrmacht, gefunden[70]. Wilhelm Heinrich Scheidt (1913–1954), der seinen bei dem Attentat vom 20. Juli 1944 schwer verletzten Chef Walter Scherff im Führerhauptquartier vertrat und an den Lagebesprechungen mit Hitler teilnahm, gab nach dem Krieg zu Protokoll, Hitler habe sich die Nachfolgefrage überlegt und mit dem Chef der Reichskanzlei besprochen, der dann wiederum Schramm mit einer Denkschrift beauftragt habe[71]. Die Tatsache, dass Scheidt die Studie von Schramm zwar nicht gesehen hatte, aber von seiner Beauftragung durch Lammers wusste, stimmt mit den Einträgen Schramms im Kriegstagebuch überein. Dort fügte Schramm als Erklärung für seine Beauftragung hinzu, dass einer

---

64 SCHRAMM, Kriegstagebuch (wie Anm. 53) 4,2 S. 1787–1796 („5. Sonderaufgaben").
65 MESSERSCHMIDT, Historiker an der Front (wie Anm. 55) S. 443.
66 THIMME, Erinnerungen (wie Anm. 46).
67 SCHRAMM, Kriegstagebuch (wie Anm. 53) 4,2 S. 1795 Anm. 1.
68 ZITELMANN, Hitler (wie Anm. 58) S. 425–433.
69 Ebd. S. 428.
70 Ebd. S. 568f. Die Äußerungen stammen aus einem Interview David Irvings mit Scheidt (München, IfZ ED 110, 204–208).
71 Ebd. S. 568 Anm. 155: „Hitler überlegte sich die Nachfolgefrage grundsätzlich und begann, das Problem zu studieren. Er besprach es mit dem Chef der Reichskanzlei, Lammers, dem er ebenfalls den Rang eines Reichsministers verliehen hatte. Die Regelung der Nachfolgefrage im römischen Kaiserreich durch Adoption wurde zum Vergleich herangezogen und als gut erkannt. Daneben ließ Lammers durch den Professor Percy Ernst Schramm eine Studie über die Regelung der Nachfolge im Wahlkaisertum des alten Heiligen Römischen Reiches deutscher Nation anfertigen – eine Form, die aber weniger in Betracht kam."

der „Räte" von Lammers mit ihm „seit der Studienzeit" verbunden gewesen sei und seinen Chef Lammers auf ihn, Schramm, aufmerksam gemacht habe[72]. Leider wissen wir nicht, um wen es sich handelt, denn in den ‚Akten Regierung Hitler' begegnet der Name Schramms nach Auskunft des langjährigen Bearbeiters Friedrich Hartmannsgruber nicht. Man müsse davon ausgehen, dass das Exemplar in der Reichskanzlei, das vielleicht den Namen des Studienfreundes verzeichnete, „wie alle Geheimakten der Reichskanzlei (und die evtl. Nachfolge Hitlers war sicherlich ein Geheimvorgang) bei Kriegsende vernichtet wurde"[73]. Nicht einmal Schramms engster Mitarbeiter Felix Hartlaub wusste Genaues über die Denkschrift, denn er schrieb am 23. Juli 1943 an seinen Vater Gustav: „Percy hat sich einen längeren Urlaub herausgefochten zwecks Herstellung einer mysteriösen Denkschrift" und nochmals am 8. Oktober: „Percy steckt tief in einer großen halboffiziellen Denkschrift"[74]. Der namentlich nicht bekannte Studienfreund in der Reichskanzlei wird von Percy Ernst Schramm noch in einem anderen Zusammenhang erwähnt. Im Sommer 1944 bat Schramm diesen Studienfreund um Hilfe, nachdem seine Schwägerin Elisabeth von Thadden (1890–1944), die älteste Schwester seiner Frau Ehrengard (1900–1985), im Januar 1944 wegen Wehrkraftzersetzung verhaftet und im Juli zum Tode verurteilt worden war. Schramm wurde jedoch nach eigener Aussage abgewiesen und seine Schwägerin am 8. September 1944 hingerichtet[75].

Woher das Exemplar der Denkschrift von Percy Ernst Schramm im Münchner Institut für Zeitgeschichte stammt, lässt sich nicht mehr feststellen. Bei dem Exemplar im Nachlass Schramm in Hamburg handelt es sich wohl um die Kopie des Verfassers. Scheidt gab nach dem Krieg gegenüber David Irving zu Protokoll, dass Hitler nach dem Englandflug von Rudolf Hess an den Reichsjugendführer Baldur von Schirach als seinen Nachfolger gedacht habe[76]. Dies dürfte jedoch für den Sommer 1943 nicht mehr zutreffen. Während Schramm an seiner Denkschrift arbeitete, fielen Henriette und Baldur von Schirach bei Hitler in Ungnade, denn der Reichsjugendführer verlangte vom ‚Führer', den Krieg zu beenden, und seine Frau hatte gegen die Deportation von Jüdinnen aus Holland protestiert[77].

Was ist nun der Inhalt dieser Denkschrift von Herbst 1943 samt Anlage? Was schrieb der Autor 1961 selbst über sein Werk?

Die Abhandlung ist eine wenig spannende Lektüre, die schon eingangs mit einer Skurrilität aufwartet, die sich auch im Titel ausdrückt: Er schreibe, so Schramm, immer nur vom „Staatshaupt" und nicht vom „Staatsoberhaupt", weil es bei Verwendung dieses Begrif-

---

72 Schramm, Kriegstagebuch (wie Anm. 53) 4,2 S. 1781 Anm. 1.
73 E-Mail von Friedrich Hartmannsgruber an die Verfasserin am 13.10.2022.
74 Felix Hartlaub, Brief Nr. 172 vom 23.7.1943 (ed. Ewenz [wie Anm. 50] 1 S. 631, dazu ebd. 2 S. 281f.); Felix Hartlaub an die Eltern am 8.10.1943 (Felix Hartlaub in seinen Briefen, hg. von Erna Krauss / Gustav Friedrich Hartlaub [1958] S. 207). Auch im Oktoberbrief beschwerte sich Hartlaub wieder darüber, „daß das ganze Tagebuch auf uns, d.h. auf mir, sitzen bleibt".
75 Vgl. die Angabe, Schramm habe diesen Studienfreund im Sommer 1944 aufgesucht, bei Irmgard von der Lühe, Eine Frau im Widerstand. Elisabeth von Thadden (1989) S. 133 (jedoch ohne nähere Angaben). Vgl. zu Elisabeth und Ehrengard von Thadden auch die Erinnerungen ihrer viel jüngeren Halbschwester Maria Wellershoff (geb. von Thadden 1922–2021): Von Ort zu Ort. Eine Jugend in Pommern (2010).
76 Zitelmann, Hitler (wie Anm. 58) S. 432f.
77 Die Details bei Görtemaker, Hitlers Hofstaat (wie Anm. 56) S. 308.

fes ja auch „Staatsunterhäupter" geben müsse, was nicht der Fall sei. In umständlicher Art und Weise und im Anhang dann mit ausfernden Quellen- und Literaturangaben behandelte Schramm alle Arten der Nachfolge durch die Jahrhunderte in den einzelnen Staaten mit Schwerpunkt auf dem Mittelalter. Bei allen Formen der Nachfolgeregelung sah er gravierende Nachteile, auch beim spätmittelalterlichen Kurfürstenkolleg, dem aus den sieben ranghöchsten Fürsten des Heiligen Römischen Reiches bestehenden Gremium, das seit dem 13. Jahrhundert die Wahl des römisch-deutschen Königs vornahm. Schließlich gelangte Schramm aber doch zu dem Schluss, dass dieses Kurfürstenkolleg als Vorbild für die Planung der Nachfolge des ‚Führers' tauge und ein „Reichskürtag" oder „Führerkurtag" einberufen werden müsse; als Wahlgremium sollte ein sog. „Führerkürkolleg" tätig werden[78]. Im Hinblick auf mögliche Nachfolger Hitlers blieb Schramm vollkommen vage, die Namen Göring und Hess nannte er nicht – offenbar nahm Schramm an, dass auch Göring nicht mehr in Frage kam. Er bekannte sich jedoch nachdrücklich zu Hitler als dem „Führer und Oberste[n] Befehlshaber" und rechtfertigte die Staatsform der NS-Diktatur: „Nach dem ersten Weltkrieg geriet dann alles in eine Krise, was überhaupt an Bindungen bestand. Selbst die Reichswehr, die kleine Erbin einer großen Tradition, war in ihrem Ethos gefährdet. Das ist nun seit 1933 anders geworden: es gibt seither nur noch das Gesamtvolk und die wieder alle Wehrfähigen umfassende Wehrmacht, beide ein und derselben uneingeschränkten Führung unterstellt, aber ihr durch das gleiche Vertrauen verbunden, das der Führer und Oberste Befehlshaber der Wehrmacht dem Volk und seinen Waffenträgern entgegenbringt. Diese Form der Herrschaft ist neu, aber sie wird von den Kräften getragen, die seit jeher in der deutschen Geschichte wirksam waren und sich nur nicht voll auswirken konnten, da sich in der Vergangenheit gegen sie das Schicksal mit den schlechten Eigenschaften unserer Art verbündete", so Schramm[79]. Interessant ist außerdem, wie Schramm die Aufrichtung der NS-Diktatur unter anderem mit dem Gesetz gegen die Neubildung von Parteien vom 14. Juli 1933 und mit dem Gesetz zur Volksabstimmung vom 19. August 1934 darstellte, wodurch Hitler die Ämter des Reichskanzlers und Reichspräsidenten in seiner Person vereinigte: „In Deutschland wurde ein dem Plebiszit entsprechender Weg eingeschlagen, als am 19. August 1934 alle Wahlberechtigten zur Entscheidung über das Gesetz aufgerufen wurden, auf Grund dessen Adolf Hitler – unter Beibehaltung des Amtes des Reichskanzlers – die Nachfolge des Reichspräsidenten von Hindenburg antrat. Die Grundlage bildete das am 14. Juli 1933 erlassene Gesetz über die Volksabstimmung, die an die Stelle des nach dem schweizerischen Vorbild in die Weimarer Verfassung aufgenommenen Volksentscheides (Referendum) sowie des Volksbegehrens gesetzt wurde. Dieser Weg wurde gewählt, um einerseits vor aller Welt klarzustellen, in welchem Maße der Führer als nunmehriges Staatshaupt das Vertrauen des deutschen Volkes genoß und um andererseits dieses auf den Führer zu verpflichten", so Schramm im Sommer/Herbst 1943[80].

Abschließend soll Percy Ernst Schramm mit der Nachkriegs-Interpretation seiner Denkschrift für die Nachfolge des ‚Führers' zu Wort kommen: „In der von mir abgelieferten Denkschrift spielten die Papst- und die Dogenwahl die Hauptrolle, da es sich ja sonst

---

78 SCHRAMM, Nachfolge (wie Anm. 63) S. 51.
79 Ebd. S. 52.
80 Ebd. S. 54f.

durchweg um Erbgang handelte. Mit Hilfe meines Freundes" – der allerdings als Mitverfasser oder Adlatus keine namentliche Erwähnung findet – „fertigte ich auch einen – als Anhang beigefügten – Vorschlag an, der auf die Abhaltung einer *[sic!]* Konklave mit geheimer Stimmabgabe hinauslief. Wir hatten dabei den Hintergedanken, die Mitwirkung der Partei einzugrenzen und der drohenden Nachfolge Himmlers einen Riegel vorzuschieben. Irgendwelche Folgen hat diese Denkschrift nicht gehabt, da Lammers sich nicht getraute, Hitler zu drängen, daß die offene Frage geklärt würde. Daher fand die US-Army dieses Schriftstück 1945 im Panzerschrank des Chefs der Reichskanzlei (Hist. Div. W 5/47)"[81].

Fraglich ist, ob Hitler diese Denkschrift tatsächlich vorgelegt wurde. Dass Percy Ernst Schramm und sein ungenannter Mitstreiter in der Reichskanzlei mit der Denkschrift die NSDAP und den Reichsführer-SS Heinrich Himmler bei einer ‚Wahl' ‚einhegen' wollten, lässt sich am Text nicht festmachen. Dass Hitler oder jemand aus seiner Umgebung 1943 Heinrich Himmler als aussichtsreichen Kandidaten für die Nachfolge des Führers ansah, ist unwahrscheinlich und wohl der Perspektive der 1960er Jahre geschuldet, nachdem Himmlers maßgebliche Rolle bei der Vernichtung der Juden bekannt geworden war. Percy Ernst Schramms Ausführungen nach dem Krieg zu dieser Denkschrift sind daher nichts anderes als eine Selbstentlastungserzählung. Unklar bleibt auch, was Hans Heinrich Lammers mit der Vergabe des Auftrages an Schramm zu diesem späten Zeitpunkt eigentlich bezweckte, zumal zusätzlich jemand eingestellt werden musste, der Schramm in diesen Monaten von seiner eigentlichen Aufgabe entlastete. Denn, so erläuterte Schramm in der Ausgabe des Kriegstagebuches, der Sonderauftrag führte dazu, dass „es mir längere Wochen hindurch unmöglich" war, „das KTB zu führen", und so wurde „auf meinen Vorschlag als Vertreter in den WFStab der Oberleutnant d. Res. Dozent Dr. phil. Walther Hubatsch kommandiert, der mir seit seiner Studienzeit nahestand, sich als Historiker in Göttingen habilitiert hatte und durch seine Kriegsjahre auch die militärischen Voraussetzungen für diese Aufgabe mitbrachte"[82]. Walther Hubatsch (1915–1984) blieb bis zum Kriegsende beim Kriegstagebuch, da Schramm weitere ‚Sonderaufgaben' übernahm[83].

Weitere ‚Sonderaufgaben' und Denkschriften Percy Ernst Schramms
Nachdem Percy Ernst Schramm im Herbst 1943 die Denkschrift zur Nachfolge Adolf Hitlers abgeliefert hatte, folgte nach eigener Aussage eine „von F. Hartlaub entworfene Studie über die Kräfteverschiebungen *[...]*, die im ersten Vierteljahr 1944 im Hinblick auf die im Westen und Süden zu befürchtenden Landungen und die angespannte Lage an den übrigen Fronten durchgeführt wurden"[84]. Weitere ‚Sonderaufgaben' schlossen sich aufgrund der Kriegslage an. Die unerwartete Landung der Amerikaner bei Nettuno und Anzio am 22. Januar 1944 ver-

---

81 SCHRAMM, Kriegstagebuch (wie Anm. 53) 4,2 S. 1781.
82 So ebd. S. 1781f.
83 Vgl. zu ihm Michael EPKENHANS, Walter Görlitz und Walther Hubatsch. Zu den Anfängen und Problemen der Militärgeschichtsschreibung in der frühen Bundesrepublik, in: Deutsche Militärhistoriker von Hans Delbrück bis Andreas Hillgruber, hg. von Jost DÜLFFER / Hans Gotthard EHLERT (2010) S. 53–68 sowie Eva-Lotte KALZ, „Die Historiker waren Soldaten". Walther Hubatschs Geschichte vom Kriegsende in Göttingen, in: Strategien der Selbstbehauptung (wie Anm. 46) S. 100–140.
84 So SCHRAMM, Kriegstagebuch (wie Anm. 53) 4,2 S. 1787. Abgedruckt ebd. 4,1, 1. Abschn. S. 78–120. Zu Hartlaubs Rolle als Mitarbeiter von Schramm siehe unten S. 184f.

anlasste Schramm, „die gegen uns und die für uns wirksamen Faktoren möglichst vollständig festzuhalten, um für weitere Angriffe gewappnet zu sein"[85]. Als im Februar 1944 mit dem Abfall Ungarns vom Deutschen Reich gerechnet wurde, erhielt Schramm den Auftrag, eine Denkschrift vorzubereiten, „in der zusammengefasst werden sollte, was im militärischen Sektor den Ungarn vorzuhalten war, nachdem das Auswärtige Amt den Auftrag erhalten hatte, alles zusammengetragen [...] was von deutscher Seite im diplomatischen Bereich den Ungarn vorgeworfen wurde (darunter die bekanntgewordenen Versuche ungarischer Diplomaten im neutralen Ausland, Verhandlungen mit den Alliierten einzuleiten)"[86]. Da Schramm „1941 Ordonnanzoffizier des Deutschen Generals der Kgl. Ungarischen Wehrmacht" gewesen war, wie er hinzufügte, wurde ihm diese Aufgabe übertragen, und er notierte, dass das Auswärtige Amt die Denkschrift Ende Februar 1944 vorgelegt habe und er seine am 6. März[87]. Es folgte die Besetzung Ungarns – wie Schramm sich ausdrückte – mit Hilfe von „Tarnunternehmungen [...] wie sie auf Anregung und Drängen Hitlers seit dem gestellten Überfall auf den Sender Gleiwitz (31.8.1939) üblich geworden waren"[88]. Dass er sich mit dieser Sonderaufgabe besondere Mühe gegeben habe, betonte Schramm mit folgender Begründung: „Dieser Abschnitt lässt erkennen, zu welchen Maßnahmen die diplomatische sowie die militärische Führung – und beides heißt: Hitler – griffen, greifen mussten, um das Abbröckeln der Verbündeten zu verhindern und die drohende Katastrophe hinauszuschieben"[89].

In der Edition des Kriegstagebuchs nannte Schramm in der weiteren Aufzählung „Niederschriften", die er „nach dem Attentat des Grafen Stauffenberg (20. Juli 1944) aufsetzte und zusammenheftete"[90]. Diese Niederschriften dürften ohne offiziellen Auftrag entstanden sein, genau wie die erwähnte „Denkschrift über die Zusammensetzung des Offizierskorps im II. Weltkrieg" und die „Beurteilung der personellen und materiellen Rüstungslage der Wehrmacht"[91]. Dagegen war seine Denkschrift zur Vorbereitung der sogenannten Ardennen-Offensive, die am 16. Dezember 1944 begann, nach eigener Aussage eine „Auftragsarbeit"[92], ohne dass er den Auftraggeber namentlich nannte. Diese Arbeit unterlag besonderer Geheimhaltung, so dass Schramm sich dafür die Akten über die Vorbereitung des Westfeldzugs 1940 aus dem Reichskriegsarchiv in Liegnitz besorgen musste. Damit niemand erahnte, wofür er dieses Material benötigte, behauptete Schramm, eine Broschüre zum Fünfjahrestag des Westfeldzugs zu verfassen.

Percy Ernst Schramms Tätigkeit für die Historical Division der U.S. Army und die Umdeutung seiner Denkschrift zur Treibstoff-Frage in der Nachkriegszeit
Am 2. Juni 1945 wurde Percy Ernst Schramm von den Amerikanern verhaftet und zunächst in ein Gefangenenlanger bei Freising, dann nach Oberursel im Taunus gebracht, bevor er

---

85 Auch diese Darstellung ist in die Edition des Kriegstagebuchs aufgenommen worden: SCHRAMM, Kriegstagebuch (wie Anm. 53) 4,1, 2. Abschn. S. 78–120.
86 Ebd. 4,2 S. 1788.
87 Ebd. S. 1789.
88 Ebd. S. 1788.
89 Ebd. S. 1790.
90 Ebd. S. 1791–1794.
91 Ebd. S. 1796.
92 Ebd. S. 1794–1796.

im September nach Saint-Germain bei Paris zur Historical Division der U.S. Army kam[93]. Diese Abteilung sollte die Strategie der deutschen Wehrmacht während des Krieges analysieren, um „von den Besiegten [zu] lernen", wie Esther-Julia Howell ihre Arbeit über die Zusammenarbeit dieser ‚Kriegsgeschichtlichen Abteilung' der U.S. Army mit der ehemaligen Wehrmachtselite nannte. Insgesamt wurden 328 deutsche Offiziere an der Historical Division beteiligt. So trafen sich hier neben anderen führenden Offizieren auch Walter Warlimont (1894–1976), Helmuth Greiner (1892–1958) und Percy Ernst Schramm wieder. Letzter erhielt den Auftrag, seine eigenen Aufzeichnungen ins Reine zu schreiben und auszuwerten[94]. Im Dezember 1945 wurde Schramm nach Nürnberg überstellt, wo er am 8. Juni 1946 als Entlastungszeuge im Prozess gegen seinen ehemaligen Vorgesetzten Generaloberst Alfred Jodl (1890–1946) aussagte[95]. Jens Brüggemann hat die Bemühungen Schramms um eine Rehabilitierung Jodls, auch nach dem Nürnberger Urteil und der Hinrichtung Jodls, nachgezeichnet. Die Quellen zu diesen Vorgängen liegen im Münchner Institut für Zeitgeschichte, denn unmittelbar nach Kriegsende beabsichtigte Schramm, eine Biographie Jodls zu verfassen, ein Plan, den er schließlich aufgab. Noch in den 1950er Jahren bezeichnete Percy Ernst Schramm das Nürnberger Urteil als „schreiendes Unrecht"[96] und hoffte 1960, mit seiner Publikation des Kriegstagebuchs „die Tragik der Generale" darzustellen und eine „Revision des landläufigen Urteils" zu erreichen. In einem vom bayerischen Staat 1952 angestrengten Verfahren zur Einziehung des Nachlassvermögens von Alfred Jodl unterstützte Schramm dessen Witwe Luise Jodl (1905–1998)[97].

Nach seiner Entlassung aus der Kriegsgefangenschaft am 5. Oktober 1946 bemühte sich Schramm sogleich um seine Entnazifizierung, um wieder als Hochschullehrer tätig werden zu können. Besondere Bedeutung erlangte in der Nachkriegszeit seine Denkschrift über die Treibstoff-Frage vom Herbst 1943 bis Juni 1944, die sich mit der Zerstörung von Fabriken, die synthetische Stoffe für die Wehrmacht herstellten, und der Zerstörung von Erdölraffinerien im verbündeten Rumänien durch alliierte Bombenangriffe befasste[98]. 1954 publizierte Schramm diese Denkschrift nochmals in bearbeiteter Form in der Festschrift für den Göttinger Rechtshistoriker Herbert Kraus (1884–1965), den er während der Nürnberger Kriegsverbrecherprozesse als Verteidiger des ehemaligen Reichswirtschaftsministers Hjalmar Schacht (1877–1970) kennengelernt hatte[99]. Zwei Jahre zuvor, im März 1952, hatte Schramms

---

93 Vgl. Thimme, Schramm (wie Anm. 10) S. 487–489.
94 Vgl. zu dieser Abteilung Esther-Julia Howell, Von den Besiegten lernen? Die kriegsgeschichtliche Kooperation der U.S. Armee und der ehemaligen Wehrmachtselite 1945–1961 (2016), zu Schramm S. 86–88 und 310. Thimme, Schramm (wie Anm. 10) S. 488 spricht davon, dass „ehemalige deutsche Offiziere […] dabei zwangsweise zur Unterstützung hinzugezogen" worden seien. Vermutlich fühlten sich Schramm und andere eher geschmeichelt, dass sie mit ihren Kenntnissen über den Kriegsverlauf als ‚Experten' gefragt waren.
95 Vgl. dazu jetzt ausführlich Jens Brüggemann, Männer von Ehre? Die Wehrmachtgeneralität im Nürnberger Prozess 1945/46. Zur Entstehung einer Legende (2018) bes. S. 340–359.
96 Vgl. ebd. S. 341 unter Benutzung des Nachlasses von Alfred und Luise Jodl in München, IfZ (ED 115/16 bis ED 115/28).
97 Brüggemann, Männer von Ehre (wie Anm. 95) S. 341 mit Anm. 907.
98 Schramm, Kriegstagebuch (wie Anm. 53) 4,2 S. 1790f.
99 Percy Ernst Schramm, Die Treibstoff-Frage vom Herbst 1943 bis Juni 1944 (Landung im Westen) mit Ausblicken auf das Kriegsende im Rahmen des Kampfes gegen die deutsche Versorgung mit Grund-

Denkschrift in einem Prozess vor dem Braunschweiger Oberlandesgericht eine nicht unerhebliche Rolle gespielt. Der Generalstaatsanwalt Fritz Bauer (1903–1968) hatte den früheren Generalmajor Ernst Otto Remer (1912–1997) wegen Verunglimpfung des Andenkens Verstorbener angeklagt. Remer, der nach dem gescheiterten Bombenattentat auf Hitler vom 20. Juli 1944 an der Niederschlagung des Umsturzversuches in Berlin beteiligt gewesen war und erheblich zum Scheitern der versuchten Entmachtung der NS-Führung beigetragen hatte, schmähte auf einer Wahlkampfveranstaltung der rechtsextremen Sozialistischen Reichspartei (SRP) Anfang der 50er Jahre die Männer des 20. Juli als „Landesverräter"[100]. Schramms Denkschrift sollte im Kontext des Prozesses belegen, dass der Krieg für Deutschland im Juli 1944 bereits verloren war und deshalb der Widerstand der Attentäter gegen ein verbrecherisches Regime kein Landesverrat war, sondern seine Berechtigung hatte, um den Krieg zu beenden und auf diese Weise viele Menschenleben zu retten[101]. Der Text wurde als Beleg dafür verwendet, dass die in rechtsextremen Kreisen wieder aufkommende ‚Dolchstoßlegende' faktisch falsch war. Wenn der Krieg im Juli 1944 bereits verloren war, konnte nicht der militärische Widerstand die Niederlage der NS-Diktatur im Krieg verursacht haben. Ernst Otto Remer wurde zu einer dreimonatigen Gefängnisstrafe verurteilt, entzog sich aber der Haft durch Flucht ins Ausland. Herbert Kraus, der ebenso wie Fritz Bauer in der Zeit des Nationalsozialismus emigriert und nach Kriegsende nach Deutschland zurückgekehrt war, publizierte anschließend alle vor Gericht verwendeten Gutachten als Buch, darunter auch die Denkschrift von Percy Ernst Schramm. Nach seiner Tätigkeit für die Historical Division der U.S. Army und nach der Umdeutung seiner Denkschrift von 1943/44, die nun in einem Gerichtsprozess gegen einen rechtsextremen Publizisten eingesetzt worden war, verwundert es nicht, dass Schramm sich nach Kriegsende zunächst einmal als historischer Sachverständiger par excellence für das ‚Dritte Reich' und den Krieg stilisierte und keine kritische Distanz zu seinen Schriften entwickelte. Der Historiker Jörg Wollenberg wies indessen darauf hin, dass Schramms Denkschrift über die ‚Treibstoff-Frage' möglicherweise in den letzten Kriegsjahren zur Ausweitung des Großbauprojekts Auschwitz III (Fürstengrube) beigetragen habe. So ließen die I.G. Farben gegen Ende des Krieges in Auschwitz für die Armee dringend benötigtes synthetisches Gummi und Benzin herstellen, da sich das Lager

---

stoffen (nach dem Kriegstagebuch des Wehrmachtführungsstabes), in: Festschrift für Herbert Kraus (1954) S. 394–421. Vgl. auch Jörg WOLLENBERG, Rezension von Thimme, Percy Ernst Schramm und das Mittelalter, in: Sozial.Geschichte. Zs. für historische Analyse des 20. und 21. Jahrhunderts 22,3 (2007) S. 171–174, bes. S. 173, der monierte, dass Thimme diese Denkschrift in seiner Biographie Schramms nicht behandelt.

100 Vgl. zum sog. Remer-Prozess Claudia FRÖHLICH, Der Braunschweiger Remer-Prozess 1952. Zum Umgang mit dem Widerstand gegen den NS-Staat in der frühen Bundesrepublik, in: Schuldig. NS-Verbrechen vor deutschen Gerichten. Edition Temmen: Beiträge zur Geschichte der nationalsozialistischen Verfolgung in Norddeutschland 2005) 9) S. 28–17 und jetzt Ruth HOFFMANN, Das deutsche Alibi. Mythos ‚Stauffenberg-Attentat' – wie der 20. Juli 1944 verklärt und politisch instrumentalisiert wurde (2024) S. 54–30.

101 Percy Ernst SCHRAMM, Historisches Gutachten über die Kriegslage im Sommer 1944, in: Die im Braunschweiger Remerprozeß erstatteten moraltheologischen und historischen Gutachten nebst Urteil, hg. von Herbert KRAUS (1953) S. 63–81.

weitgehend außer Reichweite der alliierten Bomber befand[102]. Schramm erwähnte nicht nur alle neun Denkschriften nach dem Krieg in seiner Edition des Kriegstagebuchs, sondern nahm auch fast alle als Text auf.

Percy Ernst Schramms Edition des Kriegstagebuchs und seine Selbstwahrnehmung
Von 1961 bis 1965 gab Schramm die schon erwähnte Edition des Kriegstagebuchs des OKW zusammen mit seinem früheren Mitarbeiter Walther Hubatsch und seinem Schüler Andreas Hillgruber (1925–1989) sowie Hans-Adolf Jacobsen (1925–2016) heraus[103]. Die für die Abfassung der Einträge vor 1945 Verantwortlichen Schramm und Hubatsch edierten somit in der Nachkriegszeit ihre eigenen Texte. Dieser Umstand hat lange Zeit offenbar nur Wenige befremdet, im Gegenteil: Percy Ernst Schramm galt spätestens seit dem Erscheinen der vier dickleibigen Bände als Autorität für die Geschichte des Zweiten Weltkriegs. Erst in den 2000er Jahren beleuchtete man den fragwürdigen Inhalt dieses Werkes und Schramms Rolle im und nach dem Zweiten Weltkrieg kritischer. So wies Manfred Messerschmidt 2004 darauf hin, dass Schramm 1941/42 der Amtsgruppe Wehrmachtpropaganda im OKW angehört hatte, in der „seit Beginn des Krieges gegen die UdSSR [...] das Bild vom jüdisch-bolschewistischen Weltfeind für die Soldaten variiert" [104] wurde, und dass Gottfried Benn die Abteilung, in der Schramm tätig war, als „Filiale des Goebbelsschen Propagandaministeriums" bezeichnet habe. In der schon erwähnten, 2018 erschienenen Untersuchung von Jens Brüggemann wird Schramms Rolle im Krieg und beim Nürnberger Kriegsverbrecherprozess detailliert nachgezeichnet[105]. So konnte er anhand eines Tagebuchs von Percy Ernst Schramm aus dessen Nachlass im Staatsarchiv Hamburg zeigen, dass dieser nicht nur den Überfall Deutschlands auf die Sowjetunion als „naturnotwendig" begrüßt hatte, sondern dass er die Vertreibungen und Ermordungen der Juden Galiziens im Juli 1941 wahrgenommen haben muss, denn er verfasste für seine Familie einen Reisebericht, in dem er von dem „Judenproblem" sprach und davon, dass zuerst das „flache Land judenrein gemacht" werde[106]. Zum Krieg gegen die Sowjetunion bemerkte Schramm in diesem Tagebuch: „Eine Million Russen mehr oder weniger – es rührt uns nicht, gibt uns vielmehr geradezu das Gefühl der Erleichterung im Kampf der biologischen Behauptung gegen den barbarischen Osten"[107]. Es ist erstaunlich, dass diese Niederschrift nicht vernichtet oder zumindest für die Benutzung gesperrt wurde, sondern frei zugänglich ist – und auch bereits David Thimme zugänglich gewesen wäre, in dessen Biographie jedoch das Kapitel über Schramm im Zweiten Weltkrieg recht dürftig geraten ist, wie zu Recht moniert wurde[108].

---

102 Vgl. zu Fürstengrube Wolfgang BENZ / Barbara DISTEL, Der Ort des Terrors. Geschichte der nationalsozialistischen Konzentrationslager Bd. 5: Hinzert. Auschwitz. Neuengamme (²2021) S. 221–225.
103 Die Bände erschienen in der Reihenfolge: Band 4,1 und 4,2 (1961) hg. von Percy Ernst SCHRAMM, Band 2,1 und 2,2 (1963) hg. von Andreas HILLGRUBER, Band 3,1 und 3,2 hg. von Walther HUBATSCH, Band 1,1 und 1,2 hg. von Hans-Adolf JACOBSEN (1965).
104 MESSERSCHMIDT, Historiker an der Front (wie Anm. 55) S. 439.
105 BRÜGGEMANN, Männer von Ehre (wie Anm. 95) S. 340 ff.
106 Ebd. S. 347.
107 Ebd. S. 346 Anm. 935.
108 Siehe oben Anm. 99.

Nach dem Krieg behauptete Percy Ernst Schramm, er habe für die Abfassung des Kriegstagebuchs freie Hand bekommen, sowohl bei der Quellenauswahl als auch bei der Darstellung. Weder sein unmittelbarer Vorgesetzter, General Walter Warlimont, noch der Chef des Wehrmachtführungsstabes, Generaloberst Alfred Jodl, hätten sich eingemischt: „Ich habe meine Vorschläge gemacht, und so ist es gemacht worden, weil man sagte, ich sei ja Geschichtsprofessor und werde es ja wohl wissen"[109], gab er bei seiner Vernehmung 1948 zu Protokoll. Wir werden sehen, dass diese Aussage nicht der Wahrheit entsprach[110]. Festzuhalten ist, dass Schramm alle „kriegsvölkerrechtlich relevanten Aspekte [...] wie Kriegsgefangenenfragen, Partisanenkampf, Geisel- und Liquidierungsbefehle usw."[111] unerwähnt ließ und damit die Wehrmacht- und Heeresführung höchst unvollkommen dokumentierte. Dass dies „weitreichende Folgen für das Bild der Wehrmacht bis heute" hat, betonte 2004 Manfred Messerschmidt[112]. Erst die Wehrmachtausstellung von 2001 bis 2004, deren erste fehlerhafte Auflage von 1991 bis 1995 heiß umstritten war, demontierte das Bild von der „sauberen Wehrmacht"[113].

Exkurs: Der Kriegstagebuchführer Percy Ernst Schramm nach den Briefen seines Mitarbeiters Felix Hartlaub

Für das Verhältnis des Kriegstagebuchführers Schramm zu seinen Vorgesetzten Warlimont und Jodl wie auch zu seinem schon erwähnten Mitarbeiter Felix Hartlaub sind die Briefe des Letztgenannten an seine Familie und Freunde aufschlussreich, denn sie widersprechen dem Bild, das Schramm nach dem Krieg von sich und seiner Tätigkeit zwischen 1943 und 1945 gezeichnet hat. Der 1913 geborene und von dem Militärhistoriker Walter Elze (1891–1971) in Berlin 1939 promovierte Felix Hartlaub[114] war nach traumatischen Fronterlebnissen von seinem früheren Kommilitonen Wilhelm Heinrich Scheidt zunächst für die Kriegsgeschichtliche Abteilung beim OKW ange-

---

109 Zitiert von MESSERSCHMIDT, Historiker an der Front (wie Anm. 55) S. 443.
110 Siehe unten S. 185.
111 MESSERSCHMIDT, Historiker an der Front (wie Anm. 55) S. 441.
112 Ebd.
113 Vgl. aus der Fülle der Literatur zur Wehrmachtsausstellung Christian HARTMANN / Johannes HÜRTER / Ulrike JUREIT, Verbrechen der Wehrmacht. Bilanz einer Debatte (2005).
114 Die Dissertation von Felix HARTLAUB, Don Juan d'Austria und die Schlacht bei Lepanto wurde 2017 herausgegeben und mit Vor- und Nachwort versehen von Wolfram PYTA und Wolfgang M. SCHWIEDRZIK.

Abb. 2: Felix Hartlaub am Schreibtisch von Helmuth Greiner im Führerhauptquartier Werwolf (heute Winnyzja/Ukraine) 1942

fordert worden, wurde dann aber im Frühjahr 1942 als Mitarbeiter von Helmuth Greiner ans Kriegstagebuch ‚abgegeben'[115]. Percy Ernst Schramm, der 1943 den Posten von Greiner übernahm, bewahrte seinen Mitarbeiter Hartlaub bis Anfang April 1945 vor einem erneuten Fronteinsatz. Als sich der junge Gefreite in den letzten Kriegswochen nach einem kurzen Urlaub bei seinen Freunden am Schlachtensee vom Bahnhof Nikolassee aus auf den Weg in die Spandauer Kaserne machte, verliert sich seine Spur: Felix Hartlaub kam unter bis heute nicht geklärten Umständen ums Leben[116], wurde aber erst Ende 1955 nach der Rückkehr der letzten russischen Kriegsgefangenen von der Familie für tot erklärt.

Seine Schwester Geno(vefa) (1915–2007) und sein Vater Gustav Hartlaub (1884–1963) gaben in den Jahren 1950, 1955 und 1958 seine nachgelassenen Schriften und Briefe in Auszügen heraus. Interessant ist, wie sowohl Walther Hubatsch als auch Percy Ernst Schramm auf die Quellenzeugnisse des „verschwundenen Zeugen" reagierten[117]. Die 1950 von Geno Hartlaub publizierte Ausgabe „Von unten gesehen. Impressionen und Aufzeichnungen des Obergefreiten Felix Hartlaub"[118] wurde von Walther Hubatsch 1952 in der Historischen Zeitschrift besprochen: Er bezeichnete Hartlaub lediglich als „technischen Gehilfe[n] beim Kriegstagebuch" – wobei man sich fragen muss, was darunter zu verstehen ist – und urteilte: „Die Erwartung, in H.s Notizen für den Historiker wesentliche Erkenntnisse über Persönlichkeiten und Arbeitsweise dieses Stabs zu finden, erfüllt sich nicht. Die Aufzeichnungen bleiben Augenblickseinfälle, skurrile Skizzen, Randglossen zu nebensächlichem Geschehen"; abschließend betonte Hubatsch: „Eine Analyse dieses höchsten Stabes und eine Schilderung seiner Atmosphäre kann er nicht bieten"[119]. Walther Hubatsch, der Geno Hartlaub aus seiner Zeit als Soldat in Norwegen kannte[120], hoffte offenbar, ein Interesse an den Briefen und Schriften Hartlaubs von vorneherein unterdrücken zu können, indem er dessen Aufzeichnungen marginalisierte. Dazu passt es, dass er den jungen Mitarbeiter in der Einleitung des 1963 von ihm herausgegebenen dritten Bandes des Kriegstagebuchs mit keinem Wort erwähnte, sondern in der Einleitung nur sich selbst, Helmuth Greiner, Walter Warlimont und Percy Ernst Schramm nannte. Felix Hartlaub dagegen nahm Walther Hubatsch, der offenbar

---

115 Vgl. die Daten zu Hartlaubs Tätigkeiten in diesen Abteilungen bei Ewenz, In den eigenen Umriss gebannt (wie Anm. 50) 2 S. 78–80.
116 Monika Marose, Unter der Tarnkappe. Felix Hartlaub. Eine Biographie (2005) S. 15f. und Matthias Weichelt, Der verschwundene Zeuge. Das kurze Leben des Felix Hartlaub (2020) S. 19f. nennen den 20. April als Termin des Aufbruchs von Nikolassee nach Spandau, während Ewenz, In den eigenen Umriss gebannt (wie Anm. 50) 2 S. 321 aufgrund einer „mdl. Mitteilung von Irene Gysi" den 2. Mai angibt. Dieser Termin ist jedoch unwahrscheinlich, da Nikolassee am 25. April bereits von den Russen besetzt wurde und Hartlaub in Uniform am 2. April nicht unbehelligt zum Bahnhof hätte gelangen können. Harald Tausch, der eine neue Biographie sowie eine Edition aller Briefe Hartlaubs vorbereitet mit einer neuen These zu Hartlaubs Tod, danke ich herzlich für den Gedankenaustausch.
117 Weichelt, Der verschwundene Zeuge (wie Anm. 116).
118 Felix Hartlaub, Von unten gesehen. Impressionen und Aufzeichnungen des Obergefreiten Felix Hartlaub, hg. von Geno Hartlaub, in erweiterter Form nochmals publiziert: Felix Hartlaub, Im Sperrkreis. Aufzeichnungen auf dem zweiten Weltkrieg, hg. von Geno Hartlaub (1955, 1984, jeweils mit anderen Vor- bzw. Nachworten versehen).
119 Walther Hubatsch, Rezension zu Felix Hartlaub, Von unten gesehen, in: HZ 172 (1952) S. 210.
120 Vgl. Felix Hartlaub, Brief Nr. 169 vom 8.6.1943 an Gustav Hartlaub: Hubatsch brachte Grüße von Geno aus Oslo, als er beim Kriegstagebuch anfing (ed. Ewenz [wie Anm. 50] 1 S. 626).

ähnlich wie sein Chef Schramm auch während des Krieges ehrgeizig seine wissenschaftliche Karriere verfolgte, in einem Brief mit galligem Humor aufs Korn[121].

Schramm äußerte sich im Anhang zum letzten Band, der im Jahr 1961 als erster der insgesamt acht Teilbände erschien, immerhin ausführlich über seinen ehemaligen Mitarbeiter[122], zumal 1958, drei Jahre zuvor, ein umfangreicher Band mit Briefen Hartlaubs aus den fraglichen Jahren erschienen war, in denen auch Schramm eine Rolle spielte. Allerdings hatten die Herausgeber, Erna Krauss und Felix' Vater Gustav Hartlaub die Namen mit „X" und „Y" anonymisiert aus Angst vor Klagen „der böse und bitter parodistisch geschilderten Offiziersfiguren aus dem Stab", die „durchaus reale Vorbilder hatten", wie Geno Hartlaub 1984 im Vorwort der Neuauflage von „Im Sperrkreis" erläuterte[123]. Es war insofern auch für Schramm nicht schwer, sich in den Berichten des jungen Kollegen an seine Eltern und seine Freundin wiederzuerkennen, und er ging ganz offensichtlich davon aus, dass auch andere Leser ihn trotz der Anonymisierung identifizieren würden. So sind seine Äußerungen im Anhang zum Kriegstagebuch angesichts der publizierten Briefe Hartlaubs vor allem Rechtfertigungsversuche für sein damaliges Verhalten seinem Mitarbeiter gegenüber, denen er durch seine Behauptung, wie sehr er den jungen Militärhistoriker gefördert habe, Glaubwürdigkeit verleihen wollte. Die Datierung der Briefe, aus denen Schramm zitierte und gegen die er argumentierte, gab er bezeichnenderweise falsch oder gar nicht an[124]. In der editorisch unzureichenden Briefausgabe von 1958 waren jedoch letztlich nur Ausschnitte von den Briefen enthalten, in denen von der Arbeit am Kriegstagebuch die Rede ist. Seit 2007 kann man anhand der in revidierter Auflage erschienenen umfangreicheren Briefausgabe von Gabriele

---

121 Vgl. Felix Hartlaub, Brief Nr. 215 an Walter Dietz vom 23.5.1944: „Auch Dozent Hubatsch weilte in Göttingen, um sich dort wieder in Erinnerung und einen Vortrag über den Skandinavismus an den Mann zu bringen; den letzteren hatte er hier vorher an einem wenig zahlreichen Publikum ausprobiert, welches durch den Spiess im letzten Moment durch Heranziehung einer Bau-Kompanie auf die nötige Mindeststärke aufgefüllt worden war" (ed. Ewenz [wie Anm. 50] 1 S. 713) und bereits in Brief Nr. 189 vom 13.11.1943 an Gustav Hartlaub: „Mit dem neuen Oberleutnant ist es auch nicht viel besser, auch nur ein gnadenloser Aktenabschreiber, wenn auch mit viel Ehrgeiz und Devotion" (ebd. S. 663).
122 Schramm, Kriegstagebuch (wie Anm. 53) 4,2 S. 1810–1813 und 1815f.
123 Ed. Krauss/Hartlaub (wie Anm. 74). Geno Hartlaub erläuterte 1984 im Vorwort zur Neuauflage von „Im Sperrkreis" (wie Anm. 118) zu den Auslassungen des literarischen Textes „Im Führerhauptquartier", was sicher auch für die Briefe galt: „Einige Auslassungen hingen mit der psychologischen Lage der fünfziger Jahre [...] zusammen. Es lag nahe, dass die böse und bitter parodistisch geschilderten Offiziersfiguren aus dem Stab nur leicht verschlüsselte, aber durchaus reale Vorbilder hatten, deren Reaktionen man – es mag unglaubhaft klingen – zehn Jahre nach Kriegsende noch fürchtete" (Nachwort S. 213).
124 Schramm, Kriegstagebuch (wie Anm. 53) 4,2 S. 1783f., S. 1802–1804 und S. 1810–1816. Auf S. 1811 zitierte Schramm aus Brief Nr. 214 vom 21.5.1944 (ed. Ewenz [wie Anm. 50] 1 S. 711–713; ed. Krauss/Hartlaub [wie Anm. 74] S. 215) und gab fälschlich als Datum den 25.5.1944 an; ferner zitierte Schramm (Kriegstagebuch [wie Anm. 53] 4,2 S. 1783 Anm. 1 und S. 1810 Anm. 2) Brief Nr. 189 vom 13.11.1943 (ed. Ewenz [wie Anm. 50] 1 S. 663; ed. Krauss/Hartlaub [wie Anm. 74] S. 207) und gab an beiden Stellen als Datum den 23.10.1943 an. Ohne ein Briefdatum anzugeben, behandelte er S. 1810f. Hartlaubs Brief Nr. 220 vom 2.8.1944 (ed. Ewenz [wie Anm. 50] 1 S. 725; ed. Krauss/Hartlaub [wie Anm. 74] S. 217) und behauptete, dieser sei eine Woche vor der Hinrichtung seiner Schwägerin Elisabeth von Thadden geschrieben worden, die aber am 8.9.1944 hingerichtet wurde; ferner zitierte Schramm ohne Datumsangabe aus dem letzten erhaltenen Brief Nr. 233 vom 8.3.1945 (ed. Ewenz [wie Anm. 50] 1 S. 754 und 756; ed. Krauss/Hartlaub [wie Anm. 74] S. 230).

Lieselotte Ewenz ein deutlicheres Bild gewinnen, nicht nur von der Zusammenarbeit zwischen Schramm, Hubatsch und Hartlaub, sondern auch davon, wie wenig Warlimont und Jodl Schramm schätzten. Allerdings bemerkte die Herausgeberin erstaunlicherweise nicht, dass Schramms Nachkriegsäußerungen über Hartlaub und über seine eigene Rolle in der Abteilung in deutlichem Widerspruch stehen zu dem, was der junge Mitarbeiter seinen Eltern und seinen Freunden über „Percy" berichtete[125], und dass Schramm sich nach 1945 mit den Äußerungen über seinen Mitarbeiter selbst zu entlasten suchte[126]. In der Darstellung von Felix Hartlaub waren die Leistungen von Schramm als Kriegstagebuchführer so schlecht, dass Hartlaub mehr als einmal die Auflösung der Abteilung – und damit seine Abstellung an die Front – befürchtete.

Der persönlich unsichere junge Militärhistoriker, dessen Vater nach der Machtübernahme durch die Nationalsozialisten 1933 sogleich in den vorzeitigen Ruhestand versetzt worden war, und der „wohlsituierte Hamburger Sprössling und sichere Herrenreiter" Schramm, so Felix Hartlaub am 23. März 1943 an seine Freundin Melitta Laenebach[127], waren sehr unterschiedliche Charaktere. Das musste jedoch nicht zwangsläufig Gegnerschaft bedeuten. Anfangs hatte Hartlaub sich sogar gefreut, dass ein Wissenschaftler Nachfolger von Helmuth Greiner wurde, und Schramm als „unheimlich beschlagen" charakterisiert. Er ließ ihm ein Exemplar seiner Dissertation zukommen und äußerte sich allenfalls leicht spöttisch über den „als Offizier verkleideten Universitätsprofessor", den „Originalprofessor" oder „Major-Professor"[128]. Aber schon nach wenigen Wochen wurden seine Äußerungen über „Percy" bissiger, denn Schramm interessierte sich anscheinend nur für die Wissenschaft und seine eigene Karriere; daher musste Felix Hartlaub die meiste Arbeit am Kriegstagebuch machen und klagte in den Briefen an seine Familie darüber: Percy entfalte „eine mächtige personalpolitische und wissenschaftsorganisatorische Telephontätigkeit"[129], „webt ausschließlich an seinem neuesten Buch"[130], arbeite „innig privat am deutschen Handel in Südafrika"[131] und „wie besessen an seinen eigenen Arbeiten"[132]. Tatsächlich publizierte Schramm 1943 ein fast 800 Seiten umfassendes Buch über „Hamburg, Deutschland und die Welt. Leistung und Grenzen hanseatischen Bürgertums in der Zeit zwischen Napoleon I. und Bismarck.

---

125 Vgl. z. B. Anm. 2 zu Brief Nr. 160 bei EWENZ, In den eigenen Umriss gebannt (wie Anm. 50) 2 S. 272 oder Anm. 1 zu Brief Nr. 204 vom 5.2.1944 (ebd. 2 S. 299).

126 EWENZ, In den eigenen Umriss gebannt (wie Anm. 50) zitiert Bd. 2 S. 272, 276 und 299 völlig naiv, d.h. ohne Kommentar, Schramms Äußerungen in der Edition des Kriegstagebuchs, obwohl sie im Widerspruch stehen zu dem von Hartlaub in seinen Briefen über Schramm Gesagten. Auch BRÜGGEMANN, Männer von Ehre (wie Anm. 95) S. 357f. bemängelt die Sichtweise von Ewenz und kann zeigen, auf welche konkreten Ereignisse, etwa Morde der SS in der griechischen Ortschaft Klissoura im April 1944, Hartlaub in seinen Fragmenten anspielt, und betont S. 358 Anm. 1023: „Hartlaubs Weggefährten konnten gute Gründe haben, seine oft wenig schmeichelhaften Zeichnungen in Zweifel zu ziehen."

127 Felix Hartlaub, Brief Nr. 159 vom 24.3.1943 an Melitta Laenebach (ed. EWENZ [wie Anm. 50] 1 S. 603).

128 Felix Hartlaub, Brief Nr. 151 vom 4.2.1943 an Melitta Laenebach (ebd. S. 585) sowie Nr. 159 (siehe vorige Anm.). Als „unheimlich beschlagen" und „echten Wissenschaftler grossen Kalibers" bezeichnet Hartlaub Schramm in Brief Nr. 157 vom 7.3.1943 an seinen Vater Gustav (ebd. S. 598).

129 Felix Hartlaub, Brief Nr. 165 vom 9.5.1943 an seinen Vater Gustav (ebd. S. 616).

130 Felix Hartlaub, Brief Nr. 207 vom 6.3.1944 an seinen Vater Gustav (ebd. S. 696).

131 Felix Hartlaub, Brief Nr. 209 vom 25.3.1944 an Irene Lessing und Klaus Gysi (ebd. S. 701).

132 Felix Hartlaub, Brief Nr. 220 vom 2.8.1944 an seinen Vater Gustav (ebd. S. 725).

Ein Kapitel deutscher Geschichte" und arbeitete an weiteren Buchprojekten, so dass Felix Hartlaub im Jahr darauf klagte: „Er hat jetzt sein 1200seitiges Buch über Deutschland und Übersee, das ja z.T. auf meine Knochen und auf Kosten meiner Nachtruhe entstanden ist, fertig, das ist ihm die Hauptsache"[133]. Dieses Opus, das den Titel „Deutschland und Übersee. Der deutsche Handel mit den anderen Kontinenten, insbesondere Afrika, von Karl V. bis zu Bismarck. Ein Beitrag zur Geschichte der Rivalität im Wirtschaftsleben" trug, erschien allerdings erst im Jahr 1950 und umfasste zwar nicht 1200, jedoch 640 Druckseiten. Das 1949 publizierte Werk „Kaufleute zu Haus und über See. Hamburgische Zeugnisse des 17., 18. und 19. Jahrhunderts" hatte immerhin 600 Seiten, so dass Schramm nicht ohne Stolz in der Edition des Kriegstagebuchs schrieb: „Ich kehrte daher aus dem Krieg mit Manuskripten wissenschaftlicher Bücher heim"[134]. Die Klage Felix Hartlaubs, er werde von Schramm ausgebeutet, war zweifellos berechtigt, wie auch der nur bis Sommer 1944 in der Abteilung angestellte Walter Dietz (1910–1994), der bislang nicht publizierte Aufzeichnungen über die Arbeit beim Kriegstagebuch hinterließ, nach dem Krieg bestätigte[135].

Felix Hartlaub, der ein Jahr unter Helmuth Greiner gearbeitet hatte und insofern die beiden Kriegstagebuchführer und ihre Arbeit vergleichen konnte, blieb nicht verborgen, dass Schramm der Arbeit am Kriegstagebuch nicht gewachsen war beziehungsweise sie gegenüber seinen wissenschaftlichen Arbeiten hintan stellte: „Percy versagt komischerweise ziemlich"[136], der General ist „zutiefst unzufrieden"[137]. Im September 1943 schrieb er an die Eltern: „Percy hat ziemliches Pech mit der Beurteilung seiner tatsächlich wenig vollkommen geratenen Arbeit [...] ich ahne schon wieder einen Chefwechsel"[138] und im November des Jahres an seine Freunde in Nikolassee: „Intern haben wir viel Pech, der Geschichtsprofessor findet bei dem zuständigen Goldroten nicht nur keinen Anklang, sondern dauernd die allermassivsten Abfuhren. Nicht unmöglich, daß die Stunden unserer Abteilung schon gezählt sind"[139]. Noch am 17. Februar 1945 berichtete er seinen Eltern nicht ohne Genugtuung: „Percy [...] hat nun auch noch wegen mangelhafter Arbeitsleistung bzw. Bevorzugung seiner privaten Belange heftig eins reingewürgt bekommen. Er klebt aber an seiner Stellung"[140]. Auch Walter Dietz bestätigte dies indirekt, wenn er schrieb, dass man 1943 Helmuth Greiner noch einmal als Kriegstagebuchführer zurückgeholt habe, weil General Warlimont mit Schramms Arbeit nicht zufrieden gewesen sei[141]. Man kann sich jedoch fragen, ob nicht Schramm bereits 1943

---

133 Felix Hartlaub, Brief Nr. 228 vom 30.11.1944 an seinen Vater Gustav (ebd. S. 742).
134 Schramm, Kriegstagebuch (wie Anm. 53) 4,2 S. 1810, zitiert von Ewenz, In den eigenen Umriss gebannt (wie Anm. 50) 2 S. 276 Anm. 7.
135 Die unpublizierten, 28 Seiten umfassenden Aufzeichnungen von Walter Dietz zitiert Ewenz ausführlich; vgl. ebd. S. 291 und öfter.
136 Felix Hartlaub, Brief Nr. 179 vom 7.9.1943 an seinen Vater Gustav (ed. Ewenz [wie Anm. 50] 1 S. 644).
137 Felix Hartlaub, Brief Nr. 181 vom 22.9.1943 an Melitta Laenebach (ebd. S. 647).
138 Felix Hartlaub, Brief Nr. 182 vom 24.9.1943 an Erika und Gustav Hartlaub (ebd. S. 649).
139 Felix Hartlaub, Brief Nr. 187 vom 4.11.1943 an Irene Lessing und Klaus Gysi (ebd. S. 658). Mit dem „Goldroten" ist General Warlimont gemeint, denn das Generalsabzeichen war ein goldenes Eichenblatt auf rotem Kragenspiegel.
140 Felix Hartlaub, Brief Nr. 232 vom 17.2.1945 an Erika und Gustav Hartlaub (ebd. S. 752f.).
141 Zitiert von Ewenz, In den eigenen Umriss gebannt (wie Anm. 50) 2 S. 286f.

sehr realistisch sah, dass der Krieg verloren war und deshalb mehr Zeit und Energie in die Vorbereitung seiner wissenschaftlichen Nachkriegskarriere steckte.

Dass Felix Hartlaub mit Percy Ernst Schramm politisch kaum harmoniert haben dürfte, wird aus den Briefen – vermutlich auch aus Vorsicht vor der Zensur – nicht deutlich und lässt sich nur daran ablesen, dass Hartlaub Schramm ohne nähere Erläuterungen „kaum fassbare Blindheit und Verhärtung"[142] sowie „Sturheit und Naivität" attestierte[143]. Gegen diese letztgenannte Charakterisierung in Hartlaubs Brief vom 2. August 1944 protestierte Schramm in der Edition des Kriegstagebuchs und erklärte sein Verhalten damit, dass er sich seinerzeit sehr bewusst in die Arbeit gestürzt habe, da die Familie mit der Hinrichtung seiner zum Tode verurteilten Schwägerin Elisabeth von Thadden habe rechnen müssen, was ja auch im September eingetreten sei[144]. Diese gut nachvollziehbare Rechtfertigung Schramms für sein damaliges Verhalten, dessen Hintergründe Hartlaub nicht klar gewesen sein dürften, zeigt, wie sehr Schramm von den fast 20 Jahre zurückliegenden Äußerungen seines früheren Mitarbeiters getroffen war. Die Briefe Hartlaubs ließen das Selbstentlastungsnarrativ Schramms zweifelhaft erscheinen.

Um bei den Aktenmassen, die für das Kriegstagebuch tagtäglich von den verschiedenen Fronten eintrafen, den Überblick zu behalten, hatte Felix Hartlaub einen Zettelkasten angelegt, der, wie er im November 1943 an die Familie schrieb, „sich mehr und mehr als die einzige Möglichkeit erweist, einen inneren Zusammenhang in die unübersehbare Papierflut zu bringen" und er gerate „in die Rolle eines gefürchteten ewig keifenden und ob der allgemeinen Ungenauigkeit lamentierenden Zensors"[145]. Die Existenz dieses Zettelkastens bestätigte Schramm 1961 in der Edition des Kriegstagebuchs; dass der Zettelkasten die Idee und Arbeit seines Mitarbeiters war, aber nur am Rande[146]. Walter Dietz hingegen beschrieb ihn genauer und gab an, dass Hartlaub ihn schon unter Greiner angelegt hatte[147].

Die in den Briefen – sicher aus Angst vor der Zensur – nicht geäußerte Kritik Hartlaubs an den politischen Zuständen kommt dagegen deutlich in den Fragmenten zum Ausdruck, aus denen nach Kriegsende ein Roman hätte werden sollen. Es sind die oben bereits erwähnten, von Geno Hartlaub 1950 erstmals publizierten, in der Ausgabe von Ewenz dann als „Aufzeichnungen aus dem Führerhauptquartier" bezeichneten Romanfragmente[148].

---

142 Felix Hartlaub, Brief Nr. 216 vom 30.5.1944 an Gustav Radbruch (ed. Ewenz [wie Anm. 50] 1 S. 716).
143 Felix Hartlaub, Brief Nr. 220 vom 2.8.1944 an Gustav Hartlaub (ebd. S. 725).
144 Schramm, Kriegstagebuch (wie Anm. 53) 4,2 S. 1810f.
145 Felix Hartlaub, Brief Nr. 189 an die Familie vom 13.11.1943 (ed. Ewenz [wie Anm. 50] 1 S. 663).
146 Schramm, Kriegstagebuch (wie Anm. 53) 4,2 S. 1783, wo er den Brief wieder einmal falsch auf den 13.10. (!) 1943 datierte.
147 „Ohne besonderen Auftrag von Greiner hatte Hartlaub sich schon einen Zettelkasten angelegt, Stichworte von Namen, Truppenteilen, Schauplätzen alphabetisch geordnet. Ich wußte, daß da eine wertvolle Hilfe auch für den Chef aufgebaut war. Hin und wieder sah ich mir seine Zettel an" (zitiert von Ewenz, In den eigenen Umriss gebannt [wie Anm. 50] 2 S. 292).
148 Siehe Anm. 118. Die Aufzeichnungen wurden nochmals von Gustav Hartlaub herausgegeben: Felix Hartlaub. Das Gesamtwerk. Dichtungen. Tagebücher (1955), die Aufzeichnungen S. 129–199. In der Ausgabe von Ewenz, In den eigenen Umriss gebannt (wie Anm. 50) findet sich der Text in Bd. 1 S. 149–239. Diese Ausgabe wurde 2022 nochmals separat, ohne jegliche Veränderung vom Suhrkamp Verlag publiziert. Zu den Romanfragmenten äußerte sich Geno Hartlaub im Interview mit Sigrid Weigel im Juli 1985, abgedruckt im Anhang zu: Geno Hartlaub, Der Mond hat Durst. Erzählung

Eindrucksvoll beschrieb Felix Hartlaub die eigenartige und von Angst geprägte Stimmung in den Sperrkreisen um das jeweilige Führerhauptquartier nach dem Attentat vom 20. Juli 1944 und die Gedanken, die sich Vorgesetzte und Kollegen über die Zeit nach dem Krieg machten. Jens Brüggemann wies in seiner Dissertation „Männer von Ehre" zwar auf die folgende Stelle hin und zitierte sie, bemerkte aber nicht, dass Hartlaub hier eindeutig seinen unmittelbaren Vorgesetzten „Percy" karikierte, da er dessen Denkschrift zur Treibstoff-Frage erwähnt – die Befürchtungen der Familie Hartlaub in der Nachkriegszeit wegen möglicher Klagen der Betroffenen waren berechtigt. Sehr hellsichtig sah Felix Hartlaub Schramms spätere ‚Selbstentlastungserzählung' voraus, indem er Schramm in dem Romanfragment sagen ließ: „Wenn es gut geht, wird sich von hier zweifellos etwas Vorteilhaftes arrangieren lassen [...] Warum soll man sich bei der Bewerbung nicht auf die Vertrauensstellung berufen, die man hier jahrelang bekleidet hat, als unentbehrlicher Berater des Chef OKW in der Treibstofffrage z.B. – Wenn es schiefgeht: Ja, um Himmels willen, wir waren ja nur kleine ausführende Organe, was haben Sie denn gedacht. Ich sah von Anfang an haargenau, wie die Sache enden würde, aber was konnte ich schon sagen als nur gerade geduldeter Reserveonkel, wo die Feldmarschälle das Maul hielten wie die Rekruten. H[itler] habe ich übrigens in den ganzen Jahren nur ein-, zweimal gesehen. Sie können sich den Zusammenhang gar nicht indirekt genug vorstellen, das ging um ein paar Dutzend Ecken herum, mein Gott, das war ein riesiges System von sich überlagernden Dienstbereichen, Kommandostäben, Sperrkreisen, wenn man da jeden einzelnen haftbar machen wollte [...] Zum eigentlichen H[aupt] Q[uartier] habe ich streng genommen nie richtig gehört. Und dann ließen sich vielleicht gewisse Beziehungen wieder anknüpfen, das Londoner Bankhaus, langjährige beste Geschäftsfreunde, der frühere jüdische Kompagnon [...]"[149]. Ob Felix Hartlaub, als er über Schramm und seine ‚Hitler-Ferne' schrieb, wusste, dass der Kriegstagebuchführer Walter Scherffs Adjutanten Wilhelm Heinrich Scheidt „angebettelt" hatte, ihn einmal in eine Lagebesprechung bei Hitler mitzunehmen, als der seinen Chef nach dem Attentat vom 20. Juli 1944 dort vertreten musste[150], ist nicht zu klären, aber sehr gut möglich. Hartlaub pflegte gute Beziehungen zur ‚Nachbarabteilung' Kriegsgeschichte, sowohl zu Marianne Feuersenger, Sekretärin der Abteilung, als auch zu dem Mitarbeiter Ottokar Menzel; zudem war er von seinem früheren Berliner Kommilitonen Wilhelm Scheidt eingestellt worden[151]. Scheidt, der nach Kriegsende mit den Amerikanern kooperierte und beim Nürnberger Kriegsverbrecherprozess gegen Alfred Jodl aussagte, hatte Kontakt zum Widerstand in Gestalt von Paulus van Husen (1891–1971) und Kunrat von Hammerstein-Equord (1918–2007), dem er nach dem Attentat vom 20. Juli half,

---

(1986) S. 125–159, hier S. 138f. (die Aufzeichnungen sollten eigentlich dem Historischen Seminar der Universität Heidelberg übergeben werden).

149 Das Zitat bei Ewenz, In den eigenen Umriss gebannt (wie Anm. 50) 1 S. 184f., zitiert von Brüggemann, Männer von Ehre (wie Anm. 95) S. 357. Neben der erwähnten Treibstoff-Denkschrift spricht auch die Erwähnung des Londoner Bankhauses, womit die Warburg Bank gemeint sein dürfte, für Schramm; vgl. zu Warburg Thimme, Schramm (wie Anm. 46) S. 44f. Bei Geno Hartlaub, Von unten gesehen (1955, wie Anm. 118) findet sich das Zitat auf S. 136f.

150 So Feuersenger, Vorzimmer der Macht (wie Anm. 19) S. 249; vgl. auch ebd. S. 155 und 206f. zu ihren Gesprächen mit Felix Hartlaub.

151 Vgl. Hartmann, Wissenschaftler-Ehepaar (wie Anm. 16) S. 98–100.

unterzutauchen[152]. Von Schramm wurde er im Anhang zum Kriegstagebuch als „Mann ohne Charakter" verunglimpft, genau wie wenig später von dem oben erwähnten Claus Grimm, einem Kollegen aus der Abteilung von Walter Scherff, der ebenfalls wusste, dass Scheidt Hammerstein geholfen hatte[153]. Offenbar sahen Schramm und Grimm Wilhelm Scheidt deswegen als Verräter an. Dies zeigt – genau wie Schramms Wortwahl und Darstellung von Hitlers Fähigkeiten und militärischen Erfolgen in der Einleitung zum Kriegstagebuch[154] – dass Percy Ernst Schramm letztlich nie zu einer Distanz zum Dritten Reich und zu Hitler fand.

Fazit

Vermutlich fertigten außer Theodor Mayer und Percy Ernst Schramm auch weitere Mediävisten historische Expertisen oder Denkschriften für das Regime an. Jedoch war niemand in dieser Hinsicht so aktiv und so nah am ‚Zentrum der Macht' wie Schramm. Nach Kriegsende versuchte Theodor Mayer wie viele andere zu verheimlichen und zu leugnen, dass er der NSDAP angehört und dem Regime gedient hatte. Dass ausgerechnet im Archiv der MGH noch entlarvende Texte schlummerten, konnte er nicht ahnen, denn seinen eigenen Nachlass hatte er vorsorglich gesäubert. Allerdings war Mayers Tätigkeit für das Regime – im Gegensatz zu der von Schramm – überschaubar.

Percy Ernst Schramm und sein Mitarbeiter am Kriegstagebuch, Walther Hubatsch, ab 1956 Professor in Bonn, traten nach dem Krieg – anders als Mayer – gewissermaßen die Flucht nach vorne an. Die Göttinger Historikerin Eva-Lotte Kalz bemerkte dazu in einem Aufsatz, Schramm und Hubatsch hätten „aus der eigenen Zeitzeugenschaft selbstbewusst wissenschaftliche Autorität" für verschiedene Editionen von Quellen aus der Zeit des Dritten Reiches abgeleitet und übersehen, dass ihre Erfahrungen als Wehrmachtsoffiziere und ihre Verbundenheit mit den damaligen Akteuren wie beispielsweise Alfred Jodl „eine Grundlage für die blinden Flecken bei der Erforschung des Geschehens" bildeten[155]. Sie hätten vielmehr geglaubt, die Deutungshoheit über die Rolle gewonnen zu haben, die sie während des Zweiten Weltkriegs beim Kriegstagebuch gespielt hatten, da es so gut wie

---

152 Vgl. Kunrat von Hammerstein-Equord, Spähtrupp (1963) und Ders., Flucht. Aufzeichnungen nach dem 20. Juli (1966), der in beiden Büchern das enge Verhältnis und die Unterstützung von Scheidt betonte. Dass Scheidt auch Paulus van Husen kannte, ergibt sich aus seinem Brief an Marianne Feuersenger vom 2.5.1946: „Wichtiger wäre das Eintreffen von Antworten, die ich von Hammerstein und van Huusen [sic!] erwarte. Ich weiß nicht, ob es Ihnen bekannt ist, dass beide Freunde gut durchgekommen sind". (Nl Marianne Feuersenger: München, IfZ ED 344-28-3). Allerdings wird Scheidt weder bei Paulus van Husen, Erinnerungen eines Juristen vom Kaiserreich bis zur Bundesrepublik Deutschland, hg. von Karl-Joseph Hummel (2007) noch bei Manfred Lütz / Paulus van Husen, Als der Wagen nicht kam. Eine wahre Geschichte aus dem Widerstand (2019) erwähnt.
153 Schramm, Kriegstagebuch (wie Anm. 53) 4,2 S. 1772f. und 1814 sowie Grimm, Vier Jahre als Forscher (wie Anm. 20) S. 149.
154 Vgl. etwa Schramm, Kriegstagebuch (wie Anm. 53) 4,2 S. 1790: „Im Teil II ist einmal auf Grund der Mitteilungen des [...] Generals Warlimont von dem ‚politischen Instinkt des Führers' die Rede. Bei dieser Angabe handelt es sich nicht um eine durch Opportunismus bedingte [...] Floskel, sondern um eine unbestreitbare Feststellung: in Bezug auf das, was seine Gegner unternahmen oder möglicherweise unternehmen könnten, hatte Hitler einen sechsten Sinn [...]".
155 Kalz, Walther Hubatsch (wie Anm. 83) S. 138.

keine Zeugen gab, die ihre Darstellung hätten falsifizieren können. Dass auch die Historical Division der U.S. Army nach Kriegsende seine Expertise über den Kriegsverlauf suchte, wird Percy Ernst Schramm in seinem Selbstverständnis bestärkt haben. Dass aber ausgerechnet ein ‚verschwundener Zeuge', nämlich der Mitarbeiter Felix Hartlaub, der den Krieg nicht überlebt hatte, posthum als literarisches Talent entdeckt und publiziert wurde und die Version von Schramm und Hubatsch konterkarierte, hätten beide vor der Publikation von Hartlaubs Werken sicherlich nicht für möglich gehalten. Während Hubatsch versuchte, die Zeitzeugenschaft Hartlaubs zu marginalisieren, suchte Schramm sein eigenes Verhalten zu entschuldigen.

Percy Ernst Schramm war allerdings nicht vollkommen naiv, was seine Rolle in der NS-Diktatur anbelangt. Dies belegt ein Satz, den sein Schüler Joist Grolle 1989 in einem Vortrag zitierte, der gleichzeitig illustriert, warum sein akademischer Lehrer nicht imstande war, seine Rolle in der NS-Diktatur kritisch zu reflektieren: „Den nach uns Kommenden wird es schwerer und schwerer werden, sich in jene Umwelt zurückzuversetzen, der wir nicht entrinnen konnten und der wir deshalb Konzessionen machten – der eine größere, der andere kleinere und diejenigen, die ungefährdet abseits standen, gar keine. Ich bin mir selbst noch immer nicht im klaren, wie weit ich mich verdammen muß, wie weit ich mich entschuldigen darf *[…]* Darüber mögen die nachfolgenden Generationen entscheiden; doch seien sie nicht vorschnell in ihrem Urteil"[156].

---

156 GROLLE, Der Historiker Schramm (wie Anm. 48) S. 42.

Der Untergang des Reichsinstituts für ältere deutsche Geschichtskunde

von

ARNO MENTZEL-REUTERS

Abb. 1: Theodor Mayer 1951 in Pommersfelden

Im Auge des Sturms

Von der Ecke Charlottenstraße / Universitätsstraße zur Wilhelmstraße 92 in Berlin-Mitte sind es 1,2 Kilometer. Diese kurze Entfernung trennte das Reichsinstitut für ältere deutsche Geschichtskunde von Hitlers Neuer Reichskanzlei[1]. Das heißt – um es zu personalisieren – diese Entfernung trennte Dr. Ursula Brumm (1919–2015)[2], die in den Arbeitszimmern des Instituts[3] im Gebäude der Berliner Staatsbibliothek für den Präsidenten Theodor Mayer die

---

1   Vgl. Laurenz DEMPS (Hg.), Luftangriffe auf Berlin. Die Berichte der Hauptluftschutzstelle 1940–1945 (2012).
2   Martina HARTMANN, Aus der Reichshauptstadt auf die ‚Insel der Seligen'. Die Mitarbeiterinnen der Monumenta Germaniae Historica in Berlin und Pommersfelden 1943–1945, in: ZBLG 77 (2014) S. 27–42, hier S. 33f.; DIES., „Es mußte ein neuer Anfang gemacht werden, im Weltbild und in der Arbeit". Margarete Kühn (1896–1982) und die Monumenta Germaniae Historica in Berlin, in: DA 75 (2019) S. 135–161; DIES., Die Stunde der Frauen? Die wissenschaftlichen Mitarbeiterinnen bei den MGH nach dem Ersten und im Zweiten Weltkrieg, in: DA 76 (2020) S. 653–698, hier S.684–686. Das früheste bekannte Foto von Ursula Brumm ist von 1967, siehe Abb. 8.
3   „Die Räume, zwei sehr große Säle ausgefüllt von ins Zimmer stehenden Regalen, mit Arbeitsplätzen dazwischen für die Mitarbeiter, ein mittelgroßes für den Präsidenten und ein ebensolches für die Sekretärin, waren der Staatsbibliothek abgemietet. Nur eine Glastür verband beide." Margarete KÜHN,

Stellung hielt, von Traudl Junge⁴, die als Sekretärin beim ‚Führer des Großdeutschen Reiches' und seinem ‚Hofstaat'⁵ im Bunker unter der Neuen Reichskanzlei ausharrte. Doch nur selten beschrieb Ursula Brumm die dramatische Lage im letzten Kriegsjahr im Zentrum Berlins so offen wie in ihrem Brief vom 26.4.1944: „Nun zum Schluß noch – was Sie ja schon aus dem Brief ersehen, daß wir den letzten Angriff überstanden haben. Es war der schwerste bisher und um uns herum brannte es. Friedrichsstraße und Dorotheenstr[aße] zum Reichstag hin sind sehr mitgenommen, Zentrum des Angriffs war der Bahnhof Friedrichstraße, der nach dem Angriff ein unbeschreibliches Bild bot. Wir hatten große Angst, daß von dem Haus gegenüber unsere Scheiben platzen könnten, aber Gottseidank passierte es nicht. Ebenso haben sich glücklicherweise zwei nicht explodierte Bomben in der Stabi (in der Nähe des Realkatalogs) als Blindgänger erwiesen und konnten entschärft werden"⁶.

Über den privaten Alltag im Krieg teilen uns die Papiere des MGH-Archivs wenig mit, noch weniger dokumentieren sie die Unmenschlichkeit dieser letzten Kriegsmonate und des wankenden NS-Regimes. Sie schweigen von sinnlosen Abwehrkämpfen, Todesmärschen, Deportationen oder willkürlichen Hinrichtungen. Man findet nur einige wenige Andeutungen von einer Metropole in Trümmern, Lebensmittelmarken, Volkssturm, Massenflucht oder vorrückenden Armeen. Diese Erwähnungen wurden stets verbunden mit der Bekundung der unbeirrten Entschlossenheit, die Tagesgeschäfte fortzuführen, selbst im allgegenwärtigen Bombenkrieg. Vielleicht wurde hier, das heißt im dienstlichen Briefwechsel, eine unausgesprochene Etikette oder Formelsprache angewandt, auch wenn manche Zeilen persönlich und offen wirken. Jedenfalls wissen wir nicht, wie es wirklich in den Menschen aussah, deren Zeugnisse im Archiv verwahrt werden, und wir sollten uns vor Urteilen jeglicher Richtung in Acht nehmen.

Es entwickelte sich gleichwohl ein eigentümlicher Mikrokosmos zwischen der Reichshauptstadt und der fränkischen Provinz, wobei im Archiv der Monumenta Germaniae Historica vor allem die Registratur des Instituts erhalten ist, während die weitaus stärker politisierte Korrespondenz Theodor Mayers (1883–1972)⁷, des letzten Präsidenten des Reichs-

---

Der Zusammenbruch. Die letzten Jahre der Monumenta in Berlin, abgedruckt bei: Martina Hartmann, Erinnerungen an schwere Jahre. Handschriftliche Notizen der MGH-Mitarbeiterin Margarete Kühn, verfasst 1982 (MGH-Archiv B 849/5), in: Mittelalter lesbar machen. Festschrift 200 Jahre Monumenta Germaniae Historica (2019) S. 226–238 (Editionsteil: S. 229–238), hier S. 229. Siehe auch Abb. 2.

4 Traudl Junge, Bis zur letzten Stunde. Hitlers Sekretärin erzählt ihr Leben, u. Mitarb. von Melissa Müller (³2002).

5 Heike B. Görtemaker, Hitlers Hofstaat. Der innere Kreis im Dritten Reich und danach (³2019).

6 Ursula Brumm an Hildegard Mesters, 26.4.1944 (MGH-Archiv B 571, Bl. 216v).

7 Eine bio-bibliographische Dokumentation zu Theodor Mayer gibt: Jürgen Petersohn (Hg.), Der Konstanzer Arbeitskreis für mittelalterliche Geschichte 1951–2001. Die Mitglieder und ihr Werk. Eine bio-bibliographische Dokumentation, bearb. von Jörg Schwarz (Veröffentlichungen des Konstanzer Arbeitskreises für Mittelalterliche Geschichte aus Anlass seines fünfzigjährigen Bestehens 1951–2001, Bd. 2, 2001) S. 271–282. In jüngerer Zeit ist mehrfach versucht worden, Theodor Mayers Verstrickung in den Nationalsozialismus zu relativieren, vgl. z.B. Anne C. Nagel, „Allein unter Kollegen". Theodor Mayer und die MGH im Krieg, in: Das Reichsinstitut für ältere deutsche Geschichtskunde 1935 bis 1945 – ein „Kriegsbeitrag der Geisteswissenschaften"? Beiträge des Symposiums am 28. und 29. November 2019 in Rom, hg. von Arno Mentzel-Reuters / Martina Hartmann / Martin Baumeister (MGH Studien zur Geschichte der Mittelalterforschung 1, 2021) S. 179–193, die mit der problematischen

institutes, vornehmlich in seinem Privatbesitz verblieb und heute im Stadtarchiv Konstanz liegt. Ganz anders erging es den MGH-Archivalien. Nur weniges gelangte ins fränkische Pommersfelden, manches blieb trotz der Aufgabe der Arbeitszimmer[8] sogar in der Berliner Charlottenstraße, anderes wurde verstreut und in mehreren Stufen von 1948 bis 1990 wieder zusammengeführt. Wie auch immer: Das MGH-Archiv verwahrt vor allem Geschäftsberichte, die Ursula Brumm und ihre Kollegen Heinrich Förster und Margarete Kühn an den Präsidenten versandten, der seinerseits in den letzten Monaten des ‚Dritten Reiches' – wir werden es ausführlich dokumentieren – zwar nicht den ‚Endsieg' propagierte, aber doch einen verhaltenen nationalen Optimismus artikulierte, dem man in den Büros der Charlottenstraße 41 nicht zu widersprechen wagte.

Die Korrespondenz wurde erforderlich, da Mayer im Jahr 1944 zusammen mit der Bibliothek des Instituts, einer Sekretärin und mehreren wissenschaftlichen Mitarbeiterinnen – der Begriff der NS-Administration für all das war übrigens ‚Gefolgschaft' – aus Berlin in das vom alliierten Bombardement nicht betroffene fränkische Pommersfelden verlegt wurde[9]. Nur Ursula Brumm und ihre Kollegin Margarete Kühn (1894–1986)[10] sowie der schwer erkrankte Karl Strecker (1861–1945)[11] blieben in Berlin[12]. Dort arbeitete auch der pensionierte Regierungsinspektor Dr. Heinrich Förster,

Abb. 2: Die MGH 1934 in der Preußischen Staatsbibliothek, Charlottenstr. 41 (aus gestellter Fotoserie der Weltrundschau); v.l.n.r.: Karl Jordan, Marcel Beck, Heinrich Büttner, Otto Meyer, Lotte Hüttebräuker, Carl Erdmann

Kategorie eines ‚puer robustus' operiert und Mayer aus dem „Stigma des Außenseiters" (S. 179) erklären will; siehe aber Martina HARTMANN, Theodor Mayer und Percy Ernst Schramm im Dienst des Regimes, in vorliegendem Band S. 161–189.

8   Vgl. KÜHN, Zusammenbruch (wie Anm. 3) S. 229. Kriegsbedingt musste das Reichsinstitut 1944 nach der Verlagerung der Bibliothek Räume abgeben, wie Robert Holtzmann am 6.6.1944 feststellte, als er nach anderen Erledigungen zu dem MGH ging, „die nur noch 2 Zimmer haben, das übrige Staatsbibliothek und Schriftenaustausch". Vgl. Robert HOLTZMANN, Tagebuch (Rom, Archiv des DHI N 91 Walther Holtzmann 91) S. 116. Für die Überlassung ihrer Abschrift danke ich Martina Hartmann herzlich.
9   HARTMANN, Aus der Reichshauptstadt (wie Anm. 2) S. 28–31.
10 Zu Margarete Kühn vgl. ebd. S. 29–30; DIES., Neuer Anfang (wie Anm. 2); DIES., Stunde der Frauen? (wie Anm. 2), S. 676–683; DIES., Erinnerungen (wie Anm. 3).
11 Norbert FICKERMANN, Nachruf Karl Strecker, in: DA 8 (1951) S. 266–267, hier S. 267.
12 Vgl. den Bericht von Theodor Mayer an Walter Goetz vom 6.7.1946 (MGH-Archiv B 716, Bl. 16r): „In Berlin blieben aus persönlichen Gründen 2 Damen vom wissenschaftlichen Personal zurück."

der spätestens ab 1938[13] den Etat des Berliner und des zugeordneten Römischen Instituts betreute[14].

Ursula Brumm

Doch zurück zu Ursula Brumm, die ab 1942 für das Reichsinstitut tätig war. Theodor Mayer, zu diesem Zeitpunkt noch kommissarischer Leiter des Reichsinstituts und hauptamtlich Rektor der Universität Marburg[15], bescheinigte ihr am 7.6.1942, dass sie seit Januar des Jahres „als bezahlte Mitarbeiterin (zuerst des früheren Präsidenten, jetzt des Institutes selbst) beschäftigt" sei[16]. Zur Förderung ihrer Arbeiten – und vielleicht auch, um einen guten Eindruck zu machen – erwarb sie 10 MGH-Bände mit 25% Autorenrabatt an ihre Privatanschrift Bismarckstraße 1 in Zehlendorf[17], das Haus ihrer Familie, das sie mit Unterbrechungen bis zu ihrem Tode im Jahr 2015 bewohnte und in dem sie vermutlich auch die letzten Tage der NS-Diktatur erlebte. Mayer stellte am 13.7.1942 den Antrag, sie und ihre Studienkollegin Sabina Lietzmann[18] (beide damals noch cand. phil.), „die als Angehörige der Universität Berlin zu Beginn der Ferien beim Rüstungseinsatz verwendet werden sollen, vom

---

13 Bescheinigung für Heinrich Förster, 27.9.1938 (MGH-Archiv B 566, Bl. 144r).
14 Bestallung Heinrich Förster, 8.10.1938 (MGH-Archiv B 584, Bl. 191r). – Theodor Mayer beantragte am 16.8.1943 mit Unterstützung der Gauleitung Berlin für Förster das Eiserne Kreuz II. Klasse wegen seiner Verdienste um das Römische und das Berliner Institut: „wenn auch diese Institute nicht unmittelbaren Kampfzwecken dienen, so haben sie doch eine sehr große Bedeutung für die geistigen und politischen Voraussetzungen und Ziele des jetzigen Krieges. Der Dienst Försters kann und muß daher sehr wohl als Mitarbeit an der Durchführung von Kriegsaufgaben bezeichnet werden" (MGH-Archiv B 566, Bl. 138v). In einem Brief vom 19.5.1944 berichtete Mayer, dass der Antrag verschleppt wurde (MGH-Archiv B 547, Bl. 87v).
15 Weder Theodor Mayer noch sein unmittelbarer Vorgänger Edmund Ernst Stengel vollzogen den Wechsel in der Leitung des Reichsinstituts freiwillig, wie Mayer immer wieder betonte (z.B. gegenüber Walter Goetz am 6.7.1946 [MGH-Archiv B 716, Bl. 16v]). Beide wurden unter massivem Druck von dem damaligen Referenten im Reichswissenschaftsministerium Heinrich Harmjanz (zu ihm ausführlich Anm. 223) gezwungen. Die Umstände schilderte Mayer in einem Brief an Paul Ritterbusch vom 15.4.1942 (StadtAK X XI Theodor Mayer, Varia 16). Vgl. auch Anne C. NAGEL, Im Schatten des Dritten Reichs. Mittelalterforschung in der Bundesrepublik Deutschland 1945–1970 (2005) S. 46f.
16 Bescheinigung für Ursula Brumm (MGH-Archiv B 565, Bl. 56r). Theodor MAYER, Reichsinstitut für ältere deutsche Geschichtskunde. Jahresbericht 1942, in: DA 6 (1943) S. IX–XVI, hier S. XV: „Frl. cand. phil. Ursula Brumm" als neue Hilfskraft der Epistolae unter der Aufsicht von Carl Erdmann. Erdmann wurde am 24.8.1942 von Friedrich Baethgen aus dessen Urlaub in Ostpreußen um Unterstützung des Promotionsvorhabens von Ursula Brumm gebeten (MGH-Archiv B 577, Bl. 121r–122r). Zur Dissertation Brumms siehe Anm. 349.
17 Rechnungen für Bücher, 14.9. und 15.9.1943 (MGH-Archiv B 565, Bl. 57r, 58r). Das aus der ersten Hälfte des 20. Jahrhunderts stammende Haus ist erhalten.
18 Sabina Lietzmann (1919–1995) übernahm 1941–1942 die Ordnung der Glasnegative aus der Traube-Bibliothek und der Urkundenfotos im Archiv des Reichsinstituts, war 1942–1943 Stipendiatin am DHI Rom, promovierte 1944 bei Friedrich Baethgen, wirkte 1949–1961 als Berlin-Korrespondentin der Frankfurter Allgemeinen Zeitung und 1961–1984 als Kulturkorrespondentin der gleichen Zeitung in New York; vgl. HARTMANN, Stunde der Frauen? (wie Anm. 2) S. 686f.; Ingeborg LUKAS, Sie redigieren und schreiben die Frankfurter Allgemeine Zeitung. Stand 1.7.1993 (1993) S. 74f.; Berlin am East River. Zum Tode von Sabina Lietzmann, in: Frankfurter Allgemeine Zeitung vom 31.5.1995, S. 5.

Fabrikdienst freizustellen"[19], da sie als wissenschaftliche Hilfskräfte für das Reichsinstitut unentbehrlich seien. Hier ging es um die so genannte uk-Stellung, die im damaligen Wissenschaftsbetrieb vor allem für die vom Fronteinsatz bedrohten Männer, aber auch für die Frauen über Wohl oder Wehe und wissenschaftliche Arbeitsmöglichkeiten entschied. Die Befreiung vom Wehrdienst wurde ab 1943 zunehmend eingeschränkt. In diesem Jahr waren schon fast alle männlichen Mitarbeiter des Reichsinstituts im Wehrdienst. 1944 sollten „die obersten Reichsbehörden und die unmittelbar nachgeordneten Dienststellen mit dem Sitz in Berlin"[20] ein Kontingent von 2% „ihrer arbeitsbuchpflichtigen Dienstkräfte zum Einsatz in der Rüstung" zur Verfügung stellen. Grundlage war die vom Reichswissenschaftsministerium verfügte „Auskämmaktion des zivilen Sektors". Es ist bemerkenswert, dass sich Mayer gegen diese Verordnung vehement zur Wehr setzte[21], während er ein halbes Jahr zuvor die Einberufung von Carl Erdmann unwidersprochen hinnahm, vermutlich sogar als selbstverständlichen Vaterlandsdienst behandelte – davon später.

Über ihre wissenschaftliche Tätigkeit am Reichsinstitut berichtete Ursula Brumm am 22.10.1944 ihrem Chef: „Im Augenblick bin ich, mit Ausnahme neulich der Korrekturen für Bd. 9[22], wieder mit dem Heinrich VI., dem Übertragen der Druckorte, beschäftigt. Ich will jetzt versuchen, einige noch fehlende Drucke (die ich damals hoffte aus anderen, dann aber nicht mehr zu beschaffenden Büchern zu photokopieren) zu beschaffen"[23]. Sie sollte eine Edition der Urkunden Heinrichs VI. in „einer vorläufigen Ausgabe"[24] auf der Grundlage bereits publizierter Abdrucke vorbereiten. Das entsprach, wie noch Karl Bosl[25] in seinem Nachruf auf Theodor Mayer hervorhob, dem generellen Plan des Präsidenten, der sich von vereinfachten Editionen gerade der Staufer eine breitere nationalpolitische Wirkung der MGH-Editionen erhoffte[26]. Schon 1943 – vor dessen Wechsel nach Wien – hatte Mayer

---

19 Theodor Mayer „an den Herrn Gaustudentenführer", 13.7.1942 (MGH-Archiv B 565, Bl. 59r).
20 Erlass des REM, 9.9.1944 (MGH-Archiv B 704/II).
21 Theodor Mayer an Heinrich Förster, 19.9.1944 (MGH-Archiv B 547, Bl. 65): „ich melde jedenfalls niemand an das Arbeitsamt".
22 Kaisertum und Herzogsgewalt im Zeitalter Friedrichs I. Studien zur politischen und Verfassungsgeschichte des hohen Mittelalters, hg. von Theodor MAYER / Konrad HEILIG / Carl ERDMANN (Schriften des Reichsinstituts für ältere deutsche Geschichtskunde 9, 1944). Vgl. Theodor Mayer an Ursula Brumm, 25.10.1944 (MGH-Archiv B 571, Bl. 112r): Mayer bittet um bibliographische Assistenz für diese von ihm mitherausgegebene Aufsatzsammlung, weil er den Titel „nicht so genau" kennt (also in Pommersfelden kein Exemplar vorliegen hat).
23 Ursula Brumm an Theodor Mayer, 22.10.1944 (MGH-Archiv B 571, Bl. 119v).
24 So Friedrich Henning an Ursula Brumm, 10.9.1944 (MGH-Archiv B 581, Bl. 279v).
25 Vgl. Karl BOSL, Theodor Mayer (24.8.1883–26.11.1972), in: Jb. der BAdW 1973 (1973) S. 210–214, hier S. 211: „Noch immer ist sein Plan der beste bis heute, die Diplomatareihe der Monumenta Germaniae Historica durch eine vorläufige Ausgabe zu beschleunigen. Seit 1945 ist als einziger Band der Konrads III. erschienen. Die Deutschen haben deshalb keine allgemeine Auffassung über eine wichtige Epoche ihrer Geschichte, die Stauferzeit, gewonnen, weil die Ausgabe der Königsdiplome für die große Epoche des ‚Aufbruchs' bis heute fehlt."
26 MAYER, Jahresbericht 1942 (wie Anm. 16) S. XIV: „Da die kritischen Ausgaben der Kaiserurkunden eine überaus langwierige Bearbeitung erfordern, wurde eine vorläufige Ausgabe der Urkunden Friedrichs I. und Heinrichs VI. in Aussicht genommen, durch die der Forschung verläßliche Texte, aber ohne kritischen Apparat, schon in einigen Jahren zur Verfügung gestellt werden sollen."

das Material zu Heinrich VI. von Leo Santifaller (1890–1974)[27] aus Breslau angefordert und Brumm übergeben[28]. Offenbar war jedoch kaum jemand mit diesem Plan wirklich zufrieden. Brumm sandte im September 1944 erste Materialien an den in Eisenach wohnenden, aber im Thüringischen Hauptstaatsarchiv Weimar forschenden und als wehruntauglich eingestuften[29] Friedrich Henning (1917–2008)[30], der unter bislang nicht genau geklärten Umständen am 12.3.1945 als Mitarbeiter des Reichsinstituts nach Pommersfelden wechselte und das restliche Arbeitsmaterial zu den DD H VI. aus Berlin anliefern ließ[31]. Dass dieser Wechsel dennoch überraschend geschah, zeigt sich daran, dass Henning noch am 17.1.1945 das Foto einer Urkunde Heinrichs VI. für Pisa (STUMPF 4886), „an das Reichsinstitut z. Hd. Frl. Dr. Brumm"[32] geschickt hatte. Die Anstellung von Henning erwies sich im Übrigen als kompletter Fehlschlag, den schon Otto Meyer (1906–2000)[33] beklagte[34] und Friedrich Baethgen (1890–1972)[35] später nur mit Mühe beenden konnte. Ebenfalls im Januar 1945 geriet Brumm wegen eines anderen Editionsprojektes mit Mayer aneinander: Sie hatte mit dem Mittellateiner Karl Langosch (1903–1992) eine Neuausgabe des Annalista Saxo vereinbart und auch bereits einen Vertrag vom Verlag Otto Wigand in Leipzig zugeschickt bekommen[36], ehe sie Mayer darauf ansprach. Sie habe, teilte sie danach Langosch zähneknirschend mit, „erfahren müssen, daß er es nicht so sehr gern sieht, wenn wir eine derartige Aufgabe übernehmen, von der er wohl fürchtet, daß sie bei den jetzigen schwierigen Verhältnissen (häufige Alarme, die die Freizeit stark beschränken), auf Kosten unserer sonstigen Aufgaben

---

27 Zu Leo Santifaller vgl. Hannes OBERMAIR, Willfährige Wissenschaft – Wissenschaft als Beruf. Leo Santifaller zwischen Bozen, Breslau und Wien, in: Sönke LORENZ / Thomas ZOTZ (Hg.), Frühformen von Stiftskirchen in Europa. Funktion und Wandel religiöser Gemeinschaften vom 6. bis zum Ende des 11. Jahrhunderts. Festgabe für Dieter Mertens zum 65. Geburtstag (Schriften zur südwestdeutschen Landeskunde 54, 2005) S. 393–406.
28 Bettina PFERSCHY-MALECZEK, Die Diplomata-Edition der Monumenta Germaniae Historica am Institut für Österreichische Geschichtsforschung (1875–1990), in: MIÖG 112 (2004) S. 412–467, hier S. 439f. Die Autorin wertet neben anderen Quellen Theodor Mayers Briefe im Nachlass Santifaller (jetzt Haus-, Hof- und Staatsarchiv Wien) aus.
29 Vgl. ebd. S. 442 Anm. 225: „Wegen der Folgen einer Kinderlähmung musste Henning nicht zum Kriegsdienst einrücken." Er wurde später Archivar der Friedrich-Naumann-Stiftung in Gummersbach.
30 Friedrich Henning an Ursula Brumm, 10.9.1944 (MGH-Archiv B 581, Bl. 279r–280r).
31 Aus Pommersfelden an Friedrich Henning (ohne Unterschrift), 5.3.1945 (MGH-Archiv B 581, Bl. 263r). Henning hatte sich bei Mayer bereits im Mai 1944 mit Empfehlung von Santifaller beworben, vgl. PFERSCHY-MALECZEK, Diplomata-Edition (wie Anm. 28) S. 442.
32 MGH-Archiv A 212 Nr. 1, mit Originalumschlag.
33 Der von der US-Army zum kommissarischen Geschäftsführer ernannte Otto Meyer (1906–2000) war von 1940 bis Juni 1945 in Wehrdienst bzw. Kriegsgefangenschaft, vgl. Peter A. Süss, Ein Leben für die Geschichte. Zum Tode von Otto Meyer, in: Frankenland (2000) S. 118; Peter JOHANEK, Nachruf Otto Meyer, in: DA 56 (2000) S. 843–845, hier S. 844; Nikola BECKER, Die Neuetablierung der Monumenta Germaniae Historica in Bayern ab 1944 im Spannungsfeld zwischen Theodor Mayer, Otto Meyer, Walter Götz und Friedrich Baethgen, in: ZBLG 77 (2014) S. 43–68, hier S. 45–47; Philipp T. WOLLMANN, Otto Meyer (1906–2000). Ein Historiker zwischen Drittem Reich und Bundesrepublik in Franken, in: Fränkische Lebensbilder 26 (2022) S. 287–320, hier S. 300. Siehe auch Abb. 2.
34 Vgl. z.B. Otto Meyer an Friedrich Baethgen, 12.7.1948 (MGH-Archiv B 719, Bl. 103r).
35 Zu Friedrich Baethgen siehe Arno MENTZEL-REUTERS, Friedrich Baethgen in nationalkonservativen Netzwerken (1917–1948), in vorliegendem Band S. 113–160.
36 Ursula Brumm an Karl Langosch, 6.1.1945 (MGH-Archiv B 571, Bl. 32r).

geht. Frl. Dr. Kühn und ich sehen uns unter diesen Umständen leider bewogen, unser Ihnen gegebenes Einverständnis zu einer Neubearbeitung wieder zurücknehmen zu müssen"[37].

Während Mayer mit Brumm dennoch einen respektvollen Umgang pflegte[38] und seine Mitarbeiterinnen in Pommersfelden im Oktober 1944 sogar dezidert gegen eine beim Gauarbeitsamt eingegangene misogyne „Denunziation"[39], wie Mayer es bezeichnete, in Schutz nahm, versuchte er in mehreren Anläufen, Margarete Kühn aus dem Reichsinstitut zu verdrängen; vermutlich, weil er sie für unzureichend qualifiziert hielt. Er kündigte ihr zwei Mal[40] mit der – von Mayer zweifellos vorgeschobenen – Begründung, sie wolle ja aus privaten Gründen Berlin nicht verlassen und nicht nach Pommersfelden umziehen[41]. Kühn gelang es jedoch durch stures Ignorieren dieser Kündigungen, die Stelle zu behalten. Eine von Förster im Herbst 1944 auf Mayers Anweisung[42] als Grundlage für eine Verlängerung der bisherigen uk-Stellungen zusammengetragene Übersicht über die ‚Gefolgschaft', das heißt, die Mitarbeiter des Reichsinstituts, trägt den Vermerk, Kühn sei gekündigt, aber Brumm sei seit dem Frühjahr dauerhaft krank. Da Mayer als augenblickliche Hauptaufgabe des Instituts erklärte, dass der „Betrieb, wenn auch stark eingeschränkt, aufrechterhalten bleibt"[43], war Kühn schließlich doch nicht ohne weiteres verzichtbar. Überhaupt war die mangelhafte Besetzung der Arbeitsstellen ein Dauerproblem, sei es wie hier durch Krankheit oder sei es durch Eingriffe der Wehrmacht oder des Arbeitsamtes Forchheim, das die Mitarbeiterinnen aus Pommersfelden abziehen wollte[44]. So musste Mayer am 16.9.1944 und wieder am 5.1.1945[45] in Forchheim und beim Reichswissenschaftsministerium gegen die Einberufung von Hildegard Mesters (1918–?, verh. Schering)[46] als Wehrmachtshelferin protestieren, wobei er unter an-

---

37 Ebd. Bl. 32r/v.
38 Vgl. HARTMANN, Stunde der Frauen? (wie Anm. 2) S. 695 über den Briefwechsel Theodor Mayer – Walther Holtzmann im Juli 1946 aus dem Nachlass Mayer in Konstanz, in dem sich Holtzmann unter Bezug auf die Mitarbeiterinnen offen misogyn zeigte, was Mayer zwar einerseits durch Anerkennung für Irene Ott konterte, andererseits aber mit der Bemerkung „Mir gegenüber waren die Damen jederzeit von vorbildlicher Bescheidenheit, sie betonten immer, daß sie sich als Platzhalterinnen fühlten" wieder abwertete. Die Quellenangabe „MGH, Registratur, Ordner 4" bei PFERSCHY-MALECZEK, Diplomata-Edition (wie Anm. 28) S. 442 Anm. 221 ist im MGH-Archiv nicht verifizierbar.
39 Theodor Mayer an Wolfram Sievers (SS-Ahnenerbe), 11.10.1944 (StadtAK X XI Varia 24). – Zu Wolfram Sievers vgl. Sören FLACHOWSKY, Sievers, Heinrich Friedrich Wolfram, in: NDB 24 (2010) S. 392f.
40 Vgl. HARTMANN, Neuer Anfang (wie Anm. 2) S. 142f. unter Anführung von MGH-Archiv B 547, Bl. 45r (Kündigung vom 29.4.1944: „dass Ihre Tätigkeit mit Ende September 44 zu Ende gehen wird") und B 777/I (Personalakte Kühn, Kündigung vom 11.9.1944). Zwischen diesen Kündigungen lag ein gemeinsamer 14-tägiger Urlaub von Brumm und Kühn in Mallnitz in Kärnten (vgl. Ursula Brumm an Heinrich Förster, 28.8.1944 [MGH-Archiv B 547, Bl. 60r]). Brumm hatte diese Reise in einer Unterredung mit Mayer in der S-Bahn von Zehlendorf ausgehandelt (MGH-Archiv B 704/I).
41 Zu Margarete Kühns persönlichen Gründen HARTMANN, Stunde der Frauen? (wie Anm. 2) S. 680.
42 Theodor Mayer an Heinrich Förster, 2.9.1944 (MGH-Archiv B 547, Bl. 67r/v).
43 Theodor Mayer an REM (Prof. Dr. Hofmann), 5.9.1944 (MGH-Archiv B 704/II, [Bl. 14]).
44 Vgl. MGH-Archiv B 704/II.
45 Theodor Mayer an Gauarbeitsamt (Frl. Dr. Scharnagel) und an Bernhard Rust 16.9.1944 und 5.1.1945 (MGH-Archiv B 704/II, [Bl. 18 und 12]).
46 Hildegard Mesters siedelte 1949 zusammen mit Irene Ott und dem Magazinarbeiter Alexander Höh nach München über, vgl. MGH-Archiv B 708, [Bl. 47].

derem darauf hinwies, dass sein Institut zur Reichshauptstadt gehörte, wo Brumm und Kühn offenbar für den Flakdienst verpflichtet wurden, und somit die Abteilung in Pommersfelden nicht in die Zuständigkeit des Arbeitsamtes Forchheim und des Gauarbeitsamtes Bayreuth fiel. Er griff dabei zu ungewöhnlich scharfen Formulierungen mit deutlichem Verweis auf seine nationalpolitische Gesinnung, da er glaubte, das Opfer von Denunziation geworden zu sein: „Als Historiker und als ein Mann, der auch in Verwaltungsangelegenheiten schon eine längere Erfahrung besitzt, kann ich nur sagen, dass derartige Anzeigen eigentlich in den Papierkorb gehörten. Durch nichts wird der Gedanke der Volksgemeinschaft mehr zerstört als durch Denunziationen. Gegen Denunziationen gibt es aber auch ein Mittel, nämlich daß man den Denunzianten, besonders wenn er falsch berichtet, zur Verantwortung zieht. Ich glaube freilich nicht, daß das jetzt geschieht, bin fest überzeugt, daß das notwendig wäre, denn sonst werden die übelsten Instinkte sehr zum Schaden der Sache wachgerufen"[47]. Auch wenn diese Stellungnahme eine verhaltene Kritik an der gängigen Praxis des NS-Regimes ahnen lässt[48], kündigt sich hier vor allem der Theodor Mayer der Nachkriegszeit an, der sich von allen Seiten bedrängt und verraten fühlte. Bemerkenswert bleibt der Rekurs auf den ‚Gedanken der Volksgemeinschaft', den Mayer vermutlich nicht nur aus taktischen Gründen, sondern aus Überzeugung anführte.

In Pommersfelden war Mayer seines politischen Umfeldes und damit seines Einflusses beraubt. Insofern wundert es nicht, dass er sich zunächst gegen eine Verlagerung aus der Reichshauptstadt gesperrt hatte und die Suche nach einem Ausweichquartier für das Reichsinstitut nur halbherzig betrieb, obschon das Gebäude der Berliner Staatsbibliothek Unter den Linden seit 1941 Ziel von alliierten Bombenangriffen war[49]. Ernsthafte Planungen zur Auslagerung des Reichsinstitutes begannen erst im Herbst 1943[50]. Es war eine Art Vabanquespiel: So berichtete Brumm immer wieder, etwa am 23.8.1943, über Bombenangriffe, die das Institut glücklicherweise weitestgehend verschont hätten und zeigte sich hinsichtlich der Auslagerung auch eher zögerlich[51]. Mayer hielt sich ohnehin nur zeitweilig in Berlin auf. Er war im Mai von Berlin aus an das Deutsche Historische Institut in Rom gereist und hatte für diesen Anlass zusammen mit Friedrich Bock (1890–1963)[52] italienische Historiker zu einem Abend in einem Weinlokal eingeladen („im Institut haben wir keinen Wein"[53]). Im

---

47 Theodor Mayer an Gauarbeitsamt (Frl. Dr. Scharnagel), 16.9.1944 (MGH-Archiv B 704/II, [Bl. 18]).
48 Den Alltag voller Denunziationen auch außerhalb der Wehrmacht behandelt Ela HORNUNG, Denunziation als soziale Praxis. Fälle aus der NS-Militärjustiz (2010) S. 138–203.
49 Werner SCHOCHOW, Griff in die Geschichte. Erster Bombenangriff auf die Staatsbibliothek 1941, in: Mitteilungen der StaBi PK N. F. 1 (1992) S. 49–51.
50 Carl Erdmann an Theodor Mayer, 4.9.1943 (MGH-Archiv B 569, Bl. 151r/v). Das fügt sich ein in die Evakuierungsmaßnahmen, die Goebbels als Gauleiter von Berlin im Herbst 1943 einleitete, vgl. Tony LE TISSIER, Der Kampf um Berlin 1945. Von den Seelower Höhen zur Reichskanzlei (1997) S. 25.
51 Ursula Brumm an Theodor Mayer, 23.8.1943 (MGH-Archiv B 569, Bl. 182r), der erste Bericht von Brumm an Mayer.
52 Zu Friedrich Bock vgl. Gerd TELLENBACH, Friedrich Bock †, in: QFIAB 42/43 (1963) S. XI; Franziska ROHLOFF, „Sie haben Ihre Sache in Rom ebenso gut gemacht wie ihr Berliner Antipode schlecht". Die institutionelle Verfasstheit des Reichsinstituts für ältere deutsche Geschichtskunde auf dem Prüfstand (1940–1942), in: Das Reichsinstitut für ältere deutsche Geschichtskunde (wie Anm. 7) S. 71–101.
53 Theodor Mayer an Friedrich Bock, 21.5.*[1943]* (MGH-Archiv NLB 157); die Jahreszahl lässt sich

August 1943 reiste er zusammen mit seiner Frau Hanna in seine vom Krieg noch unversehrte Heimat Neukirchen an der Enknach bei Braunau[54].

Die Causa Erdmann

Der Herbst 1943 wurde von einer zusätzlichen persönlichen Tragödie überschattet: der Einberufung Carl Erdmanns (1898–1945)[55] zur Wehrmacht, die seinen Abschied vom Institut und letztlich seinen Tod zur Folge hatte. Das Verhältnis zwischen ihm und Mayer war konfliktbeladen, wie nicht zuletzt ein Brief belegt, den Mayer im April 1943 an Heinrich Büttner richtete. Dort machte der Präsident seinen Geschäftsführer geradezu zu einer Art Mephisto: Erdmann sei „ein ungewöhnlich intelligenter Mensch, aber ein absolut zersetzender Geist"[56]. Dennoch waren beide durchaus zur Zusammenarbeit fähig, und der fachlich renommierte Erdmann hatte sich eine gewisse Selbständigkeit bewahrt, die dem Institut gerade nach der Auslagerung notgetan hätte. Ursula Brumm konnte den Ausfall von Erdmann nicht kompensieren. Sie war mit 24 Jahren zu jung und zu wenig im Fach vernetzt, um sich gegenüber den Berliner Institutionen und ihren Repräsentanten durchsetzen zu können, auch wenn ihre Korrespondenz als Redakteurin der Zeitschrift Deutsches Archiv beweist, dass sie Organisationsgeschick und Durchsetzungsvermögen besaß.

Abb. 3: Carl Erdmann um 1935

So wurde Mayer durch Erdmanns Einberufung in eine noch größere und einsamere Gesamtverantwortung gezwungen, als er sie ohnehin für sich beanspruchte. Während Mayer und erst recht das Wissenschaftsministerium noch zögerten, war Carl Erdmann beispielsweise ein engagierter Verfechter einer Auslagerung und hatte sich schon früh intensiv mit der Auswahl möglicher Ziele und der sachgerechten Organisation beschäftigt. Er stand darüber mit Mayer in engem Austausch, selbst wenn dieser sich nicht in Berlin aufhielt. So klagte

---

ergänzen, da erwähnt wird, dass der 22.5. ein Samstag war. Bemerkenswert, dass Bock Mayers Vorschlagsliste komplett umgestaltete.

54 Zu Mayers Jugend vgl. Reto HEINZEL, Theodor Mayer. Ein Mittelalterhistoriker im Banne des ‚Volkstums' 1920–1960 (2016) S. 23.
55 Vgl. zu ihm jetzt Folker REICHERT, Fackel in der Finsternis. Der Historiker Carl Erdmann und das „Dritte Reich", 1. Die Biographie (2022), 2. Briefe 1933–1945 (2022). Siehe auch Abb. 3 und 4.
56 Hier zitiert nach: REICHERT, Fackel (wie Anm. 55) 1 S. 319. Quellenangabe ebd. S. 409: StadtAK NL Mayer, 26/27. Die Metapher ‚zersetzender Geist' diente seit Mitte des 19. Jahrhunderts zur Dämonisierung von Agnostizismus und Nihilismus in jeder Form und wurde erst sekundär für den Judenhass nutzbar gemacht. Die antisemitische Ableitung bei Reichert und zuvor schon NAGEL, Im Schatten (wie Anm. 15) S. 37 passt nicht auf Erdmann und ist daher nicht zielführend.

er am 30.8.1943 brieflich nach Neukirchen an der Enknach über Probleme mit der Finanzierung der zu planenden Transporte, weil der von Bombenangriffen persönlich betroffene Heinrich Förster[57] nicht ins Institut komme. Aber immerhin habe man jetzt die Arbeitsmaterialien in 30 Kisten verpackt und damit für die Evakuierung vorbereitet[58]. Am Folgetag, dem 31.8.1943, berichtete an Erdmanns Stelle Ursula Brumm dem Präsidenten, während dieser in Österreich seine Antwort an Erdmann abfasste. Mayer schwankte bei der Entscheidung über eine neue Unterkunft für das Institut zwischen dem Schönborn'schen Schloss im fränkischen Pommersfelden und der Fürstenbergischen Residenz in Donaueschingen[59], wollte aber in jedem Fall den Institutsbetrieb in Berlin belassen[60]. Auch Ursula Brumm war mit einer Verlagerung nach Pommersfelden nur bedingt einverstanden. Sie plagte sich außerdem mit der Beschaffung von Packmaterial für die Bücher der Bibliothek und erwog einen Antrag auf Einsatz von Kriegsgefangenen bei der SS[61]. Am 1.9.1943 musste sie konstatieren, dass ein Bombenangriff auf Zehlendorf[62] und Kleinmachnow massive Schäden für die Kollegin Friedel Peeck (1921–2014)[63] und Erdmanns Mutter[64] gebracht hatte. Glücklicherweise wurde gerade an diesem Tag Erdmanns uk-Stellung um drei Monate verlängert – eine trügerische Maßnahme, wie sich wenige Tage später erweisen sollte[65].

Carl Erdmann war schon seit Anfang des Monats krank, daher erhielt Mayer einmal mehr den genaueren Bericht von Brumm[66], auch über die aktuellen Bombenangriffe und die

---

57 Heinrich Förster wohnte in Berlin-Steglitz, Friedrichsruher Str. 33, vgl. z.B. NSDAP Gauleitung Berlin an das Reichsinstitut, Betreff: Verleihung eines Kriegsverdienstkreuzes an den Volksgenossen Heinrich Förster, 12.8.1943 (MGH-Archiv B 566, Bl. 137r).
58 Carl Erdmann an Theodor Mayer, 30.8.1943 (MGH-Archiv B 569, Bl. 165r).
59 Theodor Mayer an Walter Goetz, 6.7.1946 (MGH-Archiv B 716, Bl. 16r): „Es kamen schließlich 2 Orte zur Auswahl: Pommersfelden und Donaueschingen. Ich entschloss mich für Pommersfelden, weil die Unterbringung hier günstiger war als in Donaueschingen." Nach Kühn, Zusammenbruch (wie Anm. 3) S. 232f. präferierte Mayer gegen den Rat seiner Mitarbeiter zunächst eine Auslagerung nach Schlesien: „Man verfiel auf Schlesien. Offenbar täuschte man ‚dem Führer' zuliebe ‚Optimismus' vor. Obgleich es doch auf der Hand lag, daß Bayern sicherer war. Aber Vernunft durfte nicht regieren" (S. 232) und: „Die Mitarbeiter Erdmann, Perels und *[Robert]* Holtzmann wehrten sich ganz energisch gegen eine Verlagerung nach Schlesien" (ebd. S. 233). Erdmann habe schließlich Pommersfelden für die Bibliothek, Blankenburg für die Archivalien vorgeschlagen. Allerdings schwankte auch Carl Erdmann am 4.9.1943 noch zwischen Donaueschingen und Pommersfelden; vgl. Carl Erdmann an Theodor Mayer, 4.9.1943 (MGH-Archiv B 569, Bl. 151v).
60 Theodor Mayer an Carl Erdmann, 31.8.1943 (MGH-Archiv B 569, Bl. 156r). Dieses Konzept unterstützte Carl Erdmann ausdrücklich (Brief an Theodor Mayer, 4.9.1943 [MGH-Archiv B 569, Bl. 151v]).
61 Ursula Brumm an Theodor Mayer, 31.8.1943 (MGH-Archiv B 569, Bl. 159r/v–160r, Durchschlag, dahinter das von Theodor Mayer aus Österreich mitgebrachte Original).
62 Robert Holtzmann erwähnte in seinem Tagebuch (wie Anm. 8) Bombenangriffe auf Zehlendorf eher beiläufig am 25.8.1943 (S. 71), 9.3.1944 (S. 95) und 6.8.1944 (S. 116).
63 Zu Friedel Peeck vgl. Hartmann, Stunde der Frauen? (wie Anm. 2) S. 690–692. Ein eigenhändiger Lebenslauf in: Friedel Peeck, Die Reinhardsbrunner Briefsammlung aus dem 12. Jahrhundert, Diss. Masch. Berlin, 1944 (MGH-Bibliothek 4° Dl 230 mit Zugangsvermerk von 1955, vermutlich das Handexemplar der Verfasserin) [S. 171]. Friedel Peeck siehe Abb. 9.
64 Zu Veronika Erdmann, geb. Neander, vgl. Reichert, Fackel (wie Anm. 55) 1 S. 53–61.
65 Ursula Brumm an Theodor Mayer, 1.9.1943 (MGH-Archiv B 569, Bl. 157r).
66 Ursula Brumm an Theodor Mayer, 2.9.1943 (MGH-Archiv B 569, Bl. 154r/v).

Pläne zur Auslagerung des Archivs, das nicht mit der Bibliothek zusammenbleiben sollte, vermutlich in Absprache mit Erdmann. Ferner ging es um die Arbeitsbedingungen in der Berliner Staatsbibliothek und der Universitätsbibliothek. Dass akute Gefahr bestand, war inzwischen wohl jedem klar. Am 1.9.1943 waren Schäden an den Wohnungen des Präsidenten[67] und verschiedener Institutsangehöriger zu verzeichnen, vor allem bei Karl Strecker[68]. Am 4.9.1943 erschien der ausgebombte Heinrich Förster erstmals wieder im Institut, wo er die Nachricht erhielt, dass alle uk-Gestellten der Jahrgänge 1897 bis 1900 innerhalb der nächsten Tage (bis zum 10.9.) eingezogen würden – also auch Carl Erdmann[69]. Damit kam eine dramatische Entwicklung in Gang. Hinsichtlich der bisherigen Versuche, Erdmann zur Wehrmacht einzuziehen, hatte Mayer durchaus Gegenmaßnahmen ergriffen. Robert Holtzmann berichtete schon für den 3.4.1943: „Mi. 14. Vormittags Besorgungen in der Stadt und MG. Hier erzählt Erdmann, dass er gemustert und kv geschrieben ist! Th. Mayer klagt mir sehr über den komminischen[70] Betrieb der Verwaltungsarbeit und die gänzliche Verständnislosigkeit des Ministeriums"[71]. Tatsächlich gab es massive bürokratische Probleme, über die sich auch Erdmann am 11.5.1944 Mayer gegenüber bitter beklagte: „Am Freitag ging dann Strecker auf Grund Ihrer Zustimmung zum Bezirkskommando und erfuhr, daß Ihr Uk-Antrag dort nicht eingegangen und unauffindbar ist. Er hatte nach dem Durchschlag eine falsche Straßennummer, außerdem fehlte das erforderliche Formular usw. Man erklärte, daß der Antrag neu gestellt werden müsse, gab einiges über das einzuschlagende Verfahren an und riet zur Eile. Ich habe daraufhin eine Abschrift Ihres Antrages hingeschickt mit einem von Fräulein Mesters unterschriebenen formalen erneuten Antrag und dem vorgeschriebenen Formular. Denn daß ich selbst diesen Antrag stellen könnte, schien mir undenkbar. Das Bezirkskommando erklärte überhaupt, daß nur die vorgesetzte Behörde den Antrag stellen könnte, und auf die Erklärung, daß das Kultusministerium uns gesagt habe, wir sollten das selber tun, wurde gesagt, daß wir diese letztere Auskunft des Ministeriums in den neuen Antrag hineinschreiben sollten. Ich vermute, daß das Verfahren auch jetzt noch falsch ist, wußte aber nichts Besseres zu tun. Es ist mir natürlich höchst widerwärtig, für meine eigene Uk-Stellung tätig sein zu müssen"[72]. Verbarg sich hinter dem letzten Satz ein stiller Vorwurf, gar die Anklage, dass Mayer nicht genug unternommen habe? Zumindest zog sich das Verfahren in die Länge und es ist fraglich, ob Mayer mehr als das hätte bewirken können. Am

---

67 Berliner Adressbuch 1943, 1 (1943) S. 1895: Bogenstr. 12 in Zehlendorf, vgl. auch Almanach der AdW in Wien 93 (1943) S. 41. Unter dieser Adresse firmierte bereits sein Vorgänger Edmund Ernst Stengel, vgl. Jb. der Preussischen AdW (1942) S. 12. Die Wohnung lag ca. 20 Gehminuten von Brumms Wohnung entfernt. Beide mussten die S-Bahn Richtung Anhalter Bahnhof ab Zehlendorf benutzen, um in die Innenstadt zu gelangen. Siehe Anm. 40.
68 Ursula Brumm an Theodor Mayer, 1.9.1943 (MGH-Archiv B 569, Bl. 155r).
69 Carl Erdmann an Theodor Mayer, 4.9.1943 (MGH-Archiv B 569, Bl. 151r), vgl. Reichert, Fackel (wie Anm. 55) 2 S. 358f. Erdmann informierte Mayer sofort per Telegramm: „INSTITUT UNVERLEZTT [sic!] UKSTELLUNG AUFGEHOBEN EINZIEHUNG NAECHSTER TAGE == ERDMANN" (MGH-Archiv B 569, Bl. 145r), vgl. Reichert, Fackel (wie Anm. 55) 2 S. 357.
70 „komminischen" vermutlich = komnenischen, d.h. byzantinischen, gemeint wohl: bürokratischen Stil.
71 Holtzmann, Tagebuch (wie Anm. 8) S. 64.
72 Carl Erdmann an Theodor Mayer, 11.5.1943 (MGH-Archiv B 569, Bl. 196v); Reichert, Fackel (wie Anm. 55) 2 S. 324.

17.8.1943 berichtete Erdmann, dass er noch bis Monatsende befristet uk gestellt worden sei, um den 9. Band der Schriften des Reichsinstituts bearbeiten zu können. „Verlängerung ist beantragt, das Ergebnis steht dahin"[73]. Er verfasste ohne erkennbare Ressentiments am 4.9.1943 einen abschließenden Brief an Mayer, berichtete darin aber auch über den vorangehenden Bombenangriff auf Berlin und die entstandenen Schäden[74]. So sei die seit 9.6.1941 in der Bibliothek und für die Constitutiones tätige Annelies Ritter (1912–1996)[75] „durch einen Brand in ihrem Haus betroffen: das Ausmaß wissen wir noch nicht. In Zehlendorf ist nichts passiert. Von Frau Schubart[76] kam endlich Nachricht: Sie hat bei dem Angriff vor 10 Tagen alles verloren"[77]. War Mayers Haus in Zehlendorf zu diesem Zeitpunkt noch unversehrt, so stürzte zwei Wochen später ein Kronleuchter von der Decke, während er und seine Frau immer noch in Neukirchen Urlaub machten[78]. In seinem abschließenden Brief berichtete Erdmann außerdem, dass er von sich aus in Vorbereitung seines Ausscheidens die Betreuung der Bibliothek an Margarete Kühn übergeben habe („denn Frl. Brumm ist schon mit anderer Arbeit überlastet"); auch er drängte zur Auslagerung der Bibliothek, bezweifelte aber, dass man sie im Exil benutzbar aufstellen könne[79]. Schon deshalb sollten Brumm und das DA in Berlin bleiben[80].

Erdmann hatte vergeblich in der Steglitzer Obdachlosenstelle nach Förster gesucht, dessen Haus zerstört war, und veranlasste unter dem Eindruck dieser Zerstörung, aber offenbar ohne Rücksprache mit Mayer[81], den Abtransport der Arbeitsmaterialien in das Klos-

---

73 Carl Erdmann an Konrad Josef Heilig, 17.8.1943 (MGH-Archiv B 561/I, Bl. 219r), vgl. Reichert, Fackel (wie Anm. 55) 2 S. 343. Ähnlich berichtete Erdmann schon am 18.4.1943 an Martin Lintzel, vgl. Reichert, Fackel (wie Anm. 55) 2 S. 315.
74 Carl Erdmann an Theodor Mayer, 4.9.1943 (wie Anm. 69). Zum Bombenangriff vom 23.8.1943, der die Familienwohnung von Gertrud Schubart-Fikentscher in der Schillerstraße in Berlin-Lichterfelde zerstörte, vgl. Rüdiger Fikentscher, Liebe, Arbeit, Einsamkeit. Ein Gelehrtenpaar in zwei Diktaturen (2013) S. 294f.
75 Vgl. Edmund E. Stengel, Reichsinstitut für ältere deutsche Geschichtskunde, Jahresbericht 1941, in: DA 5 (1942) S. XXIII–XLII, hier S. XXIV und XXXVII; Inge Mayer, Annelies Ritter-Hecht, in: Hiram Kümper (Hg.), Historikerinnen. Eine biobibliographische Spurensuche im deutschen Sprachraum (Schriftenreihe des Archivs der deutschen Frauenbewegung 14, 2009) S. 179–181.
76 Gertrud Schubart-Fikentscher (1896–1985), 1936–1945 Mitarbeiterin in der Abteilung Leges, 1948–1985 korrespondierendes Mitglied, 1963–1965 Mitglied der Zentraldirektion (Vertretung), 1965–1971 Stellv. Sekretär der Phil.-hist. Klasse der Sächsischen AdW. Vgl. zu ihr Fikentscher, Liebe, Arbeit, Einsamkeit (wie Anm. 74).
77 Carl Erdmann an Theodor Mayer, 4.9.1943 (wie Anm. 69).
78 Ursula Brumm an Theodor Mayer, 1.9.1943 (MGH-Archiv B 569, Bl. 153r).
79 Dies gestaltete sich in der Tat schwierig, da die eilig herbeigeschafften Regalbretter aus noch nicht abgelagertem Holz gefertigt worden waren, vgl. z.B. den Bericht von Theodor Mayer vom 6.4.1944 (MGH-Archiv B 571, Bl. 79v). Am 28.12.1944 beantragte Mayer Holzscheine für neue Regale und befürchtete, dass die Bibliothek anderswo aufgestellt werden müsse (MGH-Archiv B 571, Bl. 100r/v).
80 Von Margarete Kühn hingegen erwartete er die Umsiedlung nach Pommersfelden, gegen die sie opponierte und darum von Mayer zweifach – vergeblich – gekündigt wurde (siehe Anm. 40).
81 Carl Erdmann an Theodor Mayer, 25.8.1943 (MGH-Archiv B 569, Bl. 175r), vgl. Reichert, Fackel (wie Anm. 55) 2 S. 358f.

ter Michaelstein in Blankenburg[82], den er persönlich am Potsdamer Bahnhof überwachte[83]. Er holte außerdem die Habilitationsschrift von Theodor Schieffer aus dem Dekanat der Berliner Philosophischen Fakultät und schickte sie zusammen mit der Verfilmung des Bibliothekskatalogs nach Blankenburg im Harz[84]. Bomben hatten die Filmstelle des Geheimen Preußischen Staatsarchivs in Dahlem zerstört, die dem Reichsinstitut gehörenden Filme befanden sich jedoch im Magazin des Archivs und blieben daher unversehrt. Gleichzeitig wurde Erdmann am 4.9.1943 per Telegramm von Mayer beauftragt, eine nach Salzburg einberufene deutsch-italienische Historikertagung mit Hermann Aubin, Walter Goetz, Hans Planitz, Claudius von Schwerin und Gerd Tellenbach auf deutscher Seite telegraphisch bis auf weiteres abzusagen. Friedrich Baethgen hatte man schon vorher telefonisch informiert[85]. Erdmann war des ohnmächtigen Wartens inzwischen offenbar überdrüssig und schuf auf eigene Faust Tatsachen – allerdings in der festen Überzeugung, dass vom MGH-Präsidenten keine Unterstützung mehr zu erwarten war. Das ist insofern überraschend, als Mayer sich mit einer handschriftlichen Postkarte vom 12.9.1943 bei Erdmann mit Besorgnis gemeldet hatte, als er nach der Besichtigung von Pommersfelden und Donaueschingen in Freiburg im Breisgau Station machte. „Da ich bisher kein Telegramm vorfand, nehme ich an, daß für Sie noch nichts gekommen ist. Leider kann ich Ihnen keine Adresse angeben, da ich nicht weiß, wo ich übernachten werde, vielleicht wird es einmal im Wartesaal werden, sonst hätte ich telegraphiert"[86]. Eine Woche später, am 19.9.1943, berichtete Erdmann seinem Freund Gerd Tellenbach, dass er sich ohne Mayers Wissen selbst als Dolmetscher zum Wehrdienst gemeldet habe und sich auf diese Aufgabe bereits intensiv vorbereite: „Da unter diesen Umständen meine Einberufung ja doch nur noch die Frage kürzester Zeit ist (zumal Theodor Mayer nicht gewillt ist, etwas dagegen zu unternehmen), habe ich mich vor sechs Tagen auf dem OKH zur Dolmetschertruppe gemeldet. Dabei wurde mir mündlich gesagt: italienische Dolmetscher würden so gebraucht, daß meine Meldung sofort bearbeitet würde; ich hätte Aussicht, angenommen zu werden, und würde voraussichtlich in wenigen Tagen Nachricht bekommen. Letzteres ist jedoch bisher nicht erfolgt, und ein Experte sagte mir, es könne noch

---

82 Erdmann hatte seine Jugend in Blankenburg verbracht und gilt daher auch als Initiator dieser an sich nicht gefahrlosen Destination. Darauf verweist REICHERT, Fackel (wie Anm. 55) 1 S. 322f.: „Doch im April 1945 wurde auch Blankenburg durch Artillerie und Tiefflieger beschossen, dann von amerikanischen Truppen eingenommen und schließlich der Roten Armee überlassen. So ruhig wie erhofft blieb es dort nicht."

83 Carl Erdmann an Theodor Mayer, 31.8.1943 (MGH-Archiv B 569, Bl. 163r); vgl. REICHERT, Fackel (wie Anm. 55) 2 S. 356. Das widerlegt die Darstellung bei KÜHN, Zusammenbruch (wie Anm. 3) S. 233, nach der Erdmann vor der Verpackung von Bibliothek und Archivalien eingezogen wurde.

84 Die Habilitationsschrift von Theodor Schieffer kam später nach Staßfurt, vgl. Die Urkunden der burgundischen Rudolfinger, hg. von Theodor SCHIEFFER u. Mitwirk. von Hans Eberhard MAYER (MGH DD Rudolf., 1977) S. IX. Vgl. auch REICHERT, Fackel (wie Anm. 55) 1 S. 289.

85 Carl Erdmann an Theodor Mayer, 4.9.1943 (wie Anm. 69). Grund war, dass die italienischen Teilnehmer, obwohl schon länger ausgewählt, nicht ernannt worden waren, vgl. Ursula Brumm an Theodor Mayer 3.9.1943 (MGH-Archiv B 569, Bl. 153r). Zur Tagung allgemein und der Erdmann gegen seinen Willen von Mayer zugedachten Rolle vgl. REICHERT, Fackel (wie Anm. 55) 1 S. 318.

86 Postkarte Theodor Mayer an Carl Erdmann, 12.9.1943 mit dem aufgedruckten Motto „Der Führer kennt nur Kampf, Arbeit und Sorge. Wir wollen ihm den Teil abnehmen, den wir ihm abnehmen können." (MGH-Archiv B 569, Bl. 143r/v).

Wochen, ja 2–3 Monate dauern. Denn ich würde einerseits wegen meiner Dolmetschermeldung gegen die sonstige Einziehung ‚sichergestellt', die Dolmetschereinziehung aber könne, auch wenn das OKH sie als noch so eilig ansehe, doch auf dem Wehrkreis, den sie passieren müsse, lange liegen bleiben. Natürlich habe ich gegen einen Aufschub nichts einzuwenden und finde mich auch mit dem Zustand, daß die Einziehung täglich über mir schwebt, geduldig ab. In der vergangenen Woche habe ich ausschließlich italienisch gearbeitet, um meine grammatischen und Vokabelkenntnisse etwas aufzumöbeln, will aber ab morgen wieder mit der Historie anfangen. Meine Arbeit über Heinrich den Löwen habe ich vor zehn Tagen gerade noch abgeschlossen (und auf Theodor Mayers Wunsch sogar schon an die Druckerei gesandt), aber mit einer etwas gewaltsamen Abkürzung des letzten Teils"[87].

War hier zwischenzeitlich zwischen Mayer und Erdmann etwas vorgefallen? Bis zu diesem Zeitpunkt hatte Mayer Erdmanns uk-Stellung unterstützt. Ob der Meldung als Dolmetscher ein letztes Gespräch mit Mayer vorausgegangen war, lässt sich nicht sagen. Erdmann hatte sich offenbar einen Plan B zurechtgelegt, der von der Hoffnung auf eine Verwendung im besetzten Italien und ohne Fronteinsatz getragen war. Das entsprach sicher nicht Mayers Ansichten zum Wehrdienst, aus denen er kein Hehl machte: „Ich selbst gehöre dem Jahrgang 1883 an. Ich bin Weltkriegsteilnehmer und habe in der österreichischen Armee gedient. Ich bin Oberleutnant der Reserve. Ich habe mich im Jahre 1939 wiederum freiwillig zur Wehrmacht gemeldet und bat um Frontverwendung (nicht Hinterlandverwendung als Bahnhofsoffizier oder bei einer Ortskommandantur) wurde jedoch wegen meines Alters nicht mehr eingezogen"[88]. Ob Mayer aber tatsächlich das Angebot des Kompaniechefs in der Grundausbildung, Erdmann bei einem neuerlichen uk-Antrag wieder ans Institut abzuordnen, mit den Worten „Er soll für Deutschland kämpfen!" abgelehnt hat, wie Margarete Kühn später berichtete[89], muss angesichts der Parteilichkeit der Zeugin in Zweifel gezogen werden – und zwar weniger hinsichtlich des Wortlauts, der dem barschen Ton und wohl auch der inneren Überzeugung des Präsidenten entsprach, als hinsichtlich Mayers Absichten. Kühn ließ zum Beispiel außer Acht, dass Mayer unter Umständen aus Verärgerung herumpolterte, weil Erdmanns Meldung zum Dolmetscherdienst ohne Abstimmung mit ihm erfolgt war. „Für Deutschland kämpfen" war im Übrigen der Anspruch, mit dem Mayer nicht nur den Fronteinsatz sah, sondern auch das Reichsinstitut führte und mit dem er 1944 und 1945 vehement gegen eine Verwendung von Hildegard Mesters und Irene Ott als Wehrmachtshelferinnen opponierte. Davon wird noch die Rede sein. Jedoch tauschte sich Mayer über diese Dinge sicherlich nicht mit Margarete Kühn aus. So waren es vielleicht auch nur „Gerüchte, dass Mayer sich nach dem Tod seines eigenen Sohnes[90] an der Ostfront nicht

---

87 Reichert, Fackel (wie Anm. 55) 2 S. 360f.
88 Theodor Mayer an REM (Prof. Dr. Hofmann), 2.9.1944 (MGH-Archiv B 704/II, [Bl. 21]), ähnliche Äußerungen bei Heinzel, Mayer (wie Anm. 54) S. 161f. Es ist allerdings zu berücksichtigen, dass sich diese Ausführungen in einem Schreiben zur Bekräftigung der uk-Stellung für Hildegard Mesters finden.
89 Reichert, Fackel (wie Anm. 55) 1 S. 320f. mit Anm. 56 mit Berufung auf eine von Eckhard Müller-Mertens tradierte mündliche Äußerung von Kühn. Kühn, Zusammenbruch (wie Anm. 3) S. 233 spricht mehrfach von Mayers „Rache" für Erdmanns Initiative zur Auslagerung des Instituts. Das ist so nicht glaubwürdig.
90 Theodor Mayer-Edenhauser (1913–1942), zu ihm vgl. Heinzel, Mayer (wie Anm. 54) S. 93, zu seinem Tod in der Ukraine ebd. S. 172.

mehr für die uk-Stellung seiner Mitarbeiter eingesetzt habe"[91]. Zum Schweigen konnten sie jedoch nie gebracht werden und hängen Theodor Mayer bis heute an.

Carl Erdmann setzte am Vorabend seiner Einziehung, am 29.9.1943, sein privates Testament auf[92]. Er wurde schließlich einer Einheit im Elsass zur Grundausbildung und Dolmetscher-Ausbildung zugeteilt[93], von dort aber nicht nach Italien, sondern nach Kroatien versetzt, wo er am 7.3.1945 unter ungeklärten Umständen verstarb[94]. Sein Name verschwand nach der Einziehung für eine Weile aus den Akten des Reichinstituts. Erst am 3.4.1945, knapp einen Monat vor dem Ende des ‚Dritten Reichs', übermittelte Ursula Brumm zwei schlechte Personalnachrichten aus Berlin nach Pommersfelden: „ich habe heute leider die traurige Mitteilung zu machen, daß Dr. Erdmann Anfang März in Agram verstorben ist[95]. Genaueres über seinen Tod weiß man nicht. Seine Schwester, die ihn mir mitteilte, hat die Nachricht nur vom Zehlendorfer Bürgermeister, von dem aus die Miete für Dr. Erdmann bezahlt wurde. Da er Sonderführer[96] war, ist niemand dagewesen, der den Angehörigen etwas geschrieben hätte. Wie mir Frau Vulpius[97] sagt, ist Dr. Erdmann zuletzt einem Lazarett als Dolmetscher zugeteilt gewesen. Vielleicht kommen noch Briefe von ihm an. Er hat eine Woche vor seinem Tod an Frau Vulpius geschrieben, ohne etwas von Krankheit oder dergleichen zu erwähnen"[98]. Und als ob dies nicht genug wäre, fügte Brumm hinzu: „Auch Prof. Strecker, der immer noch im Krankenhaus liegt, geht es schlecht. Ich habe mit seiner Tochter gesprochen und ihm von Ihnen schöne Grüße ausgerichtet. Die Korrektur seines

Abb. 4: Carl Erdmann in Uniform um 1944

---

91 REICHERT, Fackel (wie Anm. 55) 1 S. 320f., die spärlichen Belege vgl. ebd. S. 409 Anm. 55–58.
92 Ebd. S. 323 (Kopie MGH-Archiv B 685).
93 Ebd. S. 12–18.
94 Ebd. S. 321.
95 Erdmann war in der Nähe von Zagreb stationiert. Die Ereignisse, die zu seinem Tod führten, liegen im Dunkeln. Hierzu und zu den dürftigen Informationen, die zu Yella Vulpius und damit an das Reichsinstitut durchdrangen, ausführlich ebd. S. 29–31 unter Auswertung von Materialien aus dem Familienarchiv (MGH-Archiv B 685, zum Teil in Kopie).
96 Zu diesem Begriff vgl. REICHERT, Fackel (wie Anm. 55) 1 S. 17: „‚Sonderführer' waren Soldaten im Sinne des Wehrgesetzes, die aber keine oder nur eine unzureichende militärische Ausbildung erhalten hatten und auch nicht zum Dienst mit der Waffe vorgesehen waren, sondern wegen besonderer fachlicher Kenntnisse als Ingenieure, Ärzte, Verwaltungsfachleute, Kriegsberichterstatter oder eben auch als Dolmetscher in der Wehrmacht dienten. Sie hatten Offiziers- oder Unteroffiziersrang."
97 Yella Vulpius, geb. Erdmann (1893–1970). Zur Person ebd. S. 52–54.
98 Ursula Brumm an Theodor Mayer, 3.4.1945 (MGH-Archiv B 571, Bl. 51r).

Waltharius[99] hat Herr Vossen übernommen, den Sie vielleicht auch kennen, denn er hat früher oft in unseren Räumen gearbeitet. Mit ihm habe ich vereinbart, dass wir ein Exemplar der Korrektur erhalten und im Keller deponieren"[100]. Mayer reagierte auf diese Nachrichten nicht. Irritiert notierte Brumm in ihrem letzten Brief an den Präsidenten am 11.4.1945: „Ebenso werden Sie meinen Brief vom 3. April haben, in dem ich Ihnen den Tod Erdmanns mitteilen mußte"[101]. Überraschend wirkt, dass sich Mayer am 28.11.1946 auf neutralem Briefpapier bei seinem Erzrivalen Friedrich Baethgen mit der Empfehlung meldete, man möge Yella Vulpius an Stelle ihres Bruders ein Autorenhonorar auszahlen, auch wenn dies bislang im Reichsinstitut unüblich gewesen sei[102]. Dahinter verbirgt sich wohl doch das stille postume – und damit für Mayers Selbstbild ungefährliche – Eingeständnis, dass Erdmanns Ausscheiden in das Gefüge des Reichsinstitutes eine schwere Bresche gerissen hatte, die Mayer auch mit seinen Pendelfahrten zwischen Pommersfelden und Berlin nicht hatte schließen können. Dies umso mehr, als die Kommunikationsmittel Telefon und Telegraphie, die in den Wirbeln um Erdmanns uk-Stellung ja durchaus zum Einsatz kamen, bald nach dem Umzug nach Pommersfelden immer stärker beeinträchtigt wurden und schließlich ganz ausfielen.

Die Auslagerung

Mit dem Beginn des Jahres 1944 hatte sich die Sicherheitslage in Berlin massiv verschlechtert. Von den etwa 4,3 Millionen Einwohnern aus Friedenszeiten harrten noch etwa 2,25 Millionen in der Stadt aus, wobei die aus dem Osten einströmenden Flüchtlinge bereits eingerechnet sind[103]. Obschon der Großteil der Truppen zur Ostfront abgezogen worden war, wurden rund um die Hauptstadt hastig Verteidigungsanlagen errichtet; doch waren selbst die massiven Flaktürme gegenüber der alliierten Luftüberlegenheit weitestgehend ohnmächtig[104]. Die dramatischen Gerüchte über die Zerstörungen durch die Bombenangriffe waren nicht zu zügeln, entsprachen jedoch nicht immer den Tatsachen. So erhielt Robert Holtzmann, der sich zum Jahreswechsel 1943/1944 in Straßburg aufhielt, aus Berlin eine „Karte von Wackernagel[105], wonach die Staatsbibliothek am 16. Dezember durch eine Bombe ‚völlig zerstört' worden sei, auch ihre Wohnung schwer beschädigt"[106]. Theodor Mayer lieferte in einem Brief an Percy Ernst Schramm (1894–1970)[107] in Göttingen einen exakteren Bericht über

---

99 Waltharius, hg. von Karl STRECKER. Dt. Übersetzung von Peter VOSSEN (1947); Waltharius, hg. von Karl STRECKER †, in: Nachträge zu den Poetae aevi Carolini (MGH Poetae 6,1, 1951) S. 1–85.
100 Ursula Brumm an Theodor Mayer, 3.4.1945 (MGH-Archiv B 571, Bl. 51r/v).
101 Ursula Brumm an Theodor Mayer, 11.4.1945 (MGH-Archiv B 571, Bl. 43r/v).
102 Theodor Mayer an Friedrich Baethgen, 28.11.1946 (MGH-Archiv B 719, Bl. 90r/v). Mayer kannte Yella Vulpius gut; am 31.8.1943 etwa berichtete er ihrem Bruder über ein ausführliches Telefongespräch, das er mit ihr von Neukirchen a.d. Enknach aus geführt hatte (MGH-Archiv B 569, Bl. 158r/v).
103 LE TISSIER, Kampf (wie Anm. 50) S. 25.
104 Ebd. S. 24–33.
105 Peter Wackernagel (1897–1981), Betreuer der Handschriftensammlung in der Musikabteilung der Preußischen Staatsbibliothek, vgl. Eveline BARTLITZ, Ehrung Dr. Peter Wackernagel zum 100. Geburtstag mit Auswahlbibliographie, Mitteilungen der StaBi PK N. F. 6 (1997) S. 275–285.
106 HOLTZMANN, Tagebuch (wie Anm. 8) S. 86.
107 Zu Percy Ernst Schramm siehe HARTMANN, Theodor Mayer und Percy Ernst Schramm (wie Anm. 7) S. 170 ff.

diesen Angriff: „Beim letzten Angriff hat die Staatsbibliothek eine schwere Bombe auf dem den Linden zugekehrten Teil abbekommen. Es ist derselbe Teil, der vor zwei Jahren getroffen wurde und jetzt bei der Wiederherstellung mit einer sehr schweren Betondecke versehen worden ist. Diese Verstärkungsbauten haben sich gelohnt. Das Gebäude ist zum Teil schwer beschädigt, aber nicht zerstört und der Bücherschaden ist relativ gering. Im Reichsinstitut selbst waren die Fenster zerbrochen, die Türen eingedrückt, die Bücher aber sind unbeschädigt geblieben.

Abb. 5: Die Preußische Staatsbibliothek Unter den Linden 1945, links des Gebäudes Einmündung in die Charlottenstraße

Ich wäre sehr froh, mit den Büchern draußen zu sein, bevor der nächste Angriff kommt"[108].

Es war allerhöchste Zeit, die MGH-Bibliothek und die Arbeitsmaterialien aus der Stadt zu bringen, auch wenn das dazu führte, dass das Reichsinstitut Räume an die durch die Angriffe schwer beeinträchtigte Staatsbibliothek abgeben musste[109]. Das Verpacken und der Abtransport sowohl der Bücher wie der Archivalien musste von den Mitarbeiterinnen des Reichsinstituts erledigt werden. Margarete Kühn beschrieb in ihren Erinnerungen die schwierigen Bedingungen in eindringlicher Form: „Dauernd offene Türen und Fenster. Keine Heizung. Regen und Schnee. Wochen ja, fast drei Monate lang keine Minute für wissenschaftliche Arbeit. Im[m]er nur treppab, treppauf. Fuhren mit dem Laster. Stundenlanges Umladen auf dem Anhalter Bahnhof"[110]. Am 11.1.1944 klagte Theodor Mayer noch, dass „eine von der Wehrmacht angeordnete Waggonsperre" den Abtransport verzögere, hoffte aber auf eine Lösung „in den nächsten Tagen"[111]. Und so kam es auch: Als Robert Holtzmann nach seiner Rückkehr nach Berlin am 13.1.1944 die MGH in der Charlottenstraße aufsuchte, begegneten ihm die Hilfsarbeiter mit den Kisten der MGH-Bibliothek: „Bei den Mon. Germ. komme ich gerade dazu, wie die Bibliothek verladen wird; sie soll nach Pommersfelden"[112]. Der Transport erforderte drei Eisenbahnwaggons[113]. Die Erwerbung neuer Bücher lief jedoch weiterhin über Berlin: Die Bücher wurden nach Eingang von Margarete Kühn nach Pommersfelden geschickt, wo sie Hildegard Mesters in den Bestand einordnete und

---

108 Theodor Mayer an Percy Ernst Schramm, 11.1.1944 (MGH-Archiv B 585, Bl. 334v).
109 Zur Abgabe von Räumen siehe Anm. 8.
110 Kühn, Zusammenbruch (wie Anm. 3) S. 233.
111 Theodor Mayer an Percy Ernst Schramm, 11.1.1944 (MGH-Archiv B 584, Bl. 334v).
112 Holtzmann, Tagebuch (wie Anm. 8) S. 87.
113 Heinzel, Mayer (wie Anm. 54) S. 202.

dies wieder nach Berlin zurückmeldete[114]. Es macht nicht den Eindruck, dass Kühn sich dabei besonders geschickt anstellte, auch wenn Hildegard Mesters ihr geduldig die Geschäftspraxis erklärte[115].

So konsequent und zielführend die Auslagerung der Bibliothek erfolgte, so fatal war der Umgang mit den über Generationen gesammelten Editions- und Arbeitsmaterialien und der Registratur des Reichsinstituts, den damals noch nicht zertrennten Beständen B und 338 des heutigen MGH-Archivs. Hier nahm Mayer heillose Zerstreuung und erhebliche Unordnung in Kauf[116]. Margarete Kühn berichtete darüber, wobei sie sich selbst, wie auch in anderen Berichten, hinter der latinisierten Form ihres Vornamens, „Flora", verbarg: „Daneben musste das Bureau des Präsidenten und seiner Sekretärin – Frau Hermeking[117] […] geräumt werden. Personal-, Dienst- und Geschäftsakten kamen in den Keller der nahe gelegenen Humboldt-Universität und des Luftfahrtministeriums[118]. Im ersten wurde ein großer Teil verschüttet. Im zweiten gondelte nach dem Zusammenbruch Flora auf Brettern herum, um noch einiges aus dem hochstehenden Wasser herauszufischen. Es war verloren"[119]. Lagerort im Gebäude der Humboldt-Universität Unter den Linden war das Winckelmann-Institut des Lehrstuhls für Archäologie. Am 16.3.1945 stellte Brumm gegenüber dem dortigen Oberassistenten Dr. Ulrich Hausmann[120] fest, dass ein Bombenangriff den Eingang zum Keller des Instituts „unbenutzbar"[121] gemacht hatte. Seither hätten Mitarbeiter des Reichsinstituts „mehrmals versucht, an unseren Schrank in Ihrem Keller zu kommen. Wir haben Sie nie antreffen können und von dem Hausmeisterehepaar wurden wir nicht eingelassen, weil

---

114 Hildegard Mesters an Margarete Kühn, 15.4.1944 (MGH-Archiv B 547, Bl. 25r): Verbunden mit einem Ersuchen um Auskünfte aus dem Berliner Telefonbuch richtete Mesters Grüße an die Raumpflegerin Anna Mai aus und fragte, „warum sie sich so ins Schweigen hüllt". Auf dieser Ebene waren die Kontakte offenbar sehr schwierig geworden.

115 Ebd.: „Nun habe ich noch eine Frage. Bei den neuen Heften war eines von Koch, Friedrich ‚Livland und das Reich bis zum Jahre 1225' (Signatur 117/SB) bei. Es hatte aber oben auf dem Umschlag den Vermerk ‚Besprechungsexemplar' zu stehen. Ich wollte Sie nun fragen, ob das Buch wohl versehentlich signiert worden ist, oder ob es vielleicht ein Doppel ist, was wir unserer Bibliothek einverleibt haben. Bitte wundern Sie sich nicht darüber, daß ich mich auch darum bekümmere, es ist mir nur beim Einordnen aufgefallen und damit evt. kein Versehen passiert, wollte ich Ihnen davon schreiben."

116 Vgl. Otto Meyer an Friedrich Baethgen, 11.5.1948 (MGH-Archiv B 719, Bl. 100r): „Die Verwaltungsakten bis zum Zeitpunkt der Verlegung der Dienststelle nach Pommersfelden (Januar 1944) sind restlos in Berlin verblieben, wo sie im Keller der Universität geborgen wurden. Selbst aus dem Jahre 1944 sind nur bruchstückweise Verwaltungsakten hier vorhanden, während der Rest ebenfalls in Berlin verblieb."

117 Margarete Hermeking war 1938–1942 Sekretärin des Präsidenten Edmund Ernst Stengel. Sie kündigte 1942 (MGH-Archiv B 569, Bl. 143r).

118 Die Schilderung ist sicher übertrieben. Vgl. Bundesministerium der Finanzen (Hg.), Das Detlev-Rohwedder-Haus, Spiegel der deutschen Geschichte (2019) S. 25: „Das ehemalige Reichsluftfahrtministerium befindet sich im sowjetisch besetzten Teil Berlins. Zwar ist das Gebäude stark lädiert, aber doch keine Ruine, die sich nicht wieder aufbauen ließe." Es wurde tatsächlich bis Ende 1945 weitgehend wiederhergestellt.

119 Kühn, Zusammenbruch (wie Anm. 3) S. 234.

120 Ulrich Hausmann (1917–1996), später Ordinarius in Tübingen, war ab Ende 1943 Kriegsvertretung des Wissenschaftlichen Assistenten am Winckelmann-Institut, vgl. Walter Trillmich, Ulrich Hausmann †, in: Gnomon 72 (2000) S. 91–93.

121 Ursula Brumm an Ulrich Hausmann, 16.3.1945 (MGH-Archiv B 576, Bl. 50r).

sie von Ihnen diesbezügliche Weisungen haben". Die Archivalien wurden erst am 15.1.1946 geborgen und zunächst im Geheimen Staatsarchiv in Berlin-Dahlem deponiert, später aber zum größten Teil dem Archiv der Deutschen Akademie der Wissenschaften übergeben[122].

Die Zerstreuung des Archivmaterials schritt voran. Als Hauptlager war das Kloster Michaelstein in Blankenburg vorgesehen. Ab dem 30.8.1943[123] – es gab offenbar auch spätere Nachlieferungen – kamen dort die Handapparate der Abteilungen Epistolae, Poetae, Constitutiones, Fotomappen aus der Diplomata-Abteilung[124], die dem Reichsinstitut übergebenen Arbeits-Apparate wie Albert Brackmanns Vorarbeiten für den Liber Pontificalis oder (Teil-)Nachlässe von MGH-Editoren wie Carl Erdmann, Emil Seckel, Adolf Hofmeister, Bruno Krusch und Fedor Schneider sowie Depots von einzelnen Mitarbeitern, wie etwa Ottokar Menzel[125] sowie die Mikroverfilmung des Bibliothekskataloges an. Es handelte sich um „30 kleine Kisten (durchschnittliches Gewicht 25 kg) bezeichnet MG 1–30, adressiert an die Verwaltung Kloster Michaelstein"[126]. Je nach Quelle schwanken ab diesem Zeitpunkt die Angaben über die Zahl der Kisten und Mappen erheblich. Offenbar wurden sie mehrfach geöffnet und wieder neu verpackt, ehe sie – nach durchaus erheblichen Verlusten – um 1950 wieder in Berlin im Archiv der Akademie der Wissenschaften ausgepackt und inventarisiert wurden[127]. Insofern ist es schwer, den Umfang der Verluste genauer zu bestimmen. Mayer war jedenfalls mit der Aufbewahrung in Blankenburg nicht zufrieden[128]. Aber obschon er später nicht nur die Bibliothek des DHI in Rom in den Gebäuden der Schönborn'schen Landwirtschaft unterbrachte, sondern auch fremdes Archivgut entgegennahm, holte er die Arbeitsmaterialien der MGH nicht nach Pommersfelden. Er verfügte vielmehr die Verbringung in das vermeintlich sicherere Salzbergwerk (Neu-)Staßfurt[129], das zu diesem Zeitpunkt neben der Salzgewinnung nur dem Archiv- und Kunstschutz diente.

---

122 Herta Battré, Findbuch der Bestände im Archiv der Deutschen AdW zu Berlin (1963) (=MGH-Archiv K 107) Beilage S. XXII.

123 Vgl. die Anfrage aus Blankenburg vom 4.10.1943 wegen der ausbleibenden Anlieferung und Ursula Brumms irritierte Nachfrage vom 9.10.1943: „weiß aber genau, daß Dr. Erdmann mir damals sagte, daß die Kisten gut angekommen seien" (MGH-Archiv B 569, Bl. 292r–293r).

124 Vgl. Auflistung „Pakete nach Blankenburg" (MGH-Archiv B 569, Bl. 298r, undatiert). Inklusive der handschriftlichen Nachträge kommt diese Liste auf insgesamt 43 Nummern. Das Depot im Blankenburger Heimatmuseum ist verzeichnet ebd. Bl. 299r.

125 Vgl. Auflistung „Pakete nach Blankenburg" (MGH-Archiv B 569, Bl. 298r, 299r): „Päckchen 21a: Menzel", „Engelbert von Admont (Menzel)". Vgl. Martina Hartmann, „Es fragt die Welt nach meinem Ziel, nach deiner letzten Stunde nichts". Das Wissenschaftler-Ehepaar Hildegund und Ottokar Menzel (1910–1945) (Zeitgeschichtliche Forschungen 64, 2023) S. 89.

126 Carl Erdmann an die Speditionsfirma Iljes in Blankenburg am Harz, 31.8.1943 (MGH-Archiv B 569, Bl. 294r).

127 „Verzeichnis der Bestände der MGH in der Berliner Arbeitsstelle" (MGH-Archiv B 547, Bl. 180r–331r, nicht datiert, ca. 1950).

128 Dieses Unbehagen verstärkte sich im Juli 1944, als Mayer gerüchteweise erfuhr, dass in Blankenburg „Wohnungen für Rüstungsarbeiter" – war das ein Euphemismus für eine KZ-Außenstelle? – errichtet werden sollten, die zum Bombenziel werden konnten. Vgl. Theodor Mayer an Ursula Brumm, 14.7.1944 (MGH-Archiv B 571, Bl. 152r).

129 Nach Kühns vermutlich dramatisierter Erzählung „kam der Herr Präsident aus Pommersfelden persönlich zu Dr. Brumm und Flora, mit der Weisung, daß beide unverzüglich am nächsten Tag nach Blankenburg reisen, sich ins Heimat-Museum begeben und dort das gesamte eingelagerte Material der

Im September 1944 wurde hier allerdings das Außenlager ‚Reh' des KZ Buchenwalds mit einer unterirdischen Produktionsanlage vor allem für die Flugzeugwerke Ernst Heinkel und die Bayerischen Motorenwerke (BMW) eingerichtet[130]. Dies war der Grund, warum Kühn bei späteren Besuchen in Staßfurt keinen freien Zugang mehr erhielt und sogar unterschreiben musste, keine Informationen weiterzugeben[131]. Ein bisher unbekannter Bericht von Margarete Kühn, den sie 1966 an Fritz Weigle sandte, schildert die Verbringung von Archivalien aus Blankenburg Anfang Februar 1944: „Im Auftrag von Prof. Mayer – aber gegen den Willen von Dr. Erdmann[132] – mussten Frl. Dr. Brumm und Frl. Dr. Kühn nach Blankenburg fahren und das im dortigen Heimatmuseum vor einigen Monaten dahin verlagerte ‚aktuelle' Material in Photokopien etc., das in Kästen verpackt war, in Paketpapier verpacken und beschriften. Von mittags 2 bis nachts 12½ Uhr arbeiteten sie daran. Am nächsten Morgen kam von einer Nazi-Organisation ein Laster, auf den die beiden genannten alles Verpackte aufluden und neben dem Fahrer bei erheblicher Kälte von Blankenburg nach Staßfurt fuhren. Dort trafen sie im Salzbergwerk St*[aßfurt]* mit Frl. Dr. Schliephake *[sic!]*[133] vom Kaiser-Friedrich-Museum Magdeburg[134] zusammen. Unter Leitung des Inspektors des betr. Schachtes luden Dr. Brumm und Dr. K*[ühn]* ihr Material – ca. 80–100 großen *[sic!]* Kartons und Pakete – in die Loren des Fahrstuhls, der 500 Meter unter die Erde fuhr. Mit dem letzten Paket fuhren sie auch hinab. Unten fuhren die beladenen Loren mit einer kleinen Lokomotive, dem Inspektor und den Damen ca. ½ Stunde durch die Salz-Schachtgänge bis zu der First, in der das Material lagern sollte. Diese First wurde nicht mehr bearbeitet. Sie hatte die Größe des Innenraumes der Berliner Hedwigskathedrale. Das Salz der Decke und der Wände war ganz rosé. Um unten nicht einzusinken, lagen Bretter. In der First waren Kunstschätze und Möbel aus besagtem Museum und mitteldeutschen Schlössern, den Raum füllend, verlagert. In der First war in der Mitte ein zimmergroßes Quadrat dem Monumenta-Material vorbehalten. Wegen der Feuchtigkeit des Salzes lagen auf dem Fußboden doppelte Bretter. Nach 3stündiger Arbeit war alles geschichtet"[135]. Vielleicht war dieser Aufenthalt mit dafür verantwortlich, dass Kühn während des ganzen Jahres 1944 über Schwächeanfälle und Krankheiten klagte. Als sie etwa am 14.6.1944 einen von Friedel Peeck zurückgelassenen Koffer, der der Sekretärin Hildegard Mesters gehörte, und mehrere Bücherkisten nach Pommersfelden schicken

---

Monumenta – 60 große Kästen und ca 30 Pakete– gut in Ölpapier verpacken und alles zum Abtransport in das Salzbergwerk Staßfurt" vorbereiten sollten (Kühn, Zusammenbruch [wie Anm. 3] S. 234).
130 Der Ort des Terrors. Geschichte der nationalsozialistischen Konzentrationslager, hg. von Wolfgang Benz / Barbara Distel, 9 Bde. (2005–2009); hier Bd. 3: Sachsenhausen, Buchenwald, Flossenbürg (2006) S. 579f.
131 Vgl. Hartmann, Neuer Anfang (wie Anm. 2) S. 143; Kühn, Zusammenbruch (wie Anm. 3) S. 234.
132 Da Erdmann seit dem 30.9.1943 nicht mehr im Institut war, handelt es sich hier um eine Verwechslung oder sogar suggestive Unterstellung.
133 Ilse Schliephack; vgl. ihre Postkarte an Margarete Kühn vom 10.9.1945 (MGH-Archiv B 719, Bl. 182r) und dies., Lebensdaten zur Künstlergeschichte Magdeburgs in der Zeit von 1790–1840, in: Geschichtsblätter für Stadt und Land Magdeburg 74/75 (1939/41) S. 234–241.
134 Tobias von Elsner, Alles verbrannt? Die verlorene Gemäldegalerie des Kaiser-Friedrich-Museums Magdeburg, Sammlungsverluste durch Kriegseinwirkungen und Folgeschäden (Magdeburger Museumshefte 5, 1995).
135 Handschriftliche Ergänzung von Margarete Kühn auf einem Blatt mit der maschinenschriftlichen Anfrage von Fritz Weigle vom 26.10.1966 (MGH-Archiv K 62, Nr. 33).

sollte, klagte sie nur: „Mir war es leider den ganzen Tag so schlecht, dass ich froh war, als ich in mein Bett konnte"[136]. Auch am 18.11.1944 wurde Kühn als krank geführt[137]. Allerdings kam es auch vor, dass sie sich alleine in den Institutsräumen aufhielt[138].

Immer noch lagerte Material in Blankenburg, was in Berlin durchaus bekannt war. Am 1.8.1944 und nochmals am 10.8. wandte sich Ursula Brumm an die Rüstungsinspektion IX in Blankenburg mit der Bitte, „etwa 40 kleine mit der Aufschrift MG bezeichnete Kisten" zum Bamberger Bahnhof zu transportieren, die nach Pommersfelden gebracht werden sollten[139]. Margarete Kühn fuhr deswegen am 14. August nach Blankenburg[140], aber offenbar kam es nicht zum Abtransport der Kisten[141]. Am 12.10.1944 fuhr Kühn auf Weisung von Mayer[142] jedenfalls noch einmal nach Neu-Staßfurt, um Material zur Edition der Briefe Hinkmars von Reims zu holen und die eingelagerten Materialien insgesamt zu verzeichnen. Hintergrund dürfte gewesen sein, dass der Bearbeiter der Edition der Briefe Hinkmars, Ernst Perels (1882–1945), aufgrund der Nachforschungen der Gestapo gegen seinen Sohn Friedrich Justus (1910–1945) im Zusammenhang mit dem Attentat vom 20. Juli seinen Arbeitsplatz von Berlin nach Pommersfelden verlegt hatte, um einer drohenden Sippenhaft zu entgehen, aber dort wenige Tage später, am 18.10.1944, in den Institutsräumen verhaftet, später nach Buchenwald verschleppt wurde

Abb. 6: Postkarte um 1930 „Die Berlepsch-Maybachschachtanlage der Preußischen Bergwerks- und Hütten-A.-G. Berginspektion Staßfurt. Personenzug auf der Fahrt von der Arbeitsstätte zum Schacht"

---

136 Margarete Kühn an Hildegard Mesters, 14.6.1944 (MGH-Archiv B 547, Bl. 16r).
137 Ursula Brumm an Theodor Mayer, 18.11.1944 (MGH-Archiv B 571, Bl. 102v).
138 HOLTZMANN, Tagebuch (wie Anm. 8) S. 136 zum 19.1.1945: „Vormittags Besorgungen, u. a. auf den MG., wo nur Fräulein Kühn."
139 Ursula Brumm an Rüstungsinspektion IX, 1.8.1944 (MGH-Archiv B 571, Bl. 230r).
140 Ursula Brumm an Rüstungsinspektion IX, 10.8.1944 (MGH-Archiv B 571, Bl. 229r).
141 Ursula Brumm an Theodor Mayer, 15.8.1944 (MGH-Archiv B 571, Bl. 147r): Kühn fuhr am 14.8. nach Blankenburg, um eigene Sachen zurückzuholen und den Abtransport der Kisten zu organisieren. Sie wurde auf die Zeit nach der Ernte vertröstet, da zu dem Zeitpunkt keine Fahrmöglichkeiten bestanden. Außerdem war es unmöglich, das Material aus dem Wirtschaftsministerium zu verpacken, da keine Kartons verfügbar waren.
142 Theodor Mayer an Ursula Brumm, 17.9.1944 (MGH-Archiv B 571, Bl. 138v): „Prof. Perels kommt demnächst nach Berlin und möchte wieder Sachen aus Staßfurt haben. Frl. Kühn wird wohl noch einmal hinfahren."

und im April 1945 im KZ Flossenbürg umkam[143]. Theodor Mayer richtete noch am Tag der Verhaftung ein entlastendes Unterstützerschreiben an das Reichswissenschaftsministerium, das aber wirkungslos blieb[144].

Margarete Kühn wurde die Einfahrt in das zur Produktionsstätte umgewidmete Bergwerk jetzt nur noch in Begleitung von Walther Greischel (1889–1970), dem Direktor des Magdeburger Kaiser-Friedrich-Museums, gestattet, was einige Anlaufschwierigkeiten verursachte[145]. Sie bedankte sich überschwänglich für Greischels Unterstützung, schob aber die Schuld für die mangelhafte Ausführung ihrer Recherchen auf Perels. Er habe „sich daher selbst zuzuschreiben, wenn wir bei der Kürze der Zeit seine Wünsche nicht alle erfüllen könnten, abgesehen davon, dass es mir ganz unmöglich war, bei den weiten Fußmarsch, den wir mit den Paketen zu machen hatten, mehr als drei große Pakete zu tragen"[146]. Einige Wochen später schilderte Kühn die Expedition noch einmal. „Da die mir von Herrn Direktor Dr. Greischel überlassene Lampe nicht länger als [eine] anderthalbe Stunde brannte, konnte ich die letzten 10 Kisten nicht mehr aufnehmen. Anfang Dezember fährt Herr Direktor Dr. Greischel noch einmal ein. Die gewünschten Sachen aus dem Apparat Hinkmar von Reims habe ich mitgebracht. Sie liegen hier im Keller des W[irtschafts-] Ministeriums! Um die zu Hinkmar von Reims gewünschten Sachen aus dem Bergwerk leichter finden zu können, habe ich ein Verzeichnis der in den Kästen und den Paketen zu Hinkmar von Reims befindlichen Materialien gemacht, das ich ebenfalls beilege"[147]. Allerdings notierte sich Kühn nicht die genaue Lagerstätte im Bergwerk, und so ließ Brumm sie am 12.2.1945 noch einmal nachfragen, in welcher First die Archivalien eingelagert waren[148]. Das MGH-Archiv bewahrt ein „Verzeichnis der Materialien des Reichsinstitutes im Salzbergwerk Neu-Staßfurt" mit über 80 Posten an Paketen und Mappen, auf dem Kühn eigenhändig vermerkte, es sei „aufgenommen a. 12. Okt. 44"[149]. Bei dem wieder nach Berlin überführten Hinkmar-Material handelte es sich um drei Mappen, für die Kühn nur sehr unspezifische Angaben machte („Material zu Hinkmar – vermutlich Manuskripte – ohne Aufschrift"[150]). Das weitere Schicksal

---

143 Vgl. Martina Hartmann, Ernst Perels (1882–1945), in: Zwischen Vaterlandsliebe und Ausgrenzung. Jüdische Mitarbeiter und Mitarbeiterinnen der Monumenta Germaniae Historica, hg. von ders. / Annette Marquard-Mois / Maximilian Becker (MGH Schriften zur Geschichte der Mittelalterforschung 2, 2023) S. 343–366, hier S. 360.

144 Hartmann, Perels (wie Anm. 143) S. 360f., das Original des Schreibens im BArch R 4901, Mappe Perels Nr. 10070. Heinzel, Mayer (wie Anm. 54) S. 224. Vgl. auch Ines Oberling, Ernst Perels (1882–1945). Lehrer und Forscher an der Berliner Universität (2005) S. 219f.

145 Korrespondenz 1.8., 3.8., 26.8.1944 (MGH-Archiv B 547, Bl. 13r–15r); vgl. Martina Hartmann, Margarete Kühn und die MGH-Materialien im Salzbergwerk von Staßfurt, in: Petr Elbel / Alexandra Kaar / Jiří Němec / Martin Wihoda (Hg.), Historiker zwischen den Zeiten. Festschrift für Karel Hruza zum 60. Geburtstag (2021) S. 349–357.

146 Margarete Kühn an Theodor Mayer, 12.8.1944 (MGH-Archiv B 704/I). Vollständiger Abdruck bei Hartmann, Margarete Kühn (wie Anm. 145) S. 356f.

147 Margarete Kühn an Theodor Mayer, 17.10.1944 (Durchschlag, MGH-Archiv B 547, Bl. 12r). Die genannten Verzeichnisse wurden von diesem Brief getrennt, heutige Signatur: MGH-Archiv B 569, Bl. 302r. Vgl. auch Hartmann, Margarete Kühn (wie Anm. 145) S. 350 Anm. 8.

148 Margarete Kühn an Walther Greischel, 12.2.1945 (MGH-Archiv B 547, Bl. 1r, gez. „K[ühn]").

149 Verzeichnis der Materialien des Reichsinstitutes im Salzbergwerk Neu-Staßfurt (MGH-Archiv B 569, Bl. 300r–301r).

150 „Verzeichnis der Materialien in den Kisten zu Hinkmar von Reims und Laon" (MGH-Archiv B 569,

dieser Papiere ist ungewiss, vielleicht befanden sie sich in der Lieferung, die Pommersfelden am 14.9.1944 erreichte[151].

Im Hauptsitz des Reichswirtschaftsministeriums in der Behrenstraße 42–45 lagerten noch andere Materialien des Reichsinstituts, denn bereits am 6.6.1944 hatte Margarete Kühn Robert Holtzmann dorthin mitgenommen: „Fräulein Kühn führt mich auch in den Keller des Reichs-Wirtschaftsministeriums, so u.a. Katalog der (geschlossenen) Staatsbibl. u. einiges von den Monumenten (1 Expl. der Bände und der Zeitschriften)"[152]. Mayer mahnte Ursula Brumm am 9.8.1944 zum Abtransport der eingelagerten Materialien (vermutlich nach Neu-Staßfurt): „Hoffentlich steht Berlin noch bis ich zurückkomme, wenigstens soweit es noch über die Erde hinausragt. Vergessen Sie den Abtransport der Mon. Germ. im Wirtschaftsministerium nicht und auch Blankenburg"[153]. Immerhin erreichten sehr wohl einige Materialien den Präsidenten in Pommersfelden, der sich am 25.9.1944 ausdrücklich bei Brumm für acht Kisten bedankte, die aber gerade nicht die Fotokopien zu Vinzenz von Prag und Gerlach von Mühlhausen enthielten, die Mayer für seine Mitarbeiterin Friedel Peeck benötigte[154]. Da unklar war, wo sich diese Aufnahmen befanden, notierte er handschriftlich auf den maschinengeschriebenen Brief die ihm bekannten Berliner Lagerstätten von MGH-Archivalien: „Die Fotokopien haben sich in den Kisten nicht gefunden, sie müssen noch in Berlin sein. Haben Sie im Panzerraum des Wirtschaftsministeriums genau geschaut? Sollten Sie [sic!] in dem Kassenschrank in Herrn Försters Zimmer sein? Oder im Universitätskeller"[155]? Das Material befand sich tatsächlich noch im Keller des Reichswirtschaftsministeriums[156], muss aber dann doch nach Pommersfelden gelangt sein, denn im Juni 1948 berichtete Otto Meyer über diese Edition, die Peeck „abgesehen von der im Augenblick noch undurchführbaren Kollation der Handschrift für zweifelhafte Stellen, an denen die Fotokopie nicht ausreicht, und der Einarbeitung jetzt unzugänglicher ausländischer Literatur ebenfalls im Manuskript abgeschlossen hat"[157]. Die Bearbeiterin sah dies in ihrem Abschlussbericht

---

Bl. 302r, unter der Auflistung die Notiz „Die mit Bleistift Kreuz versehenen sind die herausgenommenen Sachen und liegen hier im Wirtschaftsministeriumskeller!").
151 Dabei handelte es sich jedoch offenbar hauptsächlich um Bücher. Am 14.9.1944 erreichten neun Kisten „mit dem Monumenta Exemplar aus dem Keller des Wirtschaftsministeriums" Pommersfelden (MGH-Archiv B 571, Bl. 141r); vgl. dazu auch Ursula Brumms Nachfrage vom 23.9.1944 (MGH-Archiv B 704/I). Noch am 12.2.1945 erwog Mayer, ob die in Berlin verbliebenen Akten im Wirtschaftsministerium nicht am sichersten seien (Theodor Mayer an Ursula Brumm, MGH-Archiv B 571, Bl. 63r/v).
152 HOLTZMANN, Tagebuch (wie Anm. 8) S. 112. Siehe auch Anm. 147.
153 Theodor Mayer an Ursula Brumm, 9.8.1944 (MGH-Archiv B 547, Bl. 66r, „Abschrift").
154 Peecks Editionsmanuskript umfasst zehn maschinenschriftliche Seiten mit der Einleitung und 195 handschriftliche Seiten mit dem Text der Edition (MGH-Archiv A 131). Nicht erhalten ist Peecks Register, erwähnt von Otto Meyer im Tätigkeitsbericht 1947/48 (MGH-Archiv B 704/III, [Bl. 258]).
155 Theodor Mayer an Ursula Brumm, 25.9.1944 (MGH-Archiv B 571, Bl. 130r).
156 Ursula Brumm an Theodor Mayer, 26.9. und 27.9.1944 (MGH-Archiv B 704/I, [Bl. 5v und Bl. 4r]).
157 Otto MEYER, Tätigkeitsbericht 1945–1947 (MGH-Archiv B 704/III, [Bl. 251]). Vgl. auch Friedrich BAETHGEN, Monumenta Germaniae Historica. Bericht für die Jahre 1943–1948, in: DA 8 (1951) S. 1–25, hier S. 13, der ohne Hinweis auf die weit fortgeschrittene Edition die Aufgabe des Vorhabens mit der kriegsbedingten Unzugänglichkeit der Leithandschrift in Prag und der überwiegend tschechischen Forschungsliteratur begründete. Vgl. auch HARTMANN, Stunde der Frauen? (wie Anm. 2) S. 691.

ähnlich[158]. Sie hatte das Institut zum 1.7.1947 verlassen, um in den Schuldienst zu wechseln[159], konnte aber noch für einige Zeit über eine Anstellung als Privatsekretärin der Gräfin von Schönborn für die Registererstellung zur Reinhardsbrunner Briefsammlung gehalten werden[160].

Es gehört zu den Absurditäten des Kriegsverlaufs, dass die in Berlin verbliebenen Materialien sicherer waren als diejenigen, die nach Staßfurt ausgelagert wurden. Kühn war die letzte Vertreterin des Reichsinstituts, die diese Materialien sah. Im Bergwerk „legte gemäß Mayer ein ausländischer Arbeiter nach Kriegsende ein Sabotagefeuer, wobei der Apparat vernichtet wurde. Es entstand beträchtlicher Schaden. Wertvolle Manuskripte verbrannten, auch die Lichtbilder aller Urkunden Ludwig des Frommen wurden ein Raub der Flammen. An deren Wiederbeschaffung war nun nicht mehr zu denken, denn die Originale lagen zumeist in Frankreich. ‚Das ist sehr unangenehm, ein schwerer Verlust!', klagte Mayer nach dem Krieg"[161]. Über seinen eigenen Anteil an der Zerstreuung und damit auch der partiellen Vernichtung reflektierte er nicht.

Zwischen Berlin und Pommersfelden

Für Theodor Mayer lag das Zentrum das Instituts weiterhin in Berlin[162], wo die Korrespondenz mit den Verlagen und die Redaktion der Zeitschrift Deutsches Archiv für Geschichte des Mittelalters zusammenliefen. Er bemühte sich, darüber die Kontrolle zu behalten, aber das Leben zwischen zwei Institutssitzen gestaltete sich für ihn trotz seines Organisationstalents keineswegs einfach.

Das akademische Leben nahm keine Rücksicht auf die Auslagerung. So fand am 25.7.1944 das Rigorosum von Friedel Peeck an der Friedrich-Wilhelms-Universität Berlin statt[163] und erforderte die Anreise sowohl der Doktorandin wie ihres Doktorvaters aus Pommersfelden. Peeck stammte aus dem schlesischen Oberschreiberhau[164]. Nach kurzem Studium bei Heinz Zatschek (1901–1965) in Prag hatte sie zu Mayer nach Marburg ge-

---

158 Friedel Peeck, Bericht über die Zeit vom April 1935–April 1947 vom 22.3.1947 (MGH-Archiv B 704/III, [Bl. 327f.]).
159 Hartmann, Stunde der Frauen? (wie Anm. 2) S. 691f., S. 697.
160 Otto Meyer, Tätigkeitsbericht April bis September 1948 (MGH-Archiv B 704/III, [Bl. 332 und Bl. 334]).
161 Heinzel, Mayer (wie Anm. 54) S. 202 unter Bezugnahme auf StadtAK, Nl Mayer 15/137 (Theodor Mayer an Anton Largiadèr, 13.10.1947). Heinzel spricht irrtümlich von einer Auslagerung in ein „Bergwerk nach Blankenburg".
162 Vgl. Theodor Mayers Bekenntnis im April 1945: „[...] daß ich persönlich lieber in Berlin als hier wäre, die Verpflegung wird überall schlecht werden, in Berlin hätte ich aber doch das Gefühl Zuhause zu sein, was hier fehlt; man muß aber die Dinge nehmen, wie sie eben sind." (MGH-Archiv B 571, Bl. 53r).
163 Peeck, Reinhardsbrunner Briefsammlung (wie Anm. 63). Der Tag der mündlichen Prüfung ist handschriftlich auf dem Titelblatt eingetragen.
164 Peeck, Reinhardsbrunner Briefsammlung (wie Anm. 63) Titelseite. Oberschreiberhau ist ein Ortsteil von Schreiberhau, jetzt Szklarska Poręba/Polen.

wechselt und war ihm wie Irene Ott[165] nach Berlin[166] gefolgt. Das von ihm vorgeschlagene Dissertationsthema zum Einfluss Reinalds von Dassel auf die Italienpolitik Friedrich Barbarossas hatte sie unter dem Einfluss von Carl Erdmann ausgeschlagen und sich der sogenannten Reinhardsbrunner Briefsammlung[167] zugewandt. Das war angesichts der Auslagerung von Vorteil, denn der einzige Überlieferungsträger lag als Kodex 31 in der Gräflich-Schönborn'schen Bibliothek in Pommersfelden[168]. Theodor Mayer und Eugen Meyer (1893–1972)[169] übernahmen die Gutachten im Promotionsverfahren[170]. Die Promotion wurde durch die Fakultät allerdings erst am 15.12.1944 vollzogen; die Publikation der von Peeck auf dieser Grundlage erstellten Edition zog sich sogar bis 1952 hin.

Auch weniger erfreuliche Anlässe verlangten die Interaktion zwischen Berlin und Pommersfelden. Als Ende Oktober 1944 eine zweite Lieferung zur Edition des Gregor von Tours[171] vom Hahn-Verlag mit einer Lücke von ganzen vier Bögen (es fehlten die Seiten 264–296)[172] vorlag, bedurfte es mehrerer Briefe zwischen beiden Dienststellen, um den Vor-

---

165 Das Promotionsverfahren von Irene Ott wickelte Mayer noch in Marburg ab; das Rigorosum fand am 25.2.1942 statt. Vgl. Irene OTT, Gerhoh von Reichersberg als Geschichts- und Staatsdenker des 12. Jahrhunderts, Diss. Masch. Marburg 1942, Rückseite des Titelblatts; HARTMANN, Stunde der Frauen? (wie Anm. 2) S. 688.
166 PEECK, Reinhardsbrunner Briefsammlung (wie Anm. 63) [S. 167]; HARTMANN, Stunde der Frauen? (wie Anm. 2) S. 690f.
167 Die Reinhardsbrunner Briefsammlung, hg. von Friedel PEECK (MGH Epist. sel. 5, 1952).
168 Auf die Unterstützung durch Carl Erdmann weist Peeck ausdrücklich hin, PEECK, Reinhardsbrunner Briefsammlung (wie Anm. 63) [S. 167], nahezu gleichlautend MGH Epist. sel. 5, S. XXVIII, wo außerdem Eugen Meyer – aber nicht Theodor Mayer – gedankt wird. Dass die qualifizierte Beurteilung der Arbeit vor allem Eugen Meyer zufiel, ergibt sich indirekt aus einem Brief Theodor Mayers an Walther Holtzmann vom 30.7.1946: „Frl. Dr. Peeck hat eine Ausgabe der Reinhardsbrunner Briefsammlung gemacht, die E. Meyer, der sie überprüft hat, ohne weiteres als druckreif bezeichnet hat, wenn einige kleine Fehler verbessert würden." Hier zitiert nach HARTMANN, Stunde der Frauen? (wie Anm. 2) S. 696 Anm. 166.
169 Zu ihm vgl. Theodor SCHIEFFER, Nachruf Eugen Meyer, in: DA 29 (1973) S. 666f. – Eugen Meyer half Friedel Peeck bei der Kollationsarbeit und übergab seine Unterlagen 1946 an Friedrich Baethgen, von dem Peeck sie von Pommersfelden aus anforderte; vgl. Friedel Peeck an Friedrich Baethgen, 19.6.1946 (MGH-Archiv B 719, Bl. 83r/v).
170 PEECK, Briefsammlung (wie Anm. 63) Rückseite des Titelblatts.
171 Diese Lieferung ist praktisch nicht dokumentiert. Sie wurde offensichtlich von Wilhelm Levison (1876–1947) bearbeitet, vgl. Wilhelm Levison an Edmund Ernst Stengel, 05.03.1939 (MGH-Archiv B 546, Bl. 105); zu diesem Brief vgl. Annette MARQUARD-MOIS, Zum namenlosen Korrektor degradiert – Wilhelm Levison, in: Jüdische Mitarbeiter und Mitarbeiterinnen der MGH (Virtuelle Ausstellung 2021; https://visit.mgh.de/de/jued-ma/wilhelm-levison/mitarbeit-im-verborgenen [alle Links in diesem Beitrag wurden am 1.7.1924 abgerufen]). – Die erste Lieferung erschien 1937: Gregorii Episcopi Turonensis Historiarum Libri X, hg. von Bruno KRUSCH (MGH. SS rer. Merov. 1,1, 1937). An eine Vollendung durch Bruno Krusch (1857–1940) war nicht zu denken, weshalb Edmund E. Stengel Wilhelm Levison damit beauftragte, der das Projekt 1939 bei seiner Flucht aus Deutschland mit nach Durham nahm und aus dessen Nachlass die vollständige Neuedition von 1951 publiziert wurde. Der aus rassistischen Gründen zwangsemeritierte Wilhelm Levison hatte ab 1938 anonym für das Reichsinstitut (MGH) gearbeitet; vgl. Letha BÖHRINGER, Wilhelm Levison (1876–1947), in: Zwischen Vaterlandsliebe und Ausgrenzung (wie Anm. 143) S. 301–321, hier S. 315 ff.
172 Theodor Mayer an Ursula Brumm, 31.10.1944 (MGH-Archiv B 571, Bl. 108r/v): „Fräulein Peeck hat wegen der Ausgabe von Gregor von Tours festgestellt, dass hier alles in allem von der ersten Lieferung 13,

fall abzuklären: „Man kann also wieder feststellen, wie leicht irgendein Malheur passieren kann"[173], kommentierte Mayer abschließend und freute sich mit Brumm, dass diese Panne „vor Ihrer und auch meiner Zeit passiert ist, aber gleichwohl müssen wir sie jetzt irgendwie in Ordnung bringen". Böhlau hatte den Faszikel gedruckt, Hahn hätte ihn ausliefern sollen. Allerdings kam nach mehrmaligen Nachfragen am 24.11.1944 vom Hahn-Verlag ein Schreiben, dass diese Auslieferung noch gar nicht ausgeführt worden sei, sondern nur einzelne Exemplare verkauft worden seien[174]. Am 28.3.1945 berichtete Ursula Brumm über eine ausweichende Antwort von Hahn in dieser Angelegenheit: „Wegen der vier Bogen Gregor von Tours wollen sie noch antworten, warum das der Hauptmann Rusack[175] nicht gleich tun kann, ist unklar"[176]. In der Druckerei Böhlau sei zwischenzeitlich „der Sachsenspiegel von Eckhardt verbrannt"[177], wobei man im Hahn-Verlag „von der Existenz dieser Bücher überhaupt keine Kenntnis" mehr habe, sondern den Titel als vergriffen führe.

Der Bombenkrieg traf auch den Weidmann-Verlag in Leipzig: Der Verlag meldete am 5.5.1944, dass wegen der Zerstörungen an seinem Bücherlager erhebliche Aufwendungen für MGH-Nachdrucke erforderlich seien[178]. Einmal mehr überrascht die Selbstverständlichkeit, mit der sowohl Verlag wie Institut die Kriegsfolgen hinnehmen. Allerdings wusste Mayer sehr genau zwischen dem Regime zu unterscheiden, dessen Handlungen untadelig blieben, und den Fehlern anderer. Als am 5.3.1945 dem Verlag das Papier für den 2. Faszikel

---

von der zweiten Lieferung 12 Exemplare liegen und das in sämtlichen Exemplaren die erste Lieferung bis Seite 264 reicht und die zweite Lieferung mit Seite 297 anfängt, es ist also gar kein Zweifel, dass beim Binden 4 Bogen übersehen worden sind. Man kann also wieder feststellen, wie leicht irgendein Malheur passieren kann, das noch größer ist, als wenn auf dem Umschlag statt 1493 1943 steht, wobei ich recht gut verstehe, dass Sie sich darüber mächtig gefreut haben; ebenso können Sie sich ja freuen, dass die Gregor von Tours Geschichte vor Ihrer und auch meiner Zeit passiert ist, aber gleichwohl müssen wir sie jetzt irgendwie in Ordnung bringen. Aus den hier liegenden Lieferungen ist nicht zu ersehen, wo der Druck erfolgt ist, Sie denken an Böhlau und werden damit wohl recht haben, aber das müßte festgestellt werden, sodann muß man an Böhlau schreiben, denn zweifellos ist der Fehler in der Druckerei bzw. in der Buchbinderei gemacht worden. Hoffentlich ist nun wenigstens das Exemplar des Reindruckes noch vorhanden, damit man die 4 Bogen im Notfall photomechanisch reproduzieren kann."

173 Ebd.
174 Ursula Brumm an Theodor Mayer, 24.11.1944 (MGH-Archiv B 571, Bl. 98r): „Nun bekomme ich gestern ein Schreiben von Hahn, aus dem hervorgeht, daß der Faszikel überhaupt nicht wirklich „ausgeliefert" worden ist, sondern nur etwa 10 Exemplare, d.h. wohl nur auf Bestellung, verkauft worden sind. Demnach haben die Bezieher des 1. Faszikels, also die Bibliotheken, Seminare usw. den 2. Faszikel überhaupt noch nicht bekommen, was ja in diesem Falle kein Nachteil ist, aber doch grundsätzlich zeigt, wie nachlässig Hahn seine Aufgaben betreibt. [...] Wo die Faszikel eigentlich lagern und dann also die *[fehlenden]* Bogen hinzuschicken sind, das muß ich noch herausbringen."
175 Werner Rusack (1898–?), Verlagsdirektor bei Hahn 1938–1962. Vgl. 175 Jahre Hahnsche Buchhandlung, Hannover (1967) [S. 16f.]. Hermann Heimpel nannte ihn in einem Brief vom 1.2.1950 „ein müdes Original" und einen „in die Bohème zerronnene[n] alte[n] Corpsstudent[en]", aber „von wohltuender Jovialität" (MGH-Archiv A 91 Nr. 4: Faszikel über die Neuauflage des Gregor von Tours 1951).
176 Ursula Brumm an Theodor Mayer, 28.3.1945 (MGH-Archiv B 571, Bl. 52r).
177 Ebd. Es muss sich um die Exemplare gehandelt haben, deren Druck „bis zum Frühjahr 1944 und gleichsam als Jubiläumsgeschenk zum 125-jährigen Bestand der Monumenta" Theodor Mayer am 18.8.1943 bei Hahn in Auftrag gegeben hatte (MGH-Archiv B 556, Bl. 273r).
178 Protokoll der Unterredung Theodor Mayers mit Joachim W. Freyburg, 4.5.1944 (MGH-Archiv B 576, Bl. 62r, 63r).

der Diplome Heinrichs IV. genehmigt, aber dann nicht angeliefert wurde, da die „Bahnverhältnisse so überaus schwierig" waren[179], konnte Mayer sich mit der Situation nicht abfinden. Er erwartete von dem Verlagsleiter Joachim W. Freyburg[180] wie selbstverständlich, dass dieser sich den Kriegsbedingungen vorausschauend anzupassen hätte und konnte sich nur dank der Funktionsfähigkeit der Post etwas beruhigen: „Sollte Herr Freyburg die Eigentumsfrage aufwerfen, so wäre darauf hinzuweisen, daß es in erster Linie nicht darauf ankommt, sondern darauf, ob von der Weidmannschen Buchhandlung aus wirklich jene Sorgfalt an den Tag gelegt wird, die notwendig wäre und zu der sie als Verlag zweifellos verpflichtet sind; nach den bisherigen Erfahrungen kann man diese Frage nicht bejahen, die Vernichtung der DD Bestände ist wohl der beste Beweis für eine große Nachlässigkeit, die man schon als Fahrlässigkeit bezeichnen kann, von Seite des Verlags. Jedenfalls bitte ich Sie, wenigstens ein Korrektur Exemplar der DD Heinrichs IV. hierher zu schicken, ich habe den Eindruck, daß die Post gegenwärtig gut funktioniert und daß infolgedessen die Sendung als Postpaket möglich wäre"[181]. Ursula Brumm teilte ihm allerdings am 3.4.1945 mit, sie habe niemandem bei Weidmann erreichen können[182] und am 4.4., dass sie vermute, Freyburg sei zum Volkssturm eingezogen worden[183].

Für seine eigenen Forschungen musste Mayer Bücherwünsche in Berlin voranmelden, die Brumm dann für ihn in einer der Berliner Bibliotheken zu besorgen hatte. Das war jedoch nicht immer möglich, zumal 1944 vier Bücher aus der Universitätsbibliothek bei den MGH verloren gegangen waren und die Universitätsbibliothek trotz des Versprechens, nach Ersatzexemplaren zu suchen[184], die weitere Ausleihe an das Reichsinstitut sperrte[185]. Die interne Korrespondenz, die Theodor Mayer von Pommersfelden aus führte, brachte er bei seinen regelmäßigen Besuchen in Berlin zur Hauptregistratur, seine weitaus umfangreichere persönliche Korrespondenz, beziehungsweise was er dazu erklärte, blieb allerdings in seiner Wohnung im Schloss und gelangte nicht zu den MGH. Vor allem die Manuskripte für das Deutsche Archiv wechselten zwischen Ursula Brumm als Redakteurin und Theodor Mayer als Herausgeber und damit zwischen Berlin und Pommersfelden hin und her; nicht zu vergessen, dass die Mitarbeiterinnen Irene Ott und Friedel Peeck in Pommersfelden erheblichen Anteil an den Literaturanzeigen hatten, also die Bücher selbst in die Hand nehmen mussten[186], während Mayer auch deren Beiträge nach Berlin brachte, außerdem alles, was ihn an Manuskripten in Pommersfelden erreichte. So versprach er am 2.10.1944: „Die Arbeit für

---

179 Weidmannsche Verlagsbuchhandlung an „Herr Dr. Brumm" (MGH-Archiv B 576, Bl. 52r).
180 Walter Georg OLMS, Weidmannsche Verlagsbuchhandlung 1680–2005 (2005) S. V.
181 Theodor Mayer an Ursula Brumm, 23.3.1945 (MGH-Archiv B 571, Bl. 54r).
182 Ursula Brumm an Theodor Mayer, 3.4.1945 (MGH-Archiv B 571, Bl. 51v).
183 Ursula Brumm an Theodor Mayer, 4.4.1945 (MGH-Archiv B 571, Bl. 50v).
184 Margarete Kühn an Bibliotheksrat Rudolf Keydell, 16.12.1944 (MGH-Archiv B 547, Bl. 7r).
185 Rudolf Keydell an das Reichsinstitut, 14.12.1944 (MGH-Archiv B 547, Bl. 10r).
186 Irene Ott klagte am 4.12.1944 über diese Arbeit: „Die Schrift v. Hartung, Die Kaiserkrone als Herrschaftssymbol […] hat der Chef mir zur Besprechung angedreht, das Exemplar ist aber nur im Katalog da. Wenn mir der Chef das seine leiht, kann ich die Besprechung machen" (MGH-Archiv B 573, Bl. 356v). Mayer verfasste die Anzeige schließlich selbst (MGH-Archiv B 573, Bl. 255r).

das nächste Heft für das Deutsche Archiv von Zatschek[187] und Stolz[188] bringe ich mit"[189]. Die Arbeit wurde unverdrossen trotz der kriegsbedingten Papierknappheit fortgeführt. Schon am 21.9.1944 hatte Ursula Brumm Karl Strecker mitteilen können, dass überraschend der Satz von DA 7,1 (1944) nun doch abgeschlossen werden könne[190]. Der zugehörige Rezensionsteil fiel sehr dünn aus und wurde schließlich am 19.1.1945 ausgeliefert[191]. Während noch am ersten Heft von DA 7 gearbeitet wurde, erreichte eine merkwürdige Anfrage das Reichsinstitut. Am 10.11.1944 meldete sich ein Kriegsgefangener aus einem amerikanischen Gefangenenlager, der berichtete, man wolle ein Historisches Seminar für gefangene deutsche Offiziere einrichten und benötige dafür MGH-Bände als Geschenk[192]. Es ist unklar, ob oder auf welche Weise Mayer darauf reagierte.

Einen Tag zuvor, am 9.11.1944, war Mayers Vorgänger Paul Fridolin Kehr (1860–1944) in Wässerndorf, Landkreis Kitzingen, verstorben. Er hatte sich dorthin nach einer Auseinandersetzung mit dem Reichsinstitut zurückgezogen, bei der auf Betreiben des Institutes Kehrs Arbeitsmaterialien von der Gestapo beschlagnahmt worden waren. Für Mayer bedeutete dies, einen Autor für einen respektvollen, aber politisch zurückhaltenden Nachruf im Deutschen Archiv finden zu müssen, da er an die Fortführung der Zeitschrift trotz der sich verschärfenden Kriegssituation unverbrüchlich glaubte und dafür arbeitete. Er verfiel dabei auf Albert Brackmann und räsonierte gegenüber Ursula Brumm am 8.11.1944: „Brackmann hat soviel mir bekannt ist, bei Kehr in Göttingen studiert und für die Germ*[ania]* pont*[ificia]* Reisen mit ihm gemacht und eng zusammengearbeitet und war außerdem sein Nachfolger der Preußischen Staatsarchive *[sic!]*. Infolgedessen konnte Brackmann unter keinen Umständen übergangen werden. Es ist nicht unbekannt geblieben, daß zwischen Kehr und Brackmann zeitweise eine Entfremdung eingetreten ist und würde man jetzt Brackmann den Nachruf nicht übertragen, so könnte von außenstehender Seite gefolgert werden, daß Brackmann aus persönlichen Gründen die Abfassung eines Nachrufes verweigert hätte. Das mußte vermieden werden"[193]. Die Sorge um das öffentliche Ansehen beunruhigte Mayer, da ihn am 1.11.1944 eine Anfrage des Reichspropagandaministeriums zu Kehrs Leben und Werk erreicht hatte[194]. In Unkenntnis dieser Lage hatte Walther Holtzmann seinerseits einen Nachruf auf Kehr angeboten[195], den Mayer am 8.1.1945 annahm, da der Nachruf auf Kehr

---

187 Zu Heinz Zatschek vgl. Karel Hruza, „Mit dem arischen Flügel". Heinz Zatschek und seine Abkehr von der MGH-Edition der Epistolae Wibaldi, in: Das Reichsinstitut für ältere deutsche Geschichtskunde (wie Anm. 7) S. 135–178; ders., „Ein ‚Historiker des Unbedingten'"? Über Habitus und Generation des Mediävisten Heinz Zatschek (1901–1965), in: Bohemia 60 (2020) S. 187–219.
188 Otto Stolz; Brumm teilte ihm am 12.12.1944 mit, dass sein Aufsatz aus Platzgründen aus dem DA Heft 7,1 (1944) in das Heft 2 verschoben werden müsse, wo er allerdings auch nur in gekürzter Form erscheinen könne, wozu man „durch die Verhältnisse" gezwungen sei (MGH-Archiv B 576, Bl. 27r).
189 Theodor Mayer an Ursula Brumm, 2.10.1944 (MGH-Archiv B 571, Bl. 125r).
190 Ursula Brumm an Karl Strecker, 21.9.1944 (MGH-Archiv B 576, Bl. 28r).
191 Ursula Brumm an Friedel Peeck, Irene Ott und Maria Neumann, 19.1.1945 (MGH-Archiv B 571, Bl. 257r).
192 Ursula Brumm an Irene Ott, 10.11.1944 (MGH-Archiv B 571, Bl. 257*r/v, wegen Paginierungsfehler ist Bl. 257 doppelt vorhanden).
193 Theodor Mayer an Ursula Brumm, 18.12.1944 (MGH Archiv B 571, Bl. 90r).
194 Ursula Brumm an Theodor Mayer, 12.11.1944 (MGH-Archiv B 571, Bl. 103v).
195 Ursula Brumm an Theodor Mayer, 15.12.1944 (MGH-Archiv B 571, Bl. 92r).

für das – nie erschienene – Heft DA 7,2 (1945) fest eingeplant war und Brackmann sich seiner Einschätzung nach zierte[196]. Mayer ließ jedoch durchblicken, dass ihm Brackmann lieber gewesen wäre, zumal er die aktuelle Feldpostanschrift des im Kriegseinsatz befindlichen Walther Holtzmann nicht kenne. Brackmann gab am 8.1.1945 tatsächlich den Auftrag zurück[197], obschon er den Text des Nachrufs bereits ausformuliert und durchkorrigiert hatte[198]. Gleichzeitig lehnte Brackmann um den 15.1.1945 den Auftrag der Preußischen Akademie zu einem Nachruf bei ihrer für Juli 1945 geplanten nächsten Jahrestagung ab: Dies gehe, wie der Akademiedirektor Helmuth Scheel (1895–1967)[199] dem Präsidenten erläuterte, „schon deshalb nicht, weil er heute nicht übersehen kann, ob es sein Zustand gestattet, dann nach Berlin zu kommen"[200]. Daher schlug er Mayer für diese Aufgabe vor, der die Informationen bezüglich des Kehr-Nachrufs offensichtlich nicht an Brumm weitergab. Jedenfalls stockten deren Bemühungen um einen Nachruf im Deutschen Archiv. Sie klagte am 1.2.1945, dass keine Nachricht von Holtzmann in der Sache eingetroffen sei[201]. Am 12.3.1945 musste sie bekennen, dass es „sehr traurig" um den Nachruf stehe, da Holtzmann Kommandeur einer Volkssturmeinheit geworden und nicht mehr erreichbar sei[202].

Über sein Pendeln zwischen dem Schloss Pommersfelden und der Berliner Charlottenstrasse erklärte Theodor Mayer später: „Ich selbst kam in der folgenden Zeit bis Kriegsende allmonatlich wenigstens einmal nach Berlin"[203]. Eine solche Reise kündigte er zum Beispiel am 27.4.1944 für den 1.5. an und plante für den 2.5. einen Institutsbesuch[204]. Am 20.7.1944, dem Tag des Stauffenberg-Attentats, hielt er in Prag einen Vortrag[205] und fuhr von dort nach Berlin, das er am 23. oder 24.7. erreichen wollte[206]. Am 28.7. erschien er dann offenbar ohne Vorankündigung in Nikolassee in der Privatwohnung des alternden Robert Holtzmann, der irritiert in seinem Tagebuch notierte: „Nachmittags besucht mich Theodor Mayer zu längerem Speech. Er will so etwas wie die alte Centraldirektion wiederherstellen, ich soll die Scriptores übernehmen"[207]. In der Notiz von Holtzmann klingt die Skepsis durch; man wüsste gerne, ob dieses Angebot in Zusammenhang stand mit einer durch Margarete Kühn ohne Datierung bezeugten Besprechung zwischen Theodor Mayer, Friedrich Baethgen und

---

196 Theodor Mayer an Ursula Brumm, 8.1.1945 (MGH Archiv B 571, Bl. 82r).
197 Ebd.
198 GStA PK, VI. HA Nl Brackmann, A Nr. 86, Bd. 3, erhalten sind zwei durchkorrigierte maschinenschriftliche Ausfertigungen.
199 Zu Helmuth Scheel vgl. Walter W. Müller, Scheel, Friedrich August Helmuth, in: NDB 22 (2005) S. 604f.; Leo Stern, Die Berliner Akademie der Wissenschaften in der Zeit des Imperialismus 3. Die Jahre der faschistischen Diktatur (1979) S. 290f. – Der Turkologe Scheel wurde 1946 wegen seiner Mitgliedschaft in der NSDAP als Akademiedirektor abgesetzt, wandte sich nach Mainz und wurde 1950 erster Generalsekretär der dort neu gegründeten Akademie.
200 Helmuth Scheel an Theodor Mayer, 15.1.1945 (MGH-Archiv B 706/I, [Bl. 236]).
201 Ursula Brumm an Theodor Mayer, 1.2.1945 (MGH-Archiv B 571, Bl. 67v).
202 Ursula Brumm an Theodor Mayer, 12.3.1944 (MGH-Archiv B 571, Bl. 60v).
203 Theodor Mayer an Walter Goetz, 6.7.1946 (MGH-Archiv B 716, Bl. 16r).
204 Theodor Mayer an Heinrich Förster, 27.4.1944 (MGH-Archiv B 547, Bl. 93r).
205 Theodor Mayer an Heinrich Förster, 12.7.1944 (MGH-Archiv B 547, Bl. 80r); zu Mayers Vortrag über Friedrich Barbarossa und Heinrich den Löwen vgl. Hruza, Flügel (wie Anm. 187) S. 154.
206 Theodor Mayer an Heinrich Förster, 12.7.1944 (MGH-Archiv B 547, Bl. 80r).
207 Holtzmann, Tagebuch (wie Anm. 8) S. 115.

Eugen Meyer über die Wiedereinführung von Abteilungsleitern bei den MGH, die mit einem Eklat endete, da Mayer die beiden Gäste aus dem Reichsinstitut hinauswarf[208]. Mit Robert Holtzmann jedenfalls kam es zu einer zweiten – offenbar aber auch ergebnislosen – Unterredung am 8.9.1944[209]. Zur Agenda des Berlin-Aufenthaltes im Juli 1944 gehörte auch, bei Margarete Sthamer (1888–1975), der Witwe von Eduard Sthamer[210], wegen der Überlassung von dessen Nachlass anzuklopfen, in dem sich neben vielen Exzerpten aus den durch eine Vergeltungsaktion der deutschen Wehrmacht vernichteten Urkunden des Hauptstaatsarchivs Neapel[211] eine Mikroverfilmung nebst Papierabzügen und die Kollationen Sthamers zum Registerfragment Friedrichs II.[212] befanden, von dem Mayer gehört hatte, dass es „infolge kriegswichtiger Einwirkung verbrannt sein soll"[213]. Diese Intervention verdient insofern Beachtung, als sie wertvolle Materialien für die MGH sicherte, die nach ihrer Rückkehr aus dem Archiv der Berliner Akademie zwischen den MGH[214] und (als Depositum) dem Deutschen Historischen Institut in Rom[215] aufgeteilt wurden. Mayers anschließende Rückreise nach Pommersfelden verlief keineswegs ohne Zwischenfälle. Am 14.9.1944 berichtete er an Förster: „Die Reise hierher war kompliziert. Ich war in Wismar, mußte dann in Jena viele Stunden warten und in Bamberg übernachten. Gestern war ich am Gauarbeitsamt in Bayreuth"[216], wo einmal mehr über die uk-Stellung von Hildegard Mesters gestritten wurde. Nicht nur am 8.9., wo er, wie erwähnt, Robert Holtzmann noch einmal besuchte, sondern auch am 8.12.1944 war Mayer wieder in Berlin[217] und plante seine Rückkehr dorthin für den 24.1.1945[218].

---

208 Vgl. hierzu Arno MENTZEL-REUTERS, Das Reichsinstitut zwischen Ahnenerbe und Westforschung, in: Das Reichsinstitut für ältere deutsche Geschichtskunde (wie Anm. 7) S. 1–54, hier S. 33 bes. Anm. 220. Mit Karl August Eckhardt hatte sich Mayer schon 1943 über die Leitung der Abteilung Leges verständigt, vgl. ebd. S. 33.

209 HOLTZMANN, Tagebuch (wie Anm. 8) S. 119: „Nachmittags abermaliger Besuch von Theodor Mayer, der mich für seine Zukunftspläne braucht."

210 Zu Eduard Sthamer vgl. Arnold ESCH / Andreas KIESEWETTER, Süditalien unter den ersten Angiovinen. Abschriften aus den verlorenen Anjou-Registern im Nachlass Eduard Sthamer, in: QFIAB 74 (1994) S. 646–663, hier bes. S. 646f.

211 Die älteren Bestände des Staatsarchivs Neapel waren in die Villa Montesano bei San Paolo di Belsito unweit Nola ausgelagert worden und wurden bei einer Vergeltungsaktion der Deutschen Wehrmacht 1943 vernichtet, vgl. Lutz KLINKHAMMER, Die Abteilung „Kunstschutz" der deutschen Militärverwaltung in Italien 1943–1945, in: QFIAB 72 (1992) S. 483–549, bes. S. 498–501; ESCH / KIESEWETTER, Süditalien (wie Anm. 210) S. 649f.

212 Jetzt MGH-Archiv K 123/V. Vgl. Il Registro della cancelleria di Federico II del 1239–1240, a cura di Cristina CARBONETTI VENDITTELLI, 2 Bde. (Fonti medievale. Antiquitates 19, 2002); Eduard STHAMER, Studien über die sizilischen Register Friedrichs II. (SB Berlin 1920, S. 584–610; SB Berlin 1925, S. 168–178; SB Berlin 1930, S. 3–21).

213 Theodor Mayer an Emmi Sthamer [i. e. Margarete Sthamer], 12.9.1944 (MGH-Archiv B 576, Bl. 25r).

214 MGH-Archiv A 252 und K 123. Vgl. Karl BORCHARDT, Durch Fotografie für die Nachwelt gerettet (MGH-Archiv K 123/VI,4), in: Mittelalter lesbar machen (wie Anm. 3) S. 88–90.

215 Rom, Archiv des DHI N 14 Eduard Sthamer.

216 Theodor Mayer an Heinrich Förster, 14.9.1944 (MGH-Archiv B 547, Bl. 65r). Der Besuch im Gauarbeitsamt stand in Zusammenhang mit der Einberufung von Hildegard Mesters, der sich Mayer vehement widersetzte.

217 Theodor Mayer an Erich Maschke, 8.12.1944 (MGH-Archiv B 571, Bl. 46r).

218 Ursula Brumm an Karl Langosch, 21.1.1945 (MGH-Archiv B 571, Bl. 31r).

Solange Mayer sich nicht in Berlin aufhielt, erstattete Ursula Brumm ihre Berichte. Sie schrieb in loyalem, vertrauensvollem Ton, der aber jede Vertraulichkeit konsequent mied. Ein wenig enger war der Kontakt zwischen Mayer und dem Verwaltungsdirektor Heinrich Förster, aber durchaus nicht frei von Schönfärberei und politischer Verzerrung; es ist wohl von besonderer Aussagekraft, dass Mayer den Regierungsinspektor – und von allen MGH-Mitarbeitern nur ihn – für das Kriegsverdienstkreuz vorschlug[219]. Förster beklagte sich zum Beispiel am 26.7.1944 beim Präsidenten über die kriegsbedingten Störungen des Telefonbetriebs, während er die zeitgleichen Zerstörungen im Institut geradezu banalisierte: „Heute ist den ganzen Tag über kein Anschluß zu bekommen. Wahrscheinlich wird die Leitung durch den Terrorangriff am letzten Mittwoch gestört worden sein. An diesem Mittwoch sind in Berlin wieder große Schäden entstanden durch den Terrorangriff. Auch in der Staatsbibliothek sind wieder große Schäden entstanden. Im Reichsinstitut sind ebenfalls Fensterscheiben und einzelne Mauern eingedrückt worden. Sonst liegt hier nichts Besonderes vor"[220]. Mayer versuchte, Förster gegenüber keine Aufregung wegen kriegsbedingter Beeinträchtigungen zu zeigen, auch wenn es ihm schwerfiel: „Ich schicke Ihnen eine Abschrift dieses Schreibens, denn ich muß befürchten, daß beim gestrigen Angriff das Schreiben vernichtet worden ist, was sehr unangenehm wäre, [da] dort auch noch andere Schriftstücke enthalten waren, die ich von hier nicht ohne weiteres rekonstruieren könnte"[221].

Die Editionsarbeit der MGH stellte für Mayer nur eine Aufgabe des Reichsinstituts für ältere deutsche Geschichtskunde unter vielen dar. So war Mayer, wie Margarete Kühn später nicht ohne Ressentiment vermerkte, „sehr viel im Dienst des Nationalsozialismus auf Reisen"[222]. Er selbst verwies retrospektiv auf zahlreiche Konflikte mit dem Regime, die freilich dem Alltag in diesem polykratischen System entsprachen und nichts mit einer Generalopposition zu tun hatten. „Wenn sie die Materialien über meinen Abgang aus Freiburg und aus Marburg lesen, werden sie vielleicht das Gefühl haben, ich hätte überall Krach gehabt. So war es nun allerdings nicht. Wenn ich Schwierigkeiten hatte, die vielfach zu einem Krach gediehen, so waren sie immer wieder darauf zurückzuführen, dass ich mich irgendeinem Ansinnen der offiziellen Parteistellen oder Persönlichkeiten widersetzte. In Freiburg war es der Oberbürgermeister, der allerdings auch sehr stark von jemand aufgehetzt worden ist, der an meine Stelle treten wollte. In Marburg war es der Dozentenbundführer, der mir die größten Schwierigkeiten machte und mich bei der Partei zu vernadern [sic!] suchte. In Berlin hatte ich gelegentlich meiner Berufung Schwierigkeiten mit Herrn Harmjanz[223], der schließlich

---

219 Theodor Mayer an Heinrich Förster, 19.5.1944 (MGH-Archiv B 547, Bl. 87v).
220 Heinrich Förster an Theodor Mayer, 26.6.1944 (MGH-Archiv B 547, Bl. 96r).
221 Theodor Mayer an Heinrich Förster, 19.5.1944 (MGH-Archiv B 547, Bl. 87v). Der heftigste Einschlag traf die Staatsbibliothek am 15.2.1945. Es wurde „der Kuppellesesaal von einer Luftmine getroffen und schwer beschädigt. Das Gebäude ist zu annährend 40% zerstört; Kuppeln, Dächer, Fenster, Türen, technische und elektrische Anlagen sowie das Inventar sind schwer beschädigt" (https://staatsbibliothek-berlin.de/die-staatsbibliothek/die-gebaeude/haus-unter-den-linden/baugeschichte).
222 Kühn, Zusammenbruch (wie Anm. 3) S. 232.
223 Heinrich Harmjanz (1904–1994), Beitritt zur NSDAP 1930, zur SS 1937, 1935 Dozent, 1937 Prof. für Volkskunde in Königsberg, 1938 Wechsel an die Universität Frankfurt am Main, 1939 Leiter der Abteilung Volksforschung und Volkskunde im SS-Ahnenerbe, 1941 Obersturmbannführer. 1937–1943 Referent für Geisteswissenschaften im REM. Vgl. Protokollbuch der Philosophischen Fakultät der

entlassen wurde[224]. Allerdings kostete das einen schweren Nervenkrieg, der über 1 Jahr dauerte und für mich einen Verlust von einigen Tausend Mark bedeutete. Daß man mir im Ministerium selbst von allen Seiten[225] Glück wünschte, bemerke ich nur nebenbei; mit dem Reichsminister Rust[226] allerdings hatte ich anläßlich seines 60. Geburtstages eine sehr heftige Auseinandersetzung über diesen Gegenstand"[227].

Aktive Unterstützung gewährte Theodor Mayer dem Regime vor allem durch die Tagungen[228] im Rahmen des ‚Kriegseinsatzes der Geisteswissenschaften'. Was Mayer konkret darunter verstand, hatte er 1941 noch vor Übernahme des Präsidentenamtes in einem Propaganda-Artikel erklärt: „Diese Aufgabe scheint in einer Geschichte der germanischen Leistung in Europa und in der ganzen Welt gegeben zu sein, wobei aber die Ausrichtung besonders auf den deutschen Anteil, auf die führende Stellung des deutschen Volkes erfolgen soll"[229]. Der Artikel wurde in mehreren NS-Zeitschriften gedruckt und auch im Amt Rosenberg registriert und archiviert[230]. Mayer hatte darin die Monumenta als Paradefall für die nunmehr überwundene Geschichtswissenschaft des 19. Jahrhunderts betrachtet[231] und eine neue

Albertus-Universität zu Königsberg i. Pr. 1916–1944, hg., eingeleitet, kommentiert und mit einem bio-bibliographischen Anhang versehen von Christian TILITZKI (Einzelschriften der HiKo-OWP 30, 2014) S. 587f. Zu Harmjanz' Auseinandersetzungen mit Mayer bei dessen Wechsel vom Marburger Universitätsrektorat auf die Leitung des Reichsinstituts siehe Anm. 15.

224 1943 wurde Heinrich Harmjanz durch das Amt Rosenberg nachgewiesen, dass er in seiner Habilitationsschrift einen jüdischen Autor plagiiert hatte. Harmjanz wurde daraufhin aus dem REM und der SS ausgestoßen und verlor seine Frankfurter Professur. Vgl. Carsten KLINGEMANN, Soziologie im Dritten Reich (1996) S. 253–255.

225 Vermutlich eine Anspielung auf die langjährige Zusammenarbeit mit Paul Ritterbusch (1900–1945), 1937–1941 Rektor der Universität Kiel. Ab 1940 leitete er im Auftrag des REM den als ‚Aktion Ritterbusch' bekannten ‚Kriegseinsatz der Geisteswissenschaften', 1941–1944 leitete er unter Zuweisung einer Berliner Professur als Ministerialdirigent das Wissenschaftsamt im REM. Vgl. Frank-Rutger HAUSMANN, „Deutsche Geisteswissenschaft" im Zweiten Weltkrieg. Die „Aktion Ritterbusch" (1940–1945) (Schriften zur Wissenschafts- und Universitätsgeschichte 1, 1968).

226 Bernhard Rust (1883–1945). Über eine Auseinandersetzung zwischen Rust und Mayer ist sonst nichts bekannt.

227 Theodor Mayer an Walter Goetz, 25.11.1946 (MGH-Archiv B 716, Bl. 27r).

228 Aufgelistet bei PETERSOHN, Arbeitskreis (wie Anm. 7) S. 273f.

229 Theodor MAYER, Politik und Geschichte. Aufgaben der Forschung im neuen Europa, in: Berliner Börsen-Zeitung. Ausgabe für Groß-Berlin 62, 86. Jg. (6.2.1941 auf der Titelseite der Abendausgabe) = DERS., Die deutsche Geschichtswissenschaft und ihre Aufgaben im neuen Europa, in: DWD. Deutscher Wissenschaftlicher Dienst 33 (9.2.1941) S. 1–2 = DERS., Die Geschichtsforschung im neuen Europa, in: Völkischer Beobachter, Süddeutsche und Münchner Ausgabe (11./12.4.1942). Der Einfachheit halber zitiere ich den Nachdruck in: Johannes FRIED (Hg.), Vierzig Jahre Konstanzer Arbeitskreis für Mittelalterliche Geschichte (1991) S. 29–32, hier S. 31 [Absatz 7].

230 Vgl. BArch NS 15/222 Nr. 172–174 und 182.

231 Vgl. den ersten Abschnitt von MAYER, Politik (wie Anm. 229) S. 29: „Aus der geistigen Erneuerung der Befreiungskriege erwuchs vor mehr als 120 Jahren der Plan für die ‚Monumenta Germaniae historica', der die Herausgabe der Quellen zur mittelalterlichen deutschen Geschichte zum Ziel hatte. Das war eine gewaltige Tat, auf der in der Folge der Fortschritt der deutschen Geschichtsforschung und ihre Stellung in der Welt beruhte. Generationen von Historikern haben an den Arbeiten für die Monumenta Germaniae ihre methodische Schulung erhalten. Es muß aber jetzt nach der Organisation der Geschichtsforschung die deutsche Geschichtsschreibung und Geschichtsauffassungen bewusst und plan-

Orientierung der Geschichtswissenschaft im Zeichen des Krieges gefordert[232]. Die Berufung zum Präsidenten des Reichsinstituts hat er zweifellos als hinderlich empfunden, aber dennoch versucht, den ‚Kriegsbeitrag' weiterzuführen. So plante er noch von Pommersfelden aus eine Tagung im ‚Geburtshaus des Führers' in Braunau am Inn. Das geschah zum einen natürlich als Verbeugung vor Hitler, zum anderen aber sicher auch, weil das vom Krieg wenig beeinträchtigte Braunau von Pommersfelden aus gut zu erreichen war und für Mayer sozusagen in der Heimat lag. Eine Vorbesprechung hielt Mayer am Vorabend von Hitlers 55. Geburtstag am 18./19.4.1944 in Erlangen ab – ein Datum, das nahelegt, dass der spätere Tagungsort hier bereits eine Rolle spielte, auch wenn er erst ab dem 28.10.1944 nachgewiesen ist[233]. Die Tagung – Mayers letzter ‚Kriegsbeitrag der Geisteswissenschaften' – fand am 8.1.1945 statt[234]. Über die Thematik – Mayer sprach von einer „Aussprache über eine gesamtbairische Geschichtsauffassung, innerhalb derer natürlich jedem Teil seine Sonderstellung bleibt"[235] – ist viel spekuliert worden. Neben tagesaktuellen Fragen[236] dürften für die Planung pragmatische Gründe wie die Erreichbarkeit des Tagungsortes für die Referenten und von Pommersfelden aus ausschlaggebend gewesen sein. Als Referent für Braunau war auch Otto Stolz vom Reichsarchiv Innsbruck vorgesehen, der jedoch seine Teilnahme absagte[237]. Stolz reichte fünf Tage vorher ein während der Bombenangriffe auf Innsbruck verfasstes Manuskript für das Deutsche Archiv ein. Mayer stellte es zurück, da Stolz noch einen zweiten Teil liefern wollte. Dieser wurde nicht mehr geschrieben und auch das geplante zweite Heft des DA 7 (1945) kam nie zustande. Doch wollte man nicht wahrhaben, dass es so kommen würde und arbeitete an diesem Heft trotz Vorrückens der Alliierten an allen Fronten weiter. Am 22.2.1945 schrieb Ursula Brumm an Walther Schlesinger, sie warte immer noch auf den Umbruch seines Aufsatzes und fürchte, er sei entweder nicht abgeschickt worden oder verloren gegangen[238]. Noch am 29.3.1945 – fünf Wochen vor der Kapitulation – reichte Fritz Rörig ein Manuskript für das Deutsche Archiv in drei Ausfertigungen ein (beim Böhlau-Verlag, bei Mayer in Pommersfelden und bei Brumm in Berlin)[239].

mäßig durch die Wissenschaft selbst ausgestaltet werden. Darin liegt eine Forderung der geistigen Erneuerung unserer Zeit."
232 Ebd. S. 29: „Der Krieg, der eine geistige Revolution von unerhörtem Ausmaß bedeutet, hat einer neuen einheitlichen Weltanschauung auch in der Wissenschaft zum vollen Durchbruch verholfen. Ein Volk kann aber einen Krieg nur bestehen, wenn es schon vorher im Frieden in seiner geistig sittlichen Haltung darauf vorbereitet ist. Es kann andererseits die Erfolge des Krieges nur bewahren, wenn es zielbewußt weiterarbeitet. Der Wettkampf der Völker wird im geistigen Leben ständig weitergehen, der Krieg lässt zwar die materiellen Kampfmittel für eine gewisse Zeit unbedingt in den Vordergrund treten, aber auch im Kriege muß sich die geistige Kraft eines Volkes bewähren."
233 HEINZEL, Mayer (wie Anm. 54) S. 218.
234 Ebd. S. 24 Anm. 8, zu den Teilnehmern der Tagung S. 218 Anm. 316.
235 Hier nach HEINZEL, ebd. S. 218 mit der Quellenangabe „StadtAK, NL Mayer, 15/85, Mayer an [Hermann] Foppa v. 11.10.1944".
236 Ebd. S. 218f. Mayer empörte sich über Ignaz ZIBERMAYR, Noricum, Baiern und Österreich. Lorch [an der Enns] als Hauptstadt und die Einführung des Christentums (1944), in dem er einen österreichischen Partikularismus am Werk sah.
237 MGH-Archiv A 49, weitere Absagen erwähnt bei HEINZEL, Mayer (wie Anm. 54) S. 218.
238 Ursula Brumm an Walther Schlesinger, 22.2.1945 (MGH-Archiv B 576, Bl. 1r).
239 Fritz Rörig an Ursula Brumm, 29.3.1945 (MGH-Archiv B 571, Bl. 273r).

Neben dem ‚Kriegsbeitrag' und dem Reichsinstitut war die Förderung des wissenschaftlichen Nachwuchses eine weitere – grundsätzlich neue – Aufgabenstellung, vorgesehen in der Satzung des Reichsinstituts[240]. Wie Mayer sich das vorstellte, zeigt der Fall Maria Neumann (1920–?). Sie stammte aus Böhmisch Aicha (jetzt Český Dub), wuchs aber in „Weidling bei Wien"[241] auf, machte dort 1938 ihren Schulabschluss, war 1939 bis 1941 in der Jugendorganisation Bund deutscher Mädel (BdM), anschließend Mitglied der NSDAP und kam 1943 nach Berlin[242]. Ihre Beschäftigung unterschied sie erheblich von der der Kolleginnen Ott und Peeck, die dem Präsidenten von Marburg nach Berlin gefolgt waren. Denn Neumann wurde nicht über das Reichsinstitut finanziert, sondern von der Stiftung Ahnenerbe des Reichsführers SS. Mayer hatte 1941, noch als Rektor der Universität Marburg, der Stiftung eine Reihe von Vorschlägen für geisteswissenschaftliche Projekte eingereicht, die sich aus seinem Programm einer neuen germanenbezogenen europäischen Geschichtsforschung ergaben[243]. Das Ahnenerbe entschied sich für die prosopographische Erfassung sämtlicher vor dem Jahr 1200 in Schriftquellen nachweisbarer Germanen; ein Projekt, das den Direktzugriff auf eine umfassende mediävistische Bibliothek voraussetzte. Als Bearbeiterin wurde die einundzwanzigjährige Maria Neumann eingestellt, die zwar über keinen akademischen Titel verfügte, aber – und zwar als einzige unter den Kolleginnen in der Berliner Charlottenstraße beziehungsweise in Pommersfelden – Mitglied der NSDAP war[244]. Es lag in der Natur ihres Projektes, dass sie mit der Bibliothek nach Pommersfelden gehen musste. Dort war sie in die Bearbeitung der Rezensionen des Deutschen Archivs eingebunden und wurde – etwa nach einem schweren Fahrradunfall im September 1944 – in den Briefen von Brumm gelegentlich mit Grüßen bedacht[245]. Im Januar 1944 hatte Mayer auf Anregung von Percy Ernst Schramm in Göttingen eine Umfrage an seine Fachkollegen versandt, die ihm förderungswürdige Talente nennen sollten[246]. Er habe, so berichtete Mayer an Schramm zurück, „von einer größeren Zahl von Kollegen Antworten erhalten. Es ergibt sich, daß der Nachwuchs beängstigend gering ist"[247]. Schramm hatte den Präsidenten des Reichsinstituts auf seinen Schüler Wilhelm Berges (1909–1978)[248] aufmerksam gemacht, der zwar zu diesem Zeitpunkt bei der Wehrmacht diente, aber 1938 seine Dissertation als zweiten Band

---

240 Vgl. MENTZEL-REUTERS, Reichsinstitut (wie Anm. 208) S. 4.
241 Meldebogen aufgrund des Gesetzes von Nationalsozialismus und Militarismus vom 5.3.1946, ausgefüllt am 7.2.1947 (MGH-Archiv B 777/II). – Weidling wurde 1938 zu Groß-Wien eingemeindet, 1954 Ausgliederung als Ortsteil von Klosterneuburg.
242 Meldebogen (wie Anm. 241).
243 NAGEL, Im Schatten (wie Anm. 15) S. 44.
244 Vgl. Theodor Mayer an Walter Goetz, 31.10.1946 (MGH-Archiv B 716, Bl. 23r), der unter Verschleierung der Vorgänge betonte, dass „sämtliche von mir angestellten Mitarbeiter Nicht-Parteigenossen waren, mit Ausnahme von einer Dame, bei der aber ein ganz besonderer Fall vorliegt und die ich dann später, um eine angefangene Arbeit nicht zu unterbrechen, als Mitarbeiterin aufnahm".
245 Z.B. Ursula Brumm an Irene Ott und Friedel Peeck, 21.9.1944 (MGH-Archiv B 571, Bl. 262r/v).
246 Vgl. NAGEL, Im Schatten (wie Anm. 15) S. 45.
247 Theodor Mayer an Percy Ernst Schramm, 11.1.1944 (MGH-Archiv B 585, Bl. 335r).
248 Vgl. die von seinen Schülern publizierten Nachrufe: Peter CLASSEN, Nekrolog Wilhelm Berges. 8.4.1909–25.12.1978, in: HZ 229 (1979) S. 779–782, Dietrich KURZE, Wilhelm Berges 8.4.1909–26.12.1978, in: Jb. für die Geschichte Mittel- und Ostdeutschlands 28 (1979) S. 530–553; Ludwig SCHMUGGE, Wilhelm Berges (1909–1978), in: HJb 99 (1979) S. 517f.

der Schriften des Reichsinstituts für ältere deutsche Geschichtskunde veröffentlicht hatte[249]. Mayer schien nicht zufrieden: „Haben Sie in Göttingen jemand? Sie wiesen seinerzeit auf Berges hin. Haben Sie noch andere Leute, die zu nennen wären"[250]? Unter diesen Umständen besann sich Theodor Mayer offenbar auf die Möglichkeiten, die das Reichsinstitut mit seiner intakten Infrastruktur bieten konnte, während der Lehr- und Forschungsbetrieb der Universitäten kriegsbedingt darniederlag.

Nach dem Sturz Mussolinis und der Besetzung Italiens war Theodor Mayer auch mit dem Kunst- und Archivschutz in Italien[251] betraut worden, der infolge der Zerstörung Montecassinos durch alliiertes Bombardement am 15.2.1944 drängend wurde. Insgeheim suchte Mayer die Unterstützung von Percy Ernst Schramm. Mayer erklärte dem Göttinger Kollegen und Führer des Kriegstagebuches beim Oberkommando der Wehrmacht, er wolle verhindern, „daß wir selbst die Spuren, die das deutsche Volk in Italien hinterlassen hat, verwischen, wohl aber halte ich es für sehr empfehlenswert, in Italien eine Fotokopierungsaktion einzuleiten, wie sie in ähnlicher Weise in Frankreich durchgeführt worden ist"[252]. Schramm sprach sich in seiner Antwort in gleicher Richtung aus und entwarf eine Stellungnahme für konkrete Maßnahmen hinsichtlich der deutschen Bibliotheken in Rom[253], die er unverzüglich der Wehrmacht zustellte – nicht ohne sich Mayer gegenüber noch in zweifelhaften Prognosen im Hinblick auf die durch Cassino verlaufende ‚Gustav-Linie' zu ergehen, die bis Mai 1944 gehalten werden konnte[254]: „Militärisch liegt Gottseidank gar kein Anlaß vor, die Maßnahme durchzuführen; denn die Entwicklung an der Südfront ist noch viel günstiger, als Optimisten dies erhofft haben. Aber im Kriege ist es ja so, dass man Maßnahmen, die möglicherweise einmal erforderlich sein könnten, eben gerade in Zeiten durchführen muß, in denen sie noch nicht erforderlich sind"[255]. Am 21.3.1944 legte Mayer sein Gutachten zur Bergung italienischer Archive vor[256], ein weiteres folgte zehn Tage später[257]. Dieser Einsatz verschafft Mayer

---

249 Wilhelm BERGES, Die Fürstenspiegel des hohen und späten Mittelalters (Schriften des Reichsinstituts für ältere deutsche Geschichtskunde 2, 1938).
250 Theodor Mayer an Percy Ernst Schramm, 11.1.1944 (MGH-Archiv B 585, Bl. 335r).
251 Hierzu grundlegend: Christian FUHRMEISTER, Die Abteilung ‚Kunstschutz' in Italien. Kunstgeschichte, Politik und Propaganda 1936–1963 (Brüche und Kontinuitäten 1, 2019).
252 Theodor Mayer an Percy Ernst Schramm, 11.1.1944 (MGH-Archiv B 585, Bl. 334v). Mayer kannte den Vorgang in Frankreich, der in MGH-Archiv B 543 dokumentiert ist, anscheinend nicht aus den Akten des Reichsinstituts. Er teilte am 31.10.1944 Brumm mit (MGH-Archiv B 571, Bl. 108r), er habe durch Zatschek erfahren, „daß Herr Stengel einmal eine Aktion mit dem Ziel in Gang gebracht hat, aus den Archiven des besetzten Westens Archivalien für unsere Geschichte nach Deutschland zu schaffen".
253 Percy Ernst Schramm unter dem Briefkopf „OKW / Wehrmachtführungsstab Kriegstagebuch" an Theodor Mayer, 9.1.1944, „Notiz, betr. die deutschen Bibliotheken in Rom" (MGH-Archiv B 585, Bl. 331r–333r). Zu Schramms Rolle beim Kriegstagebuch siehe HARTMANN, Theodor Mayer und Percy Ernst Schramm (wie Anm. 7).
254 Thomas VOGEL, Der zweite Weltkrieg in Italien 1943–1945 (Kriege der Moderne, 2021) S. 56–63.
255 Percy Ernst Schramm an Theodor Mayer, 9.1.1944 (MGH-Archiv B 585, Bl. 330r).
256 Vgl. HEINZEL, Mayer (wie Anm. 54) S. 204–206. – Durchschlag mit Absenderzeile „Deutsches historisches Institut in Rom" ohne Unterschrift: MGH-Archiv B 547, Bl. 48r. Zur parallelen Überlieferung HEINZEL, Mayer (wie Anm. 54) S. 204 Anm. 250.
257 Abgedruckt bei Jürgen KLÖCKLER, Verhinderter Archivalienraub in Italien. Theodor Mayer und die Abteilung „Archivschutz" bei der Militärverwaltung in Verona 1943–1945, in: QFIAB 86 (2006) S. 491–537, hier S. 527–531.

bis heute trotz seiner unverhohlenen Sympathie für das NS-Regime Achtung, da er mit einer ‚Obstruktionspolitik' der drohenden Beraubung der Archive entgegentrat und sich stattdessen für eine Fotokopieraktion einsetzte[258]. Ein ähnlicher Diskurs war bereits zuvor über die Archive im besetzten Frankreich geführt worden und wurde ebenfalls durch Verzicht auf Raub zugunsten einer Fotokopieraktion beendet, allerdings durch ein Machtwort von Joseph Goebbels, der sich gegen Ansprüche durchsetzte, wie sie unter anderem der damalige Präsident des Reichsinstituts Edmund Ernst Stengel erhoben hatte[259]. Auf der Grundlage von Mayers Gutachten wurden schließlich „über zwanzig Archive"[260] aus Mittelitalien nach Rom verbracht und im Archivio di Stato beziehungsweise im Vatikan deponiert. Theodor Mayers Biograph Reto Heinzel beurteilt den Erfolg skeptisch. „Die personellen Ressourcen waren allerdings äußerst bescheiden. Von April bis Juni standen gerade mal drei DHI-Angestellte im Einsatz, schließlich verblieb dem Archivschutz noch ein einziger operativ tätiger Mitarbeiter. Gemäß Entscheid des Reichsführers SS oblag dem DHI Rom die ‚praktische Durchführung' der Aktion, während die organisatorische Leitung dem BdS übertragen wurde. Die außerordentlich tiefen Kosten von knapp 1600 Reichsmark wurden, wie von Himmler in Aussicht gestellt, von der DFG übernommen"[261]. Dementsprechend unterblieb die geplante Fotokopieraktion, was Mayer noch 1947 zu missbilligenden Äußerungen veranlasste, auch wenn die Abordnung zum Kunst- und Archivschutz den Mitarbeitern des DHI die Einberufung zur Wehrmacht erspart hatte[262].

Die Dokumente des MGH-Archivs zeigen, dass auch für einen Funktionär der mittleren Ebene wie Theodor Mayer die Reise nach Italien nicht ohne bürokratischen Aufwand möglich war. Er musste sich vor Reiseantritt die Devisen beim Sicherheitsdienst der SS genehmigen und aushändigen lassen[263], ebenso die DHI-Mitarbeiter Friedrich Bock und Gottfried Opitz (1904–1976), die Ende März 1944 nach Rom fahren wollten[264]. Auch am 28.5.1944 berichtete Mayer aus Pommersfelden an Förster, dass er am Folgetag nach Italien aufbrechen werde. Der Blick nach Berlin war dabei nicht ungetrübt, und er bemerkte mit einem gewissen Sarkasmus: „In Berlin scheint es ja neulich bös gewesen zu sein, ich freue mich, daß Sie und das Institut heil davon gekommen sind. Aber das Schloß und der Dom, das sind doch arge Verluste! Und das K[aiser] Wilhelm Denkmal steht noch"[265]. Mayer wollte nicht

---

258 KLÖCKLER, Archivalienraub (wie Anm. 257) S. 510 Anm. 51. Dagegen HEINZEL, Mayer (wie Anm. 54) S. 207: „Diese Annahme wird nur durch Quellen aus der unmittelbaren Nachkriegszeit vollumfänglich gestützt – viele dieser Quellen stammen aber aus Theodor Mayers eigener oder aus der Feder ehemaliger Mitarbeiter."
259 Vgl. MENTZEL-REUTERS, Reichsinstitut (wie Anm. 208) S. 47.
260 HEINZEL, Mayer (wie Anm. 54) S. 206.
261 Ebd. S. 204f.
262 KLÖCKLER, Archivalienraub (wie Anm. 257) S. 521.
263 Theodor Mayer an Heinrich Förster, 17.5.1944; Heinrich Förster an Theodor Mayer, 26.5.1944 (MGH-Archiv B 547, Bl. 86r, Bl. 92r).
264 Theodor Mayer an Gottfried Opitz und Friedrich Bock, 22.3.1944 (MGH-Archiv B 547, Bl. 47r). Als Treffpunkt war Innsbruck vereinbart. Zu Gottfried Opitz siehe auch Abb. 9.
265 Theodor Mayer an Heinrich Förster, 29.5.1944 (MGH-Archiv B 547, Bl. 101r). Die Kuppel des Berliner Doms wurde bei einem Luftangriff am 24.5.1944 zerstört, dabei stürzte die Laterne in das Innere der Kirche. Vgl. Dieter BROZAT, Der Berliner Dom und die Hohenzollerngruft (1985) S. 89–91. Das Kaiser-Wilhelm-Nationaldenkmal von 1895–1897 stand auf der Schlossfreiheit gegenüber dem

wahrhaben, dass Rom kein sicherer Ort mehr war und ahnte wohl nicht, dass es sein letzter Besuch im faschistischen Rom werden sollte. Die Stadt fiel am 4.6.1944 kampflos an die Alliierten[266]. Am 7.6. meldete Mayer sich wieder aus Florenz: „Ich war vor einigen Tagen noch in Rom und bin auch noch glücklich im letzten Augenblick herausgekommen. Jetzt sitze ich hier und werde auch noch einige Tage bleiben"[267]. Allerdings blieb seine weitere Arbeit nicht ohne Konflikte mit der deutschen Militärregierung im besetzten Italien, und so legte Mayer die Leitung des Archivschutzes am 13.6.1944 nieder.

Zur gleichen Zeit endete vorläufig die Irrfahrt der Bibliothek des Deutschen Historischen Instituts aus Rom. Den Abtransport hatte Mayer bereits 1943 mit Percy Ernst Schramm diskutiert[268], im Januar 1944 hatte ihn Friedrich Bock begonnen[269]. Im Juni 1944 erreichten die Kisten schließlich auf Mayers Weisung den Maierhof von Oberköst: „Bis Mitte Januar 1944 befanden sich die in mehr als 2000 Kisten verpackten Bücher aus den Römischen Instituten bereits in der Nähe von Salzburg. Von Bad Aussee gelangte die DHI-Bibliothek, die insgesamt 539 Kisten umfasste, im Laufe der folgenden Monate nach Pommersfelden"[270]. Auch die Mitarbeiter des DHI hatten Italien verlassen und hielten sich im Reichsgebiet auf. Mayer ließ ihnen kurzerhand die Auslandszulagen streichen[271].

Abb. 7: Die Orangerie von Schloß Weißenstein, Pommersfelden bei Bamberg, wohin die MGH-Bibliothek sowie ein Großteil der Mitarbeiterinnen 1944 evakuiert wurde

In Wien spitzten sich die Verhältnisse ebenfalls zu; Mayer bot am 31.12.1944 Leo Santifaller sogar eine Auslagerung der Arbeitsmaterialien für die Diplomata nach Pommersfelden an, die aber nicht realisiert wurde[272]. Man kann daraus schließen, dass Theodor

---

Eosanderportal; es wurde 1950 abgerissen. Vgl. Ludwig PIETSCH, Das Nationaldenkmal für Kaiser Wilhelm I., in: Velhagen und Klasings Monatshefte 11 (1896/97) 2,8, S. 113–124.
266 Vgl. VOGEL, Weltkrieg in Italien (wie Anm. 254) S. 95–98.
267 Theodor Mayer an Heinrich Förster, 7.6.1944 (MGH-Archiv B 547, Bl. 100r).
268 Theodor Mayer an Percy Ernst Schramm, 29.10.1943 (MGH-Archiv B 585, Bl. 336r). Mayer befürchtete, „daß für den Fall einer Besetzung Roms durch die feindlichen Truppen das Institut dem gierigen Zugriff der Amerikaner völlig ausgeliefert ist."
269 Auswärtiges Amt (gez. Roth) an Reichsinstitut, 8.1.1944 (MGH-Archiv B 547, Bl. 107r).
270 HEINZEL, Mayer (wie Anm. 54) S. 203.
271 Theodor Mayer an Heinrich Förster, 12.7.1944 (MGH-Archiv B 547, Bl. 80r).
272 PFERSCHY-MALECZEK, Diplomata-Edition (wie Anm. 28) S. 443: Es wurden immerhin „Teile des

Mayer zumindest vorübergehend eine vollständige Konzentration aller MGH-Arbeitsstellen in der fränkischen Provinz ins Auge fasste, um dort das Ende des Krieges abzuwarten. Das unverdrossene Festhalten an seinen Überzeugungen und am wissenschaftspolitischen Tagesgeschäft darf nicht darüber hinwegtäuschen, dass sich Mayer wenig Illusionen über den Kriegsverlauf machte. Die immensen ideellen Schäden standen ihm durchaus vor Augen, und er sah seine Pflicht gegenüber dem Regime darin, diese zu minimieren. Gegenüber dem Reichswissenschaftsministerium räsonierte er vor dem Hintergrund der drohenden Einziehung seiner Sekretärin Hildegard Mesters über die Rolle seines Institutes und kam zu einer Argumentationslinie, die er ein Jahr später, im Juli 1945, in breiterer Ausformulierung, aber ohne größere inhaltliche Korrekturen dem Landrat von Höchstädt zur Weiterleitung an das Bayerische Staatsministerium schicken sollte[273]: „Es ist nicht zu leugnen, dass die gegenwärtige Entwicklung für das Reichsinstitut große Schwierigkeiten mit sich gebracht hat, weil ganz allgemein die Voraussetzungen für eine streng wissenschaftliche Tätigkeit, wie sie am Reichsinstitut gefordert wird, dahin schwinden. Es ist aber umso wichtiger, dass hier die Kontinuität und Tradition gewahrt wird. Es handelt sich gewiss nicht darum, ob jetzt das eine oder andere Buch erscheint oder die eine oder andere wissenschaftliche Untersuchung abgeschlossen wird, sondern darum, dass ein Stamm von Wissenschaftlern erhalten bleibt, der imstande ist, in anderen Zeiten die erweiterten Aufgaben und Traditionen weiterzuführen. Ich halte es für die Heranbildung des akademischen Nachwuchses auf dem Gebiete der mittelalterlichen Geschichte für grundlegend wichtig, dass im Reichsinstitut die Möglichkeit zu einer wissenschaftlichen Ausbildung, die für die nächsten Jahre an den Universitäten nicht gesichert ist, gewährleistet erscheint. Ich bin mir über die zwingenden Notwendigkeiten, die sich in der gegenwärtigen Lage ergeben haben, völlig im Klaren, und ich würde unter keinen Umständen den Antrag stellen, das Reichsinstitut in Betrieb zu erhalten, wenn durch die Stillegung wirklich eine größere Zahl von Arbeitskräften freigemacht würde. So aber handelt es sich hier um sehr wenige Personen, vor allem anderen aber um keine männliche Arbeitskraft, die zur Verfügung gestellt werden könnte"[274]. Nach dieser Versicherung schwang sich Theodor Mayer in die Höhe europäischer Kulturpolitik: „Es handelt sich bei meinen Erwägungen aber gar nicht so sehr um das Institut als solches, sondern um die Zerstörung einer wichtigen, vom Institut getragenen Funktion im geistigen Leben Deutschland[s], die der deutschen Wissenschaft in ganz Europa, ja, ich darf wohl sagen, auf der ganzen Welt, bisher größtes Ansehen verschafft hat. Ich gebe mich der Hoffnung hin, dass diese Gefahr noch abgewendet wird und werde Ihnen sehr dankbar sein, wenn sie die Erhaltung des Instituts durchsetzen können"[275]. Diesen Realismus wusste er jedoch vor seinen Mitarbeitern zu verbergen.

Materials für Konrad III. *[...]* nach Pommersfelden verbracht. Noch am 1.4.1945 äußerte Mayer in seinem letzten Brief an Santifaller als Präsident des Reichsinstituts Sorge über die Situation in Wien und die unersetzlichen Materialien. Für diese hatte Santifaller jedoch umsichtig gesorgt."
273 Theodor MAYER, Denkschrift über die Monumenta Germaniae Historica, 25.7.1945 (Ausfertigung für das Landratsamt Ansbach in MGH-Archiv B 707, [Bl. 2–8], Pommersfeldener Exemplar in MGH-Archiv B 722). Zu der Denkschrift von Juli 1945 siehe S. 243.
274 Theodor Mayer an REM (Prof. Dr. Hofmann), 2.9.1944 (MGH-Archiv B 704/II, [Bl. 15r]).
275 Ebd. [Bl. 15r/v].

Das Ende

Zunächst gab es noch eine gute Nachricht für Theodor Mayer. Er wurde am 30.11.1944 gegen den Widerstand führender Berliner Historiker wie Fritz Hartung, Fritz Rörig und (im Hintergrund) Albert Brackmann, die alle Friedrich Baethgen[276] bevorzugten, in die Preußische Akademie der Wissenschaften gewählt. Das geschah auf Druck des Reichswissenschaftsministeriums, das am 27.12.1944 die Zuwahl bestätigte und damit rechtskräftig machte[277]. Die Lösung des Konfliktes innerhalb der Historikerzunft lag darin, ihn gemeinsam mit Baethgen zu kooptieren[278] und damit den Showdown zwischen Mayer und Baethgen – der unvermeidlich blieb – hinauszuzögern[279]. Mayer wurde offiziell durch den Vizepräsidenten der Berliner Akademie, den Ägyptologen Hermann Grapow (1885–1967)[280], über seine Zuwahl mit Schreiben vom 10.1.1945 informiert, „von der wir uns für die Arbeiten auf dem Gebiete der Geschichtsforschung viel erhoffen"[281]. Natürlich hatte Mayer von seiner Wahl schon vorher erfahren; gegenüber dem Akademiedirektor Helmuth Scheel bekannte er, er „habe nun wohl alles erreicht, was ich wissenschaftlich erreichen kann, vielleicht mehr, als mir zusteht. Ich weiß aber wohl auch, welche Verpflichtung damit verbunden ist. Ich werde mich bestreben, alles zu tun, um ihr nachzukommen"[282]. Es war geplant, dass Mayer seine Antrittsrede am Leibniz-Tag der Akademie im Juli 1945 halten sollte – nach dem Nachruf auf Paul Fridolin Kehr. Dazu kam es nicht mehr: Mayer wurde noch vor der Wiedereröffnung der Akademie von der Liste der Mitglieder entfernt[283].

Niemand konnte ahnen, dass hier Entscheidungen fielen, die von hoher Relevanz für die MGH in der Nachkriegszeit sein würden. Denn gerade zu diesem Zeitpunkt schien sich durch die so genannte Ardennen-Offensive die militärische Lage zu wenden – wenn auch nur für einen kurzen Augenblick. Am 23.12.1944, als die Wehrmacht seit einer Woche wieder nach Westen vorrückte und die Illusion eines günstigen Kriegsverlaufs schürte, ließ Mayer sich bei seinen Weihnachtsgrüßen aus Pommersfelden zu wenigen Zeilen in etwas vertraulicherem Ton hinreißen, eher er auf der Rückseite des Briefes wieder in geschäftsmäßige Anweisungen wechselte. „Liebes Fräulein Brumm und Kühn! Ich möchte doch nicht versäumen, Ihnen noch ein frohes Weihnachtsfest und ein gutes neues Jahr zu wünschen. Nun sieht es ja im Westen so aus, als ob wirklich eine Wende nach der langen Zeit der schlechten Nachrichten eintreten würde. Hoffen wir, daß es so ist und daß dann auch ein Friede kommt, der uns das Nationale Leben und die Freiheit lässt. Ihnen aber wünsche ich Gesundheit,

---

276 Joseph LEMBERG, Der Historiker ohne Eigenschaften. Eine Problemgeschichte des Mediävisten Friedrich Baethgen (Campus historische Studien 71, 2015) S. 342–348.
277 Vgl. https://www.bbaw.de/die-akademie/akademie-historische-aspekte/mitglieder-historisch/historisches-mitglied-theodor-mayer-1775; Peter Th. WALTHER / Peter NÖTZOLDT, (Auto-)Biographische Korrekturen um 1945, in: Gegenworte 2 (2010) S. 54–57, hier S. 55.
278 LEMBERG, Historiker (wie Anm. 276) S. 348.
279 Zu dem Konflikt zwischen Friedrich Baethgen und Theodor Mayer siehe in vorliegendem Band MENTZEL-REUTERS, Friedrich Baethgen (wie Anm. 35) S. 150 ff.
280 Zu Hermann Grapow vgl. Wolfhard WESTENDORF, Hermann Grapow, 1.9.1885–24.8.1967 †, in: Zs. für Ägyptische Sprache und Altertumskunde 95,1–2 (1969) S. V–X.
281 Hermann Grapow an Theodor Mayer, 10.1.1945 (MGH-Archiv B 706/I, [Bl. 237]).
282 Theodor Mayer an Helmuth Scheel, 9.1.1945 (MGH-Archiv B 706/I, [Bl. 238]).
283 HEINZEL, Mayer (wie Anm. 54) S. 228.

wenn das alles kommt, wird es auch an Arbeitsfreude nicht fehlen; uns geht es ja doch noch insofern gut, als wir eine Arbeit haben, die uns Befriedigung gewährt und in die man sich vertiefen kann, wenn es in der Welt draußen allzu arg stürmt. Frl. Kühn lasse ich noch für die Übersendung der Priovit-Pastillen[284] danken, ich halte viel davon, wir haben es hier sehr kalt, heute am Fenster 9 Grad, die Zimmer sind schlecht zu heizen, ich habe aber keinen Schnupfen"[285]. Die Danksagung an Margarete Kühn entbehrte nicht einer gewissen Skurrilität, hatte Mayer ihr erst wenige Monate zuvor – am 11.9.1944 – zum zweiten Mal eine Kündigung zugestellt[286], und die gewundene Formulierung der Danksagung bis hin zum trotzigen „ich habe aber keinen Schnupfen" lässt erahnen, wie sehr sich der Präsident überwinden musste, diese Zeilen zu Papier zu bringen. Ursula Brumm erwiderte die vornehmlich an sie gerichtete und im Übrigen kurzgefasste Herzlichkeit mit guten Wünschen für das Jahr 1945 „Ihnen und Ihrer Familie"[287] und gab der Hoffnung Ausdruck, dass dieses Jahr „uns hoffentlich einen Ausblick in eine bessere Zukunft gibt und das Lebensrecht unserer Arbeit anerkennt". Hier zeigte sich auf beiden Seiten die Angst vor einer völligen Auslöschung des Reichsinstituts. Dennoch bedienten sich weder Mayer noch Brumm der Propagandasprache des Regimes und orakelten weder von einem Endsieg noch einer Götterdämmerung, auch als ihnen der Untergang des Institutes vor Augen stand. Sie orientierten sich an der (mit fragwürdigen Phrasen vom „Nationalen Leben" oder dem „Lebensrecht unserer Arbeit" aufgehübschten) Hoffnung auf den Fortbestand eines deutschen Staates und seines Wissenschaftsbetriebs unter den tradierten Rahmenbedingungen selbst über die schwierige militärische Lage und die nicht ansprechbaren Verbrechen hinaus. In diesem Sinne ist auch Mayers Reaktion auf die Nachricht vom Selbstmord des ehemaligen MGH-Mitarbeiters Ottokar Menzel und seiner Frau Hildegund Menzel-Rogner zu verstehen, die ihm von dessen Vorgesetztem, Rittmeister Wilhelm Heinrich Scheidt (1912–1954)[288] mit einem Brief vom 9.2.1945 übermittelt wurde[289]. Mayer gab nach längerem Schweigen am 27.2.1945 seinem Bedauern über den Tod des

---

284 Eingetragener Arzneimittelname der Firma Bayer, enthielt u.a. die Vitamine B1, B2, C mit dem als „Faktor P" beworbenen Citrin, vgl. Proceedings of the Royal Society of Medicine 32 (1939) S. 57 oder Psychiatrisch-neurologische Wochenschrift 45/46 (1943) S. 290. Es gehörte auch zu der Selbstmedikation von Anwälten in der Nachkriegszeit, vgl. Stephan H. LINDNER, Aufrüstung, Ausbeutung, Auschwitz. Eine Geschichte der I.G.-Farben-Prozesse (2020) S. 230.
285 Theodor Mayer an Ursula Brumm und Margarete Kühn, 23.12.1944 (MGH-Archiv B 571, Bl. 89r). – Mayer litt in Pommersfelden offenbar sehr unter der Kälte. Am 25.10.1944 beklagte er sich über die Kälte in den Institutsräumen: „Wir hoffen, daß in absehbarer Zeit Öfen aufgestellt werden, so daß wir nicht mehr so frieren wie jetzt." (MGH-Archiv B 571, Bl. 112v). Vgl. auch seinen Brief an Heinrich Förster vom 11.5.1944 (MGH-Archiv B 547, Bl. 104r): „Nun haben wir auch hier gutes Wetter und so wird die Temperatur auch erträglich." oder kurz darauf am 27.5.1944 (MGH-Archiv B 547, Bl. 102r): „Bei uns gibt es nichts Neues. Das Wetter könnte besser sein, aber allmählich wird es etwas wärmer." Den Holzbezug der Dienststelle regelte das Forst- und Holzwirtschaftsamt beim Regierungspräsidenten Ansbach, das z.B. am 23.3.1945 Zuteilungen von Nadelholz verfügte (MGH-Archiv B 704/II, [Bl. 62r]).
286 HARTMANN, Neuer Anfang (wie Anm. 2) S. 142.
287 Ursula Brumm an Theodor Mayer, 30.12.1944 (MGH-Archiv B 571, Bl. 88r).
288 Zu Wilhelm Scheidt vgl. HARTMANN, Wissenschaftler-Ehepaar (wie Anm. 125) S. 98f.
289 Vgl. HARTMANN, Wissenschaftler-Ehepaar (wie Anm. 125) S. 135f. zu Scheidts Brief an Mayer und S. 159f. zu Mayers Antwort an Scheidt (MGH-Archiv B 704/II, [Bl. 87r]). Brumm erfuhr erst 21.2.1945 von diesen Ereignissen und teilte sie Mayer umgehend mit (MGH-Archiv B 571, Bl. 80v).

Kollegen – die Ehefrau erwähnte er nicht – Ausdruck, fügte aber irritiert hinzu: „Ich kann mir nicht erklären, warum er jetzt diesen Schritt getan hat. Ich muss wohl annehmen, daß die Verhältnisse überstark über ihn hereingestürzt sind und seine Nerven zerstört haben"[290].

Das wirft die Frage nach Mayers eigener Reaktion auf „die Verhältnisse" im Februar 1945 auf. Wir werden im Folgenden sehen, dass Theodor Mayer sich auf ein Durchhalten selbst für den Fall einer militärischen Katastrophe, an die er aber vorerst vermutlich nicht glauben mochte, vorbereitete. Ein Brief vom 8.2.1945, in dem Ursula Brumm ihre Lage besonders drastisch beschrieb, machte Mayer offenkundig betroffen. Sie schrieb: „Wir haben eine sehr üble Stunde in dem Stabi-Keller erlebt, um dann nachher unsere Räume wieder in der größten Verwüstung vorzufinden, aber immerhin doch vorzufinden, worauf wir schon nicht mehr zu hoffen gewagt hatten. Nun sind wir langsam wieder soweit, daß *[die]* Fenster vernagelt sind und der größte Kalkschmutz heraus ist. Wir können aber nur ein paar Stunden hier arbeiten, denn es kann, da die ganze Innenstadt noch ohne Wasser ist, nicht geheizt werden. Ich lese also die Korrekturen *[…]* zu hause und werde sie vielleicht, wenn die Russen, die jetzt gottseidank gestoppt zu sein scheinen, etwa näher rücken sollten, nach Pommersfelden schicken"[291]. Mayers Antwortschreiben verrät massive Risse in seinem Selbstbild. Er mußte Ursula Brumm und sich selbst eingestehen, dass ihm die Kontrolle über das Reichsinstitut entglitten war. Ihm wurde bewusst, dass die in Berlin verbliebenen Archivalien vor den Luftangriffen nicht zu schützen waren und suchte Trost in religiösen Formeln. Immerhin glaubte er „aber doch, daß sich irgend ein Weg noch finden wird, das Ärgste abzuwenden *[…]* nur müssen Sie besonders darauf achten, wobei ich Ihnen das Wie überlassen muss. Wenn es halbwegs geht, komme ich noch einmal bach *[sic!]* Berlin. *[…]* Ich bin in Sorge, was beim letzten Angriff in Berlin passiert ist, hoffentlich sind Sie selbst heil und ohne Schaden davongekommen *[…]* Im übrigen muss ich Ihnen freie Hand lassen. Machen Sie alles nach bestem Wissen und Gewissen, mehr kann ich Ihnen nicht sagen. Wenn danach noch etwas schief geht, können Sie nicht verantwortlich gemacht werden. Sie müssen nur immer schauen, dass Sie vor Ihrem eigenen Gewissen bestehen können. Ich werde schon trachten, die Verbindung aufrecht zu erhalten und werde auch immer für die Einwirkung der höheren Gewalt Verständnis haben *[…]* Also: Gott befohlen und lassen Sie sich's gut gehen"[292]. Nicht nur die Ardennenoffensive war zu diesem Zeitpunkt längst gescheitert; der Ring um Berlin schloss sich ebenfalls allmählich. Ursula Brumm konstatierte am 3.3.1945 mit Sorge, dass der Manuskriptversand nach Mittel- und Süddeutschland eigentlich unmöglich geworden sei.

Jetzt trafen, wie bereits ausgeführt, die unklaren Nachrichten vom Tod Carl Erdmanns und des schweren Unfalls von Karl Strecker ein[293]. Auch wenn sich aus dem Brief, den Ursula Brumm darüber für Mayer abfasste, gut erkennen lässt, dass sie mit Yella Vulpius in privatem Kontakt stand und wirklich betroffen war, versuchte sie, die Geschäfte routinemäßig fortzuführen. Am 28.3.1945, keine fünf Wochen vor der bedingungslosen Kapitulation, schrieb Ursula Brumm in scheinbar ungetrübter Stimmung: „den heutigen Tagesangriff hat das Institut soeben gut überstanden. Ich hoffe sehr, daß Sie und Ihre Frau Gemahlin ohne größere

---

290 Theodor Mayer an Wilhelm Scheidt, 27.2.1945 (MGH-Archiv B 704/II, [Bl. 87r]).
291 Ursula Brumm an Theodor Mayer, 8.2.1945 (MGH-Archiv, B 571, Bl. 64r/v).
292 Theodor Mayer an Ursula Brumm 12.2.1945 (korrigiert aus 3.2.; MGH-Archiv B 571, Bl. 63r/v).
293 Ursula Brumm an Theodor Mayer, 3.4.1945 (MGH-Archiv B 571, Bl. 51r/v).

Hindernisse in Pommersfelden angekommen sind und dort auch Frl. Mesters wohlbehalten vorgefunden haben"[294]. Brumm hatte die endlich von Weidmann gestellten Korrekturexemplare des zweiten Faszikels der Diplomata Heinrichs IV. in vollem Vertrauen auf die Reichspost „an Sie abgesandt (per Einschreiben in 3 Teilen). Ein weiteres Exemplar habe ich noch in den Keller gebracht, wo auch die Mss. davon liegen. [...] Ein besseres Exemplar [...] ist im Bergwerk." Wann oder unter welchen Umständen von dort eine Bergung erfolgen sollte, spielte vorerst keine Rolle. Immerhin ging der Satz für Heft 7,2 des Deutschen Archivs, wenngleich stockend, weiter. Brumm berichtete, dass „Frl. Petersen", die Ansprechpartnerin beim Böhlau-Verlag[295], meinte, „daß eine Fortsetzung des Satzes bald möglich sein wird. Sie sind natürlich durch Alarme und Stromsperren auch stark gehemmt. Auch von Hahn habe ich [...] Nachricht, daß der Verlag wieder völlig ausgebombt ist." Ein Versuch von Ursula Brumm, Böhlau beziehungsweise seiner Druckerei in Weimar[296] im Februar 1945 drei Manuskripte persönlich zu überbringen, scheiterte an schlechten Zugverbindungen und überlasteten Zügen[297], während Mayer am 23.3.1945 noch einmal unbehelligt von Berlin nach Pommersfelden zurückkehrte[298] und Brumm sogleich den Auftrag gab, für seine geplante Rückkehr nach Berlin Lebensmittelkarten zu organisieren[299]. Diese Fahrt nach Berlin misslang. Mayer geriet in das Flüchtlingschaos, das er am 29.3.1945 schilderte: „Ich war gestern schon auf dem Weg nach Berlin, habe aber dann in Erlangen den Plan aufgegeben, weil ich sah, daß ein D-Zug nach Berlin, der durchkam, so überfüllt war, daß die Leute auf den Trittbrettern standen und dann wollten noch mindestens 200 Menschen in den Zug hineinkommen; die Fahrt mit einem Personenzug aber schiene mir zwecklos, denn ich wäre dann frühestens heute nachmittag oder abend nach Berlin gekommen, muß aber rechnen, daß von morgen bis einschließlich Montag wegen der Feiertage[300] doch niemand zu treffen ist. Außerdem aber muß ich daran denken, daß ich im gegebenen Falle wieder nach Pommersfelden zurückkehren muß, denn ich kann nicht zwischen Berlin und Pommersfelden schweben. Gleichwohl habe ich den Gedanken einer Berliner Reise nicht aufgegeben; für den Fall, daß sich die militärische Lage einigermaßen stabilisiert, werde ich sofort kommen. Es ist ja

---

294 Ursula Brumm an Theodor Mayer, 28.3.1945 (MGH-Archiv B 571, Bl. 52r).
295 Leiva Petersen (1912–1992), 1942–1945 Leiterin, 1946–1978 Gesellschafterin des Böhlau-Verlags Leipzig, nach dessen Verkauf an die Akademie der Wissenschaften der DDR 1984 dort Abteilungsleiterin. Sie betreute zentrale geisteswissenschaftliche Projekte innerhalb der DDR. Vgl. Korrespondenz 1944/45 (MGH-Archiv B 581, Bl. 12–22, 27–54, 56–78). Zur Person: Dieter Nörr, Leiva Petersen (28.11.1912–17.4.1992), in: ZRG Rom. 110 (1993) S. IX–XIV; Gunter Lauterbach, Petersen, Leiva Constanze, in: NDB 20 (2001) S. 257f.
296 Zur Lage Weimars im Krieg vgl. Olaf Groehler, Bombenkrieg gegen Deutschland (1990) S. 449.
297 Ursula Brumm an Theodor Mayer, 1.2.1945 (MGH-Archiv B 571, Bl. 67r): „Außerdem sind die Züge, besonders seit entschieden ist, daß die Flüchtlinge nicht in Berlin bleiben dürfen, derartig überfüllt, daß eine solche Fahrt einfach Mord ist."
298 Theodor Mayer an Ursula Brumm, 23.3.1945 (MGH-Archiv B 571, Bl. 54v): „Die Fahrt verlief recht gut. Ich kam wieder gerade zurecht; nachdem ich 5 Minuten am Bahnhof war, wurde der Zug eingeschoben und ich konnte einen Eckplatz in einer gepolsterten 3. Klasse bekommen. Nur der Zug über Leipzig ist ausgefallen, der über Halle ist gegangen und soweit ich in der Nacht feststellen konnte, hat wenigstens der Bahnhof in Halle in gar keiner Weise gelitten."
299 Ebd. Bl. 54r.
300 Der 1.4.1945 war Ostersonntag.

fast, möchte ich sagen, drollig, wie sich die Dinge gewandelt haben, bis vor kurzem konnten wir noch meinen, daß die Russen jeden Tag nach Berlin kommen, während wir weit von der Front entfernt waren. Heute ist das nicht mehr der Fall, die Amerikaner sind nahe und sehr aktiv und beweglich. Wir müssen jetzt abwarten, was kommen wird, hoffentlich gelingt es, die Bibliothek vor der Zerstörung oder Verschleppung zu bewahren. Ihnen allen aber wünsche ich, daß Sie die nächste Zeit gut überstehen. Ich kann Ihnen nicht verhehlen, daß ich persönlich lieber in Berlin als hier wäre, die Verpflegung wird überall schlecht werden, in Berlin hätte ich aber doch das Gefühl zuhause[301] zu sein, was hier fehlt; man muß aber die Dinge nehmen, wie sie eben sind. Setzen Sie nun die Arbeiten fort wie Sie können und trachten Sie immer und jederzeit, die Verbindung mit Pommersfelden aufrechtzuerhalten"[302].

Die Angst vor dem Abreißen der Verbindung zwischen den beiden Institutsteilen war von nun an nicht mehr zu unterdrücken und in der Tat versetzte der Verlust jeglicher Kommunikationsmöglichkeit zwischen Berlin und Pommersfelden letztlich dem Reichsinstitut den Todesstoß. Das wurde fast noch deutlicher in einem ähnlichen Brief, den Mayer am gleichen Tag, dem 29.3.1945, an Helmuth Scheel, den Direktor der Preußischen Akademie zu Berlin, richtete. Der direkte Vergleich dieser Briefe ist auch insofern interessant, weil er erkennen lässt, was der Präsident Brumm gegenüber nicht aussprach und wie er diesen Brief zur Kennzeichnung des persönlicheren Charakters „mit herzlichsten Grüßen" und nicht „Heil Hitler" beschloss: „Hochverehrter Herr Scheel! Als ich das letzte Mal in Berlin war, mußte ich annehmen, daß die Gefahr bestand, daß Berlin besetzt und wir dadurch von der Reichshauptstadt abgeschnitten würden. Die Verhältnisse haben sich insofern gewandelt, als jetzt zwar die Gefahr einer Besetzung Berlins nicht behoben, aber die Gefahr einer Besetzung der hiesigen Gegend durch amerikanische Truppen zweifellos viel größer und drohender geworden ist. Wie sich die Dinge in der nächsten Zeit gestalten, läßt sich in keiner Weise voraussehen. Jedenfalls aber bleibe ich hier, denn ich möchte das Institut, soweit es hierher verlegt ist und die Bibliothek nicht im Stich lassen und muß aus diesem Grunde die Unannehmlichkeiten einer feindlichen Besetzung über mich ergehen lassen, obwohl die Verhältnisse sicher hier schwierig werden dürften; im Besonderen sehe ich düster wegen der Verpflegung, denn an einen Zuschub von Lebensmitteln ist m. E. in keiner Weise zu denken, andererseits aber ist die Bevölkerung des hiesigen Gebietes durch die zahllosen Flüchtlinge fast auf das doppelte *[sic!]* gestiegen. Wenn ich mal in meine Heimat ginge, würde ich es zweifellos besser haben, aber diese Möglichkeit kommt praktisch in keiner Weise in Betracht. Ob und wie ich in der nächsten Zeit die Verbindung mit Berlin werde aufrecht erhalten können, kann ich heute noch gar nicht sagen, ich werde mir aber Mühe geben, die Fäden nicht abreißen zu lassen bzw. sie möglichst rasch wieder anzuknüpfen. Ich wollte schon in diesen Tagen nach Berlin fahren, habe den Plan aber aufgegeben, weil ich während der Ostertage[303] doch niemand treffen würde. Wie es dann nach Ostern werden wird, ist nicht zu sagen, ich muss aber in erster Linie darauf bedacht sein, dass ich im Falle einer Abreise auch wieder hierher

---

301 So auch im Brief an Helmuth Scheel vom 9.1.1945 (MGH-Archiv B 706/I, [Bl. 238]): „Es ist merkwürdig, seit ich jetzt durch die Verhältnisse gezwungen mehr oder weniger von Berlin weg bin, habe ich das Gefühl, dass ich dort zuhause wäre."
302 Theodor Mayer an Ursula Brumm, 29.3.1045 (MGH-Archiv B 571, Bl. 53r).
303 Siehe Anm. 300.

zurückkehren kann. Meine Anschrift bleibt also unverändert und sollten Sie irgendwelche Wünsche oder Aufträge der Akademie für mich haben, so bin ich nach wie vor gern bereit, sie nach Möglichkeit zu erfüllen. Ihnen aber wünsche ich, dass die Verhältnisse in Berlin sich für Sie möglichst angenehm gestalten und sie über alle Schwierigkeiten und Gefahren gut hinwegkommen. Mit herzlichsten Grüßen Ihr sehr ergebener *[Theodor] M[ayer]*"[304].

Schließlich korrespondierte Mayer an diesem Tag noch mit Heinz Zatschek, der ab Februar 1945 damit beschäftigt war, die Insignien und Archivalien der Karls-Universität Prag für die deutsche Seite zu sichern[305] und daher versuchte, mit LKWs und personeller Hilfe der SS Akten aus der Deutschen Universität Prag und weitere Prager Materialien nach Pommersfelden beziehungsweise den zugehörigen Meierhof Oberköst bringen zu lassen[306]. Zu diesen Materialien gehörten antisemitische Forschungen im Auftrage des Amtes Rosenberg. Auch Prag war also aus NS-Sicht nicht mehr sicher. Mayer musste „offen gestehen, daß es mir nicht sympathisch ist, daß ein Manuskript über die Geschichte der Juden in Deutschland, das im Auftrag des Amtes Rosenberg verfaßt ist, hier untergebracht wird"[307]. Als Angehörige des Reichsinstituts „müssen wir damit rechnen, daß wir allenfalls unter amerikanische Besatzung kommen, ich hoffe nicht, daß diese Leute dann die bei uns eingelagerten Kisten untersuchen werden." Ganz verprellen mochte er aber Zatschek nicht, sei es aus alter Verbundenheit oder weil dieser ihn mit Andeutungen über eine Mitarbeit an einer Edition der Briefe Wibalds von Stablo hinhielt[308]. Mayer gab noch einen kurzen Überblick über den Stand der Arbeiten, informierte Zatschek, dass Heft 9 der Schriftenreihe des Reichsinstituts erschienen sei und verschickt werden solle, und Bosls Werk über die Reichsministerialität in Weimar liege und gedruckt werden solle[309], und schloss seinen Brief jäh: „Uns geht es hier nach wie vor recht gut. Wir werden oft überflogen, aber das stört uns nicht mehr, es hängt jetzt alles von den in nächster Zeit bevorstehenden Ereignissen ab. Das wäre für heute alles."

Dass der Maierhof in Oberköst ein gutes Versteck für politisch problematisches Material war, sprach sich offenbar herum. Der Erlanger Historiker Ludwig Zimmermann (1895–1959)[310] hatte 1944 im Auftrag des Auswärtigen Amtes in Paris zum Ruhrkampf geforscht

---

304 Theodor Mayer an Helmuth Scheel, 29.3.1945 (MGH-Archiv B 706/I, [Bl. 232f.]).
305 Karel HRUZA, Der deutsche Insignien- und Archivalienraub aus der Prager Universität 1944. Mit einem Briefwechsel zwischen dem Universitätsarchivar Heinz Zatschek und dem Präsidenten der Monumenta Germaniae Historica Theodor Mayer sowie weiteren Dokumenten, in: Bohemia 48 (2008) S. 349–411.
306 Anfrage von Heinz Zatschek an Theodor Mayer, 3.3.1945 (MGH-Archiv B 704/II, [Bl. 627]); Heinz Zatschek an Theodor Mayer, 24.3.1945 (MGH-Archiv B 704/II, [Bl. 631]).
307 Theodor Mayer an Heinz Zatschek, 29.3.1945 (MGH-Archiv B 704/II, [Bl. 633]).
308 Vgl. Heinz Zatscheks Brief an Theodor Mayer, 24.10.1944 (MGH-Archiv B 576, Bl. 83r).
309 Karl BOSL, Die Reichsministerialität der Salier und Staufer. Ein Beitrag zur Geschichte des hochmittelalterlichen deutschen Volkes, Staates und Reiches (MGH Schriften 10, 1950/51).
310 Ludwig Zimmermann, 1926–1931 Promotion und Habilitation in Marburg, 1935–1945 Prof. für Geschichte in Erlangen, 1954 als Prof. rehabilitiert; vgl. Hans-Christian HARTEN / Uwe NEIRICH / Matthias SCHWERENDT, Rassenhygiene als Erziehungsideologie des Dritten Reichs. Bio-bibliographisches Handbuch (Edition Bildung und Wissenschaft 10, 2006) S. 497; Sebastian CONRAD, Auf der Suche nach der verlorenen Nation. Geschichtsschreibung in Westdeutschland und Japan 1945–1960 (Kritische Studien zur Geschichtswissenschaft 134, 1999) S. 142.

und dabei Archivmaterialien geraubt, die er „aus Luftschutzgründen"[311] in Pommersfelden deponiert hatte, „die dann nach Oberköst gebracht worden sind". Es handelte sich um „Akten des französischen Außenministeriums betreffend die Ruhrbesetzung von 1923". An ihnen bewahrheitete sich, was Mayer befürchtete: Sie erregten das Interesse der amerikanischen Besatzung. Allerdings stellt sich angesichts der fremden Einlagerungen noch einmal die Frage, wie Mayer es zulassen konnte, dass die Registratur und die Arbeitsmaterialien der MGH so heillos verstreut wurden.

Am 4.4.1945 antwortete Ursula Brumm auf Mayers Brief vom 29.3.1945, zehn Tage bevor die US-Army Pommersfelden erreichte[312] und einen knappen Monat vor der deutschen Kapitulation am 8.5.1945. Sie verzichtete auf eine Schilderung der Zustände in Berlin-Mitte und inszenierte vor dem Präsidenten einmal mehr die euphemistische Gelassenheit, die sich durch alle ihre Briefe an Mayer zog: „Daß Sie versuchen würden, noch einmal nach Berlin zu kommen, habe ich mir gedacht, und erwartet, Sie in den vergangenen Tagen plötzlich hier zu sehen. Aber andererseits können Sie die Bibliothek natürlich nicht allein lassen[313], wenn Sie nicht die Gewähr haben, wieder nach Pommersfelden zurück zu können. Wir hier werden unter allen Umständen trachten, die Dinge so gut als möglich weiter zu führen. Mit der für wirkliche wissenschaftliche Arbeit nötigen Ruhe ist es allerdings nicht zum Besten bestellt"[314]. In Pommersfelden machte sich Mayer am Folgetag Gedanken über den Zusammenbruch, als er wegen verschiedener Verlagsangelegenheiten an Förster schrieb und einmal mehr den Hahn-Verlag für unfähig erklärte[315]. Dass es zum Abriss der Kontakte zwischen Berlin und Pommersfelden kommen würde, war ebenso offensichtlich wie die dann unvermeidlich eintretende Führungslosigkeit der Berliner Zentrale, für die Mayer dennoch keine belastbaren Vorkehrungen traf. Weder beauftragte er für diesen Fall jemanden mit der kommissarischen Leitung, noch erteilte er Heinrich Förster oder Ursula Brumm konkrete Anweisungen. Die einzige Maßnahme, die er in die Wege leitete, war die Sicherstellung der Gehaltszahlungen über die Universitätskasse in Erlangen, was naturgemäß nur für die ‚Gefolgschaft' in Pommersfelden Wirkung zeigte, und damit auch für ihn selbst. „Bei uns ist alles ruhig, doch dürften die Amerikaner näher bei Pommersfelden sein als die Russen bei Berlin, so daß wir damit rechnen müssen, daß wir eines schönen Tages die Verbindung nach Berlin verlieren. Ich bitte Sie für diesen Fall eben alles weitere zu veranlassen und immer zu trachten, die Verbindung nach Pommersfelden auf irgendeine Weise wieder aufzunehmen. Ich selbst werde jedenfalls auch bestrebt sein, die Verbindung mit Berlin aufrechtzuerhalten oder wieder aufzunehmen. Die Gehaltszahlungen will ich, soweit es möglich ist, für uns alle bei der Universitätskasse in Erlangen beheben, da Sie aber schon den *[sic!]* Gehalt für Mai angewiesen haben, wird das ohnehin nicht sobald der Fall sein, es wäre denn, daß Ihre Anweisung durch die Reichshauptkasse nicht mehr durchgeführt werden könnte, in diesem Falle müßten

---

311 Theodor Mayer, Aktenvermerk, undatiert (ca. 26.7.1945) (MGH-Archiv B 704/II, [Bl. 2]).
312 Am 14.4.1945 erreichte die US-Army Pommersfelden laut Otto Meyer, Tätigkeitsbericht April 1945 bis März 1947, 3.6.1947 (MGH-Archiv B 704/III, [Bl. 248]).
313 Mayer schürte fortwährend Ängste um eine geplante Deportation der Bibliothek in die Vereinigten Staaten, vgl. Heinzel, Mayer (wie Anm. 54) S. 223 oder Theodor Mayer an Ursula Brumm, 29.3.1945 (MGH-Archiv B 571, Bl. 53r).
314 Ursula Brumm an Theodor Mayer, 4.4.1945 (MGH-Archiv B 571, Bl. 50r).
315 Theodor Mayer an Heinrich Förster, 5.4.1945 (MGH-Archiv B 571, Bl. 49r/v).

wir natürlich alle früher nach Erlangen gehen. Damit ist wohl alles unmittelbar Notwendige erledigt. Ich wollte, ich könnte bald wieder und womöglich für ständig nach Berlin kommen"[316]. Dieses Schreiben erreichte Förster und Brumm am 9.4.1945. Ihnen war bewusst, dass sich der Kessel um Berlin zu schließen begann und sich die Lage dramatisch verschlechterte – die sogenannte ‚Schlacht um Berlin' mit Straßenkämpfen und abertausenden Toten begann am 16.4.1945[317] und endete erst mit der deutschen Kapitulation am 8. Mai. In Berlin waren sie jetzt auf sich selbst gestellt. Die Mitarbeiterinnen in Pommersfelden und der Präsident wurden für April 1945 nachträglich vergütet[318], während die Bezüge für März noch aus Berlin ausbezahlt worden waren. Wir dürfen also davon ausgehen, dass Brumm und Kühn in Berlin im April 1945 ohne Bezüge blieben; die spätere Behauptung von Theodor Mayer, dass „durch Monate nach dem Zusammenbruch keine Gehälter gezahlt wurden"[319], dürfte nicht den Tatsachen entsprechen. Angesichts der Gesamtentwicklung, die sich in der Reichshauptstadt anbahnte, war dies aber vermutlich zunächst eine geringe Sorge, da für das Geld ohnehin kaum mehr etwas zu kaufen war. Brumm antwortete umgehend am 9. April: „Sehr verehrter Herr Professor, soeben kommt Ihr Schreiben vom 5. April an Herrn Inspektor Förster. Nach dem gestrigen Wehrmachtsbericht, der von Kitzingen und Schweinfurt redet, müssen wir fürchten, von Ihnen abgeschnitten zu werden, hoffentlich erreicht Sie dieser Brief überhaupt noch. Ich habe allerdings nicht viel Neues zu berichten. Nun drohen auch die Verbindungen nach Hannover, Weimar und Wien abzureißen, ich weiß bald nicht mehr, was da zu machen ist. Wir müssen wohl einfach abwarten. Wenn Böhlau den Band der Schriftenreihe ausgedruckt hat, dann hätte er uns ja doch ein Exemplar zusenden müssen, damit wir den Band für die Auslieferung hätten freigeben können. Nun liegen wieder alle Exemplare auf einem Haufen im Kampfgebiet! Ich selber habe nur ein Korrekturexemplar im Keller. Von Herrn Prof. Strecker[320] kann ich leider nur berichten, daß sein Gesundheitszustand zwar nicht schlecht ist, daß der Geist seine Klarheit aber nicht wiedererlangt hat und auch nicht damit zu rechnen ist, daß er sie wiederbekommt. Ab Mittwoch dieser Woche tritt für Berlin die geplante S-Bahnbeschränkung in Kraft[321]. Wie es mit unseren Karten wird, weiß ich noch nicht, da Inspektor Förster noch nicht hier ist, aber sonst sind die Beschränkungen hart, selbst für Rüstungsbetriebe; sie erhalten z.T. nur für einen kleinen Teil der Belegschaft Fahrausweise. Ihnen, Ihrer Familie und allen Mitarbeitern senden wir für die kommende Zeit unsere besten Wünsche (auch der Bibliothek!) und grüßen Sie herzlich. Ihre sehr ergebene Br[umm]"[322]. Einen letzten Brief richtete die junge Frau am 11.4.1945 an den Präsidenten, der von einer für Brumm ungewöhnlichen syntaktischen Fehlerhaftigkeit gezeichnet ist. Sie erklärte, sie „habe eigentlich wenig Hoffnung, daß Sie dieser Brief noch erreicht und kann Ihnen auch nur mitteilen, daß bei uns noch immer alles beim alten ist. Der vorgestrige

---

316 Ebd.
317 LE TISSIER, Kampf (wie Anm. 50) S. 56.
318 Zusammenstellung der Bezüge, Quittungsverzeichnis u. ä. (MGH-Archiv B 707, [Bl. 35–37]).
319 Theodor Mayer an Walter Goetz, 6.7.1946 (MGH-Archiv B 716, Bl. 15–18, hier Bl. 16v).
320 Karl Strecker starb am 15.11.1945.
321 Vgl. HOLTZMANN, Tagebuch (wie Anm. 8) zum 21.4.1945, S. 150: „Sa. 21. Ab heute ist die S-Bahn nur noch für Militär und die wenigen Menschen mit Erlaubnis-Karten der Verkehrsstufe III (wir Professoren haben nur II) benutzbar. So sind wir ganz auf Nikolassee gewiesen, von der Welt abgesperrt."
322 Ursula Brumm an Theodor Mayer, 9.4.1945 (MGH-Archiv B 571, Bl. 44r/v).

schwere Tagesangriff hat weder das Institut noch Zehlendorf betroffen. Für Berlin ist jetzt die Verkehrsbeschränkung in Kraft, wir haben aber gottseidank Zulassung für die erste Stufe der Einschränkung (grüne Karten) erhalten, was nicht selbstverständlich ist, denn viele, selbst Rüstungsbetriebe erhielten nur einen kleinen Prozentsatz ihrer Belegschaft. Für die beiden nächsten Stufen allerdings erhalten wir keine Karten. Wenn Sie noch nach Berlin kommen sollten, so können Sie zunächst mit der Fernfahrkarte nach Zehlendorf fahren, aber das wird ja kaum eintreffen"[323].

Wie sich das unmittelbare Kriegsende für die Personen in den beiden Arbeitsstellen gestaltete, ist durch keinen Bericht überliefert. In Pommersfelden scheint sich der Alltag bis zum Eintreffen der US-Army am 14.4.1945 kaum verändert zu haben. Am 5.4.1945 verfasste der Präsident einen letzten Bericht an den SS-Standartenführer Wolfram Sievers (1905–1948)[324], den Geschäftsführer des SS-Ahnenerbes, in dem er anfragte, ob im Falle einer militärischen Abtrennung Pommersfeldens von der Hauptstadt die weitere Auszahlung des Stipendiums für Maria Neumann über die Universitätskasse Erlangen erfolgen könne[325]. Er hatte bereits am 1. März im Namen und mit dem Stempel des Reichsinstituts eine vermutlich von Förster vorformulierte „Vergütungsbescheinigung" für Neumann ausgestellt, mittels der sie „bei einer Regierungshauptkasse" oder ähnlichen Einrichtung ihre Bezüge abheben konnte, „sofern eine Zahlung der Vergütung sich infolge besonderer Umstände in der bisherigen Weise nicht ermöglichen läßt"[326]. Damit wurde sie de facto in den Kreis der Mitarbeiter des Reichsinstituts aufgenommen[327], auch wenn Mayer bewusst jede genauere Angabe zum Arbeitsverhältnis und über die Rolle des SS-Ahnenerbes vermied. Mayer hatte dem Ahnenerbe gegenüber stets betont, dass Neumann effektiv arbeite, auch wenn sie im Juni 1944 durch einen nächtlichen Radunfall einen Schädelbasisbruch erlitt und für viele Wochen ausfiel[328]. Maria Neumann selbst konnte 1947 berichten, dass ihre Kartei „rund 7500 Blätter" umfasse[329]. Die Beschwörung dieser Masse blieb eine stereotype Formulierung für das aufwändige Projekt. Noch in ihrer daraus hervorgegangenen Dissertation vermerkte Neumann 1947: „Es sind tausende und tausende Namen, die der Urkundenschatz der bairischen Kirchen festgehalten hat, tausende und tausende Personen, an denen eine Untersuchung über den Volksaufbau nicht länger vorübergehen kann. Hier wurde eine umfangreiche Kartothek angelegt, die neben dem Namen Angaben über Stand, Verwandtschaft und

---

323 Ursula Brumm an Theodor Mayer, 11.4.1945 (MGH-Archiv B 571, Bl. 43r/v).
324 Zu Wolfram Sievers siehe Anm. 39.
325 Theodor Mayer an Wolfram Sievers 5.4.1945 (StadtAK X XI Varia 24). Der Brief mit falschem Inhalt erwähnt bei Nagel, Im Schatten (wie Anm. 15) S. 44 Anm. 65; für intensive Recherche danke ich Vera Breithaupt (Konstanz).
326 Personalakte Maria Neumann (MGH-Archiv B 777/II). Neumann löste die Vergütung für April und Mai 1945 bei der Kreiskasse Höchstadt/Aisch über RM 474,20 am 25.5.1945 ein (Vermerk auf der Rückseite).
327 Vgl. auch Otto Meyer, Tätigkeitsbericht April 1945 bis März 1947 (MGH-Archiv B704/III, [Bl. 252f.]): „So wurde die Bearbeitung einer bayerischen Prosopographie bis zum Jahr 1000 durch Fräulein Neumann, die zunächst außerhalb des Instituts, wenn auch unter Aufsicht seines Präsidenten vor sich ging, um sie vor dem Versanden zu retten, diesem eingegliedert."
328 Theodor Mayer an Wolfram Sievers, 11.10.1944 (StadtAK X XI Varia 24).
329 „Bericht über meine Arbeiten in den Monumenta Germaniae historica von 1945 bis 1.4.1947", 22.3.1947 (MGH-Archiv B 777/II, Personalakte Neumann).

Besitz einer jeden Person enthält. Um über das, was die jeweiligen Aufzeichnungen über die genannten Personen aussagen, hinaus zu kommen, wurde eine genealogische Untersuchung nach der Weise Sturms[330] über den gesamten bairischen Raum ausgedehnt. Doch nicht zu dem Ziel, die Abstammung einer bestimmten Person Familie möglichst genau zu erforschen, sondern um jeden Einzelnen in einen größeren Zusammenhang stellen zu können, um dann von Vermögen und Ansehen der Familie auf die Stellung des Einzelnen schließen zu können"[331]. Diese Skizze ist einer der wenigen Hinweise zum Aufbau der Kartei[332]. Das Erlanger Promotionsverfahren legitimierte das Projekt der Stiftung Ahnenerbe, die im Übrigen in der für Maria Neumann bei den MGH angelegten Personalakte nicht auftaucht. Neumann gab in ihrer Selbstauskunft zu ihren NS-Beziehungen an, sie sei bis 1938 „Schülerin" und von 1943 bis 1947 „Stipendiatin" des Reichsinstituts gewesen[333]. Ihre Mitgliedschaft im BdM und in der NSDAP räumte sie ein, konnte sich aber auf eine Jugendamnestie berufen.

Die letzten Tage des Reichsinstituts in der Berliner Charlottenstraße werden aufgrund der Nähe zur Neuen Reichskanzlei dramatisch gewesen sein. Es ist allerdings fraglich, ob Margarete Kühn und Ursula Brumm zwischen dem 11.4.1945 und der Kapitulation des Reiches am 8.5.1945 noch die Möglichkeit besaßen, in die Charlottenstraße zu fahren. Die S-Bahn, die im Januar noch einen 20-Minuten-Takt bewältigte, geriet zusehends unter Druck, stellte den Betrieb aber erst am 25.4.1945 endgültig ein[334]. Vermutlich ist davon auszugehen, dass beide die Räume des Reichsinstituts in den letzten Tagen des April 1945 nicht mehr betraten. Für sie gab es dort, nahezu im Zentrum der Kampfhandlungen, ohnehin nichts mehr zu tun. So blieben allerdings die ältesten Teile des MGH-Archivs einschließlich der Goethe-Briefe wie auch Teile der laufenden Registratur des Reichsinstituts ohne Schutz; sie wurden erst drei Jahre später, am 15.5.1948, durch den ehemaligen Bearbeiter der Urkunden Ludwigs des Frommen, Eugen Meyer, zu diesem Zeitpunkt Leiter der Handschriftenabteilung der noch nicht geteilten Staatsbibliothek, in den Trümmern des Gebäudes der Staatsbibliothek geborgen: „Ihr Zustand spottet wirklich jeder Beschreibung", notierte er[335].

Ursula Brumm stand vermutlich die Schlacht um Berlin in ihrem elterlichen Haus in Zehlendorf durch; Margarete Kühn wohnte etwa vier Kilometer entfernt in Richtung Schlachtensee in der Bogotastrasse 4[336]. Wir können über die Ereignisse nur wenige Anhaltspunkte aus anderen Quellen sammeln. Robert Holtzmann notierte beiläufig am 25.4.1945 in

---

330 Gemeint ist: Joseph STURM, Die Anfänge des Hauses Preysing (Schriftenreihe zur bayerischen Landesgeschichte 8, 1931).
331 Maria NEUMANN, Die bairische Volksordnung zur Karolingerzeit auf Grund genealogischer Untersuchungen, Diss. Masch. Erlangen (1947) S. Vf.
332 Die Beschreibung bei NEUMANN, Bericht (wie Anm. 329) ist sehr ähnlich formuliert.
333 Meldebogen (wie Anm. 241).
334 Die Berliner S-Bahn im Jahr 1945, hg. vom Berliner S-Bahn-Museum (2009) S. 22. Brumm musste aber bereits Anfang März 1945 den Weg vom Institut nach Zehlendorf zu Fuß bewältigen, vgl. Theodor Mayer an Ursula Brumm und Heinrich Förster, 6.3.1945 (MGH-Archiv B 571, Bl. 79r).
335 Eugen Meyer an Friedrich Baethgen, 15.5. und 18.5.1948 (MGH-Archiv B 719, Bl. 93r–95r). Eugen Meyer benannte neben den Akten auch „umfangreiche Konvolute mit Briefen von Pertz, Boehmer, Buecheler, Humboldt, Goethe, und von den ersten Mitarbeitern der MG.", also die ersten hundertzwanzig Faszikel des heutigen Bestandes B.
336 Vgl. etwa das Kündigungsschreiben Theodor Mayers vom 12.9.1944 (MGH-Archiv B 547, Bl. 45r).

sein Tagebuch, dass „in Zehlendorf bereits gekämpft wird"[337]. Tatsächlich drang die Rote Armee schon am Abend des 24.4. erstmals nach Zehlendorf vor und erreichte am 27.4. Dahlem: „Auch weiter westlich wurde am 24. April der Teltowkanal überwunden: Die Rote Armee marschierte in Zehlendorf ein. Einen Tag später, am 25. April, waren die sowjetischen Soldaten bis zum Mexikoplatz, nach Zehlendorf-Mitte und Düppel vorgedrungen. ‚Um 8.20 Uhr sah Vati dann Infanteristen, die an der Blumenthalstraße waren und in unsere Richtung weitergingen. Plötzlich riefen sie: ‚Stoj! Stoj!' Es waren Russen!' So schrieb es der 14-jährige Justus Alenfeld in sein Tagebuch, das seine Schwester Irène später in ihrem Buch ‚Warum seid ihr nicht ausgewandert – Überleben in Berlin 1933 bis 1945' veröffentlichte"[338]. Auch Nikolassee wurde um die Mittagszeit erreicht. Robert Holtzmann notierte: „und wir sehen hier von der Mansarde die Russen auf Spanischer Allee und Alemannenstrasse, von Schlachtensee kommend, in Nikolassee einrücken. Es ist 12 Uhr! Um ½ 2 erscheinen die Russen auch auf unserer Seite des Bahndamms"[339].

Auferstehung aus Ruinen?

Robert Holtzmann zählte zu den Überlebenden der ‚Schlacht um Berlin' wie auch Ursula Brumm. Was immer ihr in diesen dramatischen Tagen zustieß, es stellte ihr Verhältnis zu den MGH und der Geschichtsforschung, ja wohl auch zu allem, was sich mit dem Adjektiv ‚deutsch' verbinden ließ, auf den Kopf. Das nun einsetzende Schweigen der MGH-Quellen zu ihrer Person ist beredter als es jeder Quellenfund sein könnte. Bereits im Mai 1945[340] schied sie auf eigenen Wunsch aus dem Dienst des Reichsinstituts aus, ohne in den Akten eine Spur aus dieser Zeit zu hinterlassen; zum einen, weil sie vermutlich keinen Zugang zu den Räumen des Institutes in der Staatsbibliothek mehr hatte, zum anderen, weil es dort nichts mehr zu tun gab. Die desolate Lage charakterisierte Fritz Hartung am 25.5.1946 gegenüber Walter Goetz in München, als er ihm als dem Vorsitzenden der Historischen Kommission bei der Bayerischen Akademie der Wissenschaften einen Besuch seines Kollegen Friedrich Baethgen in München ankündigte, der der Vorbereitung einer Übernahme der MGH durch das – wie es damals hieß – ‚Kartell der deutschen Akademien' dienen sollte. Im Hinblick auf die Forschung wagte er einen ersten Rückblick, der allerdings gleichzeitig den Verdacht einer einseitigen Okkupation der MGH durch die Berliner Akademie beseitigen sollte: „Ich bin auch überzeugt, dass selbst der Berliner Magistrat, als er die Akademie (nicht Baethgen persönlich) mit der Sorge für die Institute der Geschichtsforschung beauftragte, lediglich an die Berliner Stellen gedacht hat. Praktisch ist dabei nicht viel herausgekommen. Vom ehemaligen Reichsinstitut für die Geschichte des neuen Deutschland ist nichts mehr vorhanden, das Gebäude, in dem es sich befand[341], ist restlos zerstört. Auch das Kaiser-Wilhelm-Institut für

---

337 HOLTZMANN, Tagebuch (wie Anm. 8) S. 151.
338 Vgl. Irène ALENFELD, Warum seid Ihr nicht ausgewandert? Überleben in Berlin 1933 bis 1945 (2008) S. 418.
339 HOLTZMANN, Tagebuch (wie Anm. 8) S. 151.
340 Otto Meyer, Tätigkeitsbericht 1945–1947, S. 5 (MGH-Archiv B 704/III).
341 Das Gebäude Berlin-Tiergarten, Viktoriastrasse 31 wurde am 3.2.1945 bei einem alliierten Bombenangriff bis auf Teile der Fassade zerstört, vgl. Helmut HEIBER, Walter Frank und sein Reichsinstitut für Geschichte des neuen Deutschlands (Quellen und Darstellungen zur Zeitgeschichte 13, 1966) S. 325.

deutsche Geschichte ist einstweilen erledigt, da sein Leiter Kehr ebenso wie der Bearbeiter der Germania sacra Dr. Wentz[342] verstorben sind. Das Ganze sollte nur verhüten, dass etwa vorhandene Bibliotheksreste verschwinden; viel war leider nicht mehr zu machen"[343].

Die verstreuten Archivalien der MGH wirkten sich daher konstitutiv für die Fortführung, oder besser gesagt Neubegründung einer Berliner Arbeitsstelle aus. Die Depots in den verschiedenen Ministerien und aus der Friedrich-Wilhelms-Universität wurden der Berliner Akademie anvertraut, die sie mit Eugen Meyers Funden aus der Staatsbibliothek zunächst in Berlin-Dahlem im Geheimen Staatsarchiv zusammenführte, jedoch – bis auf einen offenbar übersehenen Rest, der in Dahlem verblieb – bald in das neue Archiv der Akademie holte[344]. Hinzu kamen 1948 auch die 23 Kisten, die Albert Brackmann am 1.11.1947 in der Alten Brauerei in Blankenburg im Harz entdeckte[345] – ein Fund, über den er unverzüglich Friedrich Baethgen in Berlin informierte. Die Kisten gelangten jedoch erst am 8.9.1948 auf dem Umweg über Halle und Leipzig nach Berlin.

Der Präsident Theodor Mayer in Pommersfelden war zu diesem Zeitpunkt unerreichbar, in seinen Schriftsätzen bereitete sich zudem die vollständige Verlagerung des Institutes in den Regierungsbezirk Oberfranken und damit die Abstoßung der bisherigen Berliner Zentrale vor; Karl Strecker, Margarete Kühn und Ursula Brumm verschwanden einfach aus den in Pommersfelden geführten Mitarbeiterverzeichnissen[346]. Umgekehrt war Mayer aus der Mitgliederliste der Berliner Akademie noch vor deren Wiedereröffnung im Juli 1945 gestrichen worden[347]. Margarete Kühn blieb als einzige Mitarbeiterin der Berliner Arbeitsstelle im Dienst. Theodor Mayer höhnte später, man habe sie halten müssen, um ein Mitspracherecht für die Berliner Akademie – und damit den künftigen Präsidenten Friedrich Baethgen – sichern zu können[348]. Ursula Brumm hingegen warf anscheinend keinen Blick zurück – auch keinen im Zorn. Am 1.11.1948 ersuchte sie ihren Doktorvater Friedrich Baethgen um ein Gutachten für einen Auslandsaufenthalt in den USA, offensichtlich noch mit historischem

---

342 Gottfried Wentz (1894–1945). Er hatte im Juli 1945 die Leitung des Geheimen Preußischen Staatsarchivs in Berlin übernommen, verstarb jedoch bereits im September an der Ruhr. Vgl. Eckart HENNING, Gottfried Wentz (1894–1945). Preußischer Staatsarchivar, Kirchenhistoriker, in: Lebensbilder brandenburgischer Archivare und Historiker, hg. von Friedrich BECK / Klaus NEITMANN (Brandenburgische Historische Studien 16, 2013 = Veröffentlichungen des Landesverbandes Brandenburg des Verbandes Deutscher Archivarinnen und Archivare e. V. 4) S. 536–544.
343 Fritz Hartung an Walter Goetz, 25.5.1946 (MGH-Archiv B 716, Bl. 56r).
344 Herta BATTRÉ, Die institutionelle Entwicklung und die Archivalien der Monumenta Germaniae Historica, in: Forschungen und Fortschritte. Nachrichtenblatt der Deutschen Wissenschaft und Technik 38 (1964) S. 303–308.
345 Vgl. die Übersicht in MGH-Archiv B 711 auf Briefpapier des Städtischen Museums Blankenburg.
346 Auf eine Nachfrage von Heinrich Sproemberg nach den ihm von früher bekannten Mitarbeitern gab Mayer am 20.3.1946 ausführlichen Bericht, erwähnte aber Brumm und Kühn nicht; angelegentlich der in Blankenburg/Harz lagernden Archivalien der Monumenta erklärte er, diese seien „ausschliesslich Angelegenheit der Berliner Dienststelle des Herrn Prof. Baethgen" (MGH-Archiv B 704/II, [Bl. 363r]).
347 HEINZEL, Mayer (wie Anm. 54) S. 228.
348 Theodor Mayer an Walter Goetz, 12.11.1946 (MGH-Archiv B 716, Bl. 25r) über die Zukunft der MGH-Constitutiones: „Wenn nun Baethgen jetzt doch die Leitung übernehmen will, so finde ich, man hätte doch noch mit mir darüber sprechen sollen. Als Hauptgrund sehe ich wohl, daß Frl. Kühn Bearbeiterin bleiben soll und weil sie in Berlin ist, sollen die Const[itutiones] auch in Berlin bleiben und deshalb Baethgen die Leitung der Const. übergeben werden."

Schwerpunkt[349], doch war diesem Versuch trotz des unverzüglich ausgefertigten Gutachtens[350] wohl kein Erfolg beschieden. Ursula Brumm war sicher nicht die Einzige, die sich nach dem Zusammenbruch ‚neu erfinden' musste. Sie tat dies durch Rückbesinnung auf ihre US-amerikanische Mutter und fand eine neue, für sie zukunftsweisende Anstellung als Bibliotheksleiterin am US-Information-Center in der Hardenbergstrasse, dem späteren Amerika-Haus, dessen Reading Room bereits im Herbst 1945 öffnete und die Präsenz der Westalliierten in der besetzten Hauptstadt auch im Kulturbereich dokumentierte. In einem Brief vom 19.8.1953 an Baethgen bemerkte sie knapp: „Ich möchte Ihnen, sehr verehrter Herr Professor, gern berichten, dass ich nach meinem westdeutschen Exil in Frankfurt und Stuttgart seit Ende 1950 wieder in Berlin gelandet bin. Ich arbeite seitdem als Chefbibliothekarin am hiesigen Amerika-Haus, bin jetzt aber gerade dabei, mich zur Abfahrt nach Amerika zu rüsten, wo ich ein Jahr in Harvard sein werde. Ich habe aufgrund einer literarischen *[d.h. literaturgeschichtlichen]* Arbeit ein ‚fellowship' des sogenannten Commonwealth Fund erhalten und werde mich in Harvard höchstwahrscheinlich vor allem mit Problemen der modernen Literaturkritik befassen"[351]. Im Nachlass Theodor Mayers hingegen finden sich keine Versuche einer neuerlichen Kontaktaufnahme durch Ursula Brumm. Eine späte Stellungnahme lässt mehr Fragen offen als sie beantwortet: „As a historian of medieval history (German and English literature as second subjects) engaged at the Monumenta Germaniae Historica with the editing of medieval documents, I saw after the war in this destroyed city no future for such an 'elitist' occupation, and because of my curiosity for this big, unknown country I joined the organization of the US Information Center"[352].

Abb. 8: 1967 war Ursula Brumm die einzige Frau im Gründungsprofessorium des John-F.-Kennedy-Instituts neben (v.l.) Charles H. Nichols, Ernst Fraenkel, Gerald Stourzh und Karl Lenz

---

349 Ursula Brumm an Friedrich Baethgen, 1.11.1948 (MGH-Archiv B 719). Friedrich Baethgen hatte zuvor die Veröffentlichung der Dissertation in den MIÖG vermittelt und dies Ursula Brumm am 27.10.1948 mitgeteilt (ebenfalls B 719). Vgl. auch Ursula Brumm, Zur Frage der Echtheit der ersten Stauferdiplome für südburgundische Empfänger, in: MIÖG 57 (1949) S. 279–338.
350 Vgl. Antwortschreiben Friedrich Baethgen an Ursula Brumm, 10.11.1948 (MGH-Archiv B 719).
351 Ursula Brumm an Friedrich Baethgen, 19.8.1953 (MGH-Archiv B 767).
352 Zitiert nach Wilfried Fluck, Nachruf auf Professor Dr. Ursula Brumm 1919–2015 (https://www.jfki.fu-berlin.de/faculty/culture/persons/former_faculty/Winfried-Fluck---Nachruf-auf-Ursula-Brumm.pdf). Zu Brumms Biographie nach 1945 vgl. Hartmann, Stunde der Frauen? (wie Anm. 2) S. 684–686.

Theodor Mayer blieb in Pommersfelden persönlich zunächst unbehelligt. Allerdings erregten die Einlagerungen in Oberköst, die er großzügig genehmigt hatte, das Interesse der US-Army. Am 25.6.1945 erschien Lieutenant Erich J. Siders von der dritten US-Army[353], durchsuchte zunächst das Schloss und ließ sich von Mayer durch die Räume der Orangerie führen, die vom Reichsinstitut genutzt wurden. Mayer berichtete über die Einlagerungen in Oberköst und fuhr am 26. Juni mit dem Lieutenant dorthin. Der Fahrer öffnete die Kisten mit den aus Paris geraubten Archivalien. Diese wurden am Folgetag „abgeholt, ohne daß ich noch davon verständigt worden wäre"[354], wie Mayer pikiert vermerkte. Am 2. Juli musste Mayer mit einem anderen Offizier nochmals nach Oberköst fahren, wo wieder geraubte Akten der französischen Regierung gesucht wurden und sich Zweifel an der Rechtmäßigkeit dieser Aktion ergaben, so dass die Militärpolizei eingeschaltet wurde. Man vermutete sogar, dass die Täter „Deutsche, und zwar SS-Männer seien, die in amerikanischen Uniformen sich herumtrieben"[355], die letzte Spur führte aber in ein Lager der Army in Freising. Während es sich hier nur um eine zu verschmerzende Demonstration der neuen Machtverhältnisse handelte, traf die nächste Maßnahme den Präsidenten empfindlicher: „Der amerikanische Offizier fragte auch nach Prof. Perels und durchsuchte alles, was von Prof. Perels noch hier war, seine Schriften und Aufzeichnungen sowie seine Kleider usw. Eine Aktentasche, in der sich noch eine Reihe von Sparbüchern von Prof. Perels und seinen Söhnen und das Arbeitsbuch seiner Wirtschafterin befanden, nahm der Offizier mit. Er erklärte, er würde sie baldigst wieder zurückstellen"[356]. Damit ließ er sich jedoch Zeit. Mayer musste bei mehreren US-Stellen vorsprechen, ehe der plötzlich wieder aufgetauchte Lieutenant am 20.7.1945 die Aktentasche und die übrigen Materialien zurückbrachte. Sie wurden, als sicher war, dass Perels in Flossenbürg verstorben war, von der Dienststelle Pommersfelden am 13.2. und 15.2.1946 mit anderen Besitztümern der Familie Perels übergeben[357].

Selbstverständlich machte sich Mayer auch über den Fortbestand des Instituts Gedanken. Er verfasste auf Briefpapier des Reichsinstituts auf sieben Seiten eine weit ausholende Denkschrift mit dem programmatischen Initium „Als der Traum der deutschen Einheit", die er auf den 25.7.1945 datierte und an das Landratsamt in Ansbach mit der Bitte um Weiterleitung an die Bayerische Staatsregierung übersandte[358]. Er ging davon aus, dass langfristig die Einheit des Reichsinstituts gewahrt werden müsse, das heißt, auch das römische Institut wieder zu errichten sei. Bis dahin falle dem bayerischen Staat eine „Treuhänderschaft für das Reichsinstitut" zu[359], was neben der Etatisierung auch den Schutz vor einem drohenden Abtransport der beiden Bibliotheken bedeute. In der Betonung einer künftigen Rolle bei

---

353 Vgl. die Bescheinigung der Aktenentnahme von Lt. Erich J. Siders (MGH-Archiv B 704/II, [Bl. 1] Abschrift) und die Aktennotiz von Theodor Mayer mit Nachträgen bis zum 21.7.1945, ebd. [Bl. 2–5].
354 Ebd.
355 Ebd.
356 Ebd.
357 „Liste der aus dem Besitz von Herrn Prof. Perels stammenden Gegenstände, die am 13. und 15.2.*[1946]* Herrn Pfarrer Zwilling, Bamberg, ausgehändigt wurden" (MGH-Archiv B 704/III, [Bl. 362]).
358 Mayer, Denkschrift (wie Anm. 273). Zu den weiteren Umständen vgl. Becker, Neuetablierung (wie Anm. 33) S. 51.
359 Mayer, Denkschrift (wie Anm. 273) [Bl. 7].

der Ausbildung historisch geschulter Führungskräfte[360] und im Schlussplädoyer entfaltete Mayer noch einmal sein Credo, das sich vom Tenor seiner Zeitungsartikel des Jahres 1941 kaum unterschied: „Die deutsche Wissenschaft, insbesondere die Geschichtswissenschaft, hat der internationalen Welt noch Werte zu geben, ohne bei der Wiederanknüpfung älterer Beziehungen der deutschen Würde etwas zu vergeben. Dabei werden auch das Reichsinstitut und das Deutsche Historische Institut in Rom eine Rolle spielen können"[361]. Auf die Eingabe erfolgte am 7.8.1945 eine Besichtigung des Instituts in Pommersfelden durch den Regierungspräsidenten – einem Dienstag, an dem Mayer (zufällig?) nicht im Hause war[362], so dass der erst im Juni 1945 aus der Kriegsgefangenschaft in Pommersfelden eingetroffene Otto Meyer die Führung übernahm, vermutlich weil er 1939 schon einmal als Geschäftsführer des Reichsinstituts fungiert hatte und außerdem im Herbst 1945 der einzige habilitierte Mitarbeiter des Instituts war[363]. In gewisser Weise nahm das die späteren Ereignisse vorweg. Die Selbstzerstörung des Reichsinstituts und die Entmachtung seines Präsidenten war längst vollzogen, auch wenn der Präsident Theodor Mayer und sein Adlatus Otto Meyer an der äußeren Hülle festhielten[364]. Theodor Mayer wurde am 7.9.1945 von der amerikanischen Militärregierung verhaftet – seiner Meinung nach und unter Berufung auf einen anonymen Offizier des amerikanischen Nachrichtendienstes Counter Intelligence Corps auf Grund einer Denunziation[365] – und in das Lager Hammelburg gebracht, während der Magistrat der Stadt Berlin „in seiner Eigenschaft als Treuhänder der Staatsanstalten, die in Berlin ihren Sitz haben"[366], die Berliner Dienststelle der MGH übernahm und der Berliner Akademie übertrug, die wiederum Friedrich Baethgen mit der Leitung beauftragte.

Theodor Mayer musste dem tatenlos zusehen. Er wohnte nach seiner Entlassung aus dem Lager Hammelburg bis zu seinem Wechsel nach Konstanz weiterhin als Gast der Gräfin Schönborn im Schloss[367] und bezog sogar nach Auszug der MGH aus der Orangerie wieder sein früheres Präsidentenbüro. Bemerkenswert ist ein Fotoalbum, dass die ‚Gefolgschaft' der MGH Theodor Mayer zum 65. Geburtstag am 28.8.1948 widmete. Nur wenige Tage zuvor, am 21.7.1948, hatte der neugewählte MGH-Präsident Friedrich Baethgen die Arbeitsstelle zum ersten Mal besucht[368]. Eine im Stil des 13. Jahrhunderts kalligraphierte Wid-

---

360 Ebd. [Bl. 3], vgl. hierzu auch Becker, Neuetablierung (wie Anm. 33) S. 53.
361 Mayer, Denkschrift (wie Anm. 273) [Bl. 8].
362 Theodor Mayer an Regierungspräsident Dr. Hans Schregle, 13.8.1945 (MGH-Archiv B 707, [Bl. 9]).
363 Theodor Mayer hatte die Habilitation 1941 in Marburg durchgeführt, vgl. Becker, Neuetablierung (wie Anm. 33) S. 47.
364 Zu Otto Meyer in Pommersfelden vgl. Wollmann, Meyer (wie Anm. 33) S. 300–306.
365 Bericht von Theodor Mayer an Walter Goetz, 6.7.1946 (MGH-Archiv B 716, Bl. 15–18), hier Bl. 16v: „Als ich aber am 7. September 1945 verhaftet wurde, sagte mir der mich verhaftende CIC Offizier, dass ich denunziert worden sei (mit Namensangabe), dass die Leitung der Monumenta Germaniae nur aufgrund des goldenen Parteiabzeichens und besonderer Verdienste um die Partei erlangt werden konnte!"
366 Ebd. Bl. 15r/v.
367 Heinzel, Mayer (wie Anm. 54) S. 232. Vgl. auch Theodor Mayer an Walter Goetz, 18.3.1947 (MGH-Archiv B 716, Bl. 32r) hinsichtlich eines geplantes Besuchs mit familiärer Begleitung: „Ich bitte Sie, gleich ins Schloss zu fahren und nach uns zu fragen."
368 Monumenta Germaniae historica Pommersfelden, Gästebuch (MGH-Archiv B 849, [Bl. 45r]). Ein zweiter Besuch fand vom 19.11.-29.11.1948 statt (ebd. [Bl. 53r]).

mungsseite³⁶⁹ galt Mayer als dem *Vivarii maximi in patriae tribulationibus sereni Pommersfeldensis instigatori*, wobei die Gratulatoren nicht namentlich genannt werden, sondern in einem geschickten Wortspiel als *Monumentorum Germaniae historicorum [...] caterva* firmieren³⁷⁰. Die anonyme Widmung des Fotoalbums besticht durch ihren augenzwinkernden Charme: ‚Instigator' und ‚caterva' suggerieren eine unverbrüchliche subversive und verschworene Gemeinschaft unter Mayers Leitung, die sich zum einen des Privilegs bewusst war, was die Unterbringung fernab vom Bombenkrieg bedeutete und gleichzeitig die Geringschätzung zu spüren bekam, die der neue Präsident in seinen Briefen aus dieser Zeit unverhohlen artikulierte. Bemerkenswert sind der verschworene Ton („instigator": Anführer, Anstifter; „caterva": Rotte) und die Betonung der vaterländischen Notlage, die durch die Berufung auf Cassiodors Klostergründung Vivarium noch akzentuiert wird, da nach populärwissenschaftlicher Sicht die Rettung des antiken Bildungsgutes diesem Kloster zuzuschreiben ist. Das Album strahlt in seiner sonnigen Heiterkeit vor allem aus, dass eine Reflexion über die „tribulationes" oder gar über die Verstrickungen des Jubilars unerwünscht war: Man sieht Mitarbeiterinnen in Sommerkleidern, Walther Holtzmann über Handschriftenfragmenten der Schönborn'schen Bibliothek gebeugt und so weiter. Insofern darf man das Pommersfelden dieses Albums nicht in das Jahr 1945 zurückprojizieren. Das Album ist aber vor allem eine Selbstdarstellung des kommissarischen Leiters Otto Meyer, der – anders als Theodor Mayer – mehrfach abgebildet ist und den Gedanken des ‚Vivarium' nur wenige Monate zuvor in seinem Tätigkeitsbericht verwendet hatte: „So blickt die Dienststelle im ganzen dank ihres realen Planens in dem einzig möglichen engen Rahmen auf ein weiteres Jahr nicht eben verlorener Liebesmühe zurück. Sie empfindet sich in der Stellung eines modernen Vivarium, das seinen ganz bescheidenen Teil dazu beitragen will, das geistige Erbe des Abendlandes über die Krise der Gegenwart einer dunklen Zukunft zu erhalten. Manch anerkennender Zuruf hat sie auf ihrem Weg ermuntert. Keiner hat ihr mehr bedeutet als das Wort des nun verstorbenen Johannes Haller, der Pommersfelden das Zentralasyl der deutschen mittelalterlichen Historiker im Zusammenbruch genannt hat"³⁷¹.

In der Dienststelle Pommersfelden wurde durchaus Solidarität gelebt und man schuf Finanzierungsmöglichkeiten für eine stattliche Reihe von Mitarbeitern. So fanden nacheinander der frühere Geschäftsführer Otto Meyer und mehrere Mitarbeiter des römischen Instituts wie Gottfried Opitz und Fritz Weigle ein bezahltes Unterkommen. Auch die zuvor durch das SS-Ahnenerbe finanzierte Maria Neumann fiel nicht in die Arbeitslosigkeit. Ihr Projekt wurde in die Obhut der Dienststelle übernommen und in eine „bayerische Adels-Prosopographie bis zum Jahre 1000" umbenannt³⁷². Neumann arbeitete bis zum April 1947 in Pommersfelden, am 12.7.1947 fand an der Friedrich-Alexanders-Universität in

---

369 Vgl. Ruth NEESER, Die Arbeitsräume der Monumenta Germaniae Historica, 1937–1967. Materialien aus dem Archiv der Monumenta Germaniae Historica. B 575: Das gewaltigste deutsche Geschichtswerk, 1937; B 849 Nr. 1: Fotoalbum Pommersfelden, 1948; Hs. B 13: Festschrift Friedrich Baethgen, 1950 (2013) S. 9.
370 MGH-Archiv B 849. Ob das Album Theodor Mayer überreicht wurde, ist unklar. Es blieb im Archiv der MGH.
371 Otto MEYER, Tätigkeitsbericht 1947/48 (MGH-Archiv B 704/III, [Bl. 261]).
372 Vgl. Otto MEYER, Monumenta Germaniae Historica. Dienststelle Pommersfelden 1945–1948 (1948) S. 8.

Erlangen ihr von Erich von Guttenberg (1888–1952)³⁷³ geleitetes Rigorosum statt, nach dem sie Bearbeiterin des Fränkischen Ortsnamenbuches bei der Historischen Kommission für bayerische Landesgeschichte wurde³⁷⁴.

Wenn man nach den Ergebnissen dieser primär mikrohistorisch angelegten Untersuchung fragt, so drängt sich vor allem die Beobachtung auf, dass die interne Korrespondenz des Reichsinstituts von instrumenteller Vernunft bestimmt war, die meist nur nach dem ‚Wie?' und kaum nach dem ‚Wozu?' fragte, und einen von Euphemismen geprägten Briefstil pflegte. Der Alltag der Arbeit – die natürlich nur einen Teil der Lebenswirklichkeit von Mayer, Brumm, Kühn und den anderen ausmachte – war geprägt von einem nicht hinterfragten Festhalten an den Aufträgen, die sich aus dem abstrakten Programm des Instituts ergaben, und nicht zuletzt von der Berichterstattung über die aktuelle Forschungsliteratur. Es ist zwar bemerkenswert, dass selbst bei einem überzeugten Anhänger des NS-Regimes wie Theodor Mayer die NS-Propaganda keine Spuren hinterließ und er weder Phantasien vom Endsieg noch von einer Götterdämmerung Raum gab, dass er andererseits aber von der Unersetzlichkeit, ja Suprematie deutscher Kulturforschung so überzeugt war, dass er

Abb. 9: Pommersfeldener Nachkriegsidyll fotografiert vermutlich im September 1947 für das Fotoalbum für Theodor Mayer mit (v.l.) Alexandra Kanoldt (auf Besuch), Friedel Peeck (MGH-Mitarbeiterin) und Gottfried Opitz (1946 nach Rückkehr aus Kriegsgefangenschaft in Pommersfelden angestellt)

zwar den militärischen Zusammenbruch ertrug, aber keinerlei Vorkehrungen für die Zeit danach traf und insbesondere auch die Berliner Arbeitsstelle nicht absicherte. Sein Bestreben, noch im April 1945 nach Berlin zu reisen, war – zumindest seinen schriftlichen Darlegungen zufolge – nicht etwa an Hitler gebunden, der sich ganz in der Nähe vom Sitz des Reichsinstituts in seinem Bunker verschanzte, sondern von der Illusion getragen, durch kontinuierlichen persönlichen Kontakt ein Zersplittern des Instituts in Einzelposten ohne strategische Gesamtführung verhindern zu können. Dabei klammerte er sich an die Vorstellung, dass die vom Reichsinstitut zu leistende Forschungsarbeit auch nach einer Kapitulation Bestand haben werde, weil – und hier scheint einmal mehr Theodor Mayers Ideologie durch – auch ein

---

373 Erich von Guttenberg, 1935–1936 Prof. für mittlere und neuere Geschichte in Gießen, 1936-1952 in Erlangen. 1946 verhinderte er maßgeblich die Eingliederung der MGH in die Universität Erlangen, vgl. BECKER, Neuetablierung (wie Anm. 33) S. 60f. – Vgl. zur Person Wilhelm ENGEL, Erich Freiherr von Guttenberg (Nachruf), in: ZBLG 17 (1953/54) S. 180–182; Jörg-Peter JATHO / Gerd SIMON, Gießener Historiker im Dritten Reich (2008) S. 48f.
374 MEYER, Tätigkeitsbericht April bis September 1948 (MGH-Archiv B 704/III, [Bl. 259]).

Nachkriegseuropa auf der deutschen Kultur aufbauen werde[375]. Was er sich nicht vorstellen konnte, war, dass er selbst bei dem Aufbau für entbehrlich gehalten werden könnte.

---

375 Zu Theodor Mayers Vorstellungen von der Bedeutung Deutschlands für die europäische Kulturgeschichte: für die Marburger Zeit vgl. HEINZEL, Mayer (wie Anm. 54) S. 166–171; zu Mayers Europa-Begriff nach 1945 ebd. S. 250 ff.

Vom Historiker zum Zeitzeugen. Karl Alexander von Müller in der Geschichtswissenschaft der frühen Bundesrepublik

von

MATTHIAS BERG

Karl Alexander von Müller bei einer Lesung Mitte der 1950er Jahre

Gründungsmythen bedürfen, um Glaubwürdigkeit erlangen und Bindekraft entfalten zu können, sowohl eines Anteils sinnstiftender Legende wie zugleich eines Anteils überprüfbarer ‚Wahrheit'[1]. Eine anhaltend wirkmächtige „Meistererzählung" der Entwicklung deutscher Geschichtswissenschaft nach 1945 berichtet von der zunächst tastenden, dann aber rasch und umfassend erfolgten Annäherung der Gemeinschaft deutscher Historiker an Demokratie und Parlamentarismus[2]. Eine Parallelführung von geglückter gesellschaftlicher Re-Education und historiographischer Neuorientierung, die ihre sinnbildliche Entsprechung in der Wahrnehmung der Zeitgeschichte als umfassender Erzieherin zur bundesdeutschen Demo-

---

1 Vgl. Frank BECKER, Begriff und Bedeutung des politischen Mythos, in: Barbara STOLLBERG-RILINGER (Hg.), Was heißt Kulturgeschichte des Politischen? (Zs. für Historische Forschung, Beiheft 35, 2005) S. 129–147.
2 Zur Disziplingeschichte in Nachkriegszeit und früher Bundesrepublik vgl. Winfried SCHULZE, Deutsche Geschichtswissenschaft nach 1945 (1993); Ernst SCHULIN (Hg.), Deutsche Geschichtswissenschaft nach dem Zweiten Weltkrieg. 1945–1965 (1989, ND 2015). Zur ‚nationalen' Historiographie deutscher Historiker vor und nach 1945 vgl. Bernd FAULENBACH, Ideologie des deutschen Weges. Die deutsche Geschichte in der Historiographie zwischen Kaiserreich und Nationalsozialismus (1980); Die historische Meistererzählung. Deutungslinien der deutschen Nationalgeschichte nach 1945, hg. von Konrad H. JARAUSCH / Martin SABROW (2002).

kratie gefunden hat³. Für die personellen ‚Altlasten' der Disziplin blieb in diesem Gründungsmythos kein Platz, so oft deren kontinuierliches Wirken weit in die Bundesrepublik hinein auch beklagt worden ist. Durchaus fühlten sich die deutschen Historiker zuständig für das bald nach dem Kriegsende entstehende „Bedürfnis, die deutsche Katastrophe und den Weg dorthin zu erklären, doch für die eben noch erfolgreichen – etwa Karl Alexander von Müller – war es am besten zu schweigen"⁴. Eine unmittelbar einleuchtende Feststellung, denn wie hätte am Beginn der bundesdeutschen Zeitgeschichtsforschung, deren wesentlicher Gründungs- wie Institutionalisierungsimpuls doch die Erforschung der nationalsozialistischen Vergangenheit war, auch eben jener Historiker beteiligt sein können, der im NS-Staat zum führenden Vertreter der Disziplin aufgestiegen war, nachdem er mit umfassender Ausbildung und Habilitation unzweifelhaft zum Kreis professionell tätiger Geschichtsforscher in Deutschland gezählt hatte. Die Frage, der an dieser Stelle nachgegangen werden soll, lautet daher kurz und bündig: Schwieg Karl Alexander von Müller tatsächlich?

I. Historiker zwischen Kaiserreich und NS-Staat

„Sie sind ja ein Schriftsteller!" – noch keine dreißig Jahre alt, erhielt Müller 1912 mit diesem Zuruf des Berliner Historikers Max Lenz (1850–1932) das seinen wissenschaftlichen Lebensweg begleitende Etikett⁵. Bereits früh erwarb sich Müller den Respekt einflussreicher Historiker des späten Kaiserreichs. Die fachliche Qualifikation trug vor allem in Verbindung mit der Anerkennung seiner literarischen Fähigkeiten zu einem raschen Aufstieg bei. Institutioneller Ausgangspunkt und ‚Karrieremotor' des Nachwuchshistorikers war die seit 1858 in München bestehende Historische Kommission bei der Bayerischen Akademie der Wissenschaften. Für ihre unmittelbar vor dem Abschluss stehende Allgemeine Deutsche Biographie (ADB) übernahm Müller, nachdem kurzfristig ein Autor abgesagt hatte, im Dezem-

---

3   Zur Zeitgeschichtsforschung vgl. aus der Vielzahl von Veröffentlichungen: Horst Möller, Die Formung der Zeitgeschichtsschreibung in Deutschland nach dem Zweiten Weltkrieg, in: Heinz Duchhardt (Hg.), Geschichtswissenschaft um 1950 (2002) S. 81–100; Zeitgeschichte als Streitgeschichte. Große Kontroversen seit 1945, hg. von Martin Sabrow / Klaus Grosse Kracht / Ralph Jessen (2003); Zeitgeschichte als Problem. Nationale Traditionen und Perspektiven der Forschung in Europa, hg. von Wolfgang Schieder / Alexander Nützenadel (2004).
4   Wolfgang Benz, Wissenschaft oder Alibi? Die Etablierung der Zeitgeschichte, in: Wissenschaft im geteilten Deutschland. Restauration oder Neubeginn nach 1945?, hg. von Walter H. Pehle / Peter Sillem (1992) S. 11–25, hier S. 11. Zu den Erklärungsversuchen westdeutscher Historiker vgl. zudem Christoph Cornelissen, Der „Historikerstreit" über den Nationalsozialismus seit 1945, in: Sieger und Besiegte. Materielle und ideelle Neuorientierungen nach 1945, hg. von Holger Afflerbach / Christoph Cornelissen (1997) S. 335–363; Nicolas Berg, Der Holocaust und die westdeutschen Historiker. Erforschung und Erinnerung (2003); Friedrich Meinecke, Die deutsche Katastrophe. Edition und internationale Rezeption, hg. von Bernd Sösemann (2019).
5   Max Lenz an K. A. v. Müller, 14.8.1912 (BayHStA, Nl von Müller 469). – Zu den folgenden Ausführungen zur Biographie Karl Alexander von Müllers (1882–1964) zwischen Kaiserreich und Bundesrepublik vgl. Matthias Berg, Karl Alexander von Müller. Historiker für den Nationalsozialismus (2014). – Aus Gründen der Lesbarkeit wird bei der Nennung allein des Nachnamens auf die wiederholte Angabe des Adelsprädikats ‚von' verzichtet. Seine vermeintlich adelige Abkunft hat Müller teils selbst ironisiert, teils auch instrumentalisiert – tatsächlich erlangte er den Namenszusatz erst im Alter von 9 Jahren (mit der Verleihung des Prädikats an seinen Vater im Jahr 1891).

ber 1909 den Eintrag „Francois Gabriel de Bray und Otto Graf von Bray-Steinburg"[6]. Die Kommission zählte zu den angesehensten außeruniversitären geschichtswissenschaftlichen Institutionen der Zeit, ihre Editionstätigkeit bildete gleichsam das Rückgrat der frühneuzeitlichen und neueren Geschichtswissenschaft in Deutschland[7]. Die Riege ihrer Mitglieder glich einem ‚Who's Who' der Historikerzunft, in ihren Reihen finden sich selbstredend auch die Förderer der Karriere Müllers: Sigmund von Riezler (1843–1927), Karl Theodor von Heigel (1842–1915)[8], Friedrich Meinecke (1862–1954)[9], Erich Marcks (1861–1938)[10] und Hermann Oncken (1869–1945) – letzterer versicherte Müller im März 1910, er habe dessen Beitrag für die ADB mit „Anteil und Zustimmung gelesen"[11].

Mit Beginn des Jahres 1911 begann Müllers Tätigkeit für die Kommission als Editor in der Abteilung „Briefe und Akten zur Geschichte des dreißigjährigen Krieges", die Betreuung des Neulings übernahm der Tübinger Ordinarius Walter Goetz (1867–1958)[12]. Die Tätigkeit für die Kommission drückte Müllers ersten Jahren als Historiker ihren Stempel auf. Im Januar und Februar 1911 wurde er in Tübingen angelernt, in der Folge zeugen nahezu monatlich briefliche Meldungen an Goetz vom Fortgang der Editionstätigkeit[13]. Auf die im Rückblick idyllisch erscheinende Tübinger Lehrzeit kam Müller im Abstand von Jahrzehnten immer wieder zurück, im Dezember 1938 schwärmte er gegenüber Rudolf Stadelmann (1902–1949), er „denke immer mit besonderer Freude an eine Reihe von Wochen zurück, die ich 1911 dort zugebracht habe, um von Walter Goetz in dreißigjährige Kriegsakten eingeweiht zu werden"[14].

Die Arbeit in der Kommission bot Müller eine, wenn auch bescheidene, finanzielle Grundlage und sicherte zudem die institutionelle Anbindung des jungen Historikers an einen durchaus elitären wissenschaftlichen Kreis. Mit Ausbruch des Ersten Weltkriegs meldete Müller sich zum Militärdienst, wurde aber aus gesundheitlichen Gründen wieder entlassen und verlegte sich auf den Kampf an der heimatlichen Meinungsfront. Begeistert griff die

---

6   Vgl. Francois Gabriel de Bray und Otto Graf von Bray-Steinburg, in: ADB 55 (1910) S. 680–687.
7   Vgl. den einführenden Abriss der Kommissionsgeschichte sowie die Beiträge zu den Editionen in: Lothar GALL (Hg.), „… für deutsche Geschichts- und Quellenforschung". 150 Jahre Historische Kommission bei der Bayerischen Akademie der Wissenschaften (2008).
8   Vgl. die jüngst erschiene Studie von Jonas SCHUSTER, Karl Theodor von Heigel (1842–1915). Geschichtswissenschaft in Bayern zwischen Politik und Öffentlichkeit (2024).
9   Vgl. die bedauerlicherweise bis heute nicht fortgeführte, den hier in Frage stehenden Zeitraum des Wirkens Meineckes aber umfassende Darstellung Stefan MEINEKE, Friedrich Meinecke. Persönlichkeit und politisches Denken bis zum Ende des Ersten Weltkrieges (1995).
10 Vgl. Jens NORDALM, Historismus und moderne Welt. Erich Marcks (1861–1938) in der deutschen Geschichtswissenschaft (2003).
11 Hermann Oncken an K. A. v. Müller, 16.3.1910 (BayHStA, Nl von Müller 469). Zu Oncken im Kaiserreich vgl. Christoph CORNELISSEN, Hermann Oncken (1869–1945), in: Michael FRÖHLICH (Hg.), Das Kaiserreich. Portrait einer Epoche in Biographien (2001) S. 388–399.
12 Vgl. Wolf Volker WEIGAND, Walter Wilhelm Goetz 1867–1958. Eine biographische Studie über den Historiker, Politiker und Publizisten (1992). Siehe auch Arno MENTZEL-REUTERS, Friedrich Baethgen in nationalkonservativen Netzwerken (1917–1948), in vorliegendem Band S. 113–160, hier S. 113 mit Anm. 1.
13 Vgl. ca. ein Dutzend Briefe K. A. v. Müllers an Walter Goetz vom Juni 1911 bis Februar 1914 (BArch, Nl Walter Goetz 38).
14 K. A. v. Müller an Rudolf Stadelmann, 15.12.1938 (BArch, Nl Rudolf Stadelmann 17).

politisierte deutsche Historikerschaft wie auch eine breitere Öffentlichkeit seine Beiträge in den Süddeutschen Monatsheften auf. Als historisch versierter Gegenwartsdeuter wurde er zu einem prominenten Publizisten, seine historiographische Karriere trat zunächst in den Hintergrund. Mit der Zuspitzung der Debatte um die deutschen Kriegsziele radikalisierte Müller seine politischen Ansichten und stellte sich klar auf die Seite der Verfechter eines deutschen ‚Siegfriedens'. Zugleich aber konnte er die Augen vor der drohenden deutschen Kriegsniederlage nicht verschließen. Um eine politische, wirtschaftliche und nicht zuletzt militärische Hegemonie Deutschlands zu erreichen, argumentierte Müller für eine, soziale und kulturelle Grenzen vermeintlich überbrückende, ‚völkische' Mobilisierung. Eine am deutschen ‚Volkstum' orientierte Gesellschaftsordnung sollte jene Kräfte mobilisieren, die aus Sicht ihrer Propagandisten dem von ständischen Schranken durchzogenen Kaiserreich nicht zur Verfügung standen. Dem Aufbruch der Kriegsbegeisterung des ‚August 1914' war die Enttäuschung über die Kriegszieldebatte sowie schließlich die als Schmach empfundene Niederlage und der Untergang der vertrauten Ordnung im November 1918 gefolgt. Die Orientierungslosigkeit des in der Gesellschaft des späten Kaiserreichs fest verankerten Karl Alexander von Müller bedurfte Schuldiger, der schwankende Grund einer Basis. Beides fand Müller in der Ablehnung von Demokratie und Parlamentarismus[15].

Doch trotz allen publizistischen Engagements schlug Müller keine politische Karriere ein. Nach der Stabilisierung der Weimarer Republik ab Mitte der 1920er Jahre war er bemüht, seine unterbrochene Karriere als Historiker neu zu beflügeln und trat zum einen mit einer Reihe eigenständiger Veröffentlichungen erneut als literarisch begabter Geschichtsschreiber in Erscheinung; seine Monographien über den Kotzebue-Attentäter Karl Sand und Joseph von Görres wurden in der breiteren Öffentlichkeit rezipiert[16]. Zum anderen erfuhr das ‚Portfolio' Müllers eine bislang selten beachtete Ergänzung: Für wissenschaftliche Institutionen erwies er sich als ausgesprochen geeignet, sowohl um ihre Geschäfte zu führen als auch um deren zusehends schwindende Geltung in der Gesellschaft zu verbessern. Seit 1917 wirkte Müller im Brotberuf als Syndikus der Bayerischen Akademie der Wissenschaften. Zwar galt er keineswegs als Mann von Verwaltung und Arbeitsorganisation, doch handelte es sich bei solcherart Gelehrtenvereinigungen in der ersten Hälfte des 20. Jahrhunderts zumeist nicht um mit straffer Hand zu leitende Verwaltungseinheiten. Für die Führung der Geschäfte dieser altehrwürdigen Einrichtungen bedurfte es vielmehr kommunikativer Fähigkeiten; Konflikte waren zu moderieren, die öffentliche Wahrnehmung des wissenschaftlichen Wirkens behutsam zu mehren. Müller erwies sich in dieser Hinsicht als besonders befähigt[17].

Auch mit seiner bereits im Juni 1916 erfolgten Zuwahl als außerordentliches Mitglied der Historischen Kommission hatte der 33-Jährige eine besondere Bestätigung erfahren[18]. Nun zählte er zum Kreis seiner Lehrer und Förderer. Mit der Kooptation in die Kommission,

---

15 Berg, Karl Alexander von Müller (wie Anm. 5) S. 60–98.
16 Karl Alexander von Müller, Karl Ludwig Sand (1925); ders., Görres in Straßburg 1819/20. Eine Episode aus dem Beginn der Demagogenverfolgung (1926).
17 Zur ‚Öffentlichkeitsarbeit' Müllers für die Akademie in den 1920er Jahren vgl. Matthias Berg, Ein zweifacher Aufbruch? Die Bayerische Akademie der Wissenschaften nach 1914 und nach 1918, in: „Krieg der Gelehrten" und die Welt der Akademien 1914–1924, hg. von Wolfgang U. Eckart / Rainer Godel (Acta Historica Leopoldina 68, 2016) S. 117–131, hier S. 126f.
18 KM an HiKo, 29.6.1916 (BayHStA, MK 44052).

einer persönlichen Anerkennung der Zugehörigkeit, setzte Müller seine ‚klassische' Historikerkarriere fort. Im Krisenjahr 1923 wurde er nicht nur zum ordentlichen Mitglied gewählt, sondern von den Kommissionsmitgliedern auch als fähig erachtet, das zeitweilig verwaiste Amt des Sekretärs für 1½ Jahre kommissarisch zu übernehmen. Wie in seiner Stellung als Syndikus der Akademie war Müller zuallererst Ausführender der Beschlüsse anderer, doch ergaben sich im alltäglichen Betrieb der Kommissionsgeschäfte unzählige Gelegenheiten zum Erwerb von Ansehen, zur Knüpfung von Kontakten, zur Etablierung der Wahrnehmung Müllers als verlässlicher, klug agierender Konflikt- und Problemlöser. Vor allem die knappen finanziellen Mittel dominierten diese Tätigkeit. Im Frühjahr 1923 ergriff Müller als Sekretär die Initiative und wandte sich an das bayerische Kultusministerium: Im vergangenen Jahr habe es die Geldentwertung der Kommission „zum ersten Mal seit ihrem Bestehen unmöglich gemacht, ihre jährliche Vollversammlung aus eigenen Stiftungsmitteln zu decken"[19]. Die gewährten Mittel für eine diesjährige Vollversammlung seien durch die weitere Teuerung erneut unzureichend, doch sei eine Tagung eine „Lebensfrage". Seine Initiative war von Erfolg gekrönt, die Kommission konnte im Oktober 1923 tagen. Während sich die finanzielle Lage nur zeitweilig entspannte – 1924 musste die Plenarversammlung erneut entfallen – blieb die gemeinsame Bewältigung einer in institutioneller Hinsicht als existenziell empfundenen Krise mit Müllers Amtszeit als geschäftsführender Sekretär verbunden[20].

Allerdings, ein Makel blieb für lange Zeit bestehen. Eine enttäuschende ‚Nichtberufungskarriere' plagte Müller: Von „1924 bis 1927 schlugen nicht weniger als vier deutsche Universitäten, eine nach der andern, mich für eine ordentliche Professur der neueren Geschichte vor: Kiel, Köln, Halle und Breslau, fast alle betont an erster Stelle"[21]. Die „Rufe, die mich nicht erreichten", erhielten in seinem dritten, 1966 posthum erschienen Erinnerungsband einen eigenen Abschnitt. Zurückgewiesen vom „Weimarer Staat" habe er sich dadurch empfunden, hatte Müller einem Freund geschrieben: „Er will mich nicht haben, so brauche ich ihn auch nicht zu lieben"[22]. In dieser vielfach zitierten Form unterbreitete Müller ein willkommenes Angebot an seine Leser in der frühen Bundesrepublik: Seine Ablehnung der Weimarer Republik sei eine Reaktion auf deren Abweisung gewesen, sein Engagement für den Nationalsozialismus erkläre sich aus der Enttäuschung über eine ungerechtfertigte Benachteiligung. Doch schließlich wurde Müller 1928 auf den Lehrstuhl für bayerische Landesgeschichte an der Münchner Ludwig-Maximilians-Universität berufen, im selben Jahr übernahm er erneut das Amt eines Sekretärs der Historischen Kommission.

Der institutionellen Ankunft als Universitätshistoriker folgte wenige Jahre darauf die politische Ankunft im NS-Staat. Persönlich bekannt mit führenden Nationalsozialisten war Müller seit den frühen 1920er Jahren. In einem von Müller im Sommer 1919 abgehaltenen Bildungskurs für Angehörige der zukünftigen Reichswehr war erstmals Adolf Hitler

---

19 HiKo (von Müller als stellv. Sekretär) an KM, 24.5.1923 (BayHStA, MK 40394).
20 Lothar GALL, 150 Jahre Historische Kommission bei der Bayerischen Akademie der Wissenschaften, in: GALL, deutsche Geschichts- und Quellenforschung (wie Anm. 7) S. 7–57, hier S. 31–32.
21 Karl Alexander von MÜLLER, Im Wandel einer Welt. Erinnerungen 3: 1919–1932, hg. v. Otto Alexander von MÜLLER (1966) S. 255–257.
22 Ebd. S. 256f.

in Erscheinung getreten[23]. Auf dem in München besonders umkämpften, völkisch-rechtskonservativen Markt blieb dieser zunächst ein zwar zunehmend prominenter, aber keineswegs konkurrenzloser Akteur. Die Verbindung Müllers zur NS-Bewegung blieb jedoch bestehen, seine Universitätsseminare erfreuten sich regen Interesses bei führenden Nationalsozialisten wie Hermann Göring, Baldur von Schirach oder Rudolf Hess[24]. Seinen Eintritt in die NSDAP im August 1933, während der Aufnahmesperre von Hess ermöglicht, verband Müller mit einem erklärenden Eintrittsgesuch: „Zur Begründung, warum ich erst jetzt um Aufnahme in die Nationalsozialistische Deutsche Arbeiterpartei bitte führe ich an, daß ich unter dem früheren Regime in meinem Amt als Universitätsprofessor besser und weiter (freier) für die Verbreitung nationalsozialistischer deutscher Staats- und Geschichtsauffassung zu wirken in der Lage war, wenn ich der Partei nicht offiziell angehörte, und so in aller Stille Historiker für das Dritte Reich heranbilden konnte"[25]. Am Willen, im Nationalsozialismus anzukommen, kann offenkundig kein Zweifel bestehen. Zugleich verdeutlicht das Eintrittsgesuch jedoch auch den auf Müller lastenden Rechtfertigungsdruck, verdeutlicht die Notwendigkeit einer Erklärung für den späten Eintritt.

Nachdem diese Hürde aus dem Weg geräumt war, erwies sich die Machtergreifung der Nationalsozialisten für Müllers Karriere als ausgesprochen förderlich. Wie nur sehr wenige genoss er Ansehen und Vertrauen zugleich in den Kreisen der etablierten Wissenschaft wie auch innerhalb der nationalsozialistischen Bewegung. Der Nationalsozialismus versprach Müller, die ersehnte Volksgemeinschaft erleben zu dürfen. Während langjährige Weggefährten den Preis für diese gewaltsam erzeugte Gemeinschaft zahlten, engagierte sich Müller für den NS-Staat. Als Historiker hatte er nun ein klares Ziel vor Augen: die ‚Versöhnung' traditioneller Historiographie mit den Ansprüchen des Nationalsozialismus. Keine ‚Gleichschaltung' der Geschichtswissenschaft, nicht ihre bloße Anpassung an vorgegebene Ideologeme, sondern die Schaffung einer politisch, institutionell und paradigmatisch geeinten ‚Volksgemeinschaft' der Historiker. Der NS-Staat bot das politische Vorbild, dem der Historiker und Wissenschaftsfunktionär Karl Alexander von Müller folgte, durchaus mit Angeboten der Inklusion, zugleich aber auch konsequent betriebener Exklusion.

Als Dekan der Philosophischen Fakultät der Münchner Universität zwischen 1933 und 1935 füllte Müller diese von ihm selbst angestrebte wie auch tatsächlich nachgefragte Doppelrolle zum ersten Mal aus. Sich künftig noch vielfach bewährend – moderierend im Ton, konsequent in der Sache – setzte er die Entfernung jüdischer Hochschullehrer oder die Aufhebung der universitären Selbstverwaltung durch. Die Fülle der nachfolgend übernommenen Ämter ist kaum überschaubar: Müller wurde unter anderem Ehrenmitglied des von Walter Frank (1900–1945) geleiteten Reichsinstituts für Geschichte des neuen Deutschlands,

---

23 Othmar PLÖCKINGER, Adolf Hitler als Hörer an der Universität München im Jahr 1919. Zum Verhältnis zwischen Reichswehr und Universität, in: Elisabeth KRAUS (Hg.), Die Universität München im Dritten Reich. Aufsätze 2 (Beiträge zur Geschichte der LMU 4, 2008), S. 13–47, hier S. 33f.

24 Winfried SCHULZE, Karl Alexander von Müller (1882–1964), in: Katharina WEIGAND (Hg.), Münchner Historiker zwischen Politik und Wissenschaft. 150 Jahre Historisches Seminar der Ludwig-Maximilians-Universität (Beiträge zur Geschichte der LMU 5, 2010) S. 205–231, hier S. 211f.

25 Handschriftliches Eintrittsgesuch, 27.8.1933 (BArch, ehem. BDC, PK/ I 0191 [Müller, Karl Alexander von]). Vgl. zudem eine Reihe von Beiträgen in: Wie wurde man Parteigenosse? Die NSDAP und ihre Mitglieder, hg. von Wolfgang BENZ (2009).

dessen Forschungsabteilung „Judenfrage" er zudem leitete[26]. Im März 1936 war er zum Präsidenten der Bayerischen Akademie der Wissenschaften ernannt worden, zuvor war ihm nach der Verdrängung Hermann Onckens[27] der erste historische Lehrstuhl der Berliner Universität angeboten worden, den er jedoch ablehnte, da er es vorzog, in München zu bleiben. In der von ihm selbst beförderten und gleichzeitig vielfach nachgefragten Rolle blieb er sich stets treu: Als für alle Seiten akzeptabler Kompromisskandidat war Müller unverzichtbar.

Auch seine Übernahme der Herausgeberschaft der Historischen Zeitschrift von Friedrich Meinecke im Herbst 1935[28] begründete Müller entsprechend und ließ keinen Zweifel an seiner NS-konformen Gesinnung: „ich war selbst überrascht und erschreckt, wie viele Juden hier eingenistet waren, oft unter ganz harmlos klingenden Namen. Es war oft gar nicht leicht, Gewissheit zu erhalten; aber die Säuberung war dringend notwendig"[29]. Auf seinem Rollenbild insistierte Müller auch nach knapp sechs Jahren als Herausgeber des wichtigsten Periodikums der deutschen Geschichtswissenschaft unter den Bedingungen des NS-Staates: „Soweit es irgend geht, werde ich immer dahin trachten, daß Gegensätze, die heute nun einmal bestehen, innerhalb unseres eigenen Fachkreises und das heißt auf unserem Boden ausgetragen werden"[30]. Keineswegs befand er sich damit in Distanz oder Opposition zum Nationalsozialismus, sondern trachtete weiterhin danach, den Wandel hin zu einer NS-Geschichtswissenschaft mit Erfolg krönen zu können.

II. Nach dem Nationalsozialismus

Mit dem Untergang des NS-Regimes verlor Müller ausnahmslos alle Ämter. Diesem Kontinuitätsbruch war ein allenfalls zögerlicher Ablösungsprozess vorausgegangen. Mit zunehmender Kriegsdauer geriet Müller in seiner Rolle als vermeintlich integrierender Moderator in unauflösbare Widersprüche. Konkurrierende Loyalitäten zwangen ihn zu einem Spagat, der in einem ersten Amtsverlust bereits vor Kriegsende resultierte. Als Präsident der Bayerischen Akademie der Wissenschaften war er durch das NS-Regime eingesetzt worden, ohne dass die Akademiemitglieder ihn gewählt hatten. Über Jahre gelang es Müller, seine

---

26 Vgl. Matthias BERG, Forschungsabteilung Judenfrage des Reichsinstituts für Geschichte des neuen Deutschlands, in: Michael FAHLBUSCH / Ingo HAAR / Alexander PINWINKLER (Hg.), Handbuch der völkischen Wissenschaften. Akteure, Netzwerke, Forschungsprogramme (²2017) S. 1375–1385 sowie Dirk RUPNOW, Judenforschung im Dritten Reich. Wissenschaft zwischen Politik, Propaganda und Ideologie (2011).
27 Philip ROSIN, Vom Mittelpunkt des Faches in die Ausgrenzung. Hermann Onckens Korrespondenz zwischen Weimarer Republik und Nationalsozialismus, in: Matthias BERG / Helmut NEUHAUS, Briefkultur(en) in der deutschen Geschichtswissenschaft zwischen dem 19. und 21. Jahrhundert (2021) S. 201–222.
28 Lothar GALL, 150 Jahre Historische Zeitschrift, in: HZ 289 (2009) S. 1–23, hier S. 2–5.
29 K. A. v. Müller an Wilhelm Engel, 22.11.1935 (BayHStA, Nl von Müller 396). – Der Historiker Wilhelm Engel (1905–1964) war u. a. 1936–1937 kommissarischer Leiter des Reichsinstituts für ältere deutsche Geschichtskunde (MGh). Vgl. zudem Gerhard A. RITTER, Die Verdrängung von Friedrich Meinecke als Herausgeber der Historischen Zeitschrift 1933–1935, in: Historie und Leben. Der Historiker als Wissenschaftler und Zeitgenosse. Festschrift für Lothar Gall zum 70. Geburtstag, hg. von DIETER HEIN u. a. (2006) S. 65–88.
30 K. A. v. Müller an Walther Kienast, 21.2.1941 (BayHStA, Nl von Müller 466).

Rolle als Bindeglied ausfüllend, den Ansprüchen aller Seiten weitgehend zu entsprechen und zugleich die Akademie in den nationalsozialistischen Wissenschaftsbetrieb zu integrieren. Doch im Herbst 1943 setzen ihm die Akademiemitglieder die Pistole auf die Brust: Er müsse sich nun einer regulären Wahl stellen. Müller verzichtete und wurde als Akademiepräsident abgelöst[31].

Auch als Sekretär der Historischen Kommission hatte sich Müller zu Rechtfertigungen genötigt gesehen und bei seinem Kollegen Karl Brandi (1868–1946) im Juni 1942 wegen des beklagenswerten Zustandes der Kommission um Verständnis gebeten, denn „jetzt sind wir in den Engpaß eingetreten, um dessentwegen ich in den letzten Jahren [...] an meinem Teil völlig bewußt temporisiert habe, auf die Gefahr hin, von manchen Mitgliedern mißverstanden zu werden; eine zeitweise im Winterschlaf liegende Kommission schien mir immer noch besser als eine endgültig erledigte"[32]. Als Sekretär der Historischen Kommission wie auch als Schriftführer der Kommission für bayerische Landesgeschichte hatte Müller den NS-Staat aus ungewohnter Perspektive erfahren – bereits amtierend, mit den Ansprüchen der NS-Wissenschaftspolitik, mit neuen, konkurrierenden Akteuren und Institutionen konfrontiert. Überdies hatte er die Kommission de facto geleitet, da der amtierende Präsident Erich Marcks gesundheitlich angeschlagen war und seinem Schüler vertraute. Nach Marcks' Tod im November 1938 übte Müller das Präsidentenamt kommissarisch für vier Jahre aus, bis 1942 Heinrich von Srbik (1878–1951)[33] gewählt wurde. Dieser lebte jedoch in Wien, daher kam nur noch 1943 eine Vollversammlung zustande, der ‚totale Krieg' ließ die Kommission weitgehend ruhen.

Bereits im Juli 1945 sah sich Müller genötigt, den ersten Fragebogen der Militärregierung zu beantworten. Sein Spruchkammerverfahren fand jedoch erst im Frühjahr 1948 statt. Über fast drei Jahre beschäftigte sich Müller mit seiner Rolle im Nationalsozialismus und vor allem mit einer möglichst günstigen Darstellung derselben. Zahllose Selbstdarstellungen gegenüber Institutionen oder möglichen Entlastungszeugen entstanden. Dieser, einen erheblichen Teil der deutschen Hochschullehrerschaft beschäftigende Prozess der Neuformierung von Lebensläufen in den Spruchkammerverfahren ist zumeist in der sinnbildlichen Formulierung einer ‚Mitläuferfabrik' zusammengefasst worden[34]. Angesichts vielfach seriell erscheinender Verfahren und weitgehend identischer Urteile erscheint dies auch berechtigt, birgt jedoch zugleich einen analytischen Verlust. Die Entnazifizierung war mehr als ein kur-

---

31 Vgl. ausführlich Matthias BERG, „Morgen gehen die Detonationen los." Die Bayerische Akademie der Wissenschaften und der Historiker Karl Alexander von Müller, in: ZBLG 72 (2009) S. 643–681.

32 K. A. v. Müller an Karl Brandi, 25.6.1942 (AHK I Bd. 36). Der in Göttingen bereits emeritierte Brandi (1937–1944 Mitherausgeber des Deutschen Archivs für Erforschung des Mittelalters) galt als wichtiger Vertreter der politisch national orientierten, fachlich aber traditionell gesinnten Historiker.

33 Martina PESDITSCHEK, Heinrich (Ritter von) Srbik (1878–1951). „Meine Liebe gehört bis zu meinem Tod meiner Familie, dem deutschen Volk, meiner österreichischen Heimat und meinen Schülern", in: Karel HRUZA (Hg.), Österreichische Historiker. Lebensläufe und Karrieren 1900–1945 (2012) 2 S. 263–328.

34 So Lutz NIETHAMMERS Begriff, basierend auf seiner Untersuchung: Entnazifizierung in Bayern. Säuberung und Rehabilitierung unter amerikanischer Besatzung (1972). Für den Wissenschaftsbetrieb vgl. Mitchell G. ASH, Verordnete Umbrüche – Konstruierte Kontinuitäten. Zur Entnazifizierung von Wissenschaftlern und Wissenschaften nach 1945, in: ZfG 43 (1995) S. 903–924.

zes, unspektakulär verlaufenes Rechtsverfahren, sie zwang die Entnazifizierten, sich in ihrem Wirkungsfeld nach veränderten Kriterien taxieren zu lassen und eine neue, tragfähige Erzählung der eigenen Karriere zu entwickeln.

Müller war, angesichts seiner exponierten Stellung in den Jahren zuvor wenig überraschend, von diesem Umformungsprozess besonders betroffen. Die Bayerische Akademie der Wissenschaften wollte nicht bis zum Spruchkammerverfahren ihres ehemaligen Präsidenten warten und leitete im September 1945 ein Ausschlussverfahren gegen ihn ein. In seiner Rechtfertigung versuchte Müller vor allem, die behauptete Präferenz für die Interessen des NS-Staates zu widerlegen. Er habe „wie andere geglaubt, dem neuen Staat dienen zu sollen, jahrelang, ich leugne es nicht, in der Hoffnung, es würde möglich, das Positive, was in seinen Grundsätzen enthalten war, mit den grossen Überlieferungen unserer Geschichte [...] zu vereinigen"[35]. Doch ließen sich die Akademiemitglieder von dieser Argumentation nicht überzeugen. Um einem Ausschluss vorzubeugen, trat Müller aus der Akademie aus, die ihn 1928 zum Mitglied gewählt hatte.

Der als kommissarischer Präsident der Historischen Kommission eingesetzte Walter Goetz[36], als NS-Gegner unbelastet, teilte den Mitgliedern im Dezember 1945 mit, dass sowohl Srbik als Präsident wie auch Müller ihre Ämter zur Verfügung gestellt hätten[37]. Bald darauf war auch die Mitgliedschaft nicht mehr haltbar: „Selbstverständlich stelle ich meine Mitgliedschaft bei der Historischen Kommission zur Verfügung, wenn es für diese von Nutzen ist. Das Wesentliche bleibt auch jetzt, die Kommission am Leben und in ihrer alten organisatorischen Selbständigkeit zu erhalten"[38]. Nach mehr als fünfunddreißig Jahren waren alle formalen Verbindungen zwischen Müller und der Kommission gekappt.

Vor allem anderen war Müller nun bestrebt, Klarheit über die in der ‚Entnazifizierung' zu erwartenden Vorwürfe zu gewinnen, um seine Biographie an die veränderten Gegebenheiten anzupassen. Einen Schüler bat er um Äußerung, ob „Sie mich mehr als einen Wissenschaftler oder als einen Nationalsozialisten kennen gelernt haben"[39]. Es galt, zu trennen, was zuvor nur im Zusammenwirken die Karriere im NS-Staat ermöglicht hatte; eine nützliche Dichotomie von Wissenschaft auf der einen und Nationalsozialismus auf der anderen Seite, von wissensgeleiteten Experten versus fanatisierten Amateuren, die noch 1965 Hans Rothfels (1891–1976) in seiner berühmt-berüchtigten Formulierung von den „wildgewordenen Studienräten und Außenseitern" aufgreifen würde[40]. Als Müllers Spruchkammerverfahren im

---

35 K. A. v. Müller an Akademiepräsident, 29.8.1945 (Archiv BAdW, Personalakt Karl Alexander von Müller).
36 Zu Walter Goetz siehe Anm. 12.
37 HiKo (Walter Goetz) an Ordentliche Mitglieder HiKo, 3.12.1945 (AHK I Bd. 124).
38 K. A. v. Müller an Walter Goetz, 17.2.1946 (AHK I Bd. 124).
39 K. A. v. Müller an Johann Albrecht von Reiswitz, 3.7.1946 (BayHStA, Nl von Müller 5). Vgl. Andreas Roth, Johann Albrecht von Reiwitz (1899–1962). Vom unbequemen Südosteuropaexperten zum Kunstschützer (2020).
40 Hans Rothfels, Die Geschichtswissenschaft in den dreißiger Jahren, in: Deutsches Geistesleben und Nationalsozialismus. Eine Vortragsreihe der Universität Tübingen, hg. von Andreas Flitner (1965) S. 90–107, Zitat S. 99. Zu Rothfels' Biographie als aufstrebender Königsberger Historiker der 1920er Jahre, seine Emigration in die USA und seine Rückkehr nach Deutschland vgl. Jan Eckel, Hans Rothfels. Eine intellektuelle Biographie im 20. Jahrhundert (2005).

Frühjahr 1948 schließlich anstand, konnte er ein ebenso hart erarbeitetes wie beeindruckendes Album an ‚Persilscheinen' vorweisen. Mittlerweile lief jedoch die ‚Mitläuferfabrik' auf Hochtouren, so dass im Verfahren vor der Spruchkammer weder auf sein Wirken im Nationalsozialismus noch auf seine entsprechenden Entschuldungsversuche eingegangen wurde. Eingruppiert als Mitläufer, stellte den noch weitgehend einkommenslosen Müller lediglich die auferlegte Geldsühne von 2.000 Mark vor Probleme[41]. Eine Lösung versprach die Freundschaft zu Clara Huber, der Witwe Kurt Hubers[42], die nach der Hinrichtung ihres Mannes im Juli 1943 durch das Ehepaar Müller unterstützt worden war. Im April 1948 wandte sich Müller deshalb an Clara Huber: „Mein Spruchkammerbescheid scheint rechtskräftig zu werden und dann muß ich in sehr kurzer Zeit die Sühne einbezahlen. Ich wäre Ihnen deshalb sehr dankbar für eine kurze Nachricht, ob noch eine Möglichkeit besteht, ‚Mein Kampf' und ev. auch Hans Grimms Volk ohne Raum so günstig zu verkaufen. Das erstere Buch (schöne Halblederausgabe, völlig neu) liegt hier bereit"[43]. Die Erfahrung der eigenen Zurücksetzung, durch jahrelange Rechtfertigungsmühen verstärkt, überstrahlte andere Perspektiven mühelos, seine Selbstwahrnehmung als Opfer ließ Müller die Groteske dieser Offerte an die Witwe eines hingerichteten NS-Gegners nicht erkennen. Wenige Monate nach dem Abschluss seiner Entnazifizierung wurde Müller in einem verbreiteten Verfahren wieder in den Staatsdienst eingestellt, jedoch umgehend in den Ruhestand versetzt. Eine ordentliche Emeritierung blieb ihm bis 1956 verwehrt.

III. Karl Alexander von Müller in der deutschen Geschichtswissenschaft der frühen Bundesrepublik

Wenige Jahre zuvor noch einer der „Paradehistoriker der älteren Generation, mit denen sich die jungen Nationalsozialisten schmücken wollten"[44], nun mit seinen „apologetischen autobiographischen Schriften" auf dem Weg, „zu einem wahren Hauskater der frühen Bundesrepublik"[45] zu werden – die Beschreibungen Karl Alexander von Müllers und seiner Rolle(n) zwischen Nationalsozialismus und Nachkriegsdeutschland verdeutlichen in ihrer Ambivalenz die Bandbreite seiner Wahrnehmung in den letzten beiden Lebensjahrzehnten. Institutionell blieb er weitgehend ausgeschlossen, der mühsam nach mehr als einer Dekade erreichten Emeritierung folgte beispielsweise keine Wiederaufnahme in die Bayerische Akademie der Wissenschaften. Dies lag jedoch nicht am grundsätzlichen Engagement Müllers im Nationalsozialismus, denn ohne Diskussion ließ die Akademie die suspendierten Mit-

---

41 Sühnebescheid der Spruchkammer Miesbach, 12.2.1948 (BayHStA, Nl von Müller 4).
42 Aus der Fülle der Literatur zu Kurt Huber und der Weißen Rose vgl. biographisch angelegt: Rosemarie Schumann, Leidenschaft und Leidensweg. Kurt Huber im Widerspruch zum Nationalsozialismus (2007).
43 K. A. v. Müller an Clara Huber, 21.4.1948 (Stadtarchiv München, Nl Kurt Huber 70).
44 Michael Maurer, Neuzeitliche Geschichtsschreibung, in: Aufriß der Historischen Wissenschaften 5: Mündliche Überlieferung und Geschichtsschreibung, hg. von dems. (2003) S. 281–499, Zitat S. 463.
45 Martin H. Geyer, Im Schatten der NS-Zeit. Zeitgeschichte als Paradigma einer (bundes-)republikanischen Geschichtswissenschaft, in: Zeitgeschichte als Problem. Nationale Traditionen und Perspektiven der Forschung in Europa, hg. von Alexander Nützenadel / Wolfgang Schieder (2004) S. 25–53, Zitat S. 34.

gliedschaften von Helmut Berve (1896–1979)[46] oder Theodor Mayer (1883–1972)[47] nach Abschluss der Entnazifizierung wiederaufleben. Während das NS-Engagement einzelner Mitglieder demnach durchaus toleriert beziehungsweise marginalisiert werden konnte, bedurfte die Wiederherstellung der institutionellen Integrität der Akademie offenbar des fortgesetzten Ausschlusses der Symbolfigur Müller. Sein Ausschluss ersetzte eine institutionelle Entnazifizierung, der sich die Akademie nicht stellen wollte[48]. Die Rückkehr in die landesgeschichtliche Kommission im Frühsommer 1949 oder die Wahl in die Bayerische Akademie der Schönen Künste konnten für ihn die Verweigerung seiner erneuten formalen Kooptation in den Kreis der Disziplingenossen – etwa in die Historische Kommission – nicht kompensieren.

Doch Müller wollte weiterhin an den Unternehmungen der historischen Disziplin teilhaben, notfalls aus der zweiten oder dritten Reihe. Ein Besuch auf dem Historikertag in München im September 1949 wie auch die Mitgliedschaft im dort wiederbegründeten Verband der Historiker Deutschlands war, im Vergleich zu einer ordentlichen Emeritierung oder zur Rückkehr in den auserwählten Kreis der Historischen Kommission, von vergleichsweise niedrigem Rang und deshalb auch durch jene zu tolerieren, die Müllers institutioneller Rehabilitierung ablehnend gegenüberstanden[49]. Auch bot die Münchner Tagung für Müller die seltene Chance zur Rückkehr in die vermisste Rolle eines Schirmherrn der historischen Zunft, wenn er auch – im Gegensatz zu seiner früheren Karriere – seine Einschätzungen nun ungefragt unter Schülern und Freunden streuen musste. Das „Ergebnis des Historikertages" komme ihm, so Müller an seinen Schüler Kurt von Raumer (1900–1982), im „Rückblick nicht so gewichtig und vor allem nicht so lebendig vor, wie ich erhofft hatte. Beides gilt auch von Ritters Reformplänen: etwas kurzstilig und zünftlerisch, so als ob wir in einem festen Schiff mit friedlichen Winden führen. Ich fürchte, wir werden nicht so billig durchkommen"[50]. Vor allem der Vortrag des in die Emigration gezwungenen Hans Rothfels – „jetzt Prof. i. Chikago" – über Bismarck hatte Müller imponiert, alles andere „hätte vor 40 Jahren

---

46 Zur Biographie des Althistorikers vgl. Jasmin WELT, Helmut Berve und die Alte Geschichte. Eine deutsche Biographie (2023).
47 Zu Theodor Mayer siehe in vorliegendem Band Arno MENTZEL-REUTERS, Der Untergang des Reichsinstituts für ältere deutsche Geschichtskunde, S. 191–246 und Martina HARTMANN, Theodor Mayer und Percy Ernst Schramm im Dienst des Regimes, S. 161–189.
48 Zur Akademie im NS-Staat vgl. Matthias BERG, Nationalsozialistische Akademie oder Akademie im Nationalsozialismus? Die Bayerische Akademie der Wissenschaften und ihr Präsident Karl Alexander von Müller, in: Wendepunkte. Studien zur Wissenschaftsgeschichte der BAdW, hg. von Friedrich Wilhelm GRAF (2013) S. 173–202; Matthias BERG, Jüdische Mitglieder und Mitarbeiter der Bayerischen Akademie der Wissenschaften in der NS-Zeit, in: Zwischen Vaterlandsliebe und Ausgrenzung. Die jüdischen Mitarbeiter und Mitarbeiterinnen der Monumenta Germaniae Historica, hg. von Martina HARTMANN / Annette MARQUARD-MOIS / Maximilian BECKER (2023) S. 49–69.
49 Zum Münchner Historikertag 1949 sowie zum Historikerverband nach 1945 vgl. die entsprechenden Abschnitte in Matthias BERG u. a., Die versammelte Zunft. Historikerverband und Historikertage in Deutschland 1893–2000 (2018). Dezidiert zum Vergleich von altem und neuem Verband vgl. Matthias BERG, Institutionelle Erbschaften? Zur Wiedergründung des deutschen Historikerverbandes nach 1945, in: Geschichte jenseits der Universität. Netzwerke und Organisationen in der frühen Bundesrepublik, hg. von Jürgen ELVERT (2016) S. 53–72.
50 K. A. v. Müller an Kurt von Raumer, 26.9.1949 (Universitäts- und Landesbibliothek Münster, Nl Kurt von Raumer A 2,4).

gerade so gesagt werden können, einschl. der angepriesenen Reformpläne für die deutsche Geschichtswissenschaft. Ich hatte manchmal das Gefühl als ob ‚wir' mit unsern Irrtümern noch lebendiger gewesen wären als die jetzige selbstüberzeugte Schulmeisterei. Aber vielleicht ist dies der Eindruck eines laienhaften Heilkräutersammlers aus den Bergen"[51].

Allerdings, auch wenn sich Müller nach seiner Entnazifizierung intensiv um die erneute Anerkennung durch die historische Zunft bemühte, angewiesen auf die Resonanz in fachwissenschaftlichen Kreisen war er bereits seit langem nicht mehr, im Grunde seit seiner ersten publizistischen Karriere als historisch geschulter Gegenwartsdeuter im Ersten Weltkrieg nicht. Nachdem die universitäre Geschichtswissenschaft seine Rückkehr nur bedingt duldete, lag es nahe, sich wieder seinem Wirkungsfeld als öffentlichkeitswirksamer Autor zuzuwenden. In einer Vielzahl populärhistorischer Veröffentlichungen versuchte Müller, seine frühere Rolle als ‚öffentlicher' Historiker wiederzubeleben, nicht zuletzt mit zahlreichen Vorträgen im Rundfunk[52]. Erstaunen kann das nicht, denn der nach 1945 vielfach formulierte und auch selbst erhobene Anspruch des Bayerischen Rundfunks, die bayerische Eigenart positiv abzubilden, öffnete auf Identitätsbildung abzielenden Geschichtsdeutungen ‚à la Karl Alexander von Müller' Tür und Tor. Besonders beachtenswert erscheint zudem, dass das mediale Erbe des Nationalsozialismus mitnichten nur in inkriminierten Begriffen und Ideen, sondern auch in Erzähl- und Rezeptionsformen zu suchen und in der frühen Bundesrepublik wiederzufinden ist. Der Wunsch des Bayerischen Rundfunks nach einer ‚harmonischen Identitätsbildung' spielte dem Angebot Müllers in die Karten. Er bediente den Bedarf von Programmgestaltern mit eingeübtem und nun fortgesetztem Anspruch auf die erzieherische Funktion ihres Mediums[53]. Auch in dieser Hinsicht vielsagend berichtete eine frühere Schülerin von ihrem Hör-Erlebnis unterm ‚weißblauen Himmel' Müllers: „Wie einst saß ich inmitten Ihrer großen Hörerschar und es klangen bis in Redewendungen getreu Einzelheiten aus Ihren Vorlesungen auf. Nur sind die Wände Ihres Hörsaales weit hinausgerückt und Ihr Auditorium ist das ganze Volk geworden"[54].

Vor allem mit seinen in drei Bänden veröffentlichten Lebenserinnerungen wurde Müller erneut zum Erfolgsautor popularisierter Historie[55]. Diese waren nicht allein ein Ergebnis orientierungs- und beschäftigungsloser Nachkriegsjahre. Spätestens seit 1942 hatte Müller intensiv an seinen Kindheits- und Jugenderinnerungen gearbeitet. Auch sie sind daher ein Ergebnis jener längeren Umbruch- und Neuorientierungsphase, in der das Kriegsende im Mai 1945 eine Bruchstelle markiert. Dabei blieb das Bedürfnis nach privater Sammlung und

---

51 K. A. v. Müller an Karl August Fischer, 27.9.1949 (BayHStA, Nl von Müller 258). Zwischen Amtsenthebung im Januar 1946 und Ruhestandsversetzung im Juni 1948 wurde Müller zum Arbeitseinsatz als „Heilkräutersammler" verpflichtet, der Umfang dieser Tätigkeit blieb jedoch überschaubar.

52 Vgl. eingehend Matthias Berg, Biographische Deutungen im Bayerischen Rundfunk der 1950er Jahre – Karl Alexander von Müller, in: Impulsgeber für den Bayerischen Rundfunk, hg. v. Ferdinand Kramer (Beihefte der ZBLG 47, 2023) S. 107–131.

53 Frank Bösch, Medien und Gesellschaftswandel. Zeithistorische Perspektiven auf die Erforschung des Bayerischen Rundfunks, in: ZBLG 80 (2017) S. 579–591, Zitate S. 585 und S. 590.

54 Ida Wallner an K. A. v. Müller, 7.11.1952 (BayHStA, Nl von Müller 484).

55 Karl Alexander von Müller, Aus Gärten der Vergangenheit. Erinnerungen 1882–1914 (1951); ders., Mars und Venus. Erinnerungen 1914–1919 (1954); ders., Im Wandel einer Welt. Erinnerungen 3: 1919–1932, hg. v. Otto Alexander von Müller (1966).

Orientierung im untergehenden Nationalsozialismus nicht allein Karl Alexander von Müller vorbehalten. Auch die anderen bekannten, von einem Historiker verfassten Münchner Kindheits- und Jugenderinnerungen jener Jahre, Hermann Heimpels „Halbe Violine", entstanden zu Teilen noch vor 1945[56]. Die Bedeutung autobiographischer Rückversicherung in einer Zeit kaum abzuschätzenden Wandels erscheint evident, weshalb es kein Zufall war, dass Müller den ersten Band seiner Memoiren 1914 enden ließ. Niemand, sandte er dem Band voraus, wisse „wie schön die Welt sein kann, der die Jahre vor 1914 nicht erlebt hat"[57]. Die idealisierende Rückbesinnung entsprach dem verbreiteten Bedürfnis nach einer von der Zeit der Weltkriege unbeschadeten Traditionsbildung. Bereitwillig überquerten Müllers Leser die über die Zeit von Weimarer Republik und Nationalsozialismus geschlagene Brücke.

Der Erfolg der Memoiren ließ Müller zum erneut vielgefragten Autor werden, in publizistischer Hinsicht schwieg er keineswegs, war in den 1950er Jahren kaum weniger präsent als während seiner ‚ersten' Karriere. Allerdings blieben wissenschaftliche Beiträge seltene Ausnahmen, Müllers Reservoir waren nun die bayerische Heimat und die eigene Biographie. Zwar war er selbst keineswegs der Ansicht, seine früheren wissenschaftlichen Veröffentlichungen wären obsolet geworden, und bemühte sich daher intensiv um ihre erneute Publikation. Für den bereits zweifach und zudem noch in englischer Übersetzung erschienenen Essay „Der ältere Pitt"[58] konnte Müller im Juli 1950 den Münchner Verleger Hermann Rinn (1895–1974) interessieren, der jedoch unter Verweis auf die „wahre Friedhofsstille im Buchhandel bei der ganzen historischen Literatur" schließlich absagte[59]. Auch der Verlag C.H. Beck konnte sich für einen Doppelband mit Müllers monographischen Erfolgen der 1920er Jahre – den Darstellungen über Joseph von Görres und Karl Sand[60] – nicht erwärmen. Es seien Reprisen schwer durchzusetzen, selbst wenn es sich „um einen so namhaften Stilisten handelt"[61]. Eine Eintrübung seines Sehvermögens behinderte Müller zusätzlich. Angesichts der Fülle populär- und regionalhistorischer Veröffentlichungen in seinem letzten Lebensjahrzehnt ist jedoch anzunehmen, dass ihm der fortschreitende Wandel geschichtswissenschaftlichen Arbeitens bewusst geworden war. Seine frühere Rolle konnte nicht wiederbelebt werden, über den Fachhistoriker Müller war die Zeit hinweggegangen.

Trotz aller öffentlichen Erfolge und der manifesten Anerkennung, die 1961 in der Verleihung des Bayerischen Verdienstordens gipfelte[62], wurde die Rückkehr in die Akademie sowie vor allem in die Historische Kommission für Müller zum Lackmustest, ob er sich

---

56 Vgl. die entsprechende Mitteilung Hermann Heimpels an K. A. v. Müller, 4.4.1945 (BayHStA, Nl von Müller 2) sowie Hermann HEIMPEL, Die halbe Violine. Eine Jugend in der Residenzstadt München (1949). – Zur Rolle Heimpels nach 1945 vgl. Anne C. NAGEL, Im Schatten des Dritten Reichs. Mittelalterforschung in der Bundesrepublik Deutschland 1945–1970 (2005).
57 VON MÜLLER, Erinnerungen 1882–1914 (wie Anm. 55) S. 5.
58 Zunächst als Teil einer populär angelegten Sammlung (Karl Alexander VON MÜLLER, Der ältere Pitt, in: Erich MARCKS / Karl Alexander VON MÜLLER [Hg.], Meister der Politik 3 [1923] S. 297–408), als selbständiger Titel DERS., Der ältere Pitt (Schriften der Corona 17, 1937) sowie DERS., The elder Pitt (1939).
59 Vgl. die Korrespondenz zwischen Hermann Rinn und K. A. v. Müller, Juli/August 1950 (BayHStA, Nl von Müller 440).
60 Siehe Anm. 16.
61 C.H. Beck'sche Verlagsbuchhandlung an K. A. v. Müller, 15.3.1951 (BayHStA, NL von Müller 438).
62 Der 1957 gestiftete Orden gilt als – nach dem Bayerischen Maximiliansorden für Wissenschaft

tatsächlich als ‚rehabilitiert' verstehen durfte. Als sich 1958 die Gründung der Historischen Kommission zum einhundertsten Male jährte, unternahm Müller einen weiteren Versuch und wies gegenüber dem amtierenden Präsidenten Franz Schnabel (1887–1966)[63] darauf hin, dass der „Akademiebrand auch die 17 dicken Akten- und Brieffaszikel verschlungen hat, die über meine Tätigkeit als Sekretär bis ins kleinste hätten Aufschluß geben können: es war kein Blatt darin, das der Kommission oder mir selbst zur Unehre gereichen würde"[64]. Zur Festveranstaltung zum Kommissions-Jubiläum war Müller eingeladen worden und hatte auch teilgenommen[65]. In der Sitzung der Kommission am Tag zuvor aber war er nicht gewählt worden. Als im Jahr darauf die Akademie ihr zweihundertjähriges Bestehen beging, widmete sich ihr Präsident, der Mittelalterhistoriker Friedrich Baethgen (1890–1972)[66], in seiner Festrede auch der NS-Zeit. Betont distanziert führte Baethgen aus, es habe nur „der von der Regierung ernannte, nicht ein von der Akademie gewählter und von ihrem Vertrauen getragener Präsident [...] in seinen Ansprachen bei Öffentlichen Sitzungen die neue Zeit, das herrschende Regime und seinen obersten Repräsentanten mit tönenden Worten" gefeiert[67]. Müller kehrte weder in die Bayerische Akademie noch in die Historische Kommission je zurück.

„Wir hatten seit Wochen fast nur Familienbesuche, ich bin durstig wie ein Schwamm auf Nachrichten aus dem wissenschaftlichen und akademischen Leben"[68], schrieb Müller 1959 an Heinz Gollwitzer. Was Müller blieb, waren seine früheren Schüler, die ihre persönliche Bindung zu ihm aufrechterhielten. Als akademischer Lehrer war Müller bis 1945 ein außergewöhnlicher Erfolg beschieden, in quantitativem Sinne mit fast 300 ‚betreuten' Promotionen, aber auch qualitativ: Theodor Schieder (1908–1984), Heinz Gollwitzer (1917–1999), Karl Bosl (1908–1993), Fritz Wagner (1908–2003), Wolfgang Zorn (1922–2004), Kurt von Raumer – sein Schülerkreis glich einem ‚Who's who' der frühen bundesdeutschen Geschichtswissenschaft. Mühelos ließen sich die Elogen der Schüler auf ihren akademischen Lehrer referieren, die sich zu den Jubiläen – 1952 zum 70. Geburtstag und 1962 zum 80. Geburtstag – versammelten, ebenso wie sie es bereits 1932 und 1942 getan hatten. Seinen zum 150. Jubiläum der Historischen Zeitschrift 1959 anstehenden, zur Entwicklung in der NS-

---

und Kunst – zweithöchster Orden des Freistaates Bayern. Zur Verleihung an Müller vgl. BERG, Karl Alexander von Müller (wie Anm. 5) S. 448.
63 Zur Biographie Schnabels, der 1936 als Gegner des NS-Regimes aus dem Staatsdienst entfernt worden war, Thomas HERTFELDER, Franz Schnabel und die deutsche Geschichtswissenschaft (1998).
64 K. A. v. Müller an Präsident (Franz Schnabel), 6.9.1958, sowie „An die Historische Kommission" (AHK I Bd. 8). Die um 1830 erbaute Akademie der Wissenschaften in der Neuhauser Straße brannte nach mehreren Bombentreffern Ende April 1944 vollständig aus.
65 Einladung der HiKo zur 100-Jahr-Feier an K. A. v. Müller, Oktober 1958 (BayHStA, Nl von Müller 419); 100-jähriges Jubiläum der Historischen Kommission, einliegend Liste der „Teilnehmer am Festakt und Festessen", auch K. A. v. Müller aufgeführt (AHK I Bd. 211).
66 Zur ambivalenten Haltung Friedrich Baethgens siehe Arno MENTZEL-REUTERS, Friedrich Baethgen (wie Anm. 12); zu Baethgens Selbstdarstellung nach dem Krieg vgl. Joseph LEMBERG, Der Historiker ohne Eigenschaften. Eine Problemgeschichte des Mediävisten Friedrich Baethgen (Campus historische Studien 71, 2015), v. a. S. 360 ff.
67 Friedrich BAETHGEN, Die Bayerische Akademie der Wissenschaften 1909–1959. Tradition und Auftrag. Festrede zum Zweihundertjährigen Jubiläum (1959), Zitat S. 13.
68 K. A. v. Müller an Heinz Gollwitzer, 25.9.1959 (BArch, Nl Heinz Gollwitzer 41).

Zeit ohnehin zurückhaltenden Aufsatz legte Herausgeber Theodor Schieder dem Vorvorgänger Müller vor der Drucklegung zur Durchsicht vor und ließ den Oldenbourg-Verlag zudem wissen, er wolle „zu größter Zurückhaltung neigen, so lange in irgendeiner Weise noch lebende Persönlichkeiten wie mein verehrter Lehrer K.A. von Müller berührt werden"[69].

Bis zu Müllers Tod und auch darüber hinaus – verwiesen sei auf die Nachrufe Karl Bosls und Heinz Gollwitzers[70] – priesen seine Schüler ihren Lehrer öffentlich. Es bleibt jedoch die Frage, wieviel Gemeinsamkeit sie tatsächlich noch mit ihrem Lehrer verband. Bereits bei der Entnazifizierung bestand eine gemeinsame Perspektive vor allem gegenüber den Besatzungsbehörden und Spruchkammern: solange der Blick nach außen gerichtet blieb. Nach innen jedoch, dies bedingen unterschiedliche Biographien bis 1945 wie unterschiedliche Karriereaussichten nach 1945, spalteten sich die Erfahrungen in gegensätzliche Sichtweisen auf. Nicht zuletzt generationenbedingt unterschieden sich die Herausforderungen. Galt es für Müller, vor allem Pension und ‚Lebenswerk' zu retten, war die mittlere Generation um Raumer oder Schieder noch auf eine fortgesetzte tatsächliche Karriere angewiesen. Jüngere Historiker, die bis 1945 allenfalls ihre Ausbildungsphase absolviert hatten, sahen sich genötigt, vorerst Abstand vom akademischen Lehrer zu gewinnen. Karl Bosl, der bis 1945 bei Müller sowohl Promotion als auch Habilitation absolviert hatte und dem Müller alle relevanten Karrieretüren geöffnet hatte, sparte bei seinem Antrag auf eine Dozentur an die Münchner Universität 1948 die Lehrerschaft Müllers kurzerhand aus[71].

Auch der – trotz aller fraglos vorhandenen, zuvorderst personellen Kontinuitäten – in den 1950er Jahren beginnende Wandel der deutschen Geschichtswissenschaft setzte Müllers Rolle als akademischem Lehrer zunehmenden Spannungen aus. Auf eine Besprechung seiner Memoiren durch den 40 Jahre jüngeren Wolfgang Zorn[72] reagierte Müller bedrückt: „Nach Ihrer Anzeige hatte ich zum ersten Mal wieder das Gefühl: du hättest das Buch besser doch nicht veröffentlicht [...]. Ich vermag es nicht näher zu umschreiben als: mir kommt vor, als hätte ich irgendwie einen Kontakt mit Ihnen – mit der jüngeren Generation überhaupt? – eingebüßt. Vielleicht ist es, weil ich keine Ahnung habe, was Sie aus Amerika zurückgebracht haben"[73]. Zwar versicherte Zorn umgehend seine Verehrung, doch hatte Müller selbst den Grund für die Differenzen, den schwindenden gemeinsamen Erfahrungshorizont – was Zorn „aus Amerika zurückgebracht" habe – angesprochen.

Geteilte Erfahrungen hingegen waren nur in gemeinsam erinnerter Vergangenheit zu erzielen, eine rege Korrespondenz zwischen Müller und seinen Schülern zeugt von diesem mühseligen Prozess des gegenseitigen Versicherns der Vertrautheit. Wenn auch mit dem akademischen Lehrer die unvermeidlichen Brüche in den Bindungen immer wieder gekit-

---

69 Theodor Schieder an Verlag, 18.4.1959 (Bayerisches Wirtschaftsarchiv, Oldenbourg Verlag 1624). Zur Biographie Schieders, des wohl erfolgreichsten Müller-Schülers, vgl. Christoph Nonn, Theodor Schieder. Ein bürgerlicher Historiker im 20. Jahrhundert (2013).
70 Karl Bosl, Karl Alexander von Müller. In Memoriam, in: ZBLG 28 (1965) S. 920–928; Heinz Gollwitzer, Karl Alexander von Müller 1882–1964. Ein Nachruf, in: HZ 205 (1967) S. 295–322.
71 Vgl. Matthias Berg, Lehrjahre eines Historikers. Karl Bosl im Nationalsozialismus, in: ZfG 59 (2011) S. 45–63, hier S. 60f.
72 Vgl. Wolfgang Zorn, Aus Gärten der Vergangenheit (Rez.), in: Deutsche Universitätszeitung Göttingen v. 9.11.1951.
73 K. A. v. Müller an Wolfgang Zorn, 27.10.1951 (BayHStA, Nl von Müller 76).

tet wurden, offenbarten sich die Schüler untereinander ihre weitaus kritischere Perspektive auf seine publizistische Rehabilitierung. Kurt von Raumer bekannte gegenüber Heinz Gollwitzer, er sei über Müllers Pläne für einen dritten Erinnerungsband „entsetzt und vermutete, der eingetretene, geradezu selbstzerstörende Orientierungsverlust gehe a conto einer Verbitterung"[74]. Er hielte es „für eine Katastrophe, wenn in zeitlicher Nachbarschaft mit einer umfassenden Festgabe, in der sich unsere persönliche Dankbarkeit gegen K*[arl]*A*[lexander]* ausdrücken soll, ein 3. Band erschiene, der dem, was wir sachlich wollen, ins Gesicht schlüge". Während Müller, bestärkt von der positiven Resonanz, sich in der autobiographischen Reflexion zunehmend von kritischen Sichtweisen auf sein Wirken entfernte, waren seine Schüler kaum noch bereit, hier Unklarheiten zu dulden. Sie fürchteten diese auch ob ihres eigenen wissenschaftlichen Renommees, wünschten zumindest untereinander, Müller möge endlich schweigen.

IV. Der Historiker als Zeitzeuge

Zwischen populärhistorischer Präsenz und fachwissenschaftlicher Absenz, als gefragter Deuter der vermeintlich unberührten Zeit ‚vor 1914' und peinlich geduldeter Apologet der eigenen Biographie: Müllers Stellung in der deutschen Geschichtswissenschaft der frühen Bundesrepublik blieb fragil. In einer Hinsicht aber konnte er in erstaunlicher – bislang selten zur Kenntnis genommener – Weise reüssieren: als Zeitzeuge[75]. Bereits 1948 hatte sein früherer Schüler Michael Freund (1902–1972), der zu den Gründervätern der bundesdeutschen Politikwissenschaften zählte[76], für die Zeitschrift „Die Gegenwart" um einen Zeitzeugenbericht Müllers gebeten: „Diese zugleich großartige und schauerliche Zeit, geschaut durch das Auge eines Historikers, wird sicherlich etwas Erhebendes an sich haben"[77]. Freund vermutete, „dass man Ihre Eindrücke von der Bürgerbräurevolution des Jahres 1923 als ein historisches Dokument gern bringen würde". Nicht nur Müller, auch Freund selbst kehrte mit diesem Vorschlag an den Ausgangspunkt ihrer gemeinsamen wissenschaftlichen Betätigung zurück. Zwei Jahrzehnte zuvor, anlässlich des fünfzigsten Geburtstags Müllers 1932, hatte Freund mit den Worten gratuliert, er verdanke Müllers Übungen „zur Parteigeschichte unverlierbare Anregungen. Sein eben erschienenes Buch ‚Georges Sorel' sei dadurch sehr gefördert worden, daß ich im Seminar von Prof. K.A. von Müller über Sorel vortragen" durfte[78]. Müllers Seminar, seine Übungen zur „Historischen Politik" avancierten in den 1920er Jahren zum Sammelpunkt einer „Gruppe politisch wacher Studenten, die an Fragen der Parteipolitik oder des Sozialismus interessiert waren – und zwar von links wie von rechts"[79].

---

74 Kurt von Raumer an Heinz Gollwitzer, 7.1.1955 [richtig: 1956] (BArch, Nl Heinz Gollwitzer 43).
75 Vgl. zu Genese und vielfältigen Aspekten des ‚Zeitzeugen' Die Geburt des Zeitzeugen nach 1945, hg. von Martin Sabrow / Norbert Frei (2012); Martin Sabrow, Zeitzeuge, in: Handbuch historische Authentizität, hg. von dems. / Achim Saupe (2024) S. 553–562.
76 Zur Rolle Michael Freunds in der entstehenden Politikwissenschaft vgl. ausführlich Birte Meinschien, Michael Freund. Wissenschaft und Politik (1945–1965) (2012); zum Verhältnis zu Müller u. a. S. 30 und S. 100.
77 Michael Freund an K. A. v. Müller, 25.11.1948 (BArch, Nl Michael Freund 7).
78 Vgl. Michael Freunds undatierte Grußadresse in einer Stammrolle mit den gesammelten Glückwünschen der Schüler Karl Alexander von Müllers (BayHStA, Nl von Müller 24).
79 Winfried Schulze, Karl Alexander von Müller (1882–1964). Historiker, Syndikus und Akademiepräsi-

Die heterogene Zuhörerschaft Müllers, zu der die erwähnten frühen Nationalsozialisten wie Göring und Hess, spätere Vertreter der nationalsozialistischen Geschichtswissenschaft wie Walter Frank, aber auch politisch links orientierte Historiker wie Wolfgang Hallgarten (1901–1975)[80] und eben Michael Freund zählten, hatte ihren Nukleus in diesen Übungen, die Müllers Ruf als charismatischem, politisiertem, aber auch tolerantem Lehrer begründeten. Freund verhehlte die Inspiration, die von den Lehrveranstaltungen der 1920er Jahre für seine zeithistorischen Interessen ausging, keineswegs. Im November 1948 berichtete er von seiner Kieler Vorlesung über Wissenschaft der Politik seinem ehemaligen akademischen Lehrer, er versuche, die „Tradition Ihres Seminars zur Geschichte der Parteien von Damals fortzusetzen"[81].

Knapp zwei Jahre darauf verwies Freund erneut auf seine wissenschaftliche Sozialisation im Seminar Müllers – „Im Grunde tue ich das, was Sie in den mir unvergeßlichen Übungen zur Parteigeschichte getan haben"[82] – und unternahm einen zweiten Versuch, Müllers Rollenwechsel vom Historiker zum Zeitzeugen zu befördern. Dieser solle einen „Bericht über den 8. November 1923" geben, denn Freund schien Müllers „Zeugenaussage vor Gericht das lebendigste und erregendste dessen, was danach als Historie dieses schicksalsschweren Tages gegeben wurde". Tatsächlich sollte Müllers Darstellung des Putschversuchs Hitlers erst posthum, zwei Jahre nach seinem Tod, im dritten Erinnerungsband erscheinen, dann aber aufgrund der vermeintlichen Beweiskraft des Augenzeugen und einer gut lesbaren sowie nicht zuletzt die Vorstellungen seiner Leser zutreffend antizipierenden Schilderung tatsächlich zu dem ‚Dokument' der Ereignisse im November 1923 werden. Seine Darstellung sicherte Müller einen Platz in der Geschichtsschreibung zum Putsch[83].

Auch der bereits erwähnte erste Auftritt Adolf Hitlers als Redner in einem Aufklärungskurs Müllers im Sommer 1919, in dem die Angehörigen einer zukünftigen Reichswehr politisch-historisch gebildet werden sollten[84], lenkte Jahrzehnte später die Aufmerksamkeit auf den Dozenten. Während die erste umfassende biographische Studie zu Hitler in den

---

dent im „Dritten Reich", in: Denker, Forscher und Entdecker. Eine Geschichte der Bayerischen Akademie der Wissenschaften in historischen Portraits, hg. von Dietmar WILLOWEIT (2009) S. 281–306; Zitat S. 287.

80 Hallgarten war 1925 bei Hermann Oncken promoviert worden und musste 1933 in den USA emigrieren; vgl. seine veröffentlichten Memoiren: George W. F. HALLGARTEN, Als die Schatten fielen. Erinnerungen vom Jahrhundertbeginn zur Jahrtausendwende (1969).
81 Michael Freund an K. A. v. Müller, 25.11.1948 (BArch, Nl Michael Freund 7). Schreibweise im Original.
82 Michael Freund an K. A. v. Müller, 12.7.1950 (BArch, Nl Michael Freund 14). Müller war für den 9. Verhandlungstag des Hochverratsprozesses, den 7.3.1924, in den Zeugenstand gerufen worden; zu seiner Zeugenaussage vgl.: Der Hitler-Prozess 1924. Wortlaut der Hauptverhandlung vor dem Volksgericht München I, hg. von Lothar GRUCHMANN / Reinhard WEBER (1997) S. 596–599.
83 Vgl. beispielhaft Harold J. GORDON, Hitlerputsch 1923. Machtkampf in Bayern 1923–1924 (1971) S. 259; David Clay LARGE, Hitlers München. Aufstieg und Fall der Hauptstadt der Bewegung (1998) S. 227–229.
84 Vgl. Ernst DEUERLEIN, Hitlers Eintritt in die Politik und die Reichswehr, in: VfZ 7 (1959) S. 177–227, hier S. 182. Hitlers Auftritt ist ausschließlich durch von Müllers Erinnerungen belegt, vgl. VON MÜLLER, Erinnerungen 1914–1919 (wie Anm. 55) S. 338f. Die spätere Forschung hat Müllers Angaben bezweifelt, vgl. Othmar PLÖCKINGER, Adolf Hitler als Hörer an der Universität München im Jahr 1919. Zum Verhältnis zwischen Reichswehr und Universität, in: Die Universität München im Dritten Reich. Aufsätze 2, hg. von Elisabeth KRAUS (2008) S. 13–47, hier S. 33–35.

1950er Jahren – vor dem Erscheinen von Müllers Memoiren – noch gänzlich ohne dessen Nennung auskam[85], übernahm Müller seit dem Erscheinen des dritten Erinnerungsbandes in allen bekannten Darstellungen eine tragende Rolle als ‚Augenzeuge' des Aufstiegs Hitlers[86]. Mit seinen Memoiren schrieb sich Müller, teils posthum, in die Historiographie zur nationalsozialistischen Bewegung der 1920er Jahre ein, sehr viel wirkmächtiger, als ihm dies in seiner ursprünglichen Rolle als Historiker zu einem historischen Gegenstand gelungen war.

Müller schwieg keineswegs, er hatte jedoch die Rolle gewechselt: Nicht als Historiker, als Zeitzeuge gewann er Rang, Namen und letzten Endes auch Einfluss auf die frühe Erforschung der NS-Geschichte. Im Juni 1951 bat Müllers Schüler Georg Franz um ein Gespräch, er arbeite an einem „Forschungsauftrag des Instituts für Geschichte der NS-Zeit" über die Frühgeschichte der NSDAP wie auch über Hitlers frühe Jahre[87]. In der mit dem Institut für Zeitgeschichte entstehenden, bundesdeutschen Zeitgeschichtsforschung erfreute sich der ‚Augenzeuge' Müller einiger Beliebtheit. Seine Doppelrolle als Zeitzeuge und autobiographischer Zeitdeuter verlieh seinen Aussagen offenbar besonderes Gewicht, bei der frühen Erforschung des Nationalsozialismus jedenfalls war seine Unterstützung gesucht. Zu Ernst Deuerleins Aufsatz über Hitlers Eintritt in die Politik und die Reichswehr trugen nicht nur, wie ausgeführt, die in Müllers zweitem Memoirenband aufgegriffenen ‚Erinnerungen' über Hitlers ersten Auftritt als Redner bei. Müller machte zusätzlich eine schriftliche Aussage[88]. Zuvor hatte er bereits mehrfach Reginald H. Phelps beraten[89]. Für Helmut Heibers Studie über Walter Franks Reichsinstitut gab Müller dem langjährigen Mitarbeiter des Münchner Instituts für Zeitgeschichte Auskunft, nicht ohne seine eigene Darstellung in der Studie günstig zu beeinflussen[90].

In der Rolle des Zeitzeugen erhielt Müller Aufmerksamkeit und Deutungshoheit, zusätzlich gestützt wurde seine Position durch seine einflussreiche Stellung in der deutschen Geschichtswissenschaft vor 1945. Eine Reihe von Protagonisten der entstehenden bundesrepublikanischen Zeitgeschichtsforschung teilten eine ‚Vergangenheit' mit Müller. So

---

85 Vgl. Alan BULLOCK, Hitler. A Study in Tyranny (1952, dt. Übersetzung 1953).
86 Vgl. Joachim FEST, Hitler. Eine Biographie (1973, ²1999) S. 179; Ian KERSHAW, Hitler 1889–1936 (1998) S. 167; Ludolf HERBST, Hitlers Charisma. Die Erfindung eines deutschen Messias (2010) S. 100f.; Volker ULLRICH, Adolf Hitler. Biographie 1: Die Jahre des Aufstiegs 1889–1939 (2013) S. 99f.
87 Georg Franz an K. A. v. Müller, 5.6.1951 (BayHStA, Nl von Müller 495). Als Georg Franz-Willing publizierte Müllers Schüler in der Bundesrepublik einige geschichtsrevisionistische Studien.
88 Vgl. Ernst DEUERLEIN, Hitlers Eintritt in die Politik (wie Anm. 86), hier S. 180 Anm. 13. Auch mit einer Anfrage zu den Berichten des Grafen Lerchenfeld bzw. zur geplanten Edition des Briefwechsels mit dem bayerischen Ministerpräsidenten Georg Graf von Hertling wandte sich Deuerlein an K. A. v. Müller, 7.6.1951 (BayHStA, Nl von Müller 495).
89 Der amerikanische Historiker Phelps (1909–2006) wandte sich im Mai 1958 an Müller, dieser erinnere sich vielleicht an ihr Treffen 1954 in München, bei dem Müller „einiges aus den zwanziger Jahren in München und Bayern" erzählt habe, vgl. Reginald H. Phelps an K. A. v. Müller, 28.5.1958 (BayHStA, Nl von Müller 489). Vgl. zudem unter mehrfacher Verwendung der Erinnerungen von Müllers: Hellmut AUERBACH, Hitlers politische Lehrjahre und die Münchener Gesellschaft 1919–1923. Versuch einer Bilanz anhand der neueren Forschung, in: VfZ 25 (1977) S. 1–45.
90 Vgl. Helmut Heiber „Aktennotiz", 31.7.1959, „Betr. Besuch bei Professor Karl Alexander von Müller in Rottach-Egern am 28.7.1959" (IfZ, ZS 1716 1, Müller, Karl Alexander von); Helmut HEIBER, Walter Frank und sein Reichsinstitut für Geschichte des neuen Deutschlands (1966).

unterstützte er die Bewerbung seines ehemaligen Doktoranden Anton Hoch (1914–1981) als Archivar am entstehenden Institut für Zeitgeschichte mit Fürsprache und Gutachten[91]. Im Gegenzug konnte Müller durch Vermittlung seines Schülers an das Institut für Zeitgeschichte aus seiner Bibliothek die fast „geschlossene Reihe der Veröffentlichungen des ‚Reichsinstituts für Geschichte des neuen Deutschlands'"[92] sowie seine gesammelten Bände der Historischen Zeitschrift verkaufen. Auch Helmut Krausnick, späterer Leiter des Instituts für Zeitgeschichte, hatte von Müllers früherem Einfluss profitiert. Mit einem Hinweis auf seinen unter Müllers Herausgeberschaft erschienenen ersten Beitrag in der Historischen Zeitschrift[93] verband er 1952 Glückwünsche anlässlich dessen siebzigsten Geburtstags zu „einem weiteren erfolgreichen Schaffen, für dessen sachlichen Gehalt Sie immer eine künstlerische Darstellungsform zu finden wußten, die zu erreichen uns Jüngeren kaum je gegeben sein wird"[94]. Diese Verbindung wollte Müller aufrechterhalten. Gern würde er, erwiderte der Jubilar die Glückwünsche Krausnicks, für die Fortsetzung der Memoiren „das bei Ihnen gesammelte Material" nutzen, außerdem stehe er „immer gern zur Verfügung [...] wo ich Ihnen dienlich sein kann"[95].

Ohne Risiko allerdings war diese beredte, zum Teil öffentlich wahrnehmbare ‚Ausbeutung' der eigenen Biographie für Müller nicht. Eine erste heikle Anfrage zur eigenen Tätigkeit hatte ihn bereits im Frühjahr 1950 erreicht. Der aus der Emigration zurückgekehrte jüdische Journalist Hans Lamm (1913–1985) bat Müller für seine Dissertation über das „Schicksal der Juden im Dritten Reich" um Auskunft über die Tätigkeit des „NS Forschungsinstitutes ueber die Judenfrage", er wisse nicht einmal, ob es ein oder zwei Institute in München oder Frankfurt gegeben habe[96]. Müller nutzte die Chance, die bereits für seine Entnazifizierung mehrfach wiederholte strikte Trennung zwischen Münchner und Frankfurter ‚Judenforschung' zu betonen. Die Münchner Forschungsabteilung sei „keine Gründung und Einrichtung der Partei, sondern des Staates"[97] gewesen, durch seine „persönliche Verbindung" zu Walter Frank sei er „eine Zeit lang selbst in dies Institut mithereingezogen" worden, dessen ursprüngliches Ziel „wissenschaftlich" gewesen sei. Doch erschien dieses Institut der „Partei alsbald zu ‚Wissenschaftlich' und zu wenig ‚Praktisch aktiv'", deshalb wurde ein

---

91 Vgl. den Dank Anton Hochs an K. A. v. Müller, 13.7.1949 (BayHStA, Nl von Müller 496); zu Hochs Lebenslauf vgl. Martin BROSZAT, Nachruf Anton Hoch, in: VfZ 29 (1981) S. 472f.
92 Vgl. die Korrespondenz zwischen Anton Hoch und K. A. v. Müller, Juli u. September 1950 (BayHStA, Nl von Müller 496).
93 Helmut KRAUSNICK, Botschafter Graf Hatzfeld und die Außenpolitik Bismarcks, in: HZ 167 (1943) S. 566–583.
94 Helmut Krausnick an K. A. v. Müller, 19.12.1952 (BayHStA, Nl von Müller 31).
95 K. A. v. Müller an Helmut Krausnick, 20.1.1953 (BayHStA, Nl von Müller 31).
96 Hans Lamm an K. A. v. Müller, 15.4.1950 (BayHStA, Nl von Müller 496). Vgl. die Dissertation von Hans LAMM, Über die innere und äußere Entwicklung des deutschen Judentums im Dritten Reich (1951) sowie zu seiner Biographie Andrea SINN, „Und ich lebe wieder an der Isar". Exil und Rückkehr des Münchner Juden Hans Lamm (2008), v. a. S. 47–92.
97 K. A. von Müller an Hans Lamm, 21.4.1950 (BayHStA, Nl von Müller 496). – Zur „Forschungsabteilung Judenfrage" in München siehe oben S. 253; zum konkurrierenden, unter der Ägide Alfred Rosenbergs 1939 gegründeten Frankfurter Institut, vgl. Dirk RUPNOW, Institut zur Erforschung der Judenfrage in Frankfurt am Main, in: FAHLBUSCH u. a., Handbuch der völkischen Wissenschaften (wie Anm. 26) S. 1478–1486.

Institut in Frankfurt gegründet, das „unmittelbar dem Stab Rosenberg unterstand". Müllers Kalkül war offenkundig: zum einen Abgrenzung seines Tätigkeitsfeldes von der NSDAP, zum anderen Verweis auf die ‚Wissenschaftlichkeit' seiner Beteiligung. Ebenfalls wenig erfreut dürfte Müller über die Mitteilungen gewesen sein, die ihm sein früherer Schüler und späterer Mitarbeiter des Instituts für Zeitgeschichte, Anton Hoch, zukommen ließ. Er sei auf Müllers Namen gestoßen: „mehrmals in dem in Amerika von einem jüdischen Institut / New York herausgegebenen Buch WEINREICH, HITLER'S PROFESSORS, dann in einer amerik. Dr. Dissertation über Walter Frank, von dem gesagt wird, dass drei Männer auf ihn besonderen Einfluß hatten: Adolf Hitler, Ludendorff und K.A. von Müller"[98]. Bei seiner Lektüre der Müller betreffenden Stellen, bekannte Hoch, wurde „er immer wieder in der Überzeugung bestärkt, daß es doch sehr schön wäre, wenn Sie [...] einmal auch Ihre Erinnerungen an das ‚Reichsinstitut' niederschrieben und dem Institut zur Verfügung stellten". Selbstredend wollte Müller seine mühsam hergestellte Distanz zur nationalsozialistischen ‚Judenforschung' nicht durch ohne Not verfasste Schriftstücke gefährden. Doch blieb er in der Rolle des Zeitzeugen stets im Spannungsfeld zwischen dem schmeichelhaften Interesse an seiner Person und der fraglos geschätzten Möglichkeit zur Einflussnahme auf entstehende historische Darstellungen sowie zugleich der drohenden Problematisierung des eigenen Wirkens in der NS-Zeit gefangen.

In einem Fall gelang es Müller mit Erfolg, die frühere Rolle als Historiker mit jener des Zeitzeugen zu versöhnen – und zudem noch Deutungshoheit über die Bewertung eines Aspektes seiner eigenen NS-Vergangenheit zu erlangen. Mehrere Jahrzehnte hatte er eine enge Beziehung zu Paul Nikolaus Cossmann (1869–1942), dem Herausgeber der Süddeutschen Monatshefte, unterhalten, bis dieser 1933 wegen seiner jüdischen Herkunft verhaftet wurde, um nach jahrelanger Isolation 1942 in das KZ Theresienstadt deportiert zu werden, wo er mit 73 Jahren verstarb[99]. Trotz vielfacher Behauptungen gibt es keine nachvollziehbaren Beweise, dass und in welchem Maße sich Müller für Cossmann eingesetzt hätte – jedenfalls hinderte ihn das Schicksal des Freundes nicht daran, sich mit Engagement für den NS-Staat einzusetzen und sich dabei auch in seinen zahlreichen Ämtern aktiv an der Judenverfolgung zu beteiligen.

Vergleichbar der Erinnerung an den ebenfalls vom NS-Staat ermordeten Kurt Huber, welche sich aufgrund der in den 1950er Jahren wachsenden Bekanntheit des Widerstandes der Weißen Rose bald über den engeren Kreis der früheren Münchner Vertrauten hinaus verbreitete, begriff Müller die noch offene Deutung des Schicksals Cossmanns als Chance, sich sowohl als Historiker wie auch als Zeitzeuge zu präsentieren und überdies seine eigene Rolle in ein passendes Licht zu rücken. Seit Ende der 1940er Jahre arbeitete er an einer

---

98 Anton Hoch an K. A. v. Müller, 23.7.1951 (BayHStA, Nl von Müller 496). Bei den von Hoch erwähnten Studien handelt es sich um Max WEINREICH, Hitler's Professors. The Part of Scholarship in Germany's Crimes Against the Jewish People (1946) und Walter ASCH, Walter Frank. A study in Nazi historiography, Diss. phil. (1950).

99 Vgl. Wolfram SELIG, Cossmann, Paul Nikolaus, in: Wolfgang BENZ (Hg.), Handbuch des Antisemitismus. Judenfeindschaft in Geschichte und Gegenwart 2/1 (2009) S. 148f.; Jens FLEMMING, „Gegen die intellektualistische Zersetzung der alten moralischen Werte." Die Süddeutschen Monatshefte zwischen Krieg und Nationalsozialismus, in: Michel GRUNEWALD (Hg.), Le milieu intellectuel conservateur en Allemagne, sa presse et ses réseaux (2003) S. 165–201.

essayistischen Darstellung der Verfolgung Cossmanns durch den NS-Staat, die schließlich im Frühjahr 1950 in der katholischen Monatsschrift Hochland erschien. Bereits die Verhaftung Cossmanns im Frühjahr 1933 begründete in der Deutung Müllers den „Anfang seiner Ablösung aus unserer Welt, aber alles weitere geschah langsam und fast unmerkbar"[100]. Die Beschwörung eines vermeintlich überweltlichen Schicksals, das war der Kern dieser Erzählung, entzog Cossmanns Verfolgung und Ermordung einer für Müller (und andere) zugänglichen und beeinflussbaren Realität: „Ich kann sein Emporsteigen im Martyrium hier nur an meinem eigenen Versagen ermessen." Müllers unterwürfiger Gestus entsprach diesem Schema ebenso wie die Zumutung, Deportation und entkräftetes Sterben in Theresienstadt – „das als verhältnismäßig bestes jüdisches Konzentrationslager bezeichnet wurde" – als religiösen Aufstieg zu zeichnen. Weitaus weniger transzendental als detailgenau fiel denn auch Müllers Darstellung seines Einsatzes für Cossmann nach der Verhaftung aus.

Im Bayerischen Rundfunk stellte Müller im August 1955 Cossmann zusammen mit dem Schriftsteller Josef Hofmiller (1872–1933) und dem Komponisten Hans Pfitzner (1869–1949) vor, beide gleich Müller frühere Mitherausgeber der Süddeutschen Monatshefte. Der Schriftsteller Josef Magnus Wehner (1891–1973) notierte: „Der Historiker Karl Alexander von Müller erzählte, von Pfitznermusik illustriert, aus seinen Erinnerungen von dem hochnoblen Trio Hofmiller, Cossmann und Pfitzner, die einander ihr Leben lang treu blieben. *[...]* Cossmann starb in edelster Fassung in einem Krankenhaus in Auschwitz"[101]. Auf diese Weise hatte sich Müller des Andenkens an Cossmann bemächtigt, seine Rolle als Zeitzeuge verlieh seiner Einschätzung ein besonderes Gewicht, denn er offerierte anschlussfähige Deutungen, denen Leser und Hörer folgen mochten. Die bereits 1950 begonnene Transzendierung der Ermordung Cossmanns in eine vermeintliche Heiligkeitserfahrung, ihre Loslösung aus der realen Welt des NS-Staates, erfuhr unter anderem in einer Geburtstagsansprache Müllers im Dezember 1952 eine Fortführung: Cossmann sei auf „grossartige und geheimnisvolle Weise *[...]* entschwunden"[102] – eine Formulierung, die in groteskem Widerspruch zum tatsächlichen Wissen Müllers stand. Dieses Wissen hatte Müller offenkundig vollständig verdrängt, ersetzte es nun durch seine Deutung und bemächtigte sich so als vorgeblicher Sachwalter von Cossmanns Andenken dessen Biographie.

Der frühere Redakteur der Süddeutschen Monatshefte, Otto Graf zu Stolberg-Wernigerode (1893–1984), bot als Schriftleiter der entstehenden Neuen Deutschen Biographie (NDB) im Dezember 1952 Müller die Abfassung des Beitrages über Paul Nikolaus Cossmann an[103]. Im dritten Band der NDB erschien 1957 tatsächlich Müllers biographische Deutung, die nicht zuletzt Cossmanns politisches Wirken in ein sehr nachsichtiges, auch günstig auf Müller fallendes Licht rückte[104]. Nur Müllers zunehmende Altersschwäche ver-

---

100 Karl Alexander von Müller, Paul Nikolaus Cossmanns Ende, in: Hochland 42 (1949/50) S. 368–379, Zitate S. 373f.
101 Monacensia, Nl Josef Magnus Wehner, JMW M 495, Münchner Funktagebuch. Wehner war einer der Schriftsteller, die im Oktober 1933 das Gelöbnis treuester Gefolgschaft für Adolf Hitler unterzeichneten, vgl. Ernst Klee, Das Kulturlexikon zum Dritten Reich. Wer war was vor und nach 1945 (2007) S. 649.
102 Tischrede K. A. v. Müller, 20.12.1952 (BayHStA, Nl von Müller 38).
103 Otto Graf zu Stolberg-Wernigerode an K. A. v. Müller, 18.12.1952 (BayHStA, Nl von Müller 36).
104 Karl Alexander von Müller, Paul Nikolaus Cossmann, in: NDB 3 (1957) S. 374f.

hinderte, dass er weitere Beiträge zur NDB beisteuerte: Hoch erfreut hatte der 74-jährige Müller noch 1956 das Angebot, den Eintrag zu Kurt Eisner zu übernehmen, akzeptiert: Gerade Eisner, teilte Müller der Redaktion mit, „liegt in meiner Schußlinie"[105].

V. Fazit

Karl Alexander von Müller schwieg nach 1945 nicht, im Gegenteil: Insbesondere die frühe Erforschung des Aufstiegs Hitlers und der NS-Bewegung erfuhr wesentliche Anregungen aus der ‚Zeitzeugenschaft' Müllers. Allerdings blieb auch dieser Rezeptionserfolg wie seine gesamte Nachkriegskarriere nicht frei von Ambivalenzen, denn der den 1920er Jahren gewidmete dritte Erinnerungsband „Im Wandel einer Welt" – bis heute sein bekanntestes Buch – erschien erst zwei Jahre nach Müllers Tod[106]. Seine öffentlichen Auftritte als populärwissenschaftlicher Autor erfuhren durch die Wahrnehmung als fachlich ausgewiesener Historiker eine zusätzliche Beglaubigung. Müller wurde als Zeitzeuge breit rezipiert. Die notgedrungen akzeptierte Konzentration auf die eigene Biographie als wesentliche Ressource erlaubte Müller, als ein die eigenen Deutungen legitimierender Zeitzeuge eine öffentlich wahrgenommene Stimme zu behalten.

Karl Alexander von Müllers Biographie lädt dazu ein, die Entwicklung der deutschen Geschichtswissenschaft nach 1945 als einen noch vor Kriegsende einsetzenden Wandlungsprozess zu begreifen; als einen Prozess der Neubestimmung von Orientierungen, Prämissen und Loyalitäten, dessen Kontinuitäts- wie Bruchlinien vielfältiger, dessen Perspektiven heterogener erscheinen, als oftmals angenommen wird. Angesichts seines schmalen historiographischen Werkes ist Müller eine Bedeutung als Historiker per se abgesprochen worden. Dabei wird verkannt, wie sehr die Jahrzehnte seines Wirkens von einer tiefgreifenden Verunsicherung in den Reihen der deutschen Geschichtswissenschaft geprägt waren. Für das vielfach geäußerte und tief empfundene Krisenempfinden der Historiker seiner Zeit waren Müllers darstellerische, öffentlichkeitswirksame Fähigkeiten deshalb eine gern angenommene Offerte. Der Erfolg vor wie nach 1933 – sowie auch nach 1945 mit den ausgeführten, durchaus wesentlichen Abstrichen – basierte auf der Müller zugeschriebenen und tatsächlich vorhandenen Fähigkeit, die von der universitären Geschichtsschreibung zunehmend vermisste öffentliche Wirkung zu erzielen, ohne die Usancen der ‚Zunft' zu verletzen. Während etwa Walter Frank als eindeutiger Protagonist des NS-Regimes scheiterte[107], gelang es Müller aufgrund seines fachlichen Ansehens weitaus besser, die Strömungen der Disziplin für eine nationalsozialistische Geschichtswissenschaft zumindest partiell miteinander zu vereinen. Für die vermeintliche Versöhnung traditionell orientierter Wissenschaft mit den Anforderungen der nationalsozialistischen Wissenschaftspolitik erschien Müller für die zu großen Teilen mitwirkungswillige deutsche Historikerschaft der geeignete Vertreter zu sein.

Der nicht zu unterschätzende Symbolgehalt dieser Rolle setzte sich für ihn, nun allerdings mit negativem Vorzeichen, nach Kriegsende fort. Jetzt avancierte der fortgesetzte Aus-

---

105 K. A. v. Müller an Otto Graf zu Stolberg-Wernigerode, 14.4.1956 (Archiv NDB, KO 1956-58 M-Mz). Den NDB-Artikel zu Kurt Eisner verfasste Anton Ritthaler: NDB 4 (1959) S. 422f.
106 von Müller, Im Wandel einer Welt. Erinnerungen 3: 1919–1932 (wie Anm. 55).
107 Vgl. Matthias Berg, Walter Frank, in: Fahlbusch u. a., Handbuch der völkischen Wissenschaften (wie Anm. 26) S. 173–179.

schluss Müllers für einige Institutionen zum vergleichsweise leicht zu erlangenden Nachweis ihrer vermeintlich vollzogenen Entnazifizierung. Gleichwohl erlangte Müller als Erfolgsautor wie auch durch die öffentlich bekundete Verbundenheit seiner Schüler eine teilweise Rehabilitation. Der disziplinäre Wandel der bundesdeutschen Geschichtswissenschaft, die zugleich für Jahrzehnte auf eine kritische Revision ihrer eigenen Geschichte verzichtete[108], setzte der Rückkehr Karl Alexander von Müllers als Historiker jedoch enge Grenzen. Als Deuter der eigenen Biographie, als beredter Zeitzeuge hingegen konnte er wirkmächtig und nachhaltig reüssieren.

---

108 Vgl. hierzu Matthias BERG, Geschichtswissenschaft und die Last der Vergangenheit. Überlegungen zur Historisierung der Disziplingeschichte im Nationalsozialismus, in: Schwierige Erinnerung: Politikwissenschaft und Nationalsozialismus. Beiträge zur Kontroverse um Kontinuitäten nach 1945, hg. von Susanne EHRLICH / Horst-Alfred HEINRICH / Nina LEONHARD / Harald SCHMID (2015) S. 81–100.

Personenregister

– A –

Alenfeld, Irène 239
Alenfeld, Justus 239
Althoff, Friedrich 40, 73 Anm. 237, 120
Aly, Götz 24
Andreas, Willy 77
Arndt, Wilhelm 50 Anm. 104
Arnim, Adolf Oswald von 96
Assmann, Erwin 91 Anm. 348
Aubin, Hermann 30 Anm. 52, 132, 141f., 150, 152 Anm. 237, 203

– B –

Baden, Max Prinz von 121
Baethgen, Friedrich 50 Anm. 106, 57f., 59 Anm. 154, 63 Anm. 179, 71, 75f., 79, 80 Anm. 278, 100 Anm. 31, 103, 108, 110, 113–141, 143–159, 194 Anm. 16, Anm. 18, 196, 205f., 208 Anm. 116, 215 Anm. 169, 228f., 238 Anm. 335, 239f., 243, 260, 159
Baethgen, Friedrich Wilhelm Adolph 118 Anm. 36
Bailleu, Paul 71
Barth, Karl 142 Anm. 178
Bastgen, Hubert 86 Anm. 328
Bauer, Fritz 179
Beck, Friedrich 21
Beck, Ludwig 156
Beck, Marcel 193
Benedictus Levita 45 Anm. 75
Benn, Gottfried 180
Benz, Wolfgang 9
Berges, Wilhelm 224
Bernstorff, Albrecht Graf 111
Berve, Helmut 257
Bismarck, Otto von 184f., 257
Bock, Friedrich 34 Anm. 3, 133, 198, 226f.
Boetius, Axel 128 Anm. 97
Böhlau, Hermann 75
Böhmer, Jakob 238 Anm. 335
Bollenbeck, Georg 15
Boncompagno, Magister 125
Bonifatius VIII., Papst 119, 150
Bormann, Martin 164, 166f.
Boselli, Paolo 131
Bosl, Karl 195, 234, 260f.
Brachmann, Botho 21
Brackmann, Albert 19f., 22, 24f., 30, 77, 99, 101 Anm. 41, 108, 110, 119 Anm. 42, 123f., 134f., 137–144, 146f., 148 Anm. 216, 149f., 229, 151, 157, 24, 30, 209, 219
Brandi, Karl 36 Anm. 20, 73, 142, 143 Anm. 192, 147 Anm. 210, 254
Braun, Otto 133
Braunfels, Wolfgang 11f.
Bray, Francois Gabriel de 249
Bray-Steinburg, Otto Graf von 249
Brenneke, Adolf 20f.
Bresslau, Clara 66 Anm. 191
Bresslau, Ernst 37, 62f., 93
Bresslau, Harry 33–64, 66, 67 Anm. 195, 68–70, 72, 73 Anm. 238, 74 Anm. 238, Anm. 241, 75, 76 Anm. 252, Anm. 254, Anm. 256, Anm. 257, 77 Anm. 265, 79, 80 Anm. 279, Anm. 280, 81 Anm. 293, Anm. 295, 83, 85 Anm. 312, Anm. 314, Anm. 315, Anm. 316, Anm. 317, 86 Anm. 321, Anm. 325, 88–92, 124
Bresslau Aust, Caroline 37
Brüggemann, Jens 178, 180, 187
Brumm, Ursula 191–200, 201 Anm. 67, Anm. 68, 202, 203 Anm. 85, 205f., 208, 209 Anm. 128, Anm. 129, 210–213, 216–219, 221, 223f., 229–233, 235f., 238–241, 245
Brunn, Anke 5
Bücheler, Franz 238 Anm. 335
Buntru, Alfred 11–14
Burdach, Konrad 155
Burleigh, Michael 24
Busch, Lydia 149 Anm. 217
Büttner, Heinrich 193, 199

– C –

Caspar, Erich 49, 76, 106

Caspar, Franz Erich 106 Anm. 78
Cassiodor, Flavius Magnus Aurelius 244
Cohn, Willy 63 Anm. 179
Cölestin V., Papst 118, 138
Conze, Werner 2
Copernicus [siehe Kopernikus]
Cosmar, Carl Wilhelm 18
Cosmas von Prag 85f.
Cossmann, Paul Nikolaus 266f.
Curtius, Ludwig 128

– D –
Dannenbauer, Heinrich 150
Dante Alighieri 118, 131, 138–140, 150, 158
Debus, Günter 5
Deuerlein, Ernst 264
Dietz, Walter 183 Anm. 121, 185f.
Dönhoff, Marion Gräfin 111
Dönitz, Karl 148 Anm. 213
Dopsch, Alfons 78, 80, 106
Dorpmüller, Julius 10
Dümmler, Ernst 40, 67
Duncker, Maximilian 71

– E –
Eckert, Astrid M. 25, 27
Eckert-Greifendorff, Max 9f.
Eckhardt, Karl August 141f., 146, 216, 220 Anm. 208
Ehrle, Franz 81
Eisenlohr, Erika 37
Eisner, Kurt 268
Elze, Walter 181
Engel, Wilhelm 106, 109 Anm. 96, 136, 145 Anm. 201, 161, 253 Anm. 29
Engelbert von Admont 209 Anm. 125
Erdmann, Carl 59, 99, 101–103, 105–108, 115, 119–121, 124, 130, 132–134, 136f., 139, 141–143, 145–149, 151 Anm. 233, 158, 193, 194 Anm. 16, 195, 198 Anm. 50, 199, 104, 200–206, 209, 214f.
Erdmann, Veronika (geb. Neander) 200
Erzberger, Matthias 86 Anm. 328
Ewenz, Gabriele Lieselotte 184, 186

– F –
Fahlbusch, Michael 24
Feuersenger, Marianne 165, 187, 188 Anm. 152
Fischer, Eugen 155
Fischer, Karl August 258 Anm. 53
Foppa, Hermann 223 Anm. 235
Förster, Heinrich 193, 195 Anm. 21, 197, 200–202, 213, 219 Anm. 204, Anm. 205, Anm. 206, 220f., 226, 227 Anm. 267, Anm. 271, 230 Anm. 285, 235–237, 238 Anm. 334
Fraenkel, Ernst 241
Frank, Walter 107, 140, 147, 161, 252, 263–266, 268
Franz, Georg (alias Georg Franz-Willing) 264
Franz, Günther 170
Freund, Michael 262f.
Freyburg, Joachim W. 217
Friedrich, Markus 29
Friedrich I. (Barbarossa), röm.-dt. Kg. u. Ks. 91 Anm. 348, 195 Anm. 26, 215, 219 Anm. 205
Friedrich II., Kg. v. Sizilien, röm.-dt. Kg. u. Ks. 86 Anm. 320, 96–98, 101 Anm. 41, 105, 108, 110, 138–140, 144, 155, 158, 166, 220
Fuchs, Margarete 149 Anm. 217
Fucks, Wilhelm 8, 13
Fugger (Sekretärin) 166

– G –
Ganzenmüller, Albert 10 Anm. 38
Gast, Paul 16
Geist, Lucie 149 Anm. 217
Gentile, Giovanni 131
George, Stefan 97, 100, 105, 111, 128, 139f., 158
Gerlach von Mühlhausen 213
Giachi, Gino Flaminio Edoardo Luigi 96
Glum, Friedrich 116f., 126–129, 137, 158f.
Goebbels, Joseph 172, 180, 198 Anm. 50, 226
Goerdeler, Carl Friedrich 156 Anm. 265
Goethe, Johann Wolfgang 238
Goetz, Walter 113, 116f., 132, 152, 154, 193 Anm. 12, 194 Anm. 15, 200 Anm. 59, 203, 219 Anm. 203, 222 Anm. 227, 224 Anm. 244, 236 Anm. 319, 239, 240 Anm. 348, 243 Anm. 365, Anm. 367, 249, 255
Gollwitzer, Heinz 260–262

Göring, Hermann 147f., 156, 168f., 172, 175, 252, 263
Görres, Joseph von 250, 259
Görtemaker, Heike 171
Grabmann, Martin 114
Grapow, Hermann 157, 229
Gregor VII., Papst 106
Gregor von Tours 215f.
Greiner, Helmuth 178, 182, 184–186
Greischel, Walther 212
Grieshammer, Werner 165–167
Grimm, Claus 165f., 188
Grimm, Hans 256
Grolle, Joist 189
Groth, Simon 122f.
Gruber, Otto 12–14
Grundmann, Herbert 123
Guillot, Laure Albin 169 Anm. 38
Gunther von Pairis 91 Anm. 348
Güterbock, Ferdinand 130
Guttenberg, Erich von 245
Guttenberg, Karl Ludwig von 156
Gysi, Irene (geb. Lessing) [siehe Lessing, Irene]
Gysi, Klaus 185 Anm. 139

– H –
Haar, Ingo 24
Haas, Philip 23
Habetha, Klaus 3, 6
Hadrian II., Papst 86
Haller, Johannes 41 Anm. 54, 244
Hallgarten, Wolfgang 263
Hammerstein-Equord, Kunrat von 187f.
Hampe, Karl 38 Anm. 36, 39, 47 Anm. 89, 49 Anm. 101, 50 Anm. 106, 52 Anm. 111, 57, 73, 83f., 97, 98 Anm. 13, 103 Anm. 51, 109, 115, 119f., 124f., 126 Anm. 73, 141, 143, 145, 146 Anm. 206, 148 Anm. 216, 149
Hardenberg, Karl August Fürst von 18
Harmjanz, Heinrich 151f., 194 Anm. 15, 221
Hartlaub, Erika 185 Anm. 138, Anm. 140
Hartlaub, Felix 170, 174, 176, 181–187, 189
Hartlaub, Geno(vefa) 182f., 186
Hartlaub, Gustav 170 Anm. 50, 174, 182f., 184 Anm. 128, Anm. 129, Anm. 130, Anm. 132, 185 Anm. 133, Anm. 136, Anm. 138, Anm. 140, 186 Anm. 143
Hartmann, Josef 21
Hartmannsgruber, Friedrich 174
Hartung, Fritz 116, 142, 150, 157, 217 Anm. 186, 229, 239
Hassell, Ulrich von 115, 125f., 131, 133, 155f., 158f.
Hauck, Albert 168
Hausmann, Ulrich 208
Hebarhard 80
Hegel, Georg Wilhelm Friedrich 145
Heiber, Helmut 264
Heigel, Karl Theodor von 249
Heilig, Konrad Josef 202 Anm. 73
Heim, Heinrich 163f.
Heimpel, Hermann 121f., 142, 150, 153, 159, 216 Anm. 175, 259
Heinen, Armin 6
Heinkel, Ernst 210
Heinrich I., ostfrk. Kg. 121 Anm. 50
Heinrich III., röm.-dt. Kg. u. Ks. 58, 62 Anm. 176, 85 Anm. 316
Heinrich IV., röm.-dt. Kg. u. Ks. 100, 217, 232
Heinrich VI., röm.-dt. Kg. u. Ks. 195f.
Heinrich der Löwe, Hzg. v. Sachsen u. Bayern 204, 219 Anm. 205
Heinrich Taube von Selbach 75
Heinzel, Reto 162, 226
Heisenberg, Werner 156
Heitfeld, Karl-Heinrich 9
Henlein, Konrad 11
Henning, Friedrich 195 Anm. 24, 196
Herbert, Ulrich 9
Herde, Peter 123f., 155
Hermanin, Federico 128f.
Hermeking, Margarete 208
Herrmann, Matthias 22f.
Hertling, Georg Graf von 264 Anm. 90
Hessel, Alfred 59
Hess, Rudolf 164 Anm. 13, 172, 174f., 252, 263
Heydrich, Reinhard 11
Heymann, Ernst 45, 51 Anm. 107, 52 Anm. 109, 83
Hiersemann, Gerd 56 Anm. 136

Hiersemann, Karl Wilhelm 56f., 84
Hillgruber, Andreas 170 Anm. 46, 180
Hiltebrandt, Philipp 130, 135f.
Himmler, Heinrich 155f., 176, 226
Hindenburg, Paul von 126 Anm. 79, 133 Anm. 126, 175
Hinkmar von Reims 211f.
Hintze, Otto 83
Hirsch, Hans 77 Anm. 265
Hirsch, Paul 37 Anm. 30, 59–61, 74 Anm. 238, 91
Hitler, Adolf 6 Anm. 22, 8, 10, 16 Anm. 57, Anm. 58, 115 Anm. 13, 126f., 132f., 137, 142f., 145–147, 155–158, 162–168, 169 Anm. 44, 170–177, 179, 187f., 223, 222f., 233, 245, 164, 168, 263f., 266, 267 Anm. 103
Hoch, Anton 265f.
Hofmann, Franz 197 Anm. 43
Hofmeister, Adolf 49, 59 Anm. 160, 72f., 76, 209
Hofmiller, Josef 267
Höh, Alexander 197 Anm. 46
Holder-Egger, Oswald 40f., 67
Holtzmann, Robert 50 Anm. 106, 106, 150, 193, 200 Anm. 59, Anm. 62, 201, 206f., 213, 219f., 238f.
Holtzmann, Walther 38 Anm. 36, 90, 125, 197 Anm. 38, 215 Anm. 168, 218f., 244
Hoppe, Willy 152 Anm. 237
Howell, Esther-Julia 178
Hubatsch, Walther 176, 180, 182, 183 Anm. 121, 184, 188f.
Huber, Clara 256
Huber, Kurt 256, 266
Hugenberg, Alfred 126
Humboldt, Alexander von 238 Anm. 335
Husen, Paulus van 187, 188 Anm. 152
Hüttebräuker, Lotte 193

– I –
Irving, David 173f.

– J –
Jäckel, Eberhard 173
Jacobsen, Hans-Adolf 180
Jastrow, Elisabeth (Ebith) 127
Jens, Walter 9

Jodl, Alfred 178, 181, 184, 187f.
Jodl, Luise 178
Johannes von Salisbury 16
Johannes von Winterthur 86, 115
Jordan, Karl 193
Jünger, Ernst 148
Junge, Traudl 192

– K –
Kahler, Fine von 97 Anm. 11, 98 Anm. 15
Kaiser, Gerhard 15
Kalkmann, Ulrich 6
Kalz, Eva-Lotte 188
Kanoldt, Alexandra 245
Kant, Immanuel 117 Anm. 27, 141
Kantorowicz, Ernst 95–111, 115, 99, 119–121, 127f., 112, 138–140
Karl IV., röm.-dt. Kg. u. Ks. 154
Karl V., röm.-dt. Kg. u. Ks. 185
Karl der Große, frk. Kg. u. Ks. 78 Anm. 268, 120f., 126 Anm. 74, 137, 139, 141–143, 145–149, 153, 158, 169 Anm. 44
Kaven, August von 16
Kehr, Doris (geb. vom Baur) 77 Anm. 266
Kehr, Gudila 77 Anm. 266
Kehr, Ivo 42 Anm. 59, 77 Anm. 266, 110f.
Kehr, Paul Fridolin 18, 21 Anm. 22, 30, 33–37, 39–42, 45 Anm. 74, 46–57, 59–66, 69–72, 73 Anm. 231, Anm. 237, 74f., 76 Anm. 252, Anm. 253, Anm. 254, 77 Anm. 259, Anm. 264, Anm. 265, Anm. 266, 78f., 80 Anm. 280, 81 Anm. 293, 82f., 85 Anm. 315, 86 Anm. 321, Anm. 325, 87f., 90f., 93, 98, 100, 109–111, 114, 124, 133–136, 149, 157f., 18f., 112, 240
Kehr, Romulus 42 Anm. 59, 55, 56 Anm. 131, 77, 82 Anm. 297
Kerber, Franz 153
Keßler, Jürgen 3
Keydell, Rudolf 217 Anm. 185
Kienast, Walther 253 Anm. 30
Kirn, Paul 103 Anm. 52
Kirsch, Johann Peter 129 Anm. 97
Klebel, Ernst 104–106
Klein, Felix 74
Klinkenborg, Melle 18

Kober, Ulrich 30 Anm. 55
Koch, Friedrich 208 Anm. 115
Kohnke, Meta 18 Anm. 4
König, Helmut 6
Konrad II., röm.-dt. Ks. 35, 38 Anm. 36
Konrad III., röm.-dt. Kg. 195 Anm. 25, 228 Anm. 272
Kopernikus, Nikolaus 141
Korfes, Otto 28f.
Koser, Reinhold 18, 18, 40, 41 Anm. 53, 43 Anm. 64
Krammer, Mario 43, 48f., 50 Anm. 104, 73
Kraus, Hans-Christof 17
Kraus, Herbert 178f.
Krausnick, Helmut 265
Krauss, Erna 183
Krebs, Stefan 6
Krell, Matthias 15
Krohn, Friedrich 168
Krupp, Bertha 137
Krupp von Bohlen und Halbach, Gustav 137
Krusch, Bruno 50, 55 Anm. 127, 65, 72, 81, 83, 209, 215 Anm. 171
Kühn, Margarete 154, 193, 197, 202, 204, 207f., 210–214, 217 Anm. 184, 219, 221, 229f., 236, 238, 240, 245
Kunze, Curt 149 Anm. 217
Küpper, Helmut 99
Kuttner, Stephan 101 Anm. 37

– L –
Ladner, Gerhart B. 99–101
Laenebach, Melitta 184, 185 Anm. 137
Lamm, Hans 265
Lammers, Hans Heinrich 171, 173, 176
Lange, Hildegard 149 Anm. 217
Langosch, Karl 196, 220 Anm. 218
Largiadèr, Anton 214 Anm. 161
Leesch, Wolfgang 21
Lehr, Stefan 27
Leidinger, Georg 83
Lemberg, Joseph 119, 121 Anm. 49, 122–124, 127, 150
Lenel, Otto 39 Anm. 38
Lenel, Walter 39, 50 Anm. 106, 59f.
Lenz, Karl 241

Lenz, Max 248
Lerchenfeld auf Köfering und Schönberg, Hugo Graf von und zu 264
Lerner, Robert E. 109, 122
Lessing, Irene 182 Anm. 116, 184 Anm. 131, 185 Anm. 139
Levison, Wilhelm 80, 215 Anm. 171
Lewald, Theodor 38 Anm. 33, 45, 46 Anm. 83
Liebermann, Max 99, 107
Lietzmann, Hans 154, 157
Lietzmann, Sabina 157, 194
Lintzel, Martin 141f., 150, 202 Anm. 73
Loehr, August von 151 Anm. 234
Lohmann, Hans-Eberhard 60, 61 Anm. 169
Lothar III., röm.-dt. Kg. u. Ks. 51, 54 Anm. 123, 84, 86
Lötzke, Helmut 21
Löwenfeld, Samuel 75
Ludendorff, Erich 126, 128 Anm. 91, 148, 266
Ludwig IV. (der Bayer), röm.-dt. Kg. u. Ks. 75 Anm. 245
Ludwig der Deutsche, ostfrk. Kg. 78 Anm. 267, 80, 81 Anm. 287
Ludwig der Fromme, frk. Kg. u. Ks. 73 Anm. 235, 80, 214, 238
Luther, Martin 149, 165f., 168

– M –
Mai, Anna 208 Anm. 114
Mann, Thomas 96
Manteuffel, Edwin Freiherr von 71
Marcks, Erich 73 Anm. 238, 74 Anm. 238, 249, 254
Märtl, Claudia 121 Anm. 49
Maschke, Erich 30 Anm. 52, 220 Anm. 217
Matthias von Neuenburg 86
Mayer, Hanna 199
Mayer, Theodor 57 Anm. 140, 114 Anm. 3, 115–117, 121, 123, 132, 150–154, 157–159, 161f., 164, 166–170, 188, 191, 114, 192–210, 213–221, 223–231, 233–235, 237, 240–245, 245, 246 Anm. 375
Mayer-Edenhauser, Theodor 204 Anm. 90
Meinecke, Friedrich 249, 253
Meisner, Heinrich Otto 20f., 25, 28
Menzel, Ottokar 165, 187, 209, 230

Menzel-Rogner, Hildegund 230
Mergenthaler, Christian 150
Messerschmidt, Manfred 171, 173, 180f.
Mesters, Hildegard [siehe Schering] 210
Meyer, Eugen 125, 152, 215, 219, 238, 240
Meyer (Meyer-Rodehüser), Hermann 71
Meyer, Otto 193, 196, 208 Anm. 116, 213, 239 Anm. 340, 243f.
Moeller, Eduard von 71
Mommsen, Theodor 99
Mommsen, Theodor Ernst 99f., 105, 108
Morwitz, Ernst 99, 111
Moufang, Nicola 169
Mühlbacher, Engelbert 51 Anm. 108, 78, 80
Müller, Ernst 73
Müller, Johannes 120
Müller, Karl Alexander von 247–269
Müller, Philipp 29
Müller-Mertens, Eckhard 204 Anm. 89
Musial, Torsten 22f.
Musil, Robert 122
Mussolini, Benito 126, 128 Anm. 90, 129f., 131 Anm. 115, 132, 158, 225
Mütherich, Florentine 171

– N –

Nadler, Joseph 141 Anm. 178
Napoleon Bonaparte, frz. Ks. 184
Naumann, Hans 141, 146 Anm. 205, 149
Neubecker, Ottfried 168
Neumann, Maria 218 Anm. 191, 224, 237f., 244
Neurath, Konstantin Hermann Karl Freiherr von 132, 135f.
Nichols, Charles H. 241
Nietzsche, Friedrich 101f.
Nilsson, Mikael 162f.

– O –

Oexle, Otto Gerhard 123
Oncken, Hermann 107f., 129, 130 Anm. 103, 249, 253, 263 Anm. 82
Opitz, Gottfried 226, 244
Opitz, Herwart 15
Ott, Irene 197 Anm. 38, Anm. 46, 204, 215, 217, 218 Anm. 192, 224

Ottenthal, Emil von 51f., 54 Anm. 123, 72f., 81, 83f., 86
Otto der Große, ostfrk.-dt. Kg. u. Ks. 12

– P –

Panofsky, Erwin 170
Papen, Franz von 126 Anm. 79, 132, 133 Anm. 126
Peeck, Friedel 200, 210, 213–215, 217, 224, 245
Perels, Ernst 49, 61 Anm. 169, 73, 76, 80f., 109 Anm. 95, 200 Anm. 59, 211f., 242
Perels, Friedrich Justus 211
Pertz, Georg Heinrich 53, 69, 79 Anm. 275, 85 Anm. 317, 238 Anm. 335
Petersen, Leiva 232
Pfitzner, Hans 267
Phelps, Reginald H. 264
Philipp, Friedrich 30
Philipp IV. (der Schöne), frz. Kg. 150
Picker, Henry 163f., 166f.
Pius XI., Papst 76 Anm. 253, 81, 88 Anm. 335
Planitz, Hans 132, 203
Platzhoff, Walther 105 Anm. 69
Popitz, Johannes 155f.
Posner, Ernst 25
Pseudoisidor 168

– Q –

Quirnheim, Albrecht Mertz von 28
Quirnheim, Hermann Mertz von 28

– R –

Radbruch, Gustav 186 Anm. 142
Ranke, Leopold von 122
Rau, Johannes 3, 5
Raumer, Kurt von 257, 260–262
Redlich, Oswald 83f.
Reichert, Folker 102, 103 Anm. 55, 124, 143, 146
Reimer, Hans 75
Reimer, Hans d. J. 74 Anm. 242
Reinald von Dassel 215
Reincke-Bloch, Hermann 60 Anm. 166, 77, 91
Reininghaus, Wilfried 17, 30
Reiswitz, Johann Albrecht von 255 Anm. 40
Remer, Ernst Otto 179
Rheinfelder, Hans 116f., 151 Anm. 234

Richter, Werner 133
Riezler, Käthe 107 Anm. 83
Riezler, Kurt 99, 107 Anm. 83
Riezler, Sigmund von 249
Rinn, Hermann 259
Ritter, Annelies 202
Ritter, Gerhard 163, 257
Ritterbusch, Paul 167, 169, 194 Anm. 15, 222 Anm. 225
Ritterbusch, Wilhelm 167
Rohland, Walter 16
Rohr, Wilhelm 19 Anm. 15
Röntgen, Paul 13f.
Rörig, Fritz 151, 157, 223, 229
Rosenberg, Alfred 140f., 145, 147, 148 Anm. 213, Anm. 215, 151 Anm. 232, 222, 234, 265 Anm. 99, 266
Rosenberg, Marc 59, 91
Rothfels, Hans 255, 257
Rück, Peter 37
Rusack, Werner 216
Rust, Bernhard 135f., 142, 197 Anm. 45, 222
Ryback, Timothy 168

– S –

Salomon, Richard 62 Anm. 176
Sand, Karl 250, 259
Santifaller, Leo 196, 227
Sauerbruch, Ferdinand 126, 156
Schacht, Hjalmar 178
Schadewaldt, Maria 157
Schadewaldt, Wolfgang 156f.
Schäfer, Dietrich 43 Anm. 65, 44, 72 Anm. 229, 77 Anm. 264, 83
Scharnagel, [Frl. Dr.] 197 Anm. 45, 198 Anm. 47
Scheel, Helmuth 157, 219, 229, 233
Scheffer-Boichorst, Paul 44, 49 Anm. 99, 60 Anm. 166
Scheidt, Wilhelm Heinrich 173f., 181, 187f., 230
Scherff, Walter 164–167, 173, 187f.
Schering, Hildegard (geb. Mesters) 197, 201, 204, 207f., 210, 220, 228, 232
Schieder, Theodor 2, 30 Anm. 52, 260f.
Schieffer, Rudolf 122
Schieffer, Theodor 203
Schirach, Baldur von 174, 252
Schirach, Henriette von 174
Schirdewan, Karl 28
Schlesinger, Walther 223
Schliephack, Ilse 210
Schmeidler, Bernhard 49, 73
Schmidt, Georg 43 Anm. 64
Schmidt, Gerhart 148f.
Schmidt, Sarah 23
Schmidt-Ott, Friedrich 73
Schmoller, Gustav von 71
Schmoller, Lucia (geb. Rathgen) 71
Schmundt, Rudolf 164
Schnabel, Franz 260
Schnath, Georg 30
Schneider, Fedor 209
Schneider, Hans Ernst (alias Hans Schwerte) 2–6, 8, 10f., 15f., 123 Anm. 62, 155 Anm. 257
Schnorr, Herbert 5
Schönborn-Wiesentheid, Ernestine Gräfin von 214, 243
Schramm, Ehrengard (geb. von Thadden) 174
Schramm, Percy Ernst 76f., 84, 86, 122, 150, 159, 161–164, 166f., 170–189, 206, 207 Anm. 108, Anm. 111, 224f., 227
Schregle, Hans 243 Anm. 362
Schreyer, Hermann 23
Schubart-Fikentscher, Gertrud 202
Schubert, Carl von 132
Schultze, Johannes 71
Schulz, Heinrich 84 Anm. 310
Schürrer, Martin 23
Schüssler, Wilhelm 116 Anm. 19
Schwartz, Eduard 81
Schweitzer, Albert 39 Anm. 38, 91 Anm. 342
Schweitzer-Bresslau, Helene 37 Anm. 30, 91 Anm. 342
Schwerin, Claudius von 132, 203
Schwerte, Hans [siehe Schneider, Hans-Ernst]
Schwind, Ernst von 81 Anm. 292
Seckel, Emil 43 Anm. 64, 45, 46 Anm. 83, 51, 52 Anm. 109, 72, 76 Anm. 252, 81 Anm. 290, 209
Sering, Max 28
Sickel, Theodor 42 Anm. 60, 78 Anm. 268

Siders, Erich J. 242
Sievers, Wolfram 197 Anm. 39, 237
Smend, Hans (Johann) 132–134
Sombart, Werner 28
Sommerfeldt, Martin Henry 148
Sorel, Georges 262
Springorum, Friedrich 6
Sproemberg, Heinrich 240 Anm. 346
Srbik, Heinrich von 254f.
Stadelmann, Rudolf 249
Stark, Johannes 8
Stauffenberg, Claus Schenk Graf von 177, 219
Steinacker, Harold 77 Anm. 265
Stein, Karl Reichsfreiherr vom und zum 53, 69, 137, 158
Steinmann, Ernst 128
Stellrecht, Hellmut (alias Hermann Noelle) 148 Anm. 213
Stengel, Edmund Ernst 109 Anm. 95, Anm. 96, 152, 161, 194 Anm. 15, 201 Anm. 67, 208 Anm. 117, 215 Anm. 171, 226
Sthamer, Eduard 220
Sthamer, Margarete (Emmi) 220
Stieve, Friedrich 136
Stolberg-Wernigerode, Otto Graf zu 267, 268 Anm. 107
Stolz, Otto 218, 223
Stourzh, Gerald 241
Strecker, Karl 72, 81, 193, 201, 205, 218, 231, 236, 240
Sturm, Joseph 238

– T –
Tangl, Michael 42–46, 48, 49 Anm. 96, Anm. 99, 51 Anm. 107, 52 Anm. 109, 54 Anm. 123, 59 Anm. 160, 64, 72, 73 Anm. 236, 77f.
Tellenbach, Gerd 59, 63 Anm. 179, 103 Anm. 55, 104 Anm. 59, 106 Anm. 74, 130 Anm. 109, 132, 136, 145, 203
Thadden, Elisabeth von 174, 183 Anm. 124, 186
Thimme, David 173, 179 Anm. 99, 180
Thukydides 170
Tölle, Tom 29
Topp, Marlen 169
Traube, Ludwig 194 Anm. 18

– U –
Ulbricht, Walter 28
Uxkull-Gyllenband, Woldemar Graf von 96

– V –
Vinzenz von Prag 213
Vögler, Albert 137
Vossen, Peter 206
Vulpius, Yella (geb. Erdmann) 205f., 231

– W –
Wackernagel, Jacob 76 Anm. 256, 77
Wackernagel, Jacob Jr. 76
Wackernagel, Peter 206
Wagner, Fritz 260
Wahle, Ernst 118f., 153
Waitz, Georg 53, 69
Wallenstein (Albrecht Wenzel Eusebius von Waldstein) 130 Anm. 109
Wallner, Ida 258
Waltharius 206
Wangenheim, Hans Freiherr von 95
Wangenheim, Lucy Freifrau von 95–97, 98 Anm. 17, Anm. 19, 99, 101–104, 105 Anm. 67, 106 Anm. 72, 107–111, 112 Anm. 109, 120, 127 Anm. 86
Wangenheim, Lucie (Lucy Thérèse) von (geb. Ahrenfeldt) 95
Warlimont, Walter 178, 181f., 184f., 188 Anm. 154
Wattenbach, Wilhelm 35 Anm. 16, 40 Anm. 48, 42 Anm. 60, 168
Wehner, Josef Magnus 267
Weigel, Sigrid 186 Anm. 148
Weigle, Fritz 210, 244
Weinreich, Max 266
Weisbrod, Bernd 15
Weiser, Johanna 22f.
Weiß, Peter Ulrich 27–29
Wellershoff, Maria (geb. von Thadden) 174 Anm. 75
Wentz, Gottfried 240
Werner, Karl Ferdinand 143, 149
Westphal, Otto 119–121, 137, 149, 158
Wibald von Stablo 234
Wibel, Hans 49, 55, 57, 58 Anm. 147, 62 Anm. 176, 71, 73, 76 Anm. 254, 81

Widukind von Corvey 59–61, 91
Wilhelm I., dt. Ks. 226, 239
Windelband, Wolfgang 142, 145, 149f., 153
Winter, Georg 25, 27, 29
Winter, Tobias 27
Wollenberg, Jörg 179

– Z –
Zatschek, Heinz 214, 218, 225 Anm. 252, 234
Zeumer, Karl 43 Anm. 64
Zimmermann, Ludwig 234
Zipfel, Ernst 19f., 22, 25
Zitelmann, Rainer 173
Zorn, Wolfgang 260f.
Zwilling [Pfarrer in Bamberg] 242 Anm. 357

Abbildungsnachweis

Bamberg, Staatsarchiv
Nl Ivo Kehr, Archiv der Freiherren von Pölnitz zu Hundshaupten / G 38 (Ivo Kehr um 1940: S. 110)

Berlin, Archiv der Max-Planck-Gesellschaft
VI. Abt., Rep. 1, Glum, Friedrich 1 (Friedrich Glum um 1935: S. 127)

Berlin, Freie Universität Berlin Universitätsarchiv
Fotograf: Hellmuth Pollaczek / FU Berlin, UA, Foto-S, Foto-UK/0046 (Ursula Brumm 1967 im Gründungsprofessorium des JFKI: S. 241)

Berlin, Staatsbibliothek – Preußischer Kulturbesitz
Handschriftenabteilung / Nl Friedrich Theodor Althoff N. 7: Fotoalbum Ernst Dümmler gewidmet (Harry Bresslau: S. 33); Nl Harry Bresslau Ergänzungen Karton 6, Kehr 1920, Bl. 1A (Brief von Paul Kehr 29.12.1920: S. 54), Bl. 9A und B (Postkarte von Paul Kehr 29.12.1925: S. 89); bpk-Bildagentur, ID 30016103 (Preußische Staatsbibliothek Unter den Linden 1945: S. 207)

Frankfurt a. M., Privatarchiv Dr. Eckhart Grünewald
(Ernst Kantorowicz 1934: S. 95; Lucy Freifrau von Wangenheim 1927: S. 96)

Frankfurt a. M., Verband der Historiker und Historikerinnen Deutschlands e.V.
Matthias Berg / Olaf Blaschke / Martin Sabrow / Jens Thiel/ Krijn Thijs, Die versammelte Zunft 1 (2018) Umschlagfoto (Historikertag in München 1949: Umschlag)

Marbach, Deutsches Literaturarchiv
Abb. 7880-30 (Percy Ernst Schramm 1943: S. 161); Abb. 7880-33 (Felix Hartlaub 1942: S. 181)

München, Bayerisches Hauptstaatsarchiv
BayHStA Nl v. Müller 675 (Karl Alexander von Müller Mitte der 1950er Jahre: S. 247)

München, MGH-Archiv
338/245, Bl. 1–4 (Brief von Harry Bresslau 25.9.1919: S. 47); B 569, Bl. 145r (Telegramm von Carl Erdmann: Umschlag); B 849 (MGH in Pommersfelden: Umschlag, S. 227, S. 245; Staßfurt um 1930: Umschlag, S. 211; Paul Kehr 1926, Foto von Clara Behncke: S. 33; Carl Erdmann um 1944: S. 205); Hs B 13 (MGH in München 1950: Umschlag); K 204/4 (Carl Erdmann um 1935: S. 199); K 208 (MGH in Berlin 1934: Umschlag, S. 193)

Pommersfelden, Dr. Gertraud Wirth
(Theodor Mayer 1951: S. 191)

Rom, Archiv des Deutschen Historischen Instituts
S 4 Photographien, Filme und neue Medien 11 (Friedrich Baethgen 1928: S. 113)

Wikimedia commons
Axel Mauruszat, CC BY-SA 3.0 (Geheimes Staatsarchiv Berlin-Dahlem: Umschlag)

Die MGH danken allen Genannten für die freundliche Genehmigung zur Veröffentlichung der Abbildungen. Falls Rechteinhaber nicht aufgeführt sein sollten, wird um Mitteilung gebeten.

Kurzbiographien der Autorinnen und Autoren

Dr. Maximilian Becker
Studium der Neueren und Neuesten Geschichte, der Geschichte Ost- und Südosteuropas und des Völkerrechts an der Ludwig-Maximilians-Universität München, Promotion zur NS-Justiz in den annektierten polnischen Gebieten 1939–1945. Becker war u. a. Doktorand am Max-Planck-Institut für europäische Rechtsgeschichte in Frankfurt am Main, wissenschaftlicher Mitarbeiter der Österreichischen Akademie der Wissenschaften und der MGH und ist seit 2024 wissenschaftlicher Mitarbeiter des Instituts für Zeitgeschichte München-Berlin (Edition Hitler-Reden); Mitherausgeber der MGH Studien zur Geschichte der Mittelalterforschung 2 (2023).

Dr. Matthias Berg
Wissenschaftlicher Mitarbeiter an der Humboldt-Universität zu Berlin 2007–2018; dort Promotion mit der Studie „Karl Alexander von Müller. Historiker für den Nationalsozialismus" (Göttingen 2014); Mitverfasser von „Die versammelte Zunft. Historikerverband und Historikertage in Deutschland 1893–2000" (Göttingen 2018); seit 2019 wissenschaftlicher Mitarbeiter der Historischen Kommission bei der Bayerischen Akademie der Wissenschaften, aktuelles Projekt: „Abgeordnetenleben 1871–1918. Die sozialen und kulturellen Grundlagen parlamentarischer Repräsentation" (Digitale Edition).

Dr. Eckhart Grünewald
Studium der Geschichte, Soziologie und Philosophie in Tübingen und Frankfurt am Main, nach dem Studium politisch-gesellschaftliche Bildungsarbeit mit Auszubildenden und jungen Angestellten; 1980 Promotion an der Universität Frankfurt am Main, Dissertation zu Ernst Kantorowicz und Stefan George. Referent für pädagogische Fragen, später Mitglied der Geschäftsführung im Internationalen Bund / Freier Träger der Jugend-, Sozial- und Bildungsarbeit e. V.; wissenschaftlicher Lektor im Thorbecke Verlag Sigmaringen, 1998–2009 Aufbau und Leitung einer Schule für lese-/rechtschreibschwache Kinder und Jugendliche. Mitarbeit an: Stefan George und sein Kreis. Ein Handbuch (2012).

Prof. Dr. Dr. h. c. Martina Hartmann
Studium der Geschichte und Klassischen Philologie an der Universität Bonn, Promotion 1989 in Bonn. 1989–2000 wissenschaftliche Mitarbeiterin der MGH und Redakteurin des Deutschen Archivs, 2001 Habilitation für Mittelalterliche Geschichte und Historische Hilfswissenschaften an der Universität Regensburg, Umhabilitation an die Universität Heidelberg und 2011 an die LMU München. 2012–2018 Stellvertreterin der Präsidentin und des kommissarischen Präsidenten der Monumenta Germaniae Historica, seit 2018 Präsidentin. Forschungsschwerpunkte: Früh- und Hochmittelalter, gender studies und Wissenschaftsgeschichte (2023 Monographie über das Wissenschaftler-Ehepaar Hildegund und Ottokar Menzel 1910–1945; Editionsprojekt: Tagebuch von Robert Holtzmann 1941–1946).

Sven Kriese
Studium der Geschichte und Germanistische Linguistik an der Humboldt-Universität zu Berlin. 2000 Archivreferendar im Landesarchiv Sachsen-Anhalt, seit 2002 dort wissenschaftlicher Archivar, seit 2004 Referatsleiter am Geheimen Staatsarchiv Preußischer Kulturbesitz, dort seit 2016 Leiter der

Abteilung I Zentrale Dienste und Vertreter der Direktion; seit 1.8.2024 Direktor des Landesarchivs Berlin. Forschungsschwerpunkte: Institutionen- und Wissenschaftsgeschichte der Preußischen Staatsarchive; Herausgeber des Sammelbandes „Archivarbeit im und für den Nationalsozialismus" (2015); Beitrag „Die Preußische Archivverwaltung und das Reichsinstitut für ältere deutsche Geschichtskunde" in: MGH Studien zur Geschichte der Mittelalterforschung 1 (2021).

Annette Marquard-Mois, M.A.
Studium der Geschichte, Philosophie des Mittelalters und der Historischen Hilfswissenschaften an der Ludwig-Maximilians-Universität München, berufliche Tätigkeit in Wissenschaftsmanagement (TUM, Fraunhofer) und Wissenschaftskommunikation (Redaktion Hochschulmagazin, Buchautorin, Realisierung ‚Römerregion Chiemsee'); seit 2018 Referentin für Öffentlichkeitsarbeit der Monumenta Germaniae Historica, Konzeption und Hauptautorin der virtuellen Ausstellung über jüdische Mitarbeiter und Mitarbeiterinnen der MGH, Mitherausgabe und Beiträge in: MGH Studien zur Geschichte der Mittelalterforschung 2 (2023).

Prof. Dr. Arno Mentzel-Reuters
Studium in Aachen und Berlin. 1986–1988 Ausbildung für den Höheren Bibliotheksdienst, anschließend Handschriftenkatalogisierung in Aachen und Tübingen. 1994–2019 Leiter der Bibliothek der MGH, seit 2004 Leiter des Archivs der MGH. 1999 Habilitation in Erlangen, 1999–2005 Lehrtätigkeit im Fach Buchwissenschaft in Erlangen, seit 2005 im Fach Deutsche Sprache und Literatur des Mittelalters in Augsburg, 2010–2019 Vorsitzender der Historischen Kommission für Ost- und Westpreußische Landesforschung. Schwerpunkte seiner Publikationen sind Mittelalterrezeption im 19./20. Jahrhundert, Deutscher Orden, Humanismus und Reformation und die Buchkultur im Industriezeitalter.

PD Dr. Werner Tschacher
1997 Promotion in Mittelalterlicher Geschichte an der RWTH Aachen, danach wissenschaftlicher Mitarbeiter an der Universität Jena in DFG-Projekt zur Neuübersetzung des Hexenhammers (Malleus Maleficarum), wissenschaftlicher Mitarbeiter der RWTH Aachen für die Ausstellung „Könige in Aachen" und am Lehrstuhl für Neuere und Neueste Geschichte für das Forschungsprojekt zur Erinnerungskultur der RWTH Aachen; 2009 Habilitation. Mitarbeiter und Kurator am Centre Charlemagne–Neues Stadtmuseum Aachen, akademischer Oberrat für Geschichte in Praxis und Beruf am Historischen Institut der Universität zu Köln, Projektmitarbeiter an der Universität Luxemburg, seit 2022 Mitarbeiter der HiKo für die NDB online.

Prof. Dr. Herbert Zielinski
1970 Promotion an der Universität Gießen mit einer Arbeit über die spoletinischen Privaturkunden des 8. Jahrhunderts, 1980/81 Habilitation mit einer Arbeit über den deutschen Episkopat im 11. Jahrhundert (publiziert 1984), 1990 apl. Professor an der Universität Gießen. Langjähriger Mitarbeiter der Gießener Arbeitsstelle der Regesta Imperii, Herausgeber mehrerer Regestenbände zur karolingischen Zeit; jüngste Veröffentlichung: Johannes Haller und Karl Straube. Eine Freundschaft im Spiegel der Briefe. Edition und Kommentar (Studia Giessensia, N. F. 5, 2018).